总第 34 期

广西统计年鉴

GUANGXI STATISTICAL YEARBOOK

广西壮族自治区统计局 编

Compiled By Guangxi Statistical Bureau

中国统计出版社

China Statistics Press

图书在版编目(CIP)数据

广西统计年鉴. 2016:汉英对照/广西壮族自治区统计局编. —北京:中国统计出版社,2016.9
ISBN 978-7-5037-7895-7

Ⅰ.①广… Ⅱ.①广… Ⅲ.①统计资料-广西-2016-年鉴-汉、英 Ⅳ.①C832.67-54

中国版本图书馆 CIP 数据核字(2016)第 192275 号

广西统计年鉴—2016

作　　者/ 广西壮族自治区统计局
责任编辑/ 佘竞雄　熊　威　赖晓东
装帧设计/ 蔡　英
出版发行/ 中国统计出版社
地　　址/ 北京市丰台区西三环南路甲 6 号
邮政编码/ 100073
电　　话/ 邮购(010)63376909　书店(010)68783171
网　　址/ http://www.zgtjcbs.com
印　　刷/ 广西民族印刷包装集团有限公司
经　　销/ 新华书店
开　　本/ 890mm×1240mm　1/16
字　　数/ 1510 千字
印　　张/ 44
版　　别/ 2016 年 10 月第 1 版
版　　次/ 2016 年 10 月第 1 次印刷
定　　价/ 360.00 元

本书附同版本 CD-ROM 一张,光盘内容以书面文字为准。
如有印装差错,由本社发行部调换。

编 者 说 明

一、《广西统计年鉴—2016》是一部全面反映广西壮族自治区国民经济和社会发展情况的大型资料性年刊。本书收录了全自治区2015年和1978年以来重要年份的主要统计数据，各市县（区）2015年的主要统计数据。

二、全书内容分为23个篇章，即：1.综合； 2.人口；3.国民经济核算；4.从业人员和职工工资；5.物价；6.人民生活；7.财政、金融和保险；8.资源与环境；9.能源生产与消费；10.固定资产投资；11.城市概况；12.对外经济贸易； 13.农业；14.工业；15.建筑业；16.批发和零售业；17.住宿餐饮业和旅游；18.交通、运输和邮电通信； 19.教育、科技和文化；20.体育、卫生、社会福利及服务业；21.区域经济；22.各市基本情况；23.县（市、区）基本情况。为便于读者更直观地了解全书内容和正确使用资料，篇章的后面附有主要统计指标解释。附录内容有：2015年广西国民经济和社会发展统计公报。

三、资料中所使用的度量衡单位均采用国际统一标准计量单位。

四、本年鉴部分数据合计数或相对数由于单位取舍不同产生的计算误差均未作机械调整。

五、本年鉴对以前发表的统计资料重新进行审核，凡与本年鉴资料有出入的，均以本年鉴为准。

六、本年鉴的资料来源：大部分来自统计年报，部分来自抽样调查。

七、本年鉴表中的符号使用说明：

“…”表示数据不足本表最小计量单位数；

“空格”表示该项统计数据不详或无该项统计数据；

“#”表示其中的主要项。

八、鉴于统计制度的改革，对统计年鉴中某些统计指标数据相应作了调整，对这些指标我们作了脚注，请读者在使用数据时要加以注意。

九、年鉴中涉及到经济普查的有关专业数据已按照第三次全国经济普查数据进行了调整，对此在各篇中我们也相应做了说明。

十、根据全国第二次农业普查，对2006年和2007年的农林牧渔业总产值以及粮食经济作物和主要畜禽水产等指标数据进行衔接，但2005年以前的数据均未修正。

十一、在本年鉴的编辑过程中，得到了许多单位和同志的大力支持，在此我们深表谢意。限于我们的水平，年鉴中的错误和不足之处在所难免，恳请广大读者给予批评指正。

PREFACE

Ⅰ. Guangxi Statistical Yearbook is an annual statistics publication, which covers very comprehensive data in 2015 and some selected data series in historically important years since 1978 of the whole autonomous region, the main statistical data of city, county(district) in 2015 and therefore, reflects various aspects of Guangxi' s social and economic development.

Ⅱ. This book contains the following twenty-three parts, 1.General Survey; 2.Population; 3.National Economic Accounting; 4.Employment & Wages; 5. Price; 6. People' s Livelihood; 7. Finance, Banking & Insurance; 8.Natural Resources & Environment; 9. Energy Production & Consumption; 10.Investment in Fixed Assets; 11. General Survey of Cities; 12.Foreign Economy & Trades; 13. Agriculture; 14. Industry; 15. Construction; 16. Wholesale & Retail Trades; 17. Hotels Catering Services & Tourism; 18. Transportation, Postal & Telecommunication Services; 19. Education, Science & Culture; 20. Sport, Public Health, Social Welfare & Service Industry; 21. Economic Zones; 22. Basic Statistics of Cities; 23.Basic Statistics of Counties(Cities, Districts). In Order to make readers understand the whole content of this book and use the materials correctly, most of the chapters are equipped with explanatory notes on main statistical indicators at the end. Moreover, addenda(Statistical Communique on National Economic & Social Development of Guangxi in 2015) is attached at the end of the book.

Ⅲ. The international standard unit of measurement is applied in this book.

Ⅳ. Statistical discrepancies in this book due to rounding are not adjusted.

Ⅴ. In this yearbook, the statistical materials published before have been verified again, and the data that tally with this book should take the data of this book as standard.

Ⅵ. The major data sources of this publication are obtained from annual statistical reports and some from sample surveys.

Ⅶ. Notations used in this yearbook:

"…" indicates that the figure is not large enough to be measured with the smallest unit in the table;

"(blank)" indicates that the data are not available;

"#" indicates the major items of the table.

Ⅷ. Because of innovation in statistical system, some statistical data in this yearbook have been adjusted accordingly, and we have made footnote to these indicators. The users should notice that when using these data.

Ⅸ. Since the comprehensive survey of economy has not been publicized, data that related to national economy account are from preliminary reports, and it is explanted in the chapters.

Ⅹ. According to the 3rd Agriculture Census, the data of gross output value of farming, forestry animal husbandry and fishery, and the output of grains crops, economic crops and major animals in 2006 and 2007 has been adjusted, while the data in 2005 and before hasn' t.

XI. During the editions of this yearbook, we have won wide support from many departments and comrades, and we deeply thanks for these all. Based on our limited level, perhaps there are some mistakes in the book, we welcome all candid comments and criticism from our readers.

《广西统计年鉴—2016》编辑委员会及编辑人员

Editorial Board & Staff of Guangxi Statistical Yearbook–2016

广西主要经济指标占全国的比重（2015 年，%）

Proportion of Guangxi to Nation on Major Indicators (2015,%)

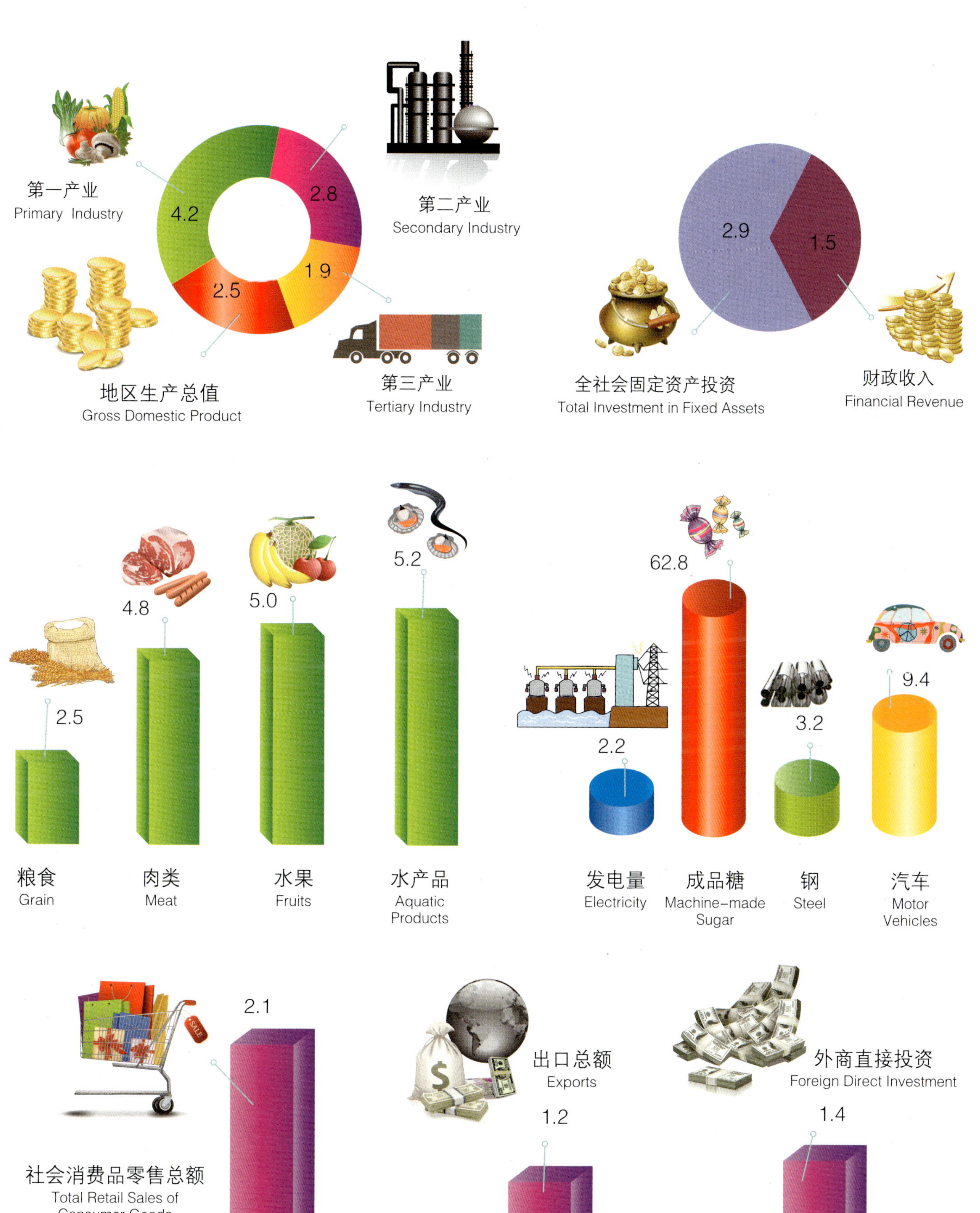

广西生产总值及增速

Guangxi Gross Domestic Product & Its Growth Rate

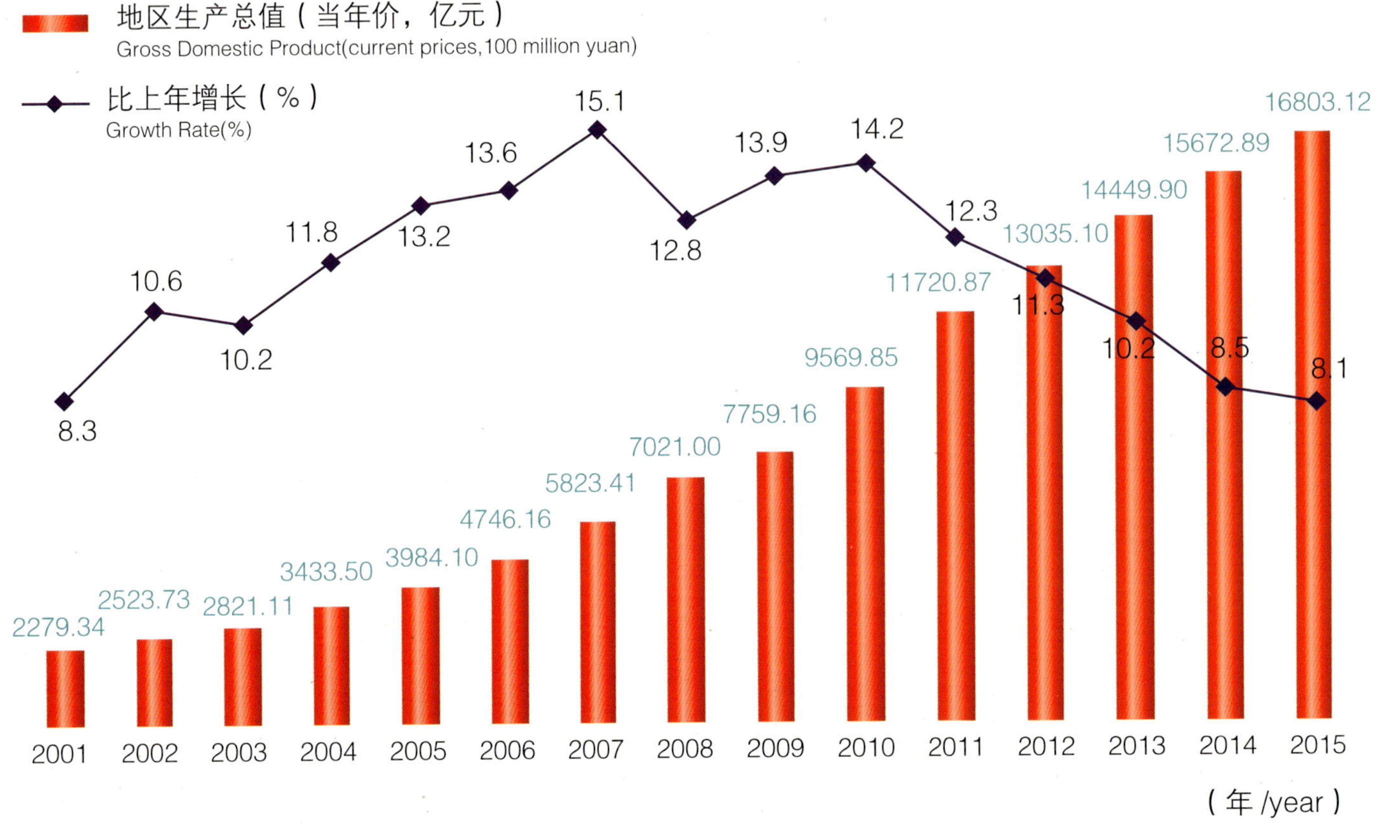

地区生产总值构成（%）

Composition of Guangxi Gross Domestic Product （%）

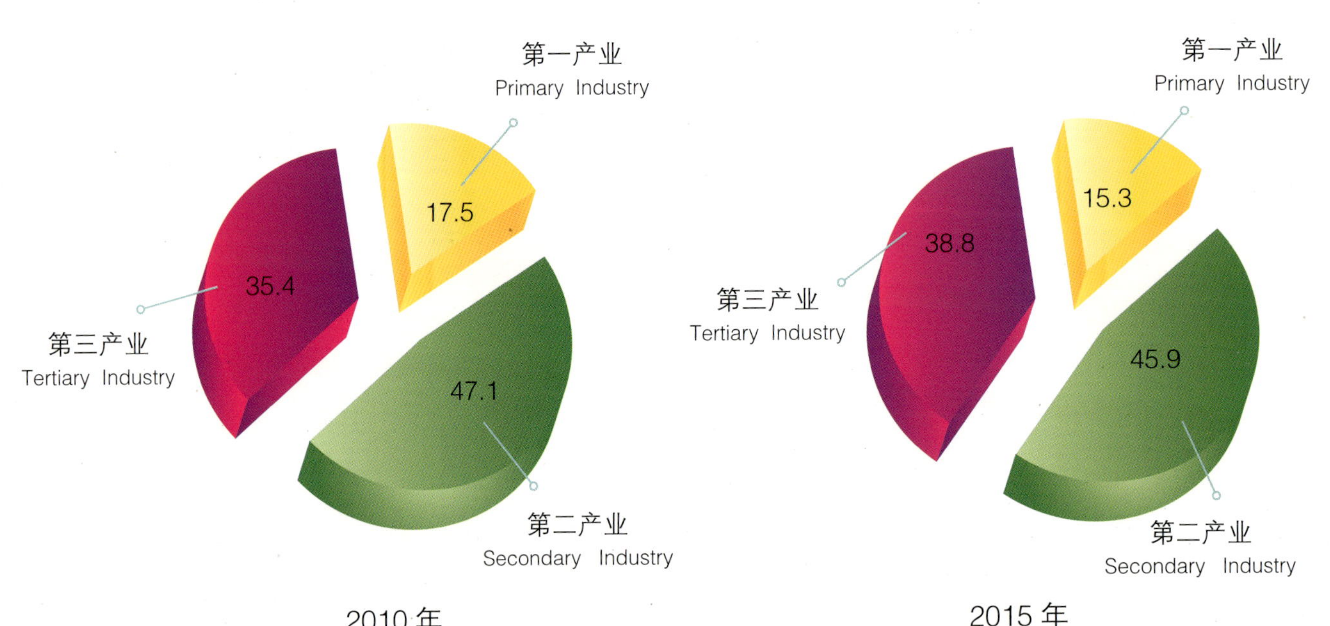

人均地区生产总值（元）

Per Capita Gross Domestic Product （yuan）

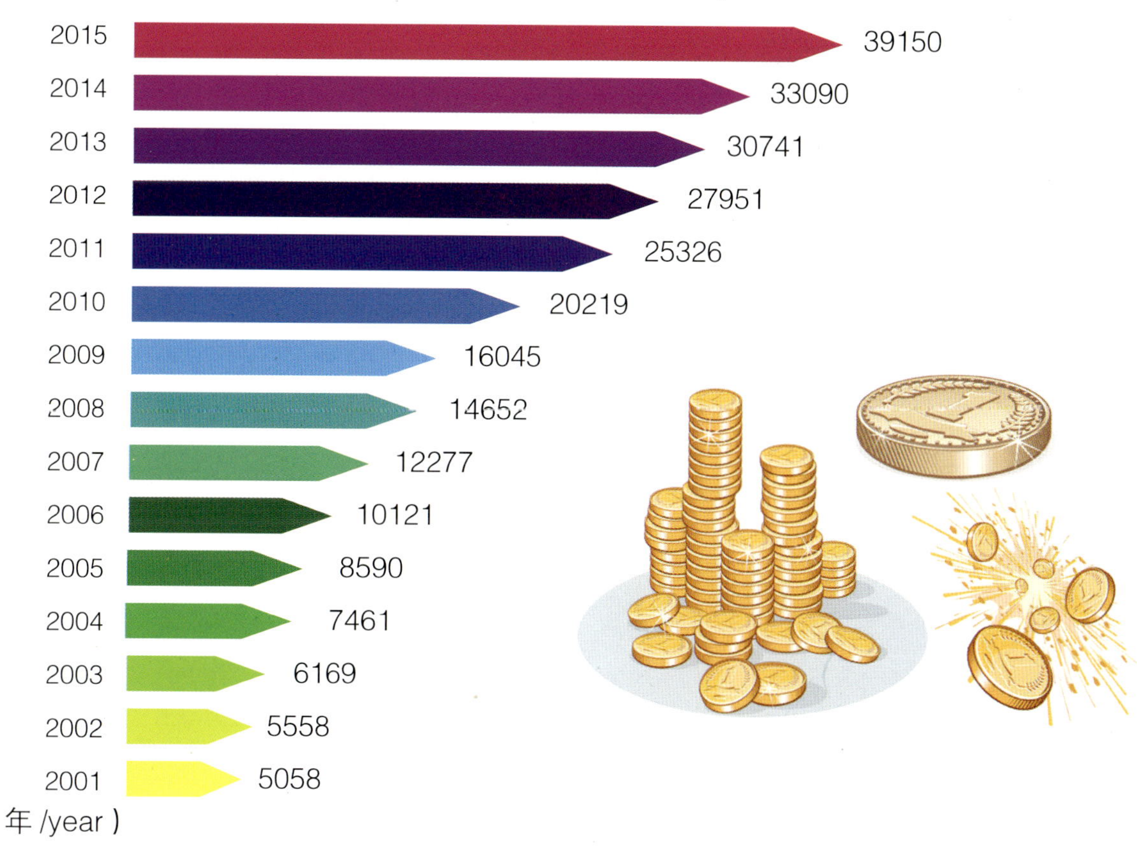

年末总人口（万人）

Total Population （10 000 persons）

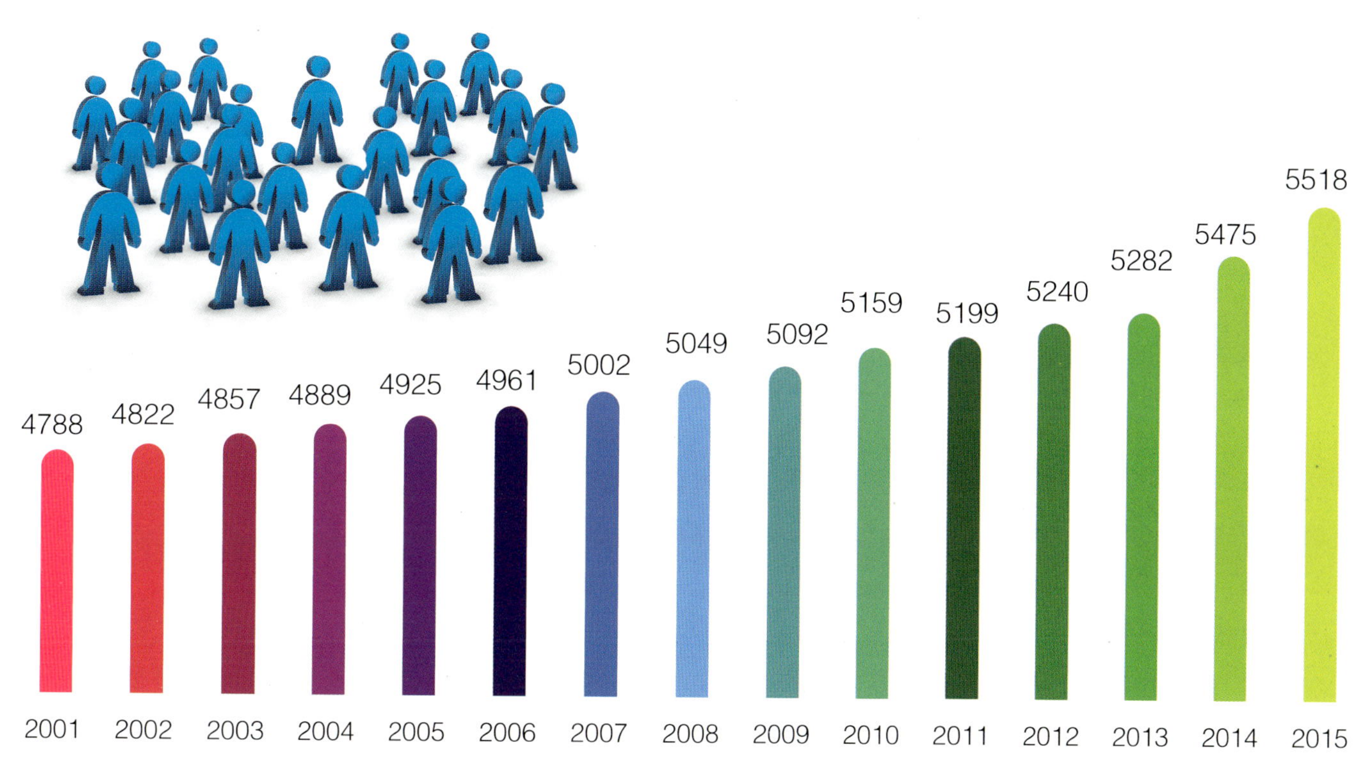

性别比（以女性为 100）

Sex Ratio（Female=100）

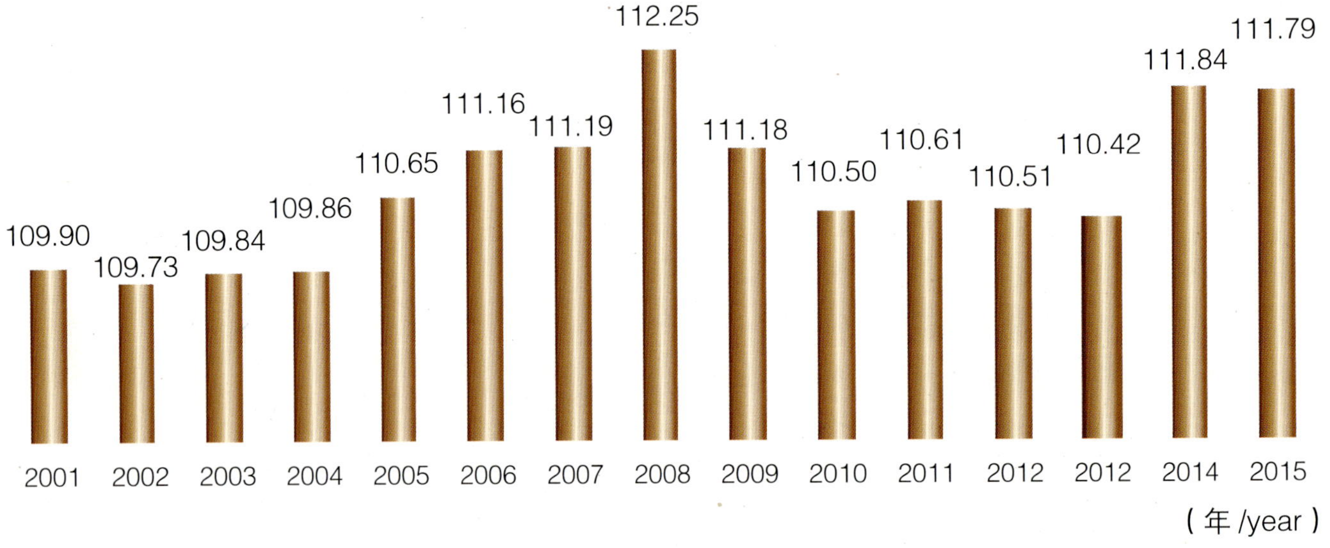

人口增长（‰）

Growth of Population（‰）

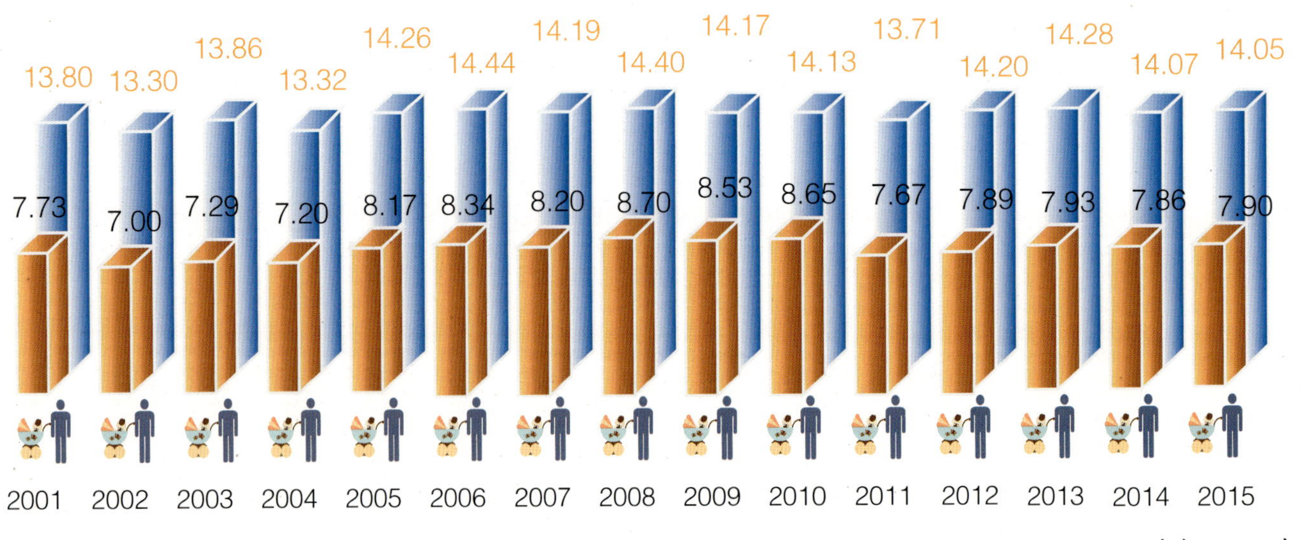

全社会从业人员（万人）

Total Employed Persons (10 000 persons)

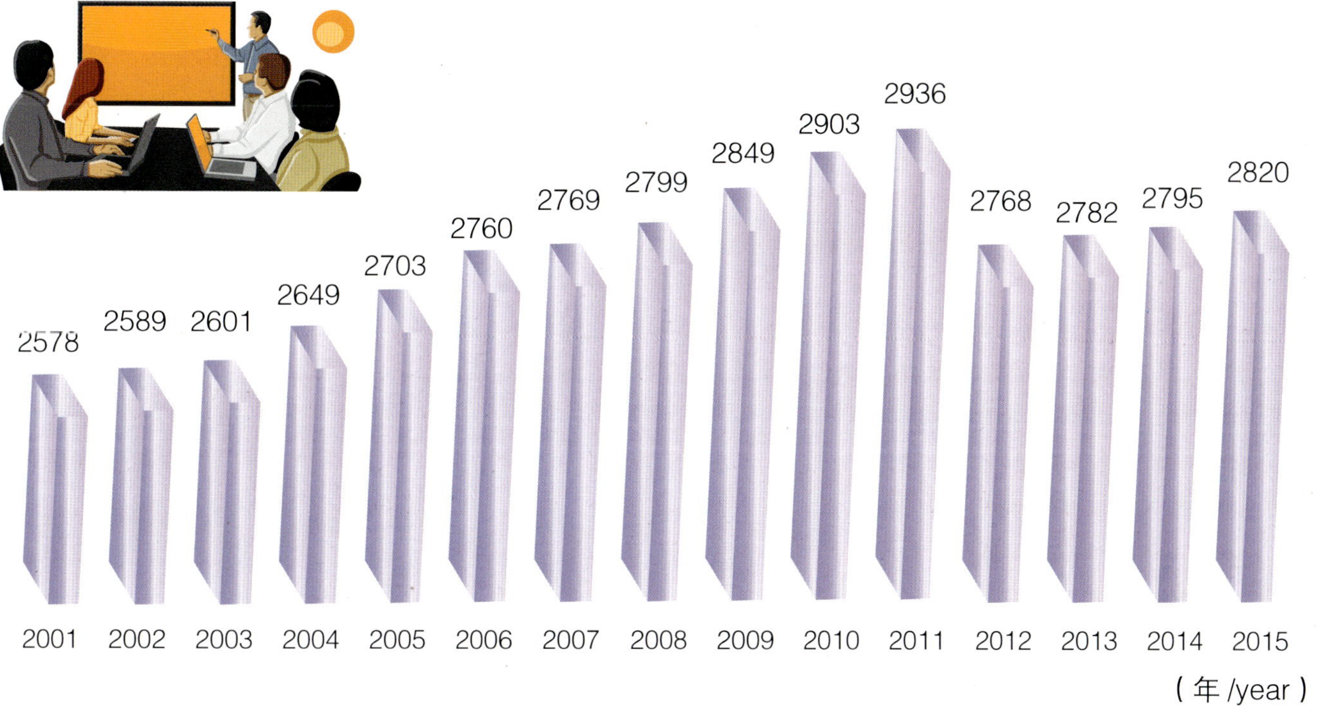

全社会从业人员构成（%）

Composition of Employment (%)

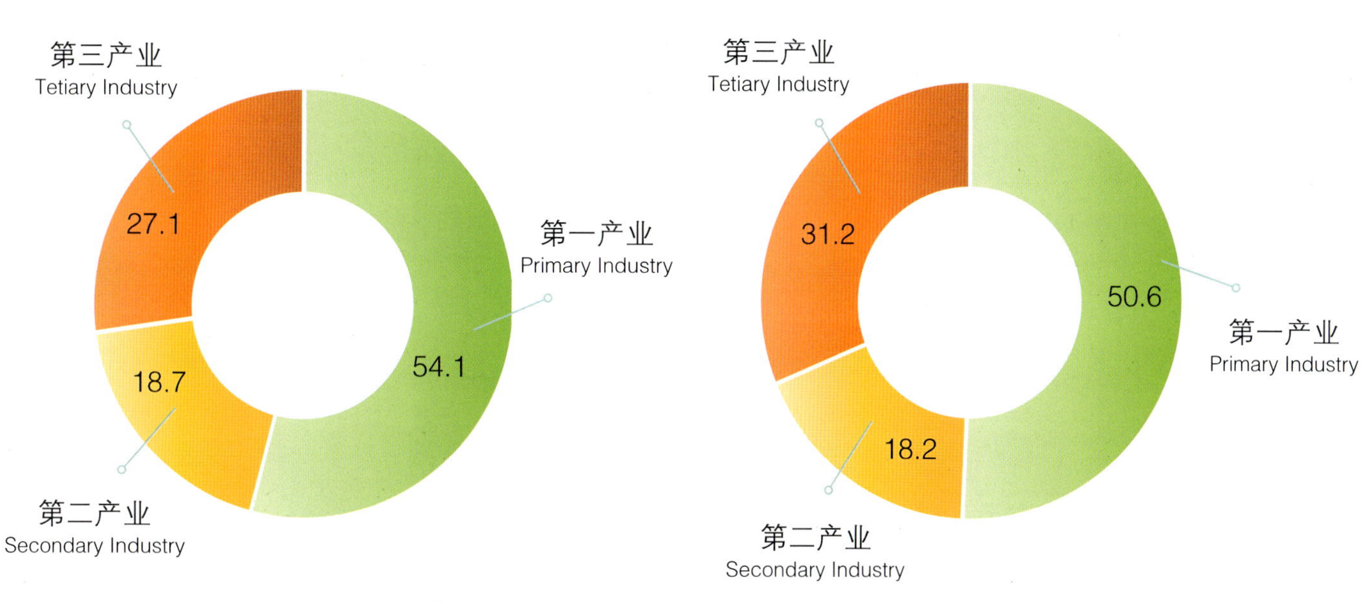

城镇单位在岗职工平均工资（元）

Average Wages of Staff & Workers at Post in Urban Units （yuan）

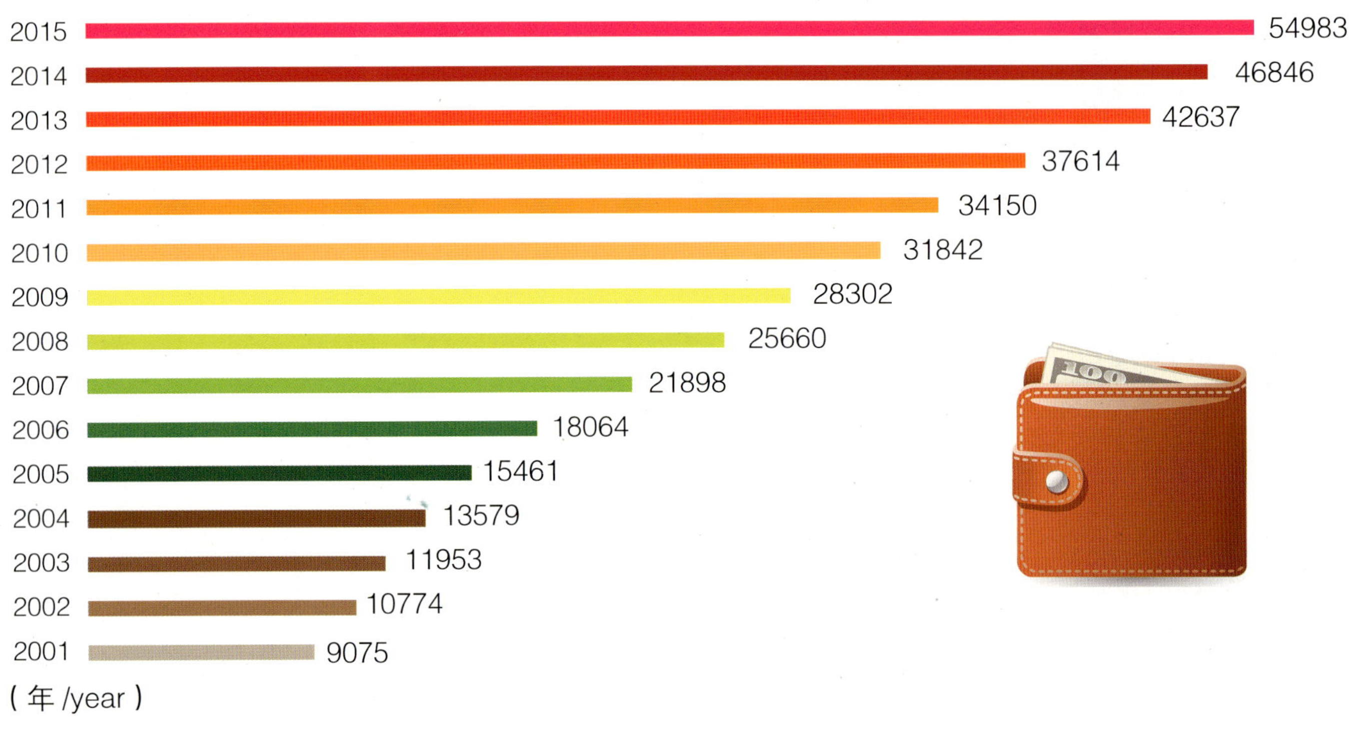

全社会固定资产投资（亿元）

Total Investment in Fixed Assets（100 million yuan）

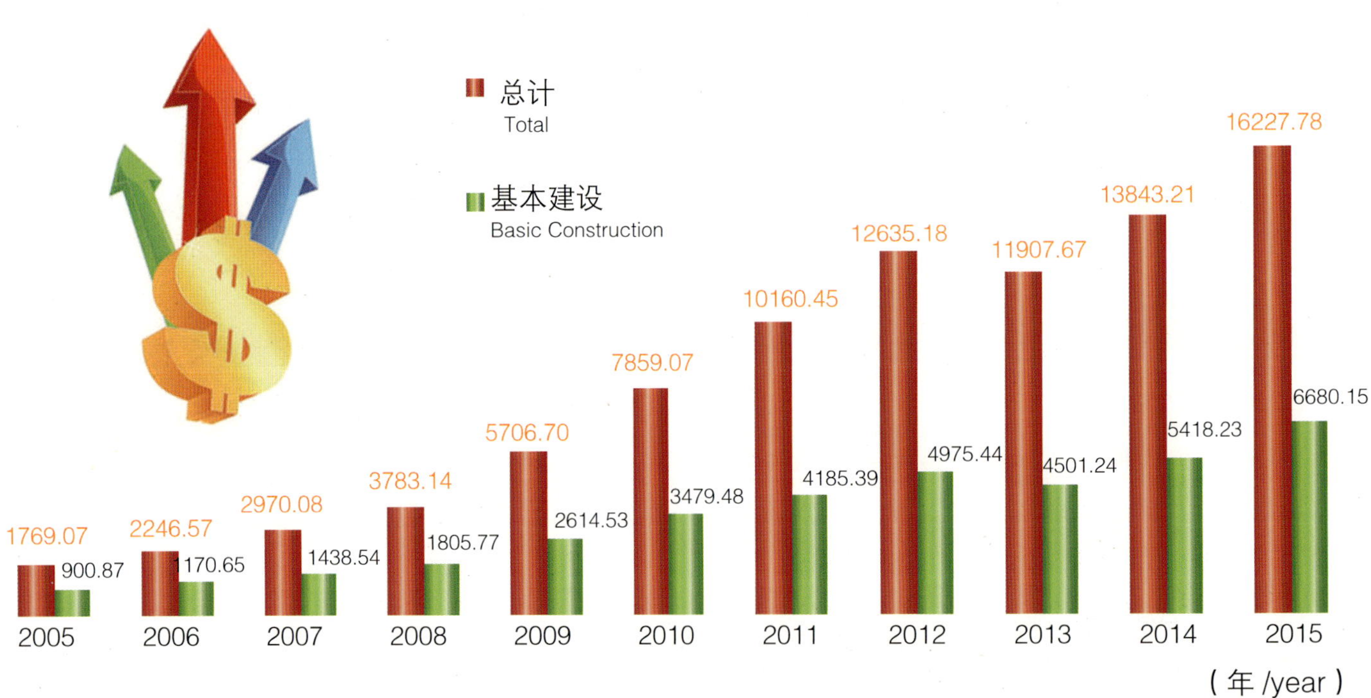

房地产投资完成额（亿元）

Real Estate Development（100 million yuan）

286.79
369.98
536.28
627.34
813.68
1206.22
1517.47
1554.94
1614.63
1838.49
1909.09
2005
2006
2007
2008
2009
2010
2011
2012
2013
2014
2015
（年 /year）

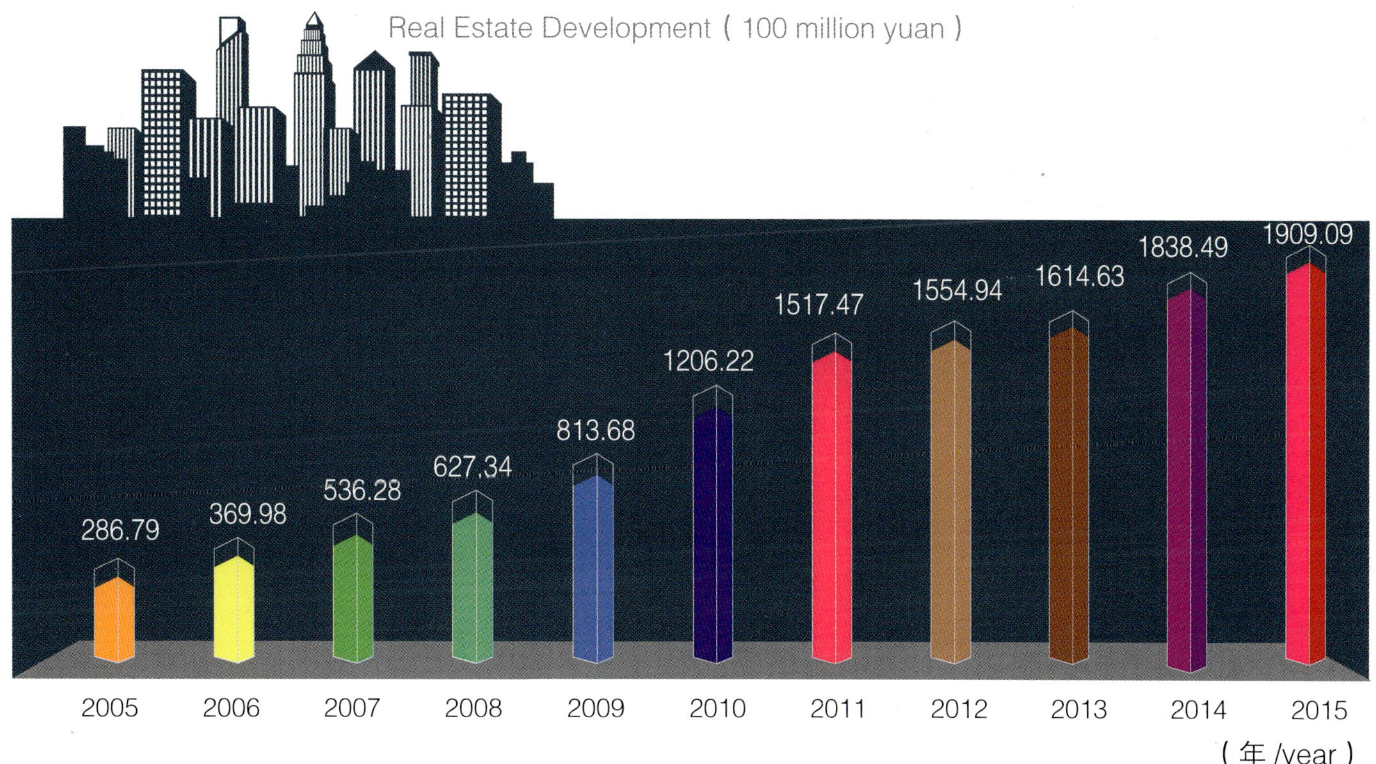

社会消费品零售总额（亿元）

Total Retail Sales of Consumer Goods（100 million yuan）

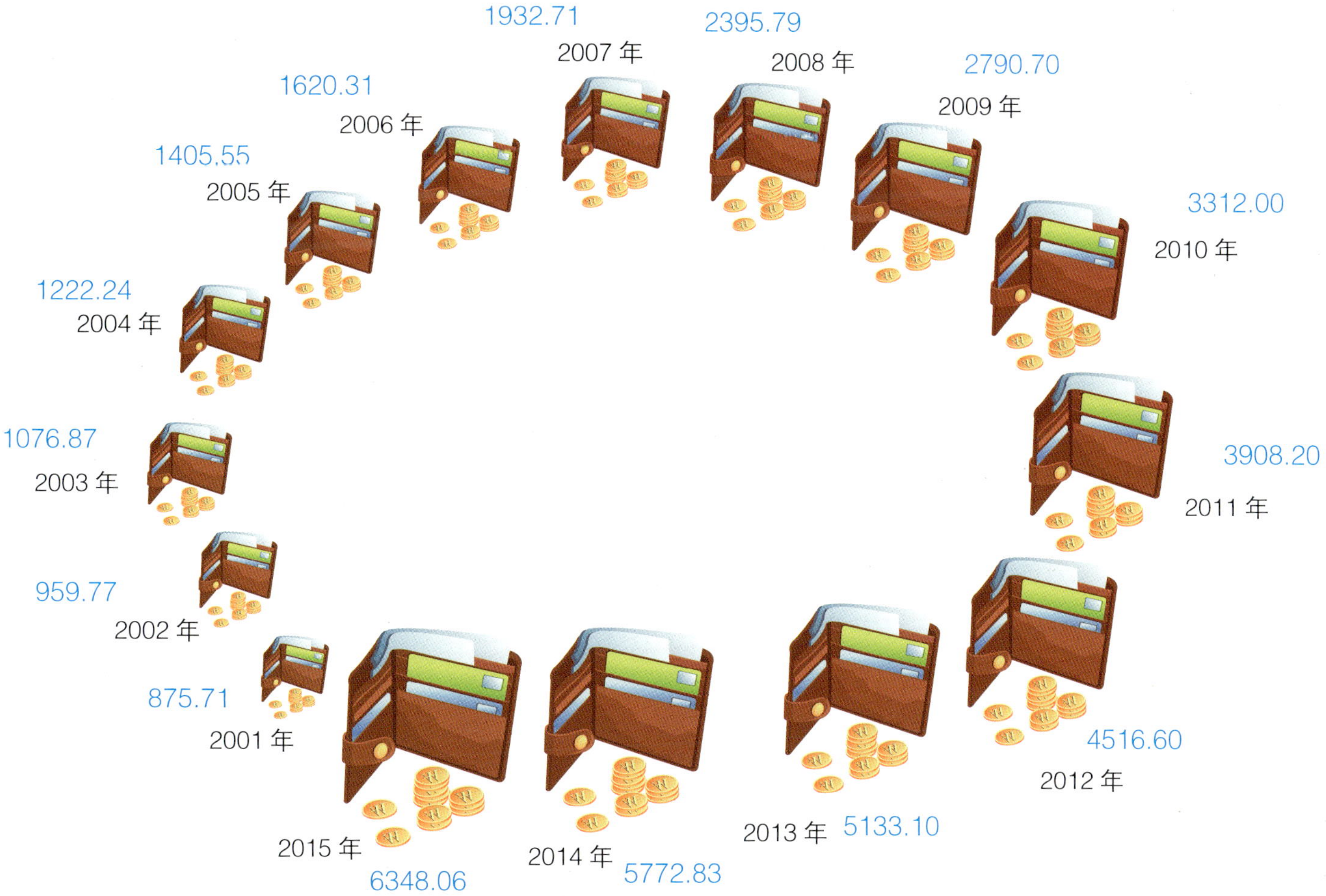
875.71
2001 年
959.77
2002 年
1076.87
2003 年
1222.24
2004 年
1405.55
2005 年
1620.31
2006 年
1932.71
2007 年
2395.79
2008 年
2790.70
2009 年
3312.00
2010 年
3908.20
2011 年
4516.60
2012 年
2013 年 5133.10
2014 年 5772.83
2015 年
6348.06

进出口总额（亿美元）

Total Import & Export Value （USD 100 million）

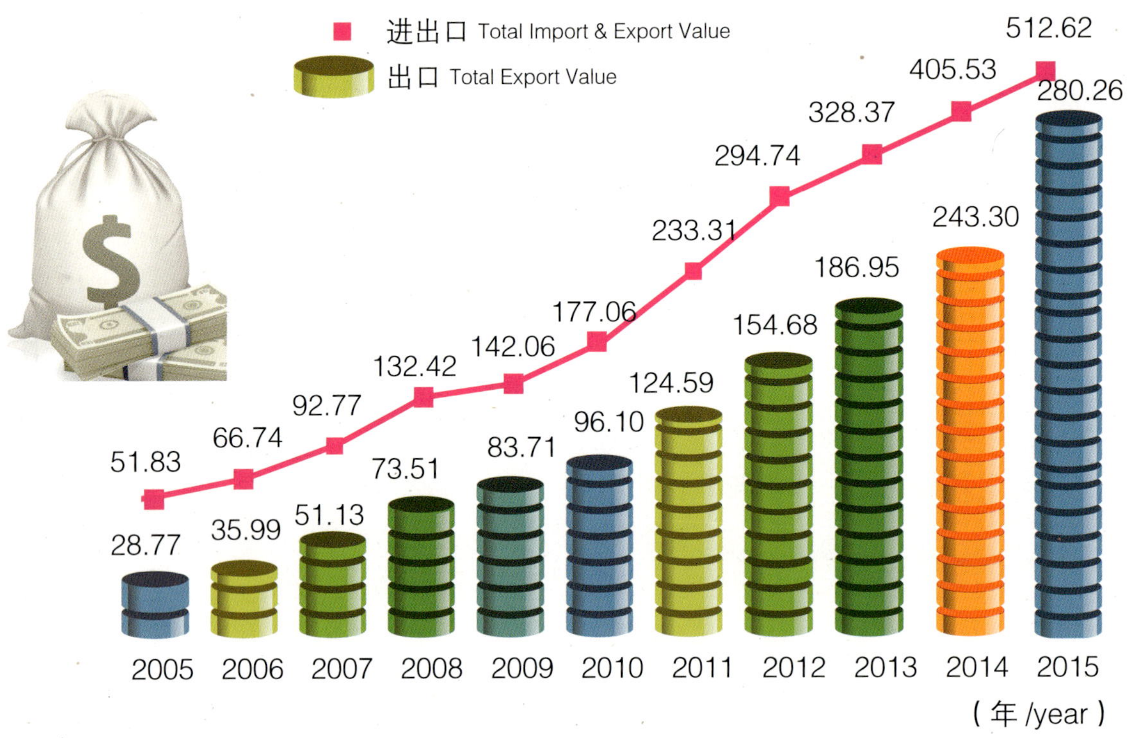

外商直接投资（亿美元）

Foreign Direct Investment （USD 100 million）

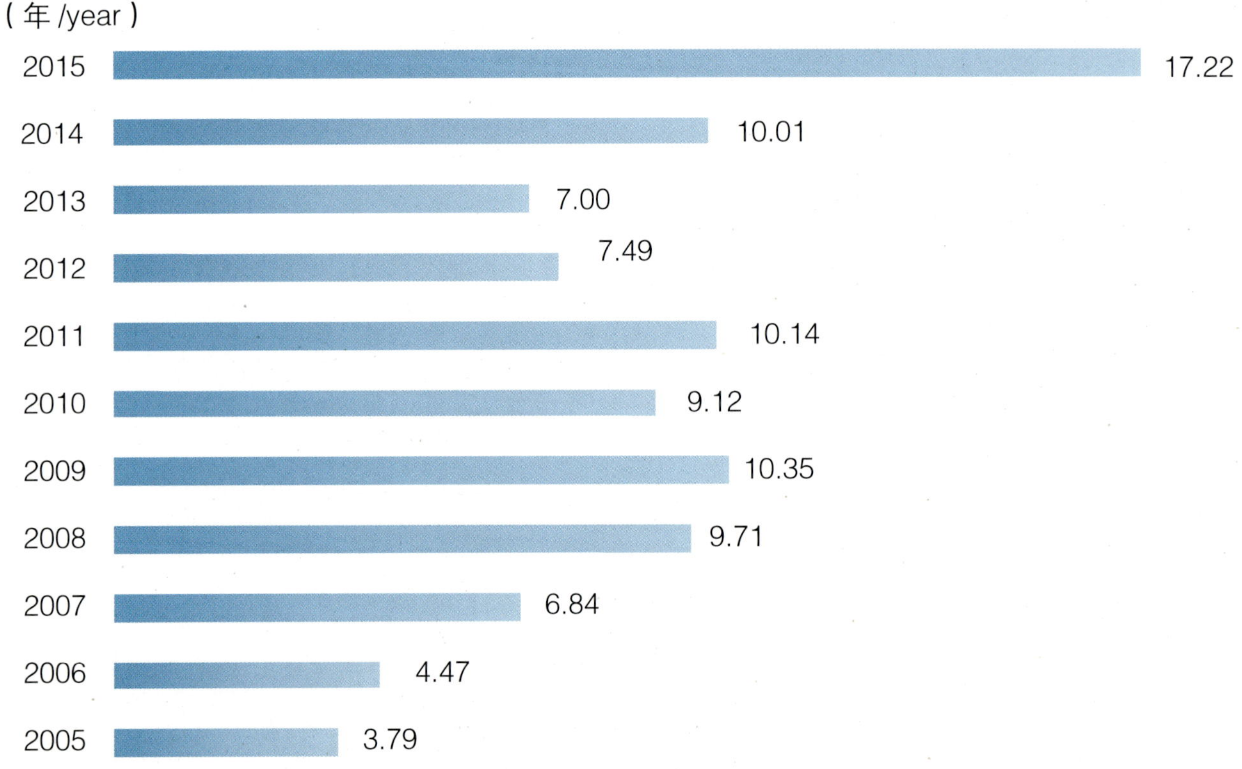

国际旅游人数（万人次）

Number of International Tourism （10 000 person-times）

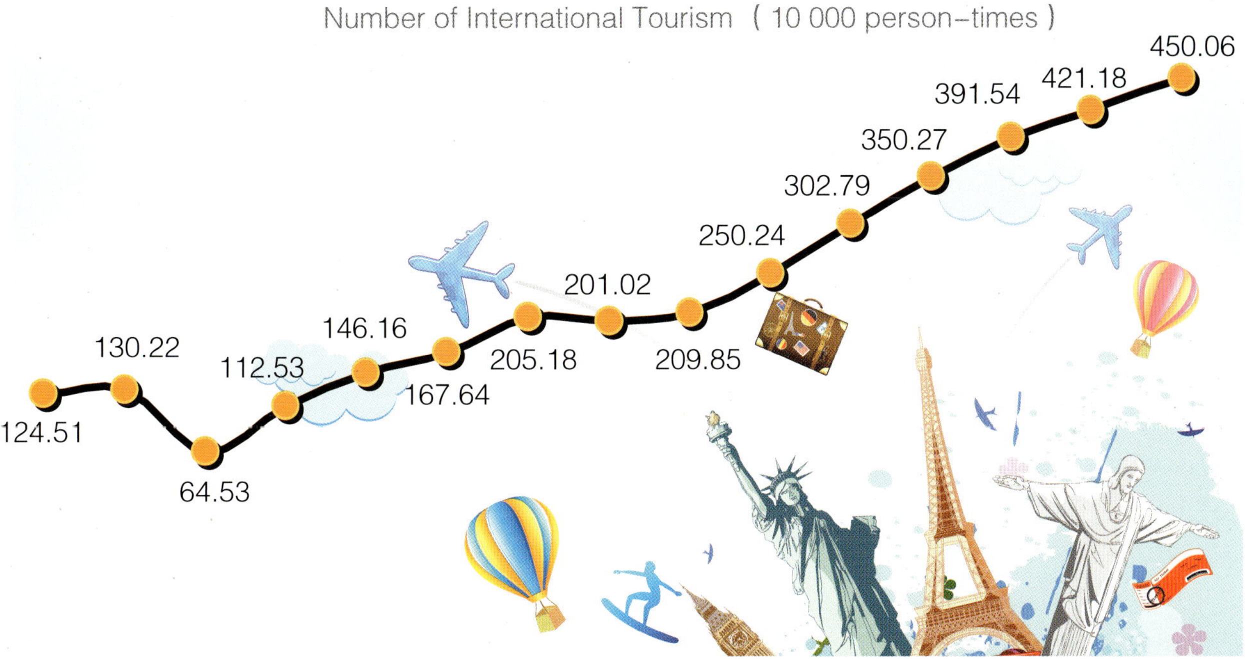

国际旅游外汇收入（亿美元）

Income of International Tourism （USD 100 million）

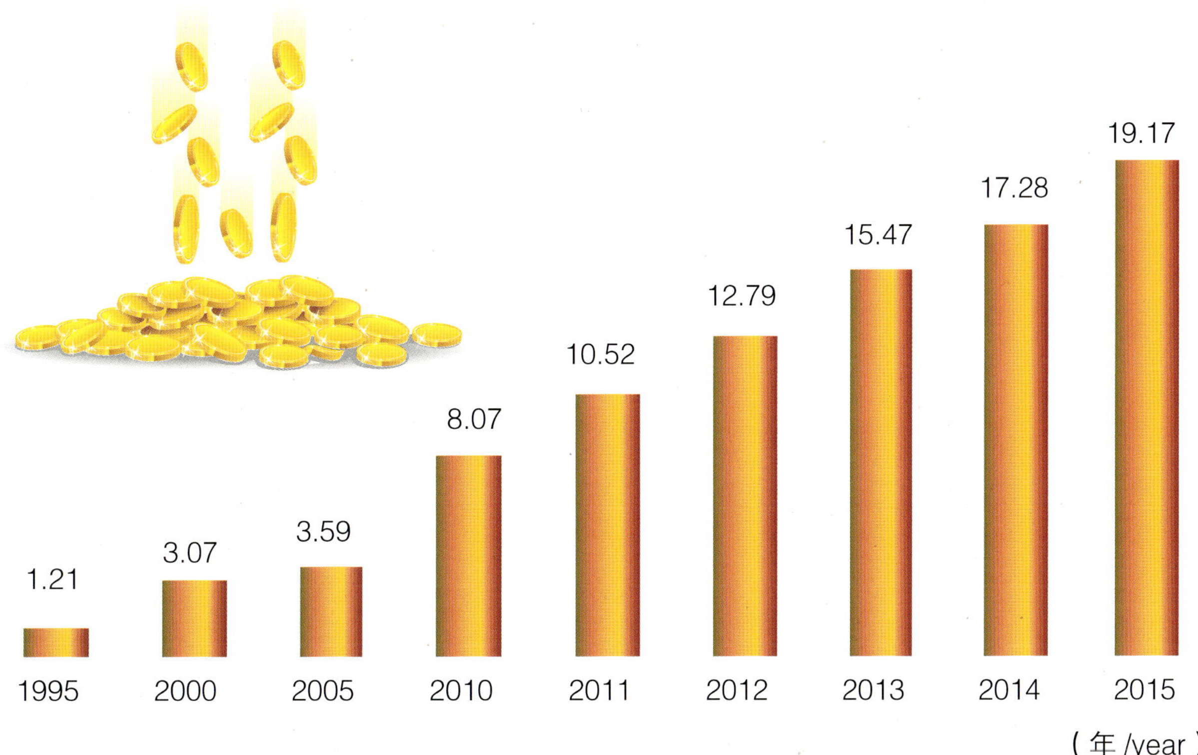

每万元 GDP 消费能源（吨标准煤）

Per 10 000 Yuan GDP Energy Consumption （ton of SCE）

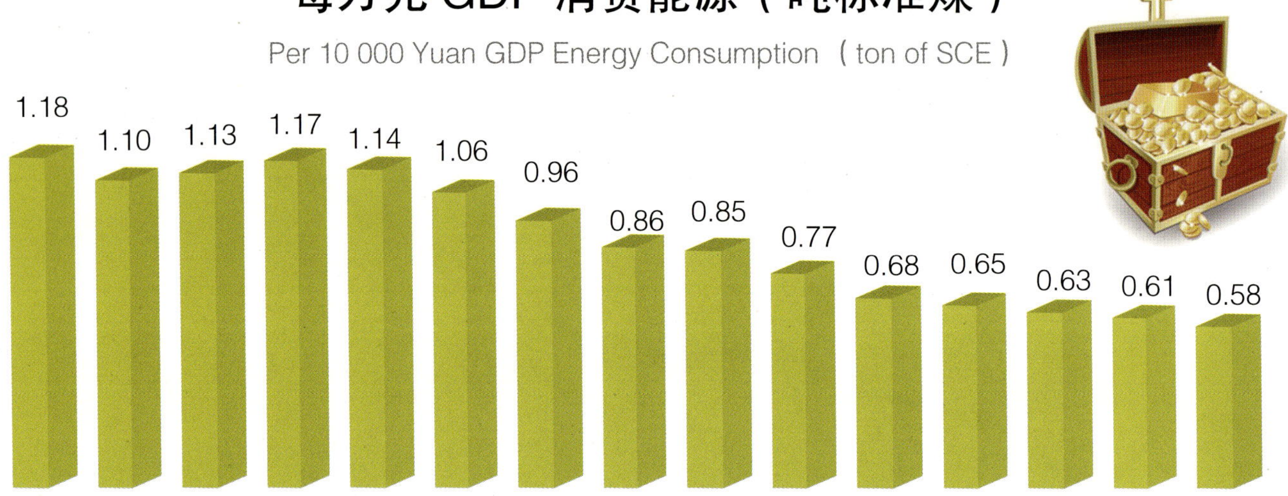

每万元工业总产值消费能源（吨标准煤）

Per 10 000 Yuan Gross Output Value of Industry Energy Consumption （ton of SCE）

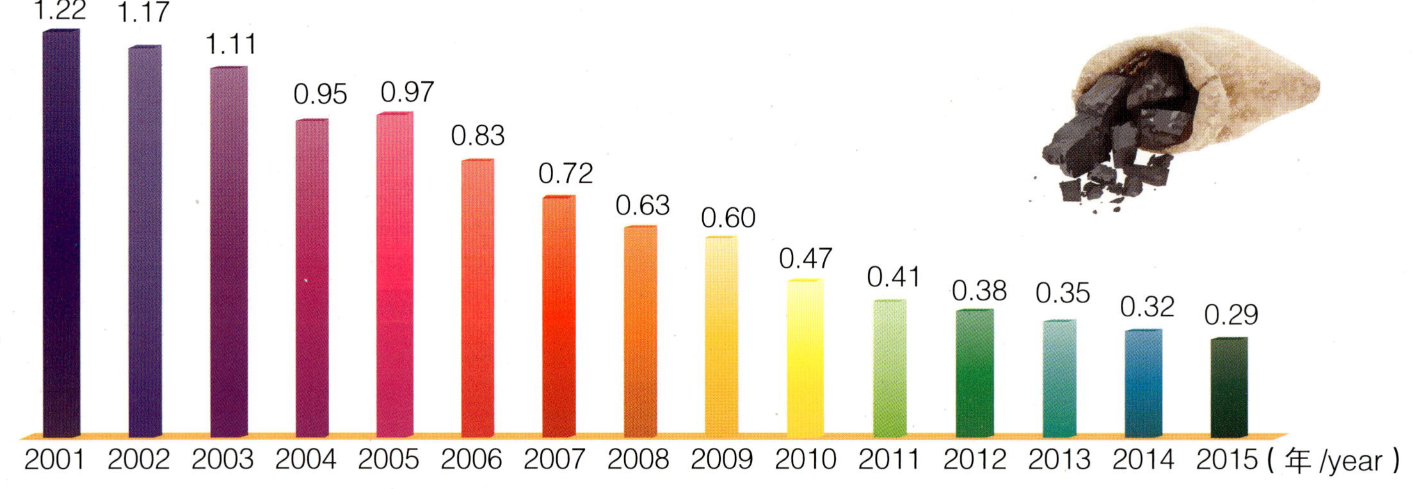

消费弹性系数

Elasticity Ratio of Energy Consumption

能源消费弹性系数
Elasticity Ratio of Energy Consumption

电力消费弹性系数
Elasticity Ratio of Electricity Consumption

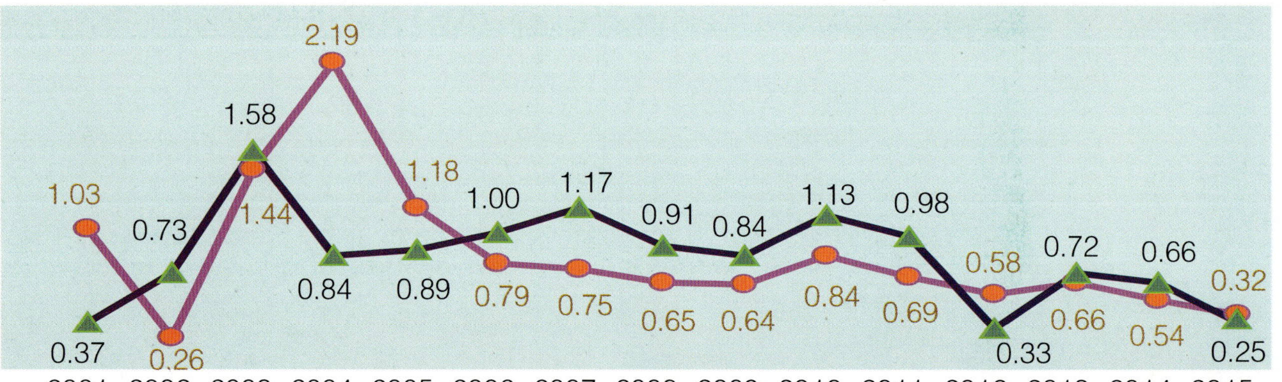

财政收入（亿元）

Financial Revenue （100 million yuan）

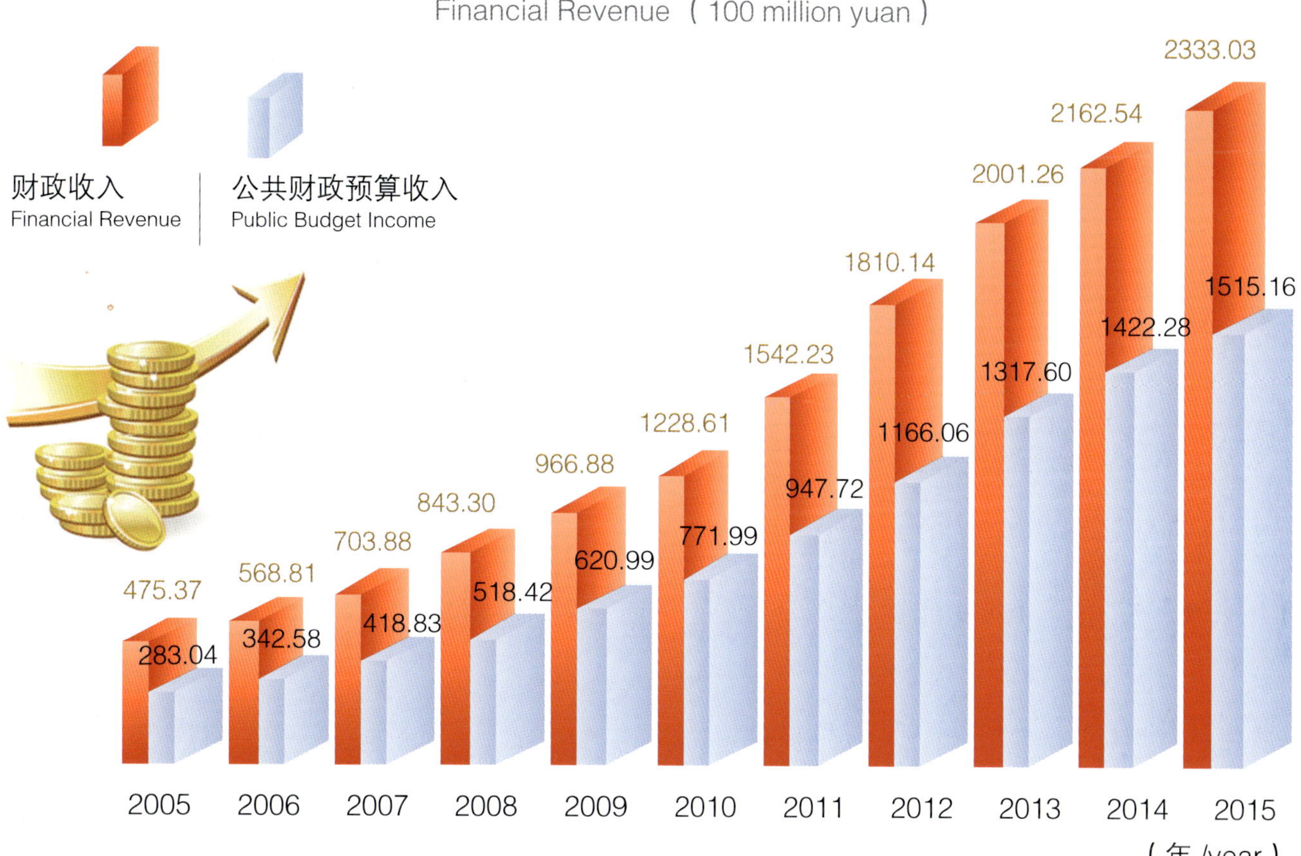

公共财政预算支出构成（%）

Composition of Public Budget Expenditure（%）

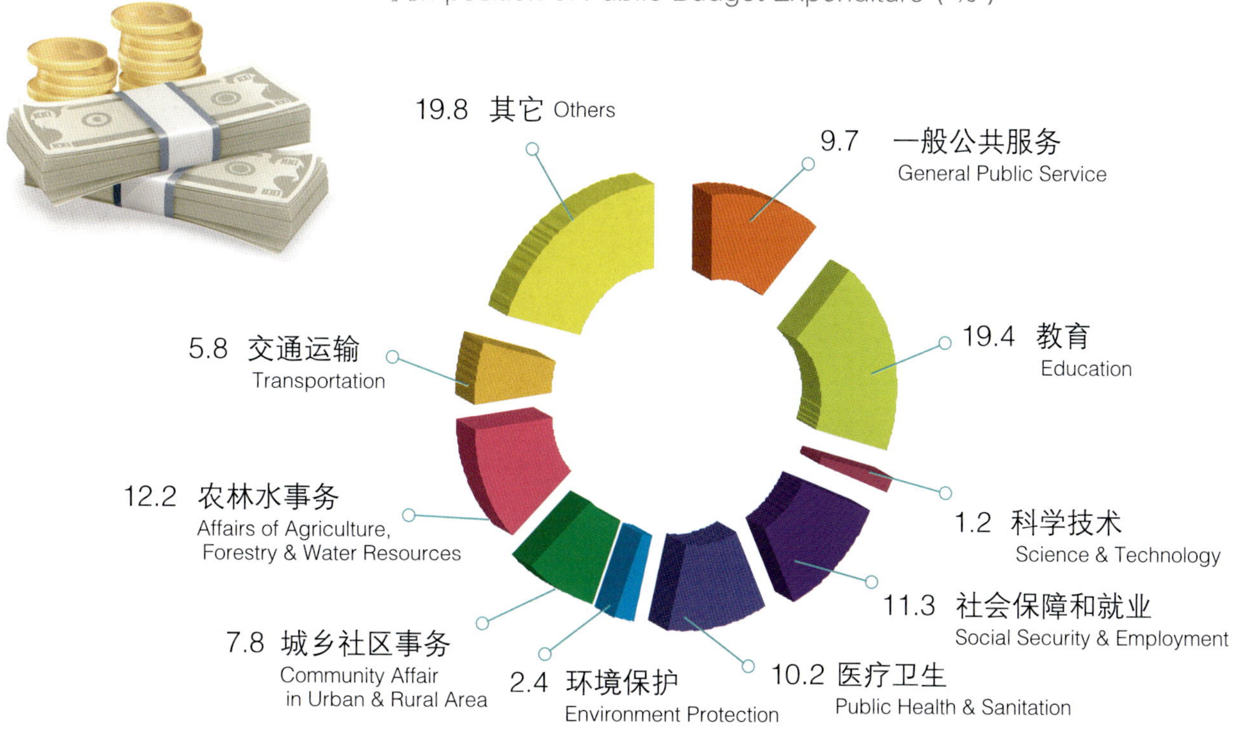

2015 年

个人存款（亿元）

Personal Deposits（100 million yuan）

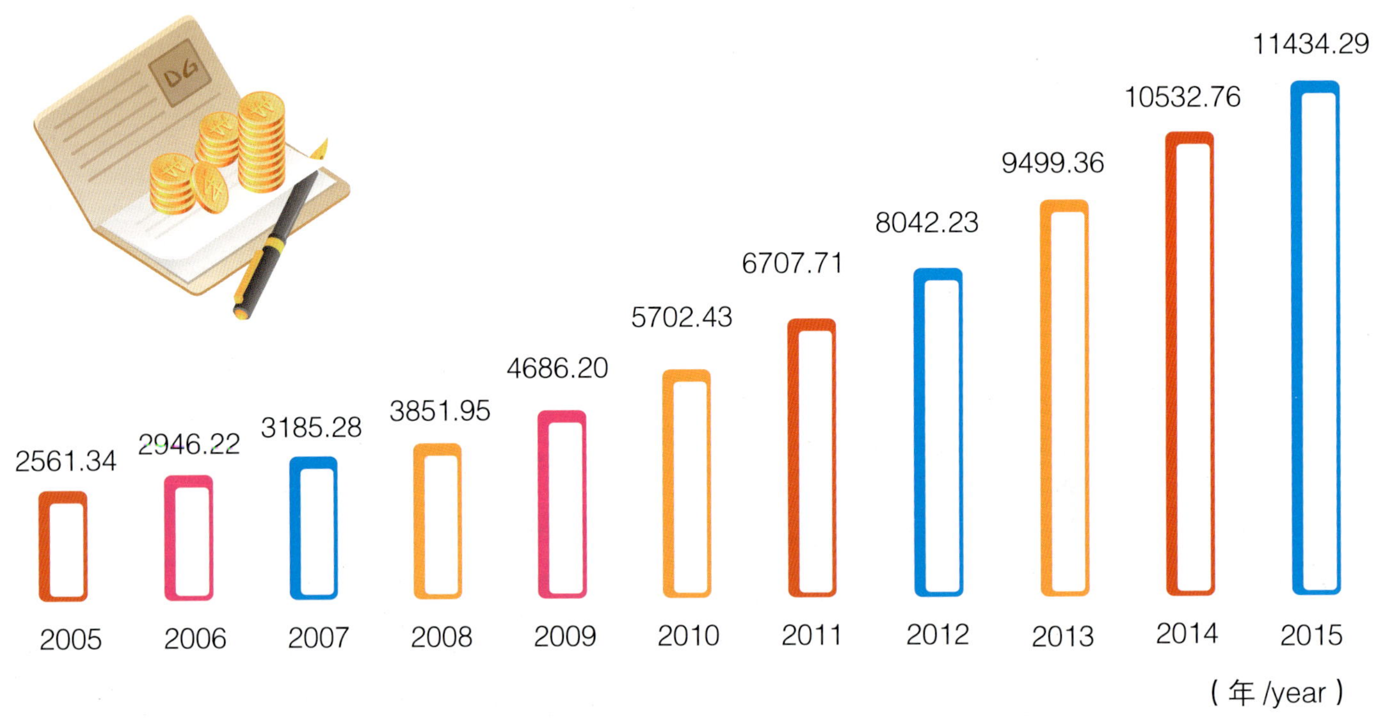

说明：根据中国人民银行南宁中心支行报表的调整，自 2011 年起，本图表中原指标“城乡居民储蓄存款”改为“个人存款”。

Note: Accroding to the reports adjustment of the Central Branch in Nanning of the People's Bank of China, the indicator “Urban & Rural Saving Deposits” has changde into “Personal Deposits” since 2011.

物价指数（上年 =100）

Price Indices（preceding year = 100）

居民消费价格指数（上年=100）

Consumer Price Index （preceding year = 100）

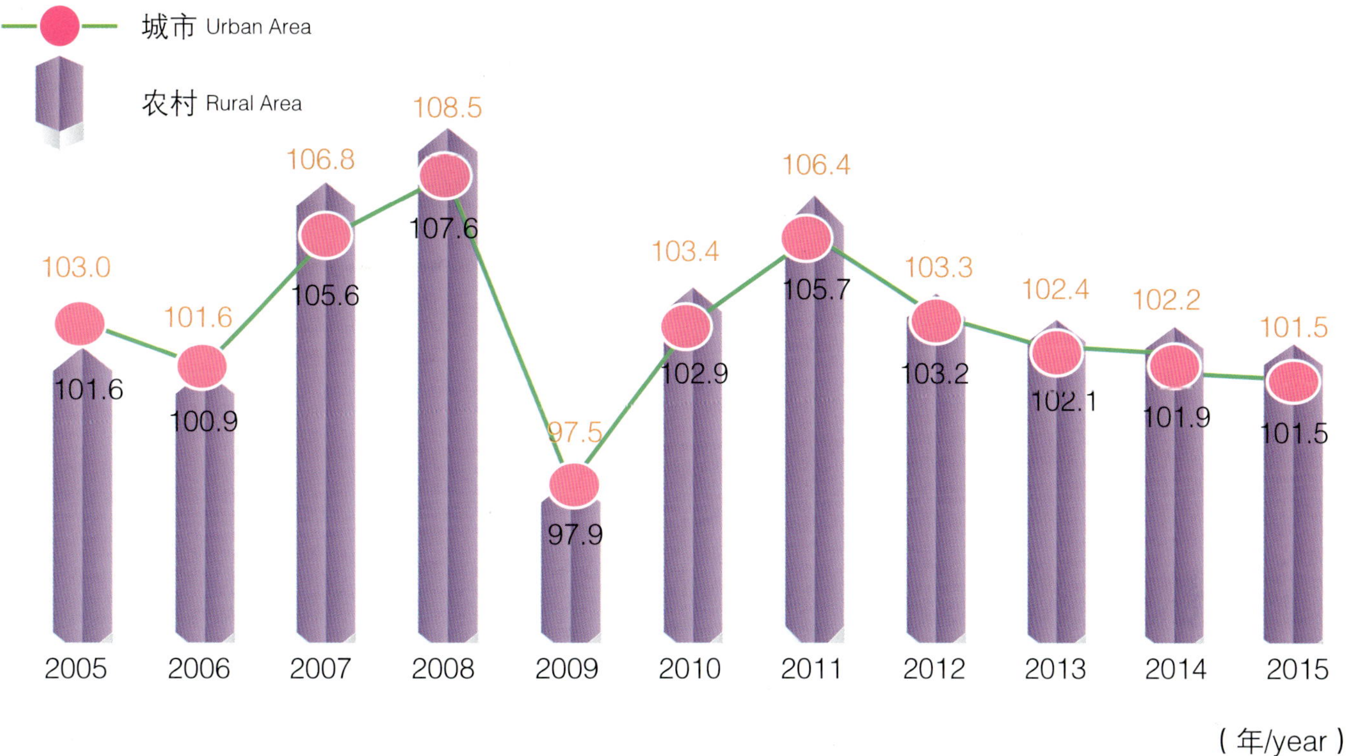

工业生产者出厂价格指数、工业生产者购进价格指数（上年=100）

Producer Price Indices for Industrial Products, Purchasing Price Indices for Industrial Producers （preceding year = 100）

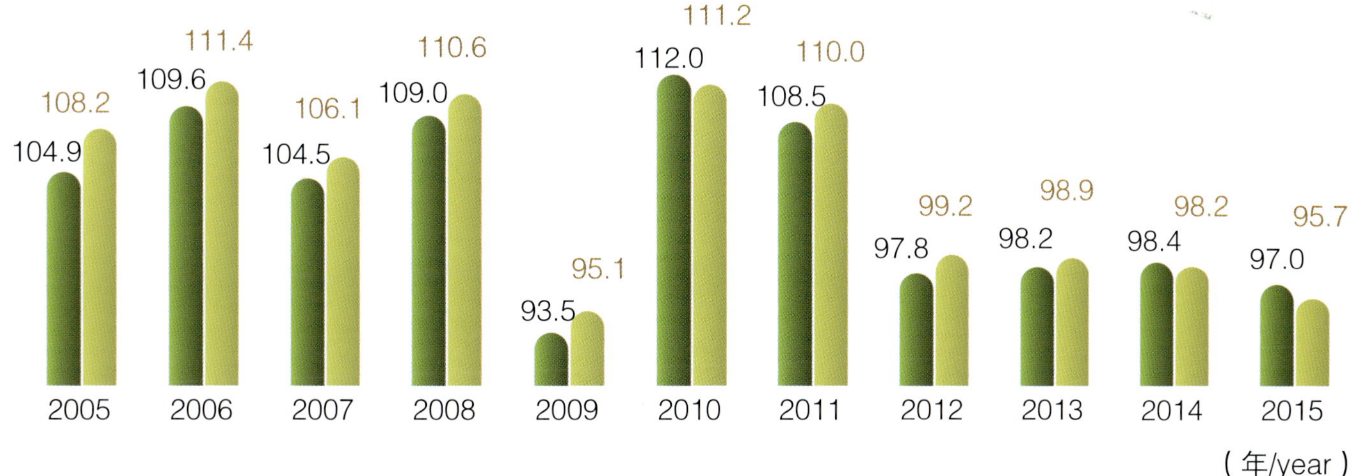

城镇居民人均可支配收入（元）

Per Capita Annual Disposable Income of Urban Households （yuan）

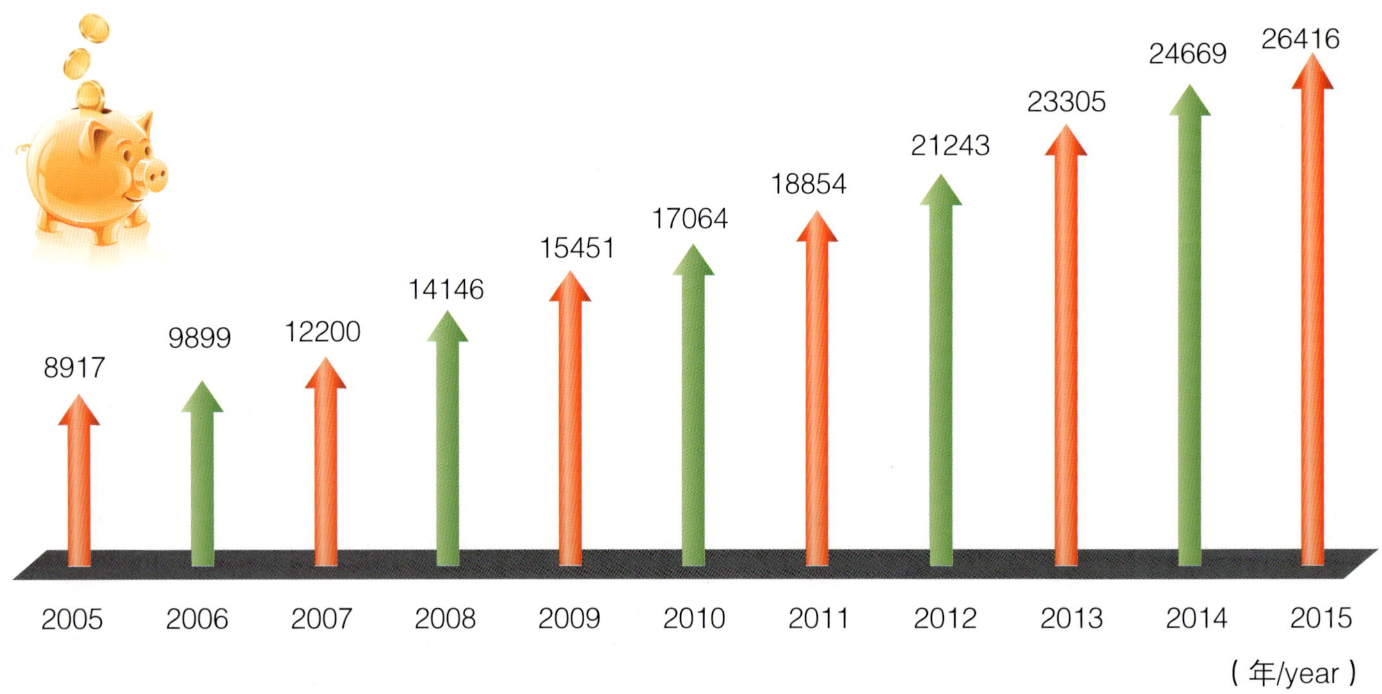

2015年城乡居民人均消费构成（%）

Composition of Per Capita Annual Consumption Expenditure of Urban & Rural Households in 2015（%）

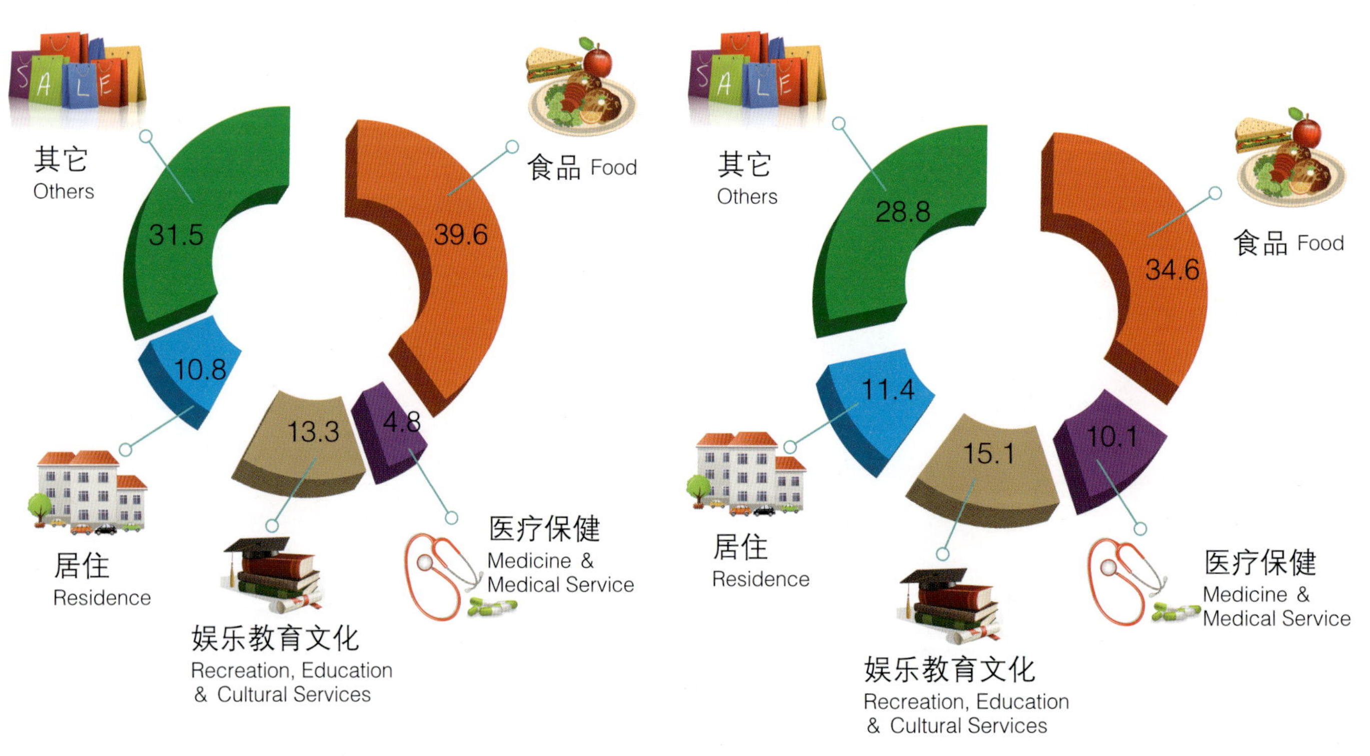

城镇居民人均消费构成
Composition of Per Capita Annual Consumption Expenditure of Urban Households

农民人均消费构成
Composition of Per Capita Annual Consumption Expenditure of Rural Households

农民人均纯收入（元）

Per Capita Annual Net Income of Rural Households （yuan）

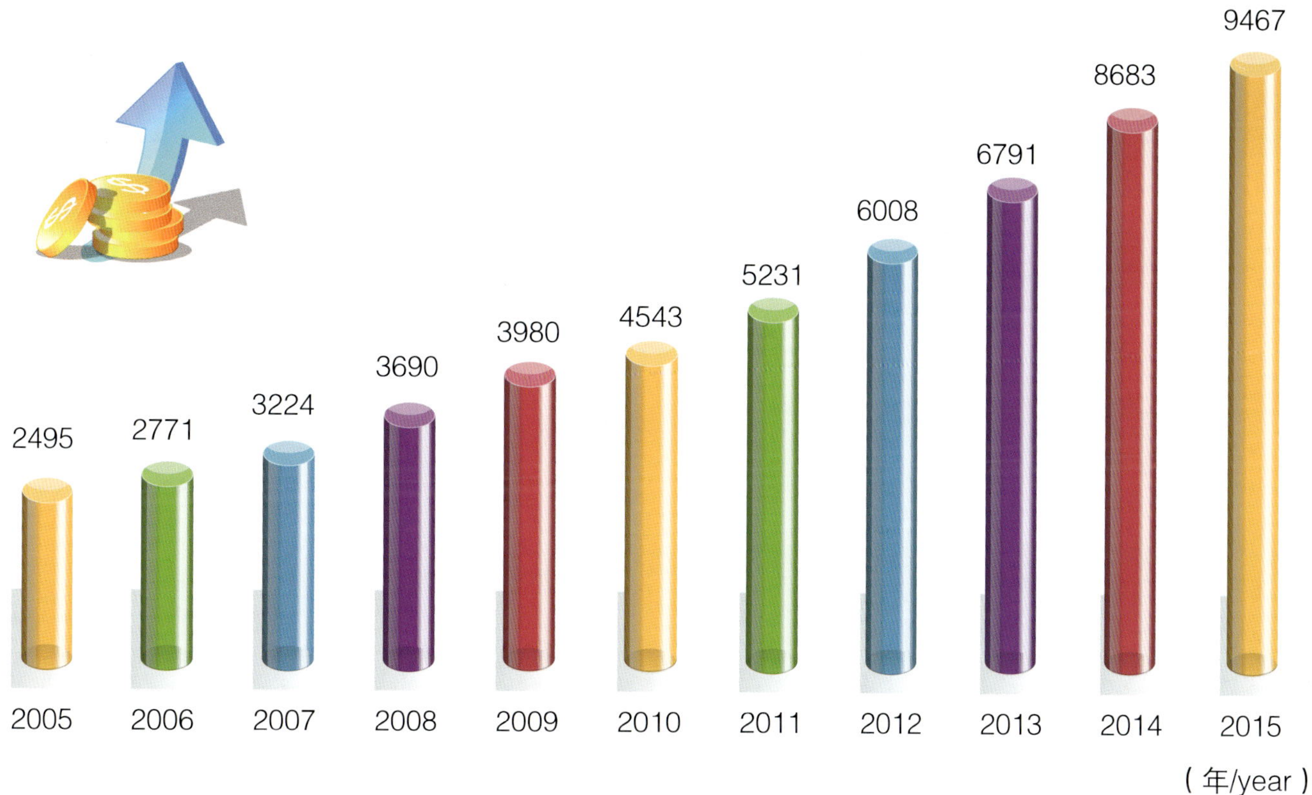

说明：2015年起为农民人均可支配收入。

Note: The data is "per capita disposable income of rural households" since 2015.

污染治理投资完成额（亿元）

Completed Investment in Pollution Treatment Projects（100 million yuan）

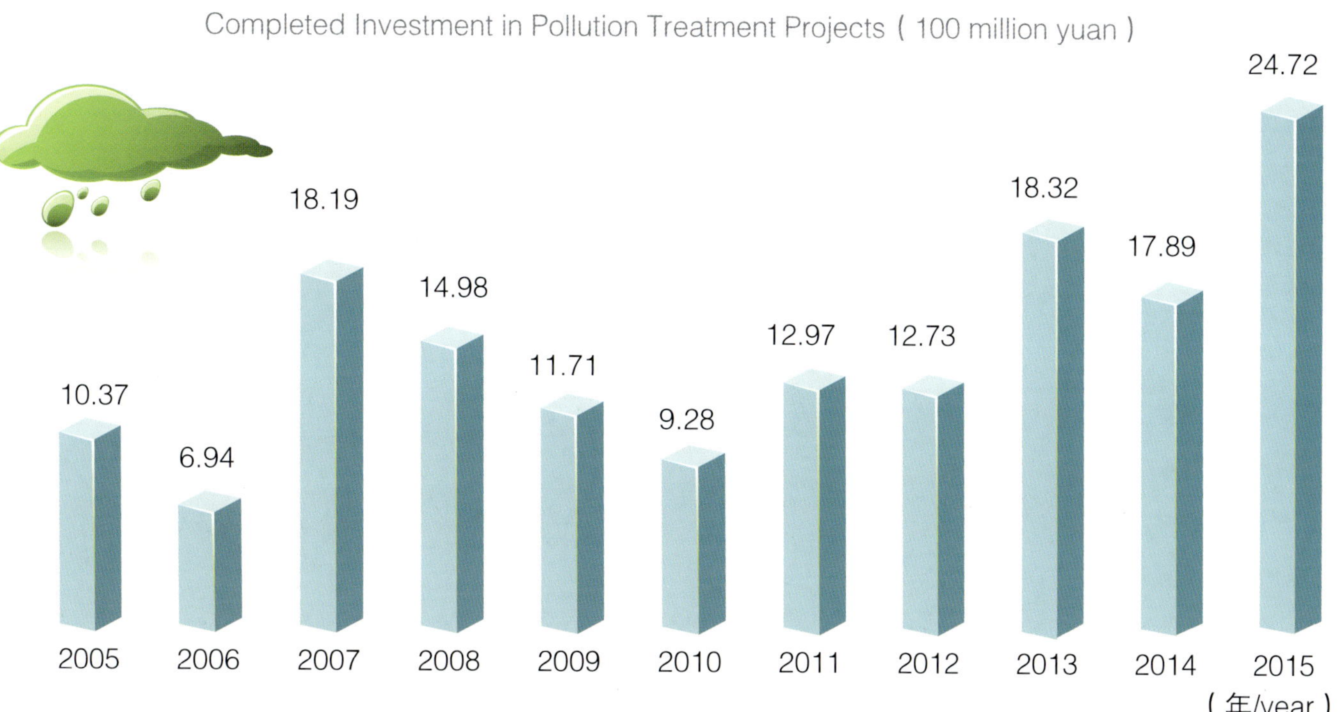

公园绿地面积（公顷）

Park Green Area （ hectare ）

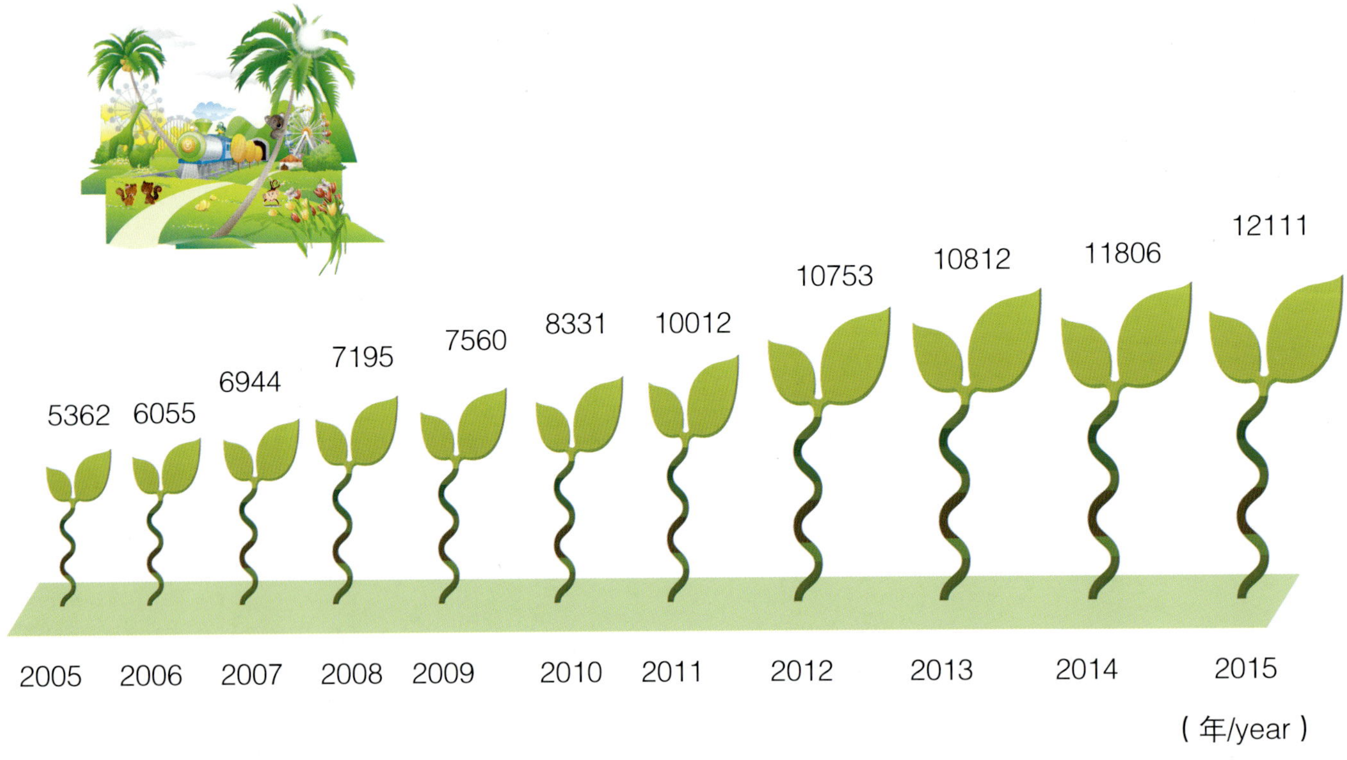

污水处理能力（万立方米/日）

Treatment Capacity of Pol luted Water （10 000 cu.m/day）

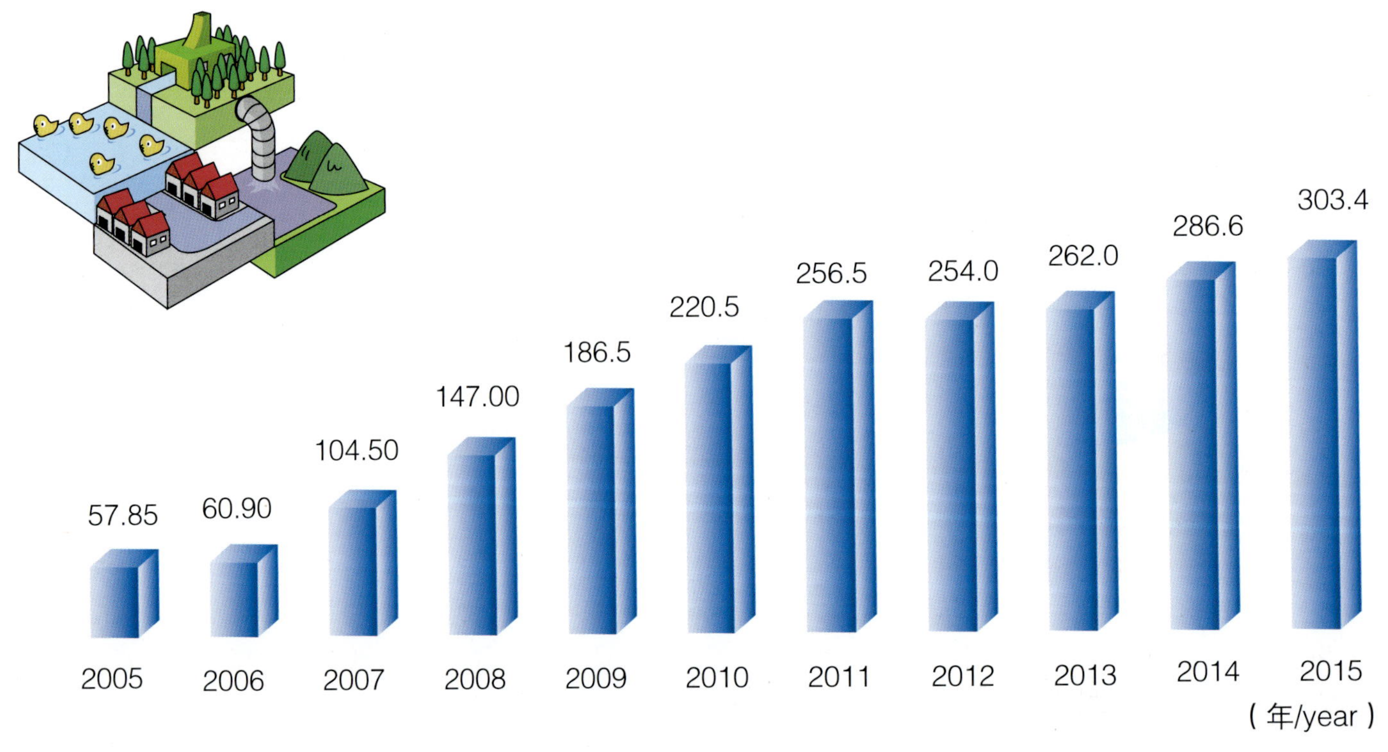

农林牧渔业总产值（当年价，亿元）

Gross Output Value of Farming,Forestry,Animal Husbandry & Fishery
(at current prices,100 million yuan)

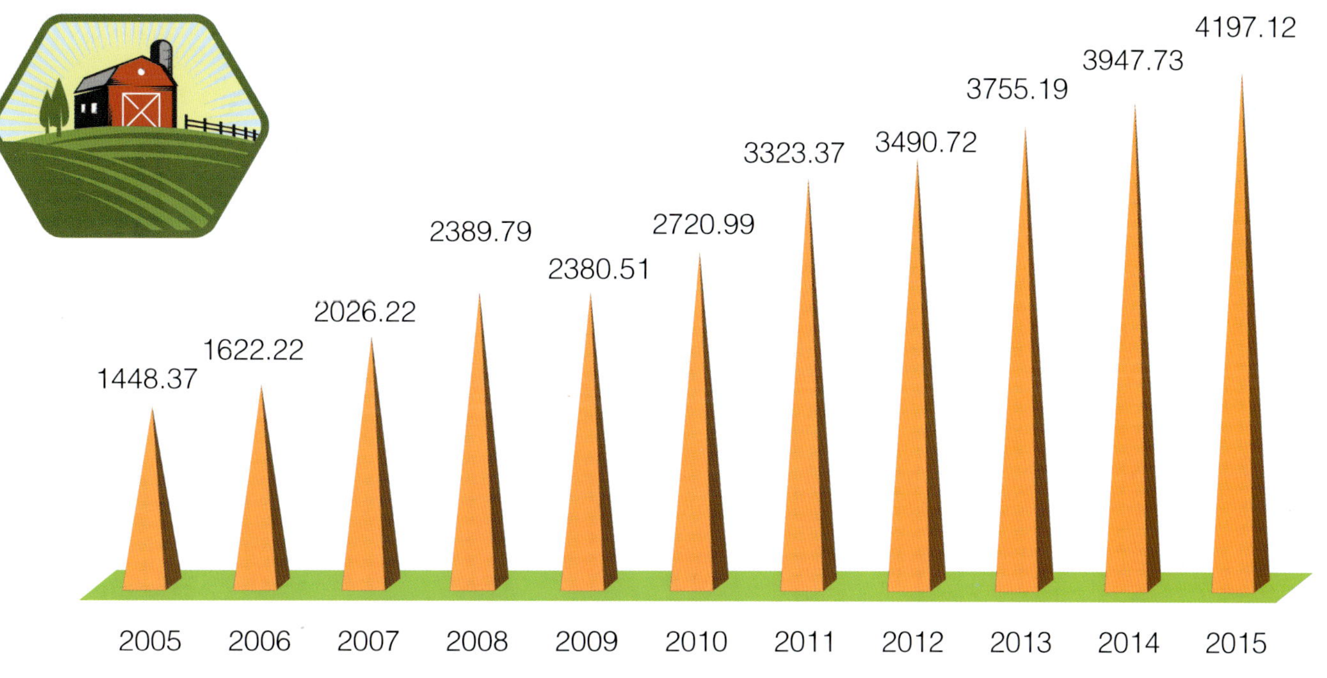

农林牧渔业总产值构成（%）

Composition of Gross Output Value of Farming,Forestry,Animal Husbandry & Fishery（%）

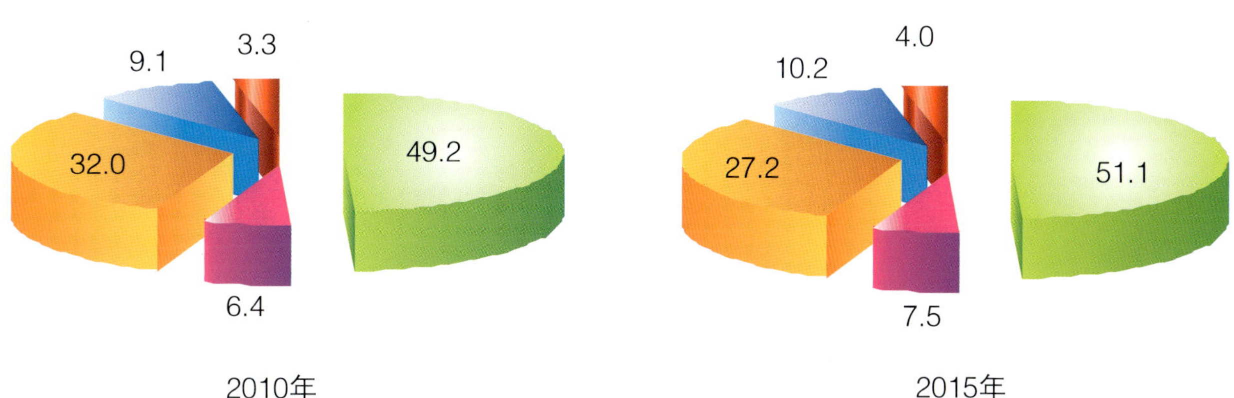

人均农产品产量（公斤）

Per Capita Major Agricultural Products (kg)

粮食 Grain
甘蔗 Sugarcane
园林水果 Fruits
猪牛羊肉 Meat
水产品 Aquatic Products

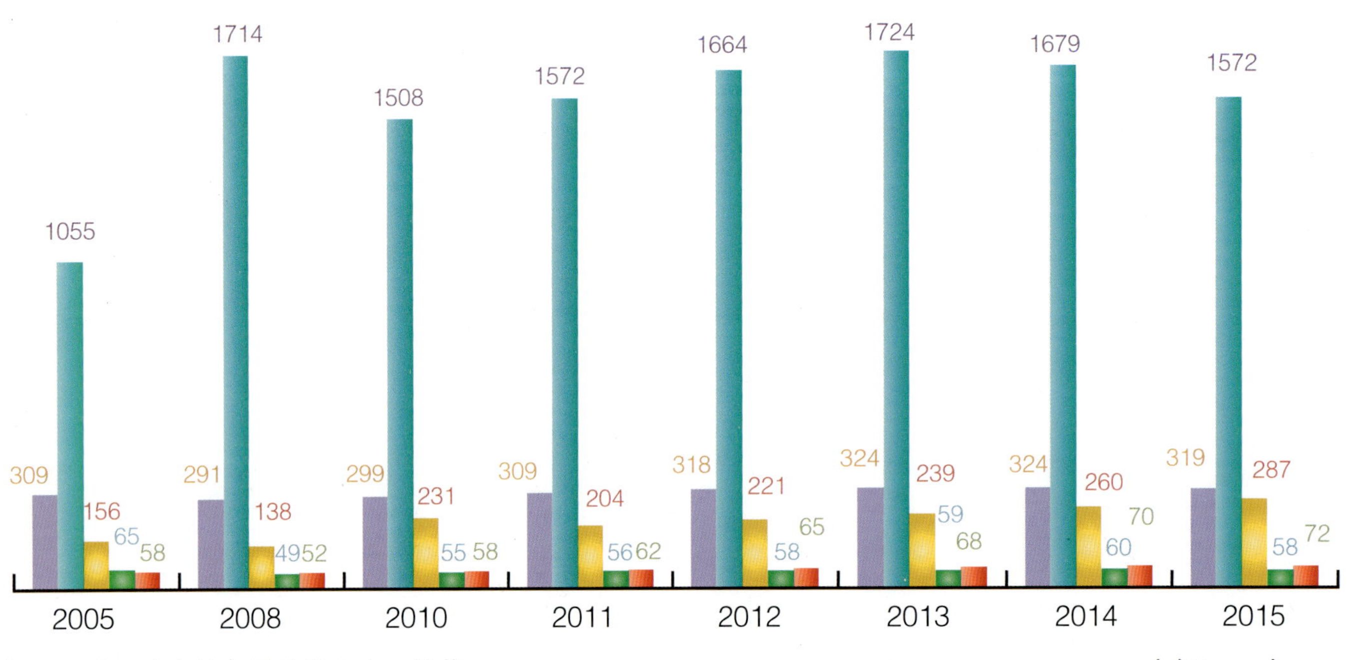

注：本表按年平均常住人口计算。

Note: The data is calculated by the annual everage permanent population.

全部工业总产值（当年价，亿元）

All Included Gross Industrial Output Value
(At Current Prices,100 million yuan)

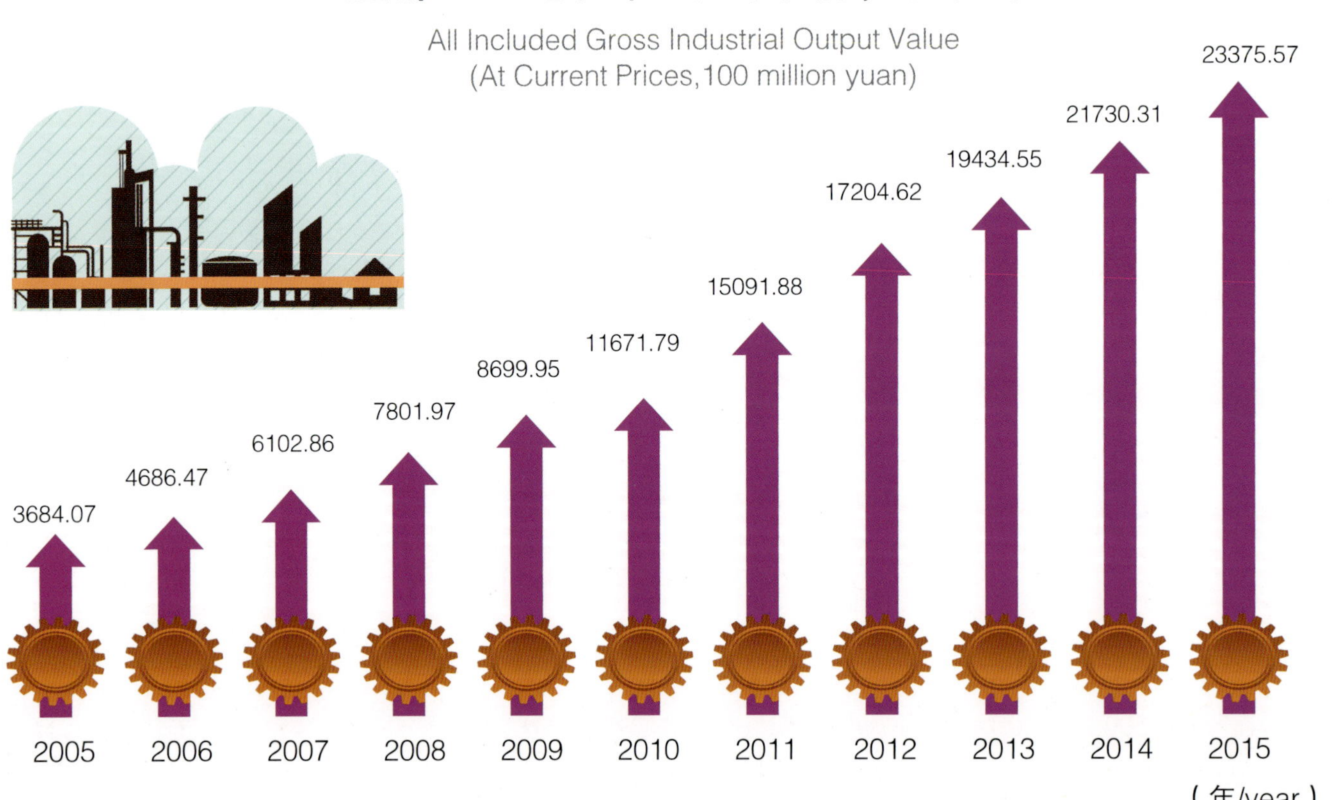

规模以上工业利润总额（亿元）

Total Profits of Industrial Enterprises above Designated Size (100 million yuan)

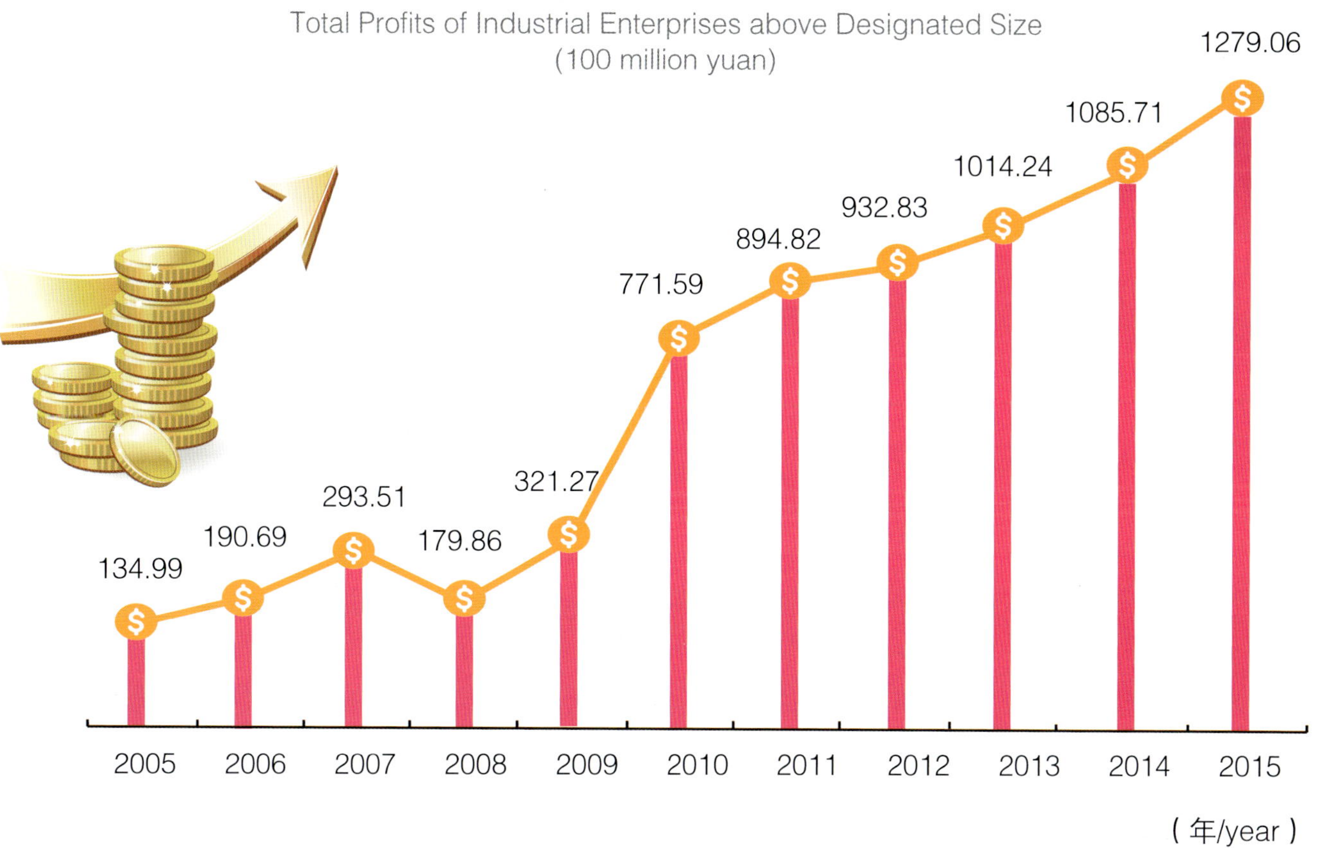

建筑业总产值（三级及三级以上，亿元）

Gross Output Value of Construction Enterprises (Third & Higher Grade, 100 million yuan)

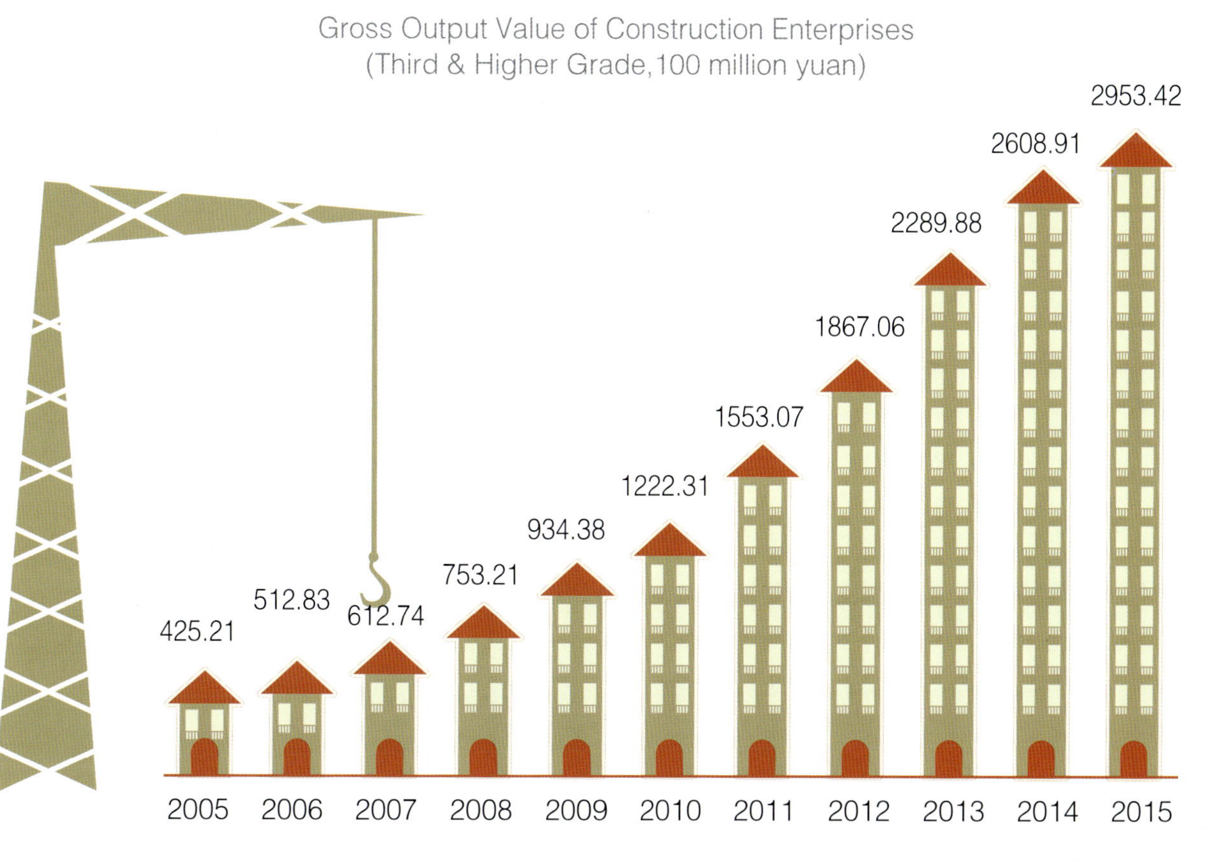

建筑业从业人员（三级及三级以上企业，万人）

Number of Employed Persons in Construction Enterprises
(Third & Higher Grade，10 000 persons)

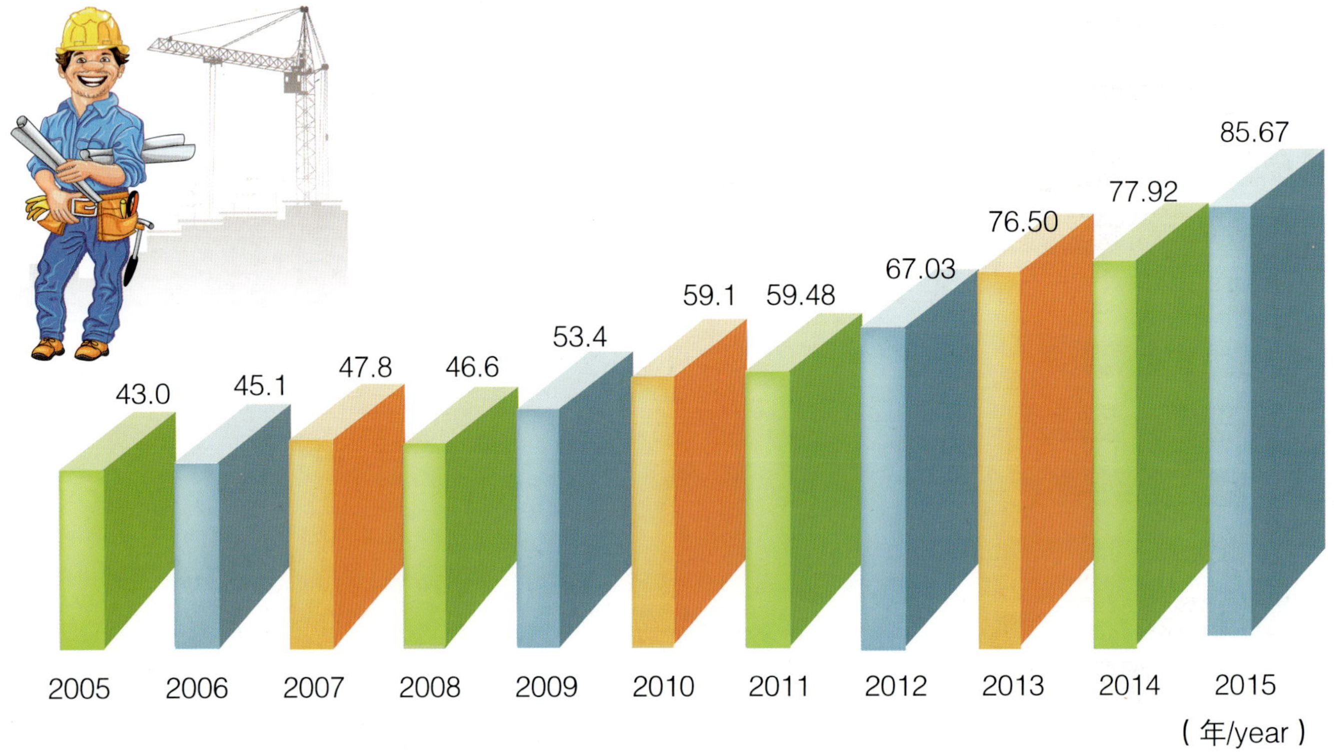

客货运输量

Total Passenger & Freight Traffic

客运量（亿人） Passenger Traffic (100 million persons)

货运量（亿吨） Freight Traffic (100 million tons)

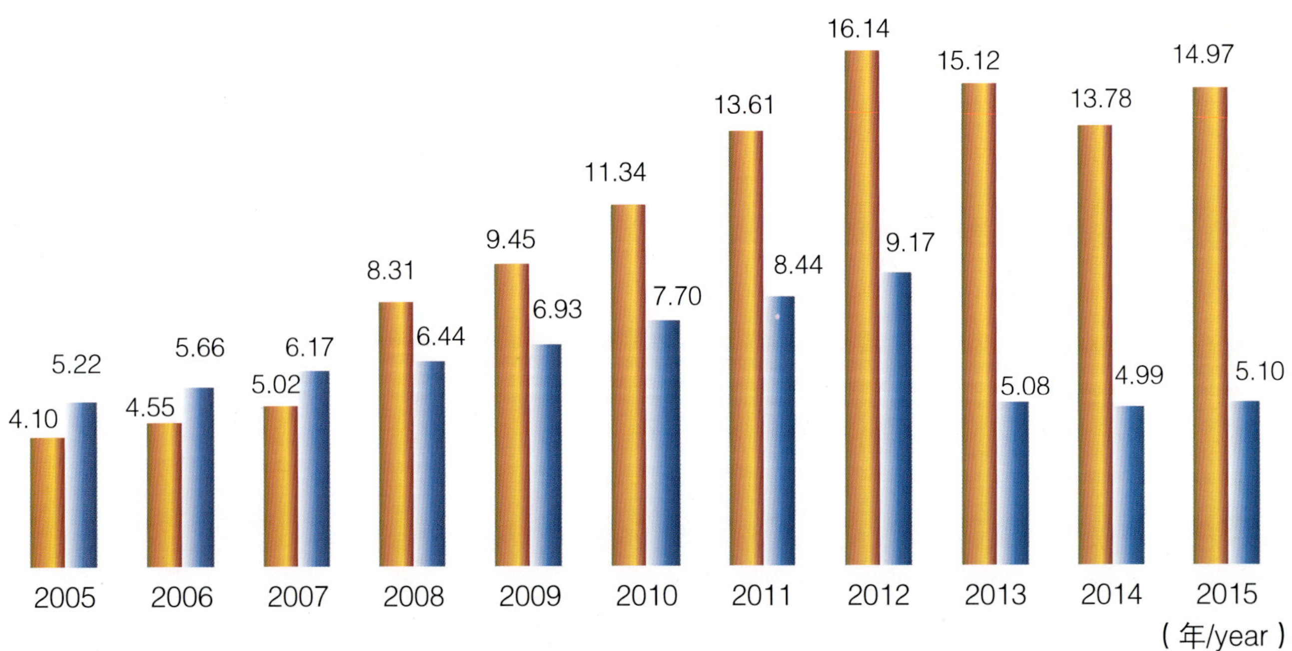

高速公路里程（公里）

Lenth of Expressway (km)

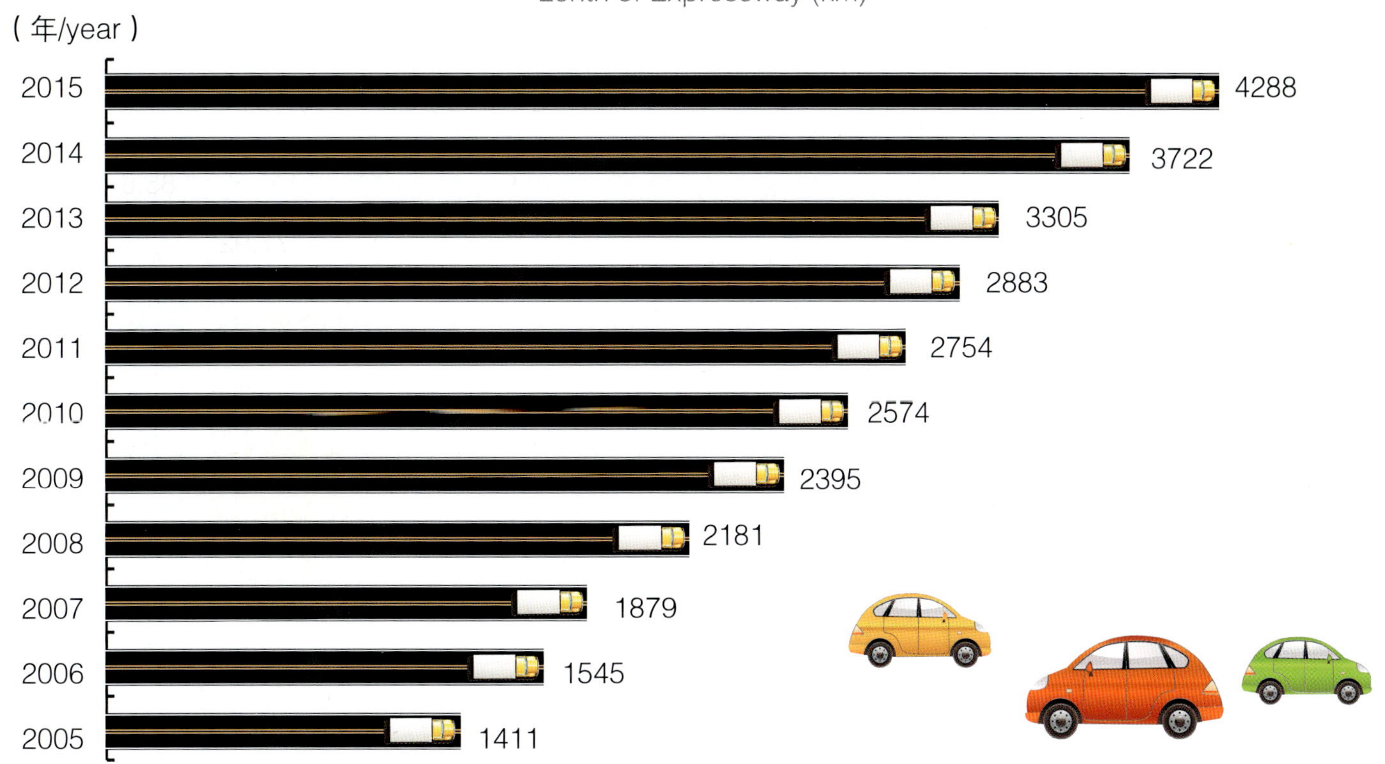

平均每万人拥有电话机（部）

Average Number of Telephone Subscribers per 10 000 Persons Owned (set)

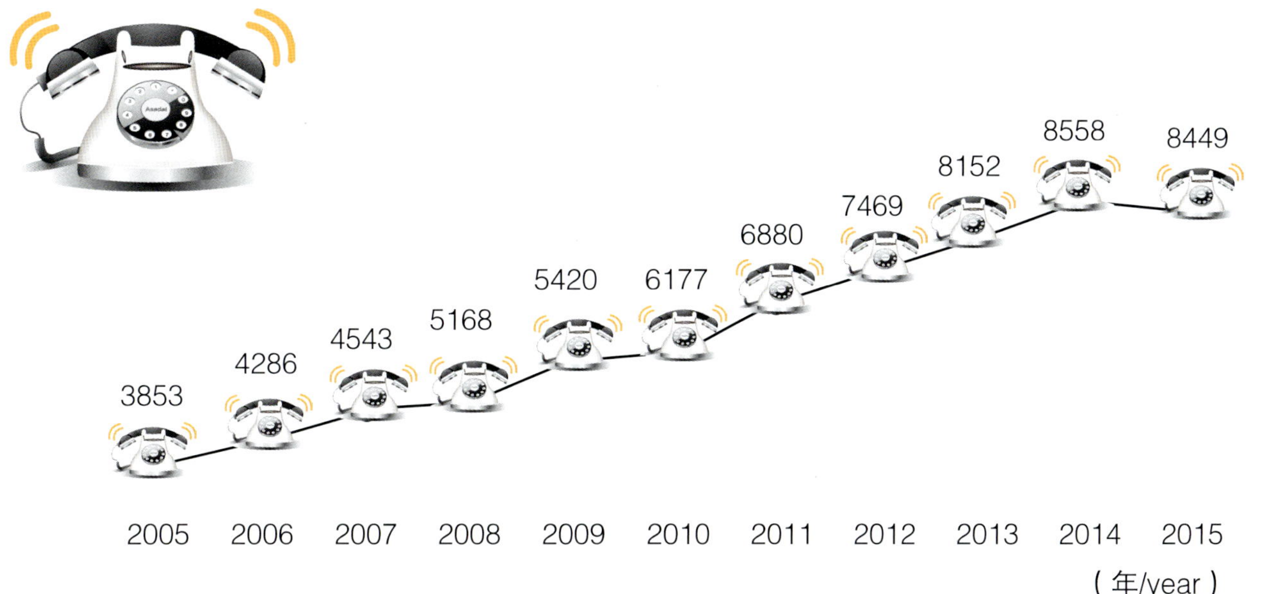

每万人在校大学生（人）

Number of University & College Students per 10 000 Persons (person)

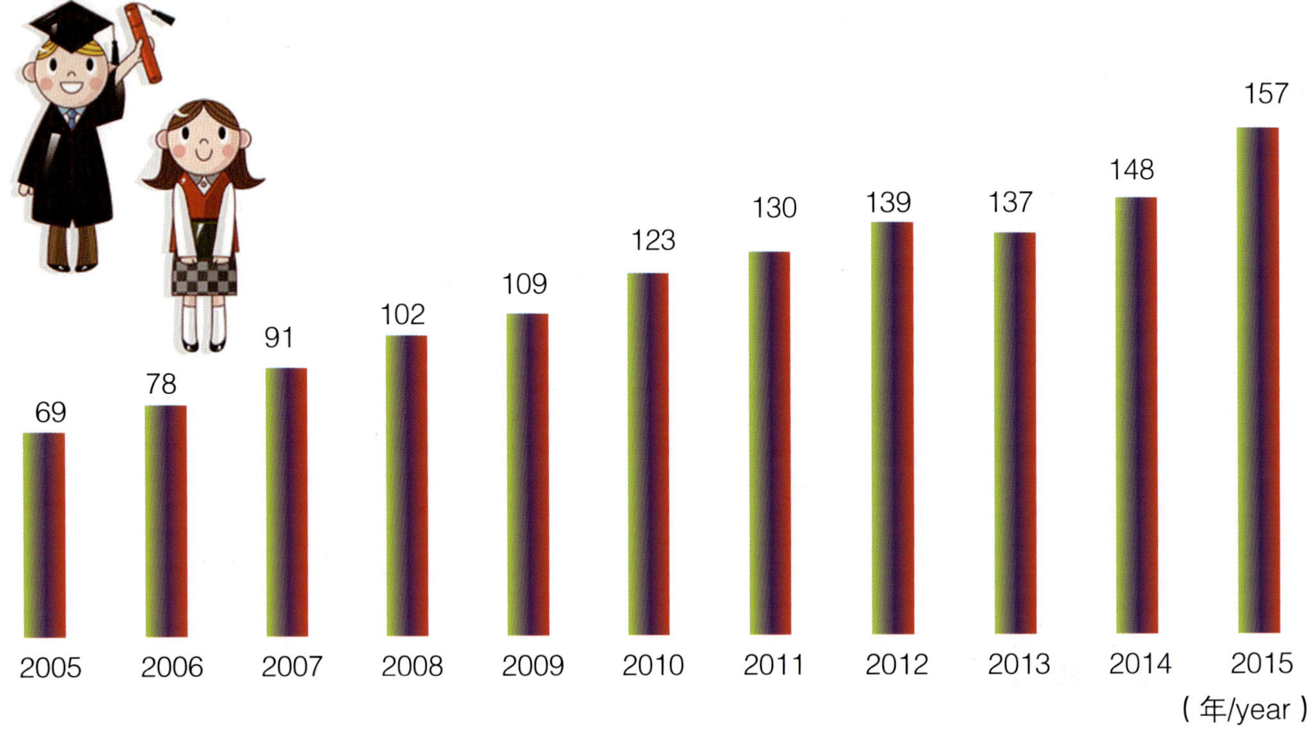

科技活动人员（万人）

Number of Persons Engaged in Scientific & Technological Activities(10 000 persons)

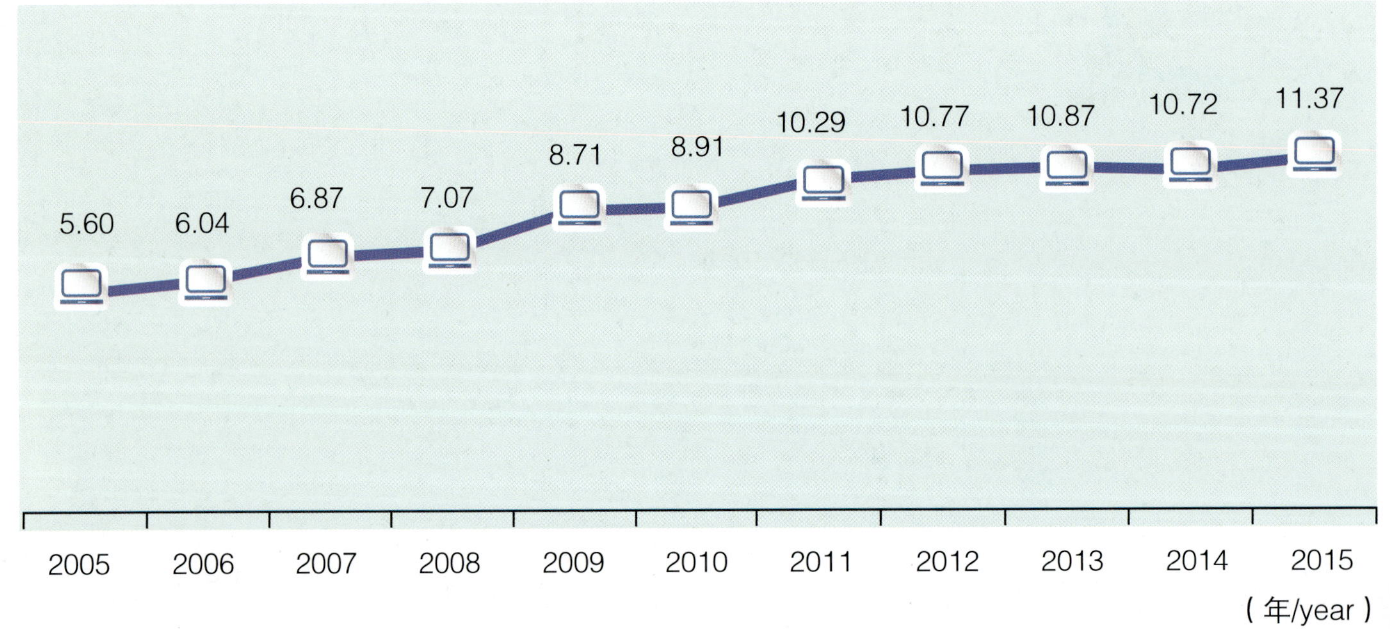

报纸、图书出版数量

Number of Pulications of Newspaper & Books

报纸出版（万份） Number of Publications of Newspaper (10 000 copies)

图书出版（万册） Number of Publications of Books (10 000 copies)

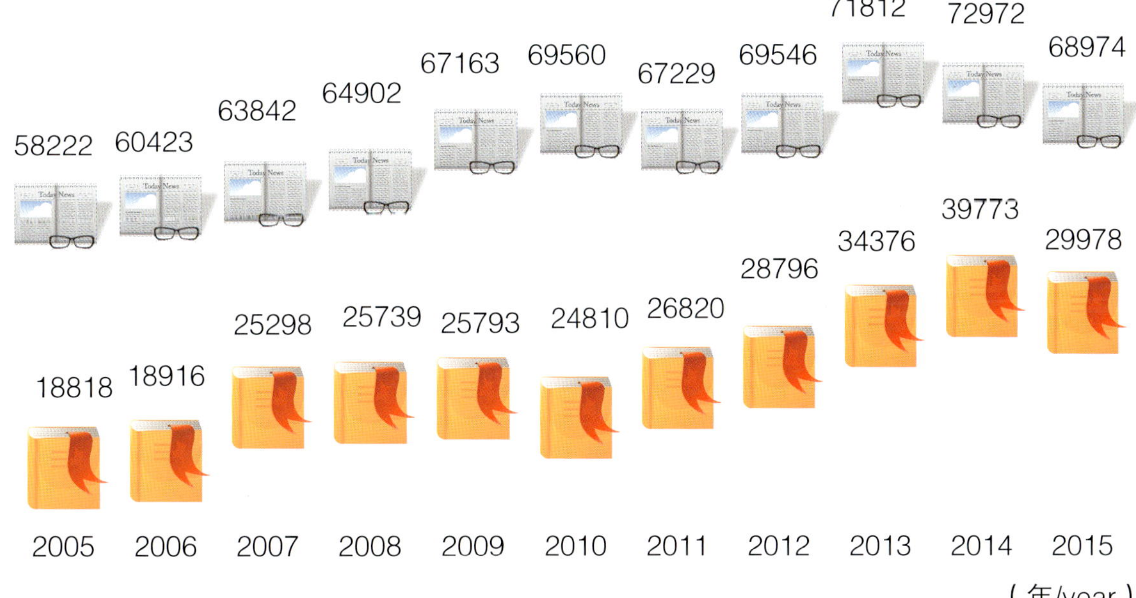

每万人医院、卫生院病床（张）

Number of Hospital Beds per 10 000 Persons (bed)

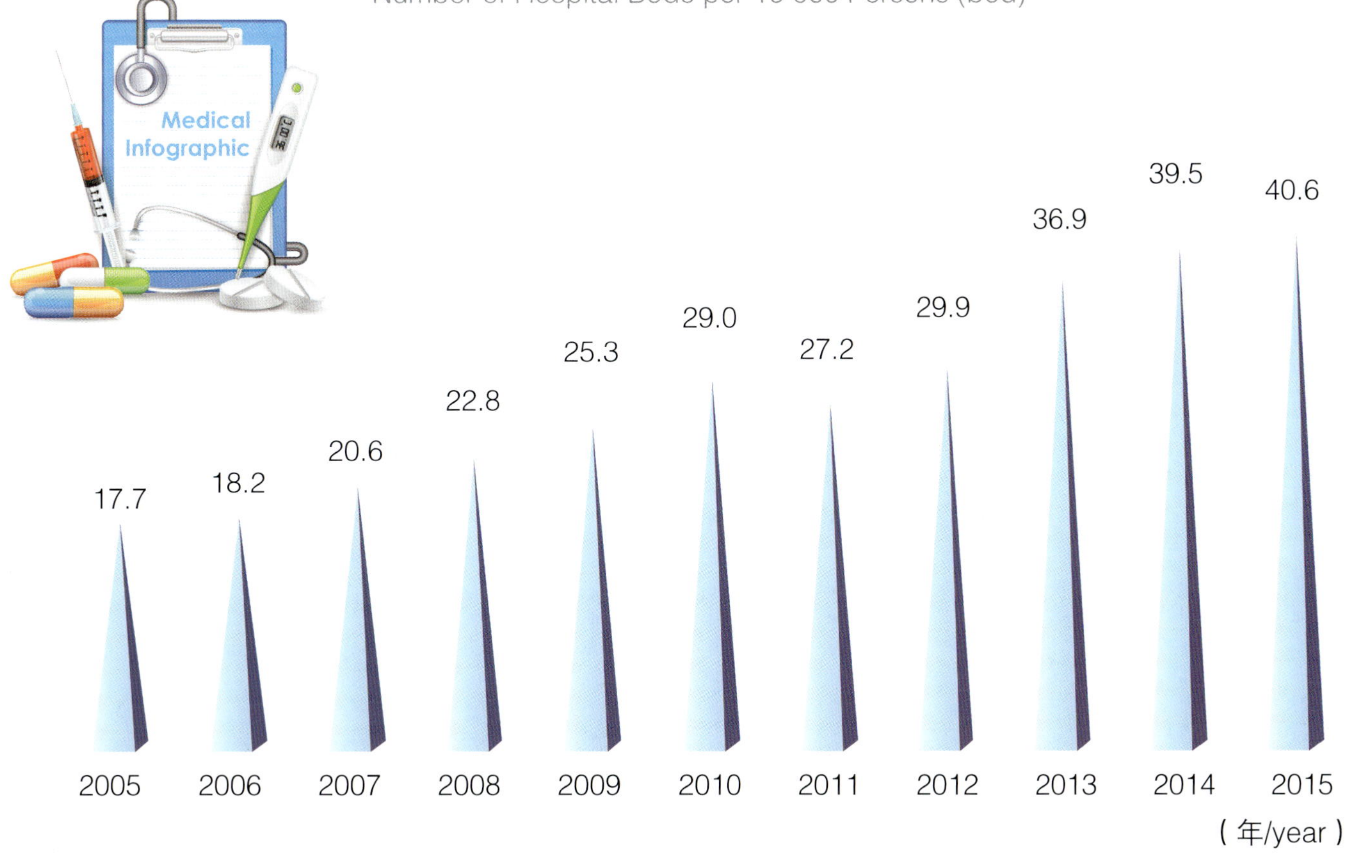

每万人卫生技术人员（人）

Number of Medical Technical Personnnel per 10 000 Persons (person)

城乡居民生活最低保障人数（万人）

Population Receiving Lowest Cost-of-Living in Urban & Rural Area (10 000 persons)

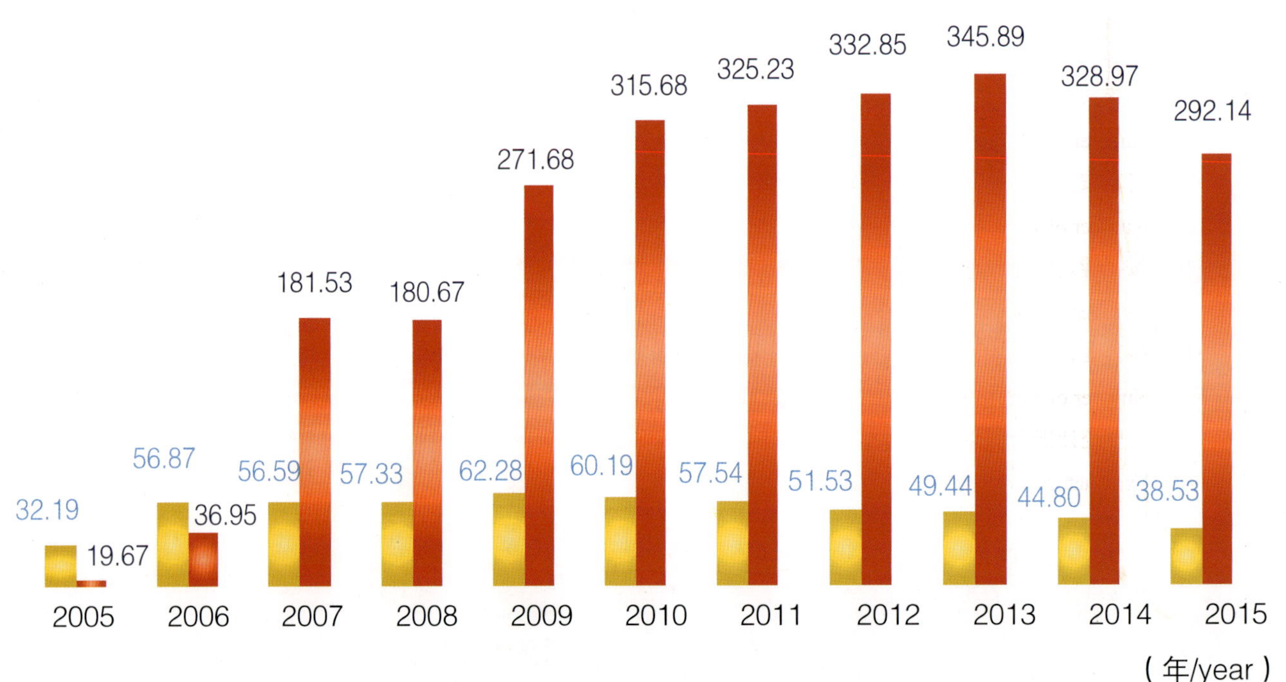

目　　录

CONTENTS

第一篇　综　合

CHAPTER 1　GENERAL SURVEY

第二篇　人　口

CHAPTER 2　POPULATION

第三篇　国民经济核算

CHAPTER 3　NATIONAL ECONOMIC ACCOUNTING

第五篇　物　价

CHAPTER 5　PRICE

第六篇　人民生活

CHAPTER 6　PEOPLE'S LIVELIHOOD

第七篇 财政、金融和保险
CHAPTER 7 FINANCE, BANKING & INSURANCE

第八篇 资源与环境

CHAPTER 8 NATURAL RESOURCES & ENVIRONMENT

第九篇　能源生产与消费

CHAPTER 9　ENERGY PRODUCTION & CONSUMPTION

第十篇　固定资产投资

CHAPTER 10　INVESTMENT IN FIXED ASSETS

第十三篇 农 业

CHAPTER 13 AGRICULTURE

第十五篇　建筑业
CHAPTER 15　CONSTRUCTION

第十六篇　批发和零售业
CHAPTER 16　WHOLESALE & RETAIL TRADES

第十七篇　住宿餐饮业和旅游

CHAPTER 17　HOTELS,CATERING SERVICES & TOURISM

第十八篇　交通、运输和邮电通信业

CHAPTER 18　TRANSPORTATION,POSTAL & TELECOMMUNICATION SERVICES

第十九篇 教育、科技和文化

CHAPTER 19 EDUCATION,SCIENCE,TECHNOLOGY & CULTURE

第二十一篇　区域经济

CHAPTER 21　ECONOMIC ZONES

第二十二篇　各市基本情况

HAPTER 22　BASIC STATISTICS OF CITIES

第二十三篇　县（市、区）基本情况

HAPTER 23　BASIC STATISTICS OF COUNTIES（CITIES, DISTRICTS）

附　录

GENERAL SURVEY

第一篇

综合

GENERAL SURVEY

（编辑：沈环宇）

1—1 行政区划（2015年末）
Division of Administrative Areas（End of 2015）

单位：个 (unit)

年份 Year	地级单位合计 Number of Prefectures	县级单位合计 Number of Prefectures	市辖区 Districts under the Jurisdiction of Cities	县级市 Cities at County Level	县 County	自治县 Autono- mous County
1978	14	84	2	2	73	7
1980	14	99	17	2	73	7
1985	14	110	22	6	73	9
1990	14	111	21	7	71	12
1995	14	117	28	9	68	12
2000	14	120	29	10	69	12
2001	14	119	28	10	69	12
2002	14	115	32	7	64	12
2003	14	109	33	7	57	12
2004	14	109	33	7	57	12
2005	14	109	34	7	56	12
2006	14	109	34	7	56	12
2007	14	109	34	7	56	12
2008	14	109	34	7	56	12
2009	14	109	34	7	56	12
2010	14	109	34	7	56	12
2011	14	109	34	7	56	12
2012	14	109	34	7	56	12
2013	14	110	36	7	55	12
2014	14	110	36	7	55	12
2015	14	110	37	8	53	12

注：本表资料由自治区民政厅提供。

Note: The data in this table is provided by Guangxi Civil Bureau.

1－1 续表 1 continued

单位：个 (unit)

年 份 Year	乡镇级单位合计 Number of Prefectures	镇 Town	乡 Township	民族乡 Nationlity Township	街道办事处 Urban Sub-district Office	居民委员会 Neighbourhood Committees	村民委员会 Village Committees
1978		66					
1980							
1985	1248	265	962	60	21	937	13873
1990	1412	359	1012	58	41	1154	76073
1995	1442	627	738	60	77	1233	28243
2000	1422	745	616	63	61	1250	14750
2001	1410	749	598	61	63	1261	14743
2002	1388	750	576	61	62	1555	14443
2003	1395	748	576	61	71	1621	14398
2004	1396	748	576	61	72	1611	14333
2005	1232	700	426	61	106	1644	14359
2006	1230	700	426	58	104	1649	14363
2007	1230	702	424	58	104	1648	14361
2008	1230	702	424	58	104	1701	14353
2009	1232	702	424	58	106	1701	14345
2010	1234	702	424	58	108	1714	14355
2011	1235	702	424	58	109	1725	14336
2012	1243	715	411	58	117	1791	14345
2013	1247	722	405	59	120	1835	14313
2014	1243	773	350	59	120	1891	14323
2015	1251	773	350	59	128	1924	14273

1－1 续表2 continued

单位：个 (unit)

地　区	Region	地级单位合计 Number of Prefectures	县级单位合计 Number of Prefectures	市辖区 Districts under the Jurisdiction of Cities	县级市 Cities at County Level	县 County	自治县 Autono- mous County
全区合计	**Total**	**14**	**110**	**37**	**8**	**53**	**12**
南宁市	Nanning	1	12	7	0	5	0
柳州市	Liuzhou	1	10	4	0	4	2
桂林市	Guilin	1	17	6	0	9	2
梧州市	Wuzhou	1	7	3	1	3	0
北海市	Beihai	1	4	3	0	1	0
防城港市	Fangchenggang	1	4	2	1	1	0
钦州市	Qinzhou	1	4	2	0	2	0
贵港市	Guigang	1	5	3	1	1	0
玉林市	Yulin	1	7	2	1	4	0
百色市	Baise	1	12	1	1	9	1
贺州市	Hezhou	1	4	1	0	2	1
河池市	Hechi	1	11	1	1	4	5
来宾市	Laibin	1	6	1	1	3	1
崇左市	Chongzuo	1	7	1	1	5	0

注：本表资料由自治区民政厅提供。
Note: The data in this table is provided by Guangxi Civil Bureau.

1－1 续表3 continued

单位：个 (unit)

地 区	Region	乡镇级单位合计 Number of Prefectures	镇 Town	乡 Township	民族乡 Nationlity Township	街道办事处 Urban Sub-district Office	居民委员会 Neighbourhood Committees	村民委员会 Village Committees
全区合计	**Total**	**1251**	**773**	**350**	**59**	**128**	**1924**	**14273**
南宁市	Nanning	127	86	16	3	25	377	1383
柳州市	Liuzhou	117	50	36	6	31	278	938
桂林市	Guilin	147	81	53	15	13	229	1654
梧州市	Wuzhou	67	53	5	2	9	136	861
北海市	Beihai	30	21	2	0	7	85	342
防城港市	Fangchenggang	30	16	7	2	7	44	285
钦州市	Qinzhou	66	54	0	0	12	98	932
贵港市	Guigang	74	55	17	2	2	78	1074
玉林市	Yulin	110	102	0	0	8	163	1329
百色市	Baise	135	70	63	13	2	76	1797
贺州市	Hezhou	61	46	11	5	4	48	707
河池市	Hechi	139	61	77	11	1	148	1497
来宾市	Laibin	70	38	28	0	4	72	720
崇左市	Chongzuo	78	40	35	0	3	92	754

1—2 县级以上行政区划（2015年末）
Division of Administrative Areas at & above County Level（End of 2015）

市	City	县（市、区）名称	Name of County (City, District) Level
南宁市	Nanning	兴宁区 青秀区 江南区 西乡塘区 良庆区 邕宁区 武鸣县 隆安县 马山县 上林县 宾阳县 横　县	Xingning, QingXiu, Jiangnan, Xixiangtang, Liangqing, Yongning, Wuming,Long'an,Mashan,Shanglin,Binyang,Hengxian
柳州市	Liuzhou	城中区 鱼峰区 柳南区 柳北区 柳江县 柳城县 鹿寨县 融安县 融水苗族自治县 三江侗族自治县	Chengzhong, Yufeng, Liunan, Liubei, Liujiang, Liucheng, Luzhai, Rong'an, Rongshui Miao Automous County, Sanjiang Dong Automous County
桂林市	Guilin	秀峰区 叠彩区 象山区 七星区 雁山区 临桂区 阳朔县 灵川县 全州县 兴安县 永福县 灌阳县 龙胜各族自治县 资源县 平乐县 荔浦县 恭城瑶族自治县	Xiufeng, Diecai, Xiangshan, Qixing, Yanshan, Lingui, Yangshuo, Lingchuan, Quanzhou, Xing'an, Yongfu, Guanyang, Longsheng all of Nationality Automous County, Ziyuan, Pingle, Lipu, Gongcheng Yao Automous County
梧州市	Wuzhou	万秀区 长洲区 龙圩区 苍梧县 藤　县 蒙山县 岑溪市	Wanxiu, Changzhou, Longxu, Cangwu, Tengxian, Mengshan, Cenqi
北海市	Beihai	海城区 银海区 铁山港区 合浦县	Haicheng, Yinhai, Tieshangang, Hepu
防城港市	Fangchenggang	港口区 防城区 上思县 东兴市	Gangkou, Fangcheng, Shangsi, Dongxing
钦州市	Qinzhou	钦南区 钦北区 灵山县 浦北县	Qinnan, Qinbei, Lingshan, Pubei
贵港市	Guigang	港北区 港南区 覃塘区 平南县 桂平市	Gangbei, Gangnan, Qintang, Pingnan, Guiping
玉林市	Yulin	玉州区 福绵区 容　县 陆川县 博白县 兴业县 北流市	Yuzhou, Fumian, Rongxian, Luchuan, Bobai, Xingye, Beiliu
百色市	Baise	右江区 田阳县 田东县 平果县 德保县 那坡县 凌云县 乐业县 田林县 西林县 隆林各族自治县 靖西市	Youjiang, Tianyang, Tiandong, Pingguo, Debao, Napo, Lingyun, Leye, Tianlin, Xilin,Longlin all of Nationality Automous County, Jingxi
贺州市	Hezhou	八步区 昭平县 钟山县 富川瑶族自治县	Babu, Zhaoping, Zhongshan, Fuchuan Yao Automous County
河池市	Hechi	金城江区 南丹县 天峨县 凤山县 东兰县 罗城仫佬族自治县 环江毛南族自治县 巴马瑶族自治县 都安瑶族自治县 大化瑶族自治县 宜州市	Jinchengjiang, Nandan, Tian'e, Fengshan, Donglan, Luocheng Mulao Automous County, Huanjiang Maonan Automous County, Bama Yao Automous County, Du'an Yao Automous County, Dahua Yao Automous County, Yizhou
来宾市	Laibin	兴宾区 忻城县 象州县 武宣县 金秀瑶族自治县 合山市	Xingbin, Xincheng,Xiangzhou, Wuxuan, Jinxiu Yao Automous County,Heshan
崇左市	Chongzuo	江州区 扶绥县 大新县 天等县 宁明县 龙州县 凭祥市	Jiangzhou, Fusui,Ningming,Longzhou,Daxin,Tiandeng,Pingxiang

注：本表资料由自治区民政厅提供。
Note: The data in this table is provided by Guangxi Civil Bureau.

1—3 主要年份国民经济和社会发展主要指标
Major Indicators on National Economic & Social Development in Main Years

指 标	Indicators	2000	2005	2010	2012	2013	2014	2015
人口与就业	**Population & Employment**							
人 口（万人）	**Population(10 000 persons)**							
年末总人口	Year-end Population	4751	4925	5159	5240	5282	5475	5518
男性	Male	2484	2587	2708	2759	2772	2891	2913
女性	Female	2267	2338	2451	2481	2510	2584	2605
常住人口	Permanent Population	4751	4660	4610	4682	4719	4754	4796
市镇人口	Urban Population	1337	1567	1849	2038	2115	2187	2257
乡村人口	Rural Population	3414	3093	2761	2644	2604	2567	2539
就 业（万人）	**Employment(10 000 persons)**							
从业人员	Employment	2566	2703	2903	2768	2782	2795	2820
城镇登记失业人数	Number of Registered Unemployed Persons in Urban Area	11.30	18.51	19.07	18.94	18.09	18.66	18.13
宏观经济	**Macroeconomic Indicators**							
国民核算（亿元）	**National Accounting (100 million yuan)**							
地区生产总值	Gross Domestic Product	2080.04	3984.10	9569.85	13035.10	14449.90	15672.89	16803.12
第一产业	Primary Industry	557.38	912.50	1675.06	2172.37	2290.64	2413.44	2565.45
第二产业	Secondary Industry	732.76	1510.68	4511.68	6247.43	6731.32	7324.96	7717.52
#工业	Industry	612.33	1264.84	3860.46	5279.26	5600.50	6065.34	6359.82
第三产业	Tertiary Industry	789.90	1560.92	3383.11	4615.30	5427.94	5934.49	6520.15
人均地区生产总值	Per Capita GDP	4652	8590	20219	27951	30741	33090	35190
支出法地区生产总值	Gross Demestic Product by Expenditure Approach	2080.04	3984.10	9569.85	13035.10	14378.00	15672.89	16803.12
#最终消费	Final Consumption Expenditure	1448.30	2463.52	4942.23	6535.83	7407.67	8187.66	8878.53
居民消费	Resident Consumption	1091.00	1808.47	3745.84	4923.64	5504.38	6131.54	6645.66
政府消费	Government Consumption	357.30	655.05	1196.39	1612.19	1903.29	2056.12	2232.87
资本形成总额	Total Capital Formation	676.10	1798.25	7934.80	9421.61	10129.47	10789.81	11452.17
固定资本	Fixed Assets Formation	670.70	1749.87	7785.50	8900.49	9725.64	10463.07	11264.65
存货增加	Inventory Increasement	5.50	48.38	149.30	521.12	403.83	326.74	187.52
固定资产投资（亿元）	**Investment in Fixed Assets (100 million yuan)**							
全社会固定资产投资	Total Investment in Fixed Assets	660.01	1769.07	7859.07	12635.22	11907.67	13843.21	16227.78
#基本建设	Capital Counstruction	281.54	900.87	3479.48	4975.44	4501.24	5418.23	6680.15
更新改造	Innovation	80.16	274.73	2215.90	4257.10	4319.06	5038.93	5897.85
房地产开发	Real Estate Development	38.67	286.79	1206.22	1554.94	1614.63	1838.49	1909.09
其他	Others	59.26	59.97	260.24	694.85	319.75	304.48	1740.69

注:1.总人口中，2000年、2010年为人口普查数，其他年份为人口变动抽样调查推算数。2012年从业人员按常住人口口径统计。

2.根据国家统计制度要求，2013年我区固定资产投资统计起点由项目计划总投资50万元提高到500万元；2013年各增长数据根据2012年度国家口径数据作为基数计算；2013年度全区固定资产投资与国家公布的各省数据口径完全一致（不包括跨省项目投资），各市投资包含跨省项目投资，因此各市投资合计与全区固定资产投资不一致。

Note: 1. The data on the total population in 2000 and 2010 is taken from the National Population Survey, and the data on the total population in other years is estimated by the sample survey of population variation. The employment in 2012 is calculated by the permanent population.

2. According to the National Statistical System, the statistical floor level of total planned projects investment in fixed assets of Guangxi has been raised from 500 000 Yuan to 5 000 000 Yuan. The data on growth rates in 2013 is calculated on the data of national statistical range in 2012. The statistical range of data on investment in fixed assets of Guangxi is completely the same as the data of other provinces published by National Bureau of Statistic (excluding investment in inter-provincial projects). Due to the investment in inter-provincial projects is included in the investment of cities separately, there are differences between the summary of investment of cities and investment of Guangxi.

1－3 续表1 continued

指 标	Indicators	2000	2005	2010	2012	2013	2014	2015
财 政（亿元）	**Public Finance (100 million yuan)**							
财政收入	Financial Revenue	220.01	475.37	1228.61	1810.14	2001.26	2162.54	2333.03
#公共财政预算收入	Public Budget Income	147.05	283.04	771.99	1166.06	1317.60	1422.28	1515.16
公共财政预算支出	Public Budget Expenditure	258.49	611.48	2007.59	2985.23	3208.67	3479.79	4065.51
物价总指数（上年=100）	**Price Indices(preceding year=100)**							
居民消费价格总指数	General Consumer Price Index	99.7	102.4	103.0	103.2	102.2	102.1	101.5
城 市	Urban Area	100.0	103.0	102.9	103.2	102.1	102.2	101.5
农 村	Rural Area	99.5	101.6	103.4	103.3	102.4	101.9	101.5
商品零售价格总指数	General Retail Price Index	98.6	101.1	103.0	102.3	101.2	101.4	100.1
利用外资（亿美元）	**Utilization of Foreign Capital (100 million USD)**							
外商直接投资	Foreign Direct Investment	5.25	3.79	9.12	7.49	7.00	10.01	17.22
能源生产与消费（万吨标准煤）	**Production & Consumption of Energy (10 000 tons of SCE)**							
能源生产总量	Total Energy Production	833.28	1220.99	1951.9	2129.80	1973.19	2372.5	3274.39
能源消费总量	Total energy Consumption	2487.4	4536.74	7379.2	8530.56	9100.37	9515.3	9760.65
产 业	**Industry**							
农 业	**Agriculture**							
农林牧渔业劳动力（万人）	Labor Force of Farming,Forestry,Animal Husbandry & Fishery(10 000 persons)	1557	1503	1571	1481	1565	1450	1427
农林牧渔业总产值（亿元）	Gross Output Value of Farming,Forestry,Animal Husbandry & Fishery(100 million yuan)	828.97	1448.37	2720.99	3490.72	3755.19	3947.73	4197.12
主要农产品产量（万吨）	Output of Major Farm Products(10 000 tons)							
粮 食	Grain	1667.24	1516.29	1412.32	1484.90	1521.80	1534.41	1524.75
油 料	Oil-bearing Crops	58.61	63.18	45.81	53.94	57.21	61.30	64.68
甘 蔗	Sugar Cane	2937.89	5154.69	7119.62	7829.71	8104.26	7952.57	7504.92
园林水果	Fruits(grove)	360.14	571.58	841.77	1030.95	1122.63	1233.30	1369.76
肉 类	Meat	287.26	418.60	387.77	410.99	420.02	420.03	417.27
水产品	Aquatic Products	239.86	284.19	275.09	303.47	319.06	332.12	345.62
工 业	**Industry**							
全部工业总产值（亿元）	All Included Gross Industrial Output Value (100 million yuan)	1800.24	3684.07	11671.79	17204.62	19434.6	21730.31	23375.57
轻工业	Light Industry	862.00	1461.05	3857.83	5395.91	5837.6	6343.78	6711.34
重工业	Heavy Industry	938.24	2223.02	7813.96	11808.71	13597.0	15386.52	16664.23

1－3 续表2 continued

指 标	Indicators	2000	2005	2010	2012	2013	2014	2015
主要工业产品产量	Output of Major Industrial Products							
成品糖（万吨）	Machine-made Sugar(10 000 tons)	325.76	504.34	705.46	861.47	1010.89	1077.16	925.74
机制纸及纸板（万吨）	Machine-made Paper(10 000 tons)	82.55	125.37	225.11	336.37	413.90	338.67	284.05
粗钢（万吨）	Steel(10 000 tons)	104.73	496.29	1204.57	1341.65	2223.65	2085.62	2146.05
钢材（万吨）	Steel Products(10 000 tons)	102.63	519.88	1506.34	2149.54	2791.68	3263.68	3545.75
十种有色金属（万吨）	Nonferrous Metal(10 000 tons)	60.59	66.63	140.55	111.23	123.86	137.54	157.67
发电量（亿千瓦时）	Electricity(100 million kwh)	289.09	446.04	1032.15	1186.12	1249.53	1310.03	1299.90
原煤（万吨）	Coal(10 000 tons)	706.67	700.34	757.57	753.61	640.34	615.43	425.50
农用化肥（折纯100%,万吨）	Chemical Fertilizer(10 000 tons)	53.3	84.02	86.9	124.41	105.71	111.49	116.91
水泥（万吨）	Cement(10 000 tons)	2198.35	3306.13	7516.51	6986.88	11202.83	10744.58	11144.43
汽车（万辆）	Motor Vehicles(10 000 sets)	13.12	37.72	136.61	167.33	186.91	209.23	229.40
建筑业（三级及三级以上企业）	**Construction**							
建筑企业年末从业人数（万人）	Number of Employed Persons (10 000 persons)	33.30	43.00	59.06	67.03	76.50	77.92	85.67
建筑业总产值（亿元）	Gross Output Value(100 million yuan)	150.92	425.21	1222.31	1867.06	2289.88	2608.91	2953.42
交通运输业	**Transportation**							
货运量（万吨）	Freight Traffic(10 000 tons)	31270	41025	113445	161368	151155	163043	149727
#铁路	Railways	5843	8517	7052	6846	6916	6687	5779
客运量（万人）	Passenger Traffic(10 000 persons)	42952	52197	76967	91656	50846	53881	50986
#铁路	Railways	2508	2037	3163	3310	3275	4770	7046
公路里程（公里）	Length of Highways(km)	52910	62003	101782	107906	111384	114900	117993
规模以上港口货物吞吐量（万吨）	Volume of Freight Handled at Major Ports(10 000 tons)	2879	6877	18575	26873	29276	31025	31421
邮电通信业	**Post & Telecommunication Services**							
年末电话用户数（万户）	Number of Subscribers of Telephone (10 000 subscribers)	485.96	1890.4	2923.4	3483.4	3831.9	4053.63	4034.63
固定电话年末用户(万户)	Number of Subscribers of Fixed-line Telephone(10 000 subscribers)	319.12	869.40	708.9	599.3	546.3	499.85	439.67
城 市	Urban	233.48	557.70	430.3	376.5	354.7	336.91	312.01
农 村	Rural	85.64	311.70	278.6	222.8	191.6	162.94	127.65
移动电话用户数	Motor Telephoone(10 000 sets)	167	1021	2215	2884	3285.6	3553.78	3594.96
邮电业务总量（亿元）	Business Volume of Post & Telecommuni-cation Services (100 million yuan)	96.36	322.87	807.81	366.44	392.82	503.24	651.74
国内商业	**Domestic Trade**							
社会消费品零售总额（亿元）	Total Retail Sales of Consumer Goods (100 million yuan)	804.14	1405.55	3312	4516.60	5133.10	5772.83	6348.06
对外经济贸易和国际旅游	**Foreign Trade & International Tourism**							
进出口总额（亿美元）	Total Exports & Imports(100 million USD)	20.38	51.83	177.06	294.74	328.37	405.53	512.62
出口总额	Exports	14.93	28.77	96.10	154.68	186.95	243.30	280.26
进口总额	Imports	5.45	23.05	80.96	140.05	141.42	162.23	232.36
接待入境旅游者人数（万人次）	**Number of International Tourists (10 000 persons)**	124.03	146.16	250.24	350.27	391.54	421.18	450.06
国际旅游收入(亿元)	Earnings from International Tourism(100 million yuan)	21.78	25.93	54.85	80.80	95.80	106.15	119.40

1－3 续表3 continued

指　标	Indicators	2000	2005	2010	2012	2013	2014	2015
金融、保险（亿元）	**Finance & Insurance(100 million yuan)**							
金融机构本外币存款余额	Total Saving Deposit in RMB & Foreign Currency of Financial Institutions		4262.30	11813.9	15966.65	18400.48	20298.54	22793.54
金融机构本外币贷款余额	Total Loan Balances in RMB & Foreign Currency of Financial Institutions		3104.60	8979.87	12355.52	14081.01	16070.95	18119.30
财产险保费收入	Premium Income from Property Insurance	12.16	23.88	69.19	96.92	118.88	140.67	160.68
人身险保费收入	Premium Income from Life Insurance	18.82	49.24	109.86	141.35	156.60	172.56	225.07
教育、科技、文化	**Education, Science & Technology, Culture**							
教　育	**Education**							
专任教师数（万人）	Full-time Teachers(10 000 persons)							
普通高等学校	Institutions of Higher Education	0.93	1.96	3.17	3.50	2.50	3.77	3.86
普通中等专业学校	Special Secondary Schools	0.88	0.7	2.05	2.08	2.05	2.04	2.02
普通中学	Secondary Schools	12.67	15.24	16.08	16.20	16.98	16.62	16.97
小　学	Primary Schools	19.9	20.48	22.02	21.72	20.95	21.07	22.20
在校学生数（万人）	Student Enrollment (10 000 persons)							
普通高等学校	Institutions of Higher Education	11.79	33.83	56.75	62.92	66.21	70.19	75.12
普通中等专业学校	Special Secondary Schools	15.87	17.04	80.95	86.24	82.22	78.27	73.64
普通中学	Secondary Schools	285.63	303.87	275.79	276.2	276.96	278.90	282.88
小　学	Primary Schools	536.79	452.79	430.06	426.48	426.26	431.81	440.10
科　技	**Science & Technology**							
科技活动人员数（万人）	Personnel in Scientific & Technological Activities (10 000 persons)	4.86	5.67	8.91	10.77	10.87	10.72	11.37
研究与发展经费内部支出（亿元）	Inner Expenditure of Funds for Research & Develop-ment (100 million yuan)	8.36	14.67	62.52	97.15	107.68	111.90	105.91
文　化	**Culture**							
图书出版数量（万册）	Number of Books Published(10 000 copies)	23691	18818	24810	28796	34376	39773	29978
期刊出版数量（万册）	Number of Magazines Issued(10 000 copies)	5242	5571	4268	4516	4870	4808	4754
报纸出版数量（万份）	Number of Newspapers Issued(10 000 copies)	56008	58222	69560	69546	71812	72972	68974
家庭 生活 环境	**Family,Livelihood & Environment**							
家　庭	**Family**							
家庭总户数（万户）	Total Number of Households(10 000 households)	1140	1329	1347	1361	1383	1567	1575
城镇居民平均每户家庭人口（人）	Average Persons Per Household in Urban Areas(person)			3.15	3.03	3.25	3.22	3.46
农村居民平均每户家庭人口（人）	Average Persons Per Household in Rural Areas(person)			3.47	3.47	3.38	3.37	3.62

注：2006年以后中等专业学校在校学生包括中等职业学校学生。

Note: The "Student Enrollment of Special Secondary Schools" after 2006 includes the students of vocational schools for secondary edcation.

1－3 续表4 continued

指 标	Indicators	2000	2005	2010	2012	2013	2014	2015
居 住	**Housing**							
城镇居民人均居住面积（平方米）	Per Capita Net Floor Space of Urban Residents (sq.m)	18.91	25.2	28.88	29.83	29.90	37.72	38.63
农村居民人均生活用房面积（平方米）	Per Capita Net Floor Space of Rural Residents (sq.m)	23.40	28.67	33.94	35.98	36.81	43.25	45.22
生 活	**Livelihood**							
城镇居民人均可支配收入（元）	Per Capita Annual Disposable Income of Urban Households(yuan)	5834	8917	17064	21243	23305	24669	26416
农村居民人均纯收入（元）	Per Capita Net Income of Rural Residents(yuan)	1865	2495	4543	6008	6791	8683	9467
工资和福利	**Wages & Welfare**							
在岗职工平均工资（元）	Average Annual Wages of Staff & Workers(yuan)	6772	15461	31842	37614	42637	46846	54983
离退休退职职工保险福利费用（亿元）	Insurance & Welare Funds of VCSR, Retired & Resigned(100 million yuan)	52.89	127.22	324.4	457.61	544.1	613.34	710.44
卫 生	**Health Care**							
卫生机构数（个）	Health Institution(unit)	13707	9432	10341	10829	11195	11469	11770
#医院、卫生院	Hospitial	1868	1753	1728	1749	1755	1756	1794
医院、卫生院病床数（万张）	Hospital Beds(10 000 beds)	8.30	8.71	13.39	15.67	17.40	18.77	19.97
卫生技术人员（万人）	Medical Technical Personnel (10 000 persons)	12.70	12.92	18.57	22.08	23.38	25.86	27.47
市政建设	**City Construction**							
全年供水总量（亿吨）	Volume of Tap Water Supply (100 million tons)	13.58	13.29	14.73	15.55	16.17	16.22	17.33
排水管道长度（公里）	Length of Sewer Pipelines(km)	2885	4116	6417	7725.6	8309	8771	10588
园林绿地面积（公顷）	Area of Gardens & Green Land(hectare)	44149	29689	60225	67149	69870	72414	82382
环 境	**Environment**							
工业污染治理本年完成投资额（亿元）	Actual Investment for Industrial Pollution Treatment in the Year(100 million yuan)	7.37	10.37	9.28	12.73	18.32	17.89	24.72
工业污染治理本年施工项目（个）	Implementation Project of Industrial Pollution Treatment in the Year(unit)	1270	389	175	207	143	109	137
工业废水排放达标量（万吨）	Volume of Meeting Standard for Industrial Sewage Discharged (10 000 tons)	30303	121873	160139				

注：1. 因城乡住户一体化改革造成指标变动，2014-2015年居住类指标名称为期内城镇居民人均自有现住房面积和农村居民人均自有现住房面积，2014-2015年生活类指标名称为城镇常住居民人均可支配收入和农村常住居民人均可支配收入，与上年数据不可比。
2. 2003年以后职工工资及平均工资为在岗职工。
3. 市政建设指标为全区22个设市城市合计数。

Note: 1. According to the change of indicators caused by the integrate reforming on the survey of urban & rural residents,The indicators of housing in 2014 and 2015 are "Per Capita Self-owned Floor Space of Urban Residents" and "Per Capita Self-owned Floor Space of Rural Residents",and the indicators of livelihood in 2014 and 2015 are " Per Capita Annual Disposable Income of Urban Households" and "Per Capita Annual Disposable Income of Rural Households" uses the new statistical range of integration, and the data of them is not comparable with the data in preceding years.
2. Since 2003,the total wages and average annual wages of staff and workers refers to the ones at work.
3. The data on city construction refers to the summary of 22 cities in Guangxi.

1—4 主要年份国民经济和社会发展速度指标

Growth Rates of Major Indicators on National Economic & Social Development in Main Years

单位：% (%)

指 标	Indicators	指数（2015年为下列各年）Index(2015 as Percentage of the Following Years) 2000	2005	2010	平均增长速度 Average Annual Growth Rate 2001-2005	2006-2010	2011-2015
人口与就业	**Population & Employment**						
人 口	**Population**						
年末总人口	Year-end Population	116.1	112.0	107.0	0.7	0.9	1.4
男性	Male	117.3	112.6	107.6	0.8	0.9	1.5
女性	Female	114.9	111.4	106.3	0.6	0.9	1.2
常住人口	Permanent Population	100.9	102.9	104.0	-0.4	-0.2	0.8
市镇人口	Urban Population	168.8	144.0	122.1	3.2	3.4	4.1
乡村人口	Rural Population	74.4	82.1	92.0	-2.0	-2.2	-1.7
就 业	**Employment**						
从业人数	Employment	109.9	104.3	97.1	1.0	1.4	-0.6
城镇登记失业人数	Number of Registered Unemployed Persons	160.4	97.9	95.1	10.4	0.6	-1.0
宏观经济	**Macroeconomic Indicators**						
国民核算	**National Accounting**						
地区生产总值	Gross Domestic Product	517.4	309.7	161.4	10.8	13.9	10.1
第一产业	Primary Industry	210.0	161.2	124.3	5.4	5.3	4.0
第二产业	Secondary Industry	810.0	424.1	176.9	13.8	19.1	12.1
#工业	Industry	808.0	423.2	174.7	13.8	19.4	11.8
第三产业	Tertiary Industry	491.3	289.5	159.4	11.2	12.7	10.0
人均地区生产总值	Per Capita GDP	461.1	286.5	156.1	10.0	12.9	9.9
支出法地区生产总值	Gross Domestic Expenditures	517.7	309.9	161.6	10.8	13.9	10.1
#最终消费	Total Consumption	417.6	265.8	155.2	9.5	11.4	9.4
居民消费	Resident Consumption	411.6	269.3	152.9	8.9	12.0	9.2
政府消费	Public Consumption	437.0	254.4	162.3	11.4	9.4	10.2
资本形成总额	Total Investment	1278.9	533.5	136.2	19.1	31.4	6.4
固定资本	Fixed Assets	1261.2	534.2	135.2	18.7	31.6	6.2
存货增加	Inventory Increasement	3172.9	461.5	184.1	47.0	20.2	13.0
固定资产投资	**Investment in Fixed Assets**						
全社会固定资产投资	Total Investment in Fixed Assets	2971.6	1179.8	266.0	21.8	34.7	21.6
#基本建设	Capital Counstruction	2885.9	965.5	250.0	26.2	31.0	20.1
更新改造	Innovation	8246.7	2751.6	341.1	27.9	51.8	27.8
房地产开发	Real Estate Development	4168.0	659.3	158.2	49.3	33.3	9.6
其他	Others	2937.4	2902.6	668.9	0.2	34.1	46.2

1－4 续表1 continued

单位：% (%)

指 标	Indicators	指数（2015年为下列各年）Index(2015 as Percentage of the Following Years)			平均增长速度 Average Annual Growth Rate		
		2000	2005	2010	2001-2005	2006-2010	2011-2015
财 政	**Public Finance**						
财政收入	Financial Revenue	1060.4	490.8	189.9	16.7	20.9	13.7
#公共财政预算收入	Public Budget Income	1030.4	535.3	196.3	14.0	22.2	14.4
公共财政预算支出	Public Budget Expenditure	1572.8	664.9	202.5	18.8	26.8	15.2
利用外资	**Utilization of Foreign Capital**						
#外商直接投资	Foreign Direct Investment	328.0	454.4	188.8	-6.3	19.2	13.6
能源生产与消费	**Production & Consumption of Energy**						
能源生产总量	Total Energy Production	393.0	268.2	167.8	7.9	9.8	10.9
能源消费总量	Total energy Consumption	392.4	215.1	132.3	12.8	10.2	5.8
产 业	**Industry**						
农 业	**Agriculture**						
农林牧渔业总产值	Gross Output Value of Farming, Forestry, Animal, Husbandry & Fishery	220.5	164.1	124.4	6.1	5.7	4.5
主要农产品产量	Output of Major Farm Products						
粮 食	Grain	91.5	100.6	108.0	-1.9	-1.4	1.5
油 料	Oil-bearing Crops	110.4	102.4	141.2	1.5	-6.2	7.1
甘 蔗	Sugar Cane	255.5	145.6	105.4	11.9	6.7	1.1
园林水果	Fruits	380.3	239.6	162.7	9.7	8.0	10.2
肉 类	Meat	145.3	99.7	107.6	7.8	-1.5	1.5
水产品	Aquatic Products	144.1	121.6	125.6	3.4	-0.6	4.7
工 业	**Industry**						
全部工业总产值	All Included Gross Industrial Output Value	881.9	491.3	197.7	14.0	25.9	14.6
轻工业	Light Industry	668.0	363.8	177.5	10.4	21.4	12.2
重工业	Heavy Industry	1088.1	574.3	208.5	17.1	28.6	15.8
主要工业产品产量	Output of Major Industrial Products						
成品糖	Machine-made Sugar	284.2	183.6	131.2	9.1	6.9	5.6
机制纸及纸板	Machine-made Paper	344.1	226.6	126.2	8.7	12.4	4.8
粗 钢	Steel	2049.1	432.4	178.2	36.5	19.4	12.2
钢 材	Steel Products	3454.9	682.0	235.4	38.3	23.7	18.7
十种有色金属	Nonferrous Metal	260.2	236.6	112.2	1.9	16.1	2.3
发电量	Electricity	449.7	291.4	125.9	9.1	18.3	4.7
原 煤	Coal	60.2	60.8	56.2	-0.2	1.6	-10.9
农用化肥	Chemical Fertilizer	219.3	139.1	134.5	9.5	0.7	6.1
水 泥	Cement	506.9	337.1	148.3	8.5	17.9	8.2
汽 车	Motor Vehicles	1748.5	608.2	167.9	23.5	29.4	10.9

1-4 续表2 continued

单位：% (%)

指 标	Indicators	指数（2015年为下列各年）Index(2015 as Percentage of the Following Years)			平均增长速度 Average Annual Growth Rate		
		2000	2005	2010	2001-2005	2006-2010	2011-2015
建筑业	**Construction**						
建筑企业年末从业人数	Number of Employed Persons	257.3	199.2	145.1	5.2	6.6	7.7
交通运输业	**Transportation**						
货运量	Freight Traffic	478.8	365.0	132.0	5.6	22.6	5.7
#铁路	Railways	98.9	67.9	81.9	7.8	-3.7	-3.9
客运量	Passenger Traffic	118.7	97.7	66.2	4.0	8.1	-7.9
#铁路	Railways	280.9	345.9	222.8	-4.1	9.2	17.4
公路里程	Length of Highways	223.0	190.3	115.9	3.2	10.4	3.0
规模以上港口货物吞吐量	Volume of Freight Handled at Major Ports	1091.4	456.9	169.2	19.0	22.0	11.1
邮电通信业	**Post & Telecommunication Services**						
年末电话用户数	Number of Subscribers of Telephone	830.2	213.4	138.0	31.2	9.1	6.7
固定电话年末用户	Number of Subscribers of Fixed-line Telephone	137.8	50.6	62.0	22.2	-4.0	-9.1
城 市	Urban	133.6	55.9	72.5	19.0	-5.1	-6.2
农 村	Rural	149.1	41.0	45.8	29.5	-2.2	-14.5
移动电话用户数	Motor Telephoone	2154.5	352.1	162.3	43.7	16.7	10.2
国内商业	**Domestic Trade**						
社会消费品零售总额	Total Retail Sales of Consumer Goods	789.4	451.6	191.7	11.7	18.7	13.9
对外经济贸易	**Foreign Trade**						
进出口总额	Total Exports & Imports	2515.3	989.0	289.5	20.5	27.9	23.7
出口总额	Exports	1877.1	974.1	291.6	14.0	27.3	23.9
进口总额	Imports	4263.6	1008.1	287.0	33.4	28.6	23.5
国际旅游	**International Tourism**						
接待入境旅游者人数	Number of International Tourists	362.9	307.9	179.8	3.3	11.4	12.5
国际旅游收入	Earnings from International Tourism	548.2	460.5	217.7	3.5	16.2	16.8

1－4 续表3 continued

单位：% (%)

指 标	Indicators	指数（2015年为下列各年）Index(2015 as Percentage of the Following Years)			平均增长速度 Average Annual Growth Rate		
		2000	2005	2010	2001-2005	2006-2010	2011-2015
金融、保险	**Finance & Insurance**						
金融机构存款余额	Total Saving Deposit in RMB & Foreign Currency of Financial Institutions		534.8	192.9		22.6	14.0
金融机构贷款余额	Total Loan Balances in RMB & Foreign Currency of Financial Institutions		583.6	201.8		23.7	15.1
财产险保费收入	Premium Income from Property Insurance	1321.4	672.9	232.2	14.5	23.7	18.4
人身险保费收入	Premium Income from Life Insurance	1195.9	457.1	204.9	21.2	17.4	15.4
教育、科技、文化	**Education, Science & Technology, Culture**						
教 育	**Education**						
专任教师数	Full-time Teachers						
普通高等学校	Institutions of Higher Education	415.3	197.1	121.8	16.1	10.1	4.0
普通中等专业学校	Special Secondary Schools	229.0	287.9	98.3	-4.5	24.0	-0.3
普通中学	Secondary Schools	134.0	111.4	105.6	3.8	1.1	1.1
小 学	Primary Schools	111.5	108.4	100.8	0.6	1.5	0.2
在校学生数	Student Enrollment						
普通高等学校	Institutions of Higher Education	637.2	222.1	132.4	23.5	10.9	5.8
普通中等专业学校	Special Secondary Schools	464.0	432.2	91.0	1.4	36.6	-1.9
普通中学	Secondary Schools	99.0	93.1	102.6	1.2	-1.9	0.5
小 学	Primary Schools	82.0	97.2	102.3	-3.3	-1.0	0.5
科 技	**Science & Technology**						
科技活动人员数	Personnel in Scientific & Techno-logical Activities	234.0	200.5	127.6	3.1	9.5	5.0
研究与发展经费内部支出	Inner Expenditure of Funds for Research & Develop-ment	1266.9	722.0	169.4	18.8	33.6	11.1
文 化	**Culture**						
图书出版数量	Number of Books Published	126.5	159.3	120.8	-4.5	5.7	3.9
期刊出版数量	Number of Magazines Issued	90.7	85.3	111.4	1.2	-5.2	2.2
报纸出版数量	Number of Newspapers Issued	123.2	118.5	99.2	0.8	3.6	-0.2
家庭 生活 环境	**Family, Livelihood & Environment**						
家 庭	**Family**						
家庭总户数	Total Number of Households	138.2	118.5	116.9	2.9	0.3	3.2
城镇居民平均每户家庭人口	Average Persons Per Household in Urban Areas			109.8			1.9
农村居民平均每户家庭人口	Average Persons Per Household in Rural Areas			104.3			0.8

1－4 续表4 continued

单位：% (%)

指　标	Indicators	指数（2015年为下列各年） Index(2015 as Percentage of the Following Years)			平均增长速度 Average Annual Growth Rate		
		2000	2005	2010	2001-2005	2006-2010	2011-2015
居　住	**Housing**						
城镇居民人均居住面积	Per Capita Net Floor Space of Urban Residents	204.3	153.3	133.7	5.9	2.8	6.0
农村居民人均生活用房面积	Per Capita Net Floor Space of Rural Residents	193.2	157.7	133.2	4.1	3.4	5.9
生　活	**Livelihood**						
城镇居民人均可支配收入	Per Capita Annual Disposable Income of Urban Households	452.8	296.2	154.8	8.9	13.9	9.1
农村居民人均纯收入	Per Capita Net Income of Rural Residents	—	—	—	6.0	12.7	—
工资和福利	**Wages & Welfare**						
在岗职工平均工资	Average Annual Wages of Staff & Workers	811.9	355.6	172.7	18.0	15.5	11.5
离退休退职职工保险福利费用	Insurance & Welare Funds of VCSR, Retired & Resigned	1343.2	558.4	219.0	19.2	20.6	17.0
卫　生	**Health Care**						
卫生机构数	Health Institution	85.9	124.8	113.8	-7.2	1.9	2.6
#医院、卫生院	Hospitial	96.0	102.3	103.8	-1.3	-0.3	0.8
医院、卫生院病床数	Hospital Beds	240.6	229.3	149.2	1.0	9.0	8.3
卫生技术人员	Medical Technical Personnel	216.3	212.6	147.9	0.3	7.5	8.1
市政建设	**City Construction**						
全年供水总量	Volume of Tap Water Supply	127.6	130.4	117.6	5.2	2.1	3.3
排水管道长度	Length of Sewer Pipelines	367.0	257.3	165.0	17.7	9.3	10.5
园林绿地面积	Area of Gardens & Green Land	186.6	277.5	136.8	-2.0	15.2	6.5
环　境	**Environment**						
工业污染治理本年完成投资额	Actual Investment for Industrial Pollution Treatment in the Year	335.3	238.3	266.3	7.1	-2.2	21.6
工业污染治理本年施工项目	Implementation Project of Industrial Pollution Treatment in the Year	10.8	35.2	78.3	-21.1	-14.8	-4.8
工业废水排放达标量	Volume of Meeting Standard for Industrial Sewage Discharged				12.3	2.6	

说明：因2015年起农村居民人均纯收入改为农村居民人均可支配收入，相关年份数据不可比。

Note: Since the indicator 'Per Capita Net Income of Rural Residents' is changed into 'Per Capita Disposable Income of Rural Households' in 2015, the data in relavant year is incomparable.

1－5 主要年份国民经济和社会发展结构指标

Composition Indicators on National Economic & Social Development in Main Years

单位：%　　(%)

指　标	Indicators	2000	2005	2010	2012	2013	2014	2015
人口与就业	**Population & Employment**							
人　口	**Population**							
城乡结构（常住人口口径）	Structure of Urban & Rural（Permanent Population）							
市镇人口	Urban	28.1	33.6	40.1	43.5	44.8	46.0	47.1
乡村人口	Rural	71.9	66.4	59.9	56.5	55.2	54.0	52.9
性别结构	Sexual Structure							
男	Male	52.6	52.5	52.5	52.7	52.7	52.8	52.8
女	Female	47.7	47.5	47.5	47.3	47.3	47.2	47.2
就　业	**Employment**							
从业人员结构	Exployment Structure of Industry							
第一产业	Primary Industry	61.2	56.2	54.1	53.5	53.1	51.9	50.6
第二产业	Secondary Industry	10.8	11.9	18.7	18.8	19.0	19.3	18.2
第三产业	Tertiary Industry	28.0	31.9	27.1	27.7	27.9	28.8	31.2
宏观经济	**Macroeconomic Indicators**							
国民核算	**National Accounting**							
地区生产总值产业结构	Industrial Structure of GDP							
第一产业	Primary Industry	26.8	22.9	17.5	16.7	15.9	15.4	15.3
第二产业	Secondary Industry	35.2	37.9	47.1	47.9	46.6	46.7	45.9
第三产业	Tertiary Industry	38.0	39.2	35.4	35.4	37.6	37.9	38.8
地区生产总值支出结构	Expenditure Structure of GDP							
最终消费	Final Consumption	69.6	61.8	51.6	50.0	51.5	52.2	52.8
居民消费	Personal Consumption	52.5	45.4	39.1	37.6	38.3	39.1	39.6
农村居民	Urban Households	24.4	18.3	11.4	11.0	10.6	11	11.2
城镇居民	Rural Households	28.1	26.5	27.8	26.7	27.7	28.2	28.3
政府消费	Government Consumption	17.2	16.4	12.5	12.4	13.2	13.1	13.3
资本形成总额	Gross Capital Formation	32.5	45.1	82.9	84.9	70.5	68.8	68.2
固定资本	Fixed Assets Formation	32.2	43.9	81.4	80.9	67.6	66.8	67.0
存货增加	Inventory Increasement	0.3	1.2	1.6	4.0	2.8	2.1	1.1
固定资产投资	**Investment in Fixed Assets**							
全社会投资管理渠道结构	Administrative Channels of Total Investment							
基本建设	Capital Counstruction	42.7	50.9	44.3	39.4	37.8	39.1	41.2
更新改造	Innovation	12.2	15.5	28.2	33.7	36.3	36.4	36.3
房地产开发	Real Estate Development	5.9	16.2	15.3	12.3	13.6	13.3	11.8
其他投资	Other Investment	9.0	3.4	3.3	5.5	2.7	2.2	10.7

1－5 续表1 continued

单位：% (%)

指 标	Indicators	2000	2005	2010	2012	2013	2014	2015
资金来源结构	**Structure of Funded Sources**							
国家预算内资金	State Budgetary Appropriation	9.0	8.7	5.0	5.1	6.0	6.2	6.8
国内贷款	Domestic Loans	24.5	18.9	15.4	12.0	15.6	12.6	14.1
利用外资	Foreign Investment	3.7	3.9	0.9	0.3	0.1	0.1	0.2
自筹和其他投资	Fundraising & Others Investment	45.3	68.5	78.7	82.5	78.3	81.0	78.9
财 政	**Government Finance**							
财政收入结构	Structure of Government Revenue							
中 央	Central Government	33.2	40.5	37.2	35.6	34.2	34.2	35.1
地 方	Local Government	66.8	59.5	62.8	64.4	65.8	65.8	64.9
财政支出结构	Structure of Government Expenditures							
#社会保障和就业	Social Security & Employment			10.8	9.5	10.8	11.1	11.3
农林水事务	Affairs of Agriculture, Forestry & Water Resources			13.0	12.4	11.6	11.2	12.2
教育	Education			18.3	19.7	19.0	19.0	19.4
能源生产和消费	**Production & Consumption of Energy**							
能源生产总量结构	Structure of Energy Production							
原 煤	Coal	36.0	29.4	22.0	20.7	14.7	11.9	6.9
原 油	Petroleum Crude Oil	0.6	0.4	0.2	0.2	2.5	2.9	2.4
水电及其他	Hydropower	63.4	70.2	77.9	79.1	82.8	85.2	90.7
能源消费总量结构	Structure of Energy Consumption							
煤 炭	Coal	49.3	56.0	53.9	53.4	57.5	52.8	46.0
石 油	Petroleum Crude Oil	15.2	17.6	16.6	16.5	15.9	16.7	18.0
水电及其他	Hydropower	20.5	17.6	19.2	18.4	26.7	30.4	35.9
产 业	**Industry**							
农 业	**Agriculture**							
农林牧渔业产值结构	Structure of Gross Output Value of Agriculture							
农 业	Farming	50.5	49.1	49.2	49.4	49.8	50.5	51.1
林 业	Forestry	4.7	4.3	6.4	7.0	7.7	7.7	7.5
牧 业	Animal Husbandry	33.2	35.3	32.0	30.7	29.3	27.5	27.2
渔 业	Fishery	11.6	9.9	9.1	9.5	9.8	10.5	10.2
农林牧渔服务业	Service Industry for Farming, Forestry, Animal Husbandry & Fishery		1.4	3.3	3.4	3.4	3.8	4.0
工 业	**Industry**							
全部工业总产值结构	Structure of Gross Output Value of Industry							
轻工业	Light Industry	47.9	39.7	33.1	31.4	30.0	29.2	28.7
重工业	Heavy Industry	52.1	60.3	66.9	68.6	70.0	70.8	71.3

1－5 续表2 continued

单位：% (%)

指 标	Indicators	2000	2005	2010	2012	2013	2014	2015
建筑业(三级及三级以上企业)	**Construction**							
建筑业总产值结构	Structure of Gross Output Value of Construction Industry							
#国有及国有控股企业	State-owned Enterprises	58.9	58.4	52.8	49.4	48.5	46.6	45.2
城镇集体企业	Urban Collective-owned Enterprises	30.9	15.0	9.6	8.2	6.7	6.6	6.5
交通运输业	**Transportation**							
货运量结构	Structure of Freight Traffic							
#铁路	Railways	18.7	20.8	6.2	4.2	4.6	4.1	3.9
公路	Highways	75.2	67.9	82.5	83.7	82.5	82.4	79.6
水运	Waterways	6.1	11.3	11.3	12.0	12.9	13.5	16.5
客运量结构	Structure of Passenger Traffic							
#铁路	Railways	5.8	3.9	4.1	3.6	6.4	8.9	13.8
公路	Highways	91.6	93.4	93.8	94.3	89.7	86.5	81.4
水运	Waterways	1.8	1.7	0.5	0.5	0.8	1.0	1.0
对外经济贸易	**Foreign Trade**							
进出口结构	Structure of Imports & Exports							
出口	Structure of Exports	73.3	55.5	54.3	52.5	56.9	60.0	54.7
进口	Structure of Imports	26.7	44.5	45.7	47.5	43.1	40.0	45.3
国际旅游	**International Tourism**							
来华旅游人数结构	Structure of Tourists							
外国人	Foreigners	40.8	59.7	56.5	55.0	54.2	52.6	53.2
港澳台同胞	Compatriots from Hongkong, Macao & Taiwan	58.9	40.1	43.5	45.0	45.8	47.4	46.8
教育、科技、文化	**Education,Science & Technology & Culture**							
教 育	**Education**							
在校学生结构	Structure of Students Enrollment							
大学生	College & University Students	1.4	4.2	6.7	7.4	7.8	8.3	8.6
中学生	Secondary School Students	35.5	40.3	42.3	42.5	42.8	42.2	40.9
小学生	Primary School Students	63.1	55.5	51.0	50.1	49.4	49.5	50.5
专任教师结构	Structure of Full-time Teachers							
大学	College & Universities	2.7	5.1	7.3	8.1	8.4	8.6	8.6
中学	Secondary School	39.4	42.1	41.9	42.0	44.3	43.5	42.2
小学	Primary School	57.9	52.8	50.8	49.9	47.3	47.9	49.3
科 技	**Science & Technology**							
从事科技活动人员结构	Structure of Personnel in Scientific & Technological Activities							
自然科学	Natural Sciences		8.5	9.8	10.8	10.4	10.5	

注：本表在校生和专任教师结构自2013年起，大学生包括研究生和普通高等学校在在校生，专任教师仅指普通高校专任教师，中学包括普通中等专业学校、技工学校和普通中学（高中、初中）。科技活动人员结构范围为县及县以上政府部门。

Note: Since 2013, the "College & University Students" includes postgraduate students and internal students of regular higher education institutions, the "Full-time Teachers" only includes full-time teachers in regular institutions of higher education, the "Secondary School" includes specialized secondary schools, skiller workers schools and regular secondary schools (senior, junior). The range of data in "Structure of Personnel in Scientific & Technological Activities" is in governmental departments at and above county level.

1－5 续表3 continued

单位：% (%)

指 标	Indicators	2000	2005	2010	2012	2013	2014	2015
农业科学	Agricultural Sciences		39.6	36.3	35.4	33.7	33.3	
医药科学	Medical Sciences		13.1	15.9	15.8	16.7	17.6	
工程与技术科学	Engineering & Technology Sciences		28.6	28.7	29.0	30.2	29.9	
人文与社会科学	Humanities & Social Sciences		10.2	9.3	9.0	9.0	8.7	
生活 环境	**Livelihood & Environment**							
生 活	**Livelihood**							
城镇居民消费结构	Consumption Structure of Urban Residents							
#食品类	Food	39.9	42.5	38.1	39.0	37.9	35.2	34.4
衣着类	Clothing	6.5	7.3	8.1	8.0	6.6	5.3	5.2
家庭设备用品及服务	Household Facilities, Articles & Services	9.0	5.9	7.4	7.9	7.0	6.0	5.8
居住	Residence	15.5	11.5	10.2	9.7	10.8	22.5	22.2
农村居民消费结构	Consumption Structure of Rural Residents							
#食品类	Food	55.4	50.5	48.5	42.8	40.0	36.9	35.4
衣着类	Clothing	3.5	3.4	3.2	3.2	3.3	3.1	3.1
家庭设备用品及服务	Household Facilities, Articles & Services	4.2	4.1	5.6	5.6	5.4	5.9	6.0
居住	Residence	13.5	16.2	20.0	24.6	26.1	23.2	22.8
卫 生	**Health Care**							
卫生技术人员结构	Structure of Medical Technical Personnel							
#执业（助理执业）医师	Practioner Doctors & Practi-tioner Assistant Doctors	36.2	42.3	36.2	35.4	33.3	33.5	33.3
注册护士	Registered Nurses	31.8	34.5	37.6	38.7	40.2	40.2	41.2
环 境	**Environment**							
工业污染治理投资结构	Used of Funds in Industrial Pollution Treatment							
治理废水	Waste Water Treatment	54.3	32.5	51.0	37.6	35.8		
治理废气	Waste Gas Treatment	36.5	54.8	29.3	49.6	60.2		
治理固体废物	Solid Waste Treatment	3.7	1.8	18.3	6.9	0.3		
治理噪声	Noise Treatnent	0.1	0.5	0.1	0.0	0.1		
其他	Others	5.3	10.4	1.2	6.0	3.6		

注：因城乡住户一体化改革造成指标变动，城乡居民家庭设备用品及服务指标从2015开始改为生活用品及服务。

Note: According to the change of indicators caused by the integrate reforming on the survey of urban & rural residents,the data on "Household Facilities, Articles & Services" of urban and rural livelihood is changed into "Daily Necessities & Services" since 2015.

1—6 主要年份国民经济和社会发展比例和效益指标
Indicators on Proportions & Efficiency in National Economic & Social Development in Main Years

指　　标	Indicators	2000	2005	2010	2012	2013	2014	2015
人口与就业	**Population & Employment**							
人　口	**Population**							
人口出生率（‰）	Birth Rate（‰）	13.6	14.3	14.1	14.2	14.3	14.1	14.1
人口死亡率（‰）	Deatn Rate（‰）	5.7	6.1	5.5	6.3	6.4	6.2	6.2
人口自然增长率（‰）	Natural Growth Rate（‰）	7.9	8.2	8.7	7.9	7.9	7.9	7.9
就　业	**Employment**							
三次产业就业者比例（以第一产业为100）	Employment Ratio by Types of Industry (Employment in primary industry=100)							
第一产业	Primary Industry	100.0	100.0	100.0	100.0	100.0	100.0	100.0
第二产业	Secondary Industry	17.7	21.2	34.6	35.1	35.8	37.2	35.9
第三产业	Tertiary Industry	45.6	56.7	50.1	51.8	52.4	55.5	61.7
城镇登记失业率（%）	Unemployment Rate in Urban Area（%）	3.2	4.15	3.66	3.41	3.30	3.15	2.92
宏观经济	**Macroeconomic Indicators**							
国民核算	**National Accounting**							
三次产业增加值比例（以第一产业为100）	Ratio of Value-added by Tape of Industry (Value-added in primary industry=100)							
第一产业	Primary Industry	100.0	100.0	100.0	100.0	100.0	100.0	100.0
第二产业	Secondary Industry	131.5	165.6	269.3	287.6	303.5	303.5	300.8
第三产业	Tertiary Industry	141.7	171.1	202.0	212.5	245.9	206.1	254.2
全社会劳动生产率（元/人）	Overall Labor Productivity(yuan/person)	8106	14740	32965	47087	51682	56075	59586
第一产业	Primary Industry	3548	6007	10662	14668	15852	16644	17978
第二产业	Secondary Industry	26358	46915	82935	120143	129741	135647	150439
第三产业	Tertiary Industry	11017	18108	42933	60173	66741	75346	72271
固定资产投资	**Investment in Fixed Assets**							
全社会固定资产投资相当于地区生产总值比例（%）	Proportion of Investment in Fixed Assets to GDP（%）	31.7	44.4	82.1	96.9	82.4	88.3	96.6

1－6 续表1 continued

指 标	Indicators	2000	2005	2010	2012	2013	2014	2015
财 政	**Government Finance**							
财政收入相当于地区生产总值比例（%）	Proportion of Financial Revenue to GDP(%)	10.6	11.9	12.8	13.9	13.8	13.8	13.9
公共财政预算收入相当于地区生产总值比例（%）	Proportion of Public Budget Income to GDP(%)	7.1	7.1	8.1	8.9	9.1	9.1	9.0
公共财政预算支出相当于地区生产总值比例（%）	Proportion of Fublic Budyet Expenditure to GDP(%)	12.4	15.3	21.0	22.9	22.2	22.2	24.2
能源生产与消费	**Production & Consumption of Energy**							
能源消费弹性系数	Elasticity Ratio of Energy Consumption	1.01	1.18	0.84	0.58	0.66	0.54	0.32
每万元地区生产总值消耗的能源（吨标准煤）	Energy Consumption per 10 000 yuan GDP(ton of SCE)	1.28	1.22	0.83	0.70	0.68	0.61	0.58
产 业	**Industry**							
农 业	**Agriculture**							
每公顷播种面积农产品产量（公斤）	Output of Farm Crops per Hectare of Sown Area (kg)							
粮食	Grain	4563	4525	4614	4838	4947	5002	4984
甘蔗	Sugarcane	57756	68950	66583	69411	72032	73530	77073
工 业	**Industry**							
产值利税率（%）	Ratio of Per-tax Profits to Gross Output Value (%)	11.67	11.51	13.7	11.2	10.5	10.4	10.3
成本费用利润率（%）	After-Tax Profits/Cost（%）	3.86	5.82	8.8	6.7	6.3	6.2	6.7
建筑业	**Construction**							
技术装备率（元/人）	Value of Machinery per Laborer(yuan/person)	6797	8723	7128	6818	6576	—	—
产值利税率（%）	Ratio of Per-tax Profits to Gross Output Value(%)	4.3	6.1	5.7	4.9	5.1	5.1	5.0
全员劳动生产率（元/人,按总产值计算）	Overall Labor Productivity(yuan/person,in terms of gross output value)	46667	100545	212375	315962	322334	290337	299354
运输邮电业	**Transportation, Post & Telecommuni-cation Services**							
铁路网密度（公里/万平方公里）	Railway Density(km/10 000 sq.km)	115	115	133	133	168	198	214

1－6 续表2 continued

指 标	Indicators	2000	2005	2010	2012	2013	2014	2015
公路网密度（公里/万平方公里）	Highway Density(km/10 000 sq.km)	2235	2619	4284	4541	4688	4836	4966
电话普及率（部/万人,含移动电话）	Access to Telephones(set/10 000 persons, including mobilephone)	1102	3852	6177	7470	8152	8558	8449
对外贸易	**Foreign Trade**							
进出口总额相当于地区生产总值比例（%）	Proportion of Total Exports & Imports to GDP(%)	8.1	10.5	12.3	14.2	13.9	15.9	19.0
金 融	**Finance**							
金融机构存款相当于地区生产总值比例（%）	Bank Deposits as Percentage of GDP(%)	109.1	105.5	122.7	122.5	127.3	129.5	135.7
金融机构贷款相当于地区生产总值比例（%）	Bank Loans as Percentage of GDP(%)	77.6	77.9	92.7	94.8	97.4	102.5	107.8
教育、科技、文化	**Education,Science & Technology & Culture**							
教 育	**Education**							
学龄儿童入学率（%）	Rate of School-age Children Enrollment(%)	98.68	99.10	99.4	99.8	99.6	99.6	99.4
每万人在校小学生（人）	Number of Primary School Students per 10 000 Persons(person)	1139	926.1	934.3	910.9	903.3	908.3	917.6
每万人在校中学生（人）	Number of Secondary School Students per 10 000 Persons(person)	692.5	711.3	798.5	797.6	783.4	775.3	767.5
每万人在校大学生（人）	Number of University & College Students per 10 000 Persons(person)	25	69	123.3	139.4	136.5	147.6	156.6
科 技	**Science & Technology**							
研究与发展经费内部支出相当于地区生产总值比例（%）	R&D Expenditures at & above County Level as Percentage of GDP(%)	0.40	0.37	0.65	0.75	0.75	0.71	0.63
文 化	**Culture**							
广播人口覆盖率（%）	Listener Rating (%)	85.0	88.7	95.0	96.1	96.2	96.6	96.7
电视人口覆盖率（%）	Viewer Rating (%)	90.0	93.5	97.0	97.7	98.0	98.2	98.3
卫 生	**Health Care**							
每万人卫生技术人员（人）	Number of Medical Technical Personnel per 10 000 Persons(person)	26.7	26.3	36	42.1	49.5	54.4	57.3
每万人医院、卫生院病床数（张）	Number of Hospital Beds per 10 000 Persons(unit)	17.4	17.7	26	29.9	36.9	39.5	40.6

1—7　主要年份人均主要工农业产品产量

Per Capita Output of Major Industrial & Agricultural Products in Main Years

指　　标	Indicators	2000	2005	2010	2012	2013	2014	2015
粮食产量（公斤）	Grain(kg)	352	309	298.4	318.4	323.75	323.95	319.32
油料产量（公斤）	Oil-bearing Crops(kg)	12.0	13.0	9.7	11.6	12.17	12.94	13.55
甘蔗产量（公斤）	Sugarcane Crops(kg)	621	1050	1504.3	1678.9	1724.13	1679.00	1571.71
水果产量（公斤）	Fruits(kg)	76	156	177.9	221.1	304.95	329.48	360.21
猪牛羊肉（公斤）	Pork, Beef & Mutton(kg)	49	65	54.6	57.8	59.34	59.94	57.89
水产品（公斤）	Aquatic Products(kg)	51	58	58.1	65.1	67.88	70.12	72.38
原煤（吨）	Coal(ton)	0.15	0.14	0.16	0.16	0.14	0.13	0.09
发电量（千瓦时）	Electricity(kwh)	611	909	2180.8	2543.4	2658.29	2765.76	2722.30
水泥（公斤）	Cement(kg)	465	674	1588.1	1498.2	2383.33	2268.46	2333.91
糖产量（公斤）	Sugar(kg)	69	103	149.1	184.7	215.06	227.42	193.87
机制纸及纸板（公斤）	Machine-made Paper & Paperboard(kg)	17	26	47.6	72.1	88.05	71.50	59.49

注：本表2007年起按年平均常住人口计算。自2013年起水果包括果用瓜。

Note: The data from 2007 in this table is calculated with the average permanent population in this year, and the fruits include the melons since 2013.

1—8 各个时期主要经济指标

Main Economic Indicators of Each Period

单位：亿元 (100 million yuan)

时 期	Period	地区生产总值 Gross Domestic Product	第一产业 Primary Industry	第二产业 Secondary Industry	#工业 Industry	第三产业 Tertiary Industry	固定资产投资 Investment in Fixed Assets
"一五"时期	"First Five-Year Plan" Period	88.96	50.35	22.59	19.89	16.02	6.19
"二五"时期	"Second Five-Year Plan" Period	125.03	57.92	37.65	31.64	29.46	19.58
	1963—1965	83.12	43.66	22.42	19.26	17.04	7.21
"三五"时期	"Third Five-Year Plan" Period	165.9	89.17	41.41	36.68	35.32	19.42
"四五"时期	"Fourth Five-Year Plan" Period	287.04	133.8	91.39	82.8	61.85	32.87
"五五"时期	"Fifth Five-Year Plan" Period	393.84	172.14	132.55	119.91	89.15	48.79
"六五"时期	"Sixth Five-Year Plan" Period	708.45	321.87	202.77	175.97	183.81	120.68
"七五"时期	"Seventh Five-Year Plan" Period	1592.8	627.12	479.93	417.65	485.75	337.65
"八五"时期	"Eighth Five-Year Plan" Period	4732.74	1465.25	1655.27	1423.97	1612.19	1314.72
"九五"时期	"Ninth Five-Year Plan" Period	9477.90	2829.42	3283.83	2772.24	3364.65	2808.14
"十五"时期	"Tenth Five-Year Plan" Period	15041.78	3567.49	5366.53	4462.13	6107.76	5586.27
"十一五"时期	"Eleventh Five-Year Plan" Period	34919.58	6861.12	15234.82	13034.13	12823.64	22565.56
"十二五"时期	"Twelfth Five-Year Plan" Period	71681.88	11489.13	33696.55	28156.29	26496.21	64774.33

1－8 续表 continued

时 期	Period	公共财政预算收入（亿元）Public Budget Income (100 million yuan)	公共财政预算支出（亿元）Public Budget Expenditure (100 million yuan)	外贸进出口总额（亿美元）Total Exports & Imports (100 million USD)	#出口总额 Exports	社会消费品零售总额（亿元）Total Retail Sales of Consumer Goods (100 million yuan)	货运量（万吨）Freight Traffic (10 000 tons)
"一五"时期	"First Five-Year Plan" Period	15.33	12.61	1.74	1.74	41.8	4344
"二五"时期	"Second Five-Year Plan" Period	23.66	34.7	1.48	1.48	59.36	12595
	1963—1965	12.64	15.92	1.24	1.21	42.88	5191
"三五"时期	"Third Five-Year Plan" Period	25.24	34.25	2.37	2.19	84.47	11523
"四五"时期	"Fourth Five-Year Plan" Period	48.32	61.57	7.77	7.21	114.48	21750
"五五"时期	"Fifth Five-Year Plan" Period	61.72	87.53	13.66	12.82	177.1	26379
"六五"时期	"Sixth Five-Year Plan" Period	72.99	105.13	21.12	17.46	321.52	30448
"七五"时期	"Seventh Five-Year Plan" eriod	177.9	265.93	37.97	28.32	720.45	94604
"八五"时期	"Eighth Five-Year Plan" Period	354.75	923.09	104.11	71.14	1656.07	138187
"九五"时期	"Ninth Five-Year Plan" Period	589.95	1009.68	126.74	91.87	3433.48	155717
"十五"时期	"Tenth Five-Year Plan" Period	1089.87	2334.06	168.91	99.86	5540.13	178259
"十一五"时期	"Eleventh Five-Year Plan" Period	2672.81	6641.98	611.05	340.44	12051.51	389077
"十二五"时期	"Twelfth Five-Year Plan" Period	6368.82	16284.48	1774.57	989.78	25678.80	736188

1—9 各个时期主要经济指标平均增长率

Average Growth Rate of Main Economic Indicators of Each Period

单位：% (%)

时 期	Period	地区生产总值 Gross Domestic Product	第一产业 Primary Industry	第二产业 Secondary Industry	#工业 Industry	第三产业 Tertiary Industry	固定资产投资 Investment in Fixed Assets
"一五"时期	"First Five-Year Plan" Period	10.8	6.5	11.2	12.1	27.5	41.7
"二五"时期	"Second Five-Year Plan" Period	1.2	-4.5	3.9	4.7	8.4	-0.9
	1963—1965	7.5	11.5	9.5	8.4	-0.02	27.8
"三五"时期	"Third Five-Year Plan" Period	5.1	2.6	5.3	5.1	8.7	15.6
"四五"时期	"Fourth Five-Year Plan" Period	9.6	6.2	15.0	16.5	9.9	5.3
"五五"时期	"Fifth Five-Year Plan" Period	6.2	3.9	4.8	5.5	12.2	10.5
"六五"时期	"Sixth Five-Year Plan" Period	8.3	4.4	9.9	9.2	13.3	27.4
"七五"时期	"Seventh Five-Year Plan" Period	6.1	5.0	8.7	9.7	4.4	10.2
"八五"时期	"Eighth Five-Year Plan" Period	15.1	8.4	24.3	24.2	13.6	43.9
"九五"时期	"Ninth Five-Year Plan" Period	8.5	6.5	8.6	8.5	9.7	9.3
"十五"时期	"Tenth Five-Year Plan" Period	10.8	5.4	13.8	13.8	11.2	21.8
"十一五"时期	"Eleventh Five-Year Plan" Period	13.9	5.3	19.1	19.4	12.7	34.7
"十二五"时期	"Twelfth Five-Year Plan" Period	10.1	4.5	12.1	11.8	9.8	21.6

注：本表增长率按可比价格计算。
Note: The average growth rates in this table are calculated at comparable prices.

1－9 续表 continued

单位：% (%)

时　期	Period	公共财政预算收入 Pubic Budget Income	公共财政预算支出 Public Budget Expenditure	外贸进出口总　额 Total Exports & Imports	#出口总额 Exports	社会消费品零售总　额 Total Retail Sales of Consumer Goods	货运量 Freight Traffic
“一五”时期	“First Five-Year Plan” Period	6.4	14.7	47.1	47.1	13.2	39.8
“二五”时期	“Second Five-Year Plan” Period	2.7	2.0	-20.3	-20.3	6.1	1.7
	1963—1965	12.9	18.7	37.1	33.5	7.1	19.9
“三五”时期	“Third Five-Year Plan” Period	8.5	8.3	0.3	0.4	2.9	5.9
“四五”时期	“Fourth Five-Year Plan” Period	8.6	7.5	33.5	33.2	8.1	11.5
“五五”时期	“Fifth Five-Year Plan” Period	2.1	5.8	11.4	12.7	11.9	-2.4
“六五”时期	“Sixth Five-Year Plan” Period	10.4	11.3	6.7	0.3	14.1	23.5
“七五”时期	“Seventh Five-Year Plan” Period	18.3	16.9	11.4	14.4	14.6	9.0
“八五”时期	“Eighth Five-Year Plan” Period	11.1	16.7	29.0	25.2	23.2	7.5
“九五”时期	“Ninth Five-Year Plan” Period	13.1	13.0	-8.7	-7.8	10.1	1.8
“十五”时期	“Tenth Five-Year Plan” Period	14.0	18.8	20.5	14.0	11.7	5.6
“十一五”时期	“Eleventh Five-Year Plan” Period	22.2	26.8	27.9	27.3	18.7	22.6
“十二五”时期	“Twelfth Five-Year Plan” Period	14.4	15.2	23.7	23.9	13.9	5.7

1—10 主要年份平均每天主要社会经济活动
Selected Indicators on Average Daily Social & Economic Activities in Main Years

指 标	Indicators	2000	2005	2010	2012	2013	2014	2015
每天创造的财富	**Daily Production**							
地区生产总值（亿元）	Gross Domestic Product(100 million yuan)	5.70	10.92	26.22	35.62	39.59	42.94	46.04
第一产业	Primary Industry	1.53	2.50	4.59	5.94	6.28	6.61	7.03
第二产业	Secondary Industry	2.01	4.14	12.36	17.07	18.44	20.07	21.14
#工业	Industry	1.68	3.47	10.58	14.42	15.34	16.62	17.42
第三产业	Tertiary Industry	2.16	4.28	9.27	12.61	14.87	13.63	17.86
#运输、仓储及邮政业	Transport, Storage & Post	0.44	0.59	1.32	1.71	1.86	2.01	2.20
批发零售、餐饮业	Wholesale, Retail & Catering Businesses	0.76	1.25	2.88	3.68	3.95	4.05	4.13
公共财政预算收入（亿元）	Public Budget Income (100 million yuan)	0.40	0.78	2.12	3.19	3.61	3.90	4.15
公共财政预算支出（亿元）	Public Budget Expenditure (100 million yuan)	0.71	1.68	5.50	8.16	8.79	9.52	11.14
粮食（万吨）	Grain(10 000 tons)	4.57	4.15	3.87	4.06	4.17	4.20	4.18
油料（万吨）	Oil-bearing Grops(10 000 tons)	0.16	0.17	0.13	0.15	0.16	0.17	0.18
甘蔗（万吨）	Sugar Cane	8.03	14.12	19.51	21.39	22.2	21.79	20.56
猪牛羊肉（万吨）	Meat(10 000 tons)	0.63	0.88	0.71	0.74	0.72	0.74	0.76
水产品（万吨）	Aquatic Products(10 000 tons)	0.66	0.78	0.75	0.83	0.87	0.91	0.95
成品糖(万吨)	Machine-made Sugar(10 000 tons)	0.89	1.38	1.93	2.35	2.77	2.95	2.54
原 煤（万吨）	Coal(10 000 tons)	1.94	1.92	2.08	2.06	1.75	1.69	1.17
发电量（亿千瓦时）	Electricity (100 million kwh)	0.79	1.22	2.83	3.24	3.39	3.59	3.56
粗钢（万吨）	Stee(10 000 tons)	0.29	1.36	3.30	3.67	6.09	5.71	5.88
钢材（万吨）	Steel Products(10 000 tons)	0.28	1.42	4.13	5.87	7.65	8.94	9.71
水泥（万吨）	Cement(10 000 tons)	6.02	9.06	20.59	19.09	30.69	29.44	30.53

1—10 续表 continued

指 标	Indicators	2000	2005	2010	2012	2013	2014	2015
每天消费量	**Daily Consumption**							
最终消费（亿元）	Final Consumption Expenditure(100 million yuan)	1.70	2.66	4.56	5.46	6.08	6.55	7.08
居民消费	Resident Consumption	1.51	2.30	4.05	4.80	5.28	5.72	6.20
农村居民	Rural Resident	1.21	1.59	1.94	2.26	2.34	2.59	2.85
城镇居民	Urban Resident	2.17	3.72	7.94	9.45	10.64	11.43	12.31
政府消费	Government Consumption	2.72	4.67	7.32	9.04	10.45	11.05	11.88
能源消费量（万吨标准煤）	Energy Consumption (10 000 tons of SCE)	7.31	13.34	21.70	25.01	24.93	26.07	26.74
社会消费品零售总额（亿元）	Total Retail Sales of Consumer Goods(100 million yuan)	2.20	3.85	9.07	12.34	14.06	15.82	17.39
每天其他经济活动	**Other Daily Economic Activities**							
资本形成总额（亿元）	Gross Capital Formation(100 million yuan)	2.04	4.89	19.17	21.40	22.96	24.47	26.11
固定资产形成	Fixed Assets Formation	2.03	4.80	18.98	20.38	22.22	23.91	25.65
存货增加	Inventory Increasement	0.88	6.05	15.18	49.64	38.87	31.64	27.94
货运量（万吨）	Freight Traffic(10 000 tons)	85.67	112.40	310.81	440.90	492.59	446.69	410.21
客运量（万人）	Passenger Traffic(10 000 persons)	117.68	143.01	210.87	250.43	267.89	147.62	139.69
规模以上港口货物吞吐量（万吨）	Volume of Freight Handled at Major Ports (10 000 tons)	7.89	18.84	50.89	73.59	80.21	85.00	86.08
邮电业务总量（万元）	Revenue from Postal & Telecommunication Services(10 000 yuan)	2640.00	8846.00	22131.88	10012.02	10762.19	13787.40	17855.89
进出口总额（万美元）	Total Exports & Imports(10 000 USD)	558.00	1420.00	4850.98	8052.92	8996.41	11110.42	14044.42
出口总额	Exports	409.00	788.00	2632.84	4226.34	5121.92	6665.76	7678.27
进口总额	Imports	149.00	632.00	2218.14	3826.58	3874.50	4444.66	6366.15
外商直接投资（万美元）	Foreign Direct Investments (10 000 USD)	143.74	103.74	249.86	204.52	191.80	274.25	471.80
来华旅游人数（人次）	Number of International Tourists (10 000 Persons-time)	3398	4004	6856	9570	10727	11539	12330
每天人口变动和婚姻	**Daily Population Changes & Marriages**							
出生（人）	Births(person)	1753	1918	1973	2022	2055	1973	1973
死亡（人）	Deaths(person)	712	822	685	902	904	822	822
结婚（对）	Marriages(couple)	873	862	1439	1338	1288	1294	1150
离婚（对）	Divorces(couple)	80	133	200	235	255	221	228

1—11 按行业分组的法人单位数

单位：个

行业门类	Sector	1996	2001	2004	2005
总计	**Total**	**96356**	**123298**	**120706**	**130209**
农、林、牧、渔业	Farming,Forestry,Animal Husbandry & Fishery	4487	8081	193	3536
采矿业	Mining	2157	1165	1503	1639
制造业	Manufacturing	17703	15105	16068	17110
电力、燃气及水的生产和供应业	Power, Gas & Water Production & Supply	970	1069	1578	1723
建筑业	Construction	1841	1905	1586	1821
批发和零售业	Wholesale & Retail Trade	14306	14921	14365	16291
交通运输、仓储和邮政业	Transportation,Storage,Postal,& Telecommunication Services	1412	2430	1925	2068
住宿和餐饮业	Hotel & Catering Trade	1798	1891	1918	2056
信息传输、计算机服务和软件业	Information Transmission, Computer Service & Software Industries	614	2052	2300	2721
金融业	Finance	1904	2085	1151	1191
房地产业	Real Estate	1218	2417	3189	3644
租赁和商务服务业	Leasing & Business Service	2433	5389	4781	5406
科学研究、技术服务和地质勘查业	Scientific Research, Technology Service & Geological Prospecting	1112	1811	4901	5083
水利、环境和公共设施管理业	Water Conservancy, Environment & Public Facility Management	1074	3026	1481	1582
居民服务和其他服务业	Resident & Other Services	630	1230	972	1124
教育	Education	8309	18650	17326	17477
卫生、社会保障和社会福利业	Public Health, Social Security & Social Welfare	3178	6227	6264	6204
文化、体育和娱乐业	Culture, Sports & Entertainment	1255	2290	2574	2559
公共管理和社会组织	Public Administration & Social Organizations	29955	31554	36631	36974

注：1. 2004年和2008年及2013年农、林、牧、渔业法人单位数为兼营第二、三产业的农、林、牧、渔业法人单位。
2. 本表1996年、2001年、2004年、2008年及2013年均为普查数据，其余为年报数据，2013年为普查初步数，其余年份为年报数据。
3. 本表数据2011年以前按GB/T4754-2002标准分类，2012年以后按GB/T4754-2011标准分类。

Note: 1. The indicator of “Farming,Forestry,Animal Husbandry & Fishery” in 2004 and 2008，2013 refers to the juridical entities operating primary industry also operating secondary industry or tertiary industry on the side.
2. The data in this table in 1996,2001,2004,2008 is based on the Economic Census, the data in 2013 is preliminary statistics of the Economic Census, and the data in other years is based on the annual reports.
3. The data in and before 2011 in this table is sorted out by the standard of (GB/T4754-2002), and the data since 2012 is sorted out by the standard of GB/T4754-2011.

Number of Juridical Entities Grouped by Sector

(unit)

2006	2007	2008	2009	2010	2011	2012	2013	2014	2015
139566	**149472**	**154748**	**180744**	**204970**	**238483**	**274666**	**274899**	**334564**	**402586**
4034	4306	210	2630	4486	10310	23041	39826	49601	61109
1935	2225	2258	2716	3079	3396	3656	2988	3386	3443
18752	20307	19683	22156	24381	27106	27725	24215	28087	31491
1865	1999	2271	2508	2628	2700	2771	2587	2750	2885
2131	2455	2329	3130	3951	5035	5713	4727	7516	10728
18775	22034	21560	33174	42384	54820	67375	64260	84623	106962
2282	2586	3178	3929	4634	5459	6107	5147	6647	8512
2258	2445	2152	2378	2764	3177	3466	3471	4103	5172
3044	3479	5040	5610	5997	6508	6952	2546	3851	6486
1241	1280	636	938	1249	1649	1643	1610	2321	2972
4402	5218	5628	7084	9013	10224	11034	8446	11513	13475
6140	7238	10535	12964	15394	18798	22108	18611	25498	35285
5310	5573	7141	7627	8397	9020	9959	10359	12613	15433
1626	1698	2081	2227	2376	2571	2748	2762	3129	3496
1339	1552	1607	2152	2666	3417	4093	3542	4709	6487
17643	17786	16435	16776	17126	17497	17788	18301	20043	21541
6405	6480	6207	6363	6446	6573	6644	5387	5745	6059
2667	2760	2600	2795	3005	3180	3489	6664	7302	7962
37717	38051	43197	43587	44994	47043	48354	49450	51127	53089

1—12 各市按机构类型分组的法人单位数（2015年）
Number of Juridical Entities Grouped by Region & Type of Institution (2015)

地 区	Region	法人单位（个）Number of Juridical Entities (unit)	企业 Enterprise	事业单位 Institution	机关 Agency	社会团体 Social Group	其他法人 Others
广 西	**Guangxi**	**402586**	**290979**	**43387**	**10615**	**11204**	**46401**
南宁市	Nanning	82690	67972	5246	1079	1674	6719
柳州市	Liuzhou	41160	32471	2765	887	941	4096
桂林市	Guilin	47809	34783	4558	1435	1364	5669
梧州市	Wuzhou	23971	17379	2664	552	849	2527
北海市	Beihai	18501	15036	1472	373	330	1290
防城港市	Fangchenggang	11701	8517	1200	458	466	1060
钦州市	Qinzhou	19079	13411	2187	530	754	2197
贵港市	Guigang	22782	14924	3209	495	453	3701
玉林市	Yulin	38992	27369	4715	797	1143	4968
百色市	Baise	28104	18478	3643	1137	862	3984
贺州市	Hezhou	15165	9364	2683	565	476	2077
河池市	Hechi	22750	13630	3752	1021	717	3630
来宾市	Laibin	15024	9327	2397	622	610	2068
崇左市	Chongzuo	14858	8318	2896	664	565	2415

1－13　各市按主要行业分组的法人单位数（2015年）

Number of Juridical Entities Grouped by Region & Major Sector（2015）

地　区	Region	合计 Total	农、林、牧、渔业 Agriculture, Forestry, Animal Husbandry & Fishery	采矿业 Mining	制造业 Manufacturing	电力、燃气及水的生产和供应业 Production & Supply of Electricity, Gas & Water	建筑业 Construction	批发和零售业 Wholesale & Retail Trade
广　西	**Guangxi**	**402586**	**61108**	**3443**	**31491**	**2885**	**10728**	**106962**
南宁市	Nanning	82690	7798	203	5407	193	2993	27832
柳州市	Liuzhou	41160	4679	251	4064	195	718	13934
桂林市	Guilin	47809	5649	523	4454	830	1565	11225
梧州市	Wuzhou	23971	5356	244	1737	194	610	6161
北海市	Beihai	18501	1235	72	1172	40	840	5563
防城港市	Fangchenggang	11701	1452	92	622	59	442	3039
钦州市	Qinzhou	19079	3105	200	1726	93	641	4153
贵港市	Guigang	22782	2834	149	2545	94	556	5578
玉林市	Yulin	38992	8436	250	4158	297	500	9469
百色市	Baise	28104	5944	341	1658	235	653	6242
贺州市	Hezhou	15165	3714	178	840	244	289	2932
河池市	Hechi	22750	5081	465	1354	166	302	4505
来宾市	Laibin	15024	3023	293	1001	127	374	3028
崇左市	Chongzuo	14858	2802	182	753	118	245	3301

1—14 按行业、营业状态分组的企业法人单位数（2015年）
Number of Juridical Entities Grouped by Sector & Operating State（2015）

单位：个 (unit)

行 业	Sector	单位数 Number of Juridical Entities	营业 Operating	停业（歇业）Shutout (closed)	筹建 Preparing to Construct	当年关闭 Closedown in the Present Year	当年破产 Bankrupted in the Present Year	其他 Others
合计	**Total**	**290980**	**250010**	**12153**	**15614**	**8101**	**248**	**4854**
农、林、牧、渔业	Farming, Forestry, Animal Husbandry & Fishery	43381	38220	985	2648	379	22	1127
采矿业	Mining	3443	2549	462	259	114	17	42
制造业	Manufacturing	31481	26391	1776	2018	836	75	385
电力、燃气及水的生产和供应业	Power, Gas & Water Production & Supply	2824	2493	86	178	28	2	37
建筑业	Construction	10728	9085	374	652	368	4	245
交通运输、仓储和邮政业	Transportation, Storage & Postal Services	106500	92704	4725	4605	3193	61	1212
信息传输、计算机服务和软件业	Information Transmission, Computer Service & Software Industries	8092	7109	295	438	152	7	91
批发和零售业	Wholesale & Retail Trade	5130	4532	163	235	144	5	51
住宿和餐饮业	Hotel & Catering Trade	6059	5240	182	349	208	3	77
金融业	Finance	2919	2586	79	194	25	0	35
房地产业	Real Estate	13340	10825	646	837	387	7	638
租赁和商务服务业	Leasing & Business Service	32430	26978	1401	1966	1552	25	508
科学研究、技术服务和地质勘查业	Scientific Research, Technology Service & Geological Prospecting	8756	7404	371	576	281	5	119
水利、环境和公共设施管理业	Water Conservancy, Environment & Public Facility Management	1349	1066	75	153	25	1	29
居民服务和其他服务业	Resident & Other Services	6142	5398	227	233	180	6	98
教育	Education	2072	1842	41	99	26	0	64
卫生、社会保障和社会福利业	Public Health, Social Security & Social Welfare	635	564	8	33	7	0	23
文化、体育和娱乐业	Culture, Sports & Entertainment	5690	5017	257	141	196	8	71
公共管理、社会保障和社会组织	Public Admini stration, Social Security & Social Organizations	9	7	0	0	0	0	2

1—15 按行业、登记注册类型分组的企业法人单位数（2015年）

Number of Juridical Entities Grouped by Sector & Registration Status (2015)

单位：个 (unit)

行业	Sector	合计 Total	内资 Domestic Fund	国有 State-owned	集体 Collective-owned	股份合作企业 Cooperative Share Holding	联营企业 Joint-owned
合计	**Total**	**290980**	**289332**	**3744**	**3644**	**731**	**236**
农、林、牧、渔业	Farming,Forestry,Animal Husbandry & Fishery	43381	43318	231	85	38	26
采矿业	Mining	3443	3423	37	41	15	4
制造业	Manufacturing	31481	30691	433	744	132	41
电力、燃气及水的生产和供应业	Power, Gas & Water Production & Supply	2824	2778	302	185	35	14
建筑业	Construction	10728	10706	119	217	26	4
批发和零售业	Wholesale & Retail Trade	106500	106309	894	1378	162	75
交通运输、仓储和邮政业	Transportation,Storage & Postal Services	8092	8036	282	167	25	8
住宿和餐饮业	Hotel & Catering Trade	5130	5068	162	94	24	7
信息传输、计算机服务和软件业	Information Transmission, Computer Service & Software Industries	6059	6031	21	4	16	1
金融业	Finance	2919	2886	67	14	95	2
房地产业	Real Estate	13340	13148	287	235	32	3
租赁和商务服务业	Leasing & Business Service	32430	32361	326	238	56	20
科学研究、技术服务和地质勘查业	Scientific Research, Technology Service & Geological Prospecting	8756	8734	288	106	24	8
水利、环境和公共设施管理业	Water Conservancy, Environment & Public Facility Management	1349	1334	70	16	2	2
居民服务和其他服务业	Resident & Other Services	6142	6125	47	67	23	7
教育	Education	2072	2072	49	22	7	6
卫生、社会保障和社会福利业	Public Health, Social Security & Social Welfare	635	633	22	11	8	3
文化、体育和娱乐业	Culture, Sports & Entertainment	5690	5670	103	19	11	5
公共管理、社会保障和社会组织	Public Admini stration, Social Security & Social Organizations	9	9	4	1	0	0

1－15 续表1 continued

单位：个 (unit)

行 业	Sector	国有联营 State Joint-owned	集体联营 Collective Joint-owned	国有与集体联营 State & Collective Joint-owned	其他联营 Other Joint-owned	有限责任公司 Limited Liability Company	国有独资公司 State Sole Investment	其他有限责任公司 Other Limited Companies	股份有限公司 Share Holding Limited
合计	**Total**	**37**	**120**	**16**	**63**	**37972**	**886**	**37086**	**5011**
农、林、牧、渔业	Farming,Forestry,Animal Husbandry & Fishery	1	7	1	17	1420	9	1411	242
采矿业	Mining	1	2	0	1	315	11	304	81
制造业	Manufacturing	4	23	5	9	3890	78	3812	566
电力、燃气及水的生产和供应业	Power, Gas & Water Production & Supply	3	6	1	4	411	57	354	85
建筑业	Construction	1	1	1	1	1936	44	1892	212
批发和零售业	Wholesale & Retail Trade	15	45	2	13	14181	145	14036	1561
交通运输、仓储和邮政业	Transportation,Storage & Postal Services	2	4	0	2	1467	54	1413	200
住宿和餐饮业	Hotel & Catering Trade	1	4	0	2	722	6	716	125
信息传输、计算机服务和软件业	Information Transmission, Computer Service & Software Industries	0	0	1	0	1021	18	1003	95
金融业	Finance	0	1	1	0	529	18	511	411
房地产业	Real Estate	1	1	0	1	3016	98	2918	371
租赁和商务服务业	Leasing & Business Service	3	12	1	4	6001	238	5763	648
科学研究、技术服务和地质勘查业	Scientific Research, Technology Service & Geological Prospecting	1	6	0	1	1460	35	1425	190
水利、环境和公共设施管理业	Water Conservancy, Environment & Public Facility Management	1	1	0	0	315	41	274	45
居民服务和其他服务业	Resident & Other Services	1	4	0	2	772	10	762	88
教育	Education	0	2	1	3	159	0	159	33
卫生、社会保障和社会福利业	Public Health, Social Security & Social Welfare	0	0	1	2	40	0	40	13
文化、体育和娱乐业	Culture, Sports & Entertainment	2	1	1	1	316	24	292	45
公共管理、社会保障和社会组织	Public Admini stration, Social Security & Social Organizations	0	0	0	0	1	0	1	0

1－15 续表2 continued

单位：个 (unit)

行业	Sector	私营 Individual	私营独资 Individual Sole Investment	私营合伙 Private Partnership	私营有限责任公司 Private Limited Liability Company	私营股份有限公司 Private Share Holding Limited	其他 Others	港澳台商投资 Funded by Enterprises from Hong Kong, Macao & Taiwan
合计	**Total**	**223548**	**71396**	**5534**	**140603**	**6015**	**14446**	**866**
农、林、牧、渔业	Farming,Forestry,Animal Husbandry & Fishery	36290	28215	727	7046	302	4986	24
采矿业	Mining	2788	1270	296	1107	115	142	8
制造业	Manufacturing	23824	8562	1208	13289	765	1061	427
电力、燃气及水的生产和供应业	Power, Gas & Water Production & Supply	1637	415	648	517	57	109	22
建筑业	Construction	7960	586	80	7031	263	232	15
批发和零售业	Wholesale & Retail Trade	83880	21456	1085	59108	2231	4178	99
交通运输、仓储和邮政业	Transportation,Storage & Postal Services	5707	549	109	4799	250	180	28
住宿和餐饮业	Hotel & Catering Trade	3681	1262	159	2152	108	253	39
信息传输、计算机服务和软件业	Information Transmission, Computer Service & Software Industries	4588	411	56	4007	114	285	21
金融业	Finance	1700	128	30	1447	95	68	6
房地产业	Real Estate	9018	406	100	8101	411	186	110
租赁和商务服务业	Leasing & Business Service	24008	1793	436	20983	796	1064	31
科学研究、技术服务和地质勘查业	Scientific Research, Technology Service & Geological Prospecting	6292	558	97	5391	246	366	7
水利、环境和公共设施管理业	Water Conservancy, Environment & Public Facility Management	844	104	23	688	29	40	9
居民服务和其他服务业	Resident & Other Services	4832	1470	156	3069	137	289	7
教育	Education	1361	590	97	641	33	435	0
卫生、社会保障和社会福利业	Public Health, Social Security & Social Welfare	407	208	33	156	10	129	0
文化、体育和娱乐业	Culture, Sports & Entertainment	4729	3411	194	1071	53	442	13
公共管理、社会保障和社会组织	Public Admini stration, Social Security & Social Organizations	2	2	0	0	0	1	0

1－15 续表3 continued

单位：个 (unit)

行 业	Sector	与港澳台商合资经营 Joint Venture	与港澳台商合作经营 Coopera-tive Operation	港澳台商独资 Sole Inves-tment	港澳台商投资股份有限公司 Share Holding Limited	其他港澳台	外商投资 Foreig-nfunded	中外合资经营 Joint Venture	中外合作经营 Coope-rative Opera-tion	外资企业 Sole Inves-tment	外商投资股份有限公司 Share Holding Limited	其他外资
合计	**Total**	**280**	**57**	**485**	**29**	**15**	**782**	**271**	**47**	**342**	**57**	**65**
农、林、牧、渔业	Farming,Forestry,Animal Husbandry & Fishery	7	1	13	3	0	39	7	1	25	0	6
采矿业	Mining	5	1	2	0	0	12	4	2	6	0	0
制造业	Manufacturing	130	15	264	16	2	363	151	12	165	20	15
电力、燃气及水的生产和供应业	Power, Gas & Water Production & Supply	7	2	12	0	1	24	9	3	9	3	0
建筑业	Construction	3	11	0	0	1	7	2	1	3	0	1
批发和零售业	Wholesale & Retail Trade	27	3	62	4	3	92	25	5	37	4	21
交通运输、仓储和邮政业	Transportation,Storage & Postal Services	9	7	11	0	1	28	11	6	10	1	0
住宿和餐饮业	Hotel & Catering Trade	11	3	24	1	0	23	5	5	12	1	0
信息传输、计算机服务和软件业	Information Transmission, Computer Service & Software Industries	7	1	8	2	3	7	2	0	2	1	2
金融业	Finance	0	0	4	1	1	27	5	1	4	15	2
房地产业	Real Estate	58	7	45	0	0	82	32	5	36	3	6
租赁和商务服务业	Leasing & Business Service	6	1	20	2	2	38	9	3	12	6	8
科学研究、技术服务和地质勘查业	Scientific Research, Technology Service & Geological Prospecting	4	1	2	0	0	15	5	1	8	0	1
水利、环境和公共设施管理业	Water Conservancy, Environment & Public Facility Management	3	1	5	0	0	6	0	1	4	0	1
居民服务和其他服务业	Resident & Other Services	0	2	4	0	1	10	2	1	4	1	2
教育	Education	0	0	0	0	0	0	0	0	0	0	0
卫生、社会保障和社会福利业	Public Health, Social Security & Social Welfare	0	0	0	0	0	2	0	0	1	1	0
文化、体育和娱乐业	Culture, Sports & Entertainment	3	1	9	0	0	7	2	0	4	1	0
公共管理、社会保障和社会组织	Public Admini stration, Social Security & Social Organizations	0	0	0	0	0	0	0	0	0	0	0

主要统计指标解释

发展速度　是表示某一时期内某一指标发展程度的相对数，它是报告期与基期水平之比，一般用百分数表示，即把基期水平定为1（或100%），以报告期的指标数值除以基期指标数值的商乘100%，即得发展速度。由于比较的标准时期不同，发展速度可分为定期发展速度和环比发展速度两种。发展速度的计算公式为：

发展速度=（指标当期数值/指标基期数值）×100%

增长速度　是反映社会经济增长程度的指标，它是报告期增长量与基期水平之比，又称增长率。其计算公式为：

增长速度=（指标当期数值/指标基期数值－1）×100%

或=发展速度－1（或100%）。

平均每年增长速度　我国计算平均增长速度有两种方法，一种是习惯上经常使用的“水平法”，又称几何平均法，是以间隔最后一年的水平同基期水平对比来计算平均每年增长（或下降）的速度；另一种是“累计法”又称代数平均法或方程法，是以间隔年内各年水平的总和同基期水平对比来计算平均每年增长（或下降）的速度。

在一般正常情况下，两种方法计算的平均每年增长速度比较接近，但在经济发展不平衡出现大起大落时，两种方法计算的结果差别较大。

本年鉴内所列的平均每年增长速度都是用水平法计算的。从某年到某年平均增长速度的年份，均不包基期年在内。如1981－2004年平均每年增长速度，是以1980年为基期，2004年为报告期，年份从1981年算起，共24年。

当年价格　是报告期当年的实际价格，也称现价或现行价格。使用当年价格计算的以货币表现的物量指标，反映当年的实际情况，可用于考核社会经济效益，便于对生产、流通、分配、消费之间进行经济核算和综合平衡。

可比价格　亦称固定价格。指在不同时期的价值指标对比时，扣除了价格变动因素，以确切反映物量的变化。按可比价格计算有两种方法：一种是直接用于产品产量乘其不变价格；一种是指数法换算。

不变价格　用某一时期的同类产品的平均价格作为固定价格，来计算各个时期的产品价值。目的是为了消除各个时期价格变动的影响，保证各时期间、地区间的可比性。

指数　指数是一种表明社会经济现象动态的相对数，一般用百分数表示。运用指数可以测定不能直接相加和直接对比的社会经济现象的总动态；可以分析社会经济现象总变动中各因素变动的影响程度；可以研究总平均指标变动中各组标志水平和总体结构变动的作用。它是在把各个年份的产值换算成可比价格的基础上，根据定基数等于相应各个环比指数的连乘积这个换算关系计算出来的。

本《年鉴》所列“国内生产总值指数”等都是按可比价格计算的，如计算有关年份产值增长情况，可用定期指数（即简称年度为100的定基指数）直接进行对比。例如，求2000年国内生产总值为1980年的百分比，按表上2000年指数，1980年指数，两者相除即得，其余以此类推。

各个计划时期　本年鉴表内所用各个“时期”代表的年份如下：第一个五年计划时期（简称“一五”时期）为1953到1957年；第二个五年计划时期（简称“二五”时期）为1958到1962年；第三个五年计划时期（简称“三五”时期）为1966到1970年；第四个五年计划时期（简称“四五”时期）为1971到1975年；第五个五年计划时期（简称“五五”时期）为1976到1980年；第六个五年计划时期（简称“六五”时期）为1981到1985年；第七个五年计划时期（简称“七五”时期）为1986到1990年；第八个五年计划时期（简称“八五”时期）为1991到1995年；第九个五年计划的时期（简称“九五”时期）为1996到2000年；第十个五年计划时期（简称“十五”时期）为2001到2005年；第十一个五年计划时期（简称“十一五”时期）为2006到2010年。

Explanatory Notes on Main Statistical Indicators

Development Rate is a relative indicator that reflects the development extends of a certain indicator in a certain period. It is calculated by comparing the level of report period to the level of base period, and is expressed with percentage. Namely to set the value of base period for 1 (or 100%), the development rate equals to multiply the quotient that the indicator valve in report period comparing to base period by 100%. Development rate can be classified into fixed-base development rate and chain-base development rate. The formula is:

Development Rate = (Value of Indicator in Report Period / Value of Indicator in Base Period)×100%

Growth Rate is a indicator that reflects the growth extend of social economy, and is calculated by growth level of report period to base period. The formula is:

Growth Rate = (Value of Indicator in Report Period/ Value of Indicator in Base Period－1) ×100%

or : =Development Rate－1 (or 100%)

Average Annual Growth Rate Two methods for calculating average annual growth rate are applied in China, one is often called level approach or the method of calculating geometric average, which is derived by comparing the level of the last year of the interval with that of the beginning year; the other is called "accumulative approach" or algebraic average or equation method, which is derived by the summation of the actual figure of each year in the interval divided by the figure in the base year.

Usually the results calculated by the two methods are fairly close, but they differed sharply when uneven economic development occurred with striking fluctuation in growth.

The average annual growth rates listed in this statistical yearbook are calculated by "level approach". The base year are not listed when the year are listed for average annual growth rates. For instance, the average annual growth rate of 24 years since 1981 is listed as average annual growth rate of 1981－2004, among which 1980 is the base year and 2004 is the reference year.

Current Price refers to the actual price in the reference period. The quantum indicators calculated in accordance with actual prices in current year can reflect the actual situation in the reference year. It can be used to check the social economic effect, and to carry though economic accounting and comprehensive balance during production, circulation, distribution and consumption.

Comparable Price also called fixed price. It is applied when comparing indicators of value over time to reflect accurately the changes in real them. Two methods are used for calculating comparable prices: (1) multiplying the output of products by their constant prices of certain year; (2) conversion of the data in current prices by relevant price index.

Constant Price refers to the average price of a given product in certain year, which is used for comparison of output value over time. As the output value at constant prices removes the factor of price changes, it reflects the trend of production development over time.

Index Index is a kind of relative indicator that reflects the trends of social economic phenomena, and is usually expressed with percentage. Using indexes can determine the whole trend of social economic phenomena that cannot be added up or compared directly; can analysis the degree of various factors impacting during the whole variation of social economic phenomena; and also can research the actions of levels and general construction movements of groups of indicators during the variation of total average indicator. It is calculated on the converting relation that fixed cardinal number equal to the continues product of corresponding chain index, when the output value in various years has been converted into comparable prices.

All of the indexes of GDP listed in this yearbook are calculated at comparable prices. The situation of output value growth in certain years can be calculated by comparing term indexes (fixed base indexes that set annual data =100) directly. For instance, the GDP in 2000 as the percentage of in 1980 can be calculated by multiplying index of 2000 to index of 1980 listed in table, and this method by analogy apply to others.

Various Plan Periods The years represented by the various "periods" in tables of this yearbook are as follows: First Five-year Plan Period refers to 1953—1957; Second Five-year Plan Period refers to 1958—1962; Third Five-year Plan Period refers to 1966—1970; Fourth Five-year Plan Period refers to 1971—1975; Fifth Five-year Plan Period refers to 1976—1980; Sixth Five-year Plan Period refers to 1981—1985; Seventh Five-year Plan Period refers to 1986—1990; Eighth Five-year Plan Period refers to 1991—1995; Ninth Five-year Plan Period refers to 1996—2000; and Tenth Five-year Plan Period refers to 2001—2005; and Eleventh Five-year plan period refers to 2006—2010.

第二篇

人口

POPULATION

（编辑：黄润明　雷　亮）

2—1　总人口及其构成
Population & Its Composition

年 份 Year	总户数 (万户) Total House-holds (10 000 households)	总人口 (万人) Total Population (10 000 persons)			性别比 (以女性为100) Sex Ratio (Female=100)	常住人口 (万人) Permanent Population (10 000 persons)	人口密度 (人/平方公里) Population Density (person/sq.km)
			男 性 Male	女 性 Female			
1978	661	3402	1753	1649	106.31		144
1980	676	3538	1822	1716	106.18		149
1985	757	3873	2005	1868	107.33		164
1990	896	4242	2205	2037	108.25		179
1991	918	4324	2250	2074	108.49		183
1992	950	4380	2285	2095	109.07		185
1993	973	4438	2317	2121	109.24		187
1994	997	4493	2346	2147	109.27		190
1995	1020	4543	2377	2166	109.74		192
1996	1040	4589	2398	2191	109.45		194
1997	1069	4633	2421	2212	109.45		196
1998	1092	4675	2442	2233	109.37		198
1999	1110	4713	2463	2250	109.51		199
2000	1140	4751	2484	2267	109.56		201
2001	1178	4788	2506	2282	109.90		202
2002	1197	4822	2521	2301	109.73		204
2003	1235	4857	2542	2315	109.84		205
2004	1285	4889	2559	2330	109.86		206
2005	1329	4925	2587	2338	110.65	4660	208
2006	1374	4961	2612	2349	111.16	4719	209
2007	1416	5002	2634	2368	111.19	4768	201
2008	1459	5049	2659	2390	111.25	4816	203
2009	1499	5092	2681	2411	111.18	4856	205
2010	1347	5159	2708	2451	110.5	4610	195
2011	1359	5199	2730	2469	110.54	4645	196
2012	1361	5240	2759	2481	110.51	4682	197
2013	1383	5282	2772	2510	110.42	4719	199
2014	1567	5475	2891	2584	111.84	4754	201
2015	1575	5518	2913	2605	111.79	4796	202

注：本表数字按当年行政区划计算，总人口2000年为根据第五次人口普查资料推算，2010年为人口普查数，2011-2013年为人口抽样调查推算数。其余年份为户籍统计年报数，人口密度从2007年起按常住人口计算。

Note: The data in this table is calculated on the administrative division of the year, the total population in 2000 is estimated by the 5th Population Census, the data in 2010 is estimated by the population census, the data from 2011 to 2013 is estimated by population Sample Survery,and total population in other years is based on the annual reports of the household registration.Population density has been calculated by permanent population since 2007.

2—2 人口自然变动情况
Status of Population Natural Changes

年 份 Year	总人口比上年增减 Total Population Changes in Comparison with Last Year		出生人口 (万人) Birth Population (10 000 persons)	出生率 (‰) Birth Rate (‰)	死亡人口 (万人) Mortality Rate (10 000 persons)	死亡率 (‰) Mortality Rate (‰)	自然增长率 (‰) Natural Growth Rate (‰)
	绝对数 (万人) Absolute Population (10 000 persons)	增长速度 (%) Growth Rate (%)					
1978	73	2.19	83	24.69	19	5.79	18.90
1980	68	1.96	88	25.17	20	5.80	19.37
1985	67	1.76	98	25.51	22	5.60	19.91
1990	92	2.22	85	20.20	28	6.60	13.60
1991	63	1.48	93	21.89	31	7.24	14.65
1992	56	1.30	87	20.19	32	7.28	12.91
1993	58	1.32	86	19.58	28	6.35	13.23
1994	55	1.24	84	18.84	29	6.60	12.24
1995	50	1.11	79	17.54	29	6.53	11.01
1996	46	1.01	77	16.83	31	6.82	10.01
1997	44	0.96	74	15.93	30	6.40	9.53
1998	42	0.91	74	15.87	32	6.86	9.01
1999	38	0.81	70	14.96	32	6.93	8.03
2000	38	0.81	64	13.60	26	5.70	7.90
2001	37	0.78	66	13.80	29	6.07	7.73
2002	34	0.71	64	13.30	30	6.30	7.00
2003	35	0.73	67	13.86	32	6.57	7.29
2004	32	0.66	65	13.32	30	6.12	7.20
2005	36	0.74	70	14.26	30	6.09	8.17
2006	36	0.73	71	14.44	30	6.10	8.34
2007	41	0.83	71	14.19	30	5.99	8.20
2008	47	0.94	72	14.40	29	5.70	8.70
2009	43	0.85	72	14.17	29	5.64	8.53
2010	67	1.32	72	14.13	25	5.48	8.65
2011	40	0.78	71	13.71	31	6.04	7.67
2012	41	0.79	74	14.20	33	6.31	7.89
2013	42	0.80	75	14.28	33	6.35	7.93
2014	53	0.98	72	14.07	30	6.21	7.86
2015	43	0.79	72	14.05	30	6.15	7.90

注：1. 1978、1980年的“三率”数字，根据第三次人口普查资料进行了调整。2000年、2010年为人口普查数，其余年份为人口抽样调查数。

2. 1990年以前和2014、2015年的总人口增减绝对数、增长速度为户籍统计年报数，其余年份为人口抽样调查数。

Note: 1. The Third Population Census adjusted the data of birth rate, mortality rate and natural growth rate in 1978 and 1980, and the data since 1985 is based on population sample survey.

2. The absolute figures of the total population variation,the growth rate are based on the annual reports of the household registration before 1990 and from 2014 to 2015,and in the other years are based on the population sample survey.

2－3 主要年份按居住地分的城乡人口
Population by Urban & Rural by Living Areas in Main Years

单位：万人 (10 000 persons)

年 份 Year	按城乡分 Population by Urban & Rural		占总人口比例（%） As Percentage of Total Population（%）	
	市镇人口 Urban	乡村人口 Rural	市镇人口 Urban	乡村人口 Rural
1990	641	3601	15.10	84.90
1995	838	3705	18.45	81.55
2000	1337	3414	28.15	71.85
2001	1350	3438	28.20	71.80
2002	1365	3457	28.30	71.70
2003	1411	3446	29.06	70.94
2004	1550	3339	31.70	68.30
2005	1567	3093	33.62	66.38
2006	1635	3084	34.64	65.36
2007	1728	3040	36.24	63.76
2008	1838	2978	38.16	61.84
2009	1904	2952	39.20	60.80
2010	1849	2761	40.11	59.89
2011	1942	2703	41.8	58.20
2012	2038	2644	43.53	56.47
2013	2115	2604	44.81	55.19
2014	2187	2567	46.01	53.99
2015	2257	2539	47.06	52.94

注：本表1990、2000、2010年为根据人口普查推算，其余年份为人口抽样调查推算数。2005年起为常住人口数。

Note: The data in 1990,2000 & 2010 is estimated by the population census，and the data of 2005 is based on permanent population, while the data in the other years is estimated by the population sample survey.

2-4　主要年份各市按居住地分的城乡人口

Population by Urban & Rural By Living Areas by City in Main Years

单位：万人　　(10 000 persons)

地　区 Region	按城乡分 Population by Urban & Rural	2005	2010	2011	2012	2013	2014	2015
南宁市	市镇人口 Urban	286.58	350.52	367.37	382.21	395.24	403.70	414.32
Nanning City	乡村人口 Rural	359.74	315.64	306.03	296.87	290.13	287.68	284.29
柳州市	市镇人口 Urban	166.89	206.91	214.71	222.77	229.53	237.32	243.64
Liuzhou City	乡村人口 Rural	200.30	168.96	164.68	159.68	156.07	151.33	148.63
桂林市	市镇人口 Urban	165.36	184.02	193.87	207.05	215.46	224.12	231.29
Guilin City	乡村人口 Rural	314.78	290.78	284.95	276.89	272.59	267.79	264.87
梧州市	市镇人口 Urban	109.43	123.87	130.26	137.21	142.00	145.57	149.18
Wuzhou City	乡村人口 Rural	187.84	164.35	160.59	155.73	153.44	151.98	150.76
北海市	市镇人口 Urban	71.16	74.82	78.34	81.76	84.49	87.33	89.96
Beihai City	乡村人口 Rural	79.02	79.11	77.10	75.44	74.53	73.04	72.61
防城港市	市镇人口 Urban	31.82	41.85	44.08	46.05	47.66	49.09	50.63
Fangchenggang City	乡村人口 Rural	46.52	44.84	43.76	42.64	42.24	41.71	41.21
钦州市	市镇人口 Urban	79.73	94.57	101.08	106.97	111.66	114.88	118.84
Qinzhou City	乡村人口 Rural	233.43	213.40	209.88	206.36	204.26	203.18	202.09
贵港市	市镇人口 Urban	113.51	165.65	174.87	183.08	189.22	194.18	199.75
Guigang City	乡村人口 Rural	302.29	246.23	240.80	235.60	232.83	231.38	229.62
玉林市	市镇人口 Urban	177.95	217.32	229.71	241.03	249.66	258.10	265.45
Yulin City	乡村人口 Rural	372.48	331.42	324.13	317.09	312.59	307.91	305.27
百色市	市镇人口 Urban	88.33	92.23	99.25	104.89	110.26	116.85	122.66
Baise City	乡村人口 Rural	264.14	254.45	250.21	246.92	244.26	240.03	237.01
贺州市	市镇人口 Urban	60.31	68.95	72.98	77.39	80.51	83.72	86.36
Hezhou City	乡村人口 Rural	144.13	126.46	124.05	121.34	119.47	117.62	116.23
河池市	市镇人口 Urban	104.13	92.14	98.25	103.70	109.80	115.12	121.97
Hechi City	乡村人口 Rural	265.79	244.79	241.09	237.85	233.39	230.02	225.71
来宾市	市镇人口 Urban	57.80	69.65	73.95	77.71	80.52	85.47	88.76
Laibin City	乡村人口 Rural	164.85	140.32	137.87	135.80	134.38	130.90	129.44
崇左市	市镇人口 Urban	54.15	59.36	63.29	66.53	68.96	72.10	74.54
Chongzuo City	乡村人口 Rural	157.55	140.07	137.85	135.44	133.85	131.88	130.91

注：本表按常住人口口径统计。2010年为人口普查数，其余年份为人口抽样调查推算数。

Note: The data in this table 1is based on permanent population, the data in 2010 is from the population census, while the data in the other years is estimatel by the population sample survey.

2—5 各市县人口数（2015年）
Population by City & County (2015)

单位：万人 (10 000 persons)

市、县	City & County	户籍户数（万户）Total Households (10 000 households)	户籍人口 Total Household Registered Population	男性 Male	女性 Female	#城镇户籍人口 Urban Household Registered Population	常住人口 Permanent Population
南宁市	**Nanning**	**222.38**	**740.23**	**387.51**	**352.72**	**326.29**	**698.61**
市辖区	District	89.37	290.46	149.08	141.38	201.42	364.72
兴宁区	Xingning District	9.61	31.68	16.22	15.45	21.45	42.20
青秀区	Qingxiu District	21.66	68.70	34.28	34.42	57.43	76.68
江南区	Jiangnan District	15.40	49.74	25.79	23.95	34.72	60.97
西乡塘区	Xixiangtang District	24.25	77.74	39.33	38.40	60.27	120.27
良庆区	Liangqing District	8.28	27.20	14.45	12.75	12.47	36.80
邕宁区	Yongning District	10.16	35.41	19.00	16.41	15.08	27.80
武鸣县	Wuming	23.73	70.81	37.03	33.79	21.06	56.10
隆安县	Long'an	11.52	41.94	22.25	19.69	10.01	31.01
马山县	Mashan	15.94	56.33	29.71	26.62	10.70	40.39
上林县	Shanglin	14.82	49.60	26.06	23.54	10.66	35.70
宾阳县	Binyang	31.06	105.13	56.18	48.95	33.81	81.10
横　县	Hengxian	35.95	125.96	67.21	58.74	38.63	89.59
柳州市	**Liuzhou**	**112.47**	**381.62**	**197.80**	**183.82**	**184.14**	**392.27**
市辖区	District	38.66	119.50	60.09	59.41	112.29	159.63
城中区	Chengzhong District	4.95	14.99	7.35	7.63	14.59	16.90
鱼峰区	Yufeng District	10.82	34.22	17.16	17.06	31.25	47.43
柳南区	Liunan District	11.73	35.40	17.97	17.44	34.80	51.17
柳北区	Liubei District	11.16	34.89	17.61	17.28	31.64	44.13
柳江县	Liujiang	15.22	56.37	29.46	26.92	16.29	59.82
柳城县	Liucheng	12.49	40.94	21.18	19.76	16.19	36.53
鹿寨县	Luzhai	11.69	40.93	21.57	19.36	14.25	34.85
融安县	Rong'an	10.58	32.74	17.41	15.33	10.04	29.50
融水苗族自治县	Rongshui	13.17	51.55	27.17	24.38	10.45	41.30
三江侗族自治县	Sanjiang	10.67	39.60	20.93	18.67	4.65	30.64
桂林市	**Guilin**	**162.67**	**528.97**	**274.73**	**254.24**	**161.37**	**496.16**
市辖区	District	39.65	128.07	64.35	63.71	74.82	153.31
秀峰区	Xiufeng District	3.69	11.11	5.38	5.73	11.11	16.15
叠彩区	Diecai District	4.73	14.83	7.23	7.60	14.14	18.21
象山区	Xiangshan District	8.60	24.25	11.88	12.37	22.70	28.96
七星区	Qixing District	7.14	20.97	10.28	10.69	20.19	30.25
雁山区	Yanshan District	1.80	6.88	3.43	3.46	0.57	12.90
临桂区	Lingui District	13.69	50.01	26.15	23.86	6.11	46.84
阳朔县	Yangshuo	9.34	32.58	16.87	15.72	6.89	28.42

2—5 续表 continued

单位：万人 (10 000 persons)

市、县	City & County	户籍户数(万户) Total Households (10 000 households)	户籍人口 Total Household Registered Population	男 性 Male	女 性 Female	#城镇户籍人口 Urban Household Registered Population	常住人口 Permanent Population
灵川县	Lingchuan	11.77	38.52	19.54	18.98	9.32	36.41
全州县	Quanzhou	25.05	83.60	45.11	38.49	10.82	65.49
兴安县	Xing'an	12.62	38.71	19.97	18.74	8.93	34.00
永福县	Yongfu	8.02	28.66	15.16	13.50	6.13	24.15
灌阳县	Guanyang	10.33	29.42	15.78	13.64	7.71	23.87
龙胜各族自治县	Longsheng	4.80	17.13	8.79	8.34	2.75	15.80
资源县	Ziyuan	5.76	17.84	9.35	8.50	4.05	15.15
平乐县	Pingle	14.99	45.93	24.31	21.61	9.96	38.21
荔浦县	Lipu	11.28	38.26	19.72	18.54	12.89	35.75
恭城瑶族自治县	Gongcheng	9.07	30.26	15.79	14.47	7.10	25.60
梧州市	**Wuzhou**	**99.00**	**343.92**	**182.78**	**161.14**	**158.90**	**299.94**
市辖区	District	24.28	78.60	40.43	38.17	56.91	80.09
万秀区	Wanxiu District	10.35	30.78	15.55	15.22	24.83	31.83
长洲区	Changzhou District	5.44	17.27	8.66	8.61	11.42	20.18
龙圩区	Longxu District	8.49	30.55	16.21	14.34	20.66	28.08
苍梧县	Cangwu	10.26	40.21	21.50	18.71	11.91	32.63
藤 县	Tengxian	30.06	108.39	58.64	49.75	42.38	86.86
蒙山县	Mengshan	7.44	22.26	11.74	10.52	5.65	19.93
岑溪市	Cenxi	26.96	94.46	50.47	43.99	42.05	80.43
北海市	**Beihai**	**44.17**	**171.97**	**90.38**	**81.59**	**55.27**	**162.57**
市辖区	District	18.39	64.87	32.88	32.00	35.51	70.89
海城区	Haicheng District	9.59	30.35	15.10	15.25	27.43	36.69
银海区	Yinhai District	4.40	16.26	8.37	7.89	6.15	19.19
铁山港区	Tieshangang District	4.39	18.26	9.41	8.86	1.94	15.01
合浦县	Hepu	25.77	107.10	57.50	49.59	19.76	91.68
防城港市	**Fangchenggang**	**24.91**	**95.61**	**51.84**	**43.78**	**36.33**	**91.84**
市辖区	District	14.40	56.75	30.59	26.16	23.50	55.35
港口区	Gangkou District	4.09	13.56	7.06	6.50	8.27	16.94
防城区	Fangcheng District	10.31	43.19	23.53	19.67	15.23	38.41
上思县	Shangsi	6.63	24.41	13.66	10.75	5.31	20.95
东兴市	Dongxing	3.87	14.45	7.59	6.86	7.52	15.54
钦州市	**Qinzhou**	**98.16**	**404.10**	**220.97**	**183.12**	**58.86**	**320.93**
市辖区	District	33.48	147.73	81.55	66.18	33.61	125.79
钦南区	Qinnan District	14.83	63.09	33.94	29.15	20.16	55.98

2—5 续表 1 continued

单位：万人 (10 000 persons)

市、县	City & County	户籍户数(万户) Total Households (10 000 households)	户籍人口 Total Household Registered Population	男 性 Male	女 性 Female	#城镇户籍人口 Urban Household Registered Population	常住人口 Permanent Population
钦北区	Qinbei District	18.65	84.64	47.61	37.03	13.45	69.81
灵山县	Lingshan	40.64	163.54	89.04	74.49	13.84	119.45
浦北县	Pubei	24.04	92.83	50.38	42.45	11.41	75.69
贵港市	**Guigang**	**157.39**	**548.94**	**291.72**	**257.22**	**112.47**	**429.37**
市辖区	District	60.20	198.45	103.99	94.46	55.54	156.22
港北区	Gangbei District	21.66	69.45	36.14	33.31	29.74	60.72
港南区	Gangnan District	21.05	68.77	36.42	32.35	12.24	53.15
覃塘区	Qintang District	17.48	60.23	31.42	28.81	13.56	42.35
平南县	Pingnan	43.17	150.88	81.22	69.66	26.76	117.13
桂平市	Guiping	54.02	199.60	106.51	93.10	30.16	156.02
玉林市	**Yulin**	**205.26**	**710.73**	**381.10**	**329.63**	**237.57**	**570.72**
市辖区	District	30.10	108.89	57.75	51.15	54.76	110.61
玉州区	Yuzhou District	18.33	65.76	34.21	31.55	40.89	71.16
福绵区	Fumian District	11.77	43.13	23.53	19.60	13.87	39.45
容 县	Rongxian	28.72	85.40	45.33	40.07	22.15	65.95
陆川县	Luchuan	32.74	108.71	57.70	51.01	29.02	78.90
博白县	Bobai	51.21	184.18	100.63	83.55	63.83	139.16
兴业县	Xingye	21.63	75.75	40.98	34.78	21.01	58.12
北流市	Beiliu	40.85	147.79	78.71	69.07	46.80	117.98
百色市	**Baise**	**110.88**	**413.19**	**215.26**	**197.94**	**99.81**	**359.67**
右江区	Youjiang District	9.67	35.86	18.13	17.72	13.25	39.50
田阳县	Tianyang	10.51	35.36	17.87	17.49	10.94	32.24
田东县	Tiandong	11.18	43.35	22.60	20.75	10.29	37.12
平果县	Pingguo	14.37	51.39	26.84	24.56	16.79	45.35
德保县	Debao	10.05	36.74	19.64	17.10	7.56	30.62
靖西县	Jingxi	16.55	65.44	34.64	30.79	13.84	51.67
那坡县	Napo	6.06	21.47	11.33	10.14	3.99	15.80
凌云县	Lingyun	5.95	21.87	11.44	10.43	5.96	19.17
乐业县	Leye	4.92	17.55	9.25	8.30	3.21	15.37
田林县	Tianlin	6.80	26.25	13.52	12.73	3.76	23.04
西林县	Xilin	4.12	15.89	8.27	7.62	2.58	14.38
隆林各族自治县	Longlin	10.68	42.03	21.72	20.31	7.65	35.41
贺州市	**Hezhou**	**64.56**	**239.79**	**126.46**	**113.33**	**34.33**	**202.59**
市辖区	District	32.17	118.05	61.46	56.59	16.82	104.67

2—5 续表2 continued

单位：万人 (10 000 persons)

市、县	City & County	户籍户数(万户) Total Households (10 000 households)	户籍人口 Total Household Registered Population	男 性 Male	女 性 Female	#城镇户籍人口 Urban Household Registered Population	常住人口 Permanent Population
八步区	Babu District	19.96	72.58	37.71	34.87	12.75	64.02
平桂管理区	Pinggui District	12.21	45.47	23.75	21.72	4.07	40.65
昭平县	Zhaoping	12.68	44.26	23.83	20.42	5.81	35.22
钟山县	Zhongshan	10.85	44.25	23.64	20.62	6.57	36.10
富川瑶族自治县	Fuchuan	8.85	33.22	17.53	15.69	5.12	26.60
河池市	**Hechi**	**124.76**	**424.54**	**221.08**	**203.46**	**92.17**	**347.68**
金城江区	Jinchengjiang District	11.02	34.13	17.65	16.48	16.84	34.30
南丹县	Nandan	9.73	31.77	16.70	15.08	8.91	28.79
天峨县	Tian'e	5.03	17.45	9.14	8.31	2.74	15.96
凤山县	Fengshan	5.96	21.74	11.38	10.36	3.82	16.66
东兰县	Donglan	8.46	30.98	16.34	14.64	3.87	22.01
罗城仫佬族自治县	Luocheng	11.97	38.32	19.82	18.51	11.57	30.80
环江毛南族自治县	Huanjiang	11.71	37.43	19.84	17.59	5.07	27.92
巴马瑶族自治县	Bama	7.75	28.68	14.97	13.72	3.03	23.01
都安瑶族自治县	Du'an	19.59	70.96	36.74	34.22	19.54	53.34
大化瑶族自治县	Dahua	13.30	46.83	24.18	22.66	6.79	37.13
宜州市	Yizhou	20.24	66.24	34.33	31.90	10.00	57.76
来宾市	**Laibin**	**78.02**	**265.84**	**139.68**	**126.15**	**59.79**	**218.20**
兴宾区	Xingbin District	30.62	111.49	58.84	52.66	23.12	95.45
忻城县	Xincheng	12.99	43.02	22.37	20.65	7.98	32.18
象州县	Xiangzhou	11.34	36.84	19.39	17.45	8.31	29.49
武宣县	Wuxuan	13.26	45.04	23.93	21.11	11.45	36.61
金秀瑶族自治县	Jinxiu	5.12	15.65	8.06	7.59	3.62	12.77
合山市	Heshan	4.69	13.80	7.10	6.70	5.30	11.70
崇左市	**Chongzuo**	**70.88**	**248.80**	**131.40**	**117.40**	**60.61**	**205.45**
江州区	Jiangzhou District	10.87	36.81	19.76	17.05	12.19	33.62
扶绥县	Fusui	15.12	46.04	24.58	21.46	13.06	39.59
宁明县	Ningming	11.38	44.01	23.47	20.54	8.53	34.79
龙州县	Longzhou	8.00	27.15	13.95	13.21	6.92	22.46
大新县	Daxin	10.18	38.10	19.72	18.38	8.21	30.38
天等县	Tiandeng	11.97	45.43	24.10	21.34	7.14	33.01
凭祥市	Pingxiang	3.34	11.25	5.83	5.42	4.57	11.60

注：本表为公安统计年报数，常住人口为根据人口抽样调查推算数。

Note: The data in this table is based on the annual report from Public Security Bureau of Guangxi ,and the permanent population is estimated by the population sample survey.

2—6 主要年份婚姻情况
Marital Status in Main Years

项 目	Item	2000	2005	2010	2011	2012	2013	2014	2015
内地居民登记结婚（万对）	Registered Marriages of Inland Residents （10 000 couples）	31.86	31.47	52.51	49.38	48.98	47.01	47.22	41.97
涉外婚姻（对）	Registered Foreign Marriage （couple）	3700	3411	2018	1995	1881	1747	1653	1613
#国内公民（人）	Domestic Individuals(person)	3700	3411	2017	1965	1872	1747	1653	1611
#男 性	Male	504	196	231	298	429	554	503	612
女 性	Female	2196	3215	1,786	1667	1443	1193	1150	999
初婚（万人）	First Marriage （10 000 persons）	61.43	59.70	98.59	91.88	90.45	86.38	84.54	73.90
再婚（万人）	Remarriage （10 000 persons）	2.28	3.92	6.84	6.88	7.89	8.01	9.91	10.26
#女 性	Female	1.12	1.51	3.33	3.38	4.25	4.37	5.43	5.77
离婚人数（万对）	Divorces (10 000 couples)	2.9	4.85	7.31	7.75	8.59	9.30	8.08	8.33
#民政部门批准	Divorces Approved	2.6	7.32	11.25	12.06	13.42	14.68	6.10	8.35
法院调判	Mediated by the Court	3.2	2.37	3.36	3.44	3.76	3.92	2.01	

注：本表为民政部门统计数。

Note: The data in this table is provided by civil affairs department.

2—7　主要年份各种规模家庭户构成
Composition of Various Size of Family Household in Main Years

单位：%

年份 Year	合计 Total	1人户 Family of 1 Person	2人户 Family of 2 Persons	3人户 Family of 3 Persons	4人户 Family of 4 Persons	5人户 Family of 5 Persons	6人户 Family of 6 Persons	7人户 Family of 7 Persons	8人及以上户 Family of 8 & More Persons	家庭户平均每户人数（人） Average Population of One Family (person)	城镇家庭户平均每户人数 Average Population of One Urban Family	乡村家庭户平均每户人数 Average Population of One Rural Family
1995	100	6.50	9.58	16.84	23.75	19.30	12.50	6.40	5.12	4.31		
2000	100	10.05	13.86	21.67	23.43	17.54	7.63	3.34	2.48	3.81		
2005	100	11.18	20.45	24.71	21.82	13.02	5.25	1.98	1.59	3.37		
2007	100	6.75	18.06	26.33	26.67	13.29	5.67	1.89	1.34	3.56		
2008	100	6.87	19.17	26.56	26.69	12.62	5.31	1.66	1.12	3.48		
2009	100	4.79	9.97	20.81	28.04	20.11	9.28	3.92	3.09	3.53		
2010	100	11.30	12.98	20.23	23.41	16.35	7.97	4.00	3.76	3.34	3.15	3.47
2011	100	13.82	22.09	24.87	19.70	10.99	5.29	1.64	1.61	3.24	3.19	3.29
2012	100	13.27	21.01	23.86	20.68	11.75	5.86	1.87	1.70	3.32	3.03	3.47
2013	100	14.43	20.73	23.32	21.09	10.99	5.61	2.03	1.80	3.29	3.25	3.38
2014	100	13.73	21.13	24.41	19.78	11.29	5.77	2.08	1.81	3.30	3.22	3.37
2015	100	12.57	18.72	22.70	20.96	12.74	6.55	2.81	2.95	3.51	3.46	3.62

注：本表为按常住人口口径统计。2000、2010年为人口普查数，其余年份为人口抽样调查推算数。
Note: The data in 2000，2010 is based on the population census，while the data in other years is estimated by the population sample survey .

2－8 主要年份人口年龄构成

Population Composition by Age in Main Years

单位：%

年 份 Year	0～14岁占总人口的比重 Ages Ranging from 0 to 14 as Percentage of Total Population	15-64岁占总人口的比重 Ages Ranging from 15 to 64 as Percentage of Total Population	65岁及以上占总人口的比重 Ages in & above 65 as Percentage of Total Population
1990	33.38	61.20	5.42
2000	26.20	66.49	7.31
2005	23.76	66.67	9.57
2007	22.28	68.45	9.27
2008	22.07	68.48	9.45
2009	22.10	68.50	9.40
2010	21.71	69.05	9.24
2011	21.80	68.37	9.83
2012	21.96	68.3	9.74
2013	21.57	68.77	9.66
2014	21.58	68.75	9.67
2015	22.09	67.94	9.97

注：本表为按常住人口口径统计。1990、2000、2010年为人口普查数，其余年份为人口抽样调查数。

Note: The data in 1990，2000 and 2010 is based on the population census，while the data in other years is based on the population sample survey.

2—9　6岁及以上人口受教育程度构成
Composition of Educational Status of Ages in 6 & above

单位：%

年份 Year	小　学 Primary Schools	初　中 Junior Secondary Schools	高中（含中职) Senior Secondary Schools (including specialized secondary schools)	大专及以上 Junior Colleges & above
2000	45.60	35.20	10.40	2.60
2005	39.84	38.19	9.89	3.96
2007	34.64	42.50	12.37	4.64
2008	34.70	43.63	11.39	4.51
2009	33.30	44.42	11.38	5.06
2010	34.85	42.64	12.14	6.58
2011	34.80	42.60	12.20	6.60
2012	33.28	43.97	12.40	6.63
2013	32.57	44.17	12.72	6.92
2014	32.32	44.17	12.79	7.10
2015	31.20	41.10	13.65	9.21

注：本表为按常住人口口径统计。2000、2010年为人口普查数,其余年份为人口抽样调查数。

Note: The data in 2000, 2010 is based on the population census，while the data in other years is based on the population sample survey.

主要统计指标解释

户数　包括家庭户（含单身独居）和集体户。

人口数　指一定时点、一定地区范围内有生命的个人的总和。

人口出生率　指在一定时期内（通常为一年）一定地区的出生人数与同期平均人数（或期中人数）之比，一般用千分率表示。计算公式：

$$人口出生率=\frac{年出生人口}{年平均人口}\times1000‰$$

式中：出生人数指活产婴儿，即胎儿脱离母体时（不管怀孕月数），有过呼吸或其他生命现象。年平均人数指年初、年底人口数的平均数，也可用年中人口数代替。

出生人数　指活产婴儿，即胎儿脱离母体时（不管怀孕月数），有过呼吸或其他生命现象。

人口死亡率（又称粗死亡率）　指在一定时期内（通常为一年）一定地区的死亡人数与同期平均人数（或期中人数）之比，一般用千分率表示。计算公式：

$$人口死亡率=\frac{年死亡人数}{年平均人数}\times1000‰$$

人口自然增长率　指在一定时期内（通常为一年）人口自然增加数（出生人数减死亡人数）与该时期内平均人数（或期中人数）之比，一般用千分率表示。计算公式：

$$人口自由增长率=\frac{本年出生人数-本年死亡人数}{年平均人数}\times1000‰$$

或人口自然增长率=人口出生率－人口死亡率

性别比　反映两性人口间比例的指标，指在总人口中或各年龄组人口中，男性人数与女性人数之比。通常以每100个女性人口相对应的男性人口数来表示。计算公式：

$$性别比=\frac{男性人口}{女性人口}\times100$$

常住人口　包括：

（一）居住本乡、镇、街道，并已在本乡、镇、街道办理常住户口登记的人；

（二）已在本乡、镇、街道居住半年以上，常住户口在本乡、镇、街道以外的人；

（三）在本乡、镇、街道居住不满半年，但已离开常住户口登记地半年以上的人；

（四）居住本乡、镇、街道，户口待定的人；

（五）原住本乡、镇、街道，在国外工作或者学习，暂无常住户口的人。

市人口　指居住在城区区域上的人口。城区是指在市辖区和不设区的市，区、市政府驻地的实际建设连接到的居民委员会和其他区域。

镇人口　指居住在镇区区域上的人口。镇区是指在城区以外的县人民政府驻地和其他镇，政府驻地的实际建设连接到的居民委员会和其他区域。

户籍人口　是指公民依照《中华人民共和国户口登记条例》，已在其经常居住地的公安户籍管理机关登记了常住户口的人。这类人口不管其是否外出，也不管外出时间长短，只要在某地注册有常住户口，则为该地区的户籍人口。

城镇户籍人口　指城镇区域范围内的户籍人口。

孩次构成　指一定时期内（通常为一年）某一孩次的出生婴儿人数占同期全部出生婴儿的比例。

家庭户规模　家庭的大小，亦即家庭成员的多少。

Explanatory Notes on Main Statistical Indicators

Households include family household (including single household) and collective households.

Total Population refers to the total number of people alive at a certain point of time within a given area.

Population Birth Rate refers to the ratio of the number of births to the average population during a certain period of time (usually a year) in a certain region, which is often expressed in ‰.The following formula is used:

$$\text{Birth Rate} = \frac{\text{Number of Births}}{\text{Annual Average Number of Population}} \times 1000‰$$

In this formula, number of births refers to live births, i.e. the births babies had showed any vital phenomena regardless of the length of pregnancy, and annual average number of population refers to the average number of the beginning and end of the year (also can be replaced by midyear population).

Number of Births refers to live births, i.e. the births babies had showed any vital phenomena regardless of the length of pregnancy.

Death Rate refers to the ratio of the number of deaths to the average population (or mid-period population) during a certain period of time (usually a year) which is often expressed in ‰. The following formula is used:

$$\text{Death Rate} = \frac{\text{Annual Average Number of Population}}{\text{Number of Deaths}} \times 1000‰$$

Natural Growth Rate of Population refers to the ratio of natural increase in population (number of births minus number of deaths) in a certain period of time (usually a year) to the average population (or mid-period population) to the same period which is often expressed in ‰. The following formula are applied:

$$\text{Natural Growth Rate of Population} = \frac{\text{Number of Births} - \text{Number of Deaths}}{\text{Average Number of Population}} \times 1000‰$$

or: Natural Growth Rate of Population = Birth Rate – Death Rate

Sex Ratio is the indicator reflects the ratio of the population of male to female in total population or various age groups. Generally, it is often expressed in the ratio of male population to 100 female. The calculating formula:

$$\text{Sex Ratio} = \frac{\text{Male Population}}{\text{Female Population}} \times 100$$

Permanent Population includes:

1. the population living in the local countries, towns or streets, and registered as permanent residences in the local countries, towns or streets.

2. the population having been living in the local countries, towns or streets for more than half a year, with the permanent residences outside the local countries, towns or streets.

3. the population having been living in the local countries, towns or streets for less than half a year, but having been apart from the countries, towns or streets where registered their permanent residences for more than half a year.

4. the population living in the local countries, towns or streets, with undetermined residences.

5. the population once living in the local countries, towns or streets, working or studying in foreign countries now, and without permanent residences temporarily.

City Population refers to the population living in the urban area. Urban area refers to the municipal districts, the cities without district being set up, the neighborhood committees connected with the actual construction of governments of districts and cities and other areas.

Town Population refers to the population living in the town areas. The town area refers to the seat of town governments and other town beside the urban areas, the neighborhood committees connected with the seat of governments and other areas.

Total Household Registered Population refers to the population of citizens registered permanent residence in the public security household registration authorities of their permanent living places in accordance with the Regulations of the People’s Republic of China on Residence Registration. Those who registered permanent residence are counted as household registered population, whether and how long they go out.

Urban Household Registered Population refers to the household registered population in the urban areas.

Composition of Birth refers to the ratio of the number of births of a certain composition to the total births in the same period during a certain period of time (usually a year).

Household Size refers to the size of a family, or the number of family members.

第三篇
国民经济核算
NATIONAL ECONOMIC ACCOUNTING

（编辑：陈家芹　欧阳炎）

3－1 广西生产总值（1978－2015年）
Gross Domestic Product（1978－2015）

（按当年价格计算）(calculated at current prices)　　　　单位: 亿元（100 million yuan)

年份 Year	广西生产总值 Gross Domestic Product	第一产业 Primary Industry	第二产业 Secondary Industry	第三产业 Tertiary Industry	#工业 Industry	#建筑业 Construction	#交通运输、仓储及邮政业 Transport, Storage & Post	#批发、零售和住宿餐饮业 Wholesale, Retail Trade, Hotel & Catering Services	人均地区生产总值（元/人） Per Capita GDP (yuan/person)
1978	75.85	31.01	25.81	19.03	23.29	2.52	2.91	4.43	225
1979	84.59	37.57	27.98	19.04	25.12	2.86	2.94	3.98	246
1980	97.33	44.07	30.79	22.47	27.78	3.01	3.80	5.00	278
1981	113.46	52.58	33.01	27.87	29.71	3.30	4.01	10.40	317
1982	129.15	63.15	34.72	31.28	30.98	3.74	4.25	11.36	354
1983	134.60	63.59	37.09	33.92	32.39	4.70	4.70	11.17	363
1984	150.27	66.26	43.26	40.75	36.97	6.29	5.46	12.31	399
1985	180.97	77.49	54.69	48.79	45.92	8.77	6.11	14.56	471
1986	205.46	85.62	69.03	50.81	58.41	10.62	7.17	12.30	525
1987	241.56	99.94	81.79	59.83	70.96	10.83	9.14	13.55	607
1988	313.28	118.25	100.69	94.34	86.38	14.31	12.46	28.23	770
1989	383.44	149.98	109.97	123.49	97.11	12.86	16.21	44.41	927
1990	449.06	176.77	118.45	153.84	104.79	13.66	20.45	57.53	1066
1991	518.59	195.17	141.02	182.40	123.66	17.36	30.65	62.03	1211
1992	646.60	233.03	187.48	226.09	161.44	26.04	38.96	74.92	1490
1993	871.70	250.11	321.10	300.49	273.03	48.07	48.49	101.66	1982
1994	1198.29	333.79	469.81	394.69	404.59	65.22	55.12	130.96	2675
1995	1497.56	453.15	535.86	508.55	461.25	74.61	73.76	168.97	3304
1996	1697.90	534.88	587.37	575.65	503.32	84.05	88.77	200.72	3706
1997	1817.25	582.74	614.07	620.44	524.49	89.58	95.20	223.52	3928
1998	1911.30	586.70	667.29	657.31	561.34	105.95	98.65	247.04	4346
1999	1971.41	567.72	682.34	721.35	570.76	111.58	114.07	267.96	4444
2000	2080.04	557.38	732.76	789.90	612.33	120.43	125.36	290.02	4652
2001	2279.34	576.34	771.18	931.82	639.55	131.64	145.86	312.68	5058
2002	2523.73	601.99	846.89	1074.85	699.15	147.74	174.63	342.28	5558
2003	2821.11	658.78	984.08	1178.25	813.79	170.29	184.12	375.96	6169
2004	3433.50	817.88	1253.70	1361.92	1044.80	208.90	211.15	416.50	7461
2005	3984.10	912.50	1510.68	1560.92	1264.84	245.84	213.99	455.80	8590
2006	4746.16	1032.47	1878.56	1835.12	1592.33	286.23	235.72	515.23	10121
2007	5823.41	1241.35	2425.29	2156.76	2090.10	335.19	266.90	583.37	12277
2008	7021.00	1453.75	3037.74	2529.51	2627.39	410.35	337.30	664.77	14652
2009	7759.16	1458.49	3381.54	2919.13	2863.84	517.70	378.75	759.13	16045
2010	9569.85	1675.06	4511.68	3383.11	3860.46	651.22	480.17	1052.61	20219
2011	11720.87	2047.23	5675.32	3998.33	4851.37	823.95	588.20	1111.36	25326
2012	13035.10	2172.37	6247.43	4615.30	5279.26	968.17	625.57	1346.64	27951
2013	14449.90	2290.64	6731.32	5427.94	5600.50	1134.24	677.77	1442.63	30741
2014	15672.89	2413.44	7324.96	5934.49	6065.34	1263.87	733.63	1477.11	33090
2015	16803.12	2565.45	7717.52	6520.15	6359.82	1358.56	803.10	1508.12	35190

注：1. 表中数据按国民经济新行业划分进行了调整。
　　2. 根据国家统计局的布置，1998－2003年按经济普查数据进行了衔接。

Note: 1. The data in this table has been adjusted by new divisions of trades in national economy .
　　2. The data in this table from 1998 to 2003 has got interlinked with the data of the Economic Census by arrangement of National Statistic Bureau.

3－2 广西生产总值构成（1978－2015年）
Composition of Gross Domestic Product（1978－2015）

（按当年价格计算）（calculated at current prices） 单位：%（%）

年 份 Year	广西生产总值 Gross Domestic Product	第一产业 Primary Industry	第二产业 Secondary Industry	第三产业 Tertiary Industry	#工 业 Industry	#建筑业 Construction	#交通运输、仓储及邮政业 Transport, Storage & Post	#批发、零售和住宿餐饮业 Wholesale, Retail Trade, Hotel & Catering Services
1978	100.0	40.9	34.0	25.1	30.7	3.3	3.8	5.8
1979	100.0	44.4	33.1	22.5	29.7	3.4	3.5	4.7
1980	100.0	45.3	31.6	23.1	28.5	3.1	3.9	5.1
1981	100.0	46.3	29.1	24.6	26.2	2.9	3.5	9.2
1982	100.0	48.9	26.9	24.2	24.0	2.9	3.3	8.8
1983	100.0	47.2	27.6	25.2	24.1	3.5	3.5	8.3
1984	100.0	44.1	28.8	27.1	24.6	4.2	3.6	8.2
1985	100.0	42.8	30.2	27.0	25.4	4.8	3.4	8.0
1986	100.0	41.7	33.6	24.7	28.4	5.2	3.5	6.0
1987	100.0	41.4	33.9	24.8	29.4	4.5	3.8	5.6
1988	100.0	37.7	32.1	30.1	27.6	4.6	4.0	9.0
1989	100.0	39.1	28.7	32.2	25.3	3.4	4.2	11.6
1990	100.0	39.4	26.4	34.3	23.3	3.0	4.6	12.8
1991	100.0	37.6	27.2	35.2	23.8	3.3	5.9	12.0
1992	100.0	36.0	29.0	35.0	25.0	4.0	6.0	11.6
1993	100.0	28.7	36.8	34.5	31.3	5.5	5.6	11.7
1994	100.0	27.9	39.2	32.9	33.8	5.4	4.6	10.9
1995	100.0	30.3	35.8	34.0	30.8	5.0	4.9	11.3
1996	100.0	31.5	34.6	33.9	29.6	5.0	5.2	11.8
1997	100.0	32.1	33.8	34.1	28.9	4.9	5.2	12.3
1998	100.0	30.7	34.9	34.4	29.4	5.5	5.2	12.9
1999	100.0	28.8	34.6	36.6	29.0	5.7	5.8	13.6
2000	100.0	26.8	35.2	38.0	29.4	5.8	6.0	13.9
2001	100.0	25.3	33.8	40.9	28.1	5.8	6.4	13.7
2002	100.0	23.9	33.6	42.6	27.7	5.9	6.9	13.6
2003	100.0	23.4	34.9	41.8	28.8	6.0	6.5	13.3
2004	100.0	23.8	36.5	39.7	30.4	6.1	6.1	12.1
2005	100.0	22.9	37.9	39.2	31.7	6.2	5.4	11.4
2006	100.0	21.8	39.6	38.7	33.5	6.0	5.0	10.9
2007	100.0	21.3	41.6	37.0	35.9	5.8	4.6	10.0
2008	100.0	20.7	43.3	36.0	37.4	5.8	4.8	9.5
2009	100.0	18.8	43.6	37.6	36.9	6.7	4.9	9.8
2010	100.0	17.5	47.1	35.4	40.3	6.8	5.0	11.0
2011	100.0	17.5	48.4	34.1	41.4	7.0	5.0	9.5
2012	100.0	16.7	47.9	35.4	40.5	7.4	4.8	10.3
2013	100.0	15.9	46.6	37.6	38.8	7.8	4.7	10.0
2014	100.0	15.4	46.7	37.9	38.7	8.1	4.7	9.4
2015	100.0	15.3	45.9	38.8	37.8	8.1	4.8	9.0

3－3　广西生产总值指数（1978－2015年）

Indices of Gross Domestic Product（1978－2015）

（按可比价格计算，以上年为100）　　(calculated at comparable prices, preceding year = 100)

年　份 Year	广　西 生产总值 Gross Domestic Product	第一产业 Primary Industry	第二产业 Secondary Industry	第三产业 Tertiary Industry	#工　业 Industry	#建筑业 Construction	#交通运输、仓储及邮政业 Transport, Storage & Post	#批发、零售和住宿餐饮业 Wholesale, RetailTrade, Hotel & Catering Services	人均地区 生产总值 Per Capita GDP
1978	111.7	102.3	100.2	148.2	100.0	103.6	119.5	123.6	109.1
1979	103.4	105.5	105.4	98.3	105.2	109.1	100.7	91.8	101.3
1980	110.2	112.6	107.5	110.2	108.5	92.1	129.2	114.9	108.2
1981	108.0	102.5	105.5	123.0	106.9	92.7	106.2	205.2	105.9
1982	112.5	118.5	105.0	110.6	104.1	114.7	106.9	106.8	110.5
1983	103.3	99.3	106.9	107.0	105.0	125.6	104.0	100.6	101.5
1984	106.9	97.8	113.6	115.5	112.6	122.0	117.8	108.0	105.2
1985	111.0	105.0	119.0	111.1	117.8	128.2	107.7	109.2	108.9
1986	106.4	105.7	118.1	93.7	119.4	109.2	106.5	79.8	104.6
1987	109.2	105.7	112.0	110.8	114.5	92.6	119.7	103.3	107.3
1988	104.5	93.8	108.8	114.2	108.1	115.0	117.6	137.3	102.3
1989	103.6	112.4	99.2	99.0	100.7	86.1	102.4	82.9	101.8
1990	107.0	108.5	106.4	105.8	106.6	104.3	93.3	96.8	105.2
1991	112.7	108.8	115.9	114.8	114.8	125.0	131.7	106.2	110.9
1992	118.3	112.9	128.0	116.6	127.9	128.5	119.7	112.8	116.8
1993	118.3	99.6	144.9	115.1	145.1	143.8	108.4	116.9	116.7
1994	115.2	106.0	127.3	110.7	128.3	120.0	111.7	104.2	113.2
1995	111.4	115.6	108.6	111.1	108.2	111.4	116.0	111.2	110.0
1996	108.3	107.2	109.3	108.2	109.4	108.8	113.5	113.3	107.2
1997	108.0	111.2	106.4	107.3	106.4	106.1	106.6	111.3	107.0
1998	110.0	106.8	112.8	109.8	112.7	113.7	101.9	117.8	109.0
1999	108.0	107.6	106.6	109.8	106.1	109.5	113.9	109.6	107.1
2000	107.9	100.2	108.3	113.4	108.2	108.9	112.1	108.6	107.0
2001	108.3	103.4	108.0	111.8	108.0	108.2	107.2	109.7	107.4
2002	110.6	107.3	111.3	112.0	110.9	113.1	110.6	110.1	109.8
2003	110.2	104.0	114.6	110.0	114.6	114.6	112.5	109.0	109.4
2004	111.8	105.4	117.1	110.7	117.0	117.4	116.8	105.6	111.1
2005	113.2	107.1	118.4	111.3	118.9	116.2	107.3	109.4	112.3
2006	113.6	106.5	119.3	112.1	120.1	115.1	109.8	109.7	112.3
2007	115.1	105.5	120.7	114.6	122.1	113.7	104.5	109.6	113.8
2008	112.8	104.9	117.4	111.8	118.6	110.6	121.5	106.1	111.7
2009	113.9	105.2	117.7	113.8	115.7	130.3	107.5	114.6	112.9
2010	114.2	104.6	120.5	111.1	120.4	121.2	117.0	110.9	113.9
2011	112.3	104.8	116.5	110.5	116.5	116.4	109.8	115.9	112.0
2012	111.3	105.6	114.2	109.8	113.8	116.6	102.0	114.7	110.4
2013	110.2	104.1	111.6	110.9	110.7	117.3	105.2	105.6	109.3
2014	108.5	103.9	110.1	108.1	110.3	109.0	105.0	104.4	107.7
2015	108.1	103.9	108.2	109.6	107.9	109.6	111.3	102.0	107.2

3-4 广西生产总值指数（1978-2015年）
Indices of Gross Domestic Product（1978-2015）

（按可比价格计算，以1978年为100） (calculated at comparable prices, 1978 = 100)

年 份 Year	广西生产总值 Gross Domestic Product	第一产业 Primary Industry	第二产业 Secondary Industry	第三产业 Tertiary Industry	#工 业 Industry	#建筑业 Construction	#交通运输、仓储及邮政业 Transport, Storage & Post	#批发、零售和住宿餐饮业 Wholesale, RetailTrade, Hotel & Catering Services	人均地区生产总值 Per Capita GDP
1978	100.0	100.0	100.0	100.0	100.0	100.0	100.0	100.0	100.0
1979	103.4	105.5	105.4	98.3	105.2	109.1	100.7	91.8	101.3
1980	113.9	118.8	113.3	108.3	114.2	100.5	130.2	105.4	109.4
1981	123.1	121.8	119.6	133.3	122.1	93.2	138.2	216.4	115.8
1982	138.4	144.3	125.6	147.3	127.2	106.9	147.7	231.1	127.7
1983	143.0	143.2	134.3	157.7	133.5	134.2	153.6	232.5	129.8
1984	152.9	140.1	152.6	182.1	150.2	163.8	181.0	251.1	136.5
1985	169.7	147.2	181.6	202.2	177.0	210.0	194.8	274.3	148.8
1986	180.6	155.6	214.6	189.5	211.4	229.4	207.5	218.8	155.5
1987	197.2	164.4	240.2	209.8	242.1	212.6	248.3	226.0	166.8
1988	206.0	154.2	261.3	239.6	261.8	244.3	292.1	310.3	170.5
1989	213.5	173.3	259.2	237.2	263.5	210.4	299.0	257.3	173.8
1990	228.4	188.0	275.7	251.1	280.9	219.4	279.1	249.1	182.6
1991	257.5	204.5	319.6	288.2	322.3	274.3	367.5	264.4	202.4
1992	304.7	230.9	409.1	336.1	412.3	352.5	440.0	298.4	236.3
1993	360.4	230.0	592.8	386.9	598.2	506.8	476.9	348.8	275.7
1994	415.2	243.8	754.5	428.2	767.4	608.2	532.6	363.5	312.0
1995	462.4	281.7	819.3	475.8	830.5	677.7	618.0	404.1	343.3
1996	500.9	301.9	895.4	515.1	908.2	737.1	701.4	457.8	368.1
1997	541.2	335.6	952.4	552.8	966.3	782.4	747.8	509.6	393.8
1998	595.4	358.4	1074.3	607.0	1089.0	889.5	762.0	600.4	429.3
1999	643.0	385.6	1145.2	666.5	1155.4	974.0	867.9	658.0	459.8
2000	693.8	386.4	1240.3	755.8	1250.2	1060.7	972.9	714.6	492.0
2001	751.4	399.5	1339.5	844.9	1350.2	1147.7	1043.0	783.9	528.4
2002	831.0	428.7	1490.9	946.3	1497.4	1298.1	1153.5	863.1	580.2
2003	915.8	445.8	1708.5	1041.0	1716.0	1487.6	1297.7	940.8	634.7
2004	1023.8	469.9	2000.7	1152.3	2007.7	1746.4	1515.7	993.4	705.1
2005	1159.5	503.2	2369.6	1282.3	2387.0	2029.3	1626.2	1087.3	791.9
2006	1316.6	535.9	2827.0	1437.5	2867.1	2336.4	1785.0	1193.2	889.3
2007	1515.0	565.2	3413.6	1646.7	3499.7	2656.3	1864.5	1308.0	1012.0
2008	1709.0	593.1	4008.2	1841.3	4150.7	2938.4	2265.7	1387.2	1130.4
2009	1947.2	624.2	4719.2	2095.1	4802.3	3829.7	2436.6	1589.8	1276.2
2010	2224.5	653.1	5687.7	2327.7	5782.0	4641.1	2851.0	1763.7	1453.6
2011	2498.1	684.5	6626.2	2572.1	6736.0	5402.2	3130.4	2044.1	1628.0
2012	2779.5	722.5	7567.3	2824.6	7665.7	6297.4	3192.7	2344.6	1797.6
2013	3061.9	752.2	8445.1	3132.4	8486.0	7386.9	3358.8	2475.9	1964.8
2014	3322.2	781.5	9298.1	3386.1	9360.1	8051.7	3526.7	2584.8	2116.1
2015	3591.3	812.0	10060.5	3711.2	10099.5	8824.7	3925.2	2636.5	2268.5

3-5 三次产业贡献率（1990-2015年）
Contribution Rate of Three Industries（1990-2015）

（按可比价格计算）（calculated at comparable prices） 单位：%

年份 Year	地区生产总值 Gross Pomestic Product	第一产业 Primary Industry	第二产业 Secondary Industry	第三产业 Tertiary Industry	#工业 Industry
1990	100.0	48.3	31.1	20.7	28.1
1991	100.0	27.2	33.0	39.8	27.1
1992	100.0	26.8	41.5	31.7	36.3
1993	100.0	-0.8	72.3	28.5	63.6
1994	100.0	12.0	64.5	23.5	58.6
1995	100.0	38.6	30.1	31.4	25.3
1996	100.0	26.3	40.1	33.6	34.9
1997	100.0	41.2	28.4	30.4	24.5
1998	100.0	21.1	45.7	33.2	39.1
1999	100.0	28.5	30.2	41.3	24.0
2000	100.0	0.8	39.2	60.1	33.1
2001	100.0	11.1	34.3	54.6	28.7
2002	100.0	17.7	37.7	44.6	30.4
2003	100.0	9.8	51.0	39.2	42.4
2004	100.0	10.7	53.3	36.0	44.1
2005	100.0	12.0	54.1	33.9	46.3
2006	100.0	11.0	54.0	35.0	47.1
2007	100.0	7.8	54.7	37.5	49.2
2008	100.0	7.6	56.9	35.6	51.9
2009	100.0	6.8	55.3	37.9	42.3
2010	100.0	5.5	64.8	29.8	54.6
2011	100.0	6.8	63.1	30.1	54.0
2012	100.0	8.1	61.6	30.3	51.3
2013	100.0	6.6	59.0	34.4	48.0
2014	100.0	6.5	60.2	33.3	52.0
2015	100.0	6.7	52.2	41.1	42.5

3－6　各市生产总值、人均地区生产总值（2015年）
GDP & Per Capita GDP by City（2015）

（按当年价格计算）(calculated at current prices)　　单位：亿元（100 million yuan）

城　市	City	地区生产总值 Gross Domestic Product	第一产业 Primary Industry	第二产业 Secondary Industry	第三产业 Tertiary Industry	#工业 Industry	人均地区生产总值（元/人）Per Capita GDP (yuan/person)
南宁市	Nanning	3410.08	371.10	1345.15	1693.83	1000.37	49066
柳州市	Liuzhou	2298.62	167.10	1300.11	831.41	1174.93	58869
桂林市	Guilin	1942.90	339.59	900.98	702.33	745.22	39327
梧州市	Wuzhou	1078.65	122.44	623.96	332.25	572.62	36106
北海市	Beihai	891.94	159.35	450.13	282.46	401.25	55239
防城港市	Fangchenggang	620.71	75.49	353.00	192.23	310.52	67971
钦州市	Qinzhou	944.42	204.37	381.75	358.31	278.17	29560
贵港市	Guigang	865.20	173.95	348.50	342.75	285.89	20240
玉林市	Yulin	1445.91	259.14	635.83	550.94	509.64	25440
百色市	Baise	980.42	169.38	511.68	299.36	433.61	27365
贺州市	Hezhou	468.11	103.14	188.68	176.29	126.87	23178
河池市	Hechi	618.03	140.81	200.01	277.21	147.14	17841
来宾市	Laibin	557.93	136.83	218.05	203.05	158.59	25677
崇左市	Chongzuo	682.82	155.06	274.61	253.15	226.38	33355

3—7 各市生产总值、人均地区生产总值指数（2015年）
Indices of GDP & Per Capita GDP by City（2015）

（按可比价格计算，以上年为100）　　(calculated at comparable prices, preceding year = 100)

城 市	City	地区生产总值 Gross Domestic Product	第一产业 Primary Industry	第二产业 Secondary Industry	第三产业 Tertiary Industry	#工业 Industry	人均地区生产总值 Per Capita GDP
南宁市	Nanning	108.6	104.1	110.4	107.9	111.4	107.6
柳州市	Liuzhou	107.2	103.3	105.2	112.4	105.2	106.3
桂林市	Guilin	108.0	104.4	108.2	109.2	108.1	107.1
梧州市	Wuzhou	108.3	103.9	108.1	110.6	108.4	107.5
北海市	Beihai	111.4	103.2	113.2	111.4	113.9	110.2
防城港市	Fangchenggang	110.2	103.7	112.6	107.8	113.8	109.0
钦州市	Qinzhou	108.4	103.9	108.4	111.4	105.7	107.6
贵港市	Guigang	107.5	103.8	108.5	107.9	107.0	106.6
玉林市	Yulin	108.9	101.4	111.1	109.4	110.2	108.1
百色市	Baise	108.1	104.7	107.3	111.8	106.7	107.3
贺州市	Hezhou	107.6	104.0	106.6	111.2	105.5	106.9
河池市	Hechi	104.5	102.2	103.7	106.8	104.0	103.8
来宾市	Laibin	103.4	102.0	102.1	106.7	99.9	102.7
崇左市	Chongzuo	108.0	103.2	108.1	111.5	107.6	107.3

3－8 支出法广西生产总值（1978－2015年）

Gross Domestic Product by Expenditure Approach (1978－2015)

（按当年价格计算）(calculated at current prices) 单位：亿元（100 million yuan）

年 份 Year	支出法广西生产总值 Gross Domestic Product by Expenditure Approach	最终消费 Final Consumption Expenditure	居民消费 Resident Consumption	农村居民 Rural Households	城镇居民 Urban Households	政府消费 Government Consumption	资本形成总额 Total Capital Formation	固定资本 Fixed Assets Formation	存货增加 Inventory Increasement
1978	75.85	58.50	49.40	35.90	13.50	9.10	26.80	20.90	5.90
1979	84.59	64.60	54.50	38.80	15.70	10.10	26.20	20.60	5.60
1980	97.33	76.90	64.90	45.70	19.20	12.00	29.10	26.80	2.30
1981	113.46	86.00	73.10	52.00	21.10	12.90	32.70	27.00	5.80
1982	129.15	102.90	87.50	65.60	21.90	15.40	30.60	19.10	11.50
1983	134.60	108.70	91.80	67.90	23.90	16.90	32.40	23.30	9.10
1984	150.27	123.50	100.70	73.60	27.10	22.80	36.50	34.40	2.10
1985	180.97	142.80	115.50	87.80	27.70	27.30	61.80	42.20	19.60
1986	205.46	166.00	136.40	93.00	43.40	29.60	72.00	55.20	16.80
1987	241.56	186.50	153.50	102.40	51.10	33.00	79.70	62.70	17.00
1988	313.28	251.00	199.60	121.40	78.20	51.40	104.30	75.60	28.70
1989	383.44	293.10	231.10	142.20	88.90	62.00	111.50	70.80	40.70
1990	449.06	342.90	268.90	162.20	106.70	74.00	107.40	72.60	34.80
1991	518.59	391.30	303.60	175.30	128.30	87.70	137.10	99.40	37.80
1992	646.60	441.50	336.70	190.90	145.80	104.80	227.40	150.10	77.30
1993	871.70	566.00	439.60	230.40	209.20	126.40	350.50	278.10	72.50
1994	1198.29	790.20	622.10	300.20	321.90	168.10	472.30	382.60	89.70
1995	1497.56	1009.30	799.10	382.60	416.50	210.20	618.80	423.40	195.40
1996	1697.90	1214.10	968.20	482.90	485.30	245.90	597.00	483.60	113.40
1997	1817.25	1265.10	989.70	485.30	504.40	275.40	578.60	487.30	91.30
1998	1911.30	1312.00	1007.10	494.70	512.40	304.90	650.60	573.10	77.50
1999	1971.41	1350.40	1041.00	498.10	542.90	309.40	654.60	629.10	15.60
2000	2080.04	1448.30	1091.00	507.00	584.00	357.30	676.10	670.70	5.50
2001	2279.34	1595.40	1159.40	523.00	636.40	436.00	769.00	735.60	33.50
2002	2523.73	1699.70	1250.90	560.20	690.70	448.80	877.90	842.70	35.20
2003	2821.11	1859.50	1360.20	576.70	783.50	499.30	1030.40	990.70	39.70
2004	3433.50	2097.20	1538.00	625.10	912.90	559.20	1356.35	1296.55	59.80
2005	3984.10	2463.52	1808.47	727.32	1081.15	655.05	1798.25	1749.87	48.38
2006	4746.16	2779.59	2006.99	754.49	1252.50	772.60	2200.39	2141.72	58.67
2007	5823.41	3343.41	2425.83	833.08	1592.75	917.58	2994.88	2791.97	202.91
2008	7021.00	3880.17	2947.82	945.78	2002.04	932.35	4093.19	3762.70	330.49
2009	7759.16	4375.89	3369.86	1015.40	2354.46	1006.03	5795.76	5533.23	262.53
2010	9569.85	4942.23	3745.84	1088.89	2656.95	1196.39	7934.80	7785.50	149.30
2011	11720.87	5601.59	4248.30	1276.15	2972.15	1353.29	10036.05	9745.72	290.33
2012	13035.10	6535.83	4923.64	1442.13	3481.51	1612.19	9421.61	8900.49	521.12
2013	14378.00	7407.67	5504.38	1520.60	3983.78	1903.29	10129.47	9725.64	403.83
2014	15672.89	8187.66	6131.54	1718.09	4413.45	2056.12	10789.81	10463.07	326.74
2015	16803.12	8878.53	6645.66	1888.82	4756.84	2232.87	11452.17	11264.65	187.52

注：根据国家统计局的布置，2005－2008年数据进行了调整。

Note: The data in from 2005 to 2008 has been adjusted by arrangement of National Statistic Bureau.

3—9 支出法广西生产总值构成（1978—2015年）

Composition of Gross Domestic Product by Expenditure Approach（1978—2015）

（按当年价格计算）（calculated at current prices） 单位：%（%）

年 份 Year	支出法广西生产总值 Gross Domestic Product by Expenditure Approach	最终消费 Final Consumption Expenditure	居民消费 Resident Consumption	农村居民 Rural Households	城镇居民 Urban Households	政府消费 Government Consumption	资本形成总额 Total Capital Formation	固定资本 Fixed Assets Formation	存货增加 Inventory Increasement
1978	100.0	77.1	65.1	47.3	17.8	12.0	35.3	27.6	7.8
1979	100.0	76.4	64.4	45.9	18.6	11.9	31.0	24.4	6.6
1980	100.0	79.0	66.7	47.0	19.7	12.3	29.9	27.5	2.4
1981	100.0	75.8	64.4	45.8	18.6	11.4	28.8	23.8	5.1
1982	100.0	79.7	67.8	50.8	17.0	11.9	23.7	14.8	8.9
1983	100.0	80.8	68.2	50.4	17.8	12.6	24.1	17.3	6.8
1984	100.0	82.2	67.0	49.0	18.0	15.2	24.3	22.9	1.4
1985	100.0	78.9	63.8	48.5	15.3	15.1	34.1	23.3	10.8
1986	100.0	80.8	66.4	45.3	21.1	14.4	35.0	26.9	8.2
1987	100.0	77.2	63.5	42.4	21.2	13.7	33.0	26.0	7.0
1988	100.0	80.1	63.7	38.8	25.0	16.4	33.3	24.1	9.2
1989	100.0	76.4	60.3	37.1	23.2	16.2	29.1	18.5	10.6
1990	100.0	76.4	59.9	36.1	23.8	16.5	23.9	16.2	7.7
1991	100.0	75.5	58.5	33.8	24.7	16.9	26.4	19.2	7.3
1992	100.0	68.3	52.1	29.5	22.5	16.2	35.2	23.2	12.0
1993	100.0	64.9	50.4	26.4	24.0	14.5	40.2	31.9	8.3
1994	100.0	65.9	51.9	25.1	26.9	14.0	39.4	31.9	7.5
1995	100.0	67.4	53.4	25.5	27.8	14.0	41.3	28.3	13.0
1996	100.0	71.5	57.0	28.4	28.6	14.5	35.2	28.5	6.7
1997	100.0	69.6	54.5	26.7	27.8	15.2	31.8	26.8	5.0
1998	100.0	68.6	52.7	25.9	26.8	16.0	34.0	30.0	4.1
1999	100.0	68.5	52.8	25.3	27.5	15.7	33.2	31.9	0.8
2000	100.0	69.6	52.5	24.4	28.1	17.2	32.5	32.2	0.3
2001	100.0	70.0	50.9	22.9	27.9	19.1	33.7	32.3	1.5
2002	100.0	67.3	49.6	22.2	27.4	17.8	34.8	33.4	1.4
2003	100.0	65.9	48.2	20.4	27.8	17.7	36.5	35.1	1.4
2004	100.0	61.1	44.8	18.2	26.6	16.3	39.5	37.8	1.7
2005	100.0	61.8	45.4	18.3	27.1	16.4	45.1	43.9	1.2
2006	100.0	58.6	42.3	15.9	26.4	16.3	46.4	45.1	1.2
2007	100.0	57.4	41.7	14.3	27.4	15.8	51.4	47.9	3.5
2008	100.0	55.3	42.0	13.5	28.5	13.3	58.3	53.6	4.7
2009	100.0	56.4	43.4	13.1	30.3	13.0	74.7	71.3	3.4
2010	100.0	51.6	39.1	11.4	27.8	12.5	82.9	81.4	1.6
2011	100.0	47.8	36.2	10.9	25.4	11.5	85.6	83.1	2.5
2012	100.0	50.1	37.8	11.1	26.7	12.4	72.3	68.3	4.0
2013	100.0	51.5	38.3	10.6	27.7	13.2	70.5	67.6	2.8
2014	100.0	52.2	39.1	11.0	28.2	13.1	68.8	66.8	2.1
2015	100.0	52.8	39.6	11.2	28.3	13.3	68.2	67.0	1.1

3－10 支出法广西生产总值指数（1978－2015年）

Indices of Gross Domestic Product by Expenditure Approach（1978－2015）

（按可比价格计算，以上年为100） (calculated at comparable prices, preceding year = 100)

年份 Year	支出法广西生产总值 Gross Domestic Product by Expenditure Approach	最终消费 Final Consumption Expenditure	居民消费 Resident Consumption	农村居民 Rural Households	城镇居民 Urban Households	政府消费 Government Consumption	资本形成总额 Total Capital Formation	固定资本 Fixed Assets Formation	存货增加 Inventory Increasement
1978	111.7	110.1	106.5	108.4	101.5	132.2	109.3	109.3	109.3
1979	103.4	101.8	100.6	97.2	110.4	108.5	91.5	92.1	90.2
1980	110.2	117.4	117.1	117.8	115.4	118.1	95.1	121.2	41.9
1981	108.0	111.2	111.8	114.0	106.5	107.9	100.0	89.6	221.7
1982	112.5	116.6	116.8	123.9	98.8	115.7	95.2	67.5	225.5
1983	103.3	104.4	103.6	102.9	105.9	108.7	106.5	130.2	73.0
1984	106.9	110.6	105.6	103.5	112.1	137.8	103.1	135.1	22.6
1985	111.0	111.0	111.5	110.4	114.6	108.8	159.9	115.1	831.6
1986	106.4	103.5	103.3	102.1	106.8	104.4	110.1	122.3	84.8
1987	109.2	104.9	104.9	102.9	110.2	104.8	102.6	105.2	94.8
1988	104.5	107.4	105.3	100.2	117.8	116.2	90.2	78.2	129.9
1989	103.6	95.3	98.4	100.7	93.6	83.5	110.5	97.0	137.6
1990	107.0	108.4	107.6	104.2	115.1	112.2	102.2	89.1	120.7
1991	112.7	113.3	111.9	108.6	116.8	118.5	112.6	115.7	106.0
1992	118.3	110.3	106.0	104.6	108.1	124.9	153.7	135.8	194.3
1993	118.3	107.8	110.8	102.0	122.8	99.3	151.8	196.0	81.5
1994	115.2	113.0	115.0	106.8	124.3	106.6	118.8	122.5	104.5
1995	111.4	112.1	113.3	115.9	110.7	108.2	122.6	107.0	192.8
1996	108.3	111.0	110.8	114.6	107.0	111.7	94.7	110.3	55.9
1997	108.0	107.7	105.0	103.6	106.5	117.8	97.2	100.5	81.3
1998	110.0	108.5	106.0	107.0	105.0	116.5	112.1	116.1	87.5
1999	108.0	107.4	107.7	108.9	106.4	106.4	106.9	114.4	46.5
2000	107.9	108.8	106.6	106.2	107.0	115.6	105.5	105.1	114.3
2001	108.3	108.5	105.1	102.5	107.3	118.9	112.0	107.5	658.9
2002	110.6	107.2	108.4	108.9	108.0	103.9	113.9	114.2	108.3
2003	110.2	107.1	106.1	100.4	110.8	110.0	115.2	115.5	110.1
2004	111.8	109.3	109.3	101.7	115.1	110.4	125.2	125.1	126.1
2005	113.2	115.4	115.7	115.4	116.0	114.5	130.3	133.1	69.4
2006	113.6	111.5	109.7	102.8	114.4	116.4	120.8	121.0	112.3
2007	115.1	112.9	113.1	101.4	120.3	112.2	132.4	127.5	322.1
2008	112.8	109.6	112.0	102.0	117.1	103.2	127.2	125.5	153.4
2009	113.9	112.6	116.8	110.0	119.9	100.6	144.3	149.2	82.3
2010	114.2	110.2	108.5	103.8	110.5	115.6	133.4	136.8	54.9
2011	112.3	106.3	106.1	108.4	105.2	106.8	119.5	118.3	181.1
2012	111.3	112.6	111.6	107.9	113.1	115.6	93.4	90.8	180.6
2013	110.2	111.4	110.0	103.4	112.6	115.6	107.3	109.0	78.3
2014	108.5	107.7	108.4	110.8	107.5	105.8	106.6	107.6	81.4
2015	108.1	108.1	108.3	109.7	107.7	107.5	106.7	107.3	88.3

3—11 支出法广西生产总值指数（1978—2015年）
Indices of Gross Domestic Product by Expenditure Approach（1978—2015）

（按可比价格计算，以1978年为100）　　(calculated at comparable prices, 1978 = 100)

年份 Year	支出法广西生产总值 Gross Domestic Product by Expenditure Approach	最终消费 Final Consumption Expenditure	居民消费 Resident Consumption	农村居民 Rural Households	城镇居民 Urban Households	政府消费 Government Consumption	资本形成总额 Total Capital Formation	固定资本 Fixed Assets Formation	存货增加 Inventory Increasement
1978	100.0	100.0	100.0	100.0	100.0	100.0	100.0	100.0	100.0
1979	103.4	101.8	100.6	97.2	110.4	108.5	91.5	92.1	90.2
1980	113.9	119.5	117.8	114.5	127.4	128.1	87.0	111.6	37.8
1981	123.1	132.9	131.7	130.5	135.7	138.3	87.0	100.0	83.8
1982	138.4	155.0	153.8	161.7	134.1	160.0	82.8	67.5	188.9
1983	143.0	161.8	159.4	166.4	142.0	173.9	88.2	87.9	137.9
1984	152.9	178.9	168.3	172.2	159.1	239.6	91.0	118.8	31.2
1985	169.7	198.6	187.6	190.2	182.4	260.7	145.4	136.7	259.2
1986	180.6	205.6	193.8	194.2	194.8	272.2	160.1	167.2	219.8
1987	197.2	215.6	203.3	199.8	214.6	285.2	164.3	175.9	208.4
1988	206.0	231.6	214.1	200.2	252.9	331.4	148.2	137.5	270.7
1989	213.5	220.7	210.7	201.6	236.7	276.8	163.8	133.4	372.5
1990	228.4	239.2	226.7	210.0	272.4	310.5	167.4	118.9	449.6
1991	257.5	271.1	253.7	228.1	318.2	368.0	188.4	137.5	476.6
1992	304.7	299.0	268.9	238.6	343.9	459.6	289.6	186.7	926.0
1993	360.4	322.3	297.9	243.4	422.4	456.4	439.7	366.0	754.7
1994	415.2	364.2	342.6	259.9	525.0	486.5	522.3	448.4	788.6
1995	462.4	408.3	388.2	301.3	581.2	526.4	640.4	479.8	1520.5
1996	500.9	453.2	430.1	345.2	621.9	588.0	606.4	529.2	849.9
1997	541.2	488.1	451.6	357.7	662.3	692.6	589.5	531.8	691.0
1998	595.4	529.6	478.7	382.7	695.4	806.9	660.8	617.4	604.6
1999	643.0	568.7	515.6	416.8	739.9	858.6	706.4	706.4	281.2
2000	693.8	618.8	549.6	442.6	791.7	992.5	745.2	742.4	321.4
2001	751.4	671.4	577.6	453.7	849.5	1180.1	834.7	798.1	2117.4
2002	831.0	719.7	626.2	494.0	917.4	1226.1	950.7	911.4	2293.2
2003	915.8	770.8	664.4	496.0	1016.5	1348.7	1095.2	1052.6	2524.8
2004	1023.8	842.5	726.2	504.5	1170.0	1489.0	1371.2	1316.9	3183.7
2005	1159.5	972.3	840.2	582.1	1357.2	1704.9	1786.6	1752.7	2209.5
2006	1316.6	1084.1	921.7	598.4	1552.6	1984.5	2158.3	2120.8	2481.3
2007	1515.0	1223.9	1042.4	606.8	1867.8	2226.6	2857.5	2704.0	7992.2
2008	1709.0	1341.4	1167.5	618.9	2187.2	2297.9	3634.7	3393.5	12260.0
2009	1947.2	1510.4	1363.6	680.8	2622.4	2311.6	5244.9	5063.1	10090.0
2010	2224.5	1664.5	1479.5	706.7	2897.8	2672.3	6996.7	6926.4	5539.4
2011	2498.1	1769.3	1569.8	766.1	3048.5	2854.0	8361.1	8193.9	10031.9
2012	2779.5	1992.3	1751.9	826.6	3447.8	3299.2	7809.3	7440.1	18117.6
2013	3061.9	2219.4	1927.1	854.7	3882.3	3813.9	8379.3	8109.7	14186.1
2014	3322.2	2390.3	2088.9	947.0	4173.4	4035.1	8932.4	8726.0	11547.5
2015	3591.3	2583.9	2262.3	1038.9	4494.8	4337.7	9530.9	9363.0	10196.4

3－12 主要年份按支出法计算的广西生产总值
Gross Domestic Product by Expenditure Approach in Main Years

（按当年价格计算） (calculated at current prices) 单位：亿元 (100 million yuan)

指　标	Item	2005	2010	2011	2012	2013	2014	2015
支出法广西生产总值	**Gross Domestic Product by Expenditure Approach**	**3984.10**	**9569.85**	**11720.87**	**13035.10**	**14378.00**	**15672.89**	**16803.12**
最终消费	Final Consumption Expenditure	2463.52	4853.46	5601.59	6517.95	7407.67	8187.66	8878.53
居民消费	Resident Consumption	1808.47	3657.07	4248.30	4905.76	5504.38	6131.54	6645.66
农村居民	Rural Households	727.32	1009.29	1276.15	1431.78	1520.60	1718.09	1888.82
食品类支出	Expenditure for Food	370.61	474.81	504.07	557.59	547.02	599.32	676.36
衣着类支出	Expenditure for Clothes	24.82	31.30	33.86	41.84	44.85	47.31	51.71
居住类支出	Expenditure for Housing	50.61	68.35	108.33	108.41	139.11	150.77	355.85
家庭设备、用品及服务类支出	Expenditure for Household Equipment, Facilities & Services	29.82	54.63	74.41	73.41	73.76	82.34	92.16
医疗保健类支出	Expenditure for Medical Appliances & Articles	38.53	64.90	149.57	199.16	224.67	249.02	286.59
交通和通信类支出	Expenditure for Transportation & Comm-unication	66.85	87.94	108.52	121.11	135.47	147.77	146.65
文教娱乐用品及服务类支出	Expenditure for Facilities & Services for Culture, Education & Entertainment	70.70	51.73	59.76	57.29	72.48	78.06	88.95
金融中介服务虚拟支出	Virtual Expenditure for Financial Agency Services	7.36	71.81	79.73	84.30	91.80	136.44	146.85
金融机构实际消费支出	Actual Expenditure for Financial Insti-tutions	0.66	6.09	7.50	8.40	11.35		
保险服务消费支出	Expenditure for Insurance Services	1.94	3.47	3.98	4.40	6.18	10.81	12.40
自有住房服务虚拟支出	Virtual Expenditure for Services for Private-owned Houses	51.32	76.60	125.36	146.78	147.01	183.97	
其它商品和服务类支出	Expenditure for Other Goods & Services	13.88	17.66	21.06	29.09	26.90	32.28	31.30
城镇居民	Urban Households	1081.15	2647.78	2972.15	3473.98	3983.78	4413.45	4756.84
食品类支出	Expenditure for Food	413.73	828.85	961.79	1104.96	1212.92	1349.11	1466.03
衣着类支出	Expenditure for Clothes	71.17	175.60	193.20	228.15	210.95	226.94	249.27
居住类支出	Expenditure for Housing	99.81	221.18	234.63	274.07	345.22	386.11	704.6
家庭设备、用品及服务类支出	Expenditure for Household Equipment, Facilities & Services	57.48	161.80	169.07	223.95	225.60	247.12	272.66
医疗保健类支出	Expenditure for Medical Appliances & Articles	57.83	185.63	227.17	327.18	378.03	391.69	411.67
交通和通信类支出	Expenditure for Transportation & Communication	98.13	373.99	379.18	415.64	532.61	533.16	584.37
文教娱乐用品及服务类支出	Expenditure for Facilities & Services for Culture, Education & Entertainment	131.22	235.75	284.80	323.58	432.74	453.34	509.67
金融中介服务虚拟支出	Virtual Expenditure for Financial Agency Services	29.44	152.19	175.27	196.70	214.20	318.37	347.86
金融机构实际消费支出	Actual Expenditure for Financial Institutions	2.65	12.91	16.50	19.60	26.49		
保险服务消费支出	Expenditure for Insurance Services	7.75	31.23	35.84	39.59	55.61	97.33	114.43
自有住房服务虚拟支出	Virtual Expenditure for Services for Private-owned Houses	46.16	156.53	172.17	186.21	220.52	275.96	
实物消费支出	Expenditure for In-kind Consumption	9.85	49.90	56.29	45.98	48.64	48.02	
其它商品和服务类支出	Expenditure for Other Goods & Services	32.44	62.22	66.24	88.37	80.25	86.3	96.28
政府消费	Government Consumption	655.05	1196.39	1353.29	1612.19	1903.29	2056.12	2232.87

注：公共医疗消费支出数据从2009年开始合并到医疗保健支出中，2014年金融中介服务虚拟支出和金融机构实际消费支出合并为银行中介服务支出，2015年自有住房服务虚拟支出合并到居住类支出中。

Note: The data on "Expenditure for Public Medical Care" has been combined into "Expenditure for Medical Appliances & Articles" since 2009. The indicator "Virtual Expenditure for Financial Agency Services" and "Actual Expenditure for Financial Institutions" have been combined as "Expenditure for Intermediary Services of Banks", and the indicator "Virtual Expenditure for Services for Private-owned Houses" is merged into "Expenditure for Housing" since 2015.

主要统计指标解释

地区生产总值（原国内生产总值） 是指一个地区所有常住单位在一定时期内生产活动的最终成果。地区生产总值有三种表现形态,即价值形态、收入形态和产品形态。从价值形态看，它是所有常住单位在一定时期内所生产的全部货物和服务价值超过同期投入的全部非固定资产货物和服务价值的差额，即所有常住单位的增加值之和；从收入形态看，它是所有常住单位在一定时期内所创造并分配给常住单位和非常住单位的初次分配收入之和；从产品形态看，它是最终使用的货物和服务减去进口货物和服务。在核算中， 地区生产总值的三种表现形态表现为三种计算方法，即生产法、收入法和支出法。三种方法分别从不同的方面反映地区生产总值及其构成。根据国家统计局有关我国GDP核算和数据发布制度的规定，广西国内生产总值自2004年起更名为“广西生产总值”，简称“广西GDP”。

地区生产净值 是市场价格计算的地区生产净值的简称，它等于地区生产总值减去所有常住单位的固定资产折旧。

地区收入总值 是按市场价格计算的地区收入总值的简称。它是一个国家或地区所有常住单位在一定时期内收入初次分配的最终成果。一地区常住单位从事生产活动所创造的增加值在初次分配过程中主要分配给该地区的常住单位，但也有一部分以生产税及进口税（扣除生产和进口补贴）、劳动者报酬和财产收入等形式分配给非常住单位，同时，地区外生产所创造的增加值也有一部分以生产税及进口税（扣除生产和进口补贴）、劳动者报酬和财产收入的形式分配给该地区的常住单位，从而产生了地区收入总值概念。它等于地区生产总值加上来自地区外的净要素收入。地区生产总值是一个生产概念，而地区收入总值总值是个收入概念。

地区收入净值 是按市场价格计算的地区收入净值简称，它等于地区收入总值减所有常住单位的固定资产折旧。

三次产业 是根据社会生产活动历史发展的顺序对产业结构的划分，产品直接取自然界的部门称为第一产业，对初级产品进行再加工的部门称为第二产业，为生产和消费提供各种服务的部门称为第三产业。

我国的三次产业划分是:

第一产业：农业（包括种植业、林业、牧业和渔业）。

第二产业：工业（包括采掘业，制造业，电力、煤气及水的生产和供应业）和建筑业。

第三产业：除第一、第二产业以外的其他各业。由于第三产业包括的行业多，范围广，根据我国的实际情况，第三产业又分为两大部分：一是流通部门，二是服务部门。

增加值 是指常住单位生产过程中创造的新增价值和固定资产的转移价值。它可以按生产法计算，也可以按收入法计算。按生产法计算，它等于总产出减去中间投入；按收入法计算，它等于劳动者报酬、生产税净额、固定资产折旧和营业盈余之和。

劳动者报酬 是指劳动者因从事生产活动所获得的全部报酬。它包括劳动者获得的各种形式工资、奖金和津贴，既包括货币形式的，也包括实物形式的，还包括劳动者所享受的公费医疗和医药卫生费、上下班交通补贴和单位支付的社会保险费等。单位支付的社会保险费，就是单位直接支付给负责社会保险的政府单位（一般指劳动部门）的社会保险金或为本单位职工离退休、发生死亡、伤残、医疗保险等而支付的保险费。对于个体经济来说，其所有者所获得的劳动报酬和经营利润不易区分，这两部分统一作为劳动者报酬处理。

生产税净额 是指生产税减生产补贴后的差额。生产税指政府对生产单位生产、销售和从事经营活动以及因从事生产活动使用某些生产要素，如固定资产、土地、劳动力所征收的各种税、附加费和规费。具体包括销售税金及附加、增值税、管理费中开支的各种税、应交纳的养路费、排污费和水电费附加、烟酒专卖上缴政府的专项收入等。生产补贴与生产税相反，是政府对生产单位的单方面收入转移，因此视为负生产税处理，包括政策亏损补贴、粮食系统价格补贴、外贸企业出口退税收入等。

固定资产折旧 是指一定时期内为弥补固定资产损耗按照核定的固定资产折旧率提取的固定资产折旧，或按国民经济核算统一规定的折旧率虚拟计算的固定资产折旧。它反映了固定资产在当期生产中的转移价值。

营业盈余 是指常住单位创造的增加值扣除劳动者报酬、生产税净额和固定资产折旧后的余额。它相当于企业的营业利润加上生产补贴，但要扣除从利润中开支的工资和福利等。

支出法地区生产总值　指一个地区所有常住单位在一定时期内用于最终消费、资本形成总额、以及货物和服务的净流出总额，它反映本期生产的地区生产总值的使用及结构。

最终消费　是指常住单位在一定时期内对于货物和服务的全部最终消费支出，也就是常住单位为满足物质、文化和精神生活的需要，从本地区经济领土和国外购买的货物和服务的支出。它不包括非常住单位在本地区经济领土内的消费支出。最终消费分为居民消费和政府消费。

居民消费　指常住住户在一定时期内对于货物和服务的全部最终消费支出。居民关于货物的最终消费支出在货物的所有权发生变化时记录，关于服务的最终消费支出在服务提供的时候记录。居民消费按市场价格计算，即按居民支付的购买者价格计算，货物的购买者价格是购买者取得交货所支付的价格，它包括购买者支付的运输和商业费用。

政府消费　指政府部门为全社会提供的公共服务的消费支出和免费或以较低的价格向居民住户提供的货物和服务的净支出，前者等于政府服务的产出价值减去政府单位所获得的经营收入的价值，政府服务的产出价值等于它的经常性业务支出加上固定资产折旧；后者等于政府部门免费或以较低价格向居民住户提供的货物和服务的市场价值减去向住户收取的价值。

资本形成总额　指常住单位在一定时期内对固定资产和存货的投资支出合计，包括固定资本形成总额和存货增加。

固定资本形成总额　指常住单位在一定时期内购置、转入和自产自用的固定资产，扣除固定资产的销售和转出后的价值。可分为有形固定资本形成总额和无形固定资本形成总额。

存货增加　指常住单位在一定时期内存货实物量变动的市场价值，即期末价值减期初价值的差额，存货增加可以是正值，也可以是负值，正值表示存货上升，负值表示存货下降。它包括生产单位购进的原材料、燃料和储备物资等存货，以及生产单位生产的产成品、在制品和半成品等存货等。

货物和服务净流出　指货物和服务流出减货物和服务流进的差额。流出包括常住单位向非常住单位出售或无偿转让的各种货物和服务的价值；流进包括常住单位从非常住单位购买或无偿得到的各种货物和服务的价值。

来自国（地区）外的净要素收入　指一个国家（地区）来自国外（地区外）的生产税及进口税（扣除生产及进口补贴）、劳动者报酬和财产收入，减去支付给国外（地区外）的生产税及进口税（扣除生产及进口补贴）、劳动者报酬和财产收入的差额。国内（地区）生产总值加上来自国外的净要素收入等于国民生产总值（或地区收入总值）。

Explanatory Notes on Main Statistical Indicators

Gross Domestic Product (GDP) refers to the final products of all resident units in a region during a certain period of time. Gross domestic product is expressed in three different forms, i.e. value added, income, and products respectively. The form of value added refers to the total value of all products and services produced by all resident units during a certain period of time minus total value of input of materials and services of the nature of non-fixed assets of the summation of the value added of all resident units; the form of income includes all the income created by all resident units and distributed primarily to all resident and non-resident units; the form of products refers to all final goods and services minus imports of goods and services. In the practice of national accounting, gross domestic product is calculated with three approaches, i.e. product approach, income approach, and expenditure approach respectively to reflect gross domestic product and its composition from different aspects.

Net Value of Domestic Product is the abbreviation for net value of domestic product calculated in market prices. It equals to gross domestic product minus the depreciation of fixed assets of total resident units.

Gross National Product is the abbreviation for net value of domestic national product calculated by market prices. It is the final income that after first distribution of all resident units in a country (or region) in a certain period of time. The added value created during productive activities in resident units in a country is mainly distributed to the resident units in this country, while a part of it to non-resident units in form of taxes on production and import (deducted subsidies for production and importation), laborers' remuneration and income from property, then come out the concept of gross domestic product. It equals to gross domestic product adds income of net elements from foreign countries. GDP is a concept of production, while GNP is a concept of income.

Net Value of Gross National Product is the abbreviation for net value of national product calculated in market prices. It equals to gross national product minus the depreciation of fixed assets of total resident units.

Three Industries Industry structure has been classified according to the historical sequence of development. Primary industry refers to extraction of natural resources; secondary industry involves processing of primary products; and tertiary industry provides services of various kinds for production and consumption. Industry in China comprises:

Primary industry agriculture (including farming, forestry, animal husbandry and fishery).

Secondary industry industry (including mining and quarrying, manufacturing, and electricity, gas and water production and supply).

Tertiary industry all other industries not included in primary or secondary industry. Since tertiary industry includes various trades and is with extensive coverage, it is divided into 2 parts according to our country's actual situation: circulation department and service department.

Value Added refers to the newly increased value and the transfer value of fixed assets created by all resident units in a country (or a region) during a certain period of time. It can be calculated by production approach and income approach. In terms of product approach, it is the total output minus intimidates input. In terms of income approach, it is the summation of laborers' remuneration, net taxes on production, depreciation of fixes assets and operating surplus.

Laborers' Remuneration refers to the whole payment of various forms earned by the laborers from the productive activities they are engaged in. It includes wages, bonuses and allowance the laborers earned in monetary form and in kind. It also includes the free medical services provided to the laborers and the medicine expenses, traffic subsidies and social insurance free paid by the laborers'working units for them. Social insurance free paid by the laborers' working units refers to the social insurance directly paid by units to government institutions in charge of social insurance, or premiums paid by units for retired employees, death, invalidity and medical treatment of workers and staff in this unit. As the individual economy is concerned, since the laborers' remuneration is not easily distinguished from the operating profit, both are treated as laborers remuneration.

Net Taxes on Production refers to the residual of the taxes on production minus the subsidies on production. The taxes on production refer to the various taxes, extra charges and fees levied on the production units on their production, sail and business activities as well as on some factors of production, such as fixed assets land and labor force, used in the production activities they are engaged in. Concretely, they include taxes on sales, additional tax, value added tax, various taxes from expense for administration, way maintenance fee, waste discharging fee and electricity and water bills should be paid, and specific income from monopoly tobacco and liquor turned in government. In contrast to the taxes on production, the subsidies on production refer to the unilateral transfer of part of the government's revenue to the production units and are therefore regarded as negative taxes on production. They include subsidies on the loss due to implementation of government policies, price subsidies to the grain institutions, foreign trade corporations' receipts from drawback, etc.

Depreciation of Fixes Assets refers to the depreciation of fixed assets of a given period, drawn in accordance with the stipulated depreciation rate for purpose of compensating the wear loss of the fixed assets or the depreciation of fixed assets calculated in a fictitious way in accordance with the stipulated unified depreciation rate in the national economic accounting system. It reflects the value of transfer of the fixed assets in the production of the current period.

Operating Surplus refers to the balance of the value added created by the resident units deducting the laborers' remuneration, net taxes on production and the depreciation of fixed assets. It is equivalent to the business profit of the enterprises plus subsidies on production, but the wages and welfare expenses paid from the profits should be deducted.

GDP Calculated by Expenditure Approach refers to total expenditure on final consumption, total capital formation and net export of goods and services by resident units of a region in a certain period of time. It reflects the composition of GDP by its use.

Final Consumption refers to the total expenditure of resident units on final consumption of goods and services in a certain period, namely the expenditure of the resident units for purchase the goods and services from domestic economic territory and abroad to meet the requirements of material, cultural and spiritual life. It excludes the expenditure of non-resident units on consumption in the economic territory of the country. The final consumption is classified into household consumption and government consumption.

Household Consumption refers to the total expenditure of resident households on the final consumption of goods and services in a certain period. The expenditure of resident households on the final consumption of goods is recorded when the proprietary rights of goods changed, and the expenditure of resident households on the final consumption of services is recorded when the services are providing. The households' consumption is calculated at market prices, namely the purchaser's prices that the households pay; the purchaser's prices of goods are the prices the households pay when they obtain the goods including the transport and commercial expenses paid by the households.

Government Consumption refers to the expenditure on the consumption of the public services provided by the government to the whole society and the net expenditure on the goods and services provided by the government to the households at free charge or lower prices. The former equals to the output value of the government services minus the value of operating income obtained by the government departments, and the output value of the government services equals to its current operating expenditure plus depreciation of fixed assets. The latter equals to the market value of goods and services provided by the government free of charge or at low prices to the households minus the value received by the government from the households.

Total Capital Formation refers to the fixed assets acquired minus those disposed and the change in inventory including the total fixed assets formation and the increase in inventory.

Total Fixed Capital Formation refers to the value of fixed assets purchased, transferred in by the resident units and those produced and used by themselves deducting the value of fixed assets sold and transferred out. It can be classified into total tangible assets formation and total intangible formation.

Increase in Inventory refers to the market value of the change in inventory, i.e. the difference of value between the beginning and the end of the period. The increase in inventory can be positive or negative. A positive value indicates the increase in inventory while a negative value indicates the decrease in stock. The inventory includes the raw materials, fuels, and reserve materials purchased by the production units as well as the inventory of finished products, products work-in-progress and semi finished products ect.

Net Export of Goods and Services refers to the difference of the exports of goods and services minus the imports of goods and services. The imports include the value of various goods and services sold or gratuitously transferred by the resident units to the non-resident units. The imports included the value of various goods and services purchased or gratuitously acquired by the resident units from the non-resident units.

Income of Net Elements from Foreign Countries (Regions) refers to the balance, which taxes on production and import (deducted subsidies for production and importation), laborers' remuneration and income from property from foreign countries (regions) minus the ones paid to foreign countries (regions). GDP adds income of net elements from foreign countries (regions) equals GNP.

第四篇

从业人员和职工工资

EMPLOYMENT & WAGES

（编辑：韦　昆）

4－1 主要年份就业和劳动报酬基本情况

Resource of Labor Force & Number of Employed Persons in Main Years

指 标	Items	1995	2000	2005	2010	2011	2012	2013	2014	2015
劳动力资源总数（万人）	**Total Resource of Labor Force(10 000 persons)**	**2907**	**3203**	**3536**	**3732**	**3777**	**3349**	**3373**	**3399**	**3438**
占人口总数比重（%）	Proportion in Total Population (%)	64.0	67.4	71.8	72.34	72.65	71.53	71.48	71.49	71.69
劳动力资源利用率（%）	Utilization Ratio of Resource of Labor Force (%)	82	80.1	76.44	77.79	77.73	82.65	82.49	82.30	82.03
从业人员合计（万人）	**Employed Persons(10 000 persons)**	**2383**	**2566**	**2703**	**2903**	**2936**	**2768**	**2782**	**2795**	**2820**
第一产业	Primary Industry	1583	1571	1519	1571	1565	1481	1478	1450	1427
第二产业	Secondary Industry	282	278	322	544	562	520	529	540	513
第三产业	Tertiary Industry	518	717	862	788	809	767	775	805	880
从业人员构成（%）	**Composition of Employment (%)**									
第一产业	Primary Industry	66.4	61.2	56.20	54.12	53.30	53.50	53.14	51.9	50.6
第二产业	Secondary Industry	11.8	10.8	11.91	18.74	19.10	18.80	19.01	19.3	18.2
第三产业	Tertiary Industry	21.8	28	31.89	27.14	27.60	27.70	27.85	28.8	31.2
按城乡分从业人员	**Employed Persons by Urban & Rural**									
城镇从业人员（万人）	Urban (10 000 persons)	405	421	785	1003	1035	1113	1120	1145	1198
国有单位	State Owned Units	293.45	234.52	199	203.32	209.49	214.03	210.93	206.48	202.37
城镇集体单位	Urban Collective Owned Units	48.72	28.36	20	17.27	18.76	16.25	14.39	15.09	13.27
股份合作单位	Cooperative Share Holding Units		1.39	2	2.96	2.78	3.29	2.18	2.04	2.06
联营单位	Joint-owned Units	0.42	0.34	1	0.75	0.79	0.99	0.21	0.15	0.14
有限责任公司	Limited-liability Companies		15.09	34	49.82	58.11	68.55	108.38	113.59	125.21
股份有限公司	Share Holding Limited Compa-nies	6	8.79	11	15.15	19.69	19.81	27.73	27.66	27.55
港澳台商投资单位	Enterprises Funded by Hong Kong, Macao & Taiwan	1.62	2.97	5.5	8.23	9.53	11.18	17.41	17.20	16.36
外商投资单位	Foreign-funded Enterprises	5.66	3.83	6.2	8.99	11.06	10.53	14.42	13.43	12.92
私营企业	Private Enterprises	9.01	22.14	54	100	123	137	130	152	168
个体	Individual	52.99	67.86	90	141	157	139	168	190	212
在岗职工人数（万人）	Number of Staff & Workers at Post (10 000 persons)	343	283	269	291.98	293.60	303.45	330.23	326.5	329.6
国有单位	State-owned Units	283	225	189	187.53	187.90	190.45	186.35	184.15	178.8
城镇集体单位	Urban Collective Owned Units	47	26	18	13.57	15.41	12.12	11.15	10.82	10.08
其他类型单位	Others	13	32	62	90.87	90.27	100.88	132.73	131.54	140.72
乡村从业人员（万人）	Rural (10 000 persons)	1965	2145	2275	2387	2407	1655	1662	1650	1622
城镇单位从业人员劳动报酬	**Remu ner ation of Staff & Workers in Urban Units**									
单位从业人员平均劳动报酬(元)	Average Remuneration of Staff & Workers（Yuan)	5105	6772	15079	30673	33032	36386	41391	45424	52982
国有单位	State-owned Units	5226	7081	15668	32587	34886	37706	42552	46065	57247
城镇集体单位	Urban Collective owned Units	4064	4471	10392	21533	22123	28819	32197	36874	40510
城镇登记失业人数（万人）	**Registered Unemployment in Urban Areas (10 000 persons)**	**10.10**	**11.30**	**18.51**	**19.07**	**18.81**	**18.94**	**18.09**	**18.66**	**18.13**
城镇登记失业率（%）	**Registered Unemployment Rate in Urban Areas (%)**	**2.4**	**3.2**	**4.15**	**3.66**	**3.46**	**3.41**	**3.30**	**3.15**	**2.92**

注：1.2002年以后城镇从业人员数含农村进城从业人员。2012年按常住人口口径统计，劳动力资源总数、从业人员人数不包括外出自治区以外半年以上的人员。

2.根据国家劳动统计报表制度的统一规定，从2013年年报起，将原属于乡镇企业的“四上”企业（即规模以上工业企业，有资质的建筑业及全部房地产开发经营企业，限额以上批发和零售业、限额以上住宿和餐饮业，部分规模以上服务业企业）纳入城镇单位从业人员与工资统计的范围。

Note:1.Employed population in urban areas since 2002 include employed persons entering urban areas from rural areas.sinve 2012,the statistical range of “Employed population in urban areas” has been changed into permanent population ,and total resource of labor force and number of employed persons excludes the persons leaving Guangxi for more than half a year.

2.According to the standard of National Statistical System of Labour Report, the onterprises of “4 Aboves” （industrial enterprises above designated size, qualified construction enterprises and all of the enterprises of real estate development & management, whole sale & retail trade hotels & catering above designated size, and some service enterprises above designated size）which belonged to rural enterprises have been included to the statistical range of employment & wages of urban units since 2013.

4－2　城乡从业人员及城镇单位在岗职工平均工资（1978－2015年）
Urban & Rural Employed Persons, Average Wages of Staff & Workers at Post in Urban Units（1978－2015）

年 份 Year	从业人员（万人） Employed Persons(10 000 persons)			城镇单位在岗职工平均工资 Average Wages of Staff & Workers at Post in Urban Units	
	第一产业 Primary Industry	第二产业 Secondary Industry	第三产业 Tertiary Industry	绝对数（元） Absolute Number (yuan)	指数（上年=100） Relate Indices (Preceding year=100)
1978	1171	153	132	462	104.5
1980	1283	125	142	609	108.5
1985	1463	160	207	1077	99.9
1986	1501	177	218	1282	128.6
1987	1529	193	239	1438	108.1
1988	1548	205	259	1720	106.9
1989	1575	203	269	1819	108.9
1990	1614	207	288	2049	137.2
1991	1643	215	313	2262	105.7
1992	1628	235	355	2634	111.8
1993	1594	253	428	3368	111.0
1994	1589	268	479	4468	130.4
1995	1583	282	518	5105	121.4
1996	1600	283	534	5397	118.2
1997	1606	283	565	5540	107.5
1998	1620	283	596	5779	108.2
1999	1619	276	619	6254	108.1
2000	1571	278	717	7650	118.9
2001	1570	275	733	9075	117.1
2002	1571	270	748	10774	121.6
2003	1556	279	766	11953	108.7
2004	1532	283	817	13579	110.1
2005	1519	322	862	15461	115.1
2006	1521	334	905	18064	118.8
2007	1521	419	829	21898	116.3
2008	1528	424	847	25660	115.0
2009	1561	516	771	28302	121.0
2010	1571	544	788	31842	107.0
2011	1565	562	809	34150	104.0
2012	1481	520	767	37614	113.0
2013	1478	529	775	42637	114.5
2014	1451	540	805	46846	110.0
2015	1427	513	880	54983	118.0

4－3 按产业、经济类型分组的从业人员（2015年）

Number of Employed Persons Grouped by Industry & the Categories of Registration (2015)

单位：万人 (10 000 persons)

行业	Sector	从业人员 Employed Persons	国有单位 State-owned Units	城镇集体单位 Urban Collective Owned Units
总计	**Total**	**2820**	**202.37**	**13.27**
第一产业	**Primary Industry**	**1427**	**7.60**	**0.03**
农、林、牧、渔业	Farming, Forestry, Animal Husbandry & Fishery		7.60	0.03
第二产业	**Secondary Industry**	**513**	**14.60**	**8.87**
工业	Industry		10.00	0.00
采矿业	Mining		0.49	0.05
制造业	Manufacturing		4.97	1.93
电力、煤气及水的生产和供应业	Electricity, Gas & Water Production & Supply		4.55	0.07
建筑业	Construction		4.60	6.83
第三产业	**Tertiary Industry**	**880**	**180.16**	**4.37**
交通运输、仓储和邮政业	Transportation, Storage & Postal Services		2.50	0.77
信息传输、计算机服务和软件业	Information Transmission, Computer Service & Software Industries		9.75	0.59
批发和零售业	Wholesale & Retail Trade		0.94	0.11
住宿和餐饮业	Hotel & Catering Trade		0.71	0.01
金融业	Finance		5.26	1.38
房地产业	Real Estate		0.92	0.18
租赁和商务服务业	Leasing & Business Service		3.68	0.75
科学研究、技术服务和地质勘查业	Scientific Research, Technology Service & Geological Prospecting		7.76	0.08
水利、环境和公共设施管理业	Water Conservancy, Environment & Public Facility Management		8.49	0.09
居民服务和其他服务业	Residents & Other Services		0.25	0.15
教育	Education		59.65	0.19
卫生、社会保障和社会福利业	Public Health, Social Security & Social Welfare		29.61	0.06
文化、体育和娱乐业	Culture, Sports & Entertainment		2.52	0.00
公共管理和社会组织	Public Administration & Social Organizations		48.12	0.02
国际组织	International Organizations			

4—4 城镇单位从业人员（2015年）

Number of Employed Persons in Urban Units (2015)

单位：人 (person)

项　目	Item	从业人员年末人数 Total Employed Persons at Year End	在岗职工 Staff & Workers at Post	劳务派遣工 Labor-dispatched Workers	其他从业人员 Others
总　计	**Total**	**4054108**	**3296067**	**449241**	**308800**
按登记注册类型分	**By Registered Style**				
国有单位	State-owned Units	2023654	1787979	61159	174516
城镇集体单位	Urban Collective Owned Units	132727	100839	7902	23986
其他类型单位	Others	1897727	1407249	380180	110298
内资	Domestic Capital	1604844	1132110	368921	103813
外商投资	Foreign Investment	129248	118700	7671	2877
港、澳、台投资	Enterprise Funded by Hong Kong, Macao & Taiwan	163635	156439	3588	3608
按企业、事业、机关分	**By Enterprise,Institution & Agency**				
企业	Enterprise	2411416	1806597	420556	184263
事业	Institution	1195811	1097254	12041	86516
机关	Agency	410233	364759	14569	30905
民间非营利组织	Nongovernmental Nonprofit Organizations & Others	10186	9625	232	329
其他	Others	26462	17832	1843	6787
按国民经济行业分	**By Sector**				
农、林、牧、渔业	Farming,Forestry,Animal Husbandry & Fishery	81813	53213	159	28441
采矿业	Mining	29982	26952	1682	1348
制造业	Manufacturing	762085	697376	37080	27629
电力、煤气及水的生产和供应业	Electricity, Gas & Water Production & Supply	138609	129461	5339	3809
建筑业	Construction	651566	279051	302316	70199
批发和零售业	Wholesale & Retail Trade	133996	119906	9122	4968
交通运输、仓储和邮政业	Transportation, Storage & Postal Services	200340	165114	27294	7932
住宿和餐饮业	Hotel & Catering Trade	47820	45034	1147	1639
信息传输、计算机服务和软件业	Information Transmission, Computer Service & Software Industries	43516	35926	5747	1843
金融业	Finance	132711	100023	5852	26836
房地产业	Real Estate	79300	67663	4598	7039
租赁和商务服务业	Leasing & Business Service	112055	86931	19199	5925
科学研究、技术服务和地质勘查业	Scientific Research, Technology Service & Geological Prospecting	95401	85788	2792	6821
水利、环境和公共设施管理业	Water Conservancy, Environment & Public Facility Management	93280	73361	2725	17194
居民服务和其他服务业	Residents & Other Services	7798	5868	1171	759
教育	Education	620345	575332	3345	41668
卫生、社会保障和社会福利业	Public Health,Social Security & Social Welfare	307328	290740	2380	14208
文化、体育和娱乐业	Culture, Sports & Entertainment	33718	31032	364	2322
公共管理和社会组织	Public Administration & Social Organizations	482445	427296	16929	38220
国际组织	International Organizations				

注：城镇单位不包括城镇私营和个体（下同）。
Note: Urban collective owned units exclude urban private and individual enterprises.

4-5 按行业、经济类型分组的城镇单位女性从业人数（2015年）

Number of Female Employed in Urban Units Grouped by Industry & the Categories of Registration（2015）

单位：人 (person)

行　业	Sector	合　计 Total	国有单位 State-owned Units	城镇集体单位 Urban Collective owned Units	其他类型单位 Others
总　计	**Total**	**1541369**	**900122**	**35807**	**605440**
按企业、事业、机关分	**By Enterprise, Institution & Agency**				
企业	Enterprise	757843	138676	33380	585787
事业	Institution	641052	633774	1610	5668
机关	Agency	126540	125775	19	746
民间非营利组织	Nongovernmental Nonprofit Organizations	7411	27	318	7066
其他	Others	8523	1870	480	6173
按国民经济行业分	**By Sector**				
第一产业	**Primary Industry**	**31362**	**29325**	**112**	**1925**
农、林、牧、渔业	Farming, Forestry, Animal Husbandry & Fishery	31362	29325	112	1925
第二产业	**Secondary Industry**	**417290**	**36420**	**18813**	**362057**
工业	Industry	358993	28019	9423	321551
采矿业	Mining	6617	707	100	5810
制造业	Manufacturing	314356	14085	9128	291143
电力、煤气及水的生产和供应业	Electricity, Gas & Water Production & Supply	38020	13227	195	24598
建筑业	Construction	58297	8401	9390	40506
第三产业	**Tertiary Industry**	**1092717**	**834377**	**16882**	**241458**
批发和零售业	Wholesale & Retail Trade	64070	8080	2827	53163
交通运输、仓储和邮政业	Transportation, Storage & Postal Services	52551	23531	2213	26807
住宿和餐饮业	Hotel & Catering Trade	28637	5447	710	22480
信息传输、计算机服务和软件业	Information Transmission, Computer Service & Software Industries	16470	2607	4	13859
金融业	Finance	71795	28544	5423	37828
房地产业	Real Estate	30152	3629	698	25825
租赁和商务服务业	Leasing & Business Service	38591	11464	1866	25261
科学研究、技术服务和地质勘查业	Scientific Research, Technology Service & Geological Prospecting	31324	25489	251	5584
水利、环境和公共设施管理业	Water Conservancy, Environment & Public Facility Management	46924	43472	518	2934
居民服务和其他服务业	Residents & Other Services	3437	860	691	1886
教育	Education	338498	322584	1143	14771
卫生、社会保障和社会福利业	Public Health,Social Security & Social Welfare	204751	197644	450	6657
文化、体育和娱乐业	Culture, Sports & Entertainment	14827	10708	5	4114
公共管理和社会组织	Public Administration & Social Organizations	150690	150318	83	289
国际组织	International Organizations				

4—6 城镇单位从业人员工资总额（2015年）
Earning of Employed Persons in Urban Units（2015）

单位：万元 (10 000 yuan)

指 标	Item	从业人员全年工资总额 Total Remuneration	在岗职工工资总额 Wages of Staff & Workers at Work	劳务派遣工工资总额 Total Wages of Labor-dispatched Workers	其他从业人员工资总额 Remuneration Payment to Other Employed Persons
总 计	**Total**	**21153108**	**18344075**	**2014942**	**794091**
按登记注册类型分	**By Registered Style**				
国有单位	State Owned Units	11491538	10845342	250732	395464
城镇集体单位	Urban Collective Owned Units	525569	427301	27295	70973
其他类型单位	Others	9136001	7071432	1736916	327654
内资	Domestic Funds	7720187	5723639	1693304	303243
外商投资	Foreign Investment	705370	662993	30823	11554
港、澳、台投资	Enterprises Funded by Hong Kong,Macao & Taiwan	710445	684799	12789	12857
按企业、事业、机关分	**By Enterprise,Institution & Agency**	**21153108**	**18344075**	**2014942**	**794091**
企业	Enterprise	12043424	9603305	1932405	507714
事业	Institution	6626854	6396628	31304	198922
机关	Agency	2334076	2229776	40014	64287
民间非营利组织及其他	Nongovernmental Nonprofit Organizations & Others	148754	114366	11220	23168
按国民经济行业分	**By Sector**				
农、林、牧、渔业	Farming, Forestry, Animal Husbandry & Fishery	244088	182855	545	60689
采矿业	Mining	139682	126595	6515	6571
制造业	Manufacturing	3529188	3307564	145729	75895
电力、煤气及水的生产和供应业	Electricity, Gas & Water Production & Supply	981360	951125	23031	7204
建筑业	Construction	2769733	1164615	1391013	214105
批发和零售业	Wholesale & Retail Trade	623448	571380	39086	12981
交通运输、仓储和邮政业	Transportation, Storage & Postal Services	1240059	1052047	157252	30761
住宿和餐饮业	Hotel & Catering Trade	146336	138020	4215	4101
信息传输、计算机服务和软件业	Information Transmission, Computer Service & Software Industries	336613	255369	72256	8988
金融业	Finance	1159506	1075435	26084	57988
房地产业	Real Estate	349750	318057	13867	17827
租赁和商务服务业	Leasing & Business Service	474440	401775	54153	18512
科学研究、技术服务和地质勘查业	Scientific Research, Technology Service & Geological Prospecting	603692	576955	9398	17339
水利、环境和公共设施管理业	Water Conservancy, Environment & Public Facility Management	337419	288933	7445	41042
居民服务和其他服务业	Residents & Other Services	33566	28170	3033	2363
教育	Education	3353110	3263045	7892	82173
卫生、社会保障和社会福利业	Public Health,Social Security & Social Welfare	1964429	1907051	7105	50273
文化、体育和娱乐业	Culture, Sports & Entertainment	188307	181936	1120	5252
公共管理和社会组织	Public Administration & Social Organizations	2678382	2553148	45206	80028
国际组织	International Organizations				

4—7 城镇单位从业人员平均工资（2015年）

Average Earning of Staff & Workers in Urban Units（2015）

单位：元 (yuan)

指标	Item	单位从业人员平均工资 Average Remuneration of Staff & Workers	国有单位 State-owned Units	城镇集体单位 Urban Collective owned Units	其他类型单位 Others
总计	**Total**	**52982**	**57247**	**40510**	**49240**
按企业、事业、机关分	**By Enterprise, Institution & Agency**				
企业	Enterprise	50925	60745	40017	49407
事业	Institution	55939	55986	42344	54573
机关	Agency	57381	57317	62154	71586
按国民经济行业分	**By Sector**				
农、林、牧、渔业	Farming, Forestry, Animal Husbandry & Fishery	30875	29021	34539	55798
采矿业	Mining	46260	38927	38744	47840
制造业	Manufacturing	46121	59028	38890	45377
电力、煤气及水的生产和供应业	Electricity, Gas & Water Production & Supply	70548	66047	42052	72981
建筑业	Construction	45246	44208	33765	46832
批发和零售业	Wholesale & Retail Trade	46031	68672	27900	41852
交通运输、仓储和邮政业	Transportation, Storage & Postal Services	61137	73406	36371	50062
住宿和餐饮业	Hotel & Catering Trade	30597	35371	30728	29340
信息传输、计算机服务和软件业	Information Transmission, Computer Service & Software Industries	76688	76217	32583	76902
金融业	Finance	92062	92596	88655	92386
房地产业	Real Estate	45020	44821	31711	45403
租赁和商务服务业	Leasing & Business Service	43732	42140	33827	45830
科学研究、技术服务和地质勘	Scientific Research, Technology Service & Geological Prospecting	63754	63737	40007	64883
水利、环境和公共设施管理业	Water Conservancy, Environment & Public Facility Management	36666	36063	28854	44392
居民服务和其他服务业	Resident & Other Services	43299	55487	38995	36892
教育	Education	54505	55249	50951	34434
卫生、社会保障和社会福利业	Public Health, Social Security & Social Welfare	64821	65353	48507	50964
文化、体育和娱乐业	Culture, Sports & Entertainment	56579	58109	20875	52053
公共管理和社会组织	Public Administration & Social Organizations	55953	55964	34168	53408
国际组织	International Organizations				

4－8 城镇单位在岗职工平均工资（2015年）

Average Earning of Staff & Workers in Urban Units（2015）

单位：元 (yuan)

项 目	Item	在岗职工 Staff & Workers at Post	国有单位 State-owned Units	城镇集体单位 Urban Collective-owned Units	其他类型单位 Others
总 计	**Total**	**54983**	**60239**	**42518**	**50223**
按企业、事业、机关分	**By Enterprise, Institution & Agency**				
企业	Enterprise	52508	65400	41842	50365
事业	Institution	58456	58487	49074	57117
机关	Agency	60239	60162	65333	78007
按国民经济行业分	**By Sector**				
农、林、牧、渔业	Farming,Forestry,Animal Husbandry & Fishery	33983	32273	38165	53026
采矿业	Mining	46482	39131	40921	48054
制造业	Manufacturing	46616	59901	39959	45829
电力、煤气及水的生产和供应业	Electricity, Gas & Water Production & Supply	72033	66930	43370	74797
建筑业	Construction	46647	49432	34099	47709
批发和零售业	Wholesale & Retail Trade	46855	70148	28475	42446
交通运输、仓储和邮政业	Transportation, Storage & Postal Services	62082	74462	37420	50415
住宿和餐饮业	Hotel & Catering Trade	30656	35990	31087	29311
信息传输、计算机服务和软件业	Information Transmission, Computer Service & Software Industries	77958	77096	32583	78263
金融业	Finance	105485	101656	90077	113467
房地产业	Real Estate	46828	48833	33539	46905
租赁和商务服务业	Leasing & Business Service	44894	44228	34146	46582
科学研究、技术服务和地质勘查业	Scientific Research, Technology Service & Geological Prospecting	66724	66911	41467	66981
水利、环境和公共设施管理业	Water Conservancy, Environment & Public Facility Management	39522	38777	45933	47362
居民服务和其他服务业	Resident & Other Services	44684	58874	39344	37150
教育	Education	56894	57698	53661	35211
卫生、社会保障和社会福利业	Public Health, Social Security & Social Welfare	66257	66784	49758	51927
文化、体育和娱乐业	Culture, Sports & Entertainment	59284	61035	20875	54106
公共管理和社会组织	Public Administration & Social Organizations	58871	58875	35252	59575
国际组织	International Organizations				

4—9 分市城镇单位在岗职工人数（2015年）
Number of Employed Persons in Urban Units by City（2015）

单位：人 (person)

市别	Region	在岗职工人数 Staff & Workers at Post	国有单位 State-owned Units	城镇集体单位 Urban Collective-owned Units	其他类型单位 Others
总计	**Total**	**3296067**	**1787979**	**100839**	**1407249**
南宁市	Nanning	733478	332957	8259	392262
柳州市	Liuzhou	403135	183472	10062	209601
桂林市	Guilin	361658	190084	10630	160944
梧州市	Wuzhou	168816	80103	6632	82081
北海市	Beihai	121314	63535	4231	53548
防城港市	Fangchenggang	76966	47062	1072	28832
钦州市	Qinzhou	197954	102869	12349	82736
贵港市	Guigang	164998	106272	5967	52759
玉林市	Yulin	313558	149489	18055	146014
百色市	Baise	210769	144214	11215	55340
贺州市	Hezhou	89581	65756	1226	22599
河池市	Hechi	162983	113650	3228	46105
来宾市	Laibin	109468	67196	4221	38051
崇左市	Chongzuo	122053	83600	2076	36377

注：总计包括广西电网、广西中烟、南宁铁路局等单位。
Note: The total data includes Nanning Railway Bureau, Guangxi Building Engineering Group Corporation and Central Logistics Department.

4—10　分市城镇单位在岗职工平均工资（2015年）
Average Wages of Staff & Workers at Post in Urban Units by City（2015）

单位：元　　(yuan)

市别	Region	在岗职工 Staff & Workers at Post	国有单位 State-owned Units	城镇集体单位 Urban Collective-owned Units	其他类型单位 Others
总　计	**Total**	**54983**	**60239**	**42518**	**50223**
南宁市	Nanning	63820	70155	46868	59945
柳州市	Liuzhou	54223	61398	44164	50538
桂林市	Guilin	53925	59362	47972	48691
梧州市	Wuzhou	47471	57664	38224	38515
北海市	Beihai	49562	57762	39742	41044
防城港市	Fangchenggang	51230	53430	39611	48582
钦州市	Qinzhou	46502	52545	41276	40134
贵港市	Guigang	52653	55967	32908	48315
玉林市	Yulin	47658	54444	45604	41050
百色市	Baise	49809	52200	36147	46578
贺州市	Hezhou	55407	58120	41009	48685
河池市	Hechi	53638	58676	36396	42932
来宾市	Laibin	55665	61552	49729	46294
崇左市	Chongzuo	47630	50603	33446	41793

注：总计包括广西电网、广西中烟、南宁铁路局等单位。
Note: The total data includes Nanning Railway Bureau, Guangxi Building Engineering Group Corporation and Central Logistics Department.

4—11 分市城镇单位从业人员工资总额（2015年）
Earning of Employed Persons in Urban Units by City（2015）

单位：万元 (10000 yuan)

市　别	Region	单位从业人员工资总额 Wages of Employed Persons in Urban Units at the Year-end	国有单位 State-owned Units	城镇集体单位 Urban Collective-owned Units	其他类型单位 Others
总　计	**Total**	**21153108**	**11491538**	**525570**	**9136000**
南宁市	Nanning	5872047	2546323	47600	3278124
柳州市	Liuzhou	3127476	1231453	53787	1842236
桂林市	Guilin	2253260	1217647	66997	968616
梧州市	Wuzhou	886197	501077	27026	358094
北海市	Beihai	683587	389720	32704	261163
防城港市	Fangchenggang	479111	283325	5596	190190
钦州市	Qinzhou	951069	543017	55270	352782
贵港市	Guigang	922527	617767	29350	275410
玉林市	Yulin	1592304	859887	100454	631963
百色市	Baise	1068063	752043	40532	275488
贺州市	Hezhou	523250	396419	5196	121635
河池市	Hechi	941101	706357	17574	217170
来宾市	Laibin	682827	458279	23641	200907
崇左市	Chongzuo	611632	442170	7240	162222

注：总计包括广西电网、广西中烟、南宁铁路局等单位。
Note: The total data includes Nanning Railway Bureau, Guangxi Building Engineering Group Corporation and Central Logistics Department.

4—12　分市城镇单位从业人员平均工资（2015年）

Number of Employed Persons in Urban Units by City & Sector（2015）

单位：元 (yuan)

市　别	Region	单位从业人员平均工资 Average Wages of Employed Persons	国有单位 State-owned Units	城镇集体单位 Urban Collective-owned Units	其他类型单位 Others
总　计	**Total**	**52982**	**57247**	**40510**	**49240**
南宁市	Nanning	61875	66246	45959	59142
柳州市	Liuzhou	52736	58824	41832	49677
桂林市	Guilin	51642	57256	45308	46374
梧州市	Wuzhou	45326	52874	36776	38340
北海市	Beihai	47173	53053	35363	41984
防城港市	Fangchenggang	46954	47902	38537	45896
钦州市	Qinzhou	46070	51828	41265	39965
贵港市	Guigang	49897	53112	31761	46420
玉林市	Yulin	46159	51527	43818	40732
百色市	Baise	49507	51830	36150	46355
贺州市	Hezhou	52980	55205	40723	47368
河池市	Hechi	50451	54627	31242	42081
来宾市	Laibin	52362	57151	44980	44685
崇左市	Chongzuo	45430	47794	33316	40612

注：总计包括广西电网、广西中烟、南宁铁路局等单位。

Note: The total data includes Nanning Railway Bureau, Guangxi Building Engineering Group Corporation and Central Logistics Department.

4－13 城镇单位分市分行业从业人员（2015年）

Number of Employed Persons in Urban Units by City & Sector（2015）

单位：人 (person)

市 别 Region	合计 Total	农、林、牧、渔业 Farming, Forestry, Animal Husbandry & Fishery	采矿业 Mining	制造业 Manufac-turing	电力、煤气及水的生产和供应业 Electricity, Gas & Water Production & Supply	建筑业 Construc-tion	批发和零售业 Wholesale & Retail Trade	交通运输、仓储和邮政业 Transpor- tation, Storage & Postal Services	住宿和餐饮业 Hotel & Catering Trade	信息传输、计算机服务和软件业 Information Transmi- ssion, Computer Service & Software Industries
总 计 Total	**4054108**	**81813**	**29982**	**762085**	**138609**	**651566**	**133996**	**200340**	**47820**	**43516**
南宁市 Nanning	959514	12551	235	128490	56419	210415	45952	44863	18383	16055
柳州市 Liuzhou	616538	4494	604	162497	8491	175373	18263	17355	4251	3196
桂林市 Guilin	443869	4935	5168	98704	11823	60800	16462	12942	9088	3721
梧州市 Wuzhou	193707	645	2102	62989	6530	5812	4912	6360	1003	1912
北海市 Beihai	146839	5387	776	39761	2685	14728	3233	4216	2892	1659
防城港市 Fangcheng-gang	108402	11925	117	6528	2712	23044	1836	10266	1099	1271
钦州市 Qinzhou	208312	3011	1615	32569	3904	53283	5644	5631	1375	1312
贵港市 Guigang	187053	1131		29791	5297	17140	4833	7176	1190	1771
玉林市 Yulin	345645	7260	5	86766	7671	48820	10080	10162	1971	3400
百色市 Baise	218154	3140	10402	27574	10044	12718	7480	9249	1691	1504
贺州市 Hezhou	99206	1504	938	12081	4209	1772	1865	2025	722	1407
河池市 Hechi	187991	3353	2215	27796	7967	8291	5815	7545	1419	3213
来宾市 Laibin	133175	8893	1386	21134	6309	13636	3149	2649	227	1562
崇左市 Chongzuo	136950	13365	4419	20321	4548	4379	4106	2839	1371	1425

注：总计包括广西电网、广西中烟、南宁铁路局等单位。

Note: The total data includes Nanning Railway Bureau, Guangxi Building Engineering Group Corporation and Central Logistics Department.

4－13　续表　continued

单位：人　(person)

市　别　Region	金融业 Finance	房地产业 Real Estate	租赁和商务服务业 Leasing & Business Service	科学研究、技术服务和地质勘查业 Scientific Research, Technology Service & Geological Prospecting	水利、环境和公共设施管理业 Water Conservancy, Environment & Public Facility Management	居民服务和其他服务业 Resident & Other Services	教育 Education	卫生、社会保障和社会福利业 Public Health, Social Security & Social Welfare	文化、体育和娱乐业 Culture, Sports & Entertainment	公共管理和社会组织 Public Administration & Social Organizations
总　计 Total	**132711**	**79300**	**112055**	**95401**	**93280**	**7798**	**620345**	**307328**	**33718**	**482445**
南宁市 Nanning	40423	26330	41795	36941	22054	1965	108473	58328	13318	76524
柳州市 Liuzhou	10203	15407	22707	14947	17101	1194	59578	35546	2468	42863
桂林市 Guilin	17610	10246	15704	8524	13940	1536	62955	31649	5863	52199
梧州市 Wuzhou	7407	3337	1651	3175	3365	56	36363	18862	1421	25805
北海市 Beihai	8354	3274	1826	3090	4055	258	21431	10292	1199	17723
防城港市 Fangchenggang	1936	2556	1775	1316	3613	57	14318	7333	584	16116
钦州市 Qinzhou	3979	2801	2078	2784	3040	402	40969	19460	741	23714
贵港市 Guigang	7885	1688	2123	2193	2571	488	51731	19004	534	30507
玉林市 Yulin	8646	4510	5732	5186	6881	400	72048	28978	1922	35207
百色市 Baise	5006	2029	5158	3952	5596	183	40878	21457	1190	48903
贺州市 Hezhou	5543	701	1645	2358	1974	69	24124	10625	905	24739
河池市 Hechi	6268	2042	2681	3428	4063	148	39888	21939	1792	38128
来宾市 Laibin	4529	2521	2975	2853	1962	83	23264	11633	856	23554
崇左市 Chongzuo	4873	1575	3239	3922	3065	64	24325	11893	813	26408

注：总计包括广西电网、广西中烟、南宁铁路局等单位。
Note: The total data includes Nanning Railway Bureau, Guangxi Building Engineering Group Corporation and Central Logistics Department.

4－14 城镇单位分市分行业女性从业人数（2015年）

Number of Female Employed Persons in Urban Units by City & Sector（2015）

单位：人 (person)

市 别 Region	合计 Total	农、林、牧、渔业 Farming, Forestry, Animal Husbandry & Fishery	采矿业 Mining	制造业 Manufacturing	电力、煤气及水的生产和供应业 Electricity, Gas & Water Production & Supply	建筑业 Construction	批发和零售业 Wholesale & Retail Trade	交通运输、仓储和邮政业 Transportation, Storage & Postal Services	住宿和餐饮业 Hotel & Catering Trade	信息传输、计算机服务和软件业 Information Transmi- ssion, Computer Service & Software Industries
总 计 Total	**1541369**	**31362**	**6617**	**314356**	**38020**	**58297**	**64070**	**52551**	**28637**	**16470**
南宁市 Nanning	346455	4577	58	57092	14539	20336	22143	13698	10873	5930
柳州市 Liuzhou	176880	1444	97	43503	2226	5877	9804	4809	2488	702
桂林市 Guilin	182218	2030	1458	44801	3602	5960	8492	4339	5474	805
梧州市 Wuzhou	82686	139	314	24868	1953	1083	2100	1792	648	794
北海市 Beihai	66294	1934	129	20894	723	1327	1339	1312	1659	757
防城港市 Fangchenggang	39412	5776	45	2534	843	3830	680	2777	568	482
钦州市 Qinzhou	81082	1059	288	16699	1065	6359	2468	1458	765	564
贵港市 Guigang	83577	386		13892	1473	1985	2045	2313	848	742
玉林市 Yulin	151157	2457	2	46917	2052	4308	4601	2496	1095	1460
百色市 Baise	82584	1062	1817	8838	3305	1538	3577	3229	1082	540
贺州市 Hezhou	44507	598	250	4944	1279	359	794	737	505	551
河池市 Hechi	78982	904	499	12001	1824	1369	2341	2972	886	1738
来宾市 Laibin	55385	3366	185	8822	1789	3343	1449	923	173	777
崇左市 Chongzuo	57360	5597	1475	7253	1347	345	2051	929	882	601

注：总计包括广西电网、广西中烟、南宁铁路局等单位。

Note: The total data includes Nanning Railway Bureau, Guangxi Building Engineering Group Corporation and Central Logistics Department.

4－14　续表　continued

单位：人　(person)

市别 Region	金融业 Finance	房地产业 Real Estate	租赁和商务服务业 Leasing & Business Service	科学研究、技术服务和地质勘查业 Scientific Research, Technology Service & Geological Prospecting	水利、环境和公共设施管理业 Water Conservancy, Environment & Public Facility Management	居民服务和其他服务业 Resident & Other Services	教育 Education	卫生、社会保障和社会福利业 Public Health, Social Security & Social Welfare	文化、体育和娱乐业 Culture, Sports & Entertainment	公共管理和社会组织 Public Administration & Social Organizations
总　计 Total	**71795**	**30152**	**38591**	**31324**	**46924**	**3437**	**338498**	**204751**	**14827**	**150690**
南宁市 Nanning	22898	10422	15667	13007	11031	908	57006	36114	5757	24399
柳州市 Liuzhou	5301	5004	8658	4862	8347	451	34403	23158	1119	14627
桂林市 Guilin	10001	3598	3916	2751	6427	800	36354	22163	2779	16468
梧州市 Wuzhou	3939	1258	422	968	1673	12	19385	12856	623	7859
北海市 Beihai	5149	1545	574	936	2108	115	12644	7035	582	5532
防城港市 Fangchenggang	925	934	609	364	1859	13	6953	4726	245	5249
钦州市 Qinzhou	1998	1078	636	833	1651	95	23849	12972	281	6964
贵港市 Guigang	4268	696	596	542	1072	99	29690	12778	226	9926
玉林市 Yulin	4017	1925	2151	1638	3370	180	42421	19170	762	10135
百色市 Baise	2191	887	1379	1191	3256	100	18438	14964	525	14665
贺州市 Hezhou	2795	286	385	652	1013	14	13487	7344	415	8099
河池市 Hechi	3055	830	929	864	2241	67	19377	15049	682	11354
来宾市 Laibin	2417	974	1096	893	989	21	12436	8258	409	7065
崇左市 Chongzuo	2813	605	1101	1705	1887	20	12055	8001	377	8316

注：总计包括广西电网、广西中烟、南宁铁路局、总后勤部等单位。

Note: The total data includes Nanning Railway Bureau, Guangxi Building Engineering Group Corporation and Central Logistics Department.

4—15　城镇单位分市分行业从业人员平均工资（2015年）

Average Earning of Staff & Workers at Work in Urban Units by City & Sector (2015)

单位：元　(yuan)

市别 Region	合计 Total	农、林、牧、渔业 Farming, Forestry, Animal Husbandry & Fishery	采矿业 Mining	制造业 Manufacturing	电力、煤气及水的生产和供应业 Electricity, Gas & Water Production & Supply	建筑业 Construction	批发和零售业 Wholesale & Retail Trade	交通运输、仓储和邮政业 Transportation, Storage & Postal Services	住宿和餐饮业 Hotel & Catering Trade	信息传输、计算机服务和软件业 Information Transmission, Computer Service & Software Industries
总计 Total	**52982**	**30875**	**46260**	**46121**	**70548**	**45246**	**46031**	**61137**	**30597**	**76688**
南宁市 Nanning	61875	38530	48350	49508	81446	54041	51776	63618	29701	98057
柳州市 Liuzhou	52736	43304	43321	59341	58677	44283	44324	45922	34838	71481
桂林市 Guilin	51642	32256	47619	45106	64836	46972	42645	55670	29254	60956
梧州市 Wuzhou	45326	46958	41394	34453	58871	33916	35626	47035	25720	65411
北海市 Beihai	47173	46325	38791	35785	68987	40112	45169	56054	34103	65832
防城港市 Fangchenggang	46954	19348	49331	50186	46857	35655	50912	60181	38619	61289
钦州市 Qinzhou	46070	27978	34359	45162	82949	33574	45892	45564	28491	71139
贵港市 Guigang	49897	41134		34960	81333	53981	43599	41032	24278	61275
玉林市 Yulin	46159	23489	24200	40305	57106	35106	40346	41651	29381	67072
百色市 Baise	49507	29926	53587	46080	57563	33220	38305	39480	27133	52747
贺州市 Hezhou	52980	38124	33343	39380	68795	30667	64070	40756	24639	71587
河池市 Hechi	50451	31837	43648	35484	60750	26004	41377	43943	25095	55836
来宾市 Laibin	52362	32483	38172	45563	72220	34680	43753	44826	23664	62951
崇左市 Chongzuo	45430	20938	43786	38931	49711	34064	42527	47181	29999	64344

注：总计包括广西电网、广西中烟、南宁铁路局等单位。

Note: The total data includes Nanning Railway Bureau, Guangxi Building Engineering Group Corporation and Central Logistics Department.

4－15 续表 continued

单位：元 (yuan)

市别 Region	金融业 Finance	房地产业 Real Estate	租赁和商务服务业 Leasing & Business Service	科学研究、技术服务和地质勘查业 Scientific Research, Technology Service & Geological Prospecting	水利、环境和公共设施管理业 Water Conservancy, Environment & Public Facility Management	居民服务和其他服务业 Resident & Other Services	教育 Education	卫生、社会保障和社会福利业 Public Health, Social Security & Social Welfare	文化、体育和娱乐业 Culture, Sports & Entertainment	公共管理和社会组织 Public Administration & Social Organizations
总　计 Total	**92062**	**45020**	**43732**	**63754**	**36666**	**43299**	**54505**	**64821**	**56579**	**55953**
南宁市 Nanning	125301	50156	50350	83213	40025	53176	58684	84980	69892	60176
柳州市 Liuzhou	101319	38306	40810	47678	38352	41291	54708	62243	53762	62201
桂林市 Guilin	87328	42767	38822	54740	35793	34300	57820	61501	47889	58154
梧州市 Wuzhou	74031	41243	34214	51660	31099	18000	50185	57710	43788	52193
北海市 Beihai	64752	53922	33307	55545	33525	52996	54509	55827	46938	54762
防城港市 Fangchenggang	78999	51403	42772	51132	37744	34772	51678	53897	49710	56217
钦州市 Qinzhou	79543	51575	39835	45957	31805	44063	50452	57694	43138	52017
贵港市 Guigang	56536	42985	32555	53714	40853	36012	50236	62387	53959	53060
玉林市 Yulin	89448	39504	39725	55889	34118	39940	48368	63394	42047	53808
百色市 Baise	65947	43196	47063	45992	34138	31519	57063	53438	44239	51710
贺州市 Hezhou	73709	49655	43025	55785	32970	39638	54677	60716	51514	53427
河池市 Hechi	74010	34413	38216	52013	32420	47324	58181	60706	48927	55322
来宾市 Laibin	79946	37324	30176	57851	39285	46494	60474	66033	48597	57551
崇左市 Chongzuo	55212	41649	39052	39881	33827	48500	53032	57740	49902	52731

注：总计包括广西电网、广西中烟、南宁铁路局等单位。
Note: The total data includes Nanning Railway Bureau, Guangxi Building Engineering Group Corporation and Central Logistics Department.

4-16 主要年份离休、退休、退职人员和保险福利费用情况
Statistics of VCSR, Retired & Resigned, Insurance & Welfare Funds in Main Years

项目	Item	2005	2010	2011	2012	2013	2014	2015
一、截止年末离休、退休、退职人员数总计（人）	**Total Number of VCSR, Retired & Resigned at Year End (person)**	**1199346**	**1869510**	**2000563**	**2138426**	**2243670**	**2331856**	**1574162**
企业	Enterprise	755568	920376	948254	953245	980095	1006166	1026462
（一）内资企业	Domestic Capital	752135		941323	946730	973339	999030	1019222
国有企业	State Owned Units	585777		652180	659505	673947	665913	666089
集体企业	Collective Owned Units	105402		99688	95810	100030	89890	90804
其他企业	Others	60956		189455	191415	199362	243227	262329
（二）港澳台投资企业	Enterprise Funded by Hong Kong, Macao & Taiwan	3433		6931	6515	6756	7136	7240
（三）外商投资企业	Foreign Investment							
事业	Institution	315286	372802	369019	380388	391202	399955	412900
机关	Agency	117678	115427	116634	122215	126503	129114	134800
其他*	Others*	10814	460905	566656	682578	745870	796621	842226
二、保险福利费用总计（万元）	**Total Insurance & Welfare Funds (10 000 yuan)**	**1272195.9**	**3244030**	**3770184**	**4576084**	**5441025**	**6133443**	**7104382**
企业	Enterprise	615790.4	1362997	1596028	1835566	2155958	2425804	2662397
离休金	Pensions for VCSR	14918.3	15229	15050	16599	20361	18415	17403
退休金（含退职人员生活费）	Pensions for Retired (including the cost-of-living for the retired)	559820.8	1342027	1574570	1813453	2113772	2395348	2624693
医疗卫生费	Medical Care	18828.9						
其他	Others	22222.4	5741	6408	5514	21825	12041	20301
事业	Institution	455450.4	965149	972827	1205115	1438915	1581838	1926304
离休金	Pensions for VCSR	10757	16285	14126	15123	15747	14616	20941
退休金（含退职人员生活费）	Pensions for Retired (including the cost-of-living for the retired)	397501.3	948864	958701	1189992	1423168	1567223	1905363
医疗卫生费	Medical Care	13996.8						1926304
其他	Others	33195.3						
机关	Agency	194206.2	423213	428434	457535	525323	571685	685255
离休金	Pensions for VCSR	11768.7	28912	26824	25866	9345	25217	32338
退休金（含退职人员生活费）	Pensions for Retired (including the cost-of-living for the retired)	162705.7	394301	401610	431669	507767	5464680	651117
医疗卫生费	Medical Care	4903.9						
其他	Others	14827.9						
其他*	Others*	6748.9	492671	772895	1077868	1320829	1554116	1830426
离休金	Pensions for VCSR	0		11	127			4
退休金（含退职人员生活费）	Pensions for Retired (including the cost-of-living for the retired)	6603.8	491805	772721	1066613	1319431	1542068	1830407
医疗卫生费	Medical Care	43.9						
其他	Others	101.2	866	163	11128	1398	12048	15

注：1.其他*是指个体经济组织以及灵活就业人员中的退休人员及其保险福利费用。该项指标从2005年起建立。
2.此表数据由自治区人社厅提供。

Note: 1.The 'Others*' refers to the retired and their insurance & welfare funds that belong to individual economy organizations and manoeuvrable employ.This item has been set up since 2005.
2.The data in this table is prorided by Department of Human Resources and Social Security of Guangxi.

4—17　主要年份参加社会保险人员

Number of Persons Joined Social Security in Main Years

单位：人　　(person)

项　目	Item	1995	2000	2005	2010	2011	2012	2013	2014	2015
一、截止年末参加城镇基本养老保险人员总数	**Total Number of Persons Joined Urban Basic Pension Insurance at Year End**	**1877974**	**2393591**	**2886039**	**4492947**	**4837549**	**5126503**	**5383687**	**5575905**	**5766289**
#离休退休退职人数	Total Retired, VCSR & RRSW	311777	544752	733163	1381281	1514910	1635823	1725965	1802787	1868688
(一) 企业	Enterprise	1872739	2344595	2530863	3090550	3238704	3357387	3525967	3649533	3768057
1.内资企业	Domestic Capital	1849675	2326409	2489608	3012981	3149831	3266298	3424817	3559943	3679243
2.港、澳、台及外资企业	Foreign Investment & Enterprise Funded by Hong Kong, Macao & Taiwan	23064	18186	41255	77569	88873	91089	101150	89590	88814
(二) 事业	Institution		21679							
(三) 机关	Agency		1970							
(四) 其他	Others	5235	25347	355176	1402397	1598845	1769116	745870	1926372	1998232
二、截止年末参加失业保险人员总数	**Total Number of Persons Joined Unemplo-yment Insurance atYear End**	**1695402**	**2246213**	**2198887**	**2383997**	**2407687**	**2433782**	**2522599**	**2589759**	**2731797**
(一) 企业	Enterprise	1614170	1534533	1338494	1462614	1503290	1513305	1573786	1605320	1699111
1.内资企业	Domestic Capital	1594891	1506561	1291660	1355066	1387759	1390096	1449815	1489422	1587941
2.港、澳、台及外资企业	Foreign Investment & Enterprise Funded by Hong Kong, Macao & Taiwan	19279	27972	46834	107548	115531	123209	123971	115898	111170
(二) 事业	Institution	81232	707429	856373	895587	882196	883606	888994	910604	944015
(三) 其他	Others		4251	4020	25796	22201	36871	59819	73835	88671
三、截止年末参加城镇基本医疗保险人员总数	**Total Number of Persons Joined the Urban Basic Health Care Program at Year End**		**985230**	**2858668**	**9352054**	**9813170**	**10115274**	**10309751**	**10673463**	**10775852**
(一) 城镇职工基本医疗保险参保人数	**Urban Staff & Workers**				**4135213**	**4372110**	**4562741**	**4666150**	**4826207**	**5054854**
#退休人数	Total Number of VCSR		215418	822846	1229962	1288146	1335769	1377762	1437888	1487637
(一) 企业	Enterprise		414074	1377356	2210311	2347142	2479696	2551320	2629897	2759197
1.内资企业	Domestic Capital		413914							
2.港、澳、台及外资企业	Foreign Investment & Enterprise Funded by Hong Kong, Macao & Taiwan		160							
(二) 事业	Institution		397472	1029657	1241687	1255617	1291955	1326885	1319178	1374340
(三) 机关	Agency		172913	380721	429011	463103	466049	439713	474915	498001
(四) 其他	Others		771	70934	254204	306248	325041	348232	402217	423316
(二) 城镇居民基本医疗保险参保人数	**Urban Residents**				**5216841**	**5441060**	**5552533**	**5643601**	**5847256**	**5720998**
四、截止年末参加工伤保险人员总数	**Total Number of Persons Joined the Industrial Injury Insurance at Year End**		**1265640**	**1444346**	**2356611**	**2725161**	**3123855**	**3256231**	**3382238**	**3604762**
五、截止年末参加生育保险人员总数	**Total Number of Persons Joined the Bearing Insurance at Year End**		**1125761**	**1413554**	**2184535**	**2437685**	**2547091**	**2702362**	**2802486**	**3078597**

注：1.表中基本养老保险人数不含在人事部门参加基本养老保险的人数；
2.1995—1997年基本养老保险人数尚未分企业、事业、机关统计，故该年份事业、机关基本养老保险人数空缺；
3.2007年10月开始启动城镇居民基本医疗保险试点，2007—2009年城镇基本医疗保险人员总数包括城镇职工基本医疗保险和城镇居民基本医疗保险参保人员之和。
4.此表数据由自治区人社厅提供。

Note: 1. The number of persons joined basic pension insurance excludes the persons joined basic pension insurance in the administrative departments.
2. Since the number of persons joined basic pension insurance from 1995 to 1997 hadn't been divided into enterprise, institution and agency, the number of persons joined urban basic pension insurance are blank.
3. The pilot work of urban basic health care program was started up in October 2007. The total number of Persons Joined the Urban Basic Health Care Program from 2007 to 2009 includes the summary of the number of urban staff & workers and the urban.
4. The data in this table is provided by Department of Human Resources and Social Security o Guangxi.

4—18 分市社会保险参保人数（2015年）
Number of Persons Joined Social Security by City（2015）

单位：人 (person)

市 别	City	基本养老保险人数 Number of Person Participating in the Basic Retirement Security Program	#在职职工人数 Number of Staff & Workers at Post	失业保险人数 Number of Persons Participating in the Unemployment Insurance Program	基本医疗保险人数 Number of Persons Participating in the Basic Health Care Program	工伤保险人数 Number of Persons Participating in the Industrial Injury Insurance	生育保险人数 Number of Persons Participating in the Bearing Insurance
总 计	**Total**	**5766289**	**3897601**	**2731797**	**10775852**	**3604762**	**3078597**
南宁市	Nanning	1027061	723326	493053	1887656	555395	537363
柳州市	Liuzhou	907016	622205	367898	1510436	506245	390865
桂林市	Guilin	712770	476558	281831	1209886	421716	321672
梧州市	Wuzhou	329952	201187	134954	729420	178081	155555
北海市	Beihai	206915	135666	104978	416811	125054	93984
防城港市	Fangchenggang	121897	92683	68557	302592	90429	65108
钦州市	Qinzhou	164155	106456	88340	500409	116127	105116
贵港市	Guigang	199034	121291	99585	603255	164101	120641
玉林市	Yulin	367162	235938	160792	922156	198399	194691
百色市	Baise	229222	166838	116686	590065	182017	164047
贺州市	Hezhou	120388	78438	72462	332752	84305	73100
河池市	Hechi	234340	158927	118696	477406	144252	153656
来宾市	Laibin	153195	90422	71185	368611	92355	96713
崇左市	Chongzuo	157635	110513	77949	479441	113793	96876

注:1.总计包括自治区本级；

2.基本医疗保险人数包括城镇职工基本医疗保险与城镇居民基本医疗保险能参保人数之和。

3.根据国家劳动统计报表制度的统一规定，从2013年年报起，讲原属于乡镇企业的“四上”企业（即规模以上工业企业、有资质的建筑业及全部房地产开发经营企业，限额以上批发和零售业、限额以上住宿和餐饮业，部分国模以上服务企业）纳入城镇单位从业人员与工资统计范围。

4.此表数据由自治区人社厅提供。

Note: 1. The total number of persons joined social security includes the Autonomous Bureau.

2. The number of persons participating in the basic health care program includes the summary of persons which be able to participating in the urban staff

3. According to the standard of National Statistical System of Labour Report, the onterprises of “4 aboves” (industrial enteprises above designated size, qualified construction enterprises and all of the enterprises of real estate development & managemenet, whole sale & retail trade hotels & catering above designated size, and some service enterprises above designated size) which belonged to rural enterprises have been included to the statistical range of employment & wages of urban unit since 2013.

4. The data in this table s provided by Department of Human Resources and Social Security of Guangxi.

主要统计指标解释

劳动力资源总数　指在劳动年龄内人口（16周岁及以上）总数中，具有劳动能力，在正常情况下，可能或实际参加社会劳动的人口数。

从业人员　指从事一定社会劳动并取得劳动报酬或经营收入的人员。从业人员按从业身份分组包括：（1）职工；（2）再就业的离退休人员；（3）私营业主；（4）个体户主；（5）私营企业和个体从业人员；（6）乡镇企业从业人员；（7）农村从业人员；（8）其他从业人员（包括现役军人）。

职工　指在国有、城镇集体、联营、股份制、外商和港、澳、台投资、其他单位及其附属机构中工作，并由其支付工资的各类人员。不包括下列人员：（1）乡镇企业从业人员；（2）私营企业从业人员；（3）城镇个体劳动者；（4）离休、退休、退职人员；（5）再就业的离、退休人员；（6）民办教师；（7）其他按有关规定不列入职工统计范围的人员。

城镇登记失业人员　指有非农业户口，在一定的劳动年龄内（16岁及以上男50岁以下，女45岁以下），有劳动能力，无业而要求就业，并在当地就业服务机构进行求职登记的人员。

城镇登记失业率　城镇登记失业人员与城镇单位从业人员（扣除使用的农村劳动力、聘用的离退休人员、港澳台及外方人员）、城镇单位中的不在岗职工、城镇私营业主、个体户主、城镇私营企业和个体从业人员、城镇登记失业人员之和的比。计算公式为：

$$\text{城镇登记失业率}=\frac{\text{城镇登记失业人数}}{\begin{array}{l}\text{(城镇登记单位从业人员－使用的农村劳动和－聘用的离退休人员－聘用}\\\text{的港澳台及外方人员)＋不在岗职工＋城镇私营业主＋城镇个体户主＋城}\\\text{镇私营企业及个体从业人员＋城镇登记失业人数}\end{array}}\times 100$$

工资总额　指各单位在一定时期内直接支付给本单位全部职工的劳动报酬总额。工资总额的计算应以直接支付给职工的全部劳动报酬为根据。各单位支付给职工的劳动报酬以及其他根据有关规定支付的工资，不论是计入成本的还是不计入成本的，不论是以货币形式支付的还是以实物形式支付的，均应列入工资总额的计算范围。工资总额包括计时工资、计件工资、奖金、津贴和补贴、加班加点工资、特殊情况下支付的工资。

平均工资　指企业、事业、机关等单位的职工在一定时期内平均每人所得的货币工资额。其计算公式为：

$$\text{平均工资}=\frac{\text{报告期实际支付的全部职工工资总额}}{\text{报告期全部职工平均人数（人）}}$$

平均实际工资　是指扣除物价变动因素后的职工平均工资。其计算公式为：

$$\text{平均实际工资}=\frac{\text{报告期职工平均工资}}{\text{报告期城市居民消费价格指数}}$$

参加城镇基本养老保险人员总数　指截止报告期末参加城镇基本养老保险并在社会保险机构已建立缴费记录档案的人数，包括不能正常缴费、已中断缴费但未终止养老保险关系的人数，包括已参加基本养老保险、后进入再就业服务中心、并继续缴费的下岗职工人数。不包括只登记而未建立缴费记录档案的人数。

参加城镇基本养老保险的离退职人数　指报告期末参加城镇基本养老保险并由养老保险基金支付养老金的离休人员、退休人员、退职人员人数。

参加失业保险人员总数 指截止报告期末按照国家法律、法规和有关政策规定，参加了失业保险的城镇企业事业单位职工和地方政府规定的参加失业保险的其他人员的总数。

参加城镇基本医疗保险人员总数 指截止报告期末参加城镇基本医疗保险（实施统帐结合和单建统筹基金）的职工人数和退休人数的总数。

Explanatory Notes on Main Statistical Indicators

Total Resource of Labor Force refers to the population aged 16 and over who are capable to work , are willing to participate in or participating in social labor.

Employees refers to the persons who are engaged in social labor and receive remuneration payment or earn business income, including: (1) staff and workers at work; (2) re-employed retirees; (3) employers of private enterprises; (4) self-employed workers; (5) employers in private and individual economy; (6) employees in township; (7) employed persons in the rural areas; (8) other employed persons (including the servicemen).

Staff and Workers refer to the persons who work in (and receive payment there from) enterprise and institutions of state ownership, collective ownership, joint ownership, share holding, foreign ownership, and ownership by entrepreneurs from Hong Kong, Macao, and Taiwan, and other types of ownership and their affiliated units, excluding: (1) employed persons in rural enterprises; (2) employed persons in private enterprises; (3) urban individual laborers;(4) retired persons, VCSR and RRSW; (5) re-employed retirees and VCSR; (6) teachers in the schools run by the local people; (7) other persons aren't included in the statistic range of staff and workers according to related rules.

Registered Urban Unemployed Persons refer to the persons who are registered as permanent residents in the urban areas engaged in non-agricultural activities, aged within the range of working age (16 age and over, while male below 50 and female below 45), capable to labor, unemployed but desirous to be employed and have been registered at the local employment service agencies to apply for a job.

Registered Urban Unemployment Rate refers to the ratio of the number of the registered unemployed persons to the sum of the number of persons employed in various units and in private enterprises in urban areas, urban self-employed individuals and the registered urban unemployed persons. The formula is as follows:

$$\text{Registered urban unemployment rate} = \frac{\text{Number of registered urban unemployed persons}}{\begin{array}{l}\text{(number of persons employed in urban units+number of persons}\\ \text{employed in urban private enterprises+self-employed individuals in urban}\\ \text{areas+number of registered urban unemployed persons) +number of staff}\\ \text{and workers out of post+number of urban privately owners+number of}\\ \text{urban self-employed ivdividuals+number of personneel in urban privately}\\ \text{enterprises and self-employed laborers+number of the registered urban}\\ \text{unemployed persons}\end{array}} \times 100$$

Total Wages of Staff and Workers refer to the total remuneration payment to staff and workers in various units during a certain period of time. The calculation of total wages is based on the total remuneration payment to the staff and workers. Therefore, all the wages and salaries and other payments to staff and workers are included in the total wages regardless of their sources, category, and forms (in kind or cash). Total wages of staff and workers includes the wage calculated by time, wage calculated by volume, bonus, subsidies and allowances, wage paid in special.

Average Wage of Staff and Workers refers to the average wage in money terms per person during a certain period of time for staff and workers in enterprises, institutions and government agencies. The formula for calculating Average Wage of Staff and Workers is as follows:

$$\text{Average Wage of Staff and Workers} = \frac{\text{Total Wages of Ataff and Workers in Reference Period}}{\text{Average Number of Staff and Workers in Reference Period}}$$

Average Real Wage of Staff and Workers refers to the average wage, which has removed the factor of price change. The formula is as follows:

$$\text{Average Real Wage of Staff and Workers} = \frac{\text{Average Wago of Staff and Workers in Reference Period}}{\text{Urban Consumer Prices Indes in Reference Period}}$$

Total Number of Persons Participating in Urban Basic Pension Programs refers to the persons participating in the urban basic pension programs and registering in the social insurance institutions with payment registration, including the persons who cannot pay regularly, have stopped paid but maintained the pension insurance relation; including laid-off workers who have participated basic pension insurance, entered re-employment service center and go on paying; excluding the persons registered but without payment registration.

Total Number of Retired, VCSR & RRSW Participating in Urban Basic Pension Programs refers to number of the retired, VCSR & RRSW participating in urban basic pension programs in the report period and are paid pensions from the pension insurance funds.

Total Number of Persons Participating in Unemployment Insurance Programs refers to the number of staff and workers in urban enterprises and institutions or other persons by local government in participating in unemployment insurance programs according to national laws, rules and relative policies in the report period.

Total Number of Persons Participating Urban Basic Health Insurance Programs refers to the total number of staff, workers and retired participating urban basic health insurance programs in the report period.

第五篇

物价

PRICE

（编辑：黄岚兰　李　辉　蒋志华）

5－1　居民消费及商品零售价格总指数（1978－2015年）
Consumer & Retail General Price Indices（1978－2015）

（以上年价格为100）　　（preceding year=100）

年　份 Year	居民消费价格总指数 Consumer General Price Index			商品零售价格总指数 Retail General Price Index		
	全　区 Total	城　市 Urban Areas	农　村 Rural Areas	全　区 Total	城　市 Urban Areas	农　村 Rural Areas
1978	100.0	99.8	100.0	100.0	99.8	100.1
1979	102.6	102.8	101.1	102.3	102.9	101.7
1980	110.0	112.6	106.0	109.2	113.1	106.1
1981	101.6	102.7	100.1	101.7	103.0	100.5
1982	103.3	104.1	102.4	103.1	104.4	102.4
1983	102.7	103.0	102.7	102.8	103.0	102.7
1984	103.3	104.6	102.4	104.2	104.5	104.1
1985	113.0	114.7	111.8	111.2	114.2	109.3
1986	106.2	106.2	106.2	105.1	106.0	104.4
1987	108.2	110.2	105.8	108.0	110.5	105.5
1988	120.8	123.3	118.4	121.0	123.5	119.4
1989	121.1	119.7	123.3	121.3	119.1	123.5
1990	101.1	98.3	104.4	100.1	97.4	102.4
1991	102.8	102.7	103.0	102.5	102.5	102.5
1992	105.9	107.0	105.4	104.6	106.2	103.9
1993	122.0	123.3	119.1	118.9	121.9	114.8
1994	126.0	125.4	126.5	124.4	122.7	125.6
1995	118.4	118.0	118.6	116.4	115.0	117.7
1996	106.5	105.5	107.4	104.5	104.1	104.9
1997	100.8	100.7	100.8	99.6	99.9	99.4
1998	97.0	97.1	96.8	96.3	96.7	95.9
1999	97.7	97.2	98.2	97.2	96.8	97.6
2000	99.7	100.0	99.5	98.6	98.4	98.8
2001	100.6	101.3	99.6	97.8	97.3	99.0
2002	99.1	98.9	99.3	98.1	98.2	98.0
2003	101.1	100.9	101.3	100.2	99.6	100.8
2004	104.4	104.1	104.9	103.9	103.4	104.4
2005	102.4	103.0	101.6	101.1	101.3	101.0
2006	101.3	101.6	100.9	100.3	100.8	99.8
2007	106.1	105.6	106.8	104.8	104.2	105.3
2008	107.8	107.6	108.5	107.6	107.6	108.3
2009	97.9	97.9	97.5	98.0	98.1	96.9
2010	103.0	102.9	103.4	103.0	103.0	103.2
2011	105.9	105.7	106.4	106.0	105.7	106.6
2012	103.2	103.2	103.3	102.3	102.2	102.4
2013	102.2	102.1	102.4	101.2	101.1	101.3
2014	102.1	102.2	101.9	101.4	101.5	101.1
2015	101.5	101.5	101.5	100.1	100.1	100.1

注：1994年起商品零售价格总指数不包括农资。

Note: Retail General Price Index since 1994 has excluded agricultural means of production.

5-2 各地区商品零售和农业生产资料价格指数（2015年）

（以上年价格为100）

地 区	Region	总指数 General Index	一、食品类 Food	粮食 Grain	油脂类 Oil or Fat	肉禽及其制品 Meal, Poultry & Their Products	水产品 Aquatic Products	菜 Vegetables
全区平均	**Average of the Whole Autonomous Region**	**100.1**	**102.4**	**101.4**	**97.3**	**105.8**	**100.0**	**104.3**
南宁市	Nanning	100.4	101.2	101.6	95.8	105.3	101.3	103.5
柳州市	Liuzhou	100.1	103.7	101.1	93.4	107.5	101.3	104.3
桂林市	Guilin	100.1	103.1	105.4	98.2	106.8	97.9	107.6
梧州市	Wuzhou	99.6	102.6	100.7	102.1	104.3	103.6	106.5
北海市	Beihai	99.3	101.4	100.4	98.4	105.4	99.9	103.1
防城港市	Fangchenggang	100.6	102.3	100.1	97.5	104.5	100.4	105.4
钦州市	Qinzhou	100.0	102.7	100.9	98.8	105.8	100.0	107.0
贵港市	Guigang	98.9	101.8	101.0	98.8	104.9	98.5	102.7
玉林市	Yulin	100.6	102.3	100.6	98.0	108.0	98.2	104.4
百色市	Baise	100.8	104.2	101.3	97.7	105.5	100.2	110.0
贺州市	Hezhou	100.4	103.9	102.1	98.1	107.3	103.6	107.5
河池市	Hechi	99.5	101.9	101.7	96.6	105.8	96.6	102.1
来宾市	Laibin	100.3	102.8	100.4	98.8	107.3	100.1	100.4
崇左市	Chongzuo	99.5	100.7	100.7	96.4	102.6	99.0	103.5
城市平均	**Average of Urban Areas**	**100.1**	**102.3**	**101.5**	**97.1**	**106.1**	**100.0**	**104.3**
农村平均	**Average of Rural Areas**	**100.1**	**102.7**	**101.2**	**97.9**	**105.4**	**100.2**	**104.3**

Retail & Agricultural Means of Production Price Indices by Region (2015)

(preceding year=100)

干鲜瓜果 Dry Fruit (Nut) & Melon & Fruit	其他食品 Other Foods	二、饮料、烟酒类 Beverages, Tobacco & Liquor	三、服装、鞋帽类 Clothes, Shoes & Hats	服装 Clothes	鞋袜帽 Shoes, Socks & Hats	四、纺织品类 Textiles
97.2	**101.1**	**101.4**	**104.6**	**105.0**	**104.0**	**101.6**
92.3	97.7	101.8	111.2	111.4	111.1	107.3
105.3	105.2	101.6	102.0	102.9	99.6	100.2
94.8	100.8	100.6	105.8	107.2	101.6	100.5
96.1	109.1	103.3	103.4	104.9	100.9	99.0
95.7	98.5	102.2	100.4	101.1	98.5	99.9
99.6	99.9	101.2	102.7	102.9	101.7	100.5
97.4	105.6	99.7	100.4	100.8	99.9	99.8
93.1	98.0	102.0	106.8	106.3	108.4	99.8
96.7	104.2	101.7	106.1	105.2	108.5	104.9
106.1	103.5	101.6	101.8	101.5	102.7	100.1
98.4	98.7	100.6	100.7	100.5	101.5	100.4
94.8	100.0	101.1	101.2	101.2	101.2	96.1
99.2	103.2	101.2	102.9	104.5	98.8	99.8
96.9	100.2	101.5	101.9	102.1	101.3	99.7
96.7	**101.9**	**101.5**	**105.0**	**105.6**	**103.7**	**101.8**
98.5	**99.5**	**101.4**	**103.8**	**103.8**	**104.5**	**101.3**

5—2　续表 1

(以上年价格为100)

地　区	Region	五、家用电器及音像器材 Household Appliances, Music & Video Equipments	家庭设备 Household Appliances	文娱用耐用消费品 Durable Consumer Goods for Recreational Use	专业音像器材类 Professional Music & Video Equip-ments	六、日用品 Daily Necessi-ties	七、体育娱乐用品 Sports & Recrea-tion Goods	体育用品 Sports Goods
全区平均	**Average of the Whole Autonomous Region**	**98.6**	**98.9**	**98.1**	**100.1**	**100.0**	**100.7**	**101.4**
南宁市	Nanning	98.7	99.6	97.0	99.6	99.2	99.9	100.0
柳州市	Liuzhou	99.3	100.5	97.5	97.8	98.4	100.1	100.8
桂林市	Guilin	96.2	93.5	99.4	100.0	101.6	100.0	100.0
梧州市	Wuzhou	96.1	96.0	95.5	101.2	100.7	100.0	100.0
北海市	Beihai	100.3	100.0	100.9	99.9	99.4	101.2	102.5
防城港市	Fangchenggang	100.1	100.3	100.0	100.0	100.5	100.6	99.9
钦州市	Qinzhou	97.6	97.1	97.5	100.5	99.4	100.6	101.1
贵港市	Guigang	94.9	95.7	93.7	99.8	101.3	101.3	98.6
玉林市	Yulin	101.1	100.8	101.4	100.3	102.7	100.0	100.9
百色市	Baise	99.5	99.7	98.8	103.5	97.8	111.1	121.8
贺州市	Hezhou	97.8	98.1	97.2	100.0	100.4	99.9	99.9
河池市	Hechi	101.8	104.1	98.9	100.0	100.1	98.3	100.5
来宾市	Laibin	96.5	96.4	96.6	100.0	101.0	100.4	100.0
崇左市	Chongzuo	99.7	100.0	99.0	101.4	100.6	100.0	100.0
城市平均	**Average of Urban Areas**	**98.8**	**99.0**	**98.4**	**100.0**	**100.1**	**100.1**	**100.5**
农村平均	**Average of Rural Areas**	**98.2**	**98.7**	**97.6**	**100.8**	**99.7**	**102.0**	**103.8**

continued

(preceding year=100)

娱乐用品 Recreation Goods	八、交通、通信用品 Transporta-tion & Communi-cation Appliances	交通运输机械 Transpor-tation Appliances	通讯器材类 Communi-cation Appliances	九、家具 Furnitures	十、化妆品类 Cosmetics	十一、金银珠宝类 Gold, Silver & Jewelry
99.9	**98.4**	**98.7**	**97.6**	**100.7**	**100.6**	**92.8**
99.7	98.1	99.2	95.9	100.3	100.6	90.2
99.4	97.7	98.7	95.8	96.0	100.4	89.5
100.0	97.5	97.2	98.7	103.2	100.7	92.1
100.0	98.7	99.1	97.8	101.8	100.2	91.8
100.0	99.5	99.8	98.9	99.9	101.5	91.6
101.4	100.1	100.0	100.3	103.0	101.3	99.8
100.0	95.2	94.8	95.7	98.5	99.5	101.9
103.8	96.4	100.5	88.7	101.2	100.8	93.2
99.1	100.8	98.0	107.1	106.2	100.0	92.1
99.4	99.2	99.9	97.6	101.7	101.1	95.7
100.0	95.8	95.9	95.7	101.1	101.2	90.4
96.1	98.9	99.9	95.4	94.0	99.8	95.8
100.9	96.9	98.1	94.5	105.4	100.9	93.8
100.0	100.5	99.0	103.2	99.9	99.9	92.3
99.7	**98.5**	**98.6**	**98.2**	**100.7**	**100.5**	**92.6**
100.2	**98.2**	**99.1**	**96.4**	**100.8**	**101.0**	**93.3**

5－2 续表2 continued

（以上年价格为100） (preceding year=100)

地 区	Region	十二、中西药品及医疗保健用品类 Traditianal Chinese &Western Medicines & Health Care Articles	医疗器具及用品 Medical Appliances & Articles	中药材及中成药 Traditional Chinese Medicine	西药 Western Medicine	保健器具及用品 Health Care Appliances & Articles	十三、书报杂志及电子出版物类 Books, Newspapers, Magazines & Electronic Publications
全区平均	**Average of the Whole Autonomous Region**	**102.9**	**100.0**	**104.2**	**102.3**	**102.1**	**100.1**
南宁市	Nanning	104.9	99.5	107.3	104.0	102.9	100.0
柳州市	Liuzhou	101.7	100.0	103.8	100.1	100.1	100.1
桂林市	Guilin	103.8	100.0	108.7	101.5	101.2	101.9
梧州市	Wuzhou	101.9	101.0	97.7	104.7	99.8	99.3
北海市	Beihai	104.2	98.9	104.6	103.9	107.3	100.3
防城港市	Fangchenggang	103.9	100.6	102.0	104.8	106.8	101.6
钦州市	Qinzhou	104.8	98.9	107.4	103.8	100.7	101.2
贵港市	Guigang	100.9	99.8	101.3	100.9	99.3	99.5
玉林市	Yulin	101.6	101.1	103.4	101.0	97.6	100.6
百色市	Baise	103.9	100.0	105.2	102.4	108.0	93.1
贺州市	Hezhou	103.7	100.0	108.2	100.3	103.1	100.7
河池市	Hechi	101.0	100.8	99.3	102.0	100.3	101.2
来宾市	Laibin	101.0	100.0	101.3	100.8	100.6	101.1
崇左市	Chongzuo	101.7	100.0	101.4	102.7	100.4	99.3
城市平均	**Average of Urban Areas**	**103.0**	**100.0**	**104.3**	**102.6**	**101.6**	**100.7**
农村平均	**Average of Rural Areas**	**102.7**	**100.1**	**104.0**	**101.6**	**103.3**	**99.0**

5—2 续表3 continued

(以上年价格为100) (preceding year=100)

地 区	Region	农业生产资料价格指数 Price Index of Agricultural Means of Production	农用手工工具 Small Farm Tools	饲料 Forage	产品畜 Young Live-stock & Fowls	半机械化农具 Semimechanized Farm Tools
全区平均	**Average of the Whole Autonomous Region**	**100.9**	**101.4**	**96.3**	**110.4**	**99.6**
贵港市	Guigang	102.0	101.6	94.4	116.4	100.0
百色市	Baise	100.1	100.8	101.2	88.3	98.3
贺州市	Hezhou	99.8	101.1	91.1	108.8	100.0

5—2 续表4 continued

(以上年价格为100) (preceding year=100)

地 区	Region	机械化农具 Mechanized Farm Machin-ery	化学肥料 Chemical Fertilizer	农药及农药械 Pesticide & Its Applia-nces	农用机油 Oil for Farm Machinery	其他农业生产资料 Others
全区平均	**Average of the Whole Autonomous Region**	**99.7**	**102.2**	**100.3**	**89.3**	**100.6**
贵港市	Guigang	99.5	103.8	99.8	90.6	103.6
百色市	Baise	100.0	103.4	99.5	86.6	100.4
贺州市	Hezhou	100.0	101.5	99.3	89.2	100.8

注：农资价格仅在贵港、百色、贺州三市取样调查。
Note: Only 3 cities of Guigang, Baise, Hezhou have been taken sample investigation of "Price Index of Agricultural Means of Production".

5—3 各地区居民消费价格指数（2015年）

（以上年价格为100）

地 区	Region	总指数 General Index	一、食品 Food	1.粮食 Grain	2.淀粉 Starches & Tubers	3.干豆类及豆制品 Bean & Its Products	4.油脂 Oil or Fat	5.肉禽及制品 Meal, Poultry & Their Products	6.蛋 Eggs
全区平均	**Average of the Whole Autonomous Region**	**101.5**	**102.6**	**101.4**	**100.6**	**103.4**	**97.6**	**106.2**	**99.7**
南宁市	Nanning	101.9	101.4	101.6	102.4	102.1	96.1	105.6	101.4
柳州市	Liuzhou	101.7	104.2	101.2	101.0	103.6	93.4	107.9	100.7
桂林市	Guilin	101.9	103.3	105.4	100.0	111.2	98.2	107.1	96.0
梧州市	Wuzhou	101.0	102.7	100.7	100.0	102.2	102.6	104.3	98.6
北海市	Beihai	100.4	101.4	100.3	98.7	101.4	98.5	105.2	101.9
防城港市	Fangchenggang	101.1	102.0	99.8	104.3	100.7	97.8	104.8	101.3
钦州市	Qinzhou	101.1	102.8	100.9	97.4	103.3	98.3	106.5	96.4
贵港市	Guigang	101.4	101.7	101.0	97.7	106.6	98.8	105.1	98.9
玉林市	Yulin	101.7	102.9	100.6	101.3	104.1	98.3	108.2	98.2
百色市	Baise	101.9	104.2	101.3	98.7	102.2	97.7	105.5	100.9
贺州市	Hezhou	101.8	104.0	102.2	100.1	100.6	100.0	107.8	100.6
河池市	Hechi	100.7	102.1	101.7	100.0	102.5	97.2	106.2	103.4
来宾市	Laibin	101.2	102.6	99.8	100.0	100.0	97.8	108.4	103.1
崇左市	Chongzuo	100.4	100.9	100.7	100.0	99.7	96.6	103.0	97.6
城市平均	**Average of Urban Areas**	**101.5**	**102.6**	**101.6**	**100.9**	**103.9**	**97.1**	**106.5**	**99.9**
农村平均	**Average of Rural Areas**	**101.5**	**102.7**	**101.2**	**99.4**	**102.6**	**98.5**	**105.7**	**99.1**

Consumer Price Indices by Region (2015)

(preceding year=100)

7.水产品 Aquatic Products	8.菜 Vegetables	9.调味品 Flavoring	10.糖 Sugar	11.茶及饮料 Tea & Beverages	12.干鲜瓜果 Dried & Fresh, Melons & Fruits	13.糕点饼干面包 Cake, Biscuit & Bread	14.液体乳及乳制品 Milk & Its Products
100.2	**104.5**	**101.0**	**99.3**	**101.7**	**97.4**	**100.5**	**97.7**
101.4	103.5	99.5	95.8	102.0	92.3	98.0	92.6
101.5	104.2	100.8	103.3	102.1	105.1	101.4	101.8
98.1	107.6	100.9	100.9	101.1	94.8	101.3	94.6
103.8	106.7	102.2	96.1	104.2	96.6	100.3	99.4
99.7	103.3	101.2	100.7	101.6	95.8	100.0	101.2
99.2	105.9	101.0	98.4	102.6	99.4	101.7	101.6
99.1	107.5	103.9	98.1	99.7	97.0	103.7	101.2
98.7	102.7	100.0	98.9	101.7	93.1	100.5	96.6
97.8	104.5	100.2	97.8	102.7	96.5	101.9	96.8
100.2	110.1	105.7	102.2	100.3	105.7	99.5	99.8
103.5	107.6	103.4	102.1	99.6	98.7	99.8	98.3
97.6	102.8	101.4	101.2	102.6	94.3	100.0	100.2
99.9	100.6	101.3	100.4	100.9	98.9	98.1	106.0
98.5	103.5	100.5	100.0	101.3	96.9	101.2	97.3
100.1	**104.6**	**100.6**	**99.3**	**102.0**	**97.1**	**100.3**	**97.3**
100.5	**104.2**	**101.6**	**99.2**	**101.1**	**98.0**	**100.8**	**98.8**

5—3 续表1

(以上年价格为100)

地 区	Region	15.在外用膳食品 Outward Dinner	16.其它食品 Other Foods & Manufactu ring Services	二、烟酒 Tobacco & Liquor	1.烟草 Tobacco	2.酒 Liquor	三、衣着 Clothing	1.服装 Garments
全区平均	**Average of the Whole Autonomous Region**	**102.7**	**100.4**	**101.3**	**103.2**	**99.7**	**105.0**	**105.3**
南宁市	Nanning	103.1	97.7	101.8	102.1	101.5	110.8	111.1
柳州市	Liuzhou	101.7	105.2	101.2	103.5	98.8	101.9	102.6
桂林市	Guilin	104.4	100.8	100.0	104.2	96.4	105.5	107.2
梧州市	Wuzhou	102.6	109.1	103.9	103.0	104.6	103.8	104.9
北海市	Beihai	100.1	98.5	101.8	105.4	99.2	100.3	101.0
防城港市	Fangchenggang	102.5	99.9	100.4	102.9	98.3	102.3	102.5
钦州市	Qinzhou	103.6	105.6	99.5	104.0	95.7	100.7	101.0
贵港市	Guigang	103.0	98.0	101.4	103.2	99.4	106.8	106.3
玉林市	Yulin	100.2	104.2	101.3	103.1	99.9	106.8	106.0
百色市	Baise	102.7	103.5	101.8	102.9	100.4	101.9	101.6
贺州市	Hezhou	103.0	98.7	100.9	102.5	99.4	101.1	100.9
河池市	Hechi	102.5	100.0	100.2	104.3	98.0	101.0	101.1
来宾市	Laibin	101.9	103.2	101.0	103.2	99.6	104.1	104.9
崇左市	Chongzuo	100.5	100.2	101.6	103.2	99.9	101.9	102.2
城市平均	**Average of Urban Areas**	**102.4**	**101.8**	**101.3**	**103.3**	**99.7**	**105.3**	**105.8**
农村平均	**Average of Rural Areas**	**103.2**	**98.8**	**101.3**	**103.0**	**99.7**	**104.3**	**104.1**

continued

(preceding year=100)

2.衣着材料 Clothing Material	3.鞋袜帽 Footgear & Hats	4.衣着加工服务业 Clothing Manufacturing Services	四、家庭设备用品及维修服务 Household Facilities, Articles & Services	1.耐用消费品 Durable Consumer Goods	2.室内装饰品 Interior Decorations	3.床上用品 Bed Articles	4.家庭日用杂品 Daily Use Household Articles
100.8	**104.4**	**104.9**	**100.8**	**99.6**	**101.7**	**102.4**	**100.1**
100.0	111.1	100.0	102.0	99.9	98.9	110.5	100.2
100.0	99.6	99.9	100.5	99.1	102.0	100.4	99.3
97.9	101.5	105.4	100.0	97.8	100.0	101.3	101.0
99.6	101.0	109.5	99.4	98.4	99.4	98.8	100.1
100.0	98.4	99.8	100.3	99.9	100.0	99.9	100.2
105.2	101.4	105.0	101.2	101.8	101.1	98.4	100.3
99.6	99.8	108.0	99.1	97.6	100.1	99.9	99.7
100.0	108.4	113.0	99.3	97.3	101.4	99.7	101.8
101.1	108.8	113.0	104.8	103.3	125.0	107.6	99.9
100.0	102.7	110.4	101.0	100.7	100.2	100.1	100.2
100.9	101.5	104.8	100.5	99.5	100.5	99.3	101.3
100.0	100.9	100.0	102.4	101.0	100.3	93.4	99.4
101.1	99.2	103.6	100.5	99.8	103.8	98.9	101.2
100.0	101.3	102.5	100.2	100.0	101.7	99.6	100.3
99.9	**104.2**	**103.0**	**101.0**	**99.7**	**102.4**	**103.5**	**100.1**
102.0	**104.8**	**108.8**	**100.2**	**99.5**	**100.1**	**99.9**	**100.2**

5－3 续表2

（以上年价格为100）

地 区	Region	5.家庭服务及加工维修服务 Household Service & Manufacturing Upkeep	五、医疗保健和个人用品 Health Cares & Personal Articles	1.医疗保健 Medical Applia-nces & Articles	2.个人用品及服务 Personal Articles & Services	六、交通和通信 Transportation & Commun-ication	1.交通 Transp-ortation	2.通信 Commu-nication	七、娱乐教育文化用品及服务 Recreation, Education & Culture Articles & Services
全区平均	**Average of the Whole Autonomous Region**	**106.9**	**101.8**	**102.4**	**100.6**	**98.5**	**97.5**	**99.5**	**101.3**
南宁市	Nanning	106.1	102.4	103.4	100.1	100.3	101.2	99.1	101.9
柳州市	Liuzhou	115.1	100.9	101.8	98.9	97.9	97.1	99.0	100.5
桂林市	Guilin	106.8	101.5	101.9	100.8	99.5	98.2	101.0	101.7
梧州市	Wuzhou	103.6	101.2	101.7	100.1	99.1	97.3	100.8	100.0
北海市	Beihai	102.7	102.7	103.9	100.2	99.1	98.7	99.7	101.5
防城港市	Fangchenggang	102.9	102.2	102.7	100.9	99.4	98.5	100.6	101.2
钦州市	Qinzhou	107.0	102.5	104.0	99.4	97.6	96.5	98.7	101.2
贵港市	Guigang	101.4	102.0	100.7	103.6	95.8	94.8	97.5	101.5
玉林市	Yulin	110.5	101.5	101.5	101.2	99.2	97.4	101.3	102.2
百色市	Baise	105.7	102.0	102.8	100.3	97.8	96.8	99.1	101.4
贺州市	Hezhou	103.3	102.2	103.4	99.8	97.5	97.1	98.0	102.3
河池市	Hechi	131.5	100.2	100.6	99.2	97.0	95.4	99.0	99.4
来宾市	Laibin	103.3	100.7	100.7	100.8	98.1	97.8	98.4	99.8
崇左市	Chongzuo	101.9	100.6	101.1	99.5	100.6	100.4	100.8	101.1
城市平均	**Average of Urban Areas**	**108.0**	**101.6**	**102.3**	**100.1**	**99.0**	**98.3**	**99.8**	**101.2**
农村平均	**Average of Rural Areas**	**104.4**	**102.3**	**102.7**	**101.5**	**97.4**	**96.1**	**99.1**	**101.4**

continued

(preceding year=100)

1.文娱用耐用消费品及服务 Durable Consumer Goods for Recreational Use	2.教育 Education	3.文化娱乐用品 Cultural & Recreational Articles	4.旅游 Touring & Outgoing	八、居住 Residence	1.建房及装修材料 Building & Building Decoration Materials	2.租房 Rent	3.自有住房 Private Housing	4.水、电、燃料 Water, Electricity & Fuels
98.4	**102.0**	**100.9**	**102.3**	**99.6**	**99.0**	**102.4**	**102.1**	**95.2**
97.4	101.8	99.5	110.2	99.4	99.2	100.9	101.8	95.9
97.4	102.8	100.7	96.5	99.8	98.8	105.0	104.8	96.8
99.4	103.3	100.6	100.3	99.7	99.7	101.7	101.6	95.8
94.4	100.2	99.5	107.3	97.7	100.0	100.1	100.2	92.1
100.5	100.8	100.7	105.7	97.0	98.6	99.6	97.9	93.0
100.1	102.1	101.7	99.3	99.1	100.3	99.4	99.6	97.6
99.4	101.3	103.5	100.8	99.7	98.4	100.4	102.1	96.1
96.9	102.5	102.3	101.9	101.8	98.2	104.9	107.4	94.8
100.8	106.3	101.8	91.9	97.3	99.6	99.9	99.9	91.6
99.5	101.5	101.7	103.6	99.7	98.0	100.0	102.3	97.6
98.7	103.7	101.5	100.7	99.9	97.7	102.3	101.9	95.2
100.3	99.7	101.4	96.5	100.4	99.2	100.0	103.4	97.6
97.6	103.4	100.6	93.5	100.1	98.6	117.0	102.3	92.9
99.6	100.2	101.2	105.0	98.2	99.1	100.1	100.1	95.0
98.3	**102.3**	**100.7**	**101.4**	**99.3**	**99.2**	**102.1**	**101.4**	**95.3**
98.7	**101.5**	**101.4**	**104.8**	**100.1**	**98.6**	**103.2**	**103.4**	**94.9**

5—4 主要年份工业品出厂价格（工业生产者出厂价格）分类指数
Ex-Factory Price Indices of Industrial Producers in Main Years

（以上年价格为100） (preceding year=100)

指 标	Item	1995	2000	2005	2010	2011	2012	2013	2014	2015
总 指 数	**General Index**	**117.2**	**105.5**	**104.9**	**112.0**	**108.5**	**97.8**	**98.2**	**98.4**	**97.0**
按轻重工业分	**Grouped by Light & Heavy Industry**									
轻工业	Light Industry	123.8	109.0	105.8	115.0	114.7	98.6	97.7	97.4	100.6
以农产品为原料	Using Farm Products as Raw Materials	126.6	109.9	107.5	118.9	116.1	98.0	97.1	97.0	100.8
以非农产品为原料	Using Non-farm Products as Raw Materials	113.1	100.4	101.8	105.6	106.2	102.6	100.9	99.8	99.7
重工业	Heavy Industry	111.2	103.1	104.2	110.3	106.3	97.5	98.4	98.7	95.7
采掘	Mining & Quarrying	126.6	106.1	126.5	129.1	121.2	101.7	96.3	96.6	97.9
原料	Raw Materials Industry	105.3	106.1	105.2	113.0	106.3	98.5	98.9	99.6	96.2
加工	Manufacturing Industry	115.8	96.0	101.5	106.3	105.2	96.6	98.2	98.3	95.3
按两大部类分	**Grouped by Production & Living materials**									
生产资料	Production Materials	114.2	103.2	104.0	110.3	107.2	97.4	98.4	98.7	95.5
生活资料	Living Materials	121.4	110.4	106.8	118.2	112.0	99.0	97.5	97.5	101.3
按工业部门分	**Grouped by Department of Industry**									
冶金工业	Metallurgical Industry	111.0	108.5	106.4	118.1	110.1	90.9	94.3	94.4	89.2
电力工业	Power Industry	107.9	112.6	100.9	102.0	99.3	106.3	100.5	100.4	99.4
煤炭及炼焦工业	Coal & Coking Industry	100.9	104.1	133.1	111.0	130.5	113.6	99.0	94.2	93.1
化学工业	Chemical Industry	129.2	95.6	108.0	114.7	113.4	95.8	99.9	100.3	97.7
机械工业	Machine Building Industry	106.2	95.7	100.6	102.3	101.4	100.0	99.7	100.1	99.8
建筑材料工业	Building Materials Industry	95.2	100.6	98.3	106.6		98.1	100.4	103.3	97.4
森林工业	Timber Industry	99.8	101.4	100.5	106.4	105.7	105.4	102.8	100.6	99.4
食品工业	Food Industry	124.4	111.1	109.4	120.3	118.2	97.5	96.0	95.7	101.0
纺织工业	Textile Industry	126.1	115.5	99.9	126.8	118.0	95.2	103.1	98.9	95.3
造纸工业	Paper Making Industry	146.6	111.2	102.0	113.5	102.7	96.1	96.2	101.1	101.2
其他工业	Others	126.1	98.4	103.8	117.0	108.9	102.4	103.6	102.1	98.3

5—4 续表 continued

(以上年价格为100) (preceding year=100)

指 标	Item	2015
按工业行业分	Grouped by Industrial Sector	
煤炭开采和洗选业	Coal Mining & Dressing	92.9
黑色金属矿采选业	Ferrous Metals Mining & Dressing	99.3
有色金属矿采选业	Nonferrous Metals Mining & Dressing	93.6
非金属矿采选业	Nonmetal Ores Mining & Dressing	107.7
农副食品加工业	Farm & Sideline Products Processing	101.2
食品制造业	Food Manufacturing	99.2
酒、饮料和精制茶制造业	Wine, Drink & Refined Tea Manufacturing	100.8
烟草制品业	Tobacco Products	100.1
纺织业	Textile Industry	96.4
纺织服装、服饰业	Textiles, Clothing & Dresses Manufacturing	99.8
皮革、毛皮、羽毛及其制品和制鞋业	Leather, Fur, Feather & Related Products & Shoes Manufacturing	98.5
木材加工和木、竹、藤、棕、草制品业	Timber Processing, Wood, Bamboo, Cane, Palm Fiber & Straw Products	99.3
家具制造业	Furniture Manufacturing	100.7
造纸及纸制品业	Papermaking & Paper Products	101.2
印刷和记录媒介复制业	Printing & Record Duplicating	98.0
文教、工美、体育和娱乐用品制造业	Cultural, Educational, Art, Sports & Entertainment Goods	100.0
石油加工、炼焦和核燃料加工业	Oil Processing, Coking & Nuclear Fuel Processing	83.3
化学原料及化学制品制造业	Raw Chemical Materials & Chemical Products	96.4
医药制造业	Medical & Pharmaceutical Products	101.1
橡胶和塑料制品业	Rubber & Plastic Products	98.1
非金属矿物制品业	Manufacturing of Non-metallic Minerals Mining Products	96.4
黑色金属冶炼及压延加工业	Smelting & Pressing of Ferrous Metals	85.6
有色金属冶炼及压延加工业	Smelting & Pressing of Nonferrous Metals	93.6
金属制品业	Metal Products	99.5
通用设备制造业	General Equipment Manufacturing	99.8
专用设备制造业	For Special Purposes Equipment Manufacturing	100.6
汽车制造业	Automobile Manufacturing	100.2
铁路、船舶、航空航天和其他运输设备制造业	Railway, Ship, Aerospace & Other Transportation Equipment Manufacturing	102.0
电气机械和器材制造业	Electric Equipment & Machinery	97.1
计算机、通信和其他电子设备制造业	Computer, Communication & Other Electronic Equipment Manufacturing	99.0
仪器仪表制造业	Instruments & Meters Producing	102.2
其他制造业	Other Manufacturing	98.0
金属制品、机械和设备修理业	Metal Product, Machinery & Equipment Repair Services	100.0
电力、热力的生产和供应业	Electricity & Heating Power Production & Supply	99.4
燃气生产和供应业	Gas Production & Supply	93.2
水的生产和供应业	Water Production & Supply	101.2

说明：2011年基期轮换后，工业生产者出厂价格行业数据计算有新行业和旧行业之分，但数据对外公布均使用新行业数据，2016年基期轮换后，行业数据计算均为新行业。

Note: The data calculation of ex-Factory price indices of industrial products is classificated by new industry and old indsutry, and published in new industry after the base period rotation in 2011. The data is calculated completely in new industry after the base period rotation in 2016.

5－5 主要年份工业生产者购进价格指数
Purchasing Price Indices for Industrial Producers in Main Years

（以上年价格为100） （preceding year=100）

指 标	Item	1995	2000	2005	2010	2011	2012	2013	2014	2015
总 指 数	**General Index**	**112.9**	**100.9**	**108.2**	**111.2**	**110.0**	**99.2**	**98.9**	**98.2**	**95.7**
燃料、动力类	Fuel & Power	107.8	98.9	112.1	109.3	105.5	104.0	97.8	98.4	95.1
黑色金属材料类	Ferrous Metals	94.7	103.0	111.3	103.7	107.7	95.2	97.6	96.0	90.9
其中：钢材	Steel	94.4	105.0	105.9	105.7	109.1	96.4	97.4	96.3	93.1
有色金属材料和电线类	Non-ferrous Metals & Wire	137.6	123.8	114.5	128.6	114.5	95.2	95.5	96.7	95.4
化工原料类	Raw Chemical Materials	125.2	104.5	110.0	112.3	116.5	98.3	98.1	99.6	98.0
木材及纸浆类	Timber & Paper Pulp	108.9	99.8	94.4	111.2	108.6	97.5	100.2	100.3	99.6
建筑材料类及非金属矿类	Building Materials & Nonmetal Mineral	88.1	92.5	103.6	114.6	109.5	98.3	98.6	100.2	95.7
其他工业原材料及半成品类	Other Industrial Raw Materials	91.7	104.7	103.7	110.3	107.0	98.5	98.6	98.2	97.9
农副产品类	Agricultural Products	148.2	90.3	116.8	116.6	115.9	101.3	103.4	98.1	93.8
纺织原料类	Textile Materials	150.5	106.3	90.6	121.4	119.5	92.1	98.5	99.8	99.7

5－6 主要年份固定资产投资价格指数
Price Indices of Investment in Fixed Assets in Main Years

（以上年价格为100） （preceding year=100）

指 标	Item	1995	2000	2005	2010	2011	2012	2013	2014	2015
总 指 数	**General Index**	**103.4**	**101.4**	**101.4**	**103.1**	**106.2**	**100.6**	**100.1**	**101.6**	**98.8**
建筑安装工程	Construction & Installation	101.8	102.4	101.3	103.8	108.7	100.8	99.9	102.2	98
设备、工器具购置	Purchase of Equipment, Tools & Instruments	106.2	95.7	100.8	101.2	101	99.3	99.6	100.4	99.8
其他费用	Others	105.5	104.5	102.0	102.6	103.9	101.5	101.3	100.7	100.4

主要统计指标解释

居民消费价格指数 是反映一定时期内居民所消费商品及服务项目的价格水平变动趋势和变动程度的相对数。居民消费价格水平的变动率在一定程度上反映了通货膨胀（或紧缩）的程度。编制居民消费价格指数的目的，在于分析消费品价格和服务价格变动对社会经济和居民生活的影响，满足各级政府制定政策和计划、进行宏观调控的需要，以及为国民经济核算提供参考依据。

商品零售价格指数 是反映市场商品零售价格的变动趋势和变动程度的相对数。编制商品零售价格指数，其目的在于掌握商品价格的变动趋势，为国家宏观调控和国民经济核算提供参考依据。

工业生产者出厂价格指数 反映工业企业产品第一次出售时的出厂价格的变化趋势和变动幅度。

工业生产者购进价格指数 反映工业企业产品作为中间投入产品的购进价格的变化趋势和变动幅度。

固定资产投资价格指数 是反映固定资产投资额价格变动趋势和程度的相对数。固定资产投资额是由建筑安装工程投资完成额和设备、工器具购置投资完成额和其他费用投资完成额三部分组成的。编制固定资产投资价格指数，先分别编制上述三部分投资的价格指数，然后采用加权算术平均法，计算出固定资产投资价格总指数。

Explanatory Notes on Main Statistical Indicators

Consumer Price Indices reflect the trend and degree of changes in prices of consumer goods and services purchased by households during a given period. The rate of change of CPI reflects the degree of currency inflation(or deflation) to a certain extent. The purpose of working out CPI is analyzing the effect of the price changes of consumer goods and services on the social economy and household livelihood, meeting the needs of all levels of governments' policy and plants making, carrying out macroeconomic control, and providing reference for national accounting.

Retail Price Indices reflect the trend and degree of changes in prices of retail goods in market. The purpose of working out RPI is obtaining the trend of the price changes of goods, and providing reference for macroeconomic control and national accounting.

Producer Price Indices for Industrial Products reflects the trend and degree of the ex-factory prices of industrial products in the first sale.

Purchasing Price Indices for Industrial Producers reflects the trend and degree of the purchasing prices of industrial products as intermediate inputs.

Price Indices of Investment in Fixed Assets reflect the change trend and degree of change in prices of investment goods and projects in fixed assets during a given period. The investment in fixed assets consists of three components, namely the investment in construction and installation, the investment in purchases of equipment and instrument, and the investment in other items. Price indices of investment in fixed assets are calculated as the weighted arithmetic mean of the price indices of the three components of investment in fixed assets.

第六篇
人民生活
PEOPLE'S LIVELIHOOD

（编辑：刘　成　陆　海）

6—1 城乡居民家庭人均收入及恩格尔系数（1978—2015年）

Per Capita Annual Income & Engle Coefficient of Urban & Rural Households（1978—2015）

年份 Year	城镇居民人均可支配收入 Per Capita Annual Disposable Income of Urban Households		农民人均纯收入 Per Capita Annual Net Income of Rural Households		城镇居民家庭恩格尔系数（%） Engle Coefficient of Urban Households（%）	农村居民家庭恩格尔系数（%） Engle Coefficient of Rural ouseholds（%）
	绝对数（元） Value （yuan）	比上年±% Growth Rate Over Precding Year （%）	绝对数（元） Value （yuan）	比上年±% Growth Rate Over Precding Year （%）		
1978						
1979						
1980	455		173		57.3	63.5
1981	429	-5.7	204	17.9	58.7	67.6
1982	427	-0.6	235	15.2	61.5	66.2
1983	444	4.1	262	11.5	59.2	66.2
1984	563	26.8	267	1.9	57.2	64.6
1985	683	21.4	303	13.5	56.6	62.2
1986	784	14.7	316	4.3	58.0	61.9
1987	899	14.7	354	12.0	59.1	62.1
1988	1159	28.9	424	19.8	54.6	59.6
1989	1304	12.5	483	13.9	59.3	58.3
1990	1448	11.0	639	3.5	58.6	64.4
1991	1614	11.4	658	3.0	55.3	62.0
1992	2104	30.4	732	11.2	55.9	61.8
1993	2895	37.6	885	20.9	53.7	63.6
1994	3981	37.5	1107	25.1	50.4	59.0
1995	4792	20.4	1446	30.6	51.0	61.3
1996	5033	5.0	1703	17.8	50.4	58.2
1997	5110	1.5	1875	10.1	47.4	58.2
1998	5412	5.9	1972	5.2	46.3	57.2
1999	5620	3.8	2048	3.9	44.3	58.3
2000	5834	3.8	1865	-9.0	39.9	55.4
2001	6666	14.3	1944	4.3	37.7	52.3
2002	7315	9.8	2013	3.5	40.7	51.9
2003	7785	6.4	2095	4.1	40.0	51.3
2004	8177	5.0	2305	10.0	44.0	54.3
2005	8917	9.0	2495	8.2	42.5	50.5
2006	9899	11.0	2771	11.1	42.1	49.5
2007	12200	23.2	3224	16.3	41.7	50.2
2008	14146	16.0	3690	14.5	42.4	53.4
2009	15451	9.2	3980	7.9	39.9	48.7
2010	17064	10.4	4543	14.1	38.1	48.5
2011	18854	10.5	5231	15.1	39.5	43.8
2012	21243	12.7	6008	14.8	39.0	42.8
2013	23305	9.7	6791	13.0	37.9	40.0
2014	24669	8.7	8683	11.4	35.2	36.9
2015	26416	7.1	9467	9.0	34.4	35.4

注：自2014年起为一体化城乡住户收支调查后新口径数据，与2013年及以前数据不可比。下同。

Note：Since 2014，the data is based on the new statistical range of the intergation survey of urban and rural residents' income and expenses, and it is not comparable with the data in and before 2013. The same as the following tables.

6－2 主要年份城镇居民家庭基本情况

Basic Conditions of Urban Households in Main Years

单位：人 (person)

项 目	Item	2013	2014	2015
期内住户常住成员数	**Number of Permanent Residents**	**8770**	**8794**	**9218**
调查样本住户数（户）	**Number of Households Surveyed （household）**	**2575**	**2611**	**2701**
期内人均自有现住房面积（平方米）	**Per Capita Living Floor Space of Period （sq.m）**	**36.07**	**37.72**	**38.63**
常住成员从业人数	**Number of Employees of Permanent Residents**	**4843**	**4983**	**5036**
户主文化程度	**Education of Household**			
1.未上过学	Not on school	35	32	31
2.小学	Primary School	371	339	319
3.初中	Junior Secondary School	924	932	1001
4.高中	Senior Secondary School	663	682	696
5.大学专科	College & Higher Level	341	367	386
6.大学本科	undergraduate	219	237	241
7.研究生	postgraduate	23	23	27
本年度就业类型	**Type of Employment in the Current Year**			
1.雇主	Employer	98	86	86
2.公职人员	Public Officials	246	259	256
3.事业单位人员	And Institutions Personnel	554	529	501
4.国有企业雇员	Employees of Nationalized Business	289	260	244
5.其他雇员	Other Employees	1558	1801	2182
6.农业自营	Farming Self-employed	1142	1055	903
7.非农自营	Not Farming Self-employed	956	993	864
本季度从事主要行业	**Engagine Major Industries in the Current Year**			
1.第一产业	Primary industry	1229	1138	969
2.第二产业	Secondary industry	832	862	954
3.第三产业	Tertiary industry	2782	2983	3114

注：国家统计局对城乡住户调查实施了一体化改革，统一了城乡居民收入指标名称、分类和统计标准，建立了城乡统一的一体化住户调查。广西从2014年开始，正式发布此项改革后的一体化城乡住户收支与生活状况调查数据。表11-2至11-22内的数据均来源于一体化城乡住户收支调查。与2013年及以前公布的年鉴数据不可比。

Note: National Bureau of Statistics has carried out the integrate reforming on the survey of urban & rural residents, unified the names, classification and statistical standards of the indicators on urban & rural residents' income, and built up the concordant survey for urban & rural residents. Since 2014, Guangxi has formally released the data on the integration survey of urban and rural residents' income, expenses and livelihood after this reforming. The data in tables from 11-2 to 11-22 is based on the integration survey of urban and rural residents' income and expenses, and it is not comparable with the data released before 2013.

6-3 主要年份城镇居民人均可支配收入及构成
Per Capita Annual Disposable Income of Urban Households & Its Composition in Main Years

单位：元 (yuan)

项目	Item	2013	2014	2015
可支配收入	**Disposable Income**	**22689.38**	**24669.00**	**26415.87**
一、工资性收入	Income of Wage & Subsidy	13345.87	13892.69	15163.07
（一）工资	Wage & Subsidy	12089.54	12730.06	14050.59
（二）实物福利	Physical Benefits	60.12	53.51	62.82
（三）其他	Other Income	1196.21	1109.12	1049.66
二、经营净收入	Net Income from Management	2504.04	3431.32	3665.05
（一）第一产业经营净收入	Net Income from Management of Primary Industry	501.78	551.45	563.03
1.农业	Farming	386.35	376.76	397.26
2.林业	Forestry	23.83	6.50	19.30
3.牧业	Animal Husbandry	55.04	90.67	82.22
4.渔业	Fishery	36.58	77.52	64.24
（二）第二产业经营净收入	Net Income from Management of Secondary Industry	328.56	461.14	370.58
（三）第三产业经营净收入	Net Income from Management of Tertiary Industry	1673.69	2418.73	2731.45
三、财产净收入	Property Net Income	1973.09	2234.99	2307.89
四、转移净收入	Transfer Net Income	4866.39	5110.00	5279.86
（一）转移性收入	Transfer Income	5759.49	6132.27	6630.50
#养老金或离退休金	Pensions for Old People & Retirement	5017.04	5184.68	5490.16
（二）转移性支出	Transfer Expenditures	893.10	1022.27	1350.64
#社会保障支出	Social Relief Expenditures	627.22	732.29	1005.68

6-4 主要年份城镇居民人均现金可支配收入及构成
Per Capita Annual Cash disposable Income of Urban Households & Its Composition in Main Years

单位：元 (yuan)

项目	Item	2013	2014	2015
现金可支配收入	**Cash Disposable income**	**21640.50**	**23434.63**	**25146.15**
一、现金工资性收入	Cash Income of Wage & Subsidy	13285.75	13839.18	15100.25
（一）工资	Wage & Subsidy	12089.54	12730.06	14050.59
（二）其他工资性收入	Other Income	1196.21	1109.12	1049.66
二、现金经营净收入	Cash Net Income from Management	2773.10	3594.73	3894.54
（一）第一产业现金经营净收入	Cash Net Income from Management of Primary Industry	452.47	443.52	469.38
1.农业	Farming	339.50	281.24	262.89
2.林业	Forestry	9.46	-10.16	1.08
3.牧业	Animal Husbandry	43.76	74.60	73.67
4.渔业	Fishery	49.51	97.84	131.74
（二）第二产业现金经营净收入	Cash Net Income from Management of Secondary Industry	445.02	554.48	451.09
（三）第三产业现金经营净收入	Cash Net Income from Management of Tertiary Industry	1875.61	2596.72	2974.06
三、现金财产净收入	Cash Property Net Income	874.84	1065.29	1097.91
四、现金转移净收入	Cash Transfer Net Income	4706.82	4935.43	5053.45
（一）现金转移性收入	Cash Transfer Income	5599.39	5957.76	6417.30
#养老金或离退休金	Pensions for Old People & Retirement	5017.04	5184.68	5490.16
（二）现金转移性支出	Cash Transfer Expenditures	892.56	1022.33	1363.86
#个人缴纳的社会保障支出	Social Relief Expenditures paid by individuals	627.82	732.29	1005.68

6—5　主要年份城镇居民人均消费支出
Per Capita Annual Consumption Expenditure of Urban Households in Main Years

单位：元　(yuan)

项　目	Item	2013	2014	2015
消费支出	**Consumption Expenditures**	**14470.08**	**15045.72**	**16321.16**
一、食品烟酒	Food,Alcohol & Tobacco	4933.62	5292.83	5610.15
二、衣着	Clothing	765.28	794.44	845.80
三、居住	Residence	3262.85	3390.09	3629.33
四、生活用品及服务	Daily Necessities & Services	855.75	905.68	952.05
五、交通通信	Transportation & Communication	1911.40	1845.83	2249.48
六、教育文化娱乐	Education Cultural & Recreation Services	1666.36	1689.03	1844.98
七、医疗保健	Medical Appliances & Articles	803.19	845.73	866.24
八、其他用品和服务	Other Supplies & Services	271.63	282.10	323.12

6—6　主要年份城镇居民人均现金消费支出
Per Capita Annual Cash Consumption Expenditure of Urban Households in Main Years

单位：元　(yuan)

项　目	Item	2013	2014	2015
现金消费支出	**Cash Consumption Expenditures**	**12276.73**	**12697.94**	**13807.79**
一、食品烟酒	Food,Alcohol & Tobacco	4823.32	5143.42	5461.36
二、衣着	Clothing	763.50	794.03	845.66
三、居住	Residence	1338.52	1367.45	1485.08
四、生活用品及服务	Daily necessities and services	852.03	900.93	942.26
五、交通通信	Transportation & Communication	1909.15	1844.11	2243.35
六、教育文化娱乐	Education Cultural & Recreation Services	1662.07	1688.54	1843.31
七、医疗保健	Medical Appliances & Articles	666.85	683.00	668.13
八、其他用品和服务	Other Supplies & Services	261.29	276.46	318.63

6—7 主要年份城镇居民人均消费支出细项
breakdown of Per Capita Annual Consumption Expenditure of Urban Households in Main Years

单位：元 (yuan)

项　目	Item	2013	2014	2015
消费支出	**Consumption Expenditures**	**14470.08**	**15045.72**	**16321.16**
一、食品烟酒	Food,Alcohol & Tobacco	4933.62	5292.83	5610.15
（一）食品	Food	4042.80	4230.56	4470.20
（二）烟酒	Tobacco & Alcohol	257.84	272.94	271.89
（三）饮料	Beverages		84.11	83.80
（四）饮食服务	Catering Services	632.98	705.22	784.26
二、衣着	Clothing	765.28	794.44	845.80
（一）衣类	Garments	609.32	630.48	666.44
（二）鞋类	Shoes	155.97	163.96	179.35
三、居住	Residence	3262.85	3390.09	3629.33
（一）租赁房房租	Tenancy	169.93	149.19	138.59
（二）住房维修及管理	Housing Maintenance & Management	345.72	337.56	489.30
（三）水电燃料及其他	Water,Electricity,Fuels Fee & ect	844.18	908.84	883.90
（四）自有住房折算租金	Conversion Rent of Owner-occupied housing	1903.02	1994.31	2117.54
四、生活用品及服务	Daily Necessities & Services	855.75	905.68	952.05
（一）家具及室内装饰品	Furniture & Interior Decoration	137.87	144.89	162.38
（二）家用器具	Household Appliances	252.23	254.24	278.95
（三）家用纺织品	Home Textiles	68.09	71.66	71.91
（四）家庭日用杂品	Goods for Daily Use	256.80	254.95	262.66
（五）个人用品	Personal Items	90.75	124.55	130.73
（六）家庭服务	Household Services	50.01	55.39	45.42
五、交通通信	Transportation & Communication	1911.40	1845.83	2249.48
（一）交通	Transportation	1282.91	1143.19	1512.73
（二）通信	Communication	628.50	702.63	736.75
六、教育文化娱乐	Education Cultural & Recreation Services	1666.36	1689.03	1844.98
（一）教育	Education	998.70	954.66	1008.89
（二）文化娱乐	Consumption Goods for Recreational Use	667.66	734.37	836.10
七、医疗保健	Medical Appliances & Articles	803.19	845.73	866.24
（一）医疗器具及药品	Medical Apparatus & Medicine	271.45	282.14	307.87
（二）医疗服务	Medical Service	531.74	563.59	558.37
八、其他用品和服务	Other Supplies & Services	271.63	282.10	323.12
（一）其他用品	Other Supplies	148.93	150.30	172.02
（二）其他服务	Other Services	122.69	131.80	151.10

6—8 主要年份城镇居民人均现金消费支出细项

breakdown of Per Capita Annual Cash Consumption Expenditure of Urban Households in Main Years

单位：元 (yuan)

项　目	Item	2013	2014	2015
现金消费支出	**Cash Consumption Expenditures**	**12276.73**	**12697.94**	**13807.79**
一、食品烟酒	Food,Alcohol & Tobacco	4823.32	5143.42	5461.36
（一）食品	Food	3944.31	4101.95	4345.21
（二）烟酒	Tobacco & Alcohol	257.64	272.92	271.89
（三）饮料	Beverages		84.09	83.77
（四）饮食服务	Catering Services	621.36	684.46	760.49
二、衣着	Clothing	763.50	794.03	845.66
（一）衣类	Garments	593.73	630.07	666.30
（二）鞋类	Shoes	155.97	163.96	179.35
三、居住	Residence	1338.52	1367.45	1485.08
（一）租赁房房租	Tenancy	169.93	149.19	138.59
（二）住房维修及管理	Housing Maintenance & Management	345.72	337.56	489.30
（三）水电燃料及其他	Water,Electricity,Fuels Fee & ect	805.00	880.71	857.19
四、生活用品及服务	Daily Necessities & Services	852.03	900.93	942.26
（一）家具及室内装饰品	Furniture & Interior Decoration	125.23	144.53	162.25
（二）家用器具	Household Appliances	252.23	254.24	278.95
（三）家用纺织品	Home Textiles	68.09	71.66	71.91
（四）家庭日用杂品	Goods for Daily Use	256.80	250.56	253.01
（五）个人用品	Personal Items	90.75	124.55	130.73
（六）家庭服务	Household Services	50.01	55.39	45.42
五、交通通信	Transportation & Communication	1909.15	1844.11	2243.35
（一）交通	Transportation	1281.84	1141.48	1506.60
（二）通信	Communication	627.31	702.63	736.75
六、教育文化娱乐	Education Cultural & Recreation Services	1662.07	1688.54	1843.31
（一）教育	Education	999.38	954.66	1008.89
（二）文化娱乐	Consumption Goods for Recreational Use	662.69	733.88	834.43
七、医疗保健	Medical Appliances & Articles	666.85	683.00	668.13
（一）医疗器具及药品	Medical Apparatus & Medicine	271.44	282.13	307.69
（二）医疗服务	Medical Service	531.74	400.86	360.44
八、其他用品和服务	Other Supplies & Services	261.29	276.46	318.63
（一）其他用品	Other Supplies	141.83	149.92	171.45
（二）其他服务	Other Services	119.46	126.54	147.19

6—9 主要年份城镇居民人均消费主要食品数量

Per Capita Annual Consumption of Major Foods of Urban Households in Main Years

单位：公斤 (kg)

项　目	Item	2013	2014	2015
食品消费情况（含自产自用）	**Conditions of Foods Consumption（including production for self consumption）**			
一、粮食消费量	Grain Consumption	112.42	110.31	106.25
（一）谷物消费量	Cereal Consumption	103.90	101.74	97.84
（二）薯类消费量	Tuber Consumption	0.93	1.07	1.20
（三）豆类消费量	Beans Consumption	7.60	7.50	7.22
1.大豆	Soybean	0.62	0.57	0.64
二、油脂类消费量	Oil & Fat	9.19	9.22	9.25
（一）植物油	Oil-bearing Crops	8.67	8.73	8.71
三、蔬菜及菜制品消费量	Vegetables & Its Products Consumption	99.03	101.82	100.06
（一）鲜菜	Fresh Vegetables	94.21	96.91	95.31
四、肉类	Meat	32.87	36.66	36.65
（一）猪肉	Pork	29.82	30.38	30.26
（二）牛肉	Beef	2.45	2.27	2.55
（三）羊肉	Mutton	0.60	0.64	0.77
五、禽类	Poultry	16.41	19.74	19.96
六、水产品	Aquatic Products	14.73	14.30	14.23
七、蛋类及蛋制品	Eggs & Its Products	6.05	6.22	6.45
八、奶和奶制品	Milk & Its Products	14.73	10.62	10.38
九、干鲜瓜果类	Dried（Fresh） Melons & Fruits	42.74	47.44	49.35
（一）鲜瓜果	Fresh Meions & Fruits	21.24	44.25	45.84
（二）坚果类	Nuts & Processed Products	2.38	2.50	2.69
十、糖果糕点类	Sweets & cakes	5.89	5.60	5.87
#食糖	Sugar	1.74	1.77	1.75

6－10　主要年份城镇居民每百户主要耐用消费品拥有量
Ownership of Major Durable Consumer Goods Per 100 Urban Households in Main Years

项　目	Item	2013	2014	2015
耐用消费品拥有情况	**Ownership of Major Durable Consumer Goods**			
1.家用汽车（辆）	Automobile (unit)	19.91	24.03	30.90
2.摩托车（辆）	Motorcycle (unit)	54.69	58.32	46.34
3.助力车（辆）	Helping Hand Car (unit)	57.45	63.55	70.47
4.洗衣机（台）	Washing Machine (unit)	83.92	87.59	92.59
5.电冰箱（台）	Refrigerator (unit)	87.38	90.06	94.66
6.微波炉（台）	Oven (unit)	51.02	52.87	64.92
7.彩色电视机（台）	Color Television Set (unit)	116.20	120.39	115.87
8.空调器（台）	Air Conditioner (unit)	85.17	94.81	121.13
9.淋浴热水器（台）	Shower (unit)	85.00	90.93	95.54
10.排油烟机（台）	Range Hood (unit)	49.09	51.29	61.19
11.固定电话（部）	Telephone (unit)	37.07	44.10	38.91
12.移动电话（部）	Mobile Telephone (unit)	240.42	250.45	249.87
13.家用电脑（台）	Computer (unit)	68.67	75.88	88.10
14.照相机（架）	Camera (unit)	24.67	26.25	33.36

6－11　主要年份城镇居民人均第二、三产业生产经营收支情况
Production & Management Expenditure Conditions of per Capita Annual Secondary & Tertiary Industry of Urban Households in Main Years

单位：元　(yuan)

项　目	Item	2013	2014	2015
第二产业经营收入	**Operating Income of Secondary Industry**	**582.60**	**675.20**	**717.06**
第二产业经营现金收入	Operating Cash Income from Management of Secondary Industry	582.75	675.20	717.06
第二产业经营费用支出	Operating Expenditures of Secondary Industry	137.72	120.72	265.97
第二产业经营现金费用支出	Operating Cash Expenditures of Secondary Industry	137.72	120.72	265.97
第三产业经营收入	**Operating Income of Tertiary Industry**	**2127.84**	**2879.40**	**3766.86**
第三产业经营现金收入	Operating Cash Income of Tertiary industries	2149.85	2879.40	3766.86
第三产业经营费用支出	Operating Expenditures of Tertiary Industry	240.44	282.68	792.80
第三产业经营现金费用支出	Operating Cash Expenditures of Tertiary Industry	240.44	282.68	792.80

6－12　主要年份城镇居民人均可支配收入分五等份收入组
Per Capita Annual Disposable Income of Urban Households by Income Quintile in Main Years

单位：元　(yuan)

年　份	Year	低收入户 (20%) Low Income Households (20%)	中等偏下户 (20%) Lower Middle Income Households (20%)	中等收入户 (20%) Middle Income Households (20%)	中等偏上户 (20%) Upper Middle Income Households (20%)	高收入户 (20%) High Income Households (20%)
城镇居民人均可支配收入（元）	**Per Capita Annual Disposable Income of Urban Households (yuan)**					
2013		9314.19	15704.24	20896.95	28386.64	49602.49
2014		10339.15	16958.45	23204.82	30723.35	51949.93
2015		10400.02	18488.72	25791.75	33950.45	54482.86

6－13 主要年份农村居民家庭基本情况
Basic Conditions of Rural Households in Main Years

单位：人 (person)

项　目	Item	2013	2014	2015
期内住户常住成员数	Number of Permanent Residents	8382	8202	8361
调查样本住户数（户）	Number of Households Surveyed (household)	2298	2307	2345
期内人均自有现住房面积（㎡）	Per Capita Living Floor Space of Period (sq.m)	40.49	43.25	45.22
常住成员从业人数	Number of Employees of Permanent Residents	4957	4810	4907
户主文化程度	Education of Household			
1.未上过学	Not on school	46	46	29
2.小学	Primary School	740	716	712
3.初中	Junior Secondary School	1155	1174	1246
4.高中	Senior Secondary School	335	350	343
5.大学专科	College & Higher Level	22	22	15
6.大学本科	Undergraduate			
7.研究生	Postgraduate			
本年度就业类型	Type of Employment in the Current Year			
一、雇主	Employer	38	31	32
二、公职人员	Public Officials	27	15	8
三、事业单位人员	Institutions Personnel	46	35	31
四、国有企业雇员	Employees of Nationalized Business	10	3	5
五、其他雇员	Other Employees	664	723	910
六、农业自营	Farming Self-employed	3796	3600	3566
七、非农自营	Not Farming Self-employed	376	403	355
本季度从事主要行业	Engagine Major industries in the Current Year			
一、第一产业	Primary Industry	3817	3648	3578
二、第二产业	Secondary Industry	519	476	604
三、第三产业	Tertiary Industry	621	686	725

6—14 主要年份农村居民人均可支配收入及构成
Per Capita Annual Disposable Income of Rural Households & Its Composition in Main Years

单位：元 (yuan)

项　目	Item	2013	2014	2015
可支配收入	**Disposable Income**	**7793.08**	**8683.18**	**9466.58**
一、工资性收入	Income of Wage & Subsidy	2134.65	2335.37	2549.08
（一）工资	Wage & Subsidy	1550.60	1933.74	2057.36
（二）实物福利	Physical Benefits	3.09	4.76	10.29
（三）其他	Other Income	580.96	396.86	481.43
二、经营净收入	Net Income from Management	3794.34	4047.75	4359.38
（一）第一产业经营净收入	Net Income from Management of Primary Industry	3116.37	3259.71	3509.21
1. 农业	Farming	2064.87	2170.60	2299.09
2. 林业	Forestry	295.57	324.73	326.20
3.牧业	Animal Husbandry	690.59	695.14	753.64
4. 渔业	Fishery	65.35	69.24	130.28
（二）第二产业经营净收入	Net Income from Management of Secondary Industry	112.25	129.48	135.04
（三）第三产业经营净收入	Net Income from Management of Tertiary Industry	565.72	658.55	715.13
三、财产净收入	Property Net Income	50.85	75.20	115.98
四、转移净收入	Transfer Net Income	1813.24	2224.86	2442.13
（一）转移性收入	Transfer Income	1937.44	2342.75	2593.84
#养老金或离退休金	Pensions for Old People & Retirement	301.25	387.29	424.32
（二）转移性支出	Transfer Expenditures	124.21	117.89	151.71
#社会保障支出	Social Relief Expenditures	106.30	90.48	125.18

6—15 主要年份农村居民人均现金可支配收入及构成
Per Capita Annual Cash disposable Income of Rural Households & Its Composition in Main Years

单位：元 (yuan)

项 目	Item	2013	2014	2015
现金可支配收入	**Cash Disposable income**	**6959.23**	**7364.64**	**8329.68**
一、现金工资性收入	Cash Income of Wage & Subsidy	2131.56	2330.61	2538.79
（一）工资	Wage & Subsidy	1550.60	1933.74	2057.36
（二）其他工资性收入	Other Income	580.96	396.86	481.43
二、现金经营净收入	Cash Net Income from Management	3108.07	2930.46	3438.60
（一）第一产业现金经营净收入	Cash Net Income from Management of Primary Industry	2438.72	2046.29	2498.44
1. 农业	Farming	1417.74	1206.34	1446.73
2. 林业	Forestry	167.39	152.80	250.45
3. 牧业	Animal Husbandry	690.93	620.20	677.57
4. 渔业	Fishery	61.03	66.95	123.69
（二）第二产业现金经营净收入	Cash Net Income from Management of Secondary Industry	123.08	141.01	149.15
（三）第三产业现金经营净收入	Cash Net Income from Management of Tertiary Industry	546.27	743.17	791.02
三、现金财产净收入	Cash Property Net Income	51.96	76.18	115.98
四、现金转移净收入	Cash Transfer Net Income	1667.65	2027.39	2236.31
（一）现金转移性收入	Cash Transfer Income	1791.86	2145.28	2388.02
#养老金或离退休金	Pensions for Old People & Retirement	301.25	387.29	424.32
（二）现金转移性支出	Cash Transfer Expenditures	124.21	117.89	151.71
#个人缴纳的社会保障支出	Social Relief Expenditures paid by individuals	106.31	90.48	125.18

6－16　主要年份农村居民人均消费支出

Per Capita Annual Consumption Expenditure of Rural Households in Main Years

单位：元　　(yuan)

项　目	Item	2013	2014	2015
消费支出	**Consumption Expenditures**	**6035.35**	**6675.07**	**7581.98**
一、食品烟酒	Food,Alcohol & Tobacco	2215.01	2462.88	2680.58
二、衣着	Clothing	194.85	208.56	237.13
三、居住	Residence	1368.77	1550.76	1729.87
四、生活用品及服务	Household Facilities, Articles & Services	366.68	394.76	455.55
五、交通通信	Transport, Post & Telecommunication Services	641.23	709.75	821.82
六、教育文化娱乐	Cultural, Educational & Recreational Articles & Services	624.16	682.50	841.69
七、医疗保健	Medicines & Medical Services	525.89	553.51	709.65
八、其他用品和服务	Other Commodities & Services	98.76	112.36	105.71

6－17　主要年份农村居民人均现金消费支出

Per Capita Annual Cash Consumption Expenditure of Rural Households in Main Years

单位：元　　(yuan)

项　目	Item	2013	2014	2015
现金消费支出	**Cash Consumption Expenditures**	**4447.58**	**4715.08**	**5577.43**
一、食品烟酒	Food,Alcohol & Tobacco	1571.36	1645.70	1931.49
二、衣着	Clothing	194.81	208.36	236.94
三、居住	Residence	546.45	566.01	634.47
四、生活用品及服务	Household Facilities, Articles & Services	358.30	385.43	445.91
五、交通通信	Transport, Post & Telecommunication Services	641.19	709.75	819.04
六、教育文化娱乐	Cultural, Educational & Recreational Articles & Services	623.79	682.47	841.68
七、医疗保健	Medicines & Medical Services	420.08	407.64	563.42
八、其他用品和服务	Other Commodities & Services	91.60	109.72	104.47

6—18 主要年份农村居民人均消费支出明细
Breakdown of Per Capita Annual Consumption Expenditure of Rural Households in Main Years

单位：元 (yuan)

项　目	Item	2013	2014	2015
消费支出	**Consumption Expenditures**	**6035.35**	**6675.07**	**7581.98**
一、食品烟酒	Food,Alcohol & Tobacco	2215.01	2462.88	2680.58
（一）食品	Food	1968.91	2153.63	2326.62
（二）烟酒	Tobacco & Alcohol	177.91	187.24	210.63
（三）饮料	Beverages		39.50	43.75
（四）饮食服务	Catering Services	68.19	82.51	99.58
二、衣着	Clothing	194.85	208.56	237.13
（一）衣类	Garments	150.22	156.85	180.41
（二）鞋类	Shoes	44.62	51.71	56.71
三、居住	Residence	1368.77	1550.76	1729.87
（一）租赁房房租	Tenancy	5.52	6.91	12.14
（二）住房维修及管理	Housing Maintenance & Management	319.90	306.03	321.08
（三）水电燃料及其他	Water,Electricity,Fuels Fee & ect	348.60	409.19	375.17
（四）自有住房折算租金	Conversion Rent of Owner-occupied housing	694.76	828.63	1021.47
四、生活用品及服务	Daily Necessities & Services	366.68	394.76	455.55
（一）家具及室内装饰品	Furniture & Interior Decoration	76.99	74.47	83.78
（二）家用器具	Household Appliances	111.55	111.28	131.26
（三）家用纺织品	Home Textiles	29.87	27.13	35.83
（四）家庭日用杂品	Goods for Daily Use	123.49	133.65	140.10
（五）个人用品	Personal Items	17.50	40.68	55.71
（六）家庭服务	Household Services	7.29	7.55	8.86
五、交通通信	Transportation & Communication	641.23	709.75	821.82
（一）交通	Transportation	456.53	496.01	560.22
（二）通信	Communication	184.70	213.74	261.60
六、教育文化娱乐	Education Cultural & Recreation Services	624.16	682.50	841.69
（一）教育	Education	521.72	563.44	693.14
（二）文化娱乐	Consumption Goods for Recreational Use	102.44	119.06	148.54
七、医疗保健	Medical Appliances & Articles	525.89	553.51	709.65
（一）医疗器具及药品	Medical Apparatus & Medicine	116.16	128.83	133.95
（二）医疗服务	Medical Service	409.72	424.68	575.71
八、其他用品和服务	Other Supplies & Services	98.76	112.36	105.71
（一）其他用品	Other Supplies	75.29	71.84	72.44
（二）其他服务	Other Services	23.47	40.52	33.27

6—19 主要年份农村居民人均现金消费支出明细

Breakdown of Per Capita Annual Cash Consumption Expenditure of Rural Households in Main Years

单位：元 (yuan)

项　目	Item	2013	2014	2015
现金消费支出	**Cash Consumption Expenditures**	**4447.58**	**4715.08**	**5577.43**
一、食品烟酒	Food,Alcohol & Tobacco	1571.36	1645.70	1931.49
（一）食品	Food	1326.95	1340.72	1585.53
（二）烟酒	Tobacco & Alcohol	177.53	185.99	210.25
（三）饮料	Beverages		39.43	43.63
（四）饮食服务	Catering Services	66.88	79.57	92.08
二、衣着	Clothing	194.81	208.36	236.94
（一）衣类	Garments	150.00	156.65	180.23
（二）鞋类	Shoes	44.62	51.71	56.71
三、居住	Residence	546.45	566.01	634.47
（一）租赁房房租	Tenancy	5.52	6.91	12.14
（二）住房维修及管理	Housing Maintenance & Management	319.90	306.03	321.08
（三）水电燃料及其他	Water,Electricity,Fuels Fee & ect	221.00	253.07	301.25
四、生活用品及服务	Daily Necessities & Services	358.30	385.43	445.91
（一）家具及室内装饰品	Furniture & Interior Decoration	68.59	70.15	81.94
（二）家用器具	Household Appliances	111.55	111.28	131.26
（三）家用纺织品	Home Textiles	29.87	27.13	35.83
（四）家庭日用杂品	Goods for Daily Use	123.49	128.63	132.29
（五）个人用品	Personal Items	17.50	40.68	55.71
（六）家庭服务	Household Services	7.29	7.55	8.86
五、交通通信	Transportation & Communication	641.19	709.75	819.04
（一）交通	Transportation	456.50	496.01	557.44
（二）通信	Communication	184.69	213.74	261.60
六、教育文化娱乐	Education Cultural & Recreation Services	623.79	682.47	841.68
（一）教育	Education	521.72	563.41	693.14
（二）文化娱乐	Consumption Goods for Recreational Use	102.07	119.05	148.54
七、医疗保健	Medical Appliances & Articles	420.08	407.64	563.42
（一）医疗器具及药品	Medical Apparatus & Medicine	116.13	128.83	133.95
（二）医疗服务	Medical Service	409.72	278.81	429.48
八、其他用品和服务	Other Supplies & Services	91.60	109.72	104.47
（一）其他用品	Other Supplies	68.95	69.49	71.49
（二）其他服务	Other Services	22.64	40.24	32.98

6—20 主要年份农村居民人均消费主要食品数量

Per Capita Annual Consumption of Major Foods by Rural Households in Main Years

单位：公斤 (kg)

项　目	Item	2013	2014	2015
食品消费情况（含自产自用）	**Conditions of Foods consumption（including production for self consumption）**			
一、粮食消费量	Grain Consumption	182.68	183.62	172.21
（一）谷物消费量	Cereal Consumption	178.22	178.52	167.04
（二）薯类消费量	Tuber Consumption	0.62	0.74	0.65
（三）豆类消费量	Beans Consumption	3.85	4.36	4.52
1.大豆	Soybean	0.89	0.92	0.74
二、油脂类消费量	Oil & Fat	9.96	10.19	7.39
（一）植物油	Oil-bearing Crops	7.36	8.13	5.30
三、蔬菜及菜制品消费量	Vegetables & Its Products Consumption	87.09	95.42	87.44
（一）鲜菜	Fresh Vegetables	86.19	94.28	86.41
四、肉类	Meat	25.72	27.41	27.69
（一）猪肉	Pork	25.28	25.74	26.10
（二）牛肉	Beef	0.33	0.31	0.38
（三）羊肉	Mutton	0.12	0.12	0.18
五、禽类	Poultry	14.64	16.79	17.58
六、水产品	Aquatic Products	5.72	6.62	7.01
七、蛋类及蛋制品	Eggs & Its Products	3.88	4.41	5.19
八、奶和奶制品	Milk & Its Products	5.72	2.20	1.99
九、干鲜瓜果类	Dried（Fresh） Melons & Fruits	20.66	25.14	27.86
（一）鲜瓜果	Fresh Meions & Fruits	9.54	24.25	26.83
（二）坚果类	Nuts & Processed Products	0.76	0.76	0.87
十、糖果糕点类	Sweets & Cakes	3.41	3.45	3.45
#食糖	Sugar	1.02	1.16	1.20

6—21 主要年份农村居民每百户主要耐用消费品拥有量
Ownership of Major Durable Consumer Goods Per 100 Rural Households in Main Years

项　目	Item	2013	2014	2015
耐用消费品拥有情况	**Ownership of Major Durable Consumer Goods**			
一、家用汽车（辆）	Automobile (unit)	6.92	7.15	6.77
二、摩托车（辆）	Motorcycle (unit)	92.71	100.87	100.51
三、助力车（辆）	Helping Hand Car (unit)	24.10	29.70	31.26
四、洗衣机（台）	Washing Machine (unit)	45.22	51.90	54.48
五、电冰箱（台）	Refrigerator (unit)	70.17	75.87	79.56
六、微波炉（台）	Oven (unit)	14.76	16.29	14.89
七、彩色电视机（台）	Color Television Set (unit)	111.13	114.49	110.74
八、空调（台）	Air Conditioner (unit)	12.52	15.34	16.86
九、热水器（台）	Shower (unit)	40.81	47.48	50.32
十、排油烟机（台）	Range Hood (unit)	5.75	6.67	6.29
十一、固定电话（部）	Telephone (unit)	20.19	25.53	18.56
十二、移动电话（部）	Mobile Telephone (unit)	237.77	252.26	261.97
十三、计算机（台）	Computer (unit)	13.96	17.42	17.15
十四、照相机（架）	Camera (unit)	2.70	2.95	1.78

6—22 主要年份农村居民人均第一产业生产经营收支情况
operating position Conditions of Per Capita Annual Primary Industry of Rural Households in Main Years

单位：元 (yuan)

项 目	Item	2013	2014	2015
第一产业经营收入	**Operating Income of Primary industry**	**5504.88**	**6071.97**	**6077.84**
一、农业	Farming	3243.90	3542.63	3550.59
二、林业	Forestry	375.99	434.69	450.20
三、牧业	Animal Husbandry	1746.60	1927.26	1827.71
四、渔业	Fishery	117.49	167.39	249.34
第一产业现金经营收入	**Operating Cash Income of Primary industry**	**4413.07**	**4481.60**	**4721.32**
一、农业	Farming	2454.84	2388.64	2503.19
二、林业	Forestry	245.95	261.18	373.71
三、牧业	Animal Husbandry	1590.30	1674.96	1604.99
四、渔业	Fishery	111.35	156.82	239.43
第一产业经营费用支出	**Operating Expenditures of Primary industry**	**2225.95**	**2606.03**	**2413.29**
一、农业	Farming	1059.14	1240.96	1138.82
二、林业	Forestry	78.56	108.41	123.26
三、牧业	Animal Husbandry	1005.91	1166.79	1035.46
四、渔业	Fishery	50.34	89.87	115.74
第一产业经营现金费用支出	**Operating Cash Expenditures of Primary industry**	**2087.08**	**2435.31**	**2222.88**
一、农业	Farming	1041.21	1182.31	1056.45
二、林业	Forestry	78.56	108.37	123.26
三、牧业	Animal Husbandry	905.88	1054.76	927.43
四、渔业	Fishery	50.32	89.87	115.74

6—23 主要年份农村居民人均可支配收入五等份收入分组
Per Capita Annual Disposable Income of Rural Households by Income Quintile in Main Years

单位：元 (yuan)

年 份	Year	低收入户 (20%) Low Income Households (20%)	中等偏下户 (20%) Lower Middle Income Households (20%)	中等收入户 (20%) Middle Income Households (20%)	中等偏上户 (20%) Upper Middle Income Households (20%)	高收入户 (20%) High Income Households (20%)
农村居民人均可支配收入（元）	**Per Capita Annual Disposable Income of Rural Households (yuan)**					
	2013	3245.29	5476.62	7392.48	9856.64	15120.67
	2014	3251.72	5834.92	7911.25	10647.11	18306.63
	2015	4016.26	6566.01	8921.72	12183.46	21395.62

主要统计指标解释

从2012年四季度起，国家统计局对分别进行的城乡住户调查实施了一体化改革，统一了城乡居民收入指标名称、分类和统计标准，建立了城乡统一的一体化住户调查。广西从2014年开始，正式发布此项改革后的一体化城乡住户收支与生活状况调查数据。

住户　指居住在一个住宅内，共同分享生活开支或收入的一群人。居住在同一房间内、不共同分享生活开支的人群，每个人都视为一个住户。住家保姆、住家家庭帮工视为单独的住户。

常住居民　指住户成员中，经常在家居住、或者调查期内居住时间超过一半的人员，以及本住户供养的学生。常住居民是住户收支的调查对象。

居民人均可支配收入　指居民可用于最终消费支出和储蓄的总和，即居民可用于自由支配的收入，既包括现金收入，也包括实物收入。按照收入的来源，可支配收入包含四项，分别为：工资性收入、经营净收入、财产净收入、转移净收入。

工资性收入　指就业人员通过各种途径得到的全部劳动报酬和各种福利，包括受雇于单位或个人、从事各种自由职业、兼职和零星劳动得到的全部劳动报酬和福利。

经营净收入　指住户或住户成员从事生产经营活动所获得的净收入，是全部经营收入中扣除经营费用、生产性固定资产折旧和生产税净额（生产税减去生产补贴）之后得到的净收入。计算公式具体为：

经营净收入＝经营收入－经营费用－生产性固定资产折旧－生产税净额（生产税－生产补贴）

财产净收入　指住户或住户成员将其所拥有的金融资产和自然资源交由其他机构单位、住户或个人支配而获得的回报并扣除相关的费用之后得到的净收入。计算公式为：财产净收入＝财产性收入－财产性支出

转移净收入　指国家、单位、社会团体对住户的各种经常性转移支付和住户之间的经常性收入转移。包括政府、非行政事业单位、社会团体对居民转移的养老金或退休金、社会救济和补助、政策性生活补贴、救灾款、经常性捐赠和赔偿以及报销医疗费等；住户之间的赡养收入、经常性捐赠和赔偿以及农村地区（村委会）在外（含国外）工作的本住户非常住成员寄回带回的收入等。计算公式为：转移净收入＝转移性收入－转移性支出

居民收入五等份分组　指将所有调查户按人均收入水平从低到高顺序排列，平均分为五个等份，处于最高20%的收入群体为高收入组，依此类推依次为中高收入组、中等收入组、中低收入组、低收入组。

居民人均生活消费支出　指居民用于满足家庭日常生活消费需要的全部支出，既包括现金消费支出，也包括实物消费支出。根据用途不同，消费支出可划分为食品烟酒、衣着、居住、生活用品及服务、交通通信、教育文化娱乐、医疗保健、其他用品及服务八大类。

Explanatory Notes on Main Statistical Indicators

Since the 4th quarter of 2012, National Bureau of Statistics has carried out the integrate reforming on the survey of urban & rural residents which were once carried out separately, unified the names, classification and statistical standards of the indicators on urban & rural residents' income, and built up the concordant survey for urban & rural residents. Since 2014, Guangxi has formally released the data on the integration survey of urban and rural residents' income, expenses and livelihood after this reforming.

Household refers to a group of people living in the same residence, sharing the living expenses or incomes together. If the group of people living in the same residence, but not sharing the living expenses or incomes together, then each people in this group is count as one household. The live-in caregiver or live-in journeyman is count as one simply household.

Permanent Resident refers to the personnel living at home permanently or more than a half survey period in a household, and the students provided by this household. The permanent residents are the objects of the household income and expenses survey.

Disposable Income of Household refers to the summary of final consumption and expenses available for household, namely the income can be arranged freely by household, which includes the incomes in cash and in kind. According to the resource, the disposable income includes 4 parts: income of wage and subsidy, net income from management, property net income and transfer net income.

Income of Wage & Subsidy refers to the total labor reward and various welfares earned by employment in various ways, including the total labor reward and welfares earned by being employed by institutions or individuals, working freelance, working part-time jobs and odd jobs.

Net Income from Management refers to the net income earned by household or member of household with working management, and it is the net income gained after deducting the operating costs, productive depreciation of fixed assets and net amount of productive taxes(deducting productive subsidy from productive taxes)from the total operating income. Its calculating formulation is:

Net Income from Management＝Total Operating Income

—Operating Costs

—Productive Depreciation of Fixed Assets

—Net Amount of Productive Taxes(Productive Taxes－Productive Subsidy)

Property Net Income refers to the net income after deducting the relevant costs from the return, which is gained through organizing the financial assets and natural assets owned by the household or member of household by other institutions, households or individuals. Its calculating formulation is:

Property Net Income＝Property Income－Property Expenses

Transfer Net Income refers to the various usually transferring of incomes from nation, units, and social groups to household and between households. It includes the pension or retirement pay from governments, non-administrative institutions and social groups to household, social relieves and subsidy, policy subsidy for livelihood, relief money, regularly donations, compensations and applies for medical fee, etc. It also includes the supporting income, regularly donations and compensations between households, and the income sent back or brought back by the non-permanent member of the household working out of the rural area(village committee)or overseas. Its calculating formulation is:

Transfer Net Income＝Transfer Income－Transfer Expenses

Five Equal Divides of Residents' Income refers to equally divide the total survey households into 5 groups according to the capita income degrees, and rank them from low to high. The group whose income in the highest 20% is called high income households, and by analogy are the upper middle income households, middle income households, lower middle income households, and low income households.

Per Capita Consumption Expenditure for Livelihood of Household refers to the total expenses meeting the households' needs of daily livelihood consumption, including the consumption expenses in cash and in kind. According to the use, consumption expenses can be divided into 8 broad categories: food, alcohol & tobacco, clothing, residence, daily necessities & services, transportation & communication, education, cultural & recreation services, medical appliances & articles and other supplies & services.

第七篇

财政、金融和保险

FINANCE, BANKING & INSURANCE

（编辑：沈环宇　欧阳炎）

7－1 公共财政预算收支总额及指数（1978－2015年）
Total Volume & Index of Public Budget Income & Expenditure （1978－2015）

单位：万元 (10 000 yuan)

年 份 Year	公共财政预算收入 Public Budget Income	公共财政预算支出 Public Budget Expenditure	收支差额 Income & Expenditure Balance	指数（以上年为100） Index (preceding year =100)	
				公共财政预算收入 Public Budget Income	公共财政预算支出 Public Budget Expenditure
1978	149029	207838	-58809	123.4	143.2
1979	123898	205987	-82089	83.1	99.1
1980	125791	174440	-48649	101.5	84.7
1981	130329	160412	-30083	103.6	92.0
1982	133183	174422	-41239	102.2	108.7
1983	138862	188416	-49554	104.3	108.0
1984	137567	230558	-92991	99.1	122.4
1985	201773	297485	-95712	146.7	129.0
1986	252306	422199	-169893	125.0	141.9
1987	305368	476958	-171590	121.0	113.0
1988	338871	532723	-193852	111.0	111.7
1989	414130	577433	-163303	122.2	108.4
1990	468305	650005	-181700	113.1	112.6
1991	559225	716089	-156864	119.4	110.2
1992	611953	784754	-172801	109.4	109.6
1993	959269	1074853	-115584	156.8	137.0
1994	622617	1249283	-626666	64.9	116.2
1995	794422	1405892	-611470	127.6	112.5
1996	905102	1570121	-665019	113.9	111.7
1997	991568	1708345	-716777	109.6	108.8
1998	1196720	1983609	-786889	120.7	116.1
1999	1335647	2249775	-914128	111.6	113.4
2000	1470539	2584866	-1114327	110.1	114.9
2001	1786706	3516498	-1729792	121.5	136.0
2002	1867320	4198575	-2331255	104.5	119.4
2003	2036578	4436023	-2399445	109.1	105.7
2004	2377721	5074721	-2697000	116.8	114.4
2005	2830359	6114806	-3284447	119.0	120.5
2006	3425788	7295172	-3869384	121.0	119.3
2007	4188265	9859433	-5671168	122.3	135.2
2008	5184245	12971100	-7786855	123.8	131.6
2009	6209888	16218218	-10008330	119.8	125.0
2010	7719918	20075907	-12355989	124.3	123.8
2011	9477209	25452778	-15975569	122.8	126.8
2012	11660614	29852261	-18191647	123.0	117.3
2013	13176035	32086656	-18910621	113.0	107.5
2014	14222803	34797922	-20575119	107.9	108.4
2015	15151562	40655144	-25503582	106.5	116.8

说明：本表中公共财政预算收入和公共财政预算支出2010年以前为地方财政收入和地方财政支出。

Note:The indicators of "Public Budget Income" and "Public Expenditure" refer to Local Financial Income and Local Financial Expenditure Before 2010.

7—2 主要年份财政分项目收入

Local Government Revenue by Items in Main Years

单位：万元 (10 000 yuan)

指 标	Item	2007	2008	2009	2010	2011	2012	2013	2014	2015
财政总收入	**Total Financial Revenue**	**7038810**	**8433036**	**9668808**	**12286122**	**15422300**	**18101386**	**20012643**	**21625355**	**23330330**
#上划中央收入	Turn Over Revenue to the Central Government	2850545	3248791	3458920	4566204	5945091	6440772	6836608	7402552	8178768
公共财政预算收入	**Public Budget Income**	**4188265**	**5184245**	**6209888**	**7719918**	**9477209**	**11660614**	**13176035**	**14222803**	**15151562**
税收收入	**Total Tax Revenue**	**2826809**	**3464935**	**4176820**	**5338656**	**6448003**	**7624567**	**8757432**	**9780659**	**10316473**
增值税	Taxes on Value Added	588429	658507	650089	774782	861253	848105	987547	1264512	1399850
营业税	Run Taxes	1031216	1219700	1548621	2074387	2407465	2623212	3041956	3212611	3219044
企业所得税	Enterprises Income Taxes	300304	372285	360607	589533	856453	859532	940375	1093533	1097392
企业所得税退税	Return for Enterprises Income Taxes		-117		-334					
个人所得税	Individual Income Taxes	192112	194782	200448	258422	294069	241900	277433	302214	347596
资源税	Resource Tax	31740	41411	53448	69713	85553	101929	119681	171015	180612
固定资产投资方向调节税	Fixed Assets Investment Orientation Regulation Tax	534	-5	-2	-2	-10				
城市维护建设税	City Maintenance & Construction Tax	185412	217927	240827	296697	405098	420483	495948	531407	635556
房产税	House Property Tax	86254	102785	113070	116542	142581	173472	211833	235635	275218
印花税	Stamp Tax	26670	43831	53965	70265	81757	100136	116984	139617	142669
城镇土地使用税	Urban Land Use Tax	39211	85333	94409	95713	118644	128883	159986	234488	260456
土地增值税	Land Appreciation Tax	105211	157758	151990	222740	339912	593007	651611	683037	570897
车船税	Tax on Vehicles and Boat Operation	8734	19452	32987	43253	54222	74962	90121	105881	124882
耕地占用税	Farm Land Occupation Tax	39951	131219	336245	309510	339006	906846	917856	1041784	1282505
契税	Deed Tax	184189	212325	330283	411765	453475	540723	731220	752373	771470
烟叶税	Tobacco Leaf Tax	6703	7574	9798	5670	8525	11377	14881	12552	8326
其他税收收入	Other Tax Revenue	139	168	35						
非税收入	**Total Non-tax Revenue**	**1361456**	**1719310**	**2033068**	**2381262**	**3029206**	**4036047**	**4418603**	**4442144**	**4835089**
专项收入	Special Income	163642	220854	180871	226704	303745	314887	407379	429901	1273125
行政事业性收费收入	Charge of Adiministrative and Institutional Units	404737	615911	593492	650728	956031	1214518	1202154	1140393	978068
罚没收入	Penalty Receipts	229299	251511	243914	312924	297410	381689	381520	352951	400054
国有资本经营收入	Government Capital Operating Income	372212	404895	593341	661566	756247	991353	966988	1038912	882447
国有资源（资产）有偿使用收入	Paid use of Stated-owned Vesources Income	141731	133138	265671	358740	531203	833992	1163824	1067260	965871
其他收入	Other Income	49835	93001	155779	170600	184570	299608	296738	412727	335524

7—3 主要年份财政分项目支出

Local Government Expenditure by Accounting Items in Main Years

单位：万元 (10 000 yuan)

指　　标	Item	2007	2008	2009	2010	2011	2012	2013	2014	2015
公共财政预算支出	**Public Budget Expenditure**	**9859433**	**12971100**	**16218218**	**20075907**	**25452778**	**29852261**	**32086656**	**34797922**	**40655144**
一般公共服务	General Public Service	1933693	2245366	2370751	2687583	3221799	3863708	4131959	4059911	3952989
外交	Diplomacy	82								4569
国防	National Defense	34323	31057	51815	72561	82131	76619	79199	99268	98706
公共安全	Public Security	824496	956563	1077044	1251395	1394382	1523891	1788149	1922172	2205544
教育	Education	1893837	2512210	2965980	3668362	4568882	5892383	6099303	6605347	7896904
#普通教育	Regular Education	1543495	2074491	2390167	2982905	3719736	4887114	5022462	5578061	6498328
职业教育	Vocational Education	157548	225549	334877	349163	355561	406955	424441	473987	789090
科学技术	Science & Technology	131873	162149	180741	216554	282470	428120	543579	599250	496321
#应用研究	Application Research	22223	23349	30712	31212	32775	39412	55164	50772	65724
技术研究与开发	Technological Research & Development	44628	66849	70661	89541	126866	263396	354225	414686	266765
科学技术普及	Popularization of Science & Technology	10766	14592	11115	12345	13656	16724	18462	19347	27401
文化体育与传媒	Culture, Sport & Media	214101	292467	292731	327718	374814	455212	498502	685192	790041
社会保障和就业	Social Security & Employment	1106700	1289769	2036887	2170733	2506400	2823276	3481154	3871792	4606296
#财政对社会保险基金的补助	Subsidy of Finance to the Fund of Social Security	198138	142628	432047	446204	687335	988788	1265318	1417965	1882014
行政事业单位离退休	Retire of Administrative Department	399340	458704	512987	577000	530725	483010	588726	709171	876652
城市居民最低生活保障	Lowest Cost-of-Living of Citizens in Urban Area	59818	97871	116540	129143	158387	137102	146328	139813	133889
农村最低生活保障	Lowest Cost-of-Living of Peasants in Rural Area	12753	84622	144463	254607	353717	309049	408039	408318	417310
医疗卫生与计划生育	Public Health & Family Planning	507547	787683	1161466	1654911	2328800	2531744	2856114	3553263	4138687
#医疗服务	Public Health Service	91227	110341	216395						0
医疗保障	Medical Security	257360	437517	583090	836314	1248112	1405004	1668682	1911111	2264488
节能环保支出	Energy Conservation & Environment Protection	135469	279740	499221	639887	538979	600090	642258	839981	986801
#污染防治	Pollution Prevention & Treatment	39033	106564	161690	181610	113020	146243	145133	155892	179542
退耕还林	Returning Land for Farming to Forestry	71327	79393	118652	123239	98495	94228	91273	78883	86536
城乡社区事务	Community Affair in Urban & Rural Area	586447	723033	1040811	1038717	1187324	1620715	2123282	2693394	3175179
农林水事务	Affairs of Agriculture, Forestry & Water Resources	898179	1393970	2107419	2602616	3148555	3690650	3718964	3912868	4975252
#农业	Agriculture	404699	640248	1135962	1233650	1099138	1347723	1356624	1397472	1642166
扶贫	Poverty Alleviation	130868	174651	171991	182179	200648	270335	302349	367640	590863
交通运输	Transpotation	412666	584781	815499	937145	2489779	2427442	2389886	2049153	2378280
工业商业金融等事务	Affairs of Industry, Commerce & Finance	717962	1066574	1064948	2167009	2932896	3466946	3216638	3512985	
其他支出	Other Expenditures	462058	645738	552905	640716	395567	451465	517669	393346	267313

7—4 金融机构存贷款情况（期末余额，2005—2015年）
Deposits & Loans of Financial Institutions（Year-end，2005—2015）

单位：亿元 (100 million yuan)

年 份 Year	本外币存款 Balance of Deposits in RMB & Foreign Currencies	本外币贷款 Balance of Loans in RMB & Foreign currencies
2005	4262.30	3104.60
2006	5029.47	3636.90
2007	5801.04	4331.03
2008	7075.02	5110.06
2009	9638.89	7360.43
2010	11813.90	8979.87
2011	13527.97	10646.43
2012	15966.65	12355.52
2013	18400.48	14081.01
2014	20298.54	16070.95
2015	22793.54	18119.30

7—5 2015年全社会金融机构本外币信贷收支平衡表（期末余额）

Balance Sheet of Credit Funds in RMB & Foreign Currencies of Total Financial Institutions in Main Years (2015,Year-end)

单位：亿元 (100 million yuan)

资金来源项目	Sources of Finance	余额 Balance	比年初增加 Increasing Volume than Preceding Year
一、各项存款	Total Deposits	22793.54	2406.85
(一) 境内存款	Domestic Deposits	22758.99	2413.55
1. 住户存款	Household Deposits	11434.29	923.23
(1) 活期存款	Current Deposits	5870.87	493.56
(2) 定期及其他存款	Fixed deposits & Others	5563.42	429.67
2. 非金融企业存款	Non-financial Enterprises Deposits	6388.09	837.64
(1) 活期存款	Current Deposits	3423.12	453.76
(2) 定期及其他存款	Fixed deposits & Others	2964.98	383.88
3. 广义政府存款	Broad Government Deposits	4270.75	341.52
(1) 财政性存款	financial Deposits	356.26	37.04
(2) 机关团体存款	Organization Financial Deposits	3914.49	304.47
4. 非银行业金融机构存款	Non-banking Financial Institution Fnancial Deposits	665.85	311.16
(二) 境外存款	Offshore deposits	34.55	-6.70
二、金融债券	Bonds	105.03	0.06
其中：境外发行	Overseas		
三、卖出回购资产	Financial Assets Sold for Repurchase	18.30	16.30
四、借款及非银行业金融机构拆入	Borrowing & Loans from Non-banking Financial Institutions	15.54	-4.79
五、联行往来（净）	Interbank Transactions(net)		
六、应付及暂收款	Accounts Payable & Receivable	433.39	-25.64
七、各项准备	Other Reserve Funds	558.48	139.11
八、所有者权益	Creditor' s Equity	984.10	30.73
#实收资本	Called-up Capital	311.72	24.77
九、其他	Others	-2004.04	848.93
资金来源总计	**Total Capital Sources**	**22904.33**	**3411.54**

说明：本表中部分指标已根据中国人民银行南宁中心支行2015年报表进行了调整，下同。

Note: Several indicators in this table are adjusted by the report of Nanning Central Sub Branch of the People's Bank of China in 2015, and the same as the following tables.

7－5 续表 continued

单位：亿元 (100 million yuan)

资金运用项目	Sources of Finance	余额 Balance	比年初增加 Increasing Volume than Preceding Year
一、各项贷款	Total Deposits	18119.30	2048.35
（一）境内贷款	Domestic Loans	17869.78	2006.33
1. 住户贷款	Household Loans	5771.39	693.38
（1）短期贷款	Short-term Loans	1011.90	-4.30
消费贷款	Consumer Loans	257.94	48.16
经营贷款	Operating Loans	753.97	-52.46
（2）中长期贷款	Medium & Long-term Loans	4759.49	697.68
消费贷款	Consumer Loans	3554.15	561.82
经营贷款	Operating Loans	1205.34	135.86
2. 非金融企业及机关团体贷款	Non-financial Enterprises & Organizations Loans	12098.39	1312.95
（1）短期贷款	Short-term Loans	3762.10	97.47
（2）中长期贷款	Medium & Long-term Loans	7646.56	896.40
（3）票据融资	Bill Financing	612.31	325.94
（4）融资租赁	Finance Lease	14.95	-1.97
（5）各项垫款	Advance Money	62.46	-4.89
3. 非银行业金融机构贷款	Non-banking Financial Institution Fnancial Loans		
（二）境外贷款	Overseas Loans	249.52	42.01
二、债券投资	Investment in Bonds	1671.36	423.41
其中：境外债券	Overseas Bonds		
三、股权及其他投资	Stock Rights & Other Investments	849.14	243.51
四、买入返售资产	Buying Back Assets	94.84	9.19
五、存放非银行业金融机构款项	Deposits of Non-banking Financial Institutions	16.98	-23.09
六、联行往来（净）	Interbank Transactions(net)	1707.94	721.01
其中：境内存放二级准备金	Domestic Deposits of Secondary Reserves	841.54	-77.37
七、金银占款	Funds Outstanding for Gold & Silver		
八、外汇占款	Funds Outstanding for Foreign Exchange		
九、应收及预付款	Accounts Payable & Suspense Credit	219.26	-20.87
十、投资性房地产	Investment Real Estate	0.50	-0.33
十一、固定资产	Fixed Assets	225.01	10.36
资金运用总计	**Total Assets**	**22904.33**	**3411.54**

7—6 2015年全社会金融机构人民币信贷收支平衡表（期末余额）

Balance Sheet of Credit Funds in Renminbi of Total Financial Institutions in Main Years（2015,Year-end）

单位：亿元 (100 million yuan)

资金来源项目	Sources of Finance	余额 Balance	比年初增加 Increasing Volume than Preceding Year
一、各项存款	Total Deposits	22566.96	2401.06
（一）境内存款	Domestic Deposits	22535.28	2408.24
1. 住户存款	Household Deposits	11392.17	913.56
（1）活期存款	Current Deposits	5844.81	486.75
（2）定期及其他存款	Fixed deposits & Others	5547.36	426.82
2. 非金融企业存款	Non-financial Enterprises Deposits	6219.99	810.77
（1）活期存款	Current Deposits	3370.73	435.94
（2）定期及其他存款	Fixed deposits & Others	2849.26	374.83
3. 广义政府存款	Broad Government Deposits	4262.68	337.31
（1）财政性存款	Financial Deposits	356.26	37.04
（2）机关团体存款	Organization Fnancial Deposits	3906.42	300.27
4. 非银行业金融机构存款	Non-banking Financial Institution Fnancial Deposits	660.45	346.60
（二）境外存款	Offshore deposits	31.68	-7.18
二、金融债券	Bonds	105.03	0.06
其中：境外发行	Overseas		
三、卖出回购资产	Financial Assets Sold for Repurchase	18.30	16.30
四、借款及非银行业金融机构拆入	Borrowing & Loans from Non-banking Financial Institutions	3.54	-0.32
五、联行往来（净）	Interbank Transactions(net)		
六、应付及暂收款	Accounts Payable & Receivable	429.35	-1.50
八、各项准备	Other Reserve Funds	538.37	136.89
九、所有者权益	Creditor' s Equity	977.60	52.24
#实收资本	Called-up Capital	311.72	24.77
十、其他	Others	-2010.00	798.12
资金来源总计	Total Capital Sources	22629.15	3402.83

7－6　续表　continued

单位：亿元　(100 million yuan)

资金运用项目	Applications of Funds	余额 Balance	比年初增加 Increasing Volume than Preceding Year
一、各项贷款	Total Deposits	17656.76	2071.30
（一）境内贷款	Domestic Loans	17646.48	2063.70
1. 住户贷款	Household Loans	5771.15	693.39
（1）短期贷款	Short-term Loans	1011.68	-4.29
消费贷款	Consumer Loans	257.71	48.17
经营贷款	Operating Loans	753.97	-52.46
（2）中长期贷款	Medium & Long-term Loans	4759.48	697.68
消费贷款	Consumer Loans	3554.14	561.82
经营贷款	Operating Loans	1205.34	135.86
2. 非金融企业及机关团体贷款	Non-financial Enterprises & Organizations Loans	11875.33	1370.31
（1）短期贷款	Short-term Loans	3597.68	144.99
（2）中长期贷款	Medium & Long-term Loans	7588.47	906.44
（3）票据融资	Bill Financing	612.19	325.83
（4）融资租赁	Finance Lease	14.95	-1.97
（5）各项垫款	Advance Money	62.03	-4.98
3. 非银行业金融机构贷款	Non-banking Financial Institution Fnancial Loans		
（二）境外贷款	Overseas Loans	10.28	7.60
二、债券投资	Investment in Bonds	1671.36	423.41
其中：境外债券	Overseas Bonds		
三、股权及其他投资	Stock Rights & Other Investments	849.14	243.51
四、买入返售资产	Buying Back Assets	94.84	9.19
五、存放非银行业金融机构款项	Deposits of Non-banking Financial Institutions	14.97	-23.31
六、联行往来（净）	Interbank Transactions(net)	1897.57	663.96
其中：境内存放二级准备金	Domestic Deposits of Secondary Reserves	840.63	-74.59
七、金银占款	Funds Outstanding for Gold & Silver		
八、外汇买卖	Funds Outstanding for Foreign Exchange	4.42	1.97
九、应收及预付款	Accounts Payable & Suspense Credit	214.59	2.78
十、投资性房地产	Investment Real Estate	0.50	-0.33
十一、固定资产	Fixed Assets	224.99	10.35
资金运用总计	Total Capital Applications	22629.15	3402.83

7—7 主要年份保险业务

Major Indictors of Insurance Business in Main Years

单位：万元 (10 000 yuan)

项　目	Item	2001	2005	2010	2011	2012	2013	2014	2015
全部业务	**All Insurance Business**								
保费收入	**Premium Income**	**350616**	**731142**	**1790516**	**2126634**	**2382639**	**2754733**	**3132331**	**3857457**
保险密度（元）	Insurance Density (yuan)	73.69	149.39	389.02	457.83	508.78	583.75	661.32	804.31
保险深度（%）	Insurance Depth (%)	1.57	1.80	1.88	1.82	1.84	1.92	2	2.30
财产保险公司业务	**Property Insurance Business**								
保费收入	Premium Income	133096	238790	691943	829520	969182	1188778	1406703	1606792
企业财产保险	Enterprise Property Insurance	30655	31204	44305	49939	52598	57998	59952	56043
机动车辆保险	Automobile Insurance	75637	160592	529660	631612	741209	902254	1037357	1172478
货物运输保险	Cargo Transportation Insurance	7653	9228	13727	16898	18161	18845	19107	19597
其他财产保险	Other Property Insurance	8425	9084	16228	39272	43586	47380	50906	55889
责任保险	Liability Insurance	8898	8060	23152	29846	31615	35362	43507	52424
信用保证保险	Credit & Guarantee Insurance	726	7878	12005	14751	22431	32096	45208	51578
农业保险	Agriculture Insurance	1102	347	7454	8314	12962	27640	49748	63413
短期健康保险	Short-term Health Insurance		308	10517	11808	14333	25187	50234	76974
意外伤害险	Personal Accident Insurance		12089	24078	27081	32289	42017	50685	58395
储金	Deposits From Insured	8446	5611	4901	4701	4193	4346	4352	133093
赔案件数（万件）	Number of Claims (10 000 cases)	11.82	28.24	79.93	90.12	120.83	147.54	176.77	294.21
赔款支出	Benefit Paid	62992	117165	270387	367699	479145	566449	710738	791312
企业财产保险	Enterprise Property Insurance	14836	13173	10984	13995	22360	26789	55184	42648
机动车辆保险	Automobile Insurance	36795	72637	217688	297803	385634	447984	514911	549783
货物运输保险	Cargo Transportation Insurance	3118	18904	4831	7828	10290	9978	13070	10080
其他财产保险	Other Property Insurance	2366	3322	5270	16199	21640	24810	28199	28066
责任保险	Liability Insurance	4143	2571	9114	12680	13880	15724	20004	20546
信用保证保险	Credit & Guarantee Insurance	33	1921	765	1668	1590	8274	3510	19682
农业保险	Agriculture Insurance	476	116	7148	5371	9544	12878	39536	52591
短期健康保险	Short-term Health Insurance		61	5523	5623	7087	11554	23131	49320
意外伤害险	Personal Accident Insurance		4459	6860	6531	7119	8457	13193	18596
未决赔款	Outstanding Insurance	21255	55668	158487	186717	233909	279890	333106	349303

注：2001—2007年保险密度使用平均总人口计算，2008年保险密度使用平均常住人口计算，请使用时注意口径区别。

Note:The data on "Insurance Density" from 2001 to 2007 was calculated by average total population, while the data in 2008 was calculated by average permanent population, please pay attention to the difference of coverage while using.

7—7 续表 continued

单位：万元 (10 000 yuan)

项 目	Item	2001	2005	2010	2011	2012	2013	2014	2015
人身保险公司业务	**Life Insurance Business**								
保费收入	Premium Income	217520	492352	1098573	1297114	1413457	1566045	1725628	2250665
个人业务	Personal Insurance								
人寿保险	Life Insurance Business	161293	383881	970539	1157509	1232878	1350117	1435262	1848424
分红产品	Participating	36710	250131	837623	1025296	1095057	1176250	920041	882007
投资连接产品	Unit-link	8837		603	496	574	674	773	969
其他产品	Others	115546	133750	132314	131717	137248	173193	514448	965448
意外伤害险	Personal Accident Insurance	6302	6847	21642	24604	31514	28861	45510	59499
健康险	Health Insurance	3180	21642	57851	68628	87237	106493	138495	193886
团体业务	Group Insurance								
人寿保险	Life Insurance Business	27140	43950	15804	9828	9624	6063	5573	5773
分红产品	Participating	2300	33443	0	302	761	87	6	18
投资连接产品	Unit-link				1				
其他产品	Others	2440	10507	15804	9525	8863	5975	5567	5755
意外伤害险	Personal Accident Insurance	16496	17875	14765	17216	19893	33544	31340	34242
健康险	Health Insurance	3109	18157	17972	19329	32312	40968	69449	108841
#新单保费	Initial Premium	104475	244075	615763	737232	708929	740331	822591	1257626
有效保单件数（万件）	Policies In Force (10 000 cases)	785.49	589.65	1063	1229	1159	1283	1191	1594
赔款和给付支出	Benefit Paid	83988	52123	173078	220447	263311	342055	380048	536356
个人业务	Personal Insurance								
年金给付	Annuity Paid	36306	11836	24995	24491	35867	37852	48230	81108
满期给付	Maturity Benefit	17754	6972	90873	129193	153677	213088	225969	313774
死伤医疗给付	Benefit of Deaths, Injury & Medical Treatment	7573	7936	14436	21405	25832	31448	36008	43817
团体业务	Group Insurance								
年金给付	Annuity Paid	6136	2952	6904	7782	8378	7984	8521	8346
满期给付	Maturity Benefit	4791	313	3182	4476	3474	4394	3650	3615
死伤医疗给付	Benefit of Deaths, Injury & Medical Treatment	11428	934	1085	2155	3475	6769	9927	12720
退保	Surrender	27014	83367	82797	105651	141586	210284	350146	417756

注：1. 本表由中国保险监督管理委员会广西监管局提供。
2. 2005年人身保险公司业务中人寿保险的个人业务和团体业务“投资连接保险”并入其他产品中统计。
3. 2005年赔款和给付支出中“赔款支出”从“死伤医疗给付”中剔除，但包含在赔款和给付支出总额中。

Note: 1. The data in this table is provided by Guangxi management & supervison bureau of Chinese insurance management & supervison committee.
2. The “Unit-link”, which belonging to personal insurance and group insurance of life insurance business in life insurance company business, was merged into the other business in 2005.
3. The “Benefit” was eliminated from “Benefit of Deaths, Injury & Medical Treatment” in “Benefit Paid” in 2005, but it is still belong to the “Benefit Paid”.

主要统计指标解释

财政收入　是指国家财政参与社会产品分配所取得的收入，是实现国家职能的财力保证。财政收入所包括的内容几经变化，目前主要包括：（1）各项税收，包括增值税、营业税、消费税、土地增值税、城市维护建设税、资源税、城市土地使用税、印花税、房产税、车船使用税、屠宰税、个人所得税、企业所得税、关税、契税、农牧业税和耕地占用税等。（2）专项收入：包括征收排污费收入、城市水资源费收入、教育费附加收入、矿产资源补偿费收入。（3）其他收入，包括国有资产经营收益、国有企业计划亏损补贴、基本建设贷款归还收入、基本建设收入、罚没收入、行政性收费收入、其他收入等。

地方财政收入　指按财政体制划分的地方本级收入。1994年分税制财政体制改革以后，属于中央财政的收入包括关税、海关代征消费税和增值税，消费税，中央企业所得税，地方银行和外资银行及非银行金融企业所得税，铁道、银行总行、保险总公司等集中缴纳的营业税、所得税、利润和城市维护建设税，增值税的75%部分，证券交易税（印花税）50%部分和海洋石油资源税。属于地方财政的收入包括营业税，地方企业所得税，个人所得税，城镇土地使用税，固定资产投资方向调节税，城镇维护建设税，房产税，车船使用税，印花税，屠宰税、农牧业税，农业特产税，耕地占用税，契税、增值税的25%部分，证券交易税（印花税）50%部分和除海洋石油资源税以外的其他资源税。

财政支出　是指国家为行使其职能，对筹集的财政资金进行有计划的分配使用的总称。国家财政支出，体现政府的活动范围和方向，反映财政资金的分配关系。财政支出主要包括：（1）基本建设支出；（2）企业挖潜改造资金；（3）地质勘探费；（4）科技三项费用；（5）流动资金；（6）支援农村生产支出；（7）农林水利气象等部门的事业费；（8）工业交通等部门事业费；（9）商业部门事业费；（10）城市维护费；（11）文教卫生事业费；（12）科学事业费；（13）其他部门事业费；（14）抚恤和社会福利救济费；（15）国防支出类；（16）行政管理费；（17）公检法支出；（18）价格补贴支出；（19）支援不发达地区支出；（20）专项支出；（21）农业综合开发支出；（22）行政事业单位离退休经费（23）其他支出等。

地方财政支出　指根据政府在经济和社会活动中的不同职责，划分中央和地方政府的责权，按照政府的责权划分确定的支出。中央财政支出包括国防支出，武装警察部队支出，中央行政管理费和各项事业费，重点建设支出以及中央政府调整国民经济结构、协调地区发展、实施宏观调控的支出。地方财政支出主要包括地方行政管理和各项事业费，地方统筹的基本建设、技术改造支出，支援农村生产支出，城市维护和建设费，价格补贴支出等。

地方财政用于农业的支出　指国家财政预算内资金用于农业的各项投资支出。包括：（1）对农垦、农业、畜牧、林业、农机管理、水利、水产、气象等部门的各项事业经费和基本建设、流动资金、挖潜改造资金、科技三项费用等专项拨款；（2）支援农业的各项生产支出，如小型农田水利和水土保持补助费、扶持农业经济困难的乡镇企业，农业生产队（组、户）改善生产基本条件的资金和农村开荒补助、农村草场和畜禽保护补助费、农村造林和林木保护补助费、农村水产补助费、农业发展和发展粮食生产专项资金支出、支援不发达地区资金中用于农业的支出等；（3）农业综合开发支出。

地方财政用于教育的支出　指国家财政预算内资金安排用于教育的各项支出。包括：（1）教育部门的事业费和基本建设拨款；（2）各部门事业费中用于教育的支出。如中等专业学校、技工学校经费、干部培训费等；（3）专项经费中的教育费附加支出，支援不发达地区资金中用于教育的支出。

信贷资金　指金融机构以信用方式积聚和分配的货币资金。金融机构信贷资金的来源有各项存款，对省外（国际）金融机构负债、流通中货币、银行自有资金及当年结益等；信贷资金的运用有各项贷款、黄金占款、外汇占款、财政借款及在省外（国际）金融机构中的资产等。

存款　指企业、机关、团体或居民根据资金必须收回的原则，把货币资金存入银行或其他信用机构保管并取得一定利息的一种信用活动形式。根据存款对象的不同可划分为企业存款、财政存款、机关团体存款、基本建设存款、城镇储蓄存款、农村存款等科目。它是银行信贷资金的主要来源。

贷款　指银行或其他信用机构根据资金必须归还的原则，按一定利率，为企业、个人等提供资金的一种信用活动形式。我国银行贷款分为流动资金贷款、固定资产贷款、城乡个体工商户贷款以及农业贷款等科目。

保险公司　在中国境内的、经过保险监督部门批准设立，并依法登记注册的各类商业保险公司。

保险金额　又叫承保额，是指保险人对被保险人负提损失补偿或约定给付的金额。它是保险合同上的最高责任额，也是计算保费的依据。

保费　又叫保险费，是指投保人为取得保险人在约定范围内所承担赔偿责任而支付给保险人的费用。

赔款　指保险人根据保险合同的规定，向被保险人支付的赔偿保险责任损失的金额。

给付　包括死伤医疗给付和满期给付。死伤医疗给付是指保险人根据人寿保险及长期健康保险合同的规定，因被保险人在保险期内发生保险责任范围内的保险事故支付给被保险人（或受益人）的金额。满期给付是指被保险人生存期满，保险人按人寿保险合同规定支付给被保险人的满期保险金额。

Explanatory Notes on Main Statistical Indicators

Government Revenue refers to the revenue of the government finance by means of participating in the distribution of the social products, which are the financial resources for ensuring the government to function. The contents of government revenue have been changed several times. Now it includes the following main items: (1) Various tax revenues, including value added taxes, business tax, consumption tax, land value added tax, tax on city maintenance and construction, resources tax, tax on use of urban land, stamp tax, tax on real estate, tax on the use of vehicles and ships, slaughter tax, personal income tax, enterprise income tax, tariff, contract tax, tax on agriculture and animal husbandry and tax on occupancy of cultivated land, etc. (2) Special income: including revenue collected from imposing fee on sewage treatment, revenue collected from imposing fee on urban water resources, extra-charges for education, and revenue collected from imposing fee on mine resources. (3) Other revenues, including profits from management of state-owned assets, subsidies to loss-making state-owned enterprise, revenue from the repayment of capital construction loan, revenue from capital construction, penalty, administration income and other incomes.

Revenue of the Local Government In according with the classification of the structure of the government finance in 1994 on the basis of the classification of channels for collection of tax revenues, the revenue of the local governments have different coverage. The revenue of the central government includes tariff, consumption tax and value added tax levied by the customs, consumption tax, income tax of the enterprises subordinate to the central government, income taxes of the local banks, foreign-funded banks and non-band financial institutions, business tax, income tax and profits of railways, head office of insurance company, which are handed over to the government in a centralized way, tax on city maintenance and construction, 75% of the value added tax, tax on ocean petroleum resources, 50% of the tax on stock dealing (stamp tax) . The revenue of the local government includes business tax, income tax of the enterprises subordinated to the local government, personal income tax, tax on the use of urban land, tax on the adjustment of the investment in fixed assets. Tax on town maintenance and construction, tax on real estate, tax on the use of vehicles and ships, stamp tax, slaughter tax, tax on agriculture and animal husbandry, tax on special agricultural products, tax on the occupancy of cultivated land, contract tax, 25% of the value added tax, 50% of the tax on stock dealing (stamp tax) and tax on resources other than the ocean petroleum resources.

Government Expenditure refers to the (1) Expenditure for capital construction; (2) Innovation funds of the enterprises; (3) Geological prospecting expenses; (4) Expenditures for science and technology promotion; (5) Circulating funds; (6) Expenditure for supporting rural production; (7) Operating expenses of the departments of farming, forestry, water conservancy and meteorology etc; (8) Operating expenses of the departments of industry, transport; (9) Operating expenses of the department of commerce; (10) Expenditure for city maintenance; (11) Operating expenses of the departments of culture, education and public health; (12) Operating expenses of the department of science; (13) Operating expenses of the other departments; (14) Pension for the disabled or for the families of the bereaved and relief funds for social welfare; (15) Expenditures for national defense; (16) Administrative expenses (17) Expenditure for public security agency, procurator agency and court of justice; (18) Expenditure for price subsidies; (19) Expenditure for supporting under-developed areas; (20) Special expenditure; (21) Expenditure for comprehensive development of agriculture; (22) Expenditure for retired persons in administrative department; (23) Other expenditures.

Expenditure of the Local Governments According to the different functions of the central government and local governments in the economic and social activities, the rights of affairs administration are classified between the central government and local governments are made on the basis of the classification of the rights of affairs administration between them. The expenditure of the central government includes the expenditure for national defense, expenditure for armed police forces, the administrative expenses and various operating expenses at the level of central government, expenditure for key projects and the expenditure of the central government for adjusting the national economic structure, coordinating the development among different regions and exercising the macro-economic regulation and control. The expenditure of the local governments includes mainly the administrative expenses and various operating expenses at the level of local government, expenditure for supporting rural production, expenditure for city maintenance and construction and expenditure for price subsidies, etc.

Local Government Expenditure for Agriculture refers to the investment and expenditure of national financial budgetary fund for agriculture, including: (1) Operating expenses for agricultural exclamation, agriculture, animal husbandry, forestry, agricultural machinery management, water conservancy, aquatic products and meteorology, and special appropriation for capital construction, floating funds, innovation funds and expenditures for science and technology promotion; (2) Expenditures for supporting agricultural production, such as subsidies to the small water conservancy and rural water and soil conserving, expenditure for supporting township enterprises, funds for improving capital productive conditions of agricultural production teams and subsidies on the rural waste land exclamation, subsidies to the expenditure for the protection of grasslands and cattle and fowls, subsidies on forestation and forest protection in rural areas, subsidies on the rural aquatic products industry, special fund for developing agriculture and grain production, expenditure in funds supporting under-developed areas for agriculture; (3) Expenditure for agriculture comprehensive development.

Local Government Expenditure for Education refers to expenses of national financial budgetary fund for education, including: (1) Operating expenses and capital construction appropriation of education departments; (2) Expenditure for education in operating expenses of various departments, such as expenses for specialized secondary schools and skilled workers' schools and expenditure for cadres training, etc. (3) Education expenditure added in special expenditure and expenditure in funds supporting under-developed areas for education.

Credit Funds refer to the funds issued as loans by banking institution. The sources of credit funds of the banking institutions included deposits, liabilities to international financial institutions, currency in circulation, self-owned funds and current retained profits, etc. The credit funds can be used in forms of loans, gold, foreign exchange, government debt and assets in the other provinces, autonomous regions and municipalities (international) financial institutions.

Deposit is a form of credit by which enterprises, institutions, organizations or residents can put money into banks and other credit institutions for safekeeping and interest earning under the principle of free withdrawal. According to different depositors, deposits are divided into enterprise deposits, treasury deposits, deposits of government agencies and organizations, capital construction deposits, urban savings deposits, rural deposits and other deposits. Deposits are major sources of the credit funds of banks.

Loan is a form of credit by which banks and other credit institutions provide funds at certain interest rate to enterprises and individuals in the light of the principle of unconditional repayment. Loans from Chinese banks include circulating capital loans, fixed assets loans, loans to urban and rural individuals engaged in industrial and commercial business and agricultural loans.

Insurance Companies refer to commercial insurance companies of various forms registered by law and established in China with the approval of insurance regulatory agencies.

Amount Insured refers to the maximum that the insurant will get for the claim of the case insured.

Premium is the fee paid by the insurant based on a proportion of the benefit he or she may get from the insurance plus the insurance value. It includes the income from the deposit of property insurance and personal insurance.

Settle Claim is the compensation paid by the insurer to the insurant in accordance with the insurance contact.

Payment includes payment for death, injury or medical treatment and mature payment. Payment for death, injury or medical treatment refers to the money paid to the insurant (of the beneficiary) in accordance with the life of health insurance contract when the insurant encounters accidents within the insured period covered in the contract. Mature payment refers to the mature payment to the insurant in according with the life insurance contract at the end of the insured period for the loss which has been checked and found to be in the range liability of the insurance after an accident has happened to the insured property or to a person who has insured his life. It is further divided into settled and unsettled claim.

第八篇
资源与环境
NATURAL RESOURCES & ENVIRONMENT

（编辑：沈环宇　朱旭芳）

8—1 自然资源（2015年）
Natural Resources（2015）

指　　标	Indicators	2015
一、土地（2014年数据）	**Land（Data in 2014）**	
土地面积（万平方公里）	Land Area(10 000 sq.km)	23.76
按土地特征分：（万公顷）	By Land Use(10 000 hectares)	
林地面积	Area of Afforested Land	1331.53
牧草地面积	Grass Area	0.52
水域及水利设施用地面积	Water Area & Water Conservancy Facilities Area	86.20
二、海洋	**Sea**	
海岸线长度（公里）	Length of Mainland Shore(km)	1628.6
浅海面积（平方公里）	Shallow Sea Area(sq.km)	6488
滩涂面积（平方公里）	Sea-beach Area(sq.km)	1005
三、气候	**Climate**	
年平均气温（℃）	Annual Average Temperature(℃)	21.5
年平均日照时数（小时）	Annual Average Sunshine Time(hour)	1354
年平均降水量（毫米）	Annual Average Precipitation(mm)	1937
四、森林	**Forest**	
森林面积（万公顷）	Forest Area(10 000 hectares)	1478
人均森林面积（亩，按常住人口平均）	Per Capita Forest Area(mu，Average by Permanent Population)	4.64
森林蓄积量（万立方米）	Stock Volume of Forest(10 000 cu.m)	70308

注:本表资料由自治区国土厅、海洋局、林业厅、气象局气候中心气候变化评价室提供。土地数据为2012年数。

Note: Autonomous Region Territorial Resources Bureau, Oceanic Administration Bureau,Forestry Bureau and Evaluation Office for Climatic Variation in Weather Center of Meteorological Bureau provide the data in this table.The date of the land is in 2012.

8—1　续表 1　countinued

指　标	Indicators	2015
森林覆盖率（%）	Forest-coverage Rate(%)	62.24
按市分	Grouped by City	
南 宁 市	Nanning	47.66
柳 州 市	Liuzhou	65.02
桂 林 市	Guilin	70.91
梧 州 市	Wuzhou	75.85
北 海 市	Beihai	36.30
防城港市	Fangchenggang	58.53
钦 州 市	Qinzhou	54.21
贵 港 市	Guigang	46.30
玉 林 市	Yulin	61.00
百 色 市	Baise	67.37
贺 州 市	Hezhou	72.87
河 池 市	Hechi	68.73
来 宾 市	Laibin	51.35
崇 左 市	Chongzuo	54.70
五、矿产资源（保有资源储量, 万吨）	**Mineral Ensured Reserves　(10 000 tons)**	
锰矿（矿石）	Manganese (ore)	46463
锡（Sn）	Tin	68
砷（As）	Arsenic	37
钨（Wo_3）	Wolfram	36
锑（Sb）	Antimony	48
铝土矿（矿石）	Bauxite(ore)	87064
滑石（矿石）	Talcum(ore)	1064
重晶石（矿石）	Barite(ore)	4735
镁（白云岩,矿石）	Magnesium(dolomite,ore)	161
硫铁矿（矿石）	Troilite(ore)	25955
煤矿（矿石）	Coal(ore)	207477

8－2 主要河流基本情况（2015年）
Major Rivers（2015）

河流名称	River	流域面积（万平方公里）Drainage Area (10 000 sq.km)	年径流量（亿立方米）Annual Flow (100 million sq.m)	水力资源蕴藏量（万千瓦）Hydropower Resource (10 000 kw)	流域面积占全区总面积的比重（%）As Percentage of Total Drainage Area of Guangxi (%)
全自治区	**Total**	**23.67**	**1978.10**	**2133.00**	**100.00**
#红水河	Hongshuihe River	3.86	255.33	690.00	16.30
郁　江	Yujiang River	6.81	262.69	355.86	28.80
西江下游区	Lower Reaches of Xijiang River	2.14	171.11	25.82	9.00
桂　江	Guijiang River	1.82	290.47	146.20	7.70
南流江	Nanliujiang River	0.92	91.77	49.06	3.90
柳　江	Liujiang River	4.20	430.07	341.82	17.70
贺　江	Hejiang River	0.84	64.46		3.50

注：本表数据由自治区水利厅提供,下表同。
Note: The data in this table and the above one is provided by Autonomous Region Water Conservancy Bureau.

8—3 水资源基本情况
Water Resources of Guangxi

年份与市别	Year & Cities	地表水资源量（亿立方米）Volume of Surface Water Resources (100 million cu.m)	地下水资源量（亿立方米）Volume of Underground Water Resources (100 million cu.m)	人均水资源量（立方米/人）Per Capita Water Resources (cu.m/person)
2000		1592.10	385.01	3375.00
2001		2415.10	438.78	5031.00
2002		2372.60	514.50	4942.00
2003		1807.10	575.30	3740.00
2004		1604.52	321.53	3282.00
2005		1720.82	365.69	3494.00
2006		1881.00	453.20	3792.00
2007		1377.83	341.30	2891.02
2008		2282.45	504.77	4739.41
2009		1484.31	256.84	3069.29
2010		1823.60	355.80	3962.00
2011		1350.02	271.21	2909.00
2012		2086.36	587.34	4476.04
2013		2057.33	478.12	4359.67
2014		1978.06	402.97	4163.50
2015		2432.20	467.28	5074.12
南 宁 市	Nanning	147.69	50.66	2114.06
柳 州 市	Liuzhou	290.96	35.18	7417.34
桂 林 市	Guilin	507.81	100.50	10234.80
梧 州 市	Wuzhou	136.78	31.58	4560.25
北 海 市	Beihai	35.10	8.10	2242.11
防城港市	Fangchenggang	81.33	19.67	8855.62
钦 州 市	Qinzhou	90.36	17.00	2815.57
贵 港 市	Guigang	97.82	11.77	2278.22
玉 林 市	Yulin	124.01	21.44	2172.87
百 色 市	Baise	193.26	48.99	5373.26
贺 州 市	Hezhou	152.56	30.66	7530.48
河 池 市	Hechi	336.03	53.38	9664.92
来 宾 市	Laibin	136.78	14.99	6268.56
崇 左 市	Chongzuo	101.71	23.36	4950.60

8—4 供水用水情况（2015年）
Statistics of Water Supply & Consumption（2015）

单位：亿立方米 (100 million cu.m)

地 区	Region	供水总量 Total Volume of Water Supply	#地表水 Surface Water	用水总量 Total Volume of Water Consumption	#农田灌溉用水 Water for Irrigation of Agricultural Land	工业用水 Water Consumption for Industry	居民生活用水 Water Consumption for Household
全自治区	**Total**	**299.28**	**286.38**	**299.28**	**181.24**	**55.47**	**27.67**
南宁市	Nanning	41.88	39.90	41.88	23.94	8.68	4.30
柳州市	Liuzhou	22.84	21.18	22.84	11.91	6.24	2.51
桂林市	Guilin	41.14	40.42	41.14	28.55	4.81	3.07
梧州市	Wuzhou	14.62	14.56	14.62	7.87	2.73	1.91
北海市	Beihai	11.12	9.66	11.12	6.12	1.93	1.04
防城港市	Fangchenggang	6.58	6.56	6.58	2.95	1.86	0.51
钦州市	Qinzhou	15.04	14.44	15.04	10.12	1.90	1.68
贵港市	Guigang	28.22	26.81	28.22	19.04	3.81	2.34
玉林市	Yulin	25.07	24.04	25.07	15.89	2.99	3.19
百色市	Baise	20.53	19.44	20.53	12.92	2.94	1.85
贺州市	Hezhou	15.44	15.10	15.44	11.49	0.87	1.02
河池市	Hechi	15.42	14.52	15.42	10.80	0.98	1.86
来宾市	Laibin	28.56	27.80	28.56	11.01	14.43	1.23
崇左市	Chongzuo	12.81	11.95	12.81	8.64	1.31	1.16

注：本表由自治区水利厅提供。
Note: The data in this table is provided by Autonomous Region Water Conservancy Bureau.

8-5 主要城市气象站点平均气温（2015年）

单位：℃

城 市	City	1月 Jan.	2月 Feb.	3月 Mar.	4月 Apr.	5月 May.	6月 Jun.
南 宁	Nanning	13.5	16.4	18.3	22.8	27.3	29.0
柳 州	Liuzhou	12.9	14.1	16.2	23.1	26.4	28.7
桂 林	Guilin	10.9	11.7	14.5	21.1	24.5	27.3
梧 州	Wuzhou	13.3	16.1	17.8	23.0	25.9	28.0
北 海	Beihai	15.9	18.2	21.0	23.9	28.9	29.8
防城港	Fangchenggang	15.8	17.2	19.7	23.6	28.1	29.5
钦 州	Qinzhou	15.8	18.0	19.7	24.1	28.6	29.9
贵 港	Guigang	14.3	16.7	18.2	23.8	27.2	28.9
玉 林	Yulin	14.9	17.3	18.8	23.2	27.2	28.5
百 色	Baise	14.4	17.3	20.2	24.8	28.4	28.7
贺 州	Hezhou	11.3	12.9	15.5	21.0	25.0	27.7
河 池	Hechi	12.6	14.0	16.4	22.6	26.0	27.6
来 宾	Laibin	13.6	15.3	17.2	23.5	27.0	29.4
崇 左	Chongzuo	15.6	18.2	20.0	25.2	29.4	30.7

注：本表资料由自治区气象局气象台气候变化评价室提供。
Note: The data on this table is provided by Evaluation Office for Climatic Variation in Weather Center of Meteorological Bureau.

Monthly Average Temperature at Meteorological Stations of Major Cities (2015)

(℃)

7月 Jul.	8月 Aug.	9月 Sep.	10月 Oct.	11月 Nov.	12月 Dec.	年平均 Annual Average
27.6	28.0	26.3	23.0	20.5	14.0	22.2
28.1	28.6	26.6	23.5	18.3	12.0	21.5
27.3	27.6	26.0	22.5	15.6	10.2	19.9
27.9	28.6	26.6	23.6	19.7	12.8	21.9
28.5	29.4	27.9	25.6	23.4	16.1	24.1
28.5	28.9	27.6	25.8	22.5	15.6	23.6
28.8	29.6	27.9	26.0	22.3	15.4	23.8
28.3	29.6	27.0	24.8	20.7	13.7	22.8
27.5	28.6	27.0	24.4	21.1	14.2	22.7
27.7	27.0	26.0	22.9	20.6	13.9	22.7
27.1	27.7	25.7	22.1	16.6	10.5	20.3
26.7	27.0	25.1	22.2	18.2	12.0	20.9
28.2	28.8	26.8	23.9	19.2	12.7	22.1
29.2	29.3	27.7	25.3	22.2	15.7	24.0

8－6　主要城市气象站点降水量（2015年）

单位：毫米

城　市	City	1月 Jan.	2月 Feb.	3月 Mar.	4月 Apr.	5月 May.	6月 Jun.
南　宁	Nanning	37.4	22.5	42.3	43.5	99.0	79.8
柳　州	Liuzhou	78.3	37.3	57.9	42.9	335.5	327.7
桂　林	Guilin	60.5	101.1	62.0	138.7	591.4	584.8
梧　州	Wuzhou	58.3	9.9	21.9	19.0	347.7	130.8
北　海	Beihai	72.0	30.0	12.7	15.4	73.8	289.0
防城港	Fangchenggang	44.7	34.2	18.3	20.7	174.1	285.5
钦　州	Qinzhou	54.0	15.9	55.0	27.3	186.9	384.5
贵　港	Guigang	64.5	30.8	52.4	116.8	396.9	176.6
玉　林	Yulin	63.7	10.4	49.9	14.2	283.0	163.0
百　色	Baise	62.6	37.8	3.4	9.0	186.3	273.4
贺　州	Hezhou	42.2	30.9	79.4	156.1	365.5	160.1
河　池	Hechi	56.9	76.4	37.3	46.0	259.4	408.6
来　宾	Laibin	49.2	29.1	42.3	41.3	287.4	256.0
崇　左	Chongzuo	40.0	15.7	41.2	54.0	170.5	98.6

Monthly Average Precipitation at Meteorological Stations of Major Cities (2015)

(mm)

7月 Jul.	8月 Aug.	9月 Sep.	10月 Oct.	11月 Nov.	12月 Dec.	年平均 Annual Average
235.3	242.8	131.8	56.6	98.1	133.2	1222.3
165.0	104.7	271.6	158.9	253.9	164.2	1997.9
293.4	270.3	134.9	178.6	446.0	150.3	3012.0
202.9	91.2	172.3	168.1	140.3	145.2	1507.6
676.7	238.3	424.5	90.9	136.0	33.9	2093.2
717.6	146.5	391.6	36.2	225.4	105.4	2200.2
691.0	333.8	253.8	63.0	428.0	117.9	2611.1
257.0	248.8	295.9	138.7	98.7	142.6	2019.7
304.0	142.7	197.9	333.6	271.5	123.7	1957.6
180.3	244.1	223.6	132.0	91.6	89.9	1534.0
169.6	158.3	151.6	208.6	247.8	176.5	1946.6
278.3	124.6	207.5	159.9	266.4	101.4	2022.7
223.7	209.4	235.5	149.6	256.5	171.1	1951.1
263.4	87.1	148.6	23.5	53.7	98.8	1095.1

8—7 主要年份城市公用事业基本情况
Basic Statistics on Urban Public Utilities in Main Years

指 标	Item	2010	2011	2012	2013	2014	2015
全年供水总量（万吨）	Total Volume of Tap Water Supply (10 000 tons)	147291	154483	155501	161657	162236	173266
#生活用水量	Households	72823	74324	63118	78101	79239	93869
人均日生活用水量（升）	Per Capita Daily Water Consumption (liter)	250	242	247	239.89	234.97	255.65
用水普及率（%）	Percentage of Population with Access Tap Water (%)	94.65	93.91	95.30	95.91	94.40	97.50
年末实有公共汽车营运车辆（辆）	Year-end Total Operating Public Buses (vehicle)	6839	9429	9822	10193	10752	11442
年末公共汽车标准运营车数（标台）	Year-end Total Operating Standard Public Buses (standard vehicle)	7701	9843	10381	10955	11591	12374
平均每万人拥有公共汽车（辆）	Operating Buses Owned per 10 000 Persons (vehicle)	9.09	10.83	11.20	11.63	11.70	11.85
人均城市道路面积（平方米）	Area of Roads Owned per 10 000 Persons (sq.m)	14.31	14.34	14.74	15.53	15.75	16.28
排水管道总长度（公里）	Length of Drainpipes (km)	6417	7264	7726	8309	8771	10588
污水处理厂座数（座）	Number of Effluent Treatment Plants (unit)	32	33	33	32	34	41
污水处理厂能力（万立方米/日）	Treatment Capacity of Polluted Water (10 000 cu.m/day)	220.5	256.5	254.0	262.0	286.6	303.4
污水处理厂集中处理率（%）	Rate of Centralized Treatment of Polluted Water (%)	46.84	52.99	59.96	59.34	60.47	67.75
液化石油气供气总量（吨）	Total Liquefied Petroleum Gas Supply (ton)	303804	297416	326110	309475	267632	262313
#家庭用量	Used by Residential Households	263720	246834	262661	242840	223605	212108
人工煤气供气总量（万立方米）	Total Manufactured Gas Supply (10 000 cu.m)	4517	4503	4423	4533	4739	4439
#家庭用量	Used by Residential Households	3993	3927	3788	3970	3952	3671
天然气供气总量（万立方米）	Total Natural Gas Supply (10 000 cu.m)	10320	13606	16904	22234	28510	38789
#家庭用量	Used by Residential Households	4403	5983	7591	9496	12547	15726
用气普及率（%）	Rate of Households with Access to Natural Gas (%)	92.35	91.08	93.26	93.58	92.99	94.46
园林绿地面积（公顷）	Area of Gardens & Green Space (hectare)	60225	64461	67149	69870	72414	82382
公园绿地面积（公顷）	Area of Green Space of Parks (hectare)	8331	10012	10753	10812	11086	12111
人均公园绿地面积（平方米）	Per Capita Public Green Space of Parks (sq.m)	9.83	11.02	11.60	11.48	11.19	11.60
建成区绿化覆盖率（%）	Coverage Area of Forestation of Developed Area (%)	34.96	37.35	37.65	37.65	39.37	37.60
公园个数（个）	Number of Parks (unit)	146	168	178	183	196	216
公园面积（公顷）	Area of Parks (hectare)	5842	7205	7603	7626	7767	8579
道路清扫保洁面积（万平方米）	Area Under Cleaning Program (10 000 sq.m)	11005	11133	11601	12927	14065	18189
生活垃圾及粪便清运量（万吨）	Volume of Garbage, Excrement & Urine Disposal (10 000 tons)	267.71	255.81	267.00	312.24	348.61	394.19
公共厕所数（座）	Number of Public Lavatories (unit)	1487	2104	2159	2156	2129	1496
生活垃圾无害化处理率（%）	Rate of Garbage No Harmful Disposal (%)	91.14	95.49	98.12	96.44	95.40	98.65

注：1.本表为22个设市城市（2015年百色靖西县撤县改市）平均水平,下表同。
注：2.城市建设资料由自治区住房和城乡建设厅提供
3.有关公共交通的三个指标由自治区交通厅提供。

Note: 1.The data in this table refers to the average level of the 22 cities of Guangxi(the administrative level of Jingxi changed from county to city in (2015), and the same as the continued tables.
2.The data on city construction is provided by the GuangXi Housing & Urban & Rural Construction Department.
3.The data on public tromsportation is provided by the GuangXi Transportation Department.

8－8 城市市政公用设施水平（2015年）
Level of Urban Public Utilities in Cities（2015）

地 区 Region	人口密度（人/平方公里）Population Density (person/sq.km)	人均日生活用水量（升）Per Capita Daily Consumption of Tap Water for Residential Use (litre)	用水普及率（%）Rate of Population with Access to Water(%)	用气普及率（%）Rate of Population with Access to Gas(%)	每万人拥有公共汽车（标台）Buses Owned Per 10 000 Persons (vehicle)	建成区排水管道密度（公里/平方公里）Density of Sewer Pipelines (km/sq.km)
全区城市 All Cities	**1823**	**255.65**	**97.50**	**94.46**	**11.85**	**8.30**
南宁市 Nanning City	3411	345.60	96.47	100.00	14.17	5.16
柳州市 Liuzhou City	3517	209.83	98.17	94.88	8.18	7.15
桂林市 Guilin City	1535	282.29	97.14	99.99	10.44	7.35
梧州市 Wuzhou City	1253	203.41	96.32	95.30	7.02	6.00
北海市 Beihai City	458	290.34	99.70	99.70	8.99	11.20
防城港市 Fangchenggang City	776	273.13	100.00	97.89	14.86	12.98
钦州市 Qinzhou City	1022	260.00	100.00	99.92	5.80	8.81
贵港市 Guigang City	1407	245.81	96.09	91.96	5.56	5.82
玉林市 Yulin City	2246	168.18	100.00	98.89	3.82	10.89
百色市 Baise City	699	290.41	100.00	55.27	6.55	7.58
贺州市 Hezhou City	3003	172.79	87.53	76.09	5.17	10.47
河池市 Hechi City	2806	231.13	98.00	83.74	7.22	13.01
来宾市 Laibin City	3177	185.44	99.93	98.97	9.37	13.20
崇左市 Chongzuo City	3480	203.44	94.83	75.40	4.89	6.35

注：本表为22个设市城市（2015年百色靖西县撤县改市）平均水平，下表同。

Note: The data in this table refers to the average level of the 22 cities of Guangxi(the administrative level of Jingxi changed from county to city in （2015）, and the same as the continued tables.

8—8　续表　continued

地 区	Region	人均城市道路面积(平方米) Area of Paved Roads per Population (sq.m)	人均公园绿地面积(平方米) Public Green Space of Parks per Population (sq.m)	建成区绿地率(%) Rate of Green Land of Developed Area(%)	建成区绿化覆盖率(%) Coverage Area of Forestation of Developed Area(%)	污水处理率(%) Treatment Rate of Polluted Water(%)	#污水处理厂集中处理率(%) Concentrated Treatment Rate by Factory (%)	生活垃圾无害化处理率(%) Rate of Garbage No Harmful Disposal(%)
全区城市	**All Cities**	**16.28**	**11.60**	**32.88**	**37.60**	**90.02**	**67.75**	**98.65**
南宁市	Nanning City	14.31	12.77	36.98	42.95	87.82	76.55	100.00
柳州市	Liuzhou City	12.02	13.39	36.26	43.63	95.00	48.07	100.00
桂林市	Guilin City	13.45	11.85	36.08	40.22	90.33	88.12	100.00
梧州市	Wuzhou City	14.04	10.67	40.34	40.23	88.71	63.52	100.00
北海市	Beihai City	20.70	10.20	34.07	40.51	90.09	90.09	100.00
防城港市	Fangchenggang City	35.87	7.19	26.89	31.07	76.41	43.85	100.00
钦州市	Qinzhou City	32.89	10.48	32.82	37.60	94.81	81.56	100.00
贵港市	Guigang City	19.22	12.31	21.66	22.89	90.01	37.46	100.00
玉林市	Yulin City	15.25	9.96	32.13	37.05	99.13	99.13	100.00
百色市	Baise City	17.72	11.48	31.97	36.16	85.27	85.27	100.00
贺州市	Hezhou City	13.71	8.28	32.38	37.05	85.06	85.06	100.00
河池市	Hechi City	11.67	9.48	32.19	36.59	92.04	88.41	100.00
来宾市	Laibin City	21.63	10.57	32.22	33.17	83.24	83.24	100.00
崇左市	Chongzuo City	12.74	13.30	34.95	41.73	40.08	40.08	61.96

8-9 城市人口和建设用地（2015年）
Population & Developed Areas in Cities (2015)

地区	Region	市区人口（万人）Urban Population (10 000 persons)	市区面积（平方公里）Area of Urban (sq.km)	城区人口（万人）Population of Cities (10 000 persons)	城区（县城）暂住人口（万人）Transient Population of cities (counties) (10 000 persons)	城区面积（平方公里）Area of Cities (sq.km)	建成区面积（平方公里）Developed Area (sq.km)	城市建设用地面积（平方公里）Land for Construction in Cities (sq.km)	#居住用地 Land for Residence	公共管理与公共服务用地 Land for Public Utilities	工业用地 Land for Industry
全区城市	**All Cities**	**2140.36**	**62622.60**	**848.35**	**195.83**	**5728.04**	**1275.16**	**1229.79**	**374.68**	**132.17**	**199.84**
南宁市	Nanning	290.46	6569.00	208.45	78.46	841.08	287.40	284.88	85.77	40.15	29.85
柳州市	Liuzhou	119.50	1016.00	112.28	51.05	464.39	183.92	183.92	48.34	17.34	41.67
桂林市	Guilin	128.11	2767.00	85.48	8.53	612.63	98.51	97.73	29.20	10.96	17.80
梧州市	Wuzhou	78.60	1850.20	47.62	13.17	485.01	55.96	53.73	18.84	5.41	8.33
北海市	Beihai	64.87	957.00	36.09	7.74	957.00	73.07	70.21	25.60	9.40	4.00
防城港市	Fangchenggang	58.94	2816.40	16.02	2.48	238.33	38.06	35.67	5.18	3.48	13.95
钦州市	Qinzhou	147.73	4767.20	32.92	3.31	354.38	89.63	89.02	22.78	7.45	21.56
贵港市	Guigang	198.33	3533.00	40.84	1.59	301.50	70.52	67.42	22.20	5.99	15.76
玉林市	Yulin	108.89	1251.30	54.33	13.52	302.04	68.20	68.11	26.25	9.56	2.18
百色市	Baise	35.36	3702.00	20.30	5.03	362.60	44.67	41.56	14.91	3.87	7.12
贺州市	Hezhou	114.17	5676.60	22.16	1.26	78.00	31.43	27.58	9.13	4.39	4.36
河池市	Hechi	34.13	2340.00	19.45	3.00	80.00	22.74	22.74	6.70	2.75	4.66
来宾市	Laibin	112.34	4363.00	29.11	0.12	92.00	41.00	41.00	11.37	1.66	5.92
崇左市	Chongzuo	37.00	2951.00	17.00	0.40	50.00	28.00	18.50	6.00	2.01	2.43

注：1. 全区城市数为21个设市合计数，14个地级市数为市本级数据，不含所辖（市）县。以下各表同。

2. 市区、城区人口及面积统计范围以国家建设部城市（县城）建设统计报表制度为准。即市区面积指的是城市行政区域内的全部土地面积（包括水域面积），城区面积指的是设市城市的城建统计的范围面积，市区、城区人口统计范围同。

Note: 1.The data on all the cities of Guangxi refers to the summary of data on 22 cities, and the data on 14 prefecture-level cities excludes the under counties(county-level cities). And the same as the tables below.

2. The statistical ranges of population and area of urban area and cities subject to the statistical report system of city(county seat) construction from the Ministry of Construction. The area of city district refers to the total land area(including the area of water) in the administrative areas of a city, and the urban area refers to the statistical range of city construction in a city. And so as the statistical range of the population of city district and urban area.

8－10　城市供水情况（2015年）
Statistics of Water Supply in Cities（2015）

地 区	Region	供水综合生产能力（万立方米/日）Comprehensive Productive Capacity of Water Supply (10 000 cu.m/day)	供水管道长度（公里）Length of Water Supply Pipelines (km)	供水总量（万立方米）Total Volume of Water Supply (10 000 cu.m)	#家庭用量 Households	用水人口（万人）Number of Residents with Access to Tap Water (10 000 persons)
全区城市	**All Cities**	**676.03**	**16957.79**	**173265.72**	**74534.54**	**1018.06**
南宁市	Nanning	153.90	3410.64	50892.06	27093.65	276.79
柳州市	Liuzhou	150.65	2598.63	44142.87	9436.95	160.34
桂林市	Guilin	46.60	2011.38	13227.88	6832.43	91.32
梧州市	Wuzhou	45.30	486.17	7028.99	2912.93	58.55
北海市	Beihai	32.50	1258.48	6623.46	3313.16	43.70
防城港市	Fangchenggang	17.60	468.46	4147.38	1535.67	18.50
钦州市	Qinzhou	31.38	920.07	5507.02	2815.98	36.23
贵港市	Guigang	35.08	1123.00	11205.01	3493.85	40.77
玉林市	Yulin	18.50	837.50	6155.00	3439.00	67.85
百色市	Baise	15.00	590.43	3404.00	1998.00	25.33
贺州市	Hezhou	8.00	490.11	2378.60	1220.00	20.50
河池市	Hechi	18.50	323.24	2486.00	1679.00	22.00
来宾市	Laibin	20.20	851.30	2446.10	1863.17	29.21
崇左市	Chongzuo	5.00	205.00	1496.60	780.00	16.50

8—11　城市园林绿化情况（2015年）
Basic Statistics on Parks, Gardens & Green Areas in Cities（2015）

地区	Region	绿化覆盖面积（公顷）Coverage Area of Forestation (hectare)	#建成区 Developed Area	园林绿地面积（公顷）Area of Gardens & Green Area (hectare)	#建成区 Developed Area	公园绿地面积 Area of Public Green Area (hectare)	公园面积（公顷）Area of Parks (hectare)
全区城市	**All Cities**	**89662.38**	**47952.38**	**82381.79**	**41932.73**	**12111.47**	**8579.20**
#南宁市	Nanning	40781.84	12343.63	39067.62	10629.41	3663.13	2827.95
柳州市	Liuzhou	8922.00	8024.00	7746.30	6669.00	2187.00	1416.00
桂林市	Guilin	4185.04	3961.58	3755.18	3553.83	1114.41	605.22
梧州市	Wuzhou	3198.89	2251.15	3191.92	2257.18	648.76	608.31
北海市	Beihai	2960.22	2960.22	2489.76	2489.76	447.21	414.00
防城港市	Fangchenggang	1241.51	1182.51	1041.51	1023.51	133.00	79.00
钦州市	Qinzhou	12633.50	3369.65	10990.01	2941.58	379.66	343.66
贵港市	Guigang	1677.84	1614.16	1569.86	1527.56	522.22	196.00
玉林市	Yulin	2812.00	2527.00	2641.00	2191.00	676.00	631.00
百色市	Baise	1817.26	1615.26	1657.89	1427.89	290.79	161.00
贺州市	Hezhou	1281.51	1164.55	1130.78	1017.73	194.03	183.11
河池市	Hechi	907.89	832.09	807.88	732.08	212.80	212.62
来宾市	Laibin	1359.91	1359.91	1321.22	1321.22	308.98	47.00
崇左市	Chongzuo	1168.50	1168.50	978.56	978.56	231.50	152.60

8－12 城市市政设施情况（2015年）
Basic Statistics on Municipal Utilities in Cities（2015）

地区 Region	城市道路长度（公里）Length of Roads (km)	城市道路面积（万平方米）Area of Roads (10 000 sq.m)	路灯盏数（盏）Number of Street Lights (10 000 unit)	排水管道长度（公里）Length of Drainpipes (km)	污水年排放量（万吨）Discharged Volume of Polluted Water (10 000 tons)	污水处理厂集中处理能力（万吨/日）Concentrated Treatment Capacity of Polluted Water by Factory (10 000 tons/day)	污水处理总量（万吨）Treated Total Volume of Polluted Water (10 000 tons)
全区城市 All Cities	**8186.52**	**17002.71**	**627042**	**10588.43**	**130447**	**303.4**	**117426**
#南宁市 Nanning	1561.91	4104.50	76737	1482.45	36896	78.0	32401
柳州市 Liuzhou	1031.29	1962.75	68990	1315.64	33413	51.5	31743
桂林市 Guilin	657.52	1264.84	66766	723.78	10185	41.5	9200
梧州市 Wuzhou	453.45	853.75	61800	335.70	5623	10.5	4988
北海市 Beihai	423.93	907.32	31003	818.55	5299	20.0	4774
防城港市 Fangchenggang	307.64	663.63	18702	493.86	3056	4.0	2335
钦州市 Qinzhou	467.62	1191.71	25202	790.05	3871	17.5	3670
贵港市 Guigang	355.44	815.35	8503	410.62	8642	12.4	7779
玉林市 Yulin	583.38	1035.00	31709	742.66	5175	20.0	5130
百色市 Baise	198.21	448.79	28307	338.57	2553	6.0	2177
贺州市 Hezhou	172.73	321.18	17565	328.99	1680	5.0	1429
河池市 Hechi	156.60	262.09	17670	295.79	1821	5.0	1676
来宾市 Laibin	195.07	632.35	92025	541.07	1742	5.0	1450
崇左市 Chongzuo	183.51	221.61	9138	177.88	1048	3.0	420

8－13 城市公共交通、清洁卫生和供气情况（2015年）
Basic Statistics on Public Traffic, Urban Sanitation & Gas Supply in Cities (2015)

地区 Region	年末实有公共汽车营运车辆（辆）Year-end Operating Public Buses (vehicle)	年末实有公共汽车标台营运车辆（标台）Year-end Operating Public Buses (standard vehicle)	运营线路网长度（公里）Length of Public Transporta-tion Routes (km)	公共汽车客运总量（万人次）Total Passenger Traffic (10 000 person-times)	出租汽车运营车数（辆）Taxis (vehicle)	道路清扫保洁面积（万平方米）Area Under Cleaning Program (10 000 sq.m)
全区城市 All Cities	**11442**	**12374**	**21453**	**138531**	**20731**	**18189**
#南宁市 Nanning	3121	4065	3200	47729	6723	5317
柳州市 Liuzhou	1096	1336	1818	22257	2079	2920
桂林市 Guilin	721	981	801	20388	1993	1666
梧州市 Wuzhou	430	427	771	6020	806	596
北海市 Beihai	367	394	434	3153	555	1356
防城港市 Fangchenggang	302	275	792	1586	332	636
钦州市 Qinzhou	214	210	467	1791	396	1114
贵港市 Guigang	207	236	235	1226	465	489
玉林市 Yulin	253	259	192	4000	699	708
百色市 Baise	157	166	524	2066	475	582
贺州市 Hezhou	121	121	197	1320	450	440
河池市 Hechi	162	162	278	2970	300	170
来宾市 Laibin	266	274	357	2499	529	592
崇左市 Chongzuo	91	85	263	423	82	180

8—13 续表 continued

地 区 Region	垃圾无害化处理量（万吨）Volume of Garbage & Urine No Harmful Disposal (10 000 tons)	粪便清运量（万吨）Volume of Excrement & Urine Disposal (10 000 tons)	公共厕所座数（座）Number of Public Lavatories (unit)	市容环卫专用车辆设备总数（辆）Environmental Sanitation Equipment (unit)	液化石油气供气总量（吨）Total Volume of Liquid Petrol Gas Supply (ton)	人工煤气供气总量（万立方米）Total Volume of Manufactured Gas Supply (10 000 cu.m)
全区城市 All Cities	**380.27**	**8.73**	**1496**	**7044**	**262312.99**	**4438.58**
#南宁市 Nanning	107.44	1.97	212	4551	53061.27	0
柳州市 Liuzhou	49.83	1.80	304	493	46831.60	4243.08
桂林市 Guilin	38.42	0.00	308	423	20879.20	0
梧州市 Wuzhou	18.59	0.00	67	123	8409.03	0
北海市 Beihai	24.74	0.75	111	138	19501.50	0
防城港市 Fangchenggang	7.91	0.00	22	221	10428.00	0
钦州市 Qinzhou	15.62	0.16	75	78	11023.00	0
贵港市 Guigang	26.13	0.35	44	107	12605.00	0
玉林市 Yulin	23.18	0.00	55	65	29350.50	0
百色市 Baise	6.47	0.58	87	305	5200.00	0
贺州市 Hezhou	9.40	0.00	22	71	6850.41	0
河池市 Hechi	4.83	0.00	27	50	5020.00	195.50
来宾市 Laibin	10.12	0.00	24	48	4353.97	0
崇左市 Chongzuo	3.11	0.00	12	129	3399.04	0

8－14 主要年份工业污染治理项目建设情况
Construction of Industrial Pollution Treatment Projects in Main Years

指　标	Item	1995	2000	2005	2010	2011	2012	2013	2014	2015
汇总工业企业数（个）	Total Number of Industrial Enterprises (unit)			255	126	191	194	159	135	108
施工项目本年投资来源合计（万元）	Total Funds of Projects under Construction in This Year(10 000 yuan)			103730.4	92845	129745	127329	183218	178909	247151
排污费补助	Pollution Charges Subsidies			9533	770	1524	494	0	325	168
政府其他补助	Other Government Subsidies			284	388	3574	4721	9617	4331	2367
企业自筹	Self-raising Funds			93914	91687	123639	80429	173601	174253	244616
#银行贷款	Loans			32665	30	19258	8193	12281	12076	1260
施工项目本年完成投资额（万元）	Completed Investment in Construction Projects in This Year(10 000 yuan)	33191	73659	103730.4	92845	129745	127329	183218	178909	247151
治理废水	Treatment of Waste Water	17867	40020	33678	47388	58814	47863	66235	32927	15939
治理废气	Treatment of Waste Gas	10184	26895	56863	27250	64494	63105	110217	106049	187490
治理固体废物	Treatment of Solid Wastes	3771	2716	1849	17024	3249	8782	540	17201	26722
治理噪声	Treatment of Noise Pollution	389	102	505.3	80	156	2	276	0	50
治理污染搬迁	Treatment of Moving away for Pollution			10	0	0	0	0	0	0
治理其他	Treatment of Other Pollution	980	3927	10824.4	1104	2801	7577	7051	22731	16930
施工和竣工项目（个）	Projects under Construction & Projects Completed (unit)									
当年施工项目（个）	Projects under Construction (unit)	1002	1270	389	175	315	207	143	109	137
#治理废水	Treatment of Waste Water			166	109	146	95	52	48	36
治理废气	Treatment of Waste Gas			174	36	84	40	55	40	65
治理固体废物	Treatment of Solid Wastes			34	22	37	16	6	6	7
治理噪声	Treatment of Noise Pollution			7	1	6	1	3	0	2
治理污染搬迁	Treatment of Moving away for Pollution			1	0	0	0	0	0	0
治理其他	Treatment of Other Pollution			7	7	36	55	27	15	27
当年竣工项目（个）	Projects Completed (unit)	844	1060	307	166	223	203	157	119	99
#治理废水	Treatment of Waste Water	292	443	124	104	105	92	53	49	29
治理废气	Treatment of Waste Gas	355	553	138	34	62	42	71	48	45
治理固体废物	Treatment of Solid Wastes	100	32	30	20	25	13	5	5	5
治理噪声	Treatment of Noise Pollution	62	4	7	1	6	1	3	0	1
治理污染搬迁	Treatment of Moving away for Pollution			1	0	0	0	0	0	0
治理其他	Treatment of Other Pollution		28	7	7	22	55	25	17	19

8－15　主要年份工业污染排放及处理利用情况
Discharge, Treatment & Utilization of Industrial Pollution in Main Years

指　标	Item	1995	2000	2005	2010	2011	2012	2013	2014	2015
汇总工业企业数（个）	Total Number of Industrial Enterprises (unit)			1738	4443	3565	3517	3532	3464	3543
工业废水排放量（万吨）	Volume of Industrial Waste Water Discharged (10 000 tons)	96563	81571	145609	165211	101234	110671	89508	72936	63253
#经过处理达标	Treated Waste Water up to Discharge Standard	42227	30303	121873	160139					
工业废气排放总量（亿标立方米）	Volume of Industrial Waste Gas Discharged (100 million cu.m)	2797	4607	8339	14520	29853	27611	29051	18631	16773
#燃料燃烧过程中废气排放量	Volume of Waste Gas in the Process of Fuel Burning	1699	1787	4370	8584					
生产工艺过程中废气排放量	Volume of Waste Gas in the Process of Production	1098	2820	3969	5936					
二氧化硫排放总量（万吨）	Volume of Sulfur Dioxide Discharged (10 000 tons)	76	83	97	85	48.87	47.16	43.8	43.1	38.6
烟（粉）尘排放量（万吨）	Volume of Smoke (dust) Discharged (10 000 tons)					26	26.85	26.0	37.6	32.9
烟尘排放总量（万吨）	Volume of Soot Discharged (10 000 tons)	50	59	54	26					
工业粉尘排放量（万吨）	Volume of Dust Discharged (10 000 tons)	28	57	56	32					
工业固体废物产生量（万吨）	Volume of Industrial Solid Waste Product (10 000 tons)	1588	2108	3489	6232	7438	7964	7676	8038	7023
工业固体废物处置量（万吨）	Volume of Industrial Solid Waste Treated (10 000 tons)	238	227	109	1563	2050	2218	1609	1454	546
工业固体废物综合利用量（万吨）	Volume of Comprehensive Utilization of Industrial Solid Waste (10 000 tons)	727	1058	2165	4231	4292	5369	5425	5058	4433
工业固体废物排放量（万吨）	Volume of Industrial Solid Wastes Discharged (10 000 tons)	99	127	110	9.1	2.57	0.41	0.38	0.37	0.42
“三废”综合利用产品产值（万元）	Output Value of Products Made from Utilization of Waste Gas, Waste Water & Waste Residues (10 000 yuan)	110322	84856	238923	510233					

8－16　环境污染治理投资情况
Investment in Environment Pollution Treatment

指　标	Item	2014	2015
环境污染源治理投资总额（万元）	**Total Investment in Treatment of Environmental Pollution (10 000 yuan)**	**2045292**	**2907812**
一、工业污染源治理项目本年完成投资	Completed Investment in Treatment of Industrial Pollution Sources Projects in This Year	178909	247151
二、当年完成环保验收项目环保投资	Enviornment Protection Investment in the Environmental Protection Acceptance in the Year	387683	1175706
三、城市环境基础设施建设本年完成投资额	Investment in Urban Environment Basic Facilities Construction Completed in the Year	1478700	1484955
燃气工程建设	Engineering Construction of Gas	147347	115689
排水工程建设	Engineering Construction of Drainage	395776	546952
园林绿化工程建设	Engineering Construction of Landscaping	825240	754666
市容环境卫生	Sanitation of Cities	110337	67648

8－17 重点调查工业废水排放及治理情况（2015年）
Discharge & Treatment of Waste Water by Branch of Industry（2015）

指 标 名 称	Item	汇总工业企业数（个）Number of Industrial Enterprises (unit)	工业废水排放总量（万吨）Total Discharged Volume of Industrial Waste Water (10 000 tons)	废水治理设施数（套）Number of Facilities for Treatment of Waste Water (set)
总 计	**Total**	**3543**	**55795.47**	**2318**
煤炭采选业	Coal Mining & Processing	10	4.89	6
石油和天然气开采业	Petroleum & Natural Gas Extraction	18	404	9
黑色金属矿采选业	Ferrous Metals Mining & Processing	38	53.04	23
有色金属矿采选业	Nonferrous Metals Mining & Processing	209	6353.39	123
非金属矿采选业	Nonmetal Mining & Processing	36	184.51	16
其他采矿业	Other Mining Industries	2	1.20	1
农副食品加工业	Major Grain & Sideline Product Processing	422	12328.27	428
食品制造业	Food Production	95	1225.46	70
饮料制造业	Beverage Production	69	2371.13	88
烟草制造业	Tobacco Processing	3	43.20	1
纺织业	Textile Industry	72	786.87	75
纺织服装、鞋、帽制造业	Garments, Shoes & Accessories Manufacturing	26	828.13	24
皮革、毛皮、羽绒及其制造业	Leather, Furs, Down & Related Products	18	126.34	13
木材加工及竹、藤、棕、草制品业	Timber, Bamboo, Cane, Palm Fiber, Straw Products	162	700.33	82
家具制造业	Manufacture of Furniture	6	0.65	2
造纸及纸制品业	Papermaking & Paper Products	159	12831.71	183
印刷业和记录媒介的复制	Printing & Record Medium Reproduction	5	7.94	2
文教、工美、体育和娱乐用品制造业	Culture, Education, Handcraft Art, Sport & Enter tainment Goods Manufacturing	2	3.93	2
石油加工、炼焦及核燃料加工业	Petroleum Refining & Coking	7	919.99	6
化学原料及化学制品制造业	Raw Chemical Materials & Chemical Products	266	7684.75	229
医药制造业	Medical & Pharmaceutical Products	86	1550.17	86

8—17 续表 continued

指 标 名 称	Item	汇总工业企业数（个）Number of Industrial Enterprises (unit)	工业废水排放总量（万吨）Total Discharged Volume of Industrial Waste Water (10 000 tons)	废水治理设施数（套）Number of Facilities for Treatment of Waste Water (set)
橡胶和塑料制品业	Rubber & Plastic Products	29	81.40	20
非金属矿物制品业	Nonmetal Mineral Products	1262	868.18	290
黑色金属冶炼及压延加工业	Smelting & Pressing of Ferrous Metals	167	1414.26	180
有色金属冶炼及压延加工业	Smelting & Pressing of Nonferrous Metals	123	2459.70	97
金属制品业	Metal Products	69	205.66	51
通用设备制造业	Ordinary Machinery	10	87.37	11
专用设备制造业	Special Purpose Equipment	18	98.11	15
汽车制造业	Automobile Manufacturing	33	840.74	34
铁路、船舶、航空航天和其他运输设备制造业	Railway, Ship, Aerospace & Other Transportation Equipment Manufacturing	6	37.73	5
电气机械和器材制造业	Electric Equipment & Machinery	14	143.42	13
计算机、通信和其他电子设备制造业	Computer, Communication & Other Electronic Equipment Manufacturing	14	613.23	10
仪器仪表制造业	Instruments Manufacturing	4	15.98	4
其他制造业	Other Manufacturing	26	74.30	15
废弃资源综合利用业	Waste Resources Comprehensive Utilization	24	4.25	27
金属制品、机械和设备修理业	Metal Product, Machinery & Equipment Repair Services	6	165.75	6
电力、热力生产和供应业	Production & Supply of Electric Power & Steam	25	275.03	69
燃气生产和供应业	Production & Supply of Gas	2	0.00	2

8—18 重点调查工业废气排放及治理情况（2015年）

指 标 名 称	Item	汇总工业企业数（个）Number of Industrial Enterprises (unit)	废气治理设施数（套）Number of Facilities for Treatment of Waste Gas (set)	工业废气排放量（亿立方米）Total Volume of Industrial Waste Gas Emission (100 million cu.m)
总 计	**Total**	**3543**	**6743**	**16773.3**
煤炭采选业	Coal Mining & Processing	10	13	1.2
石油和天然气开采业	Petroleum & Natural Gas Extraction	18	0	0.0
黑色金属矿采选业	Ferrous Metals Mining & Processing	38	8	24.8
有色金属矿采选业	Nonferrous Metals Mining & Processing	209	32	41.2
非金属矿采选业	Nonmetal Mining & Processing	36	30	11.0
其他采矿业	Other Mining Industries	2	0	0.0
农副食品加工业	Major Grain & Sideline Product Processing	422	606	704.8
食品制造业	Food Production	95	97	41.6
饮料制造业	Beverage Production	69	116	329.0
烟草制造业	Tobacco Processing	3	3	1.5
纺织业	Textile Industry	72	69	15.8
纺织服装、鞋、帽制造业	Garments, Shoes & Accessories Manufacturing	26	57	4.6
皮革、毛皮、羽绒及其制造业	Leather, Furs, Down & Related Products	18	18	1.9
木材加工及竹、藤、棕、草制品业	Timber, Bamboo, Cane, Palm Fiber, Straw Products	162	214	2214.1
家具制造业	Manufacture of Furniture	6	10	4.9
造纸及纸制品业	Papermaking & Paper Products	159	257	422.9
印刷业和记录媒介的复制	Printing & Record Medium Reproduction	5	2	0.4
文教、工美、体育和娱乐用品制造业	Culture, Education, Handcraft, Art, Sport & Entertainment Goods Manufacturing	2	4	0.1
石油加工、炼焦及核燃料加工业	Petroleum Refining & Coking	7	4	249.0
化学原料及化学制品制造业	Raw Chemical Materials & Chemical Products	266	539	889.9
医药制造业	Medical & Pharmaceutical Products	86	111	67.4

Discharge & Treatment of Waste Gas by Branch of Industry（2015）

二氧化硫去除率 (%) Removed rate of Sulfur Dioxide (%)	二氧化硫排放量 (吨) Volume of Sulfur Dioxide Discharged (ton)	氮氧化物去除率 (%) Removed rate of Nitrogen Oxides (%)	氮氧化物排放量 (吨) Volume of Nitrogen Oxides Discharged (ton)	烟（粉）尘排放量 (吨) Volume of Smoke & Dust Discharged (ton)
76.4	**335216.7**	**39.3**	**221751.0**	**289620.6**
46.1	133.6	0.0	7.4	17.4
	0.0		0.0	0.0
29.7	127.5	38.7	30.1	169.1
90.1	826.2	77.2	18.4	852.4
18.9	174.0	0.0	57.1	369.7
	0.0		0.0	0.0
29.6	17760.3	1.5	11619.6	28814.1
37.6	3070.8	0.3	857.7	1504.1
24.6	11516.0	1.3	2322.3	1838.1
26.3	93.4	0.0	25.9	28.4
25.7	279.3	18.5	227.2	1047.6
25.6	872.5	0.0	117.5	209.5
55.3	112.1	0.0	22.0	30.6
6.7	879.0	0.0	726.9	5712.7
0.0	2.6	0.0	1.7	19.7
47.8	24903.4	37.5	8863.1	15388.7
0.0	20.1	0.0	6.5	104.0
	0.0	0.0	0.4	0.1
38.6	5463.7	0.0	2219.2	835.6
65.8	30745.5	26.1	7681.8	10153.1
16.1	2822.6	4.1	763.3	1009.6

8-18　续表

指　标　名　称	Item	汇总工业企业数（个）Number of Industrial Enterprises (unit)	废气治理设施数（套）Number of Facilities for Treatment of Waste Gas (set)	工业废气排放量（亿立方米）Total Volume of Industrial Waste Gas Emission (100 million cu.m)
橡胶和塑料制品业	Rubber & Plastic Products	29	38	10.2
非金属矿物制品业	Nonmetal Mineral Products	1262	2907	4226.6
黑色金属冶炼及压延加工业	Smelting & Pressing of Ferrous Metals	167	407	3235.7
有色金属冶炼及压延加工业	Smelting & Pressing of Nonferrous Metals	123	638	2124.2
金属制品业	Metal Products	69	66	35.8
通用设备制造业	Ordinary Machinery	10	86	11.2
专用设备制造业	Special Purpose Equipment	18	108	4.1
汽车制造业	Automobile Manufacturing	33	80	237.0
铁路、船舶、航空航天和其他运输设备制造业	Railway, Ship, Aerospace & Other Transportation Equipment Manufacturing	6	4	0.1
电气机械和器材制造业	Electric Equipment & Machinery	14	31	14.0
计算机、通信和其他电子设备制造业	Computer, Communication & Other Electronic Equipment Manufacturing	14	40	8.2
仪器仪表制造业	Instruments Manufacturing	4	2	0.2
其他制造业	Other Manufacturing	26	5	9.5
废弃资源综合利用业	Waste Resources Comprehensive Utilization	24	7	1.3
金属制品、机械和设备修理业	Metal Product, Machinery & Equipment Repair Services	6	25	98.6
电力、热力生产和供应业	Production & Supply of Electric Power & Steam	25	107	1722.8
燃气生产和供应业	Production & Supply of Gas	2	2	7.7

continued

二氧化硫去除率 (%) Removed rate of Sulfur Dioxide (%)	二氧化硫排放量 (吨) Volume of Sulfur Dioxide Discharged (ton)	氮氧化物去除率 (%) Removed rate of Nitrogen Oxides (%)	氮氧化物排放量 (吨) Volume of Nitrogen Oxides Discharged (ton)	烟（粉）尘排放量 (吨) Volume of Smoke & Dust Discharged (ton)
18.8	2257.6	0.0	301.0	282.5
4.3	49378.9	37.4	96932.9	90020.8
56.2	36023.8	0.5	29940.3	100387.7
88.8	70771.6	64.4	15149.0	8296.3
80.7	1156.9	0.4	274.7	93.8
0.0	52.3	0.0	14.9	42.9
0.5	238.1	0.0	79.7	367.4
0.0	17.5	0.0	73.1	696.9
0.0	1.0	0.0	1.1	0.7
5.5	140.3	0.0	23.5	17.1
68.9	30.5	0.0	45.2	4.9
	0.0		0.0	0.0
0.1	32619.9	0.0	4417.4	1033.9
0.0	3.3	0.0	3.3	14.7
0.0	3.4	0.0	2.5	553.6
89.5	42648.1	56.2	38922.1	19693.1
49.7	70.9	0.0	2.1	10.0

8－19　重点调查工业固体废物排放及治理情况（2015年）

指 标 名 称	Item	汇总工业企业数（个）Number of Industrial Enterprises (unit)	工业固体废物产生量（万吨）Volume of Industrial Solid Waste Produced (10 000 tons)	#危险废物 Dangerous Wastes
总　计	**Total**	**3543**	**6476.49**	**104.83**
煤炭采选业	Coal Mining & Processing	10	0.03	0.00
石油和天然气开采业	Petroleum & Natural Gas Extraction	18	15.24	0.00
黑色金属矿采选业	Ferrous Metals Mining & Processing	38	158.91	0.00
有色金属矿采选业	Nonferrous Metals Mining & Processing	209	543.91	0.00
非金属矿采选业	Nonmetal Mining & Processing	36	85.08	0.00
其他采矿业	Other Mining Industries	2	7.12	0.00
农副食品加工业	Major Grain & Sideline Product Processing	422	615.04	0.01
食品制造业	Food Production	95	6.74	0.00
饮料制造业	Beverage Production	69	57.01	0.00
烟草制造业	Tobacco Processing	3	0.29	0.00
纺织业	Textile Industry	72	1.51	0.00
纺织服装、鞋、帽制造业	Garments, Shoes & Accessories Manufacturing	26	1.41	0.00
皮革、毛皮、羽绒及其制造业	Leather, Furs, Down & Related Products	18	0.99	0.00
木材加工及竹、藤、棕、草制品业	Timber, Bamboo, Cane, Palm Fiber, Straw Products	162	47.49	0.00
家具制造业	Manufacture of Furniture	6	0.02	0.00
造纸及纸制品业	Papermaking & Paper Products	159	136.38	0.01
印刷业和记录媒介的复制	Printing & Record Medium Reproduction	5	0.35	0.00
文教、工美、体育和娱乐用品制造业	Culture, Education, Handcraft, Art, Sport & Entertainment Goods Manufacturing	2	0.00	0.00
石油加工、炼焦及核燃料加工业	Petroleum Refining & Coking	7	0.55	1.58
化学原料及化学制品制造业	Raw Chemical Materials & Chemical Products	266	438.58	77.92
医药制造业	Medical & Pharmaceutical Products	86	7.68	0.01

Discharge & Treatment of Industrial Solid Wastes（2015）

工业固体废物综合利用量（万吨）Volume of Industrial Solid Wastes Utilized (10 000 tons)	工业固体废物贮存量（万吨）Volume of Industrial Solid Wastes Accumulated (10 000 tons)	工业固体废物处置量（万吨）Volume of Industrial Solid Wastes Treated (10 000 tons)	工业固体废物排放量（万吨）Volume of Industrial Solid Wastes Discharged (10 000 tons)
3645.08	**2526.21**	**499.44**	**0.40**
0.03	0.00	0.00	0.00
14.54	0.53	3.60	0.00
132.00	3.91	23.00	0.00
176.86	349.70	21.57	0.28
83.13	1.17	1.59	0.00
0.00	0.00	147.05	0.00
573.65	0.30	42.49	0.01
6.37	0.00	2.49	0.02
56.58	0.00	0.43	0.00
0.29	0.00	0.00	0.00
1.45	0.00	0.06	0.00
1.41	0.00	0.00	0.00
0.93	0.00	0.00	0.06
36.75	0.00	10.74	0.00
0.01	0.00	0.00	0.00
125.98	1.18	10.34	0.00
0.20	0.16	0.00	0.00
0.00	0.00	0.00	0.00
0.00	0.00	0.53	0.02
270.81	129.90	38.93	0.00
7.32	0.04	0.32	0.02

8－19　续表

指 标 名 称	Item	汇总工业企业数（个）Number of Industrial Enterprises (unit)	工业固体废物产生量（万吨）Volume of Industrial Solid Waste Produced (10 000 tons)	#危险废物 Dangerous Wastes
橡胶和塑料制品业	Rubber & Plastic Products	29	1.09	0.00
非金属矿物制品业	Nonmetal Mineral Products	1262	200.60	0.06
黑色金属冶炼及压延加工业	Smelting & Pressing of Ferrous Metals	167	1049.71	1.66
有色金属冶炼及压延加工业	Smelting & Pressing of Nonferrous Metals	123	2552.61	21.28
金属制品业	Metal Products	69	1.38	0.26
通用设备制造业	Ordinary Machinery	10	15.45	0.07
专用设备制造业	Special Purpose Equipment	18	0.30	0.03
汽车制造业	Automobile Manufacturing	33	16.13	1.09
铁路、船舶、航空航天和其他运输设备制造业	Railway, Ship, Aerospace & Other Transportation Equipment Manufacturing	6	0.03	0.00
电气机械和器材制造业	Electric Equipment & Machinery	14	0.02	0.09
计算机、通信和其他电子设备制造业	Computer, Communication & Other Electronic Equipment Manufacturing	14	41.59	0.10
仪器仪表制造业	Instruments Manufacturing	4	0.01	0.01
其他制造业	Other Manufacturing	26	2.57	0.00
废弃资源综合利用业	Waste Resources Comprehensive Utilization	24	0.13	0.38
金属制品、机械和设备修理业	Metal Product, Machinery & Equipment Repair Services	6	0.34	0.01
电力、热力生产和供应业	Production & Supply of Electric Power & Steam	25	470.17	0.24
燃气生产和供应业	Production & Supply of Gas	2	0.00	0.00

continued

工业固体废物综合利用量(万吨) Volume of Industrial Solid Wastes Utilized (10 000 tons)	工业固体废物贮存量(万吨) Volume of Industrial Solid Wastes Accumulated (10 000 tons)	工业固体废物处置量(万吨) Volume of Industrial Solid Wastes Treated (10 000 tons)	工业固体废物排放量(万吨) Volume of Industrial Solid Wastes Discharged (10 000 tons)
1.07	0.00	0.02	0.00
186.98	0.95	14.17	0.00
887.11	148.20	37.29	0.00
570.11	1890.09	93.23	0.00
0.59	0.08	0.72	0.00
5.33	0.00	10.12	0.00
0.26	0.00	0.04	0.00
15.66	0.00	0.47	0.00
0.03	0.00	0.00	0.00
0.02	0.00	0.00	0.00
1.79	0.00	39.80	0.00
0.00	0.00	0.01	0.00
2.49	0.00	0.09	0.00
0.02	0.00	0.11	0.00
0.13	0.00	0.21	0.00
485.17	0.00	0.00	0.00
0.00	0.00	0.00	0.00

主要统计指标解释

自然资源　指人类可以直接从自然界获得，并用于生产和生活的物质资源。自然资源一般可以分成可再生资源和非再生资源两大类。可再生资源指在较短时间内可以再生、可以循环利用的资源，包括土地资源、水资源、气候资源、生物资源和海洋资源等。非再生资源指在使用后不能再生的资源，包括矿产资源和地热能源。

土地资源　土地是指陆地的表层部分，它主要由岩石、岩石的风化物和土壤构成。土地资源按利用类型可以分为农用地、建筑用地和未利用地。农用地包括耕地、园地、林地、牧草地和水面。建筑用地包括居民点及工矿用地、交通用地和水利设施用地。未利用地指家用地和建筑用地以外的土地，包括滩涂、荒漠、戈壁、冰川和石山等。

林业用地面积　指生长乔木、竹类、灌木、沿海红树林等林木的土地面积，包括有林地、灌木林、疏林地、未成林造林地、迹地、苗圃等。

草地面积　指牧区和农区用于放牧牲畜或割草，植被盖度在5%以上的草原、草坡、草山等面积。包括天然的和人工种植或改良的草地面积。

海洋　是海和洋的统称。洋为地球表面上相连接的广大咸水水体的主体部分。海为地球表面相连接的广大咸水水体被陆地、岛礁、半岛包围或分隔的边缘部分。

森林面积　指由乔木树种构成，郁闭度0.2以上（含0.2）的林地或冠幅宽度10米以上的林带的面积，即有林地面积。森林面积包括天然起源和人工起源的针叶林面积、阔叶林面积、针阔混交林面积和竹林面积，不包括灌木林地面积的疏林地面积。

森林蓄积量　指一定森林面积上存在着的林木树干部分的总材积。它是反映一个国家或地区森林资源总规模和水平的基本指标之一，也是反映森林资源的丰富程度、衡量森林生态环境优劣的重要依据。

森林覆盖率　指一个国家或地区森林面积占土地总面积的百分比。森林覆盖率是反映森林资源的丰富程度和生态平衡善的重要指标。在计算森林覆盖率时，森林面积包括郁闭度0.2以上的乔木林地面积和竹林地面积，国家特别规定的灌木林地面积、农田林网以及四旁（村旁、路旁、水旁、宅旁）林木的覆盖面积。计算公式为：

$$\text{森林覆盖率（\%）}=\frac{\text{森林面积}}{\text{土地总面积}}\times 100\%$$

矿产资源保有储量　指探明的矿产储量（包括工业储量和远景储量）扣除已开采部分和地下损失量后的年底实有储量。它反映国家矿产资源的现状。

径流量　指在一定时段内通过河流某一过水断面的水量，用以反映一个国家或地区水资源的丰歉程度。计算公式为：

径流量=降水量－蒸发量

气温　指空气的温度，我国一般以摄氏度（℃）为单位表示。气候观测的温度表是放在离地面约1.5米处通风良好的百叶箱里测量的，因此，通常的气温指的是离地面1.5米处百叶箱中的温度。其统计计算方法为：

月平均气温是将全月各日的平均气温相加，除以该月的天数而得。

年平均气温是将12个月的平均气温累加后除以12而得。

降水量　指从天空降落到地面的液态或固态（经融化后）水，未经蒸发、渗透、流失而在地面上积聚的深度。其统计计算方法为：

月降水量是将全月各日的降水量累加而得。

年降水量是将12个月的月降水量累加而得。

日照时数　指太阳实际照射地面的时间。其统计方法与降水量相同。

工业废水排放量　指经过企业厂区所有排放口排到企业外部的工业废水量。包括生产废水、外排的直接冷却水、超标排放的矿井地下水和与工业废水混排的厂区生活污水，不包括外排的间接冷却水（清污不分流的间接冷却水应计算在内）。

工业废水排放达标量　指各项指标都达到国家或地方排放标准的外排工业废水量，包括未经处理外排达标和经过处理后外排达标两部分。

工业废气排放量 指企业厂内燃料燃烧和生产工艺过程中产生的各种排入空气的含有污染物的气体总量，按标准状态（273K，101325Pa）计算。

二氧化硫排放量 指企业在燃料燃烧和生产工艺过程中排入大气的二氧化硫数量。

烟尘排放量 指企业厂内燃料燃烧产生的烟气中夹带的颗粒物数量。

工业粉尘排放量 指企业在生产工艺过程中排放的颗粒物重量，如钢铁企业的耐火材料粉尘、焦化企业的筛焦系统粉尘、烧结机的粉尘、石灰窑的粉尘、建材企业的水泥粉尘等。不包括电厂排入大气的烟尘。

工业固体废物产生量 指企业在生产过程中产生的固体状、半固体状和高浓度液体废弃物的总量，包括危险废物、冶炼废渣、粉煤灰、炉渣、煤矸石、尾矿、放射性废物和其他废物等；不包括矿山开采的剥离废石和掘进废石（煤矸石和呈酸性或碱性的废石除外）。酸性或碱性废石指采掘的废石其流经水、雨淋水的pH值小于4或pH值大于10.5者。

工业固体废物综合利用量 指通过回收、加工、循环、交换等方式，从固体废物中提取或者使其转化为可以利用的资源、能源和其他原材料的固体废物量（包括当年利用往年的工业固体废物累计贮存量），如用作农业肥料、生产建筑材料、筑路等。综合利用量由原产生固体废物的单位统计。

工业固体废物处置量 指将固体废物焚烧或者最终置于符合环境保护规定要求的场所，并不再回取的工业固体废物量（包括当年处置往年的工业固体废物累计贮存量）。处置方法有填埋（其中危险废物应安全填埋）、焚烧、专业贮存场（库）封场处理、深层灌注、回填矿井等。

工业固体废物排放量 指将所产生的固体废物排到固体废物污染防治设施、场所以外的数量，不包括矿山开采的剥离废石和掘进废石（煤矸石和呈酸性或碱性的废石除外）。

"三废"综合利用产品产值 指利用"三废"（废液、废气、废渣）作为主要原料生产的产品价值（现行价）；已经销售或准备销售的应计算产品价值，留作生产自用的不应计算产品价值。

城市统计范围 根据建设部的新规定，设市城市按城区范围统计，县的统计范围为县城。

设市城市的城区 包括：

（一）街道办事处所辖地域；

（二）城市公共设施、居住设施和市政公用设施等连接到的其他镇（乡）地域；

（三）常住人口在3000人以上独立的工矿区、开发区、科研单位、大专院校等特殊区域。

县城 包括：

（一）县政府驻地的镇（城关镇）或街道办事处地域；

（二）县城公共设施、居住设施和市政公用设施等连接到的其他镇（乡）地域；

（三）常住人口在3000人以上独立的工矿区、开发区、科研单位、大专院校等特殊区域。

市区面积 指城市行政区域内的全部土地面积（包括水域面积）。地级城市行政区不包括市辖县（市），以国务院批准的行政区划面积为准。

城区面积 指设市城市的城建统计的范围面积。

市区（县）人口 指城市（县）行政区域内有常住户口和未落常住户口的人，以及被注销户口的在押犯、劳改、劳教人员。未落常住户口是指持出生、迁移、复员转业、劳改释放、解除劳教等证件未落常住户口的、无户口的人员以及户口情况不明且定居一年以上的流入人口。

城区（县城）人口 指划定的城区（县城）范围的人口数。

Explanatory Notes on Main Statistical Indicators

Natural Resources refer to the material resources that can be get from nature directly and used for production and life. Natural resources usually can be divided into 2 kinds; renewable resources and non-renewable resources. Renewable resources refer to the resources that can reproduce or recycle in a comparatively short time, including land resource, water resource, climate resource, biology resource, ocean and sea resource and so on. Non-renewable resources refer to the resources that cannot reproduce after using, including mineral resources and geothermal resource.

Land Resource Land refers to the surface of the earth, consisting of mainly rocks and its weathering and earth. Land resource can be classified, by its utilization, as land for agriculture, land for construction and unused land. Land for agriculture includes cultivated land, plantation land, forestland, grassland and waters. Land for construction includes land for residential purpose, for manufacturing and mining, for transportation and for water conservancy projects. Unused land refers to land other than land for agriculture and construction, including beaches, deserts, Gobi, glaciers and rock mountains.

Area of Afforested Land refers to land for trees, bamboo, bushes and mangrove, including forest-covered land, bush-covered land, sparse forest land, land planned for forestation and nurseries of young trees.

Area of Grassland refers to areas of grassland, grass-slopes and grass-covered hills with vegetation covering rate of over 5% that are used for animal husbandry or harvesting of grass. It includes natural, cultivated and improved grassland area.

Oceans and Seas Oceans refer to the principal part of the large bodies of saltwater connecting on the surface of the earth. Seas refer to the edges that the large bodies of saltwater connecting on the surface of the earth encircled or isolated by land, islands, reefs and peninsulas.

Forest Area refers to the area of forest where trees and bamboo grow with canopy density above 0.2 including land of natural woods and planted woods, but excluding bush land and thin forestland. It reflects the total areas of forestation.

Stock Volume of Forest refers to total stock volume of wood growing in forest area, which shows the total size and level of forest resources of a country or a region. It is also an important indicator illustrating the richness of forest resource and the status of forest ecological environment.

Forest Coverage Rate refers to the ratio of area of forestation land to total land area. It is a very important indicator that reflects the status of abundance of forest resource and ecosystem balance. Forest area includes the area of trees and bamboo grow with canopy density above 0.2, the area of shrubby tree according to regulations of the government, the area of forest land inside farm land and the area of trees plated by the side of villages, farm houses and along roads and rivers. The formula for calculating forest coverage rate is as follows:

Forest Coverage Rate(%)=(Area of Forested Land / Area of Total Land) ×100%

Ensured Reserves of Mineral Resources refer to the proven reserves of mineral resources (including industrial reserves and future reserves), which equal to the basic reserves and volume of resources minus the part mined and underground losses. They reflect status quo of mineral resources of countries.

Volume of Runoff refers to the volume of water that run through a certain cross section of a river during a given period, and it reflects the abundance of water resource in a country or region. The formula for calculating the volume of runoff is as follows:

Volume of Runoff=Amount of Precipitation—Amount of Evaporation

Atmospheric Temperature refers to the temperature of air, and is usually measured in degree centigrade (℃) in China. The thermometer for climate observation is placed in a drafty thermometer screen in distance of 1.5 meters from ground, thus the atmospheric temperature usually called refers to the temperature in the thermometer in distance of 1.5 meters from ground. The statistical calculating method is:

Average monthly atmospheric temperature equals to add up the average atmospheric temperatures of all days over a month and then multiplies the number of days over the month.

Average annual atmospheric temperature equals to add up the average monthly atmospheric temperatures and then multiplies 12.

Amount of Precipitation refers to the depth of liquid or solid (melted) water, which falls from sky to land, collected on ground without evaporation, infiltration and loss. The statistical calculating method is:

Monthly amount of precipitation equals to add up the amount of precipitation in all days over a month.

Annual amount of precipitation equals to add up the monthly amount of precipitation in 12 months of 1 year.

Sunshine Time refers to the actual hours that the sun shining ground. The statistical calculating method is the same as amount of precipitation.

Volume of Industrial Waste Water Discharged refers to the volume of industrial waste water discharged, through all outlets, to the outside of industrial enterprises, including waste water produced, direct-cooling water, underground water from mines from mines that does not meet the standard of discharge, and the domestic sewage mixed up with industrial waste water when discharged, but excluding discharged indirect-cooling water.

Volume of Waste Water up to the Standard for Discharged refers to the volume of discharged industrial wastewater that, with or without treatment, has come up to the national or local standard for discharge.

Volume of Industrial Waste Gas Emission refers to waste gas emitted from burning of fuels and from production process in the area of factory, and is measured by 10 000 standard cubic meters each year under normal condition (273K, 101325Pa).

Volume of Industrial Sulphur Dioxide Dischargedd refers to the volume of sulphur dioxide to the air in the process of fuel burning or in the production process.

Volume of Industrial Soot Discharged refers to the volume solid soot in the smoke discharged in the process of fuel burning in the area of the factory.

Industrial Dust Discharged refers to the total weight of solid dust discharged by industrial enterprises in the production process, such as dust of refractory materials form iron plants, dust from coke-screening systems or from sintering machines of coking plants, dust form lime kilns, cements dust from building material enterprises, etc., but excluding smoke and dust discharged by power plants.

Volume of Industrial Solid Wastes Produced refers to the total volume of solid, semi-solid or high-concentration liquid residue produced by industrial enterprises in their production process, including dangerous wastes, residues from melting, fly ash, slag, gangue, tailings, radioactive residues and other residues, but excluding stripped or dug stones in mining (except gangue and acid or alkali stones which are stones washed or soaked by water with a PH value smaller than 4 or larger than 10.5)

Volume of Industrial Solid Wastes Utilized in a Comprehensive Way refers to the volume of solid wastes form which useful materials can be extracted or which can be changed to be utilizable resources, energy or other materials, including the volume of industrial solid wastes stored up in the previous years and utilized in the current year, such as the solid wastes utilized as fertilizers, building materials, for making roads or for other purpose. Solid wastes producing units collect statistical data on utilization of industrial solid wastes.

Volume of Industrial Solid Wastes Treated refers to solid wastes disposed of in a non-recoverable place that meet the requirement of environmental protection, such as burying (The dangerous wastes should be buried safely), burning, piling in designated sites, pouring water into the deep strata, filing of old mines, etc. (including treatment of solid wastes piled up in the previous years).

Volume of Industrial Solid Wastes Discharged refers to the volume of industrial solid wastes produced and discharged at the places outside the special facilities or special sites for preventing against pollution, excluding stripped or dug stones in mining (except gangue and acid or alkali waste stones).

Output Value of Products Made from Utilization of Waste Gas, Waste Water and Industrial Solid Wastes refers to the value of products (calculated at current prices) made by industrial enterprises using recovered waste water, waste gas or solid wastes as main raw materials. Only the value of the products, which have been sold or are ready, to be sold should be included. The value of the products, which will be used in the production of the enterprises, should not be included.

Statistical Range of City According to the new regulation of Ministry of Construction, the statistical range of administratively designated city refers to the urban area, and the statistical range of county refers to the county seat.

Urban Area of Administratively Designated City includes:

1. the area ruled by sub-district offices;

2. the area of other towns(villages) joint by city public facilities, living facilities and municipal facilities;

3. the special area of independent industrial and mining areas, development zones, institutions of scientific research and universities and colleges, with the permanent population above 3000 persons.

County Seat includes:

1. the area of the seat towns of county governments or sub-district offices;

2. the area of other towns(villages) joint by public facilities of county seats, living facilities and municipal facilities;

3. the special area of independent industrial and mining areas, development zones, institutions of scientific research and universities and colleges, with the permanent population above 3000 persons.

Area of City District refers to the total land area(including water area) in the administrative areas of the city. The administrative areas of the prefecture-level city excludes the under counties(county-level cities), and subject to the area of administrative divisions authorized by the State Department.

Urban Area refers to the area of the statistical range of the administratively designated cities' construction.

Population of City District (county) refers to the population with permanent residences and not yet with permanent residences, and the residence-canceled population of criminals in custody, reform- through-labor personnel and reeducation-through-labor personnel. The population not yet with permanent residences refers to the personnel that without residences or have not registered their identifications(such as for birth, transferring, demobilization and returning to civilian work, reform- through-labor personnel released and reeducation-through-labor personnel released) as permanent residences yet, and also includes the influx of population that have uncertain residences and settle for more than 1 year.

Population of Urban Area(county seat) refers to the population in the range of the circumscribed urban area(county seat).

第九篇
能源生产与消费
ENERGY PRODUCTION & CONSUMPTION

（编辑：李剑波）

9－1 能源生产、消费总量（1978－2015年）
Production & Consumption of Energy（1978－2015）

单位：万吨标准煤 (10 000 tons of SCE)

年份 Year	能源生产总量 Total Production of Energy	原煤 Coal	原油 Crude Oil	水电及其他能源 Hydroelectricity & Other Resources of Energy	能源消费总量 Total Consumption of Energy	煤炭 Coal	石油 Oil	水电及其他能源 Hydroelectricity & Other Resources of Energy
1978	508.59	382.26		126.33	781	479.53	175.14	126.33
1979	475.57	341.44		134.13	765	437.58	193.29	134.13
1980	415.21	287.79		127.42	730	413.91	188.69	127.40
1981	440.82	288.59		152.23	717	391.55	173.22	152.23
1982	481.92	306.91		175.01	769	439.95	154.04	175.01
1983	524.21	333.76	3.07	187.38	810	461.21	161.41	187.38
1984	526.19	324.50	4.50	197.19	854	487.63	169.18	197.19
1985	638.52	330.16	5.13	303.23	1008.21	530.60	125.70	351.91
1986	571.19	264.64	0.00	306.55	1022.77	542.36	125.89	354.52
1987	628.55	315.04	5.39	308.12	1135.66	648.80	133.47	353.39
1988	684.25	417.56	5.20	261.49	1160.21	728.76	121.75	309.70
1989	706.28	465.87	4.67	235.74	1200.28	776.59	127.22	296.47
1990	704.63	416.27	17.14	271.22	1308.21	820.62	151.81	335.78
1991	693.59	426.95	4.49	262.15	1386.88	903.22	155.70	327.96
1992	783.88	492.88	4.59	286.41	1549.30	1034.80	157.16	357.34
1993	958.47	502.35	4.40	451.72	1809.21	1068.67	179.18	561.36
1994	1064.73	575.91	4.61	484.21	2047.95	1232.19	193.60	622.16
1995	1103.39	561.90	14.53	526.96	2256.52	1261.41	227.49	767.62
1996	1035.50	531.33	5.14	499.03	2301.11	1303.05	244.90	753.16
1997	1065.84	472.81	5.60	587.43	2327.74	1190.25	245.92	891.57
1998	975.93	430.71	4.50	540.72	2417.68	1218.87	318.95	879.86
1999	855.47	346.25	5.00	504.22	2472.73	1299.03	327.89	845.81
2000	833.28	300.26	4.70	528.32	2487.40	1226.29	378.09	883.02
2001	838.35	260.31	4.64	573.21	2700.97	1372.09	461.87	867.01
2002	770.23	185.31	5.00	579.93	2778.58	1322.61	536.27	919.71
2003	729.67	188.12	4.69	651.15	3187.66	1632.08	678.97	876.61
2004	908.43	267.06	5.13	636.24	4014.56	1971.15	863.13	1180.28
2005	1220.99	358.78	4.90	857.31	4536.74	2540.57	798.47	1197.70
2006	1359.27	288.54	4.84	1065.88	5022.95	2697.33	863.95	1461.67
2007	1467.60	305.91	4.11	1157.58	5588.61	3297.28	927.71	1363.62
2008	1926.42	191.30	4.09	1730.91	6054.22	3396.42	974.73	1683.07
2009	1820.23	259.86	4.13	1556.24	6592.74	3876.53	1068.02	1648.19
2010	1951.85	428.48	3.84	1519.53	7379.23	3977.40	1224.95	2176.88
2011	1777.24	445.37	3.24	1328.63	8005.79	4315.12	1377.00	2313.67
2012	2129.80	440.96	3.27	1685.57	8530.55	4555.32	1408.13	2567.11
2013	2517.35	369.26	62.50	2084.26	9100.37	5229.98	1443.41	2426.98
2014	2869.84	341.29	83.86	2444.69	9515.34	5025.22	1593.11	2897.01
2015	3274.39	224.60	79.30	2970.49	9760.65	4492.78	1760.29	3507.58

注：1. 本表指标均为常规能源折合标准煤。
2. 从1988年起电力折标系数调整，2000年－2013年因第三次经济普查数据作调整。

Note：1.The items in this table are converted into SCE.
2.Since 1988, the ratio of Hydro-Power converted into SCE has been adjusted. The data from 2000 to 2013 has been adjusted by the 3rd Economic Census.

9—2 能源生产、消费构成（1978—2015年）
Composition of Energy Production & Consumption（1978—2015）

单位：%　　　　(%)

年份 Year	能源生产总量 Total Production of Energy	原煤 Coal	原油 Crude Oil	水电及其他能源 Hydroelectricity & Electricity Produced by Other Powers	能源消费总量 Total Consumption of Energy	煤炭 Coal	石油 Oil	水电及其他能源 Hydroelectricity & Electricity Produced by Other Powers
1978	100	75.2		24.8	100	61.4	22.4	16.2
1979	100	71.8		28.2	100	57.2	25.3	17.5
1980	100	69.3		30.7	100	56.7	25.9	17.4
1981	100	65.5		34.5	100	54.6	24.2	21.2
1982	100	63.7		36.3	100	57.2	20.0	22.8
1983	100	63.7	0.5	35.8	100	56.9	19.9	23.2
1984	100	61.7	0.8	37.5	100	57.1	19.8	23.1
1985	100	51.7	0.8	47.5	100	52.6	12.4	35.0
1986	100	46.3	0.9	53.7	100	53.0	12.3	34.7
1987	100	50.1	0.9	49.0	100	57.1	11.8	31.1
1988	100	61.0	0.8	38.2	100	62.8	10.5	26.7
1989	100	66.0	0.7	33.4	100	64.7	10.6	24.7
1990	100	59.1	2.4	38.5	100	62.7	11.6	25.7
1991	100	61.6	0.6	37.8	100	65.1	11.2	23.7
1992	100	62.9	0.6	36.5	100	66.8	10.1	23.1
1993	100	52.4	0.5	47.1	100	59.1	9.9	31.0
1994	100	54.1	0.4	45.5	100	60.2	9.5	30.3
1995	100	50.9	1.3	47.8	100	55.9	10.1	34.0
1996	100	51.3	0.5	48.2	100	56.6	10.6	32.8
1997	100	44.4	0.5	55.1	100	51.1	10.6	38.3
1998	100	44.1	0.5	55.4	100	50.4	13.2	36.4
1999	100	40.5	0.6	58.9	100	52.5	13.6	33.9
2000	100	36.0	0.6	63.4	100	49.3	15.2	35.5
2001	100	31.1	0.6	68.3	100	50.8	17.1	32.1
2002	100	24.1	0.7	75.2	100	47.6	19.3	33.1
2003	100	25.8	0.6	73.6	100	51.2	21.3	27.5
2004	100	32.3	0.8	66.9	100	49.1	21.5	29.4
2005	100	29.4	0.4	70.2	100	56.0	17.6	26.4
2006	100	21.2	0.4	78.4	100	53.7	17.2	29.1
2007	100	20.8	0.3	78.9	100	59.0	16.6	24.4
2008	100	9.9	0.2	89.9	100	56.1	16.1	27.8
2009	100	14.3	0.2	85.5	100	58.8	16.2	25.0
2010	100	22.0	0.2	77.9	100	53.9	16.6	29.5
2011	100	25.1	0.2	74.8	100	53.9	17.2	28.9
2012	100	20.7	0.2	79.1	100	53.4	16.5	30.1
2013	100	18.7	3.2	78.3	100	57.5	15.9	26.6
2014	100	15.6	3.5	82.1	100	52.8	16.7	30.5
2015	100	6.9	2.4	90.7	100	46.0	18.0	36.0

9－3　能源利用效益主要指标

Economic Results Indicators for the Utilization of Energy

年份 Year	每万元地区生产总值消费能源（吨标准煤） Per 10 000 Yuan GDP Energy Consumption (ton of SCE)	每万元工业总产值消费能源（吨标准煤） Per10 000 Yuan Gross Output Value of Industry Energy Consumption (ton of SCE)	每吨能源消费实现的地区生产总值（元） Per Ton Energy Consumption Format Gross Domestic Product (yuan)	每吨能源消费实现的工业总产值（元） Per Ton Energy Consumption Format Gross Industrial Output Value (yuan)
1985	5.57	5.25	1795	1905
1990	2.91	2.84	3431	3526
1991	2.67	2.57	3739	3891
1992	2.40	2.16	4173	4640
1993	2.08	1.59	4818	6276
1994	1.71	1.26	5851	7912
1995	1.51	1.26	6637	7917
1996	1.36	1.16	7379	8597
1997	1.28	1.12	7807	8928
1998	1.27	1.09	7906	9161
1999	1.27	1.16	7973	8649
2000	1.20	1.13	8362	8859
2001	1.18	1.22	8439	8213
2002	1.10	1.17	9083	8575
2003	1.13	1.11	8850	8982
2004	1.17	0.95	8553	10523
2005	1.14	0.97	8182	10273
2006	1.06	0.83	9449	12081
2007	0.96	0.72	10420	13843
2008	0.86	0.63	11597	15983
2009	0.85	0.6	11769	16678
2010	0.77	0.47	12969	21277
2011	0.68	0.41	14640	24235
2012	0.65	0.38	15280	26144
2013	0.63	0.35	15799	26489
2014	0.61	0.32	16156	31467
2015	0.58	0.29	17215	34062

注：1. 价值指标按当年价格计算。因1998年后价值指标作调整，故本表资料相应变化。
2. 2000年-2013年数据根据第三次经济普查调整。

Note：1.The data in value terms in this table are calculated at current prices. Due to the indicators of value have been readjusted since 1998, the data in this table have been relatively changed.
2.The data from 2000 to 2013 has been adjusted by the 3rd Economic Census.

9—4 能源消费弹性系数
Elasticity Ratio of Energy Consumption

年份 Year	能源消费 比上年增长（%） Growth Rate of Energy Consump-tion over Preceding Year (%)	电力消费 比上年增长（%） Growth Rate of Electricity Consump-tion over Preceding Year (%)	地区生产总值 比上年增长（%） Growth Rate of GDP over Preceding Year (%)	能源消费 弹性系数 Elasticity Ratio of Energy Consumption	电力消费 弹性系数 Elasticity Ratio of Electricity Consumption
1985	6.4	15.1	11.0	0.58	1.37
1990	8.2	11.8	7.0	1.17	1.69
1991	6.0	7.8	12.7	0.47	0.61
1992	11.7	13.1	18.3	0.64	0.72
1993	16.8	10.1	18.3	0.92	0.55
1994	13.2	13.0	15.2	0.87	0.85
1995	10.2	19.8	11.4	0.90	1.74
1996	2.0	7.5	8.3	0.24	0.90
1997	1.2	3.3	8.0	0.15	0.41
1998	3.9	7.9	10.0	0.39	0.79
1999	2.3	5.7	8.0	0.29	0.71
2000	8.0	11.4	7.9	1.01	1.44
2001	8.6	3.1	8.3	1.03	0.37
2002	2.8	7.5	10.6	0.26	0.73
2003	14.7	16.5	10.2	1.44	1.58
2004	25.9	9.9	11.8	2.19	0.84
2005	15.6	11.7	13.2	1.18	0.89
2006	10.7	13.6	13.6	0.79	1.00
2007	11.3	17.6	15.1	0.75	1.17
2008	8.3	11.7	12.8	0.65	0.91
2009	8.9	11.7	13.9	0.64	0.84
2010	11.9	16.0	14.2	0.84	1.13
2011	8.5	12	12.3	0.69	0.98
2012	6.6	3.7	11.3	0.58	0.33
2013	6.7	7.3	10.2	0.66	0.72
2014	4.6	5.6	8.5	0.54	0.66
2015	2.6	2.0	8.1	0.32	0.25

9－5　主要年份分行业能源消费量和构成

行业名称	Sector	1995		2000	
		消费总量（万吨标准煤） Total Consumption (10 000 tce)	构　成（%） Composition (%)	消费总量（万吨标准煤） Total Consumption (10 000 tce)	构　成（%） Composition (%)
消 费 总 计	**Total Consunmption**	**2256.52**	**100.00**	**2487.40**	**100.00**
一、农、林、牧、渔业、水利业	**Farming,Forestry,Animal Husbandry,Fishery & Conservancy**	**45.37**	**2.01**	**52.73**	**2.12**
二、工业	**Industry**	**1848.24**	**81.91**	**1893.66**	**76.13**
轻工业	**Light Industry**	**480.48**	**21.29**	**450.47**	**18.11**
重工业	**Heavy Industry**	**1367.76**	**60.61**	**1443.19**	**58.02**
（一）采矿业	**Mining & Quarrying**	**92.03**	**4.08**	**83.58**	**3.36**
煤炭开采和洗选业	Mining & Washing of Coal	34.62	1.53	25.87	1.04
石油和天然气开采业	Extraction of Petroleum & Natural Gas			0.50	0.02
黑色金属矿采选业	Mining & Processing of Ferrous Metal Ores	10.55	0.47	7.96	0.32
有色金属矿采选业	Mining & Processing of Non-Ferrous Metal Ores	32.46	1.44	40.30	1.62
非金属矿采选业	Mining & processing of Nonmetal Ores	9.74	0.43	6.47	0.26
开采辅助活动	Mining Assist Activities			0.00	
其他采矿业	Mining of Other Ores	4.66	0.21	2.49	0.10
（二）制造业	**Manufacturing**	**1568.96**	**69.53**	**1679.99**	**67.54**
农副食品加工业	Processing of Food from Agricultural Products	187.26	8.30	239.29	9.62
食品制造业	Manufacture of Foods	36.78	1.63	20.65	0.83
酒、饮料和精制茶制造业	Wine, Drink & Refined Tea Manufacturing	29.40	1.30	12.93	0.52
烟草制品业	Manufacture of Tobacco	4.18	0.19	3.73	0.15
纺织业	Manufacture of Textile	34.56	1.53	16.17	0.65
纺织服装、服饰业	Manufacture of Textile Wearing Apparel,Footware & Caps	2.80	0.12	0.99	0.04
皮革、毛皮、羽毛及其制品业和制鞋业	Manufacture of Leather,Fur,Feather & Related Products	2.33	0.10	2.24	0.09
木材加工及木、竹、藤、棕、草制品业	Processing of Timber,Manufacture of Wood,Bamboo,Rattan,Palm & Sreaw Products	14.27	0.63	16.91	0.68
家具制造业	Manufacture of Furniture	4.56	0.20	1.49	0.06
造纸及纸制品业	Manufacture of Paper and Paper Products	66.99	2.97	61.94	2.49
印刷业和记录媒介的复制	Printing ,Reproduction of Recording Media	1.92	0.09	1.74	0.07
文教、工美、体育和娱乐用品制造业	Manufacture of Articles For Culture,Education & Sport Activity	0.29	0.01	0.25	0.01
石油加工、炼焦和核燃料加工业	Processing of Petroleum,Coking,Processing of Nuclear Fuel	8.64	0.38	9.45	0.38
化学原料及化学制品制造业	Manufacture of Raw Chemical Materials & Chemical Products	225.44	9.99	221.63	8.91
医药制造业	Manufacture of Medicines	19.76	0.88	9.95	0.40
化学纤维制造业	Manufacture of Chemical Fibers	18.37	0.81	11.94	0.48
橡胶和塑料制品业	Rubber & Plastic Products	22.83	0.65	12.19	0.49
非金属矿物制品业	Manufacture of Non-metallic Mineral Products	448.60	19.88	493.00	19.82
黑色金属冶炼及压延加工业	Smelting and Pressing of Ferrous Metals	216.38	9.59	242.52	9.75
有色金属冶炼及压延加工业	Smelting and Pressing of Nonferrous Metals	86.10	3.82	211.18	8.49
金属制品业	Manufacture of Metal Products	20.91	0.93	13.18	0.53
通用设备制造业	Manufacture of Genereal Purpose Machinery	24.95	1.11	13.93	0.56
专用设备制造业	Manufacture of Special Purpose Machinery	9.15	0.41	4.48	0.18
汽车制造业	Manufacture of Transport Equipment	13.76	0.61	9.20	0.37
铁路、船舶、航空航天和其他运输设备制造业	Railway, Ship, Aerospace & Other Transportation Equipment Manufacturing			0.00	
电气机械及器材制造业	Manufacture of Electrical Machinery & Equipment	6.60	0.29	7.71	0.31
通信设备、计算机及其他电子设备制造业	Manufacture of Communication Equipment,Computers & Other Electronic Equipment	1.63	0.07	1.49	0.06
仪器仪表制造业	Manufacture of Measuring Instruments & Machinery for Cultural Activity & Office Work	0.85	0.04	0.50	0.02
其他制造业	Other Manufacturing			0.00	
废弃资源综合利用业	Recycling and Disposal of Waste			0.00	
金属制品业、机械和设备修理业	Metal Product, Machinery & Equipment Repair Services			0.00	
（三）电力、燃气及水的生产和供应业	**Electric Power,Gas & Water Production & Supply**	**187.26**	**8.30**	**130.09**	**5.23**
电力、热力的生产和供应业	Production and Distribution of Electric Power & Heat Power	173.48	7.69	118.90	4.78
燃气生产和供应业	Production & Distribution of Gas	1.77	0.08	0.25	0.01
水的生产和供应业	Production & Distribution of Water	12.00	0.53	10.70	0.43
三、建筑业	**Construction**	**12.34**	**0.55**	**7.46**	**0.30**
四、交通运输储运业和邮政业	**Transportation,Storage & Post**	**106.17**	**4.71**	**213.67**	**8.59**
五、批发、零售业和住宿、餐饮业	**Wholesale & Retail Trade,Hotel & Catering**	**23.76**	**1.05**	**35.32**	**1.42**
六、其他行业	**Others**	**46.06**	**2.04**	**46.76**	**1.88**
七、城乡居民生活	**Residential Consumption**	**174.69**	**7.74**	**237.80**	**9.56**

注：2000年、2005年、2011年、2012年和2013年数据根据第三次经济普查调整。行业分类按2011年《国民经济行业分类》(GB/T4754-2011)标准。

Note: The data in 2000, 2005, 2011, 2012 and 2013 has been adjusted by the 3rd Economic Census, and the industry classification is based on the standard of National Economic Industry Classificaiong (GB/T4754-2011) in 2011.

Consumption & Composition of Energy by Sector in Main Years

2005		2011		2012		2013		2014		2015	
消费总量（万吨标准煤）Total Consumption (10 000 tce)	构成（%）Composition (%)	消费总量（万吨标准煤）Total Consumption (10 000 tce)	构成（%）Composition (%)	消费总量（万吨标准煤）Total Consumption (10 000 tce)	构成（%）Composition (%)	消费总量（万吨标准煤）Total Consumption (10 000 tce)	构成（%）Composition (%)	消费总量（万吨标准煤）Total Consumption (10 000 tce)	构成（%）Composition (%)	消费总量（万吨标准煤）Total Consumption (10 000 tce)	构成（%）Composition (%)
4536.74	100.00	8005.79	100.00	8530.56	100.00	9100.37	100.00	9515.35	100.00	9760.65	100.00
96.18	2.12	129.69	1.62	134.78	1.58	191.27	2.10	218.38	2.30	235.13	2.41
3341.76	73.66	5802.60	72.48	6131.77	71.88	6759.21	74.27	6848.42	71.97	6862.57	70.31
563.46	12.42	887.84	11.09	880.35	10.32	858.98	9.44	946.51	9.95	878.09	9.00
2778.30	61.24	4914.75	61.39	5252.27	61.57	5900.23	64.84	5901.90	62.03	5984.49	61.31
92.10	2.03	86.46	1.08	80.19	0.94	86.10	0.95	85.55	0.90	87.10	0.89
14.06	0.31	9.61	0.12	17.06	0.20	13.13	0.14	12.92	0.14	5.37	0.05
0.45	0.01	0.00	0.00	0.00	0.00	1.68	0.02	1.67	0.02	1.41	0.01
21.78	0.48	32.82	0.41	15.36	0.18	12.22	0.13	12.20	0.13	12.47	0.13
39.02	0.86	30.42	0.38	23.89	0.28	30.48	0.33	29.96	0.31	34.47	0.35
13.16	0.29	13.61	0.17	23.03	0.27	28.60	0.31	28.81	0.30	33.30	0.34
0.00		0.00		0.00	0.00	0.00	0.00	0.00	0.00	0.00	0.00
3.18	0.07	0.00	0.00	0.00	0.00	0.00	0.00	0.00	0.00	0.09	0.00
3104.04	68.42	5343.06	66.74	5623.35	65.92	6120.14	67.25	6229.81	65.47	6270.37	64.24
286.72	6.32	502.76	6.28	477.71	5.60	467.89	5.14	514.21	5.40	423.29	4.34
12.70	0.28	32.02	0.40	40.95	0.48	46.97	0.52	52.69	0.55	64.68	0.66
24.04	0.53	52.04	0.65	68.24	0.80	77.33	0.85	74.49	0.78	61.26	0.63
6.35	0.14	3.20	0.04	3.41	0.04	4.10	0.05	6.50	0.07	3.83	0.04
20.87	0.46	32.82	0.41	26.44	0.31	26.87	0.30	26.72	0.28	34.06	0.35
1.36	0.03	3.20	0.04	6.82	0.08	7.53	0.08	7.40	0.08	8.92	0.09
4.54	0.10	4.80	0.06	5.97	0.07	7.14	0.08	7.09	0.07	7.32	0.07
25.41	0.56	100.07	1.25	98.10	1.15	114.24	1.26	123.87	1.30	132.04	1.35
3.18	0.07	4.00	0.05	4.27	0.05	5.47	0.06	5.39	0.06	6.65	0.07
120.22	2.65	220.96	2.76	203.03	2.38	182.94	2.01	219.17	2.30	223.98	2.29
6.35	0.14	3.20	0.04	5.12	0.06	2.74	0.03	2.70	0.03	4.90	0.05
0.45	0.01	0.80	0.01	1.71	0.02	0.30	0.00	0.30	0.00	3.00	0.03
33.12	0.73	154.51	1.93	218.38	2.56	279.73	3.07	266.85	2.80	222.59	2.28
355.23	7.83	448.32	5.60	489.65	5.74	483.98	5.32	474.05	4.98	549.97	5.63
19.51	0.43	25.62	0.32	29.86	0.35	24.93	0.27	25.18	0.26	32.29	0.33
5.44	0.12	0.00	0.00	5.12	0.06	2.45	0.03	2.40	0.03	0.03	0.00
9.53	0.21	7.21	0.09	23.89	0.28	28.01	0.31	28.33	0.30	49.30	0.51
587.05	12.94	1185.66	14.81	1273.61	14.93	1433.43	15.75	1346.85	14.15	1374.95	14.09
1043.45	23.00	1488.28	18.59	1519.29	17.81	1967.96	21.63	2106.75	22.14	2030.19	20.80
370.65	8.17	875.03	10.93	942.63	11.05	755.37	8.30	741.29	7.79	776.67	7.96
21.78	0.48	22.42	0.28	29.86	0.35	39.41	0.43	42.25	0.44	50.95	0.52
19.96	0.44	41.63	0.52	14.50	0.17	17.92	0.20	17.10	0.18	28.67	0.29
7.26	0.16	14.41	0.18	17.06	0.20	16.65	0.18	16.34	0.17	19.25	0.20
40.38	0.89	63.25	0.79	63.98	0.75	66.49	0.73	62.71	0.66	89.72	0.92
0.00		0.00		8.53	0.10	9.20	0.10	9.04	0.10	5.53	0.06
9.53	0.21	28.82	0.36	29.86	0.35	32.92	0.36	32.31	0.34	43.34	0.44
3.18	0.07	8.81	0.11	11.09	0.13	12.59	0.14	12.35	0.13	15.61	0.16
0.91	0.02	0.80	0.01	0.85	0.01	1.37	0.02	1.35	0.01	1.89	0.02
51.72	1.14	4.00	0.05	1.71	0.02	2.30	0.03	2.28	0.02	3.88	0.04
5.44	0.12	0.80	0.01	0.85	0.01	1.74	0.02	1.71	0.02	1.44	0.01
0.00		0.00		0.00	0.00	0.16	0.00	0.15	0.00	0.16	0.00
145.63	3.21	373.07	4.66	429.09	5.03	552.97	6.08	533.05	5.60	505.11	5.17
119.77	2.64	361.86	4.52	407.76	4.78	528.57	5.81	509.14	5.35	487.54	4.99
8.17	0.18	0.00	0.00	0.85	0.01	0.86	0.01	0.85	0.01	1.34	0.01
17.69	0.39	11.21	0.14	21.33	0.25	23.53	0.26	23.07	0.24	16.23	0.17
33.12	0.73	40.83	0.51	42.65	0.50	46.47	0.51	50.54	0.53	59.90	0.61
382.90	8.44	759.75	9.49	823.20	9.65	667.69	7.34	876.77	9.21	932.88	9.56
109.34	2.41	200.14	2.50	215.82	2.53	178.11	1.96	215.60	2.27	233.90	2.40
117.96	2.60	252.98	3.16	278.95	3.27	254.59	2.80	276.74	2.91	310.49	3.18
455.49	10.04	819.79	10.23	903.39	10.59	1003.03	11.02	1028.90	10.81	1125.77	11.53

9－6　主要年份电力消费量

单位：亿千瓦时

指　标	Item
消费总计	**Total Consunmption**
一、农、林、牧、渔业、水利业	**Farming,Forestry,Animal Husbandry,Fishery & Conservancy**
二、工业	**Industry**
轻工业	**Light Industry**
重工业	**Heavy Industry**
（一）采矿业	**Mining & Quarrying**
煤炭开采和洗选业	Mining & Washing of Coal
石油和天然气开采业	Extraction of Petroleum & Natural Gas
黑色金属矿采选业	Mining & Processing of Ferrous Metal Ores
有色金属矿采选业	Mining & Processing of Non-Ferrous Metal Ores
非金属矿采选业	Mining & Processing of Nonmetal Ores
开采辅助活动	Mining Assist Activities
其他采矿业	Mining of Other Ores
（二）制造业	**Manufacturing**
农副食品加工业	Processing of Food from Agricultural Products
食品制造业	Manufacture of Foods
酒、饮料和精制茶制造业	Wine, Drink & Refined Tea Manufacturing
烟草制品业	Manufacture of Tobacco
纺织业	Manufacture of Textile
纺织服装、服饰业	Manufacture of Textile Wearing Apparel,Footware & Caps
皮革、毛皮、羽毛及其制品业和制鞋业	Manufacture of Leather,Fur,Feather & Related Products
木材加工及木、竹、藤、棕、草制品业	Processing of Timber,Manufacture of Wood,Bamboo,Rattan,Palm & Sreaw Products
家具制造业	Manufacture of Furniture
造纸及纸制品业	Manufacture of Paper & Paper Products
印刷和记录媒介的复制	Printing ,Reproduction of Recording Media
文教、工美、体育和娱乐用品制造业	Manufacture of Articles For Culture,Education & Sport Activity
石油加工、炼焦及核燃料加工业	Processing of Petroleum,Coking,Processing of Nuclear Fuel
化学原料及化学制品制造业	Manufacture of Raw Chemical Materials & Chemical Products
医药制造业	Manufacture of Medicines
化学纤维制造业	Manufacture of Chemical Fibers
橡胶和塑料制品业	Rubber & Plastic Products
非金属矿物制品业	Manufacture of Non-metallic Mineral Products
黑色金属冶炼及压延加工业	Smelting and Pressing of Ferrous Metals
有色金属冶炼及压延加工业	Smelting and Pressing of Nonferrous Metals
金属制品业	Manufacture of Metal Products
通用设备制造业	Manufacture of Genereal Purpose Machinery
专用设备制造业	Manufacture of Special Purpose Machinery
汽车制造业	Manufacture of Transport Equipment
铁路、船舶、航空航天和其他运输设备制造业	Railway, Ship, Aerospace & Other Transportation Equipment Manufacturing
电气机械及器材制造业	Manufacture of Electrical Machinery & Equipment
通信设备、计算机和其他电子设备制造业	Manufacture of Communication Equipment,Computers & Other Electronic Equipment
仪器仪表制造业	Manufacture of Measuring Instruments & Machinery for Cultural Activity & Office Work
其他制造业	Other Manufacturing
废弃资源综合利用业	Recycling & Disposal of Waste
金属制品、机械和设备修理业	Metal Product, Machinery & Equipment Repair Services
（三）电力、燃气及水的生产和供应业	**Electric Power,Gas & Water Production & Supply**
电力、热力的生产和供应业	Production & Distribution of Electric Power & Heat Power
燃气生产和供应业	Production & Distribution of Gas
水的生产和供应业	Production & Distribution of Water
三、建筑业	**Construction**
四、交通运输储运业和邮政业	**Transportation,Storage & Post**
五、批发、零售业和住宿、餐饮业	**Wholesale & Retail Trade,Hotel & Catering**
六、其他行业	**Others**
七、城乡居民生活	**Residential Consumption**

注：行业分类按2011年《国民经济行业分类》(GB/T4754-2011)标准。

Note: The industry classification is based on the standard of National Economic Industry Classification（GB/T4754－2011）in 2011.

Consumption of Electricity in Main Years

(100 million kwh)

1995	2000	2005	2010	2011	2012	2013	2014	2015
228.08	**322.02**	**510.15**	**993.24**	**1112.21**	**1153.85**	**1237.75**	**1307.51**	**1334.32**
8.68	**13.17**	**14.01**	**20.09**	**22.74**	**22.49**	**23.97**	**25.02**	**26.61**
155.51	**211.41**	**384.44**	**737.55**	**815.76**	**832.73**	**869.33**	**895.49**	**892.63**
40.88	**49.10**	**53.51**	**98.74**	**89.69**	**80.87**	**84.9**	**104.71**	**103.6**
114.63	**162.31**	**330.93**	**638.81**	**726.07**	**751.86**	**784.43**	**790.78**	**789.03**
14.97	**14.80**	**16.56**	**18.91**	**23**	**19.18**	**20.15**	**20.15**	**20.58**
5.86	4.30	2.53	2.94	2.72	3.46	3.36	3.36	1.52
	0.16	0.13	0.5	0	0.11	0.11	0.11	0.32
1.26	0.87	2.96	1.8	8.87	2.75	1.55	1.55	1.32
5.99	9.00	8.11	8.54	8.74	6.76	8.49	8.49	9.97
1.47	0.22	1.80	3.87	2.67	6.1	6.64	6.64	7.45
					0	0	0	0
0.39	0.25	0.83	1.26	0	0	0	0	0
118.75	**179.80**	**306.51**	**618.13**	**682.7**	**699.85**	**706.2**	**733.32**	**732.21**
13.68	15.03	18.13	34.14	40.14	37.02	38.66	51.55	35.5
2.61	1.26	1.56	4.32	4.28	5.79	6.79	8.19	8.19
1.71	0.89	1.40	6.59	5.17	6.71	6.86	6.86	6.86
0.31	0.33	0.89	1.14	0.46	0.51	0.63	0.63	0.75
3.96	3.58	4.01	3.55	5.29	3.27	3.44	3.44	5.82
0.43	0.21	0.35	0.58	0.91	2.14	2.31	2.31	2.73
0.30	0.45	0.65	1.15	1	1.26	1.53	1.53	1.53
1.76	3.35	4.73	10.71	19.51	15.64	18.83	22.35	19.55
1.04	0.38	0.76	0.27	1.01	1.18	1.36	1.36	1.72
5.29	7.67	9.95	15.86	26.02	14.78	18.93	24.45	31.92
0.38	0.54	0.96	0.57	0.94	1.52	0.8	0.8	1.51
0.04	0.05	0.05	0.04	0.15	0.52	0.07	0.07	0.92
0.50	0.83	0.92	4.03	7.63	11.52	9.52	9.52	14.73
18.46	26.18	36.01	50.77	54.62	54.08	59.23	59.23	61
0.93	0.65	1.86	1.99	3.33	4.25	2.29	2.29	5.4
2.43	3.73	1.21	2.14		1.66	0.78	0.78	0.01
2.11	1.99	3.12	5.96	5.34	6.67	6.67	6.67	12.07
20.01	24.27	40.98	89.03	99.35	102.31	106	106	111.26
14.86	30.56	94.12	192.27	210.95	240.84	240.56	244.35	225.49
13.06	41.74	52.62	148.67	145.02	137.51	126.55	126.55	117.64
2.27	2.50	5.06	9.08	6.07	8.55	10.29	10.29	13.12
3.01	3.11	3.77	4.52	11.12	3.48	3.48	3.48	6.64
1.34	1.00	1.16	2.37	3.89	4.51	4.51	4.51	5.66
2.09	2.18	6.45	8.45	16.91	17.76	18.09	18.09	20.79
					2.31	2.56	2.56	1.41
0.87	1.63	2.06	4.63	9.14	9.53	10.14	10.14	13.39
0.33	0.49	0.68	1.29	2.85	3.68	3.96	3.96	4.89
0.14	0.12	0.22	0.25	0.31	0.27	0.35	0.35	0.51
0.13	5.07	11.73	13.38	0.99	0.26	0.45	0.45	0.74
		1.10	0.38	0.3	0.28	0.51	0.51	0.41
					0.04	0.05	0.05	0.05
21.79	**16.81**	**61.37**	**100.51**	**110.06**	**113.7**	**142.98**	**142.02**	**139.84**
18.61	13.45	56.73	94.65	106.42	106.49	135.29	134.33	134.54
0.11	0.02	0.94	0.19	0.05	0.27	0.27	0.27	0.21
3.07	3.34	3.70	5.68	3.59	6.94	7.42	7.42	5.09
2.04	**1.00**	**5.02**	**9.84**	**11.83**	**11.89**	**14.06**	**15.51**	**16.79**
2.09	**4.39**	**6.87**	**11.52**	**13.31**	**14.35**	**15.74**	**18.85**	**23.29**
3.49	**5.97**	**13.11**	**23.92**	**27.41**	**31.13**	**36.5**	**39.92**	**43.13**
6.06	**9.67**	**17.26**	**46.2**	**51.27**	**57.83**	**66.59**	**74.22**	**80.86**
31.19	**49.58**	**69.44**	**144.12**	**169.89**	**183.43**	**211.56**	**238.5**	**251.01**

9－7 主要年份万元工业总产值电力消费量

单位：千瓦小时/万元

指 标	Item
总 计	**Total**
采矿业	**Mining & Quarrying**
煤炭开采和洗选业	Mining & Washing of Coal
石油和天然气开采业	Extraction of Petroleum & Natural Gas
黑色金属矿采选业	Mining & Processing of Ferrous Metal Ores
有色金属矿采选业	Mining & Processing of Non-Ferrous Metal Ores
非金属矿采选业	Mining & Processing of Nonmetal Ores
开采辅助活动	Mining Assist Activities
其他采矿业	Mining of Other Ores
制造业	**Manufacturing**
农副食品加工业	Processing of Food from Agricultural Products
食品制造业	Manufacture of Foods
酒、饮料和精制茶制造业	Wine, Drink & Refined Tea Manufacturing
烟草制品业	Manufacture of Tobacco
纺织业	Manufacture of Textile
纺织服装、服饰业	Manufacture of Textile Wearing Apparel,Footware & Caps
皮革、毛皮、羽毛（绒）及其制品业和制鞋业	Manufacture of Leather,Fur,Feather & Related Products
木材加工及木、竹、藤、棕、草制品业	Processing of Timber,Manufacture of Wood,Bamboo,Rattan,Palm & Sreaw Products
家具制造业	Manufacture of Furniture
造纸及纸制品业	Manufacture of Paper & Paper Products
印刷业和记录媒介的复制	Printing ,Reproduction of Recording Media
文教、工美、体育和娱乐用品制造业	Manufacture of Articles For Culture,Education & Sport Activity
石油加工、炼焦及核燃料加工业	Processing of Petroleum,Coking,Processing of Nuclear Fuel
化学原料及化学制品制造业	Manufacture of Raw Chemical Materials and Chemical Products
医药制造业	Manufacture of Medicines
化学纤维制造业	Manufacture of Chemical Fibers
橡胶和塑料制品业	Rubber & Plastic Products
非金属矿物制品业	Manufacture of Non-metallic Mineral Products
黑色金属冶炼及压延加工业	Smelting & Pressing of Ferrous Metals
有色金属冶炼及压延加工业	Smelting & Pressing of Nonferrous Metals
金属制品业	Manufacture of Metal Products
通用设备制造业	Manufacture of Genereal Purpose Machinery
专用设备制造业	Manufacture of Special Purpose Machinery
汽车制造业	Manufacture of Transport Equipment
铁路、船舶、航空航天和其他运输设备制造业	Railway, Ship, Aerospace & Other Transportation Equipment Manufacturing
电气机械及器材制造业	Manufacture of Electrical Machinery & Equipment
通信设备、计算机及其他电子设备制造业	Manufacture of Communication Equipment,Computers and Other Electronic Equipment
仪器仪表制造业	Manufacture of Measuring Instruments & Machinery for Cultural Activity & Office Work
其他制造业	Other Manufacturing
废弃资源综合利用业	Recycling & Disposal of Waste
金属制品、机械和设备修理业	Metal Product, Machinery & Equipment Repair Services
电力、燃气及水的生产和供应业	**Electric Power,Gas and Water Production & Supply**
电力、热力的生产和供应业	Production & Distribution of Electric Power & Heat Power
燃气生产和供应业	Production & Distribution of Gas
水的生产和供应业	Production & Distribution of Water

注：2010年起工业总产值统计范围为年主营业务收入2000万元及以上工业法人企业，2012年起按当年价格，行业分类按2011年《国民经济行业分类》（GB/T4754-2011)标准。

Note: The statistical range of gross output value of industry is the industrial corporations whose annual major business income above 2,0000,000 Yuan since 2010.and the gross output value is calculated bu current prices since 2012,industrial classification is based on the standard of National Economic Industry Classification （GB/T4754-2011）.

Electricity Consumption of Gross Output Value of Industry per 10,000 Yuan in Main Years

(kwh/10 000 yuan)

1995	2000	2005	2010	2011	2012	2013	2014	2015
1613	**1753**	**1330**	**952**	**946**	**567**	**473**	**434**	**395**
6003	**5987**	**5642**	**827**	**925**	**401**	**270**	**247**	**244**
4056	3404	3174	1732	1735	927	871	749	295
						55	46	319
2576	1311	2324	161	152	626	82	67	66
2350	1023	1090	1152	702	310	265	292	303
1056	275	498	860	816	250	372	301	304
1085								
1436	**1298**	**1222**	**862**	**865**	**544**	**432**	**397**	**350**
1000	750	827	347	404	245	189	231	151
623	450	357	420	412	254	241	242	211
754	464	354	359	332	195	162	151	127
154	139	87	101	98	30	33	29	34
1025	1555	843	279	254	263	157	138	210
391	1229	158	176	181	182	224	187	198
388	682	175	141	152	112	124	124	115
1464	2658	1416	407	411	427	281	265	187
4464	5061	418	122	131	125	118	133	145
1734	2393	1674	1039	1009	911	488	641	833
489	833	198	98	97	171	77	74	124
272	3307	377	33	31	84	80	5	72
641	339	256	204	203	115	109	111	218
2538	2704	1972	1103	1104	659	631	578	505
434	182	343	113	105	160	68	60	123
3178	8715							114
823	1074	2835	327	317	348	262	223	346
2129	3460	2826	1757	1762	1089	832	711	654
4113	4173	2806	2551	2456	1378	1077	998	921
2710	4088	2033	3064	3041	1536	1245	1058	930
1103	1988	729	1219	1185	437	363	306	309
554	488	398	317	306	130	111	108	196
521	495	212	86	83	103	98	86	108
319	252	145	67	65	107	95	84	85
					121	195	164	80
340	629	307	180	162	177	157	133	148
290	222	100	44	42	70	54	41	38
370	384	240	79	76	88	99	82	100
385	412	396	276	266	128	202	173	247
					44	42	28	14
					30	206	220	173
1358	**1436**	**1246**	**1353**	**1269**	**1046**	**1125**	**1061**	**1060**
4818	1439	1187	1311	1261	988	1105	1053	1078
2895	796	104	715	696	58	119	75	49
7962	4487	3317	2855	2404	1991	3083	2860	1792

9—8 能源消费水平

Annual Average per Capita Energy Consumption

年 份 Year	每人每年平均用能 (千克标准煤) Annual Average per Capita Energy Consumption (kilo of SCE)	每人每年平均用电 (千瓦小时) Annual Average per Capita Electricity Consumption(kwh)	每人每年平均生活用能 (千克标准煤) Annual Average per Capita Household Energy Consumption (kilo of SCE)	每人每年生活用电 (千瓦小时) Annual Average per Capita Household Electricity Consumption(kwh)
1985	251	197	25	27
1990	299	275	25	41
1991	313	293	31	48
1992	345	327	31	51
1993	408	379	38	59
1994	456	424	36	64
1995	497	502	38	69
1996	501	535	42	73
1997	502	547	48	78
1998	517	585	49	84
1999	525	613	51	92
2000	526	678	52	104
2001	566	696	56	101
2002	578	743	60	115
2003	659	857	63	127
2004	824	938	69	123
2005	974	1095	98	149
2006	1071	1228	102	171
2007	1178	1429	112	195
2008	1263	1580	120	226
2009	1363	1771	140	267
2010	1559	2099	152	305
2011	1730	2405	177	367
2012	1829	2474	194	393
2013	1936	2633	213	450
2014	2009	2760	217	503
2015	2044	2794	236	526

注：从2005年起按常住人口调整，2000年-2013年因第三经济普查数据作相应调整。

Note: The data in this table is adjusted by permanent population since 2005.The data from 2000 to 2013 has been adjusted by the 3rd Economic Census.

9-9 能源主要产品生活消费量

Household Energy Consumption of Main Energy Products

年 份 Year	生活用能合计 (万吨标准煤) Total Household Energy Consumption (10 000 tons of SCE)	原 煤 (万吨) Coal (10 000 tons)	液化石油气 (万吨) Liquefied Gas (10 000 tons)	煤 气 (亿立方米) Gas (100 million cu.m)	电 力 (亿千瓦时) Electricity (100 million kwh)
1985	76.12	66.71	0.07	0.00	10.56
1990	106.83	60.31	0.09	0.09	17.45
1991	133.21	59.07	6.03	0.12	20.59
1992	135.10	55.18	6.06	0.15	22.14
1993	169.27	57.57	7.89	0.21	25.97
1994	161.79	28.40	8.46	0.53	28.66
1995	174.69	27.65	15.66	0.60	31.19
1996	193.14	29.52	22.42	0.22	33.31
1997	221.23	26.16	24.40	0.37	36.30
1998	228.79	12.89	27.81	0.34	39.50
1999	238.00	10.64	32.26	0.30	43.27
2000	255.07	13.09	32.24	0.37	49.58
2001	273.02	12.96	38.94	0.25	48.44
2002	296.32	11.17	43.11	0.27	55.31
2003	316.72	13.38	45.76	0.36	61.48
2004	372.42	17.75	50.26	0.39	60.07
2005	493.28	18.56	54.26	0.41	69.44
2006	552.73	23.53	65.70	0.49	80.53
2007	582.82	29.45	70.04	0.58	93.01
2008	635.55	22.35	74.57	0.94	109.09
2009	682.64	22.56	75.8	1.1	129
2010	772.44	32.52	79.52	1.7	144.12
2011	878.67	32.45	84.56	0.4	169.89
2012	969.77	36.78	96.58	0.83	183.43
2013	1003.04	14.78	50.46	0.45	211.56
2014	1028.9	16.98	51.61	0.68	238.5
2015	1125.77	14.14	62.45	0.37	251.01

注：2000年-2013年数据因第三次经济普查调整。

Note: The data from 2000 to 2013 has been adjusted by the 3rd Economic Census.

9—10 主要年份石油及燃料消费量
Consumption of Petroleum & Fuel in Main Years

品　　名	Type	1995	2000	2005	2010	2011	2012	2013	2014	2015
原　油（万吨）	Crude Oil (10 000 tons)	42.44	61.41	97.71	396.02	1018.84	1471.92	1296.13	1390.47	1428.77
汽　油（万吨）	Gasoline (10 000 tons)	41.32	65.87	127.75	182.68	197.56	214.53	224.21	224.3	290.89
煤　油（万吨）	Kerosene (10 000 tons)	5.60	3.79	7.00	2.73	0.28	0.08	23.83	90.32	56.36
柴　油（万吨）	Diesel Oil (10 000 tons)	72.43	136.82	234.06	332.37	376.91	400.50	430.89	506.17	573.34
燃料油（万吨）	Fuel Oil (10 000 tons)	13.57	7.67	20.96	24.64	32.45	38.42	44.83	31.22	24.1
液化石油气（万吨）	Liquefied Gas (10 000 tons)	15.89	35.27	50.70	84.85	98.94	115.36	125.88	103.02	116.32
煤　气（亿立方米）	Gas (100 million cu.m)	1.16	5.83	12.31	228.97	190.04	225.88	310.60	361.34	360.72

注：2000年-2013年部分数据根据第三次经济普查调整。
Note: The data from 2000 to 2013 has been adjusted by the 3rd Economic Census.

9—11 能源可供量（2015年）
Energy Available for Consumption (2015)

品　　名	Type	综合能源可供量 Total Energy Available	生产量 Output	调入量 Transfer From Other Regions	进口量 Imports	调出量 Transfer to Other Province Regions	年初年末库存差额 Stock Balance in This Year
综合能源（万吨标准煤）	Total Energy (10 000 tons of SCE)	9830.60	3274.39	7595.72	1613.73	2805.51	80.43
煤　炭（万吨）	Coal(10 000 tons)	6118.93	501.47	4840.64	949.86	259.10	86.06
原　油（万吨）	Crude Oil (10 000 tons)	1428.77	55.51	1366.98	421.49	421.89	6.68
电力（亿千瓦时）	Electricity(100 million kwh)	1334.32	1318.99	136.08		120.75	

注：电力可供生产量为水电、火电可供生产量，未包括回收能。
Note: Data on electricity available output refers to the total available output of hydro-power & thermal power, excluding the recycled energy.

主要统计指标解释

能源生产总量 指一定时期内一个国家或地区一次能源生产量的总和，是观察全国能源生产水平、规模、构成和发展速度的总量指标。一次能源生产量包括原煤、原油、天然气、水电、核能及其他动力能（如风能、地热能等）发电量，不包括低热值燃料生产量、生物质能、太阳能等的利用和由一次能源加工转换而成的二次能源产量。

能源消费总量 指一定时期内一个国家或地区物质生产部门、非物质生产部门和生活消费的各种能源的总和，是观察能源消费水平、构成和增长速度的总量指标。能源消费总量包括原煤和原油及其制品、天然气、电力，不包括低热值燃料、生物质能和太阳能等的利用。能源消费总量分为终端能源消费量、能源加工转换损失量和损失量三部分。

终端能源消费量 指一定时期内一个国家或地区生产和生活消费的各种能源在扣除了用于加工转换二次能源消费量和损失量以后的数量。

能源加工转换损失量 指一定时期内一个国家或地区投入加工转换的各种能源数量之和与产出各种能源产品之和的差额，是观察能源在加工转换过程中损失量变化的指标。

能源损失量 指一定时期内一个国家或地区能源在输送、分配、储存过程中发生的损失和由客观原因造成的各种损失量，不包括各种气体能源放空、放散量。

能源消费弹性系数 是反映能源消费增长速度与国民经济增长速度之间比例关系的指标。

计算公式为：

$$\text{能源消费弹性系数}=\frac{\text{能源消费量年平均增长速度}}{\text{国民经济年平均增长速度}}$$

电力消费弹性系数 反映电力消费增长速度与国民经济增长速度之间比例关系的指标。

计算公式为：

$$\text{电力消费弹性系数}=\frac{\text{电力消费量年平均增长速度}}{\text{国民经济年平均增长速度}}$$

Explanatory Notes on Main Statistical Indicators

Total Energy Production refers to the total production of primary energy by all energy production enterprises in a country or region in a given period of time. It is a comprehensive indicator to show the capacity, scale, composition and development of energy production of the country. The production of primary energy includes that of coal, crude oil, natural gas, hydro-power and electricity generated by nuclear energy and other means such as wind power and geothermal power. However, it excludes the production of fuels of low calorific value bio-energy, solar energy and the secondary energy converted from the primary energy.

Total Domestic Energy Consumption refers to the total consumption of energy of various kinds by material production sectors, non-material production sectors and households in a country or region in a given period of time. It is a comprehensive indicator to show the scale, composition and development of energy consumption. The total energy consumption includes that of coal, crude oil and their products, natural gas and electricity. However, it excludes the consumption of fuel of low calorific value, bio-energy and solar energy. Total domestic energy consumption can be divided into three parts: final energy consumption, loss during the process of energy conversion and loss.

Volume of Terminal Energy Consumption refers to volume of various of energy consumption for production and living in a country or region during a giving period after deducting the volume consummated in processing secondhand energy and the volume losing.

Volume of Energy Lost by Processing and Conversion refers to balance between volume of various of energy put into processing and conversion and output volume of energy in one country or area in certain period, and it is an indicator to carrying out observations at changes of volume of energy lost in processing and conversion.

Volume of Energy Los refers to various of volume of energy lost in transporting, distributing and storing and for objective causes in one country or area in certain period, excludes discharged volume of various of gas energy.

Elasticity Ratio of Energy Consumption is an indicator to show the relationship between the growth rate of energy consumption and the growth rate of the national economy. The formula is:

$$\text{Elasticity Ratio of Energy Consumption} = \frac{\text{Average Annual Growth Rate of Energy Consumption}}{\text{Average Annual Growth Rate of National Economy}}$$

Elasticity Ratio of Energy Consumption is an indicator to show the relationship between the growth rate of energy consumption and the growth rate of the national economy. The formula is:

$$\text{Elasticity Ratio of Energy Consumption} = \frac{\text{Average Annual Growth Rate of Electricity Consumption}}{\text{Average Annual Growth Rate of National Economy}}$$

第十篇

固定资产投资

INVESTMENT IN FIXED ASSETS

（编辑：易　静）

10－1　全社会固定资产投资及增长速度（1978－2015年）
Investment in Fixed Assets & Its Growth Rate（1978－2015）

年 份 Year	全社会投资总额 Total Investment	城镇投资 Urban Investment	按管理渠道分 By Channel of Management				农村投资 Rural Investment	全社会投资总额中住宅 Residential Buildings
			基本建设投资 Basic Investment	更新改造投资 Innovation	其他固定资产投资 Others	房地产开发投资 Real Estate Development		
投资额（万元） Investment（10 000 yuan）								
1978	96055	96055	96055					6745
1980	121815	121815	103067	18748				23185
1985	422191	422191	167327	71218	17599			142092
1990	685666	471432	212880	169619	35800	21933	214234	221077
1991	896479	622695	288923	220662	42900	23310	273784	285398
1992	1410395	1050784	522135	341696	76855	45413	359611	378228
1993	2780754	2288445	1099415	527724	210325	316451	492309	680317
1994	3825871	2800623	1407722	658346	146333	328408	1025248	1102233
1995	4233742	3206590	1570988	685572	162654	515050	1027152	1208881
1996	4764200	3405965	1744608	713293	105148	432305	1358235	1537400
1997	4798023	3435948	1829651	591029	145175	335374	1362075	1664245
1998	5717025	4231848	2405296	697162	156963	326838	1485177	1851688
1999	6202035	4658915	2630000	700972	394008	329735	1543120	1918970
2000	6600146	5241049	2815412	801593	592572	386747	1359097	1644650
2001	7312523	5953938	3243086	865975	646851	555826	1358585	1734899
2002	8349852	6931808	3725200	1055354	606548	882807	1418044	2008016
2003	9873063	8476445	4488309	1427401	622937	1403112	1396618	2549373
2004	12636500	11217558	6267732	1985739	847299	2116787	1418942	2863485
2005	17690715	15223560	9008716	2747259	599670	2867915	2467155	3416021
2006	22465743	19956664	11706485	3722813	827563	3699803	2509079	3978916
2007	29700845	26271518	14385378	5270504	1252801	5362835	3429327	5562505
2008	37831385	33526716	18057743	7689521	1512659	6273423	4304669	6663557
2009	57066957	51593360	26145334	15525521	1785694	8136811	5473597	9200203
2010	78590660	71618399	34794814	22158979	2602395	12062211	6972261	12279939
2011	101604527	92803004	41853857	30548054	5226437	15174656	8801523	15554926
2012	126352181	114823208	49754367	42570996	6948457	15549388	11528973	16020340
2013	119076669	107546757	45012370	43190601	3197464	16146322	11529912	16212711
2014	138432123	126067961	54182316	50389319	3111384	18384942	12364162	17861116
2015	162277817	148475604	66801531	58978498	3604642	19090933	13802213	19135552

10—1 续表 continued

年份 Year	全社会投资总额 Total Investment	按管理渠道分 By Channel of Management: 城镇投资 Urban Investment	基本建设投资 Basic Investment	更新改投资 Innovation	其他固定资产投资 Others	房地产开发投资 Real Estate Development	农村投资 Rural Investment	全社会投资总额中住宅 Residential Buildings
增长速度（上年=100） Growth Rate (preceding year=100)								
1978	22.1		22.1					17.2
1980	24.2		7.4	809.7				84.2
1985	49.9		54.9	55.9	129.4			72.7
1990	-4.6		2.5	-13.1	-33.5			16.4
1991	30.7	32.1	35.7	30.1	19.8	6.3	27.8	29.1
1992	57.3	68.7	80.7	54.9	79.1	94.8	31.3	32.5
1993	97.2	117.8	110.6	54.4	173.7	596.8	36.9	79.9
1994	37.6	22.4	28.0	24.8	-30.4	3.8	108.3	62.0
1995	10.7	14.5	11.6	4.1	11.2	56.8	0.2	9.7
1996	12.5	6.2	11.1	4.0	-35.4	-16.1	32.2	27.2
1997	0.7	0.9	4.9	-17.1	38.1	-22.4	0.3	8.3
1998	19.2	23.2	31.5	18.0	8.1	-2.5	9.0	11.3
1999	8.5	10.1	9.3	0.5	151.0	0.9	3.9	3.6
2000	6.4	12.5	7.0	14.4	50.4	17.3	-11.9	-14.3
2001	10.8	13.6	15.2	8.0	9.2	43.7	0.0	5.5
2002	14.2	16.4	14.9	21.9	-6.2	58.8	4.4	15.7
2003	18.2	22.3	20.5	35.3	2.7	58.9	-1.5	27.0
2004	28.0	32.3	39.6	39.1	36.0	50.9	1.6	12.3
2005	40.0	35.7	43.7	38.3	-29.2	35.5	73.9	19.3
2006	27.0	31.1	29.9	35.5	38.0	29.0	1.7	16.5
2007	32.2	31.6	22.9	41.6	51.4	44.9	36.7	39.8
2008	27.2	27.6	25.5	45.9	20.7	15.9	25.5	19.8
2009	50.8	53.9	44.8	101.9	18.1	29.7	27.2	38.1
2010	37.7	38.8	33.1	42.7	45.7	48.2	27.4	33.5
2011	29.3	29.6	20.3	37.9	100.8	25.8	26.2	26.7
2012	24.4	23.7	18.9	39.4	32.9	2.5	31.0	3.0
2013	21.4	19.8	17.8	30.0	14.6	3.8	38.5	7.3
2014	16.3	17.2	20.4	16.7	-2.7	13.9	7.2	10.2
2015	17.2	17.8	23.3	17.0	15.9	3.8	11.6	7.1

注：1. 1978年～1981年为全民投资总额，1982年以后为全社会投资总额。2008年的数据根据经济普查数予以调整。

2. 根据相关制度要求，2013年我区固定资产投资统计起点由项目计划总投资50万元提高到500万元；2013年各增长数据根据2012年度国家口径作为基数计算；2013年度全区固定资产投资与国家公布的各省数据口径完全一致（不包含跨省项目投资），各市投资包含跨省项目投资，因此各市投资合计与全区固定资产投资不一致。

3. 根据制度设计，本表中其他固定资产投资包括其他投资和城镇和工矿区私人建房两部分。

Note: 1. Investment in fixed assets during the years 1978 to 1981 refer to total people investment, and since 1982 are total social investment in fixed assets. The data in 2008 has been adjusted by the 2nd Economic Census.

2. According to the National Statistical System, the statistical floor level of total planned projects investment in fixed assets of Guangxi has been raised from 500 000 Yuan to 5 000 000 Yuan. The data on growth rates in 2013 is calculated on the data of national statistical range in 2012. The statistical range of data on investment in fixed assets of Guangxi is completely the same as the data of other provinces published by National Bureau of Statistic (excluding investment in inter-provincial projects). Due to the investment in inter-provincial projects is included in the investment of cities separately, there are differences between the summary of investment of cities and investment of Guangxi.

3. According to the National Statistical System, the data on "Others" in this table includes 2 parts:other investment in fixed assets and private building in urban and factory & mine areas.

10－2 国有单位固定资产投资及增长速度（1978－2015年）
Investment in Fixed Assets of State-owned Units & Its Growth Rate（1978－2015）

年 份 Year	投资总额 Total Investment	中央项目 Central	地方项目 Local	地方投资占总额比重（%）Proportion of Local Investment in Total Investment(%)	新 增 固定资产 Newly Increased Fixed Assets
投资额（万元） Investment (10 000 yuan)					
1978	96055	15710	80345	83.6	54677
1980	121815	28129	93686	76.9	89031
1985	247349	88319	159030	64.3	163230
1990	411663	88657	323006	78.5	374779
1991	542295	128015	414280	76.4	419072
1992	926799	229885	696914	75.2	609629
1993	1693664	393855	1299809	76.7	960428
1994	1939743	518424	1421319	73.3	1089639
1995	2162880	623052	1539828	71.2	1917553
1996	2361406	550378	1811028	76.7	1753595
1997	2228299	467362	1760937	79.0	1946615
1998	2765781	581435	2184346	79.0	2141607
1999	3034692	689587	2345105	77.3	2112000
2000	3287710	994743	2292967	69.7	3140709
2001	3575582	922303	2653279	74.2	2332310
2002	4023603	990379	3033224	75.4	2270341
2003	4492504	1052907	3439597	76.6	3142566
2004	5394295	932227	4462068	82.7	3296786
2005	7078102	1135701	5942401	84.0	4248682
2006	8225875	1190370	7035505	85.5	4107952
2007	10056627	1167349	8889278	88.4	5110058
2008	12698400	1445195	11253205	88.6	5492696
2009	23510063	3850208	19659855	83.6	10552524
2010	30665485	5562613	25102872	81.9	11285161
2011	34849787	5196362	29653425	85.1	15927158
2012	38361748	5416951	32944797	85.9	18639488
2013	34182726	2288299	31894427	93.3	19534313
2014	38854457	2461364	36393093	93.7	22040292
2015	46135787	2251879	43883908	95.1	25625920

注：2006年以后国有单位固定资产投资包含了农村非农户投资，2006年数据做相应调整。根据经普对2008年数据进行调整。

Note: Investment in fixed assets of state-owned units has included investment from rural non-agriculture households in fixed assets since 2006,and the data of 2006 is adjusted relevantly.The data in 2008 has been adjusted by the 2nd Economic Census.

10—2 续表 continued

年 份 Year	投资总额 Total Investment	中央项目 Central	地方项目 Local	地方投资占总额比重（%） Proportion of Local Investment in Total Investment(%)	新 增 固定资产 Newly Increased Fixed Assets
增长速度（上年=100） Growth Rate (preceding year=100)					
1978	20.9	32.3	18.8		-8.5
1980	24.2	-4.3	36.5		13.0
1985	50.6	57.4	47.0		19.6
1990	-0.6	-8.0	1.6		2.5
1991	31.7	44.4	28.3		11.8
1992	70.9	79.6	68.2		45.5
1993	82.7	71.3	86.5		57.5
1994	14.5	31.6	9.3		13.5
1995	11.5	20.2	8.3		76.0
1996	9.2	-11.7	17.6		-8.6
1997	-5.6	-15.1	-2.8		11.0
1998	24.1	24.4	24.0		10.0
1999	9.7	18.6	7.4		-1.4
2000	8.3	44.3	-2.2		48.7
2001	8.8	-7.3	15.7		-25.7
2002	12.5	7.4	14.3		-2.7
2003	11.7	6.3	13.4		38.4
2004	20.1	-11.5	29.7		4.9
2005	31.2	21.8	33.2		28.9
2006	16.2	4.8	18.4		-3.3
2007	22.3	-1.9	26.3		24.4
2008	26.3	23.8	26.6		7.5
2009	85.1	166.4	74.7		92.1
2010	30.4	44.5	27.7		6.9
2011	13.6	-6.6	18.1		41.1
2012	10.1	4.2	11.1		17.0
2013	9.1	-48.3	18.5		28.3
2014	13.7	7.6	14.1		12.8
2015	18.7	-8.5	20.6		16.3

10—3 主要年份全社会固定资产投资总额

单位：亿元

指　标	Item	1995	2000
总　计	**Total**	**423.37**	**660.01**
基本建设投资	**Basic Construction**	**157.10**	**281.54**
按经济类型分	By Economic Type		
国有经济	State-owned Units	137.15	249.95
联营经济	Joint-owned	0.86	0.45
其他经济	Others	19.09	31.14
按隶属关系分	By Administrative Relationship		
中　央	Central	43.58	71.48
地　方	Local	113.52	210.06
更新改造投资	**Innovation**	**68.56**	**80.16**
按经济类型分	By Economic Type		
国有经济	State-owned Units	55.24	64.41
联营经济	Joint-owned	0.07	0.08
其他经济	Others	13.25	15.67
按隶属关系分	By Administrative Relationship		
中　央	Central	18.81	38.51
地　方	Local	49.75	41.65
其他投资	**Others**	**16.27**	**59.26**
按经济类型分	By Economic Type		
国有经济	State-owned Units	5.41	2.96
联营经济	Joint-owned	8.10	6.92
其他经济	Others	2.76	49.38
按隶属关系分	By Administrative Relationship		
中　央	Central	0.17	0.15
地　方	Local	16.10	59.11
房地产开发投资	**Real Estate Development**	**51.51**	**38.67**
按经济类型分	By Economic Type		
国有经济	State-owned Units	18.28	11.45
联营经济	Joint-owned	9.23	3.25
其他经济	Others	23.80	23.97
农村非农户固定资产投资	**Investment from Rural Non-agriculture in Fixed Assets**	**39.67**	**50.32**
私人固定资产投资	**Individual**	**90.28**	**150.06**
城镇和工矿区私人建房	Housing Construction by Urban & Industrial & Mining Areas Individuals	27.23	64.47
农村农户投资	Rural Individuals	63.05	85.59

注：2005年前，非农户投资由调查队提供，城镇工矿区为全部私人建房投资。2005年起，国家统计制度改革统一将城镇工矿区私人建房以及农村非农户投资按项目统计。2008年的数据根据经济普查数予以调整。

Note: Before 2005,the data on the investment from non-agriculture households was provided by the Survey Office in Guangxi, and the housing construction by urban & industrial & mining areas refered to the total investment for individual housing construction. Since 2005, the housing construction by urban & industrial & mining areas individuals and the investment from rural non-agriculture households were calculated unitedly by sector according to the reformation of the state statistic system.

Total Investment in Fixed Assets in Main Years

(100 million yuan)

2005	2010	2011	2012	2013	2014	2015
1769.07	**7859.07**	**10160.45**	**12635.22**	**11907.67**	**13843.21**	**16227.78**
900.87	**3479.48**	**4185.39**	**4975.44**	**4501.24**	**5418.23**	**6680.15**
553.93	2245.94	2506.27	2868.61	2332.70	2709.51	3291.01
4.23	1.86	4.85	10.65	24.86	19.74	7.01
342.71	1231.67	1674.26	2096.18	2143.67	2688.98	3382.14
118.63	490.81	446.27	471.34	170.29	188.52	184.97
782.24	2988.67	3739.12	4504.10	4330.94	5229.71	6495.19
274.73	**2215.90**	**3054.81**	**4257.10**	**4319.06**	**5038.93**	**5897.85**
106.81	538.18	616.13	684.74	633.87	771.68	936.00
0.27	6.19	5.26	11.00	17.03	11.10	10.84
167.65	1671.52	2433.41	3561.36	3668.16	4256.15	4951.01
39.34	98.73	108.51	86.64	77.68	86.23	78.23
235.39	2117.17	2946.29	4170.46	4241.38	4952.70	5819.61
59.97	**237.25**	**441.77**	**569.99**	**313.50**	**301.18**	**349.77**
17.04	72.49	94.17	102.97	96.24	65.12	70.63
4.32	0.86	3.30	1.10	1.04	1.47	2.77
38.61	163.89	344.30	465.92	216.22	237.88	276.38
1.43	2.10	9.51	4.31	2.86	1.05	3.73
58.54	235.14	432.27	565.68	310.64	303.42	346.05
286.79	**1206.22**	**1517.47**	**1554.94**	**1614.63**	**1838.49**	**1909.09**
30.03	100.49	145.01	189.27	137.52	94.58	94.23
6.35	0.84	0.24	5.74	1.83	0.00	0.00
250.41	1104.90	1372.22	1359.93	1475.27	1743.92	
99.74	**358.97**	**470.40**	**689.46**	**629.25**	**680.81**	**807.39**
146.97	**361.25**	**490.63**	**588.29**	**529.99**	**562.27**	**583.52**
	22.99	80.87	124.86	6.25	6.66	10.69
146.97	338.26	409.76	463.43	523.74	555.61	572.83

10－4　主要年份固定资产投资资金来源

单位：万元

指　　标	Item	1995	2000
资金来源总计	**Total Fund**	**2939513**	**4198133**
#地　方	Local	2331578	3066097
#国家预算内	State Budgetary Appropriation	78769	378744
#地　方	Local	57511	280640
国内贷款	Domestic Loans	854107	1029012
#地　方	Local	611133	617914
利用外资	Foreign Investment	220117	154224
#地　方	Local	177239	154224
自筹投资	Fundraising	1264132	1901390
#地　方	Local	1012207	1330788
在资金来源总计中:	In Total Fund		
基本建设资金来源	**Basic Construction**	**1540377**	**2714050**
#地　方	Local	1117568	1966652
#国家预算内	State Budgetary Appropriation	69741	369687
#地　方	Local	48550	272429
国内贷款	Domestic Loans	435347	738631
#地　方	Local	216517	357399
利用外资	Foreign Investment	139004	126656
#地　方	Local	103334	126656
自筹投资	Fundraising	653431	1084562
#地　方	Local	547660	863847
更新改造资金来源	**Innovation**	**669422**	**790952**
#地　方	Local	490525	410096
#国家预算内	State Budgetary Appropriation	3511	3881
#地　方	Local	3444	3035
国内贷款	Domestic Loans	204597	172464
#地　方	Local	180841	143345
利用外资	Foreign Investment	16959	7076
#地　方	Local	9751	7076
自筹投资	Fundraising	401512	579146
#地　方	Local	257846	231174

注：资金来源为城镇基建、更改、其它和房地产四部分当年资金到位数。

Note: Sources of funds refer to the funds reaching the designated positions in the current year, including basic construction, innovation, other investment & real estate by urban areas..

Investment in Fixed Assets by Source of Funds in Main Years

(10 000 yuan)

2005	2010	2011	2012	2013	2014	2015
16044415	**75978774**	**95911551**	**121833076**	**115286106**	**136737288**	**157003534**
14357240	70082471	72249974	116621621	112559191	133046079	153990334
1400300	3819964	4335425	6213347	5993435	8115523	10631186
889757	3108320	3814097	5657903	5762880	7854940	10474167
3026562	11669666	12032171	14654095	15569087	18439270	22163086
2495061	9637499	7499023	13073702	14654564	17271360	21009748
629035	718151	769380	420027	140943	132717	348586
628585	711543	699256	387026	140943	132717	348586
7702416	47479010	65682301	82805057	78113682	91881533	104586961
7089364	45136176	55798279	80731248	76741722	90241623	102969491
9129466	**34765422**	**41499968**	**70853235**	**67357690**	**56702552**	**69258070**
7853019	29978628	36662231	66622236	65480825	54564006	67385027
1312284	3105247	3450090	4617904	4562547	6437761	8128695
820560	2481063	2938630	4115766	4375960	6206685	8039456
2136352	6815018	6566367	10282592	10090530	8160430	11261550
1620027	4948199	4652505	8920765	9313312	7150775	10408513
349733	291442	317719	211504	90812	62250	153005
349283	285942	317719	178503	90812	62250	153005
4088562	21118834	27928690	40433080	38884501	37985530	44793887
3844733	19572221	26192105	39060701	38174715	37168991	43887098
2897512	**23214855**	**31259988**	**43925090**	**44657932**	**52670321**	**60664143**
2508256	22166358	30147586	42987692	43836557	51743433	59828842
41947	578956	722581	1362091	1151840	1471295	2234128
23128	491496	712713	1308785	1110372	1443588	2213453
303837	2301995	2771150	4238135	5398272	6795931	7420362
288661	2136647	2628207	4019569	5260967	6696676	7208388
194299	321268	367446	205748	49031	68411	168167
194299	320160	367446	205748	49031	68411	168167
2193981	19020094	26585829	36729030	36608276	42114222	48561186
1840264	18244885	25632832	36070580	35972169	41325992	47963049

10—5　按登记注册类型分的固定资产投资（2015年）

单位：万元

指　标	Item	投资合计 Total Investment
合　计	**Total**	**148475604**
内资	**Domestic Fund**	**141953843**
国有	State-owned	36462151
集体	Collective-owned	1414307
股份合作	Cooperative Share Holding	534899
国有联营	State Joint-owned	134879
集体联营	Collective Joint-owned	35618
国有与集体联营	State & Collective Joint-owned	20836
其他联营	Other Joint-owned	149734
国有独资公司	State Sole Investment	7321611
其他有限责任公司	Other Limited Companies	26507467
股份有限公司	Share Holding Limited	5781132
私营	Individual	51364489
其他	Others	12226720
港澳台商投资	**Funded by Enterprises from Hong Kong, Macao & Taiwan**	**2246268**
合资经营	Joint Venture	683783
合作经营	Cooperative Operation	86767
独资	Sole Investment	1175720
股份有限	Share Holding Limited	234666
其他	Others	65332
外商投资	**Foreign-funded**	**2253547**
合资经营	Joint Venture	810643
合作经营	Cooperative Operation	33395
独资	Sole Investment	660303
股份有限	Share Holding Limited	545531
其他	Others	203675
个体经营	**Individual**	**2021946**
个体户	Private	1480482
个人合伙	Individual Partnership	541464

注：本表数据合计含城镇基建、更改、其他和房地产四部分。
Note: Total investment in this table includes basic construction, innovation, other investment & real tate development over designated size.

Investment in Fixed Assets Grouped by Registration Status（2015）

(10 000 yuan)

基本建设 Basic Construction	更新改造 Innovation	其他 Others	房地产 Real Estate Development
66801531	**58978498**	**3604642**	**19090933**
65075115	**56005649**	**3445175**	**17427904**
27475007	7932888	704319	349937
955534	411141	38922	8710
268501	247100	7013	12285
91801	43078	0	0
10285	21620	3713	0
14477	6359	0	0
45319	80415	24000	0
5343280	1384007	1952	592372
5957115	11754094	505871	8290387
2290850	2679597	178911	631774
17101342	25284493	1539310	7439344
5521604	6160857	441164	103095
357106	**875053**	**19892**	**994217**
85473	367702	0	230608
0	11192	0	75575
147886	323866	15934	688034
88848	141860	3958	0
34899	30433	0	0
387369	**1169046**	**28320**	**668812**
213451	477302	5004	114886
15720	17675	0	0
66429	182084	16847	394943
53584	460949	2069	28929
38185	31036	4400	130054
981941	**928750**	**111255**	**0**
720239	665978	94265	0
261702	262772	16990	0

10－6 按登记注册类型分的投资资金来源（2015年）

单位：万元

指 标	Item	资金来源合计 Total Sources of Fund	上年末结余资金 Surplus from Fund of the End of Last Year
合 计	**Total**	**166212840**	**9209306**
内资	**Domestic Fund**	**158419745**	**8561002**
国有	State-owned	38395106	1659210
集体	Collective-owned	1508410	12060
股份合作	Cooperative Share Holding	554437	11151
国有联营	State Joint-owned	164272	36757
集体联营	Collective Joint-owned	35523	0
国有与集体联营	State & Collective Joint-owned	24789	0
其他联营	Other Joint-owned	148628	0
国有独资公司	State Sole Investment	8688511	503542
其他有限责任公司	Other Limited Companies	31544168	3161580
股份有限公司	Share Holding Limited	6926561	336050
私营	Individual	57288011	2772865
其他	Others	13141329	67787
港澳台商投资	**Funded by Enterprises from Hongkong, Macao & Taiwan**	**3310929**	**461578**
合资经营	Joint Venture	804706	87555
合作经营	Cooperative Operation	137839	0
独资	Sole Investment	1925326	372423
股份有限	Share Holding Limited	359345	1600
其他	Others	83713	0
外商投资	**Foreign-funded**	**2403637**	**172980**
合资经营	Joint Venture	758268	92488
合作经营	Cooperative Operation	35511	0
独资	Sole Investment	692559	30622
股份有限	Share Holding Limited	668274	42237
其他	Others	249025	7633
个体经营	**Individual**	**2078529**	**13746**
个体户	Private	1508526	9415
个人合伙	Individual Partnership	570003	4331

注：本表含城镇基建、更改、其他和房地产四部分。

Note: Total investment in this table includes basic construction, innovation, other investment & real estate development overdesignated size .

Sources of Funds for Investment in Fixed Assets Grouped by Registration Status (2015)

(10 000 yuan)

本年资金来源小计 Surplus of Fund in This Year	预算内资金 Budgetary Appropriation	国内贷款 Domestic Loans	利用外资 Foreign Investment	自筹资金 Fundraising	其他资金 Others
157003534	**10631186**	**22163086**	**348586**	**104586961**	**19194945**
149858743	**10606240**	**21051183**	**128461**	**100570072**	**17460797**
36735896	9461540	5265807	7457	18374103	3590499
1496350	46214	71601	0	1227188	151347
543286	0	17930	0	497705	27651
127515	5923	50000	0	71592	0
35523	0	3600	0	29239	2684
24789	600	15583	0	8606	0
148628	0	11854	0	124910	11864
8184969	522453	4695669	46217	2489341	431289
28382588	137390	3270853	30199	19689759	5249887
6590511	85783	1095458	6800	4784696	617774
54515146	175851	5277700	34848	43156223	5869524
13073542	170486	1275128	2940	10116710	1508278
2849351	**0**	**318454**	**57181**	**1393386**	**1080330**
717151	0	181943	600	290917	243691
137839	0	7500	0	10694	119645
1552903	0	111500	16581	716279	708543
357745	0	2111	0	347183	8451
83713	0	15400	40000	28313	0
2230657	**24526**	**591699**	**162344**	**989142**	**426966**
665780	1450	52486	139213	324979	111672
35511	0	6100	0	29411	0
661937	23010	79300	20881	300314	238432
626037	0	440513	0	175247	10277
241392	66	13300	2250	159191	66585
2064783	**420**	**201750**	**600**	**1634361**	**226852**
1499111	95	158603	600	1242386	96627
565672	325	43147	0	391975	130225

10－7 按登记注册类型分的新增固定资产（2015年）

单位：万元

指 标	Item	新增固定资产合计 Newly Increased Fixed Assets
合 计	**Total**	**91222340**
内资	**Domestic Fund**	**87795635**
国有	State-owned	21827940
集体	Collective-owned	1218518
股份合作	Cooperative Share Holding	655875
国有联营	State Joint-owned	72887
集体联营	Collective Joint-owned	31872
国有与集体联营	State & Collective Joint-owned	19466
其他联营	Other Joint-owned	80346
国有独资公司	State Sole Investment	1038781
其他有限责任公司	Other Limited Companies	14121489
股份有限公司	Share Holding Limited	3861127
私营	Individual	35947165
其他	Others	8920169
港澳台商投资	**Funded by Enterprises from Hong Kong, Macao & Taiwan**	**934663**
合资经营	Joint Venture	224851
合作经营	Cooperative Operation	9856
独资	Sole Investment	475384
股份有限	Share Holding Limited	183084
其他	Others	41488
外商投资	**Foreign-funded**	**619048**
合资经营	Joint Venture	229600
合作经营	Cooperative Operation	24258
独资	Sole Investment	229531
股份有限	Share Holding Limited	72324
其他	Others	63335
个体经营	**Individual**	**1872994**
个体户	Private	1369223
个人合伙	Individual Partnership	503771

注：本表仅含城镇基建、更改、其他和房地产四部分。
Note: The investment in fixed assets in this table just contains 3 parts by urban areas: investment in basic construction, innovation & others.

Newly Increased Fixed Assets Grouped by Registration Status (2015)

(10 000 yuan)

基本建设 Basic Construction	更新改造 Innovation	其他 Others	房地产 Real Estate Development
42483711	**46293378**	**2445251**	**5858064**
41083551	**44411901**	**2300183**	**5382707**
15886265	5454193	487482	254543
822299	361336	34883	11190
334897	315519	5459	4500
53447	19440	0	0
9134	20758	1980	0
13107	6359	0	0
17794	58852	3700	0
659293	379486	2	117266
4110014	9679568	331907	2045838
1666361	2064340	130426	529024
13347940	21481731	1117494	2398009
4163000	4570319	186850	22337
302659	**605790**	**26214**	**329389**
31343	193508	0	287491
0	9856	0	0
199241	253009	23134	41898
67480	112524	3080	
4595	36893	0	0
186387	**410530**	**22131**	**145968**
48961	175635	5004	98169
10558	13700	0	0
71614	145070	12847	47799
25449	46875	0	0
29805	29250	4280	0
911114	**865157**	**96723**	**0**
664600	622227	82396	0
246514	242930	14327	0

10—8　分行业固定资产投资（2015年）
Investment in Fixed Assets by Sector (2015)

单位：万元　　(10 000 yuan)

指　标	Item	投资总额 Total Investment	按隶属关系分 By Administrative Relationship		新增固定资产 Newly Increased Fixed Assets
			中 央 Central	地 方 Local	
总　计	**Total**	**129384671**	**2669286**	**126715385**	**91222340**
按三次产业分	**By Industry**				
第一产业	Primary Industry	5548663	6380	5542283	4684667
第二产业	Secondary Industry	62484807	1284428	61200379	47992572
第三产业	Tertiary Industry	61351201	1378478	59972723	38545101
按国民经济行业分	**By Sector**				
农、林、牧、渔业	Farming, Forestry, Animal Husbandry & Fishery	5548663	6380	5542283	4684667
#农业	Farming	1786109	6380	1779729	1434889
林业	Forestry	955581		955581	755553
工业	Industry	61682530	1267498	60415032	47401679
采矿业	Mining	3631567	71272	3560295	3118081
制造业	Manufacturing	51068586	185845	50882741	40803967
电力燃气及水的生产供应业	Power, Gas & Water Production & Supply	6982377	1010381	5971996	3479631
建筑业	Construction	802277	16930	785347	590893
交通运输、仓储及邮政业	Transportation,Storage & Postal	14664221	717121	13947100	6592679
交通运输业	Transportation	13430159	704921	12725238	5796949
仓储业	Storage	1184074	10200	1173874	757441
邮政业	Postal	49988	2000	47988	38289
信息传输、计算机服务和软件业	Information Transmission, Computer Service & Software Industries	1500265	218074	1282191	1160607

注：本表仅含城镇基建、更改、其他三部分，不含房地产开发投资。

Note: The investment in fixed assets in this table just contains 3 parts by urban areas: investment in basic construction, innovation & others.

10—8 续表 continued

单位：万元 (10 000 yuan)

指　标	Item	投资总额 Total Investment	按隶属关系分 By Administrative Relationship 中央 Central	 地方 Local	新增固定资产 Newly Increased Fixed Assets
批发和零售业	Wholesale & Retail Trade	6410042	87682	6322360	4852559
批发业	Wholesale	2936926	41612	2895314	1998410
零售业	Retail Trade	3473116	46070	3427046	2854149
住宿和餐饮业	Hotel & Catering Trade	2099427	1300	2098127	1692514
#餐饮业	Catering Trade	700807		700807	636350
金融业	Finance	389469	5200	384269	251278
房地产业	Real Estate	4869282	40583	4828699	3134497
租赁和商务服务业	Leasing & Business Service	3693237	23508	3669729	2861604
科学研究、技术服务地质勘查业	Scientific Research, Technology Service & Geological Prospecting	1091671	4453	1087218	831038
水利、环境和公共设施管理业	Water Conservancy, Environment & Public Facility Management	16023027	167946	15855081	9718378
水利管理业	Water Conservancy	2036396	946	2035450	1428710
公共设施管理业	Public Facility Management	13344901	167000	13177901	7853767
居民服务和其他服务业	Resident & Other Services	732677		732677	644827
教育事业	Education	3775358	51463	3723895	2609529
卫生、社会保障和社会福利业	Public Health, Social Security & Social Welfare	1673882	12860	1661022	1179192
#卫生事业	Public Health	1468386	12860	1455526	1007079
文化、体育和娱乐业	Culture, Sports & Entertainment	2035514	5580	2029934	1385689
公共管理和社会组织	Public Administration & Social Organizations	2393129	42708	2350421	1630710
国际组织	International Organizations				

10－9　城镇工业分行业固定资产投资（2015年）

Investment in Urban Fixed Assets by Industrial Sector（2015）

单位：万元　　　　(10 000 yuan)

指　标	Item	投资总额 Total Investment	按隶属关系分 By Administrative Relationship		新增固定资产 Newly Increased Fixed Assets
			中 央 Central	地 方 Local	
合　计	**Total**	**61682530**	**1267498**	**60415032**	**47401679**
煤炭采选业	Coal Mining & Processing	101349		101349	82070
石油和天然气开采	Petrol & Natural Gas Mining	48794		48794	40744
黑色金属矿采选业	Ferrous Metals Mining & Processing	566495		566495	467507
有色金属矿采选业	Nonferrous Metals Mining & Processing	848354	57432	790922	721654
非金属矿采选业	Nonmetal Mining & Processing	1884379	13840	1870539	1651728
开采辅助活动	Assist Activities of Mining	42902		42902	39566
其他采矿业	Other Mining & Processing	139294		139294	114812
农副食品加工	Major Grain & Sideline Food Processing	3142797	12393	3130404	2665372
#制糖业	Sugar Production	334668	12393	322275	343038
食品制造业	Food Production	1594517		1594517	1282458
饮料制造业	Beverage Production	1491597	9287	1482310	1218875
烟草加工业	Tobacco Processing	71808	35781	36027	8260
纺织业	Textile Industry	831026		831026	733165
纺织服装、鞋帽制造业	Textile Clothes, Shoes & Caps Producing	1141227	3550	1137677	1014450
皮革、毛皮、羽毛（绒）及其制品业	Leathers, Furs, Down & Related Products	624975		624975	499141
木材加工及竹、藤、棕、草制品业	Timber, Bamboo, Cane, Palm Fiber, Straw Products	5094009		5094009	4366498
家具制造业	Furniture Manufacturing	1119578		1119578	992893
造纸及纸制品业	Papermaking & Paper Products	1247573		1247573	829884
印刷业、记录、媒介的复制	Printing & Record Medium Reproduction	718001		718001	614400
文教体育用品制造业	Culture, Education & Sports Facilities Producing	8456		8456	8456
石油加工、炼焦及核燃料加工业	Petroleum Processing, Coking Products & Nuclear Fuel Processing	482911	9675	473236	274556
化学原料及化学制品制造业	Raw Chemical Materials & Chemical Products	2693556	2300	2691256	2246026

注：1. 本表仅含基建、更改、其他三部分。
　　2. 2014年起，由于新国民经济行业代码调整，原办公用机械制造业已归至通用机械制造业。"仪器仪表及文化、办公用机械制造业"数据与往年不可比。

Note: 1. The investment in fixed assets in this table just contains 3 parts: investment in basic construction, innovation & others.
　　2. According to the code adjustment of the new national economic industry, the old indicator "Clerical Machinery Manufacturing" has been brought into the "General Machinery Manufacturing" since 2014. The data on "Instruments, Meters, Cultural & Clerical Machinery Manufacturing" in 2014 is not comarable with the former years.

10—9 续表 continued

单位：万元 (10 000 yuan)

指标	Item	投资总额 Total Investment	按隶属关系分 By Administrative Relationship 中央 Central	地方 Local	新增固定资产 Newly Increased Fixed Assets
医药制造业	Medical & Pharmaceutical Products	1369383		1369383	1040611
化学纤维制造业	Chemical Fiber	40118		40118	44230
橡胶和塑料制品业	Rubber & Plastic Products	1420191	20586	1399605	1208631
非金属矿物制品业	Nonmetal Mineral Products	8504867	25169	8479698	6763772
#水泥制造业	Cements Products	654191	15380	638811	457727
黑色金属冶练及压延加工业	Smelting & Pressing of Ferrous Metals	1363007		1363007	1416733
有色金属冶练及压延加工业	Smelting & Pressing of Nonferrous Metals	1798831	4315	1794516	804327
金属制品业	Metal Products	1861070		1861070	1373701
通用机械制造业	General Machinery Manufacturing	1627010		1627010	1301367
专用设备制造业	Special Purpose Equipment	2392030	18421	2373609	2010010
交通运输设备制造业	Transport Equipment	4133523	12519	4121004	3126253
电气、机械及器材制造业	Electric Equipment & Machinery Manufacturing	2136710	7995	2128715	1770891
通信设备、计算机及其他电子设备制造业	Communications Equipment, Computer & Other Electric Equipment Manufacturing	1732081	15939	1716142	1220071
仪器仪表及文化、办公用机械制造业	Instruments, Meters, Cultural & Clerical Machinery	237754		237754	179381
工艺品及其他制造业	Artworks & Other Products Manufacturing	926802		926802	616102
废弃资源和废旧材料回收加工业	Abandoned Resources & Junk Materials Recycling & Processing	850001		850001	805499
金属制品、机械和设备修理业	Metal Product, Machinery & Equipment Repair Services	141183	7915	133268	105604
电力、蒸气、热水的生成和供应业	Electricity, Steam, Hot Water Production & Supply	4672925	982633	3690292	2111129
#水电	Hydropower	1172673	13943	1158730	767978
火电	Thermal Power	719170	221343	497827	51522
煤气生成和供应业	Gas Production & Supply	989681	20750	968931	416195
自来水的生成和供应业	Tap Water Production & Supply	1319771	6998	1312773	952307

10—10 基本建设分行业固定资产投资（2015年）
Investment in Fixed Assets in Basic Construction by Sector（2015）

单位：万元 （10 000 yuan）

指　标	Item	投资总额 Total Investment	按隶属关系分 By Administrative Relationship		新增固定资产 Newly Increased Fixed Assets
			中 央 Central	地 方 Local	
总　计	**Total**	**66801531**	**1849652**	**64951879**	**42483711**
按三次产业分	**By Industry**				
第一产业	Primary Industry	3948838	6380	3942458	3344236
第二产业	Secondary Industry	16037786	723617	15314169	10814310
第三产业	Tertiary Industry	46814907	1119655	45695252	28325165
按国民经济行业分	**By Sector**				
农、林、牧、渔业	Farming,Forestry,Animal Husbandry & Fishery	3948838	6380	3942458	3344236
#农业	Farming	1357950	6380	1351570	1080801
林业	Forestry	658875		658875	542127
工业	Industry	15622713	706687	14916026	10515185
采矿业	Mining	945405	6660	938745	726849
制造业	Manufacturing	11665442	11139	11654303	8564247
电力燃气及水的生产供应业	Power, Gas & Water Production & Supply	3011866	688888	2322978	1224089
建筑业	Construction	415073	16930	398143	299125
交通运输、仓储及邮政业	Transportation,Storage & Postal	11149153	661814	10487339	4267295
交通运输业	Transportation	10214266	651614	9562652	3680086
仓储业	Storage	900140	10200	889940	558358
邮政业	Postal	34747		34747	28851
信息传输、计算机服务和软件业	Information Transmission, Computer Service & Software Industries	573856	91805	482051	439284

10—10 续表 continued

单位：万元 (10 000 yuan)

指　　标	Item	投资总额 Total Investment	按隶属关系分 By Administrative Relationship		新增固定资产 Newly Increased Fixed Assets
			中　央 Central	地　方 Local	
批发和零售业	Wholesale & Retail Trade	4402743	63106	4339637	3312106
批发业	Wholesale	1890664	32843	1857821	1264862
零售业	Retail Trade	2512079	30263	2481816	2047244
住宿和餐饮业	Hotel & Catering Trade	1585232	1300	1583932	1296978
#餐饮业	Catering Trade	471255		471255	439965
金融业	Finance	248595	5200	243395	155050
房地产业	Real Estate	4045763	40583	4005180	2660483
租赁和商务服务业	Leasing & Business Service	2806086	23508	2782578	2281769
科学研究、技术服务地质勘查业	Scientific Research, Technology Service & Geological Prospecting	657602	4453	653149	521606
水利、环境和公共设施管理业	Water Conservancy, Environment & Public Facility Management	13170105	149771	13020334	7706777
水利管理业	Water Conservancy	1523661	946	1522715	1066352
公共设施管理业	Public Facility Management	11240988	148825	11092163	6391402
居民服务和其他服务业	Resident & Other Services	457603		457603	415869
教育事业	Education	3061061	23527	3037534	2102615
卫生、社会保障和社会福利业	Public Health, Social Security & Social Welfare	1073558	8860	1064698	736232
#卫生事业	Public Health	906788	8860	897928	592320
文化、体育和娱乐业	Culture, Sports & Entertainment	1688477	5580	1682897	1114563
公共管理和社会组织	Public Administration & Social Organizations	1895073	40148	1854925	1314538
国际组织	International Organizations				

10—11 工业行业基本建设投资（2015年）
Investment in Basic Construction by Industrial Sector（2015）

单位：万元 （10 000 yuan）

指 标	Item	投资总额 Total Investment	按隶属关系分 By Administrative Relationship		新增固定资产 Newly Increased Fixed Assets
			中 央 Central	地 方 Local	
合 计	**Total**	**15622713**	**706687**	**14916026**	**10515185**
煤炭采选业	Coal Mining & Processing	7255		7255	7255
石油和天然气开采	Petrol & Natural Gas Mining	14580		14580	14580
黑色金属矿采选业	Ferrous Metals Mining & Processing	141163		141163	98574
有色金属矿采选业	Nonferrous Metals Mining & Processing	137996		137996	77000
非金属矿采选业	Nonmetal Mining & Processing	583908	6660	577248	470134
开采辅助活动	Assist Activities of Mining	19502		19502	19246
其他采矿业	Other Mining & Processing	41001		41001	40060
农副食品加工	Major Grain & Sideline Food Processing	925627		925627	736118
#制糖业	Sugar Production	65582		65582	73452
食品制造业	Food Production	422174		422174	363465
饮料制造业	Beverage Production	326640		326640	220501
烟草加工业	Tobacco Processing	9140		9140	1
纺织业	Textile Industry	205664		205664	166517
纺织服装、鞋帽制造业	Textile Clothes, Shoes & Caps Producing	437998		437998	397173
皮革、毛皮、羽毛（绒）及其制品业	Leathers, Furs, Down & Related Products	261883		261883	200597
木材加工及竹、藤、棕、草制品业	Timber, Bamboo, Cane, Palm Fiber, Straw Products	1247138		1247138	1053737
家具制造业	Furniture Manufacturing	438988		438988	389163
造纸及纸制品业	Papermaking & Paper Products	190107		190107	167724
印刷业、记录、媒介的复制	Printing & Record Medium Reproduction	141350		141350	106771
文教体育用品制造业	Culture, Education & Sports Facilities Producing	3956		3956	3956
石油加工、炼焦及核燃料加工业	Petroleum Processing, Coking Products & Nuclear Fuel Processing	36213		36213	22480
化学原料及化学制品制造业	Raw Chemical Materials & Chemical Products	527076		527076	344230

10—11 续表 continued

单位：万元 (10 000 yuan)

指 标	Item	投资总额 Total Investment	按隶属关系分 By Administrative Relationship		新增固定资产 Newly Increased Fixed Assets
			中 央 Central	地 方 Local	
医药制造业	Medical & Pharmaceutical Products	240303		240303	170812
化学纤维制造业	Chemical Fiber	19518		19518	23630
橡胶和塑料制品业	Rubber & Plastic Products	305271		305271	243145
非金属矿物制品业	Nonmetal Mineral Products	2277231	9789	2267442	1618239
#水泥制造业	Cements Products	67002		67002	53544
黑色金属冶练及压延加工业	Smelting & Pressing of Ferrous Metals	431746		431746	69364
有色金属冶练及压延加工业	Smelting & Pressing of Nonferrous Metals	255518		255518	148325
金属制品业	Metal Products	451425		451425	295655
通用机械制造业	General Machinery Manufacturing	213478		213478	198073
专用设备制造业	Special Purpose Equipment	317314		317314	239850
交通运输设备制造业	Transport Equipment	285476		285476	265005
电气、机械及器材制造业	Electric Equipment & Machinery Manufacturing	404971		404971	339804
通信设备、计算机及其他电子设备制造业	Communications Equipment, Computer & Other Electric Equipment Manufacturing	630454	1350	629104	378222
仪器仪表及文化、办公用机械制造业	Instruments, Meters, Cultural & Clerical Machinery	50956		50956	20046
工艺品及其他制造业	Artworks & Other Products Manufacturing	397221		397221	186385
废弃资源和废旧材料回收加工业	Abandoned Resources & Junk Materials Recycling & Processing	56738		56738	35502
金属制品、机械和设备修理业	Metal Products, Machinery & Equipment Repair Services	31694		31694	27366
电力、蒸气、热水的生成和供应业	Electricity, Steam, Hot Water Production & Supply	2088224	666640	1421584	575171
#水电	Hydropower	473315	11163	462152	77367
火电	Thermal Power	141156		141156	13860
煤气生成和供应业	Gas Production & Supply	291183	20750	270433	220761
自来水的生成和供应业	Tap Water Production & Supply	632459	1498	630961	428157

10－12 基本建设分行业投资项目和新增固定资产（2015年）
Basic Construction Projects & Newly Increased Fixed Assets by Sector（2015）

项 目	Item	施工项目（个）Project under Construc-tion (unit)	全部建成投产项目（个）Projects Fully Completed Put into Operation (unit)	项目建成投产率（%）Rate of Investment of Projects Completed (%)	投资总额（万元）Total Investment (10 000 yuan)	新增固定资产（万元）Newly Increased Fixed Assets (10 000 yuan)	固定资产交付使用率（%）Rate of Fixed Assets Put into Use (%)
总 计	**Total**	**20544**	**14027**	**68.3**	**66801531**	**42483711**	**63.6**
按三次产业分	**By Industry**						
第一产业	Primary Industry	1709	1293	75.7	3948838	3344236	84.7
第二产业	Secondary Industry	4713	3257	69.1	16037786	10814310	67.4
第三产业	Tertiary Industry	14122	9477	67.1	46814907	28325165	60.5
按国民经济行业分	**By Sector**						
农、林、牧、渔业	Farming,Forestry,Animal Husbandry & Fishery	1709	1293	75.7	3948838	3344236	84.7
#农业	Farming	527	384	72.9	1357950	1080801	79.6
林业	Forestry	285	212	74.4	658875	542127	82.3
工业	Industry	4452	3088	69.4	15622713	10515185	67.3
采矿业	Mining	304	231	76	945405	726849	76.9
制造业	Manufacturing	3521	2500	71	11665442	8564247	73.4
电力燃气及水的生产供应业	Power, Gas & Water Production & Supply	627	357	56.9	3011866	1224089	40.6
建筑业	Construction	261	169	64.8	415073	299125	72.1
交通运输、仓储及邮政业	Transportation,Storage, Postal & Telecommunication Services	2166	1402	64.7	11149153	4267295	38.3
交通运输业	Transportation	1964	1275	64.9	10214266	3680086	36
仓储业	Storage	189	120	63.5	900140	558358	62
邮政业	Postal	13	7	53.8	34747	28851	83
信息传输、计算机服务和软件业	Information Transmission, Computer Service & Software Industries	184	142	77.2	573856	439284	76.5

10—12 续表 continued

项　目	Item	施工项目（个）Project under Construc-tion (unit)	全部建成投产项目（个）Projects Fully Completed Put into Operation (unit)	项目建成投产率（%）Rate of Investment of Projects Completed (%)	投资总额（万元）Total Investment (10 000 yuan)	新增固定资产（万元）Newly Increased Fixed Assets (10 000 yuan)	固定资产交付使用率（%）Rate of Fixed Assets Put into Use (%)
批发和零售业	Wholesale & Retail Trade	1508	1152	76.4	4402743	3312106	75.2
批发业	Wholesale	642	501	78	1890664	1264862	66.9
零售业	Retail Trade	866	651	75.2	2512079	2047244	81.5
住宿和餐饮业	Hotel & Catering Trade	549	424	77.2	1585232	1296978	81.8
#餐饮业	Catering Trade	223	185	83	471255	439965	93.4
金融业	Finance	98	85	86.7	248595	155050	62.4
房地产业	Real Estate	1193	735	61.6	4045763	2660483	65.8
租赁和商务服务业	Leasing & Business Service	754	565	74.9	2806086	2281769	81.3
科学研究、技术服务地质勘查业	Scientific Research, Technology Service & Geological Prospecting	264	191	72.3	657602	521606	79.3
水利、环境和公共设施管理业	Water Conservancy, Environment & Public Facility Management	3916	2452	62.6	13170105	7706777	58.5
水利管理业	Water Conservancy	730	533	73	1523661	1066352	70
公共设施管理业	Public Facility Management	3037	1831	60.3	11240988	6391402	56.9
居民服务和其他服务业	Resident & Other Services	229	174	76	457603	415869	90.9
教育事业	Education	1366	921	67.4	3061061	2102615	68.7
卫生、社会保障和社会福利业	Public Health, Social Security & Social Welfare	512	329	64.3	1073558	736232	68.6
卫生事业	Public Health	400	247	61.8	906788	592320	65.3
文化、体育和娱乐业	Culture, Sports & Entertainment	487	334	68.6	1688477	1114563	66
公共管理和社会组织	Public Administration & Social Organizations	896	571	63.7	1895073	1314538	69.4
国际组织	International Organizations						

10－13　分行业更新改造投资（2015年）
Investment in Innovation by Sector（2015）

单位：万元　　(10 000 yuan)

指　标	Item	投资总额 Total Investment	按隶属关系分 By Administrative Relationship		新增固定资产 Newly Increased Fixed Assets
			中 央 Central	地 方 Local	
总　计	**Total**	**58978498**	**782349**	**58196149**	**46293378**
按三次产业分	**By Industry**				
第一产业	Primary Industry	1158890		1158890	1020925
第二产业	Secondary Industry	45651142	560811	45090331	36576046
第三产业	Tertiary Industry	12168466	221538	11946928	8696407
按国民经济行业分	**By Sector**				
农、林、牧、渔业	Farming,Forestry,Animal Husbandry & Fishery	1158890		1158890	1020925
#农业	Farming	330729		330729	286175
林业	Forestry	89966		89966	66572
工业	Industry	45387087	560811	44826276	36382473
采矿业	Mining	2576107	64612	2511495	2298927
制造业	Manufacturing	38884487	174706	38709781	31857908
电力燃气及水的生产供应业	Power, Gas & Water Production & Supply	3926493	321493	3605000	2225638
建筑业	Construction	264055		264055	193573
交通运输、仓储及邮政业	Transportation,Storage,Postal & Telecommunication Services	3017144	55307	2961837	1967170
交通运输业	Transportation	2743702	53307	2690395	1791289
仓储业	Storage	258532		258532	166774
邮政业	Postal	14910	2000	12910	9107
信息传输、计算机服务和软件业	Information Transmission, Computer Service & Software Industries	871611	123189	748422	688086

10—13 续表 continued

单位：万元 (10 000 yuan)

指标	Item	投资总额 Total Investment	按隶属关系分 By Administrative Relationship		新增固定资产 Newly Increased Fixed Assets
			中央 Central	地方 Local	
批发和零售业	Wholesale & Retail Trade	1594727	22127	1572600	1310759
批发业	Wholesale	817192	6320	810872	639406
零售业	Retail Trade	777535	15807	761728	671353
住宿和餐饮业	Hotel & Catering Trade	369613		369613	301668
#餐饮业	Catering Trade	164196		164196	145713
金融业	Finance	75172		75172	54857
房地产业	Real Estate	638341		638341	324270
租赁和商务服务业	Leasing & Business Service	619173		619173	438245
科学研究、技术服务地质勘查业	Scientific Research, Technology Service & Geological Prospecting	332718		332718	262078
水利、环境和公共设施管理业	Water Conservancy, Environment & Public Facility Management	2706300	18175	2688125	1897655
水利管理业	Water Conservancy	468236		468236	318488
公共设施管理业	Public Facility Management	2003955	18175	1985780	1393389
居民服务和其他服务业	Resident & Other Services	216202		216202	177344
教育事业	Education	542062	1140	540922	400453
卫生、社会保障和社会福利业	Public Health, Social Security & Social Welfare	456410		456410	357934
卫生事业	Public Health	418864		418864	330913
文化、体育和娱乐业	Culture, Sports & Entertainment	279226		279226	215872
公共管理和社会组织	Public Administration & Social Organizations	449767	1600	448167	300016
国际组织	International Organizations				

10－14 工业分行业更新改造投资（2015年）
Investment in Innovation by Industrial Sector（2015）

单位：万元 （10 000 yuan）

指 标	Item	投资总额 Total Investment	按隶属关系分 By Administrative Relationship 中央 Central	地方 Local	新增固定资产 Newly Increased Fixed Assets
合 计	**Total**	**45387087**	**560811**	**44826276**	**36382473**
煤炭采选业	Coal Mining & Processing	87554		87554	68275
石油和天然气开采	Petrol & Natural Gas Mining	34214		34214	26164
黑色金属矿采选业	Ferrous Metals Mining & Processing	419235		419235	365536
有色金属矿采选业	Nonferrous Metals Mining & Processing	693937	57432	636505	628233
非金属矿采选业	Non-metal Mining & Processing	1224142	7180	1216962	1118077
开采辅助活动	Assist Activities of Mining	20022		20022	17890
其他采矿业	Other Mining & Processing	97003		97003	74752
农副食品加工	Major Grain & Sideline Food Processing	2173004	12393	2160611	1896534
#制糖业	Sugar Production	266341	12393	253948	269586
食品制造业	Food Production	1154611		1154611	895749
饮料制造业	Beverage Production	1130638	9287	1121351	966086
烟草加工业	Tobacco Processing	58209	35781	22428	3800
纺织业	Textile Industry	608844		608844	551980
纺织服装、鞋帽制造业	Textile Clothes, Shoes & Caps Producing	689406	3550	685856	608384
皮革、毛皮、羽毛（绒）及其制品业	Leathers, Furs, Down & Related Products	356920		356920	297202
木材加工及竹、藤、棕、草制品业	Timber, Bamboo, Cane, Palm Fiber, Straw Products	3802447		3802447	3284519
家具制造业	Furniture Manufacturing	672375		672375	596270
造纸及纸制品业	Papermaking & Paper Products	1050653		1050653	656030
印刷业、记录、媒介的复制	Printing & Record Medium Reproduction	549742		549742	484512
文教体育用品制造业	Culture, Education & Sports Facilities Producing	4500		4500	4500
石油加工、炼焦及核燃料加工业	Petroleum Processing, Coking Products & Nuclear Fuel	446698	9675	437023	252076
化学原料及化学制品制造业	Raw Chemical Materials & Chemical Products	2146891	2300	2144591	1884949

10—14 续表 continued

单位：万元 (10 000 yuan)

指 标	Item	投资总额 Total Investment	按隶属关系分 By Administrative Relationship 中 央 Central	地 方 Local	新增固定资产 Newly Increased Fixed Assets
医药制造业	Medical & Pharmaceutical Products	1122793		1122793	866879
化学纤维制造业	Chemical Fiber	20600		20600	20600
橡胶和塑料制品业	Rubber Products	1101759	20586	1081173	957045
非金属矿物制品业	Nonmetal Mineral Products	6135277	15380	6119897	5097967
#水泥制造业	Cements Products	583639	15380	568259	401383
黑色金属冶练及压延加工业	Smelting & Pressing of Ferrous Metals	928580		928580	1347369
有色金属冶练及压延加工业	Smelting & Pressing of Nonferrous Metals	1540524	4315	1536209	653213
金属制品业	Metal Products	1376729		1376729	1054849
通用机械制造业	General Machinery Manufacturing	1403019		1403019	1094284
专用设备制造业	Special Purpose Equipment	2041876	18421	2023455	1747937
交通运输设备制造业	Transport Equipment	3848047	12519	3835528	2861248
电气、机械及器材制造业	Electric Equipment & Machinery Manufacturing	1714852	7995	1706857	1418249
通信设备、计算机及其他电子设备制造业	Communications Equipment, Computer & Other Electric Equipment Manufacturing	1069152	14589	1054563	815636
仪器仪表及文化、办公用机械制造业	Instruments, Meters, Cultural & Clerical Machinery	180463		180463	153980
工艺品及其他制造业	Artworks & Other Products Manufacturing	511299		511299	410667
废弃资源和废旧材料回收加工业	Abandoned Resources & Junk Materials Recycling & Processing	790463		790463	767197
金属制品、机械和设备修理业	Metal Products, Machinery & Equipment Repair Services	105379	7915	97464	78238
电力、蒸气、热水的生成和供应业	Electricity, Steam, Hot Water Production & Supply	2556270	315993	2240277	1519506
#水电	Hydropower	687408	2780	684628	683761
火电	Thermal Power	578014	221343	356671	37662
煤气生成和供应业	Gas Production & Supply	686806		686806	182782
自来水的生成和供应业	Tap Water Production & Supply	683417	5500	677917	523350

10－15 分行业更新改造投资项目和新增固定资产（2015年）
Investment in Innovation Projects & Newly Increased Fixed Assets by Sector（2015）

指 标	Item	施工项目（个）Project under Construc-tion (unit)	全部建成投产项目（个）Projects Fully Completed Put into Operation (unit)	项目建成投产率（%）Rate of Investment of Projects Completed (%)	投资总额（万元）Total Investment (10 000 yuan)	新增固定资产（万元）Newly Increased Fixed Assets (10 000 yuan)	固定资产交付使用率（%）Rate of Fixed Assets Put into Use (%)
总 计	**Total**	**16834**	**13028**	**77.4**	**58978498**	**46293378**	**78.5**
按三次产业分	**By Industry**						
第一产业	Primary Industry	489	390	79.8	1158890	1020925	88.1
第二产业	Secondary Industry	12516	9877	78.9	45651142	36576046	80.1
第三产业	Tertiary Industry	3829	2761	72.1	12168466	8696407	71.5
按国民经济行业分	**By Sector**						
农、林、牧、渔业	Farming,Forestry,Animal Husbandry & Fishery	489	390	79.8	1158890	1020925	88.1
#农业	Farming	150	122	81.3	330729	286175	86.5
林业	Forestry	45	32	71.1	89966	66572	74
工业	Industry	12421	9819	79.1	45387087	36382473	80.2
采矿业	Mining	884	734	83	2576107	2298927	89.2
制造业	Manufacturing	10477	8359	79.8	38884487	31857908	81.9
电力燃气及水的生产供应业	Power, Gas & Water Produc-tion & Supply	1060	726	68.5	3926493	2225638	56.7
建筑业	Construction	95	58	61.1	264055	193573	73.3
交通运输、仓储及邮政业	Transportation, Storage, Postal & Telecommunication Services	899	640	71.2	3017144	1967170	65.2
交通运输业	Transportation	835	593	71	2743702	1791289	65.3
仓储业	Storage	61	44	72.1	258532	166774	64.5
邮政业	Postal	3	3	100	14910	9107	61.1
信息传输、计算机服务和软件业	Information Transmission, Computer Service & Software Industries	258	190	73.6	871611	688086	78.9

10—15 续表 continued

指 标	Item	施工项目(个) Project under Construc-tion (unit)	全部建成投产项目(个) Projects Fully Completed Put into Operation (unit)	项目建成投产率(%) Rate of Investment of Projects Completed (%)	投资总额(万元) Total Investment (10 000 yuan)	新增固定资产(万元) Newly Increased Fixed Assets (10 000 yuan)	固定资产交付使用率(%) Rate of Fixed Assets Put into Use (%)
批发和零售业	Wholesale & Retail Trade	548	442	80.7	1594727	1310759	82.2
批发业	Wholesale	236	181	76.7	817192	639406	78.2
零售业	Retail Trade	312	261	83.7	777535	671353	86.3
住宿和餐饮业	Hotel & Catering Trade	110	90	81.8	369613	301668	81.6
#餐饮业	Catering Trade	53	46	86.8	164196	145713	88.7
金融业	Finance	28	23	82.1	75172	54857	73
房地产业	Real Estate	158	83	52.5	638341	324270	50.8
租赁和商务服务业	Leasing & Business Service	144	109	75.7	619173	438245	70.8
科学研究、技术服务地质勘查业	Scientific Research, Technology Service & Geological Prospecting	112	76	67.9	332718	262078	78.8
水利、环境和公共设施管理业	Water Conservancy, Environment & Public Facility Management	874	584	66.8	2706300	1897655	70.1
水利管理业	Water Conservancy	216	155	71.8	468236	318488	68
公共设施管理业	Public Facility Management	570	377	66.1	2003955	1393389	69.5
居民服务和其他服务业	Resident & Other Services	91	71	78	216202	177344	82
教育事业	Education	209	168	80.4	542062	400453	73.9
卫生、社会保障和社会福利业	Public Health, Social Security & Social Welfare	123	90	73.2	456410	357934	78.4
#卫生事业	Public Health	103	76	73.8	418864	330913	79
文化、体育和娱乐业	Culture, Sports & Entertainment	97	73	75.3	279226	215872	77.3
公共管理和社会组织	Public Administration & Social Organizations	178	122	68.5	449767	300016	66.7
国际组织	International Organizations						

10－16 城镇国有单位分行业投资项目和新增固定资产（2015年）
Investment Projects & Newly Increased Fixed Assets of States-owned Units（2015）

项 目	Item	施工项目（个）Project under Construc-tion (unit)	全部建成投产项目（个）Projects Fully Completed Put into Operation (unit)	项目建成投产率（%）Rate of Investment of Projects Completed (%)	投资总额（万元）Total Investment (10 000 yuan)	新增固定资产（万元）Newly Increased Fixed Assets (10 000 yuan)	固定资产交付使用率（%）Rate of Fixed Assets Put into Use (%)
总 计	**Total**	**12695**	**8104**	**63.8**	**42976332**	**22939608**	**53.4**
按三次产业分	**By Industry**						
第一产业	Primary Industry	605	441	72.9	1298759	1001726	77.1
第二产业	Secondary Industry	1473	832	56.5	6387049	3126230	48.9
第三产业	Tertiary Industry	10617	6831	64.3	35290524	18811652	53.3
按国民经济行业分	**By Sector**						
农、林、牧、渔业	Farming,Forestry,Animal Husbandry & Fishery	605	441	72.9	1298759	1001726	77.1
#农业	Farming	122	86	70.5	324459	229119	70.6
林业	Forestry	178	125	70.2	377319	291393	77.2
工业	Industry	1327	763	57.5	6166025	3007732	48.8
采矿业	Mining	57	45	78.9	246173	163790	66.5
制造业	Manufacturing	380	247	65	2363705	1279849	54.1
电力燃气及水的生产供应业	Power, Gas & Water Production & Supply	890	471	52.9	3556147	1564093	44
建筑业	Construction	146	69	47.3	221024	118498	53.6
交通运输、仓储及邮政业	Transportation,Storage, Postal & Telecommunication Services	2208	1468	66.5	9954277	3708564	37.3
交通运输业	Transportation	2139	1423	66.5	9757021	3581573	36.7
仓储业	Storage	61	41	67.2	178470	116744	65.4
邮政业	Postal	8	4	50	18786	10247	54.5
信息传输、计算机服务和软件业	Information Transmission, Computer Service & Software Industries	199	133	66.8	647753	421046	65

注：本表仅含基建、更改、其他三部分。

Note: The investment in fixed assets in this table just contains 3 parts: investment in basic construction, innovation & others.

10—16 续表 continued

项目	Item	施工项目（个）Project under Construc-tion (unit)	全部建成投产项目（个）Projects Fully Completed Put into Operation (unit)	项目建成投产率（%）Rate of Investment of Projects Completed (%)	投资总额（万元）Total Investment (10 000 yuan)	新增固定资产（万元）Newly Increased Fixed Assets (10 000 yuan)	固定资产交付使用率（%）Rate of Fixed Assets Put into Use (%)
批发和零售业	Wholesale & Retail Trade	152	98	64.5	683022	296458	43.4
批发业	Wholesale	62	43	69.4	390620	120204	30.8
零售业	Retail Trade	90	55	61.1	292402	176254	60.3
住宿和餐饮业	Hotel & Catering Trade	23	13	56.5	94179	50332	53.4
#餐饮业	Catering Trade	8	4	50	48616	34201	70.3
金融业	Finance	36	34	94.4	49088	42299	86.2
房地产业	Real Estate	812	480	59.1	2958528	1837972	62.1
租赁和商务服务业	Leasing & Business Service	189	137	72.5	880108	590068	67
科学研究、技术服务地质勘查业	Scientific Research, Technology Service & Geological Prospecting	96	70	72.9	243104	200958	82.7
水利、环境和公共设施管理业	Water Conservancy, Environment & Public Facility Management	3986	2516	63.1	12799362	7184574	56.1
水利管理业	Water Conservancy	873	639	73.2	1756097	1283412	73.1
公共设施管理业	Public Facility Management	2951	1789	60.6	10601381	5668113	53.5
居民服务和其他服务业	Resident & Other Services	31	15	48.4	63755	61531	96.5
教育事业	Education	1245	825	66.3	2990516	1914727	64
卫生、社会保障和社会福利业	Public Health, Social Security & Social Welfare	550	366	66.5	1371905	955337	69.6
#卫生事业	Public Health	439	285	64.9	1227944	846799	69
文化、体育和娱乐业	Culture, Sports & Entertainment	295	197	66.8	850794	448945	52.8
公共管理和社会组织	Public Administration & Social Organizations	795	479	60.3	1704133	1098841	64.5
国际组织	International Organizations						

10－17　城镇集体分行业投资项目和新增固定资产（2015年）
Investment Projects by Sector & Newly Increased Fixed Assets of Urban Collective Owned Units（2015）

指　标	Item	施工项目（个）Project under Construc-tion (unit)	全部建成投产项目（个）Projects Fully Completed Put into Operation (unit)	项目建成投产率（%）Rate of Investment of Projects Completed (%)	投资总额（万元）Total Investment (10 000 yuan)	新增固定资产（万元）Newly Increased Fixed Assets (10 000 yuan)	固定资产交付使用率（%）Rate of Fixed Assets Put into Use (%)
总　计	**Total**	**1722**	**1235**	**71.7**	**6590573**	**5111517**	**77.6**
按三次产业分	**By Industry**						
第一产业	Primary Industry	90	68	75.6	235082	175720	74.7
第二产业	Secondary Industry	752	528	70.2	3137679	2443928	77.9
第三产业	Tertiary Industry	880	639	72.6	3217812	2491869	77.4
按国民经济行业分	**By Sector**						
农、林、牧、渔业	Farming,Forestry,Animal Husbandry & Fishery	90	68	75.6	235082	175720	74.7
#农业	Farming	31	24	77.4	48874	37775	77.3
林业	Forestry	10	8	80	28411	18821	66.2
工业	Industry	733	516	70.4	3101423	2419850	78
采矿业	Mining	66	52	78.8	229212	206424	90.1
制造业	Manufacturing	549	386	70.3	2470293	1947340	78.8
电力燃气及水的生产供应业	Power, Gas & Water Production & Supply	118	78	66.1	401918	266086	66.2
建筑业	Construction	19	12	63.2	36256	24078	66.4
交通运输、仓储及邮政业	Transportation,Storage, Postal & Telecommunication Services	136	94	69.1	546058	288860	52.9
交通运输业	Transportation	123	88	71.5	434048	242193	55.8
仓储业	Storage	13	6	46.2	112010	46667	41.7
邮政业	Postal						
信息传输、计算机服务和软件业	Information Transmission, Computer Service & Software Industries	58	51	87.9	220801	209511	94.9

注：本表仅含基建、更改、其他三部分。

Note: The investment in fixed assets in this table just contains 3 parts: investment in basic construction, innovation & others.

10—17 续表 continued

指　标	Item	施工项目(个) Project under Construc-tion (unit)	全部建成投产项目(个) Projects Fully Completed Put into Operation (unit)	项目建成投产率(%) Rate of Investment of Projects Completed (%)	投资总额(万元) Total Investment (10 000 yuan)	新增固定资产(万元) Newly Increased Fixed Assets (10 000 yuan)	固定资产交付使用率(%) Rate of Fixed Assets Put into Use (%)
批发和零售业	Wholesale & Retail Trade	147	104	70.7	640322	441312	68.9
批发业	Wholesale	45	34	75.6	223636	113012	50.5
零售业	Retail Trade	102	70	68.6	416686	328300	78.8
住宿和餐饮业	Hotel & Catering Trade	24	16	66.7	102426	122823	119.9
#餐饮业	Catering Trade	6	5	83.3	12586	4350	34.6
金融业	Finance	28	22	78.6	75162	60815	80.9
房地产业	Real Estate	122	73	59.8	446623	304340	68.1
租赁和商务服务业	Leasing & Business Service	78	58	74.4	241940	183149	75.7
科学研究、技术服务地质勘查业	Scientific Research, Technology Service & Geological Prospecting	12	12	100	34874	28636	82.1
水利、环境和公共设施管理业	Water Conservancy, Environment & Public Facility Management	120	88	73.3	431715	457273	105.9
水利管理业	Water Conservancy	14	14	100	24493	24891	101.6
公共设施管理业	Public Facility Management	96	66	68.8	393912	417817	106.1
居民服务和其他服务业	Resident & Other Services	13	11	84.6	37810	28094	74.3
教育事业	Education	23	19	82.6	86423	72665	84.1
卫生、社会保障和社会福利业	Public Health, Social Security & Social Welfare	15	10	66.7	30815	30140	97.8
#卫生事业	Public Health	14	9	64.3	27520	26845	97.5
文化、体育和娱乐业	Culture, Sports & Entertainment	30	19	63.3	109640	70560	64.4
公共管理和社会组织	Public Administration & Social Organizations	74	62	83.8	213203	193691	90.8
国际组织	International Organizations						

10—18 城镇私营个体固定资产投资和新增固定资产（2015年）
Investment in Fixed Assets & Newly Increased Fixed Assets of Urban Private & Individual Units（2015）

指 标	Item	施工项目（个）Project under Construc-tion (unit)	投产项目（个）Projects Fully Completed Put into Operation (unit)	项目建成投产率（%）Rate of Investment of Projects Completed (%)	投资完成额（万元）Investment Made (10 000 yuan)	新增固定资产（万元）Newly Increased Fixed Assets (10 000 yuan)	固定资产交付使用率（%）Rate of Fixed Assets Put into Use (%)
总 计	**Total**	**1228**	**1025**	**83.5**	**2021946**	**1872994**	**92.6**
按三次产业分	**By Industry**						
第一产业	Primary Industry	51	37	72.5	75923	58500	77.1
第二产业	Secondary Industry	684	561	82	1317954	1188387	90.2
第三产业	Tertiary Industry	493	427	86.6	628069	626107	99.7
按国民经济行业分	**By Sector**						
农、林、牧、渔业	Farming,Forestry,Animal Husbandry & Fishery	51	37	72.5	75923	58500	77.1
#农业	Farming	13	8	61.5	17793	14185	79.7
林业	Forestry	6	3	50	12436	4405	35.4
工业	Industry	679	556	81.9	1311001	1180334	90
采矿业	Mining	69	60	87	178728	167648	93.8
制造业	Manufacturing	598	486	81.3	1118376	992485	88.7
电力燃气及水的生产供应业	Power, Gas & Water Production & Supply	12	10	83.3	13897	20201	145.4
建筑业	Construction	5	5	100	6953	8053	115.8
交通运输、仓储及邮政业	Transportation,Storage, Postal & Telecommunication Services	7	4	57.1	14891	13685	91.9
交通运输业	Transportation	6	3	50	12261	11055	90.2
仓储业	Storage	1	1	100	2630	2630	100
邮政业	Postal						
信息传输、计算机服务和软件业	Information Transmission, Computer Service & Software Industries						

注：本表仅含基建、更改、其他三部分。
Note: The investment in fixed assets in this table just contains 3 parts: investment in basic construction, innovation & others.

10—18 续表 continued

指　标	Item	施工项目（个）Project under Construc-tion (unit)	投产项目（个）Projects Fully Completed Put into Operation (unit)	项目建成投产率（%）Rate of Investment of Projects Completed (%)	投资完成额（万元）Investment Made (10 000 yuan)	新增固定资产（万元）Newly Increased Fixed Assets (10 000 yuan)	固定资产交付使用率（%）Rate of Fixed Assets Put into Use (%)
批发和零售业	Wholesale & Retail Trade	119	101	84.9	140671	135523	96.3
批发业	Wholesale	27	23	85.2	26662	24787	93
零售业	Retail Trade	92	78	84.8	114009	110736	97.1
住宿和餐饮业	Hotel & Catering Trade	111	102	91.9	159235	175489	110.2
#餐饮业	Catering Trade	53	47	88.7	66117	68023	102.9
金融业	Finance						
房地产业	Real Estate	149	130	87.2	139988	136075	97.2
租赁和商务服务业	Leasing & Business Service	14	10	71.4	17251	12825	74.3
科学研究、技术服务地质勘查业	Scientific Research, Technology Service & Geological Prospecting	4	3	75	5224	3759	72
水利、环境和公共设施管理业	Water Conservancy, Environment & Public Facility Management	6	5	83.3	13080	13100	100.2
水利管理业	Water Conservancy						
公共设施管理业	Public Facility Management	5	4	80	7580	7600	100.3
居民服务和其他服务业	Resident & Other Services	41	35	85.4	62808	58659	93.4
教育事业	Education	22	22	100	28864	29914	103.6
卫生、社会保障和社会福利业	Public Health, Social Security & Social Welfare	4	2	50	3635	2770	76.2
#卫生事业	Public Health	3	2	66.7	3040	2770	91.1
文化、体育和娱乐业	Culture, Sports & Entertainment	14	12	85.7	31119	37718	121.2
公共管理和社会组织	Public Administration & Social Organizations	2	1	50	11303	6590	58.3
国际组织	International Organizations						

10－19 主要年份房地产开发主要指标

指　标	Item	1995	2000
一、企业（单位）个数（个）	**Number of Enterprises (unit)**	**626**	**528**
内资企业	Domestic Funds	473	407
#国有	State-owned	251	164
集体	Collective-owned	152	78
港澳台商投资企业	Funded by Enterprises form Hongkong, Macao & Taiwan	64	92
外商投资企业	Foreign Funded	86	29
二、土地开发及购置（万平方米）	**Land Development & Purchase (10 000 sq.m)**		
完成开发土地面积	Land Space Developed	1274.35	176.47
购置土地面积	Land Space Purchased	682.18	195.3
三、完成投资（万元）	**Investment Completed (10 000 yuan)**	**515050**	**386747**
#住宅	Residential Building	260541	207861
#经济适用房	Economical Houses	65078	32545
四、资金来源小计（万元）	**Sources of Funds (10 000 yuan)**	**566735**	**502039**
#国内贷款	Domestic Loans	168318	92998
利用外资	Foreign Investment	53886	12916
自筹资金	Fundraising	137817	131654
五、房屋建筑面积及价值	**Floor Space & Value of Buildings**		
施工面积（万平方米）	Floor Space under Construction (10 000 sq.m)	867.27	766.19
#住宅	Residential Building	625.77	595.25
#经济适用房	Economical Houses	133.40	112.59
竣工面积（万平方米）	Floor Space Completed (10 000 sq.m)	276.09	226.74
#住宅	Residential Building	231.99	191.17
#经济适用房	Economical Houses	59.90	50.39
竣工价值（万元）	Value of Floor Space Completed (10 000 yuan)	188746	164650
#住宅	Residential Building	148492	131042
#经济适用房	Economical Houses	37461	31137
六、商品房屋销售	**Sales of Commercial Buildings**		
销售面积（万平方米）	Floor Space of Sales (10 000 sq.m)	156.84	191.36
#住宅	Residential Building	133.98	177.80
#经济适用房	Economical Houses	38.58	43.32
销售额（万元）	Total Sales of Commercial Buildings (10 000 yuan)	158387	277384
#住宅	Residential Building	133779	245721
#经济适用房	Economical Houses	27149	39800
七、商品房待售面积（万平方米）	**Space of Commercial Buildings for sale (10 000 sq.m)**	**109.98**	**119.29**
#住宅	Residential Building	85.83	74.15
#经济适用房	Economical Houses	17.60	6.09
八、新增固定资产（万元）	**Newly Increased Fixed Assets (10 000 yuan)**	**226874**	**183837**
九、实收资本合计（万元）	**Total Capital Hold (10 000 yuan)**	**502690**	**543513**
十、经营收入总计（万元）	**Total Revenue (10 000 yuan)**	**205908**	**338043**
#土地转让收入	Land Transferred	38567	44056

Major Indicators of Real Estate Development in Main Years

2005	2010	2011	2012	2013	2014	2015
1730	**3212**	**3154**	**2934**	**2685**	**2491**	**2423**
1542	3035	2993	2793	2558	2379	2329
205	159	141	141	104	94	52
74	42	32	26	22	126	11
112	99	93	85	75	66	57
76	78	68	56	52	46	37
674.48	363.01					
1218.06	1193.71	978.86	541.71	4319584	610.01	415.94
2867915	**12062211**	**15174656**	**15549388**	**16146322**	**18384942**	**19090933**
1907662	8788924	10789954	10696420	11666137	12926348	14077508
74493	218072					
3395656	**15383429**	**17835008**	**20073616**	**21552380**	**24107471**	**23392870**
555493	2473098	2557343	2638371	3243473	3400275	3320395
59114	85861	70124	3294	6150	2056	15667
1128707	5417241	7117514	7884479	8156908	9016015	8237208
4082.76	12048.73	14264.02	15018.46	16040.17	17472.15	18608.36
3164.96	9767.64	11407.86	11846.86	12419.68	13065.65	13750.52
94.73	402.64					
1330.74	1564.31	2303.35	2333.58	1712.68	1865.98	1675.18
1090.30	1342.87	1936.94	1956.57	1385.37	1441.84	1310.52
14.58	46.30					
1167764	2306901	3931192	4903501	3908901	4560135	4704296
913452	1922323	3262656	4077306	3101989	3388647	3589766
9191	73396					
1438.40	2793.92	2964.15	2759.26	2995.58	3156.55	3523.41
1314.37	2607.15	2749.33	2546.96	2765.15	2869.32	3181.51
42.48	92.36					
2896410	9951860	11182159	11598322	13757948	15320544	17477650
2398083	8817021	9771009	9958158	11667241	12745691	14594268
61184	166859					
269.86	**192.49**	**540.60**	**926.02**	**1225.46**	**1507.45**	**1677.60**
145.09	181.02	377.18	643.07	857.94	1024.32	1124.51
	0.40					
1635726	**3164161**	**5410764**	**6923890**	**5584193**	**5888753**	**5858064**
2099130	**4812635**	**5554412**	**7352140**	**6662477**		**10763586.1**
192426	**643311**	**711708**	**7919996**	**9067538**		**11496584.3**
79030	45917	52231	163012	142461		80760.4

主要统计指标解释

全社会固定资产投资　是以货币形式表现的在一定时期内全社会建造和购置固定资产活动的工作量以及与此有关的费用的总称，它是反映固定资产投资规模、结构和发展速度的综合性指标，又是观察工程进度和考核投资效果的重要依据。全社会固定资产投资按登记注册类型可分为国有、集体、个体、联营、股份制、外商、港澳台商、其他等。按照管理渠道可分为：基本建设、更新改造、房地产开发和其他固定资产投资四个部分。

基本建设投资　基本建设指企业、事业、行政单位以扩大生产能力或工程效益为主要目的的新建、扩建工程及有关工作。其范围为总投资500万元以上（含500万元）的基本建设项目。

更新改造投资　更新改造指企业、事业单位对原有设施进行技术改造（包括固定资产更新）以及相应配套的辅助性生产、生活福利设施等工程和有关工作。其范围为总投资500万元以上的更新改造单位（或项目）。

其他固定资产投资　指全社会固定资产投资中未列入基本建设、更新改造和房地产开发投资的建造和购置固定资产的活动。

固定资产投资的资金来源　根据固定资产投资的资金来源不同，分为国家预算内资金、国内贷款、利用外资、自筹资金和其他资金来源。

（1）国家预算内资金：指中央财政和地方财政中由国家统筹安排的基本建设拨款和更新改造拨款，以及中央财政安排的专项拨款中用于基本建设的资金和基本建设拨款改贷款的资金等。

（2）国内贷款：指报告期内企、事业单位向银行及非银行金融机构借入的用于固定资产投资的各种国内借款。

（3）利用外资：指报告期内收到的用于固定资产投资的国外资金，包括统借统还、自借自还的国外贷款，中外合资项目中的外资，以及对外发行债券和股票等。国家统借统还的外资指由我国政府出面同外国政府、团体或金融组织签订贷款协议、并负责偿还本息的国外贷款。

（4）自筹资金：指建设单位报告期内收到的，用于进行固定资产投资的上级主管部门、地方和企、事业单位自筹资金。

（5）其他资金来源：指报告期内收到的除以上各种拨款、借款、自筹资金以外其他用于固定资产投资的资金。

固定资产投资按国民经济行业分　建设项目归哪个行业，按其建成投产后的主要产品或主要用途及社会经济活动性质来确定。基本建设按建设项目划分国民经济行业，更新改造、国有单位其他固定资产投资及城镇集体投资根据整个企业、事业单位所属的行业来划分。一般情况下，一个建设项目或一个企业、事业单位只能属于一种国民经济行业。为了更准确地反映国民经济各行业之间的比例关系，联合企业（总厂）所属分厂属于不同行业的，原则上按分厂划分行业。

固定资产投资按建设性质分　建设项目的性质一般分为新建、扩建、改建、迁建、恢复。基本建设按建设项目划分建设性质，更新改造、国有单位其他固定资产投资及城镇集体投资等按整个企业、事业单位的建设情况确定建设性质，房地产开发单位、农村投资、城镇工矿区私人建房等投资不划分建设性质。

（1）新建：一般是指从无到有、“平地起家”新开始建设的单位。有的单位原有的基础很小，经过建设后其新增加的固定资产价值超过原有固定资产价值（原值）三倍以上的也算新建。

（2）扩建：一般是指为扩大原有产品的生产能力，在厂内或其他地点增建主要生产车间（或主要工程）、独立的生产线或分厂的企业，事业单位和行政单位在原单位增建业务用房（如学校增建教学用房、医院增建门诊部或病床用房、行政机关增建办公楼等）也作为扩建。

（3）改建：一般是指现有企业、事业单位为了技术进步，提高产品质量，增加花色品种，促进产品升级换代，降低消耗和成本，加强资源综合利用和三废治理、劳保安全等，采用新技术、新工艺、新设备、新材料等对现有设施、工艺条件进行技术改造或更新（包括相应配套的辅助性生产、生活福利设施）。有的企业为充分发挥现有生产能力，进行填平补齐而增建不增加本单位主要产品生产能力的车间等，也属于改建。

大中小型基本建设项目划分　是根据基本建设项目的建设总规模（设计生产能力或工程效益）或计划总投资，按照

《基本建设项目大中小型划分标准》划分的建设项目类型。建设项目总规模或计划总投资划分标准原则上应按照上级批准的设计任务书或初步设计所确定的总规模或总投资为准；没有正式批准设计任务书或初步设计的，按国家或省、自治区、直辖市基本建设投资计划中所列的总规模或总投资划分；上述两条均不具备的，按本年计划施工工程的建设总规模或总投资划分。

施工项目 指报告期内曾进行建筑或安装工程施工活动的建设项目，凡是报告期内施过工的建设项目，不论施工时间长短，均作为施工项目统计。施工项目个数可以反映一定时期固定资产投资的实际规模，与同期建成投产的建设项目个数相比，可以从建设速度的角度反映固定资产投资的效果。根据建设项目施工活动的不同性质，施工项目又分为本年正式施工项目，本年收尾项目和以前年度全部停缓建项目。

全部建成投产项目 工业项目是指设计文件规定形成生产能力的主体工程及其相应配套的辅助设施全部建成，经负荷试运转，证明具备生产设计规定合格产品的条件，并经过验收鉴定合格或达到竣工验收标准，与生产性工程配套的生活福利设施可以满足近期正常生产的需要，正式移交生产的建设项目。非工业项目是指设计文件规定的主体工程和相应的配套工程全部建成，能够发挥设计规定的全部效益，经验收鉴定合格或达到竣工验收标准，正式移交使用的建设项目。

新增生产能力 指通过固定资产投资活动而增加的设计能力或工程效益，它是用实物形态表示的固定资产投资的成果的指标，也是考核投资经济效果的重要依据之一。

房屋建筑面积 指从房屋外墙线算起的各层平面面积的总和，包括可供使用的有效面积和房屋结构（如柱、墙）占用的面积。多层建筑按各层（包括地下室）面积总和计算。

住宅建筑面积 指施工和竣工房屋建筑面积中供居住用的施工和竣工房屋建筑面积。

施工面积 指报告期内施工的全部房屋建筑面积。包括本期新开工的面积、上期跨入本期继续施工的房屋面积、上期停建在本期恢复施工的房屋面积、本期竣工及本期施工后又停缓建的房屋面积。

竣工面积 指在报告期内房屋建筑按照设计要求已全部完工，达到住人和使用条件，经验收鉴定合格（或达到竣工验收标准），正式移交使用单位的各栋房屋建筑面积的总和。

房屋建筑面积竣工率 指一定时期内房屋竣工面积占同期房屋施工面积的比率。它是从房屋建筑施工速度的角度反映投资效果和建筑业经济效益的指标。

新增固定资产 指报告期内已经完成建造和购置过程，并已交付生产或使用单位的固定资产价值。该指标是表示固定资产投资成果的价值指标，也是反映建设进度，计算固定资产投资效果的指标。

建设项目投产率 指一定时期内全部建成投入生产项目个数与同期正式施工项目个数的比率。它是从项目建设速度的角度反映投资效果的指标。

固定资产交付使用率 指一定时期新增固定资产与同期完成投资额的比率。它是反映各个时期固定资产动用速度，衡量建设过程中投资效果的一个综合性指标。

房地产开发投资 指各种登记注册类型的房地产开发公司、商品房建设公司及其他房地产开发法人单位和附属于其他法人单位实际从事房地产开发或经营的活动单位统一开发的包括统代建、拆迁还建的住宅、厂房、仓库、饭店、宾馆、度假村、写字楼、办公楼等房屋建筑物和配套的服务设施，土地开发工程（如道路、给水、供电、供热、通讯、平整场地等基础设施工程）的投资，不包括单纯的土地交易活动。

商品房建设投资额 是指房地产开发企业（单位）开发建设的供出售、出租用的商品住宅、厂房、仓库、饭店、度假村、写字楼、办公楼、拆迁、回迁还建用房等房屋工程及其配套的服务设施所完成的投资额。

住宅 是指专供居住的房屋，包括别墅、公寓、职工家属宿舍和集体宿舍、职工单身宿舍和学生宿舍等。但不包括住宅楼中作为人防用、不住人的地下室等。

商业营业用房 是指商业、粮食、供销、饮食服务业等部门对外营业的用房，如度假村、饭店、商店、门市部、粮店、书店、供销店、饮食店、菜店、加油站、日杂等房屋。

完成开发土地面积 是指报告期内对土地进行开发并已完成七通一平等前期开发工程，具备进行房屋建筑物施工或出让条件的土地面积。

购置土地面积　是指报告期内通过各种方式获得土地使用权的土地面积。

商品房销售面积　指报告期内出售商品房屋合同总面积（即双方签署的正式买卖合同中所确定的建筑面积），由现房销售建筑面积和期房销售建筑面积两部分组成。

商品房销售额　指报告期内出售商品房屋的合同总价款（即双方签署的正式买卖合同中所确定的合同总价）。该指标与商品房销售面积同口径，由现房销售额和期房销售额两部分组成。

商品房待售面积　指报告期末已竣工的可供销售或出租的商品房屋建筑面积中，尚未销售或出租的商品房屋面积，包括以前年度竣工和本期竣工的房屋面积，但不包括报告期已竣工的拆迁还建、统建代建、公共配套建筑、房地产公司自用及周转房等不可销售或出租的房屋面积。

实收资本　是指企业实际收到的所有投资人投入的资本，包括以实物形式、货币形式、发明创造或技术成果等无形资产投入企业的资本。

Explanatory Notes on Main Statistical Indicators

Total Investment in Fixed Assets refers to the volume of activities in construction and purchases of fixed assets in monetary terms. It is a comprehensive indicator, which shows the size, composition and pace of the investment in fixed assets, providing basis for observing the progress of construction projects and evaluating results of investment. Total investment in fixed assets includes, by registration type of ownership, the investment by the state-owned units, collective units, individuals, joint ownership units, share-holding units, as well as investment by businessmen from foreign countries and from Hong Kong, Macao and Taiwan, and by other units. According to Chinese current management systems, the investment in fixed assets is classified into the following four parts: investment in capital construction, investment in innovation, investment in real estates development and other investment in fixed assets.

Investment in Capital Construction refers to the new construction projects or extension projects and the related work of the enterprises, institutions or administrative units mainly for the purpose of expanding production capacity or improving project efficiency covering only projects each with a total investment of 5,000,000 RMB and over.

Investment in Innovation Innovation refers to technological innovation (including the renewal of fixed assets) of the original facilities by the enterprises and institutions as well as the corresponding accessory facilities projects for production or for living and welfare purpose and the related work covering only projects each with a total investment of 5,000,000 RMB and over.

Other Investment in Fixed Assets refers to the construction and purchases of fixed assets not listed in the investment capital construction, investment in innovation and investment in real estate development.

Sources of Funds for Investment in Fixed Assets According to various sources of funds of investment in fixed assets, it is divided into state budgetary appropriation, domestic loans, foreign investment, self-raised funds, and other sources of funds.

(1) State budgetary appropriation refers to appropriation in the budget of the central and local governments earmarked for capital construction and for innovation projects, and the special appropriation from the budget of the central government for capital construction and for the transfer fund to banks to be issued as loans for capital construction projects.

(2) Domestic loans refer to various funds borrowed by·enterprises and institutions from banks and non-bank financial institutions during the reference period for the purpose of investment in fixed assets.

(3) Foreign investment refers to foreign funds received during the reference period for the purpose of investment in fixed assets, including foreign funds borrowed and managed by the government, by individual units, foreign fund in joint venture program, and issue of bonds and stocks at the international financial markets. The foreign funds borrowed and managed by the government refer to foreign loans borrowed by the government from foreign governments, organizations, or financial institutions under official agreements signed by both parties, under which government is responsible for the repayment of both the principal and interests of the foreign loans.

(4) Self-raised funds refer to funds received by construction enterprises from their higher responsible authorities, local governments, or raised by enterprises or institutions themselves for the purpose of investment in fixed assets during the reference period.

(5) Other srefer to funds received during the reference period, which are not included in the above-mentioned sources.

Investment in Fixed Assets by Sector The classification of construction projects by sector is determined by the major products or the purpose of the projects when they are put into production or use, and by the nature of their social economic activities. The investment in capital construction is classified by construction projects, while investment in innovation, other investment by state-owned units and urban collective units are classified according to the sector which the whole enterprises or institution belongs to. In general, one project or one enterprise or institution can only belong to one sector. In order to reflect more accurately the proportions among various sectors, the branch factories of integrated complex are classified into different sectors according to their economic activities.

Investment in Fixed Assets by Type of Construction The construction projects in general can be classified by the type of construction into new construction, expansion, reconstruction and moving away. In capital construction, the type of construction is determined by the condition of the project. In investment, in innovation, in other investment by state-owned units and investment by collective-owned units, the type of construction is determined by the condition of the whole enterprise or institution. Investment by type of construction is not applied to investment by real-estate development units, investment in rural areas and investment in housing by urban individuals.

(1) New construction in general refers to newly constructed units. In the case in which the value of the original fixed assets is quite small, and the value of newly added fixed assets exceeds the original ones by three times, the expansion construction is considered as new construction.

(2) Expansion refers to construction of new major production workshop or independent production line within a factory or in other locations, or construction of a branch factory so as to increase the production capacity of the original products. Newly constructed business houses in institutions and administrative organizations (such as the newly constructed teaching buildings in schools, clinics or bed building in hospitals, and office buildings in administrative agencies, etc.) are also classified as expansion.

(3) Reconstruction refers to technical conditions undertaken by enterprises and institutions for the purposes of technological advancement, improvement in product quality, enlarging variety of products, promoting new generation of products, reducing production consumption and cost, promoting comprehensive utilization of resources, strengthening treatment of waste gas, waste water and solid wastes, and safety in production, etc. through application of new technologies and techniques, use of new equipment and new materials (including accessory facilities for production or for living and welfare purposes) . Construction of new workshops for improving existing production capacity rather than increasing production capacity is also considered as reconstruction.

Capital Construction Projects by Size is the types of construction projects based on the total scale (designed producing capacity or project efficiency) or total investment set, according to Standards for the Classification of Construction Projects into Large, Medium-sized and Small Ones. The classification of size of construction projects or total plan investment should be determined according to the total scale or total investment set in the approved construction plan by higher responsible authorities or in the tentative design, otherwise according to the total scale or total investment set in the current capital construction plan of the state, provinces, autonomous regions, and municipalities directly under central government.

Projects Under Construction refer to projects having construction and installation activities undertaken in the reference period, irrespective of the length of construction. The number of projects under construction can reflect the actual size of investment in fixed assets during a certain period, and when compared with the number of projects completed and put into use, it can reflect the efficiency of investment in fixed assets from the perspective of the speed of construction. Depending on the nature of construction activities, projects under construction can also be classified into projects under construction in current year, winding-up projects in current year and stopped or suspended projects in previous years.

Projects Completed and Put into Use Industrial projects refer to the major projects and accessory facilities completed which result in forming production capacity and have been checked and accepted while the living and welfare facilities have been completed and can ensure normal production and formally put into production. Non-industrial projects refer to the major projects and accessory facilities completed which posses the designed capacity and have been checked, accepted and formally put into production.

Newly Increased Production Capacity refers to the increase of designed capacity and project efficiency through investment in fixed assets, which reflects the accomplishment of investment in fixed assets in kind and is one of the important indicators of observing efficiency the economic efficiency of investment.

Floor Space of Buildings Under Construction and Completed refers to total floor space in each story of buildings calculated from the outside line of building walls, including both usable space and the space occupied by constructions like pillars or walls. The floor space of multi-story buildings includes the total floor space of each story（including basement）.

Floor Space of Residential Buildings refers to the floor space of the residential buildings under construction and completed among the total space of buildings under construction and completed.

Floor Space under Construction refers to total floor space of all buildings under construction during the reference period, including floor space of newly started buildings during the reference period, floor space of construction extended from the previous period to the current period, floor space of construction suspended during the previous period and resumed in the current period, floor space of construction completed in the current period, and floor space of construction started and the suspended in the current period.

Floor Space of Buildings Completed refers to the total floor space of buildings completed in the reference period, which have come up to the designed standards and have been put into use.

Completed Rate of Floor Space of Buildings refers to the ratio of the floor space of buildings completed in certain period of time to the floor space of buildings under construction in the same period that reflects the investment result and economic efficiency of the construction industry from the angle of the speed of project construction.

Newly Increased Fixed Assets refers to the value of investment in fixed assets which completed the construction and purchases and put into production or use. It is a value indicator of achievements of investment in fixed assets, reflecting the progress of construction and calculating the efficiency of investment in fixed assets.

Rate of Construction Projects Completed and Put into Use refers to the ratio of the number of construction projects completed and put into use in certain period of time to the number of projects under construction in the same period. This reflects the investment efficiency from the angle of the speed of projects construction.

Rate of Projects of Fixed Assets Completed and Put into Operation refers to the ratio of the newly increase fixed assets to the total investment made in the same period. This is a comprehensive indicator, reflecting the speed of the employment of fixed assets and the investment efficiency.

Real Estate Development and Investment It includes the investment by the real estate development companies of various registration types, commercial buildings construction companies and other real estate development units of various types of ownership in the construction of house buildings, such as residential buildings, factory buildings, warehouses, hotels, guesthouses, holiday villages, office buildings, and the complementary service facilities and land development projects, such as roads, water supply, power supply, heating, telecommunications, land leveling and other projects of infrastructure. It excludes the activities in simple land transactions.

Investment in Commercial Buildings refers to the investment in residential buildings, workshops, warehouses, hotels, official buildings, houses completed pulled down and returned, unified construction buildings and related service establishment for sale or rent by real estate development enterprises.

Residential Buildings refers to houses simply for resident, including villas, apartments, dormitory for staff and workers and students. It excludes the basements without people living in residential buildings.

Commercial Buildings refer to buildings for external business belongs to commercial, grain, supply-sales and catering departments and so on. Such as buildings of holiday villages, hotels, shops, grain shops, bookstores, supply-sales stores, catering restaurants, vegetable stores, gas stations and daily facilities stores.

Developed Land Area Completed refers to the land area of land development and prophase development projects completed, which can carry out construction or remise.

Purchased Land Area in Current Year refers to the land area accessible by various means in reporting period.

Area of Commercialized Housing Sold refers to total contracted area of commercialized housing（i.e. area of floor space as designated in the formal contracts signed by both sides）during the reference time. It constitutes floor space of completed housing and floor space of future housing.

Value of Commercialized Housing Sold refers to the total contracted value（i.e. value of sales/purchase for selling/purchase of commercialized housing as designated in the contract signed by both sides）during the reference time. This indicator has the same coverage as the area of commercialized housing sold, which constitutes as the area of commercialize housing sold, which constitutes floor space of completed housing and floor space of future housing.

Space of Commercial Houses for Sale refers to the space of commercial houses which are completed, for sale or rent but not yet in report period. It includes space of houses completed in former years and this period, but excludes space of houses completed during report period but unable to be sell or rent, such as houses completed pulled down and returned, unified construction buildings, public complementary buildings, houses for real estate companies owner-occupied and houses for turnover.

Actually Got Capital refers to capital that enterprises actually got from all the investors, including capital in kind, in form of money, as intangible assets participating enterprises such as inventions or technological achievements.

第十一篇

城市概况

GENERAL SURVEY OF CITIES

（编辑：温韵琳）

11－1 广西各市市辖区社会经济主要指标（2015年）

指标	Item	南宁市 Nanning	柳州市 Liuzhou	桂林市 Guilin
年末户籍人口（万人）	Total Household Population at the Year-end (10 000 persons)	290.46	119.5	128.07
年平均人口（万人）	Annual Average Population (10 000 persons)	287.42	118.6	126.84
常住人口（万人）	Permanent Population (10 000 persons)	364.72	159.63	153.31
年出生人口（人）	Annual Birth Population (person)	25834	15847	19611
年死亡人口（人）	Annual Mortality Population (person)	4319	4544	5896
年末总户数（万户）	Total Households at the Year-end (10 000 households)	89.36	38.66	39.65
从业人员期末人数（城镇，人）	Total Employment at the Year-end (Urban, person)	800144	509802	259085
第一产业（农、林、牧、渔业）	Primary Industry (Farming, Forestry, Animal Husbandry & Fishery)	6349	2032	896
第二产业	Secondary Industry	344652	316933	112235
采矿业	Mining	32	321	889
制造业	Manufacturing	90402	139730	58113
电力、燃气及水的生产和供应业	Electricity, Gas & Water Production & Supply	51133	4890	3022
建筑业	Construction	203085	171992	50211
第三产业	Tertiary Industry	449143	190837	145954
交通运输、仓储及邮政业	Transportation, Storage & Postal	42686	15969	8759
信息传输、计算机服务和软件业	Information Transmission, Computer Service & Software Industries	15673	3052	3539
批发和零售业	Wholesale & Retail Trade	44244	16503	11487
住宿、餐饮业	Hotel & Catering Trade	17903	3770	7594
金融业	Finance	35758	8579	13678
房地产业	Real Estate	24504	13729	8067
租赁和商业服务业	Leasing & Commercial Services	39364	19747	12737
科学研究、技术服务和地质勘查业	Scientific Research, Technology Services & Geolo-gical Prospecting	34732	11940	6397
水利、环境和公共设施管理业	Water Conservancy, Environment & Public Facility Management	17224	14220	7340
居民服务和其他服务业	Resident & Other Services	1790	1140	1412
教育	Education	69979	36517	27903
卫生、社会保障和社会福利业	Public Health, Social Security & Social Welfare	40796	23455	14686
文化、体育和娱乐业	Culture, Sports & Entertainment	12632	2003	3535
公共管理和社会组织	Public Administration & Social Organizations	51858	20213	18820
城镇私营和个体从业人员（人）	Private & Self-employed Individuals (person)	493375	486840	166299
城镇登记失业人数（人）	Registered Unemployment in Urban Areas (person)	23711	19926	12145
行政区域土地面积（平方公里）	Gross Area (sq.km)	6559	1017	2767
#建成区面积	Developed Area	287	184	99
城市现状建设用地面积	Area of City Construction	285	184	98

注：1. 本表数据均为市辖区数，下同。
2. 人口指标数据为公安户籍年报数。

Note: 1. All the data in this table refers to municipal districts of the cities, and so as the continued tables.
2. The data on population is from the annual reports of the household registration.

Main Social & Economic Indicators of Municipal Districts of Cities（2015）

梧州市 Wuzhou	北海市 Beihai	防城港市 Fangcheng-gang	钦州市 Qinzhou	贵港市 Guigang	玉林市 Yulin	百色市 Baise	贺州市 Hezhou	河池市 Hechi	来宾市 Laibin	崇左市 Chongzuo
78.6	64.87	56.75	147.73	198.45	108.89	35.86	118.05	34.13	111.49	36.81
78.23	64.87	56.35	151	197.93	108.22	35.61	90.79	33.97	95.04	36.99
80.09	64.87	55.35	125.79	156.22	110.61	39.5	104.67	34.3	95.45	33.62
11843	10820	11464	2148	31877	21898	5710	20010	5643	18056	5819
3939	2169	1752	6033	6288	5705	2120	5762	1688	3363	1056
24.28	18.39	14.4	33.48	60.2	30.1	9.67	30.28	11.02	30.62	10.87
101099	109082	80130	125846	91565	110349	68149	45286	50026	75219	39958
16	4545	6947	1418	328	153	573	636	0	6305	1173
43854	47210	26725	64756	28413	34519	22973	11607	16742	29943	11775
0	526	117	1453	0	5	6043	53	4	0	4081
37915	36012	4407	16451	12848	20565	7083	8483	11789	16468	5806
2830	1743	1677	2362	3010	3191	2646	2411	1631	3306	728
3109	8929	20524	44490	12555	10758	7201	660	3318	10169	1160
57229	57327	46458	59672	62824	75677	44603	33043	33284	38971	27010
4629	3684	9798	3702	4235	5919	6720	1180	3729	1238	1349
1299	1520	1236	1304	1337	3345	1227	1032	2997	1148	1379
3595	2782	1296	4079	3730	5319	3636	1343	2337	1930	1804
791	2678	1044	1176	753	1325	580	210	617	1800	406
4133	7308	1936	1860	5546	5601	2486	3638	2126	1956	4118
2045	2803	1540	1799	849	3219	768	284	1026	1804	505
939	1126	1406	1257	680	3582	892	1270	707	2186	1453
2352	2111	948	1148	1380	2255	2188	1472	1121	1375	419
1973	2804	2163	2116	351	2734	2306	1466	697	969	854
0	227	57	326	385	285	114	69	92	44	20
11673	10884	9147	16299	18543	17763	7901	12287	4897	9480	5288
10101	5894	5069	9684	8571	11128	5516	5630	4634	5084	2453
1139	979	423	480	326	982	572	636	666	355	289
12560	12527	10395	14442	16138	12220	9697	2526	7638	9602	6673
64654	231731	82141	58537	150374	108903	34453	154733	29770	132107	27503
7699	5062	2407	3866	1119	5546	390	3217	1725	2945	1337
1793	957	2836	4836	3548	1251	3718	5517	2346	4363	2918
56	73	38	93	71	68	45	24	23	41	28
54	71	36	86	68	68	42	53	23	41	19

11－1 续表 1

指 标	Item	南宁市 Nanning	柳州市 Liuzhou	桂林市 Guilin
居住用地面积	Area of Living Space	86	48.34	29
公共设施用地面积	Area of Public Facilities	9	3.8	6
工业用地面积	Area of Industry	29	41.67	18
地区生产总值（当年价，万元）	Gross Domestic Product (current prices,10 000 yuan)	25370118	16890061	7826658
第一产业增加值	Primary Industry	1093496	151484	486789
第二产业增加值	Secondary Industry	9857098	10523251	3509822
第三产业增加值	Tertiary Industry	14419524	6215326	3830047
地区生产总值（2010年价格，万元）	Gross Domestic Product (Prices in the year of 2010,10 000 yuan)	21404404	15332186	7495638
人均地区生产总值（元）	Per Capita Gross Domestic Product (yuan)	69918	106203	51486
地区生产总值增长率（%）	Growth Rate of Gross Domestic Product（%）	9.4	6.7	7.95
公共财政收入（万元）	Local Government Revenue (10 000 yuan)	2510329	1186137	626689
#税收收入	Various Taxes	1964467	848621	320743
#企业所得税	Enterprise Income Taxes	266680	90218	59744
个人所得税	Individual Income Taxes	83427	25297	17156
公共财政支出（万元）	Local Government Revenue (10 000 yuan)	3410569	1761495	1030468
#一般性公共服务支出	Expenditure for General Public Service	277994	118051	141261
科学技术支出	Expenditure for Science & Technology	40916	25628	17678
教育支出	Expenditure for Education	541584	379859	158263
文化体育与传媒支出	Expenditure for Culture, Sport & Media	109796	40038	26959
医疗卫生支出	Expenditure for Health Care	268953	117569	97139
节能环保支出	Expenditure for Energy Conservation & Environment Protection	142575	18191	13869
城乡社区事务支出	Expenditure for Community Affair in Urban & Rural Area	514324	351573	136220
交通运输支出	Expenditure for Transpotation	106991	39702	15697
社会保障和就业支出	Expenditure for Social Security & Employment	294686	124443	75188
住房保障支出	Housing security expenditure	192079	56619	34144
年末金融机构人民币存款余额（万元）	Year-end Deposit Balance of Financial Institutions in RMB (10 000 yuan)	74357513	22043369	16013521
#住户存款	Household Savings Deposits	20811700	7969846	7811080
年末金融机构人民币各项贷款余额（万元）	Year-end Loans Balance of Financial Institutions in RMB (10 000 yuan)	77739229	16237381	9188837
规模以上工业法人企业:	Indutrial Corporations above Designated Size			
工业企业数（个）	Number Industrial Enterprises（unit）	694	532	128

continued

梧州市 Wuzhou	北海市 Beihai	防城港市 Fangcheng-gang	钦州市 Qinzhou	贵港市 Guigang	玉林市 Yulin	百色市 Baise	贺州市 Hezhou	河池市 Hechi	来宾市 Laibin	崇左市 Chongzuo
18.84	25.6	5.18	28.86	22.2	26.23	14.91	15.68	6.7	11.37	6
2.97	2.5	1.11	11.2	2.85	2.37	1.07	1.73	2.67	5.79	1.52
8.33	4	13.95	21.95	15.76	2.17	7.12	12.77	4.66	5.92	2.43
5398235	6818709	4734747	4453553	3587143	3960027	2055139	2665798	1140979	2463451	1401284
156986	807305	416157	1052654	629183	387286	254612	472816	116343	568340	242988
3200164	3955723	2881765	1492731	1259220	1469936	959637	1151322	384583	894904	602986
2041085	2055681	1436825	1908168	1698740	2102805	840890	1041660	640053	1000207	555310
4646601	6699476	4159541	3857413	3303014	3782089	1994630	2533246	1066950	2692488	1252625
67626	97146	86141	35601	23066	35958	52393	25804	33416	25920	41879
8.9	11.8	11.48	12.8	5.83	9.13	8.05	8.95	2.4	1.03	6.07
573931	408787	342836	386209	234630	453671	58320	130432	29417	173230	114533
243057	302405	205096	243879	157819	261712	51284	79655	22816	112691	59651
29756	23223	21230	16461	19095	21954	4232	4661	1932	4055	7337
7700	5606	3635	4492	4269	9058	1120	1097	590	1874	1286
967395	899258	875482	1159302	848445	900661	186115	573647	163558	245310	412949
92879	104030	94748	80075	75323	124381	18146	44333	14034	39416	44151
7601	3711	3509	18478	5493	9163	1886	3912	1177	912	3295
132033	141353	78529	211665	207996	174419	48497	120561	43971	35271	60701
38503	10835	9351	10916	9153	22970	1668	6970	1732	7538	7678
83637	65264	53292	91395	104763	108252	23172	71444	22175	15090	36598
10577	22154	17695	17867	10763	6976	5831	9763	9410	4559	7708
222699	137917	131662	219302	53430	88415	5840	68040	1426	31555	66991
60947	26418	74257	87205	38791	30939	5620	39747	2304	4764	11809
47313	27738	79383	108582	56950	25882	16309	54155	12001	8150	50411
34787	41260	45315	58396	63762	83877	3915	36667	8876	18520	17791
4148268	5483526	3394851	4954431	4550291	5427907	2757470	3315180	2156963	2552260	1500974
2187378	3121878	1665511	2635907	3095756	3461452	1382104	1717794	1159166	1225623	649713
3282624	3712741	3232440	3954739	3268133	3425486	1948295	1965499	1257678	2184187	1299694
181	132	112	135	204	111	50	106	33	68	34

11－1 续表 2

指 标	Item	南宁市 Nanning	柳州市 Liuzhou	桂林市 Guilin
内资企业	Domestic Investment	626	503	112
国有企业	State-owned Enterprises	23	11	9
私营企业	Private Enterprises	366	285	33
港、澳、台商投资企业	Enterprises with Funds from Hong Kong, Macao & Taiwan	32	13	5
外商投资企业	Foreign Funded Enterprises	36	16	11
工业总产值（当年价，万元）	Industrial Gross Output Value (current prices, 10 000 yuan)	27452258	38415919	5470999
内资企业	Domestic Investment	21588565	27111481	5012985
国有企业	State-owned Enterprises	1725346	6194460	851797
私营企业	Private Enterprises	11054025	9045940	770021
港、澳、台商投资企业	Enterprises with Funds from Hong Kong, Macao & Taiwan	4476020	668783	189973
外商投资企业	Foreign Funded Enterprises	1387673	10635655	268041
从业人员年平均人数（万人）	Annual Average Population of Employees (10 000 persons)	18.24	20.58	4.93
流动资产合计（万元）	Annual Average Balance of Value of Circulating Funds (10 000 yuan)	8002711	15856472	2364108
固定资产合计（万元）	Annual Average Balance of Net Value of Fixed Assets (10 000 yuan)	5680701	7762818	1637535
主营业务收入（万元）	Income of Major Business (10 000 yuan)	25750907	36523396	4188802
主营业务成本（万元）	Cost of Major Business (10 000 yuan)	20310059	32225438	3290735
主营业务税金及附加（万元）	Tax & Extra Charges on Income of Major Business	669577	1063101	53750
本年应交增值税（万元）	Value Added Taxes Receivable in This Year (10 000 yuan)	714220	832208	112001
利润总额（万元）	Total After-tax Profits (10 000 yuan)	1862902	821655	255532
年末邮政局（所）数	Number of Post Offices in the Year-end (unit)	95	24	52
全社会用电量（万千瓦时）	Electricity Consumption (10 000 kwh)	1167542	832719	289399
#工业用电	Electricity Consumption by Industry	355221	550530	91729
城乡居民生活用电	Consumption of Electricity for Urber&Rural Resident Living	328045	132645	92620
社会消费品零售总额（万元）	Total Retail Sales of Consumer Goods (10 000 yuan)	14810442	7695245	4271931
限额以上批发零售贸易业商品销售总额（万元）	Total Sales of Enterprises above Designated Size in Wholesale & Retail Trades (10 000 yuan)	24939719	9888943	2868243
限额以上批发零售企业数（法人数）（个）	Number of Enterprises above Designated Size in Wholesale & Retail Trades (unit)	704	397	137
#零售业	Retail Trade	357	164	85

continued

梧州市 Wuzhou	北海市 Beihai	防城港市 Fangcheng-gang	钦州市 Qinzhou	贵港市 Guigang	玉林市 Yulin	百色市 Baise	贺州市 Hezhou	河池市 Hechi	来宾市 Laibin	崇左市 Chongzuo
147	103	96	114	187	100	46	96	32	61	24
3	2	3	5	2	3	4	2	5	4	4
68	54	58	59	110	53	12	61	9	23	13
25	20	6	11	11	7	4	8	0	3	3
9	9	10	10	6	4	0	2	1	4	7
12611725	17085781	10686573	8969532	3404938	3560706	2297761	2700783	900713	2285003	1645171
11276680	12764573	6653810	7565874	2672549	1846363	2143241	2631262	877004	2021439	894467
293720	235100	237753	192365	284993	283930	286014	175154	110153	466054	218757
4521554	2797917	4219806	2022520	1267391	483647	405440	1346801	222456	339923	367368
778290	3892326	183781	207820	697627	78071	154520	42486	0	12566	157192
556755	428882	3848982	1195838	34762	1636272	0	27035	23709	250998	593512
6.08	5.67	2.56	3.33	3.53	3.49	1.72	2.08	1.68	1.96	1.37
2160343	2969327	3270803	2606666	2114148	1734902	802661	851974	1345966	1404958	717296
1954353	2194858	2609274	3409639	1474021	1003581	1157647	695525	735892	1779711	997920
11274848	16170056	8884041	8246964	3014009	3348378	1516769	2372265	1073412	2161211	1314985
9092989	13820193	8308057	6849409	2762099	2817617	1370331	2102810	1044165	1976559	992439
67269	721772	20208	946598	8968	21024	8207	8783	1313	8059	7801
497591	586218	91207	421614	61135	92516	49930	64822	27420	76507	45068
976918	1329548	194759	179537	88815	170023	29986	190198	-88334	-42986	228995
12	16	19	35	32	17	16	29	20	30	11
261215	383394	403075	370296	424338	227119	298277	480782	22515	547943	95744
180395	228716	309589	210167	295465	101104	235374	398215	13406	475596	58947
33919	71913	36317	57968	75844	67389	35210	49829	5450	41426	15428
1904444	1309297	604060	1780461	2261986	2782514	690723	793702	604713	635596	248889
1105952	1274930	835261	1826671	1093929	2194448	1224016	701944	722959	510959	458223
107	119	46	114	65	128	48	40	32	35	18
68	89	31	53	50	78	38	25	21	21	14

11－1 续表 3

指 标	Item	南宁市 Nanning	柳州市 Liuzhou	桂林市 Guilin
限额以上批发零售贸易业企业财务:	Finance of Enterpaises above Designated size in Wholesale & Retail Trades:			
年末从业人数（万人）	Number of Employees in Year-end (10 000 persons)	4.41	2.21	1.36
流动资产合计（万元）	Total Circulating Funds (10 000 yuan)	12733984	2764731	631819
固定资产合计（万元）	Total Fixed Assets (10 000 yuan)	638438	275831	142120
主营业务收入（万元）	Income from Major Business (10 000 yuan)	22927412	8882998	2211548
主营业务成本（万元）	Cost of Major Business (10 000 yuan)	21565877	8458183	1906749
主营业务税金及附加（万元）	Taxes & Extra Charges of Major Business (10 000 yuan)	107965	47940	54430
本年应交增值税（万元）	Value Added Tax Payable (10 000 yuan)	222037	69552	57159
利润总额（万元）	Total Profits (10 000 yuan)	202311	77498	82316
外商直接投资合同项目（个）	Newly Signed Projects (contracts) of Foreign Direct Investment in This Year (unit)	61	4	11
当年实际使用外资金额（万美元）	Amount of Foreign Capital Actually Utilized (USD 10 000)	21901	1614	18209
固定资产投资总额（不含农户）（万元）	Total Investment in Fixed Assets (excluding rural indivduals, 10 000 yuan)	24641211	13235999	4069095
#房地产开发投资额	Investment in Real Estate Development	5946277	2500522	770371
#住宅	Residential Buildings	4140801	1764155	544591
全年新增固定资产（万元）	Newly Increased Fixed Assets (10 000 yuan)	13548737	4646477	2717320
商品房屋销售面积（万平方米）	Floor Space of Selling Commercial Houses (10 000 sq.m)	851.04	214.34	117.83
#住宅	Residential Building	736.19	176.81	107.34
#别墅、高档公寓	Villa,High-grade Apartment	14.45	0.87	1.2
商品房屋销售额（万元）	Total Sales of Commercial Buildings (10 000 yuan)	6135987	1770863	803123
#住宅	Residential Building	5003201	1329159	696931
#别墅、高档公寓	Villa,High-grade Apartment	164269	9865	10910
商品房屋待售面积（万平方米）	Space of Commercial Buildings for Sale (10 000 sq.m)	348.5	86.88	42.25
保障性住房本年完成投资（万元）	Completed Investment in Indemniticatory Housing(10 000 yuan)	186883	92471	141865
#廉租房	Low-rent Housing	69506	24159	16493
保障性住房施工面积（万平方米）	Floor Space under Constructiong of Indemnification Housing (10 000 sq.m)	76.06	133.93	19.19
#廉租房	Low-rent Housing	9.06	28.44	3.65
保障性住房竣工面积（万平方米）	Completed Floor Space of Indemnitication Housing (10 000 sq.m)	108.33	46.42	23.32
#廉租房	Low-rent Housing	20.18	11.64	1.65
学校数（所）	Number of Schools (unit)			
普通高等学校	Institutions of Regular Higher Education	31	6	10
中等职业教育学校	Secondary Schools for Vocational Education	65	20	17
普通中学学校	Regular Secondary Schools	174	63	40
小学学校	Primary Schools	455	128	90
专任教师数（人）	Number of Full-time Teachers (person)			
普通高等学校	Institutions of Regular Higher Education	18258	3422	8263
中等职业教育学校	Secondary Schools for Vocational Education	6968	1904	981
普通中学学校	Regular Secondary Schools	11398	6007	3412
小学学校	Primary Schools	14159	5352	3926
在校学生数（人）	Student Enrollment (person)			
普通高等学校	Institutions of Regular Higher Education	369242	72286	227500

continued

梧州市 Wuzhou	北海市 Beihai	防城港市 Fangcheng-gang	钦州市 Qinzhou	贵港市 Guigang	玉林市 Yulin	百色市 Baise	贺州市 Hezhou	河池市 Hechi	来宾市 Laibin	崇左市 Chongzuo
0.57	0.63	0.21	0.57	0.44	1.02	0.43	0.31	0.32	0.2	0.18
355736	557855	291620	751978	353486	648282	290807	204262	192548	205230	45640
66628	72814	11377	104484	58190	85397	64683	46182	49658	41862	27247
898675	1098380	775099	1561660	1021366	2047272	1087166	662059	753263	450097	389847
801854	985289	726400	1454102	906984	1836471	952506	591671	659812	395443	328270
21641	20013	11035	22549	26541	315478	25233	15893	24876	15949	16170
13443	21102	7454	25354	20725	53679	47058	12611	16551	9936	12005
9879	16616	12343	2166	33237	58469	42984	13338	27009	15765	16705
5	11	4	0	0	1	1	0	0	4	3
1264	18611	2860	0	1700	569	4	476	0	2966	2502
4856715	7370376	3617205	4680667	3554758	4384890	1408547	3664017	893911	2204142	1096728
304186	1159187	633237	453265	385163	507215	319702	119573	168494	479978	86893
245497	889490	455029	338829	306067	366787	219643	100583	117822	315841	62499
3849089	6016676	487959	3111963	2115750	3471471	566449	2512862	651532	964672	802722
81.85	155.16	133.88	118.4	95.63	213.99	43.41	62.02	30.57	89.74	12.87
77.24	150.63	122.07	107.82	89	164.21	40.6	59.27	29.91	87.4	12.42
2.74	0.98	0.1	4.16	0	0	0.49	0	1.36	0.4	0.11
393286	796660	560381	471799	419635	816699	200937	156085	118720	220215	42331
312767	759986	476038	402475	375822	562500	170668	144878	114546	194612	39893
18478	8733	609	28875	0	0	512	0	9419	2019	493
76.16	180.63	31.93	139.55	29.22	71.42	22.94	26.27	2.77	46.18	13.16
6832	33964	9229	123814	10792	98408	1800	38964	14410	2001	1878
2135	5462	338	2160	340	8447	350	2066	0	0	95
0	3.92	3.33	36.32	13.88	71.68	6.21	35.92	9.88	3.07	0.89
0	0	0	0	0	0	0	0	0	0	0
0	10.37	7.46	17.37	12.16	1.08	3.77	1.45	0	4.91	2.72
0	0	1.03	4.06	2.56	0	0	0	0	0	0.84
2	4	1	2	0	1	3	1	1	2	
13	5	1	5	8	13	1	12	6	6	
34	52	27	51	87	57	15	46	22	43	
141	109	197	369	431	235	104	304	43	164	
677	1036	120	1007	0	873	1475	596	179	414	932
533	661	66	526	497	1104	59	623	516	338	376
4637	3184	1760	4722	8312	4568	1522	2777	1305	4154	1164
3733	3438	2406	6556	7502	4627	1733	4669	1532	4720	1559
15967	6628	3561	19569	0	18120	27831	11700	4621	9498	21209

11－1　续表 4

指　标	Item	南宁市 Nanning	柳州市 Liuzhou	桂林市 Guilin
中等职业教育学校（人）	Secondary Schools for Vocational Education (person)	203916	69537	16918
普通中学学校（万人）	Regular Secondary Schools (10 000 persons)	18.5	8.43	4.69
小学（万人）	Primary Schools (10 000 persons)	31.19	11.75	7.15
成人高等学校在校学生数（人）	Student Enrollment in Adult Education Schools (person)	121493	31492	72580
科技活动人员（人）	Number of Persons Engaged in Scientific & Technological Activities(person)	6413	13841	9453
R&D人员数（人）	Number of Persons Engaged in R & D Activities (person)	3903	10036	6192
体育场馆数（个）	Gymnasiums (unit)	30	53	18
剧场、影剧院数（个）	Cinemas & Theatres (unit)	20	2	12
公共图书馆图书总藏量（千册、件）	Total Collection of Public Libraries (1000 copies)	5403.4	1254.08	2811.5
订销报刊杂志累计份数（千份）	Total Copies or Newspapers & Magazines Subscribed & Sold (1 000 copies)	44692.8	24212.8	14656
广播节目综合人口覆盖率（%）	Listener Rating (%)	100	100	100
电视节目综合人口覆盖率（%）	Viewer Rating (%)	100	100	100
有线电视入户率（%）	Rate of Household wit Access to Cabel-TV (%)	100	69.22	88.99
医院、卫生院数（个）	Number of Hospitals (unit)	128	56	24
医院、卫生院床位数（张）	Total Number of Beds in Hospitals (bed)	27918	12149	6828
医生数（执业医师+执业助理医师，人）	Number of Doctors (Certified physicians & certified assistant physicians, person)	16126	6368	5043
注册护士（人）	Registered Nurses (person)	19711	8741	6462
在岗职工平均人数（万人）	Average Number of Working Staff & Workers (10 000 persons)	59.18	30.29	23.06
在岗职工工资总额（万元）	Total Wages of Working Staff & Workers (10 000 yuan)	4157496	1834440	1292471
居民家庭总收入（元）	Total Income of Household (yuan)			
工资性收入	Wages Income	21122	19296	17126
经营净收入	Net Income from Business	2139	2484	4010
财产性收入	Property Income	803	1055	1049
转移性收入	Transfer Income	7435	11204	8913
城镇居民人均可支配收入（元）	Per Capita Annual Disposable Income of Household (yuan)	28701	30798	29356
城镇居民人均现金消费支出（元）	Per Capita Annual Consumption Expenditures of House-hold (yuan)	19284	20373	17542
#食品烟酒	Food, Cigarettes & Wine	7945	8316	7245
衣着	Clothing	1342	1540	1616
居住	Residence	1710	2011	1532
生活用品及服务	Household Facilities & Services	1290	1383	1156
交通和通信	Traffic & Communications	3118	2877	858
教育文化和娱乐	Education, Culture & Recreation	2309	2501	2361
医疗保健	Medical Services	1209	1152	2456
其他用品及服务	Others	361	593	318
每百户居民家庭拥有量	Per 100 Households:			
家用汽车（辆）	Automobile (unit)	25	36	21
消毒碗柜（个）	Disinfection Cupboard (unit)	58	50	52
洗碗机（个）	Washing Machine (unit)	3	3	3
固定电话（部）	Fix Telephone (unit)	31	30	38
移动电话（部）	Mobil Telephone (unit)	234	232	213
其中：接入互联网	Access the Internet	93	112	109
计算机（台）	Computers (unit)	72	98	75
其中：接入互联网	Access the Internet	62	83	67
电冰箱（柜）（台）	Fridge(set)	89	95	95
彩色电视机（台）	Color TV (set)	113	106	114
中高档乐器（台）	Middle & Top Grade Musical Instrument (unit)	3	7	4
照相机（部）	Camera (unit)	34	39	35
摄像机（部）	Pickup Camera (unit)	6	11	4

continued

梧州市 Wuzhou	北海市 Beihai	防城港市 Fangcheng-gang	钦州市 Qinzhou	贵港市 Guigang	玉林市 Yulin	百色市 Baise	贺州市 Hezhou	河池市 Hechi	来宾市 Laibin	崇左市 Chongzuo
14596	21890	3747	9297	10993	27509	2598	24529	12771	10891	6584
4.45	4.75	3.1	8.2	14.16	7.61	1.51	4.55	2.13	6.42	1.78
6.7	7.67	5.02	13.45	16.05	10.86	3.36	9.75	2.82	8.56	2.84
8729	2940	3152	0	5058	11856	15006	0	0	0	2805
1524	62	1196	871	640	14	675	483	815	602	664
790	58	1015	579	438	0	86	177	367	179	404
2	2	1	10	3	2	0	1	3	6	8
2	4	6	2	3	7	1	2	3	4	2
581.82	0	256.89	2907	476.26	663	185.02	258.5	231.37	382	150
9599.16	14105.11	9165.84	9128	10797.66	10695.72	4629.4	6471	3756.1	5720	3672.44
98.95	99.98	96.75	96.04	98.88	96.21	100	96.56	95.83	96.6	98.01
98.87	99.99	98.35	98	99.25	98.7	100	98.51	97.46	98.5	98.55
82.72	87.03	34.23	35.22	54.37	56.4	44	83	69.75	16.3	19.22
31	25	20	39	44	26	17	36	18	37	18
5867	3150	2745	10434	5562	6589	3961	3457	3087	4097	1501
2996	1404	1191	2831	2555	2192	1639	1279	1314	1567	460
4160	1928	1376	4441	3423	3141	2431	2007	1771	1891	667
9.56	9.23	5.38	11.65	8.05	10.68	6.69	5.09	4.47	5.7	3.64
457703	458845.2	287411.2	575368.1	475800	594436	326102	286762.6	250679.9	258166	194498.2
16419	15768	14303	17203	18964	17277	21253	15593	17177	17741	19551
2904	4151	10018	5563	4952	8274	1287	1619	2296	5479	3788
844	1644	1437	695	738	2245	837	2651	1502	1267	619
7361	7202	4172	5193	3498	4613	5804	7534	7734	5823	4826
25537	27700	29929	27813	25945	31647	25955	25310	26254	28266	25794
17022	17846	18969	17109	15675	19433	17813	14847	17774	17689	14043
7672	8014	7263	7360	6693	6543	6827	5688	6142	6334	5624
1038	851	1019	1434	1189	1086	1608	935	1382	1676	897
1867	2222	4350	2555	1393	2852	1450	1453	948	1726	2015
1114	1015	1130	1588	1077	1550	1170	916	996	1005	1000
1991	3297	2547	1533	2102	2888	3034	2883	3559	2711	2347
1716	1356	1173	1526	2018	2735	1876	1756	2975	2478	1437
1111	684	770	751	834	1045	1288	1010	1102	1377	493
513	406	717	362	369	734	560	205	670	382	230
11	24	39	42	27	34	43	33	28	21	26
49	56	91	72	75	72	73	52	48	64	52
1	1	0	11	1	6	0	0	0	0	0
24	36	27	47	50	60	38	20	25	19	43
244	249	304	297	264	285	267	298	255	275	269
84	102	154	165	112	92	134	148	198	85	209
73	64	89	88	70	99	131	89	92	60	91
48	42	84	68	55	83	121	66	61	45	78
88	86	101	98	101	102	107	102	100	92	100
108	108	112	147	137	138	114	151	103	114	110
3	0	0	2	1	5	11	1	6	3	0
23	15	10	30	19	38	49	18	30	8	12
1	1	4	5	5	7	14	3	3	0	1

11－1　续表 5

指　　标	Item	南宁市 Nanning	柳州市 Liuzhou	桂林市 Guilin
洗衣机（台）	Washing Machine (unit)	88	97	86
城镇人均住房建筑面积（平方米）	Per Capital Living Floor Space of Urban Residents (sq.m)	34.09	32	38.71
居民消费价格指数（上年为100）（%）	Consumer Price Index(Preceding year =100)	101.94	0	101.85
城镇职工基本养老保险参保人数（人）	Number of Urban Staff & Workers Joined Basic Pension Insurance (person)	602167	694383	438498
城乡居民社会养老保险参保人数（人）	Number of Persons Joined the Urban Basic Health Care Program (person)	476815	56892	58326
城镇职工基本医疗保险参保人数（人）	Number of Workers Joined the Urban Basic Health Care Program (person)	646124	647766	319894
城镇居民基本医疗保险参保人数（人）	Number of Persons Joined the Urban Basic Health Care Program (person)	1494654	503496	300132
失业保险参保人数（人）	Number of Persons Joined Unemployment Insurance (person)	401972	287733	174180
工伤保险参保人数（人）	Number of Persons Joined Industrial Injury Insurance (person)	452300	399320	227436
生育保险参保人数（人）	Number of Persons Joined Bearing Insurance (person)	447260	313780	194145
社会福利院数（个）	Number of Social Welfare Homes (unit)	71	24	42
社会福利院床位数（张）	Number of Beds in Social Welfare Homes (bed)	8572	5960	6006
社区服务设施数（个）	Number of Community Service Facilities (unit)	238	200	153
城市社区综合服务设施覆盖率（%）	Coverage of Comprehension Service Facilities of Urban Communities(%)	100	93.46	56.07
城镇居民最低生活保障人数（人）	Number of Urban Residents under Lowest Cost-of-living Level (person)	6950	11114	7186
交通事故死亡人数（人）	Death of Traffic Accidents (person)	140	77	42
交通事故损失额（万元）	Losses of Traffic Accidents (10 000 yuan)	123	39	65
火灾事故死亡人数（人）	Death of Fire Accidents (person)	9	7	4
火灾事故损失额（万元）	Losses of Fire Accidents (10 000 yuan)	2413	412	763
刑事案件立案数（件）	Number of Criminal Cases Registered (case)	60782	2614	993
罪犯人数（人）	Number of Criminals (person)	4725	3229	1306
#青少年人数（年龄14-25周岁）	Youth(14- 25 years old)	1193	692	234
城市维护建设资金支出（万元）	Expenditure for City Maintenance & Construction (10 000 yuan)	2112981	987071	553216
年末实有城市道路面积（万平方米）	Area of City Road in the Year-end (10 000 sq.m)	4105	1963	1265
排水管道长度（公里）	Length of Sewer Pipelines (km)	1482	1316	724
供水综合生产能力（包括自备水源，万立方米/日）	Comprehensive Productive Capacity of Water Supply (including those owned by individual enterprises & institutions, 10 000 cu.m/day)	153.9	150.65	46.6
城市供水总量（万吨）	Volume of Water Supply (10 000 tons)	50892.06	44142.87	12848.75
售水量（万吨）	Volume of Sold Water (10 000 tons)	42664.35	40397.09	11066.13
#居民家庭用水量	For Residential Household Use	27093.65	9436.95	6738.61
用水人口（万人）	Number of Residents with Access to Tap Water (10 000 persons)	276.79	160.34	91.06
用水普及率（%）	Percentage of Population with Access Tap Water (%)	96.47	98.17	97.14
供气总量（人工、天然气）（万立方米）	Total Volume of Gas Supply Including Manufactured & Natural Gas (10 000 cu.m)	18745	10053	4075
#家庭用量	Residential Use	6656	6376	1657
用气人口（人）	Number of Residents with Access to Gas (person)	1555400	927000	374000
液化石油气供气总量（吨）	Total Volume of Liquid Petrol Gas Supply (ton)	53061	46832	20879
#家庭用量	Residential Use	42337	19867	19459
用液化气人口（人）	Population with Access to Liquid Petrol Gas Supply(person)	1313700	629000	566000
年末实有公共汽（电）车营运车辆数（辆）	Year-end Total Operating Public Buses & Trolleys (unit)	3103	1300	728
全年公共汽（电）车客运总量（万人次）	Annual Passenger Traffic Volume of Public Buses & Trolleys (10 000 person-times)	45127	23474	23065
年末实有出租汽车数（辆）	Year-end Total Number of Taxi (unit)	6720	2379	1994
绿地面积（公顷）	Area of Green Space (hectare)	39068	7746	3755
#公园绿地面积	Area of Green Space of Parks	3663	2187	1114
建成区绿化覆盖面积（公顷）	Area of Forestation of Developed Area (hectare)	12344	8024	3962

continued

梧州市 Wuzhou	北海市 Beihai	防城港市 Fangcheng-gang	钦州市 Qinzhou	贵港市 Guigang	玉林市 Yulin	百色市 Baise	贺州市 Hezhou	河池市 Hechi	来宾市 Laibin	崇左市 Chongzuo
87	93	100	93	85	98	106	95	96	99	94
33.9	47.6	58.96	55.2	40.9	46.98	44.06	53.11	29.02	50.38	33.37
0	100.42	101.1	101.1	101.4	0	101.89	101.79	100.7	101.2	0
222755	138397	87492	88802	104679	136133	29906	46064	22290	62697	37842
175963	117401	127840	374665	523211	254174	107531	357341	104352	146301	130429
185765	143702	67999	139373	110018	136867	24986	35803	23550	59774	42115
188210	150079	120655	131798	224092	115055	38305	75156	52681	162213	58412
78917	77955	48780	45260	45800	63448	9725	19600	10699	35502	12728
93521	87036	56650	71127	84850	98186	14049	33200	18700	45643	30751
92483	80876	40408	59323	65550	91800	11093	26100	17460	48579	29812
50	2	22	1	34	3	1	2	1	2	16
2030	580	613	40	1393	768	84	192	40	360	993
43	279	28	431	22	317	11	11	9	44	19
60.1	70	96.67	90	75.9	74	57.89	43.75	27.27	56.7	100
5703	67446	29484	11773	4392	50497	2783	10198	1357	6672	3018
40	24	25	24	81	47	13	51	52	27	4
7	7	33	8	33	40	8	21	36	14	1
0	2	1	3	0	4	1	1	3	1	0
791	17	35	624	277	355	121	151	42	58	16
5125	1531	2675	4592	1196	6	425	802	212	411	460
454	1890	690	1026	1263	1625	535	1109	268	525	745
49	462	223	297	260	371	39	298	40	132	60
137987	92981	108535	11258	60710	91750	169594	107434	24353	6803	52740
1053	909	664	1192	815	1035	449	321	262	632	222
430	819	494	684	411	743	339	329	296	541	178
45.3	32.5	17.6	34.1	35.08	18.5	15	8	18.5	20.2	5
7028.99	6623.46	4147.38	5091	5115.16	6155	3404	2378.6	2486	2446.1	1496.6
6290.91	6083.42	3611.4	4301	3616.86	5275	2883	1538.3	1975	2131.6	1340.4
2912.93	3313.16	1535.67	2198	3164.75	3439	1998	1220	1679	1863.17	760
58.52	43.7	18.5	34.1	38.35	67.85	25.33	20.5	22	28.94	16.5
96.27	99.7	100	98	96.09	100	100	87.53	95.28	100	94.83
1319	2941	446	741	804	2176	110	13	1	333	29
564	1095	320	431	466	1075	41	5	1	220	29
130400	117000	41000	120915	119200	196000	15000	2300	1173	16747	11200
6529	19502	10428	10143	12605	29351	5200	6850	0	4354	3399
6520	14500	9626	10019	12600	26350	5150	6566	0	3751	3398
448900	420000	140100	200021	271000	475000	125000	175900	120000	214065	120000
430	400	301	303	207	253	169	174	162	374	91
6019.5	3242	1530.3	2101	2176	4000	2232.15	1460	2970	3418	405.09
806	771	333	623	365	699	475	450	300	714	152
3192	2490	1042	3002	1570	2641	1659	1131	808	1437	979
649	447	133	380	522	676	291	194	213	309	232
2251	2960	1183	3370	1676	2527	1615	1165	832	1321	1169

主要统计指标解释

建成区面积　指市政区范围内经过征用的土地和实际建设发展起来的非农业生产生活建设地段，包括市区集中连片的部分以及分散在近郊区与城市有着密切联系，具有基本完善的市政公用设施的城市建设用地（如机场、污水处理厂、通讯电台）。

居住用地面积　指在城市中包括住宅及相当于居住小区及以下的公共服务设施、道路和绿地等设施的建设用地。

公共设施用地　城市中为社会服务的行政、经济、文化、教育、卫生、体育、科研及设计等机构或设施的建设用地。

工业用地　城市中工矿企业的生产车间、库房、堆场、建筑物等的建设用地。

社区服务设施数　指报告期末城镇（街道办事处、居委会）设立以非盈利为目的，为本社区居民服务，特别是为老年人、残疾人、儿童服务的社区服务中心、活动站、服务站、养老院、老年公寓、残疾人工疗站、家务服务站、婚姻介绍所等福利性设施以及职工社会保险管理服务的机构数。几种不同类型的社区服务单位，共用一个场所的，只能统计为一个社区服务设施。条件是（1）独立核算单位；（2）有固定的从业人员；（3）有一定的服务项目；（4）有一定的场所。

城镇居民最低生活保障人数　指在报告期末，家庭平均收入在当地规定的最低生活保障线以下的城镇居民数，包括“三无对象”，失业人员和在职、下岗，退休人员等。

年末实有城市道路面积　是路面经过铺筑的路面宽度在3.5米以上（含3.5米）的道路。包括高级、次高级道路和普通道路，不包括街道内部路面宽度不足3.5米的胡同、里弄。

道路面积只包括路面面积和与道路相通的广场、桥梁、停车场面积。不包括街心花坛、侧石、人行道和路肩的面积。

排水管道长度　排水道是指汇集和排放污水、废水和雨水的管渠及其附属设施所组成的系统。包括干管、支管以及通往处理厂的管道，无论修建在街道上或其它任何地方，只要是起排水作用的管道，都应作排水管道统计。排水管道按其排水性质分为污水管、雨水管、合流管三种。

供水综合生产能力　是指城建部门系统自来水公司所属自来水厂及各单位自备水源取水、净化、送水、出厂输水干管等环节的综合生产能力，以四个环节的薄弱环节为主，超负荷运行增加的能力不应计算。

供水总量　是指自来水厂供出厂外的全部水量，包括有效供水量及损失水量。

用水人口　指供应生活用水的年末实际人口。包括非农业人口和农业人口。

供气总量（人工、天然气）　是指城市煤气企业向城市生产用户、家庭用户和其他用户供应的全部煤气量，包括外购及损失量。

用气人口　指报告期末家庭用户的用气人口。

年末实有公共汽（电）车运营车辆数　是指城市公共交通企业可参加营运的全部车辆数。包括技术完好的、在修的、待修的、长期停驶的，以及拟报废尚未经上级主管部门批准报废的运营车辆数。不包括公交企业的油罐车、货车和其他专用车等非运营车，也不包括借入、租入的客运车辆。

全年公共汽（电）车客运总量　指运送乘客的总人数。包括普通票乘客人次，月票乘客人次和包车乘客人次。

年末实有出租汽车数　指经有关部门批准的专门从事出租业务的一切营业车辆。包括轿车、面包车、大客车。

绿地面积　指报告期末用作园林和绿化的各种绿地面积。包括公园绿地、生产绿地、防护绿地、附属绿地和其他绿地的面积。

公园绿地面积　指城市中向公众开放的、以游憩为主要功能，有一定的游憩设施和服务设施，同时有健全生态、美化景观、防灾减灾等综合作用的绿化用地。包括综合公园、社区公园、专类公园、带状公园和街旁绿地。其中综合公园、专类公园和带状公园面积之和为公园面积。

建成区绿化覆盖面积　指城市建成区内各单位管理的一切用于绿化的乔灌木和多年生草本植物的垂直投影面积。包括园林绿地以外的道路绿化覆盖面积（即道路的隔车带、中心绿岛和林荫道及行道树的覆盖面积）和单株树木的覆盖面积。

Explanatory Notes on Main Statistical Indicators

Developed Area refers to lands expropriated in urban administrative areas and sectors actually constructed and developed for non-agricultural production and living, it includes continuous parts in downtown area and lands for city construction that spread around outskirts and have close relation with city and have general perfect public administrative facilities (such as aerodrome, waste water treatment works and communication stations) .

Area of Land for Residence refers to lands for construction in cities, including residential buildings and buildings up to residential quarters and accessorial public service facilities, roads, green land and so on.

Land for Public Facilities refers to lands for construction of institutions or facilities of administration, economy, culture, education, health care, sports, scientific research, designing services and so on serving the society in cities.

Land for Industry refers to lands for construction of productive workshops, storages, yards and buildings of industry and mining enterprises in cities.

Number of Service Facilities in Community refers to number of nonprofit institutions, set up by the urban sub-district offices or Neighbourhood Committees by the end of the reporting period, providing services for the residence in community especially the elderly, disabled persons and children, such as the Welfare facilities : community service center, activity stations, service stations, homes for the elderly, apartment for the elderly, working and treatment station for disabled persons, housework service stations, dating agencies and the service institutions for the social security of staff and workers in report period. Various community service units counted as one community service facilities if they share the same ground. The conditions are: (1) separated accounting units; (2) permanent employees; (3) certain service items; (4) certain grounds.

Number of Residents with Lowest Cost-of-living Protected refers to number of residents draw the lowest security cost in cities developing the system of lowest cost-of-living of residents, including persons without fixed habitation and work and effective identity, unemployed persons, in-service and lay-off staff, retired persons and so on.

Year-end Area of Roads Paved refers to the area of roads (except earth roads) whose paved road surface width are 3.5 meters and above. It includes high-class, less high-class and ordinary roads, and excludes earth roads and bystreets whose inner road surface is less than 3.5 meters. Area of roads just includes the area of road surface and area of plazas, bridges and parking lots communicating with road, excluding flower beds in street center, curb stones, pavements and road shoulders.

Total Length of Sewer Pipelines Sewer pipelines refer to system made up by pipelines and their appurtenant works for collecting and discharging polluted water, waste water and rain water, including artery pipelines, branch pipelines and lines leading to treatment works. All of the pipelines operating for drainage should be counted as sewer pipeline system, wherever they are built. According to nature of drainage, pipelines can be divided into sewer pipe, rain pipe and combined pipe.

Comprehensive Productive Capacity of Water Supply refers to the comprehensive productive capacity of catching water, cleaning, transportation and supply of water sources owned by various units and tap water works belong to tap water companies of city construction department system, and it gives priority to the weakest link of these four links. The increased capacity from overwork should not be figured in.

Volume of Water Supply refers to the total volume of water supply by the tap water works, including the effective water supply and loss.

Population with Access to Tap Water refers to the year-end actual population with access to tap water for residential use, including non-agricultural population and agricultural population.

Total Supply of Gas (Manufactured Gas & Natural Gas) refers to the total volume of gas supply to urban production users, residential users and other users by urban gas enterprises

Population with Access to Gas refers to the population with access to gas in the report period.

Year-end Total Operating Public Buses & Trolleys refers to total number of vehicles of city public traffic enterprises able to operate. It includes vehicles in good condition, in mending, waiting for mending, stopping operating and planning to reject but not yet approved by superior departments. It excludes the non-operating vehicles such as tank trucks, trucks and other special vehicles belonging to public traffic enterprises, and also excludes passenger vehicles borrowed or rented in.

Year-end Total Operating Public Buses & Trolleys refers to total number of passengers. It includes person-times of passengers with common tickets, person-times of passengers with commutation tickets and person-times of passengers chartering buses or trolleys.

Year-end Total Number of Taxi refers to the total number of operating vehicles approved by relevant departments exclusively for renting business. It includes number of cars, vans and buses.

Area of Green Areas refers to the area of all kinds of green land used as gardens and green areas by the end of reporting period, including the area of park green land, production green land, protection green land, accessorial green land and other kinds of green land.

Park Green Area refers to green areas open to the public for amusement and rest with the facilities of amusement, rest and services. Its function includes perfecting ecology, beautifying landscape, and preventing and reducing disaster. Park green areas include comprehensive park, community park, theme park, linear park and roadside green space. Total areas of comprehensive park, topic park and belt-shaped is the area of park

Coverage Area of Plantation in Developed Areas refers to the area of vertical projections of trees, shrubs and perennial herb for plantation managed by various units in developed areas. It includes plantation covered area of roads outside gardens and green areas（separation zones beside roads, central green islands and coverage area of boulevards and sideway trees）and coverage area of single trees.

第十二篇
对外经济贸易
FOREIGN ECONOMY & TRADES

（编辑：袁夏莹）

12－1 外贸进出口总额（1978－2015年）
Total Import & Export Value of Foreign Trade（1978－2015）

年份 Year	按人民币计算（万元） Calculated by RMB (10 000 yuan)				按美元计算（万美元） Calculated by USD (USD 10 000)			
	进出口总额 Total Import & Export Value	出口总额 Total Export Value	进口总额 Total Import Value	差额顺差+、逆差- Balance +,-	进出口总额 Total Import & Export Value	出口总额 Total Export Value	进口总额 Total Import Value	差额顺差+、逆差- Balance +,-
1978	45783	42305	3478	38827	26931	24885	2046	22839
1980	57112	55234	1878	53356	37823	36579	1244	35335
1985	153619	109260	44359	64901	52310	37205	15105	22100
1990	429517	348906	80611	268295	89797	72944	16853	56091
1991	544732	443062	101670	341392	102351	83248	19103	64145
1992	903567	611189	292378	318811	163850	110831	53019	57812
1993	1197113	763413	433700	329713	207760	132491	75269	57222
1994	2119857	1380777	739080	641697	245983	160222	85761	74461
1995	2689369	1880944	808425	1072519	321111	224585	96526	128059
1996	2349656	1590216	759440	830776	283132	191620	91512	100108
1997	2543484	1975177	568307	1406870	306821	238266	68555	169711
1998	2469994	2001785	468209	1533576	298377	241817	56560	185257
1999	1451332	1032287	419045	613242	175322	124701	50621	74080
2000	1686986	1236078	450908	785170	203789	149319	54470	94849
2001	1487461	1022629	464832	557797	179715	123554	56161	67393
2002	2011854	1248137	763717	484420	243032	150775	92257	58518
2003	2642161	1630853	1011308	619545	319173	197007	122166	74841
2004	3550058	1983071	1566987	416084	428847	239554	189293	50261
2005	4182696	2322127	1860569	461558	518289	287741	230548	57193
2006	5257761	2835001	2422761	412240	667398	359863	307535	52328
2007	6915250	3811510	3103740	707770	927686	511317	416369	94948
2008	9041850	5019577	4022274	997303	1324179	735117	589062	146055
2009	9699570	5715622	3983955	1731667	1420599	837110	583490	253620
2010	11808365	6408922	5399443	1009480	1770609	960988	809621	151367
2011	14818350	7912949	6905395	1007554	2333084	1245859	1087224	158635
2012	18525688	9722669	8803012	919657	2947369	1546841	1400527	146314
2013	20020330	11398148	8622181	2775967	3283690	1869499	1414191	455308
2014	24911476	14947146	9964330	4982816	4055305	2433004	1622301	810703
2015	31903077	17398601	14504476	2894125	5126215	2802570	2323645	478925

注：1. 外贸进出口数字自1999年起（含1999年）采用海关统计数据。
2. 外贸进出口数据自2015年起（含2015年）包含边民互市贸易数据。
3. 按当年12月汇率计算。

Note: 1.The imports & exports figure of the foreign trade have adopted customs statistics data since 1999 (including 1999).
2.The total import and export value has included the border trade since 2015(including 2015).
3.The change rate of RMB yuan to US dollar is calculated as the change rate of December of current year.

12—2 主要年份外贸进出口总额（按贸易方式分）

Total Import & Export Value of Foreign Trade in Main Years (by Type of Trade)

单位：万美元 (USD 10 000)

项 目	Item	1995	2000	2005	2010	2011	2012	2013	2014	2015
合 计	**Total**	**321111**	**203789**	**518289**	**1770609**	**2333084**	**2947369**	**3283690**	**4055305**	**5126215**
一般贸易	Original Trade	261645	149839	358142	1068883	1276476	1446971	1491083	1466222	1426519
国家间、国际组织无偿援助和赠送的物资	Donation between Countries & from International Organizations		2	2	24	30	85	31	27	
华侨、港澳台同胞、外籍华人捐赠物资	Donation from Overseas Chinese Compatriots in Hong Kong, Macao & Foreign Chinese		3		11	12			18	
补偿贸易	Compensation Trade	3706								
来料加工装配贸易	Processing & Assembly Trade with Customers Materials	25112	16317	31841	23579	85166	94951	123424	325780	327683
进料加工贸易	Processing Trade with Imported Materials		21221	44497	151060	221317	409329	389449	512598	729633
寄售、代销贸易	Consign & Commission Trade		8	20						
边境小额贸易	Frontier Small Value Trade	24652	15013	70140	424094	625024	834777	1150876	1472781	1700124
来料加工装配进口的设备	Import Equipments for Processing & Assembly Trade with Customers Materials		7	311		177	57	37		22
对外承包工程出口货物	Export Commodities for Contracted Projects with Foreign Countries & Regions		18	40	4675	5210	13957	2465	3688	7392
租赁贸易	Leasing Trade			2		2				
外商投资企业作为投资进口的设备物资	Import Equipments & Materials as Investment of Foreign Investment Enterprises		1134	9842	8697	26526	16949	2401	2539	433
易货贸易	Barter Trade	5996	5							
免税外汇商品	Tax Free Foreign Exchange Commodities		6							
保税监管场所进出境货物	Import & Export Commodities in Bonded Supervision Areas		156	3349	55857	85757		68479	57449	127079
海关特殊监管区域物流货物	Logistics Goods in Customs Special Supervision Areas								213313	241867
海关特殊监管区域进口设备	Imported Equipment in Customs Special Supervision Areas								410	263
其它	Others		60	103	33729	7387	130293	55445	480	565200

12—3 主要年份外贸出口总额（按贸易方式分）
Total Export Value of Foreign Trade in Main Years (by Type of Trade)

单位：万美元 (USD 10 000)

项　目	Item	1995	2000	2005	2010	2011	2012	2013	2014	2015
合　计	**Total**	**224585**	**149319**	**287741**	**960988**	**1245859**	**1546861**	**1869499**	**2433004**	**2802570**
一般贸易	Original Trade	188402	118392	205852	462011	531479	501079	500380	498178	504131
国家间、国际组织无偿援助和赠送的物资	Donation Between Countries & from International Organizations			2	20	30	85	31	27	
华侨、港澳台同胞、外籍华人捐赠物资	Donation from Overseas Chinese Compatriots in Hong Kong, Macao & Foreign Chinese								18	
补偿贸易	Compensation Trade	3429								
来料加工装配贸易	Processing & Assembly Trade with Customers Materials	16037	7976	16583	11645	32220	39932	50131	148259	156800
进料加工贸易	Processing Trade with Imported Materials		14509	27498	109523	148935	248860	241636	299980	412947
寄售、代销贸易	Consign & Commission Trade		8	20						
边境小额贸易	Frontier Small Value Trade	11369	8351	37729	331945	508593	724780	1047220	1400883	1628344
对外承包工程出口货物	Export Commodities for Contracted Projects with Foreign Countries & Regions		18	40	4675	5210	13957	2465	3688	7392
租赁贸易	Leasing Trade			2		2				
易货贸易	Barter Trade	5348	2							
保税监管场所进出境货物	Import & Export Commodities in Bonded Supervision Areas		59		12220	14982		22903	13714	38436
海关特殊监管区域物流货物	Logistics Goods in Customs Special Supervision Areas								68203	39853
其它	Others		4	28949	26046	4408	18168	4733	54	14667

12—4 主要年份外贸进口总额（按贸易方式分）

单位：万美元

项 目	Item	1995	2000
合 计	**Total**	**96526**	**54470**
一般贸易	Original Trade	73243	31447
国家间、国际组织无偿援助和赠送的物资	Donation between Countries & from Interna-tional Organizations		2
华侨、港澳台同胞、外籍华人捐赠物资	Donation from Overseas Chinese Compatriots in Hong Kong, Macao & Foreign Chinese		3
补偿贸易	Compensation Trade	277	
来料加工装配贸易	Processing & Assembly Trade with Customers Materials	9075	8341
进料加工贸易	Processing Trade with Imported Materials		6712
寄售、代销贸易	Consign & Commission Trade		
边境小额贸易	Frontier Small Value Trade	13283	6662
来料加工装配进口的设备	Import Equipments for Processing & Assembly Trade with Customers Materials		7
租赁贸易	Leasing Trade		
外商投资企业作为投资进口的设备物资	Import Equipments & Materials as Invest-ment of Foreign Investment Enterprises		1134
易货贸易	Barter Trade	648	3
保税监管场所进出境货物	Import & Export Commodities in Bonded Supervision Areas		97
海关特殊监管区域物流货物	Logistics Goods in Customs Special Supervision Areas		
海关特殊监管区域进口设备	Imported Equipment in Customs Special Supervision Areas		
其它	Others		62

Total Import Value of Foreign Trade in Main Years（by Type of Trade）

(USD 10 000)

2005	**2010**	2011	2012	2013	2014	2015
230548	**809621**	**1087224**	**1400527**	**1414191**	**1622301**	**2323645**
152290	606872	744998	945891	990703	968043	922387
	3			0	0	
	11				0	
15258	11934	52946	55019	73293	177521	170884
16999	41537	72382	160469	147813	212618	316686
32411	92149	116431	109997	103656	71898	71780
311	471	177		37		22
9842	8697	26526	16949	2401	2539	433
3349	43638	70775		45577	43735	88643
					145110	202014
					410	263
88	4309	2989	112202	50711	427	550533

12—5　主要年份外贸进出口总额（按企业性质分）

单位：万美元

项　目	Item	2008 出口 Export	2008 进口 Import	2009 出口 Export	2009 进口 Import	2010 出口 Export	2010 进口 Import
总　计	**Total**	**735117**	**589062**	**837110**	**583490**	**960988**	**809621**
国有企业	State-owned Enterprises	186634	137598	101583	155850	126064	271035
外商投资企业	Foreign Funded Enterprises	161965	292438	127766	239424	203246	288202
#合作企业	Sino-foreign Cooperation	1987	124	2678	88	2910	72
合资企业	Sino-foreign Joint Venture	78104	85225	41970	51889	65776	86702
独资企业	Whouy Foreign-owned	81874	207089	83118	187447	134560	201429
民营企业	Civilian-owned Enterprises	386519	159026	607760	188037	631677	250187
#集体企业	Collective-owned Enterprises	27228	4245	15810	5175	17171	4812
私营企业	Private Enterprises	358753	154618	591803	182857	614196	245375
个体工商户	Individual-owned Business			146	5	311	0

Total Import & Export Value in Main Years (by Nature of Enterprises)

(USD 10 000)

2011		2012		2013		2014		2015	
出口 Export	进口 Import	出口 Export	进口 Import	出口 Export	进口 Import	出口 Export	进口 Import	出口 Export	进口 Import
1245859	**1087224**	**1546841**	**1400527**	**1869499**	**1414191**	**2433004**	**1622301**	**2802570**	**2323645**
195818	296411	239671	410500	238576	464816	309461	540816	297882	562402
264702	429415	354236	608451	366759	580622	437073	623157	442944	591354
3193	220	2036	344	2559	1222	2533	544	1864	822
89585	156520	156513	282467	173573	301040	217059	364417	240394	343146
171923	272676	195687	325640	190628	278359	217481	258196	200686	247386
785340	361012	952935	381569	1264164	368753	1686470	458286	2047115	619658
17685	6588	13316	11643	10759	6944	12437	1260	12761	803
767196	354425	939203	369927	1253101	361788	1673675	457021	2033879	618846
460	0	415	0	304	21	358	4	475	10

12－6 广西同主要国家（地区）进出口商品总值（2015年）

Total Import & Export Value by Country & Region (2015)

单位：万美元 (USD 10 000)

进口原产国（地）Imported from Countries (Regions) of Origin	出口最终目的（地）Exported to Final Destination	进出口 Import & Export	出口 Export	进口 Import	2015年比2014年增减% 2015 as % of 2014		
					进出口 Import & Export	出口 Export	进口 Import
总　值	**Total**	**5126215**	**2802570**	**2323645**	**26.4**	**15.2**	**43.2**
亚洲	**Asia**	**3903256**	**2440516**	**1462740**	**42.5**	**16.8**	**124.9**
中国香港	Hong Kong, China	424478	364954	59525	60.5	41.4	831.0
印度	India	18331	14769	3562	-14.8	-19.1	9.5
印度尼西亚	Indonesia	51527	14757	36770	-50.0	-72.9	-24.4
日本	Japan	66029	37580	28449	6.9	10.1	2.9
马来西亚	Malaysia	67231	13887	53345	29.5	-33.4	71.7
菲律宾	the Philippines	57934	21468	36465	40.8	100.0	19.9
新加坡	Singapore	82282	70921	11362	-4.4	0.7	-27.6
韩国	Republic of Korea	37046	18002	19045	-17.7	-21.5	-13.7
泰国	Thailand	159315	25326	133989	175.4	65.1	215.2
越南	Viet Nam	2464000	1792032	671968	50.8	17.1	546.7
台湾省	Taiwan Province	138848	14656	124192	1.0	30.9	-1.7
非洲	**Africa**	**93442**	**36422**	**57020**	**-55.3**	**-3.7**	**-66.7**
加蓬	Gabon	3190	281	2909	-30.6	-10.7	-32.1
南非	South Africa	33559	2371	31188	-12.9	-16.0	-12.7
欧洲	**Europe**	**204631**	**103061**	**101570**	**6.0**	**5.9**	**6.1**
比利时	Belgium	6754	5526	1228	3.7	20.1	-35.8
英国	United Kingdom	16476	13512	2965	17.3	32.3	-22.7
德国	Germany	45207	18070	27138	19.4	13.7	23.5
法国	France	9576	6193	3383	-29.6	17.5	-59.4
意大利	Italy	12743	8146	4596	-8.5	6.0	-26.3
荷兰	Netherlands	20598	17091	3507	50.9	37.2	193.9
西班牙	Spain	17558	6853	10705	52.9	11.8	100.1
芬兰	Finland	5847	356	5491	51	-56.4	79.7
瑞典	Sweden	5132	2835	2298	30.8	6.9	80.7
俄罗斯联邦	Russia	15674	4600	11074	-20.3	-56.1	20.5
拉丁美洲	**Latin America**	**441501**	**34079**	**407423**	**3.4**	**-8.4**	**4.5**
北美洲	**North America**	**345654**	**158213**	**187441**	**3.6**	**5.7**	**2.0**
加拿大	Canada	81584	9741	71843	-4.9	5.4	-6.2
美国	United States	264070	148472	115598	6.6	5.7	7.8
大洋洲	**Oceanic**	**137726**	**30280**	**107446**	**-9.7**	**41.9**	**-18.1**
澳大利亚	Australia	131526	27875	103652	-10.6	44.8	-18.9
东南亚国家联盟	**Association of Southeast Asia**	**2901344**	**1945524**	**955820**	**45.9**	**14.0**	**239.8**
欧洲联盟	**European Union**	**162073**	**91303**	**70770**	**14.6**	**15.8**	**13.1**
亚太经济合作组织	**Asia Pacific Economic Cooperation**	**4323516**	**2580048**	**1743468**	**34.6**	**16.1**	**75.9**

注：东南亚国家联盟包括：文莱、印度尼西亚、马来西亚、菲律宾、新加坡、泰国、越南、缅甸、柬埔寨、老挝。

欧洲联盟包括：比利时、丹麦、英国、德国、法国、爱尔兰、意大利、卢森堡、荷兰、希腊、葡萄牙、西班牙、奥地利、芬兰、瑞典、塞浦路斯、匈牙利、马耳他、波兰、爱沙尼亚、拉托维亚、立陶宛、斯洛文尼亚、捷克、斯洛伐克、罗马尼亚、保加利亚。

亚太经济合作组织包括：文莱、香港、印度尼西亚、日本、马来西亚、菲律宾、新加坡、韩国、泰国、中华人民共和国、台湾省、智利、墨西哥、加拿大、美国、澳大利亚、新西兰、巴布亚新几内亚、越南、俄罗斯、秘鲁。

Note: Association of Southeast Asia includes: Brunei, Indonesia, Malaysia, the Philippines, Singapore, Thailand, Viet Nam, Myanmar.

European Union include: Belgium, Denmark, United Kingdom, Germany, France, Ireland, Italy, Luxembourg, Holland, Greece,Portugal, Spain, Austria, Finland, Sweden, Cyprus, Hungary, Malta, Poland, Estonia, Lithuania , Latvia, Slovenia ,Czech , Slovakia.

Asia Pacific Economic Cooperation include: Brunei, Hong Kong, Indonesia, Japan, Malaysia, the Philippines, Singapore, Republic of Korea, Thailand, People's Republic of China, Taiwan Province, Chile, Mexico, Canada, United States, Australia, New Zealand,Papua New Guinea, Viet Nam, Russia, Peru.

12—7 广西与东盟进出口商品总值（2015年）
Total Import & Export Value from Guangxi to ASEAN (2015)

单位：万美元 (USD 10 000)

主要贸易方式	Main Form of Trade	2014			2015		
		进出口 Import & Export	出口 Export	进口 Import	进出口 Import & Export	出口 Export	进口 Import
合计（亿美元）	**Total (100 million USD)**	**198.86**	**170.73**	**28.13**	**290.13**	**194.55**	**95.58**
边境小额贸易	Frontier Small Value Trade	147.28	140.09	7.19	170.01	162.83	7.18
一般贸易	Original Trade	29.54	13.98	15.56	28.37	15.82	12.55
进料加工贸易	Processing Trade with Imported Materials						
来料加工装配贸易	Processing & Assembly Trade with Customers Materials	10.78	10.58	0.20			
海关特殊监管区域物流货物	Logistics Goods in Customs Special Supervision Areas	5.70	2.98	2.72	17.02	1.75	15.27
主要贸易国别	**Main Countries of Trade**						
#合计	Total	1988601	1707316	281285	2901344	1945524	955820
越南	Vietnam	1633772	1529860	103912	2464000	1792032	671968
印度尼西亚	Indonesia	102999	54385	48614	51528	14757	36770
新加坡	Singapore	86098	70410	15688	82283	70921	11362
马来西亚	Malaysia	51954	20886	31068	67231	13887	53345
泰国	Thailand	57863	15349	42514	159315	25326	133989
菲律宾	the Philippines	41155	10734	30422	57934	21468	36465
缅甸	Myanmar	3656	3579	77	13177	3546	9631
柬埔寨	Cambodia	4372	1341	3031	4425	2221	2204
老挝	Laos	6446	671	5775	1361	1276	86
文莱	Brunei	286	100	186	90	90	0

12－8　各市进出口商品总值
Total Import & Export Value by City

单位：万美元　　(USD 10 000)

地　区	Region	2014 进出口 Import & Export	2014 出口 Export	2014 进口 Import	2015 进出口 Import & Export	2015 出口 Export	2015 进口 Import
全　区	**Guangxi**	**4055305**	**2433004**	**1622301**	**5126215**	**2802570**	**2323645**
南宁市	Nanning City	481410	261702	219708	586917	326149	260769
柳州市	Liuzhou City	226825	80197	146628	222657	77924	144733
桂林市	Guilin City	94327	77225	17101	92341	81002	11338
梧州市	Wuzhou City	124948	50777	74171	91442	46063	45379
北海市	Beihai City	350016	175176	174840	379048	189211	189837
防城港市	Fangchenggang City	546866	150522	396344	860140	231166	628974
钦州市	Qinzhou City	533447	201112	332334	582738	247574	335164
贵港市	Guigang City	30603	18703	11900	32258	18977	13281
玉林市	Yulin City	48681	32224	16458	45092	32872	12219
百色市	Baise City	72850	53059	19792	164091	113945	50145
贺州市	Hezhou City	17306	7351	9955	10325	7290	3035
河池市	Hechi City	47929	2291	45639	39168	3185	35984
来宾市	Laibin City	10688	4699	5989	6722	4003	2719
崇左市	Chongzuo City	1469407	1317965	151442	2013277	1423209	590068

12—9 主要出口商品数量及金额（2015年）
Volume & Value of Major Export Commodities (2015)

单位：万美元 (USD 10 000)

商品名称	Item	数量 Volume	金额 Value
活猪（种猪除外）（万头）	Live Hogs(except for the boar) (10 000 heads)	482	1265
活家禽（万只）	Live Poultry (10 000 heads)	65	168
猪肉（吨）	Pork (ton)	204	112
水海产品及其制品（吨）	Aquatic & Seawater Products (ton)	81172	40696
谷物及谷物粉（吨）	Cereals & Cereals Flour (ton)	2345	418
蔬菜（吨）	Vegetables (ton)	353431	48988
粮食（吨）	Grain(ton)	89590	14152
鲜、干水果及坚果（吨）	Fresh, Dried Fruits & Nuts (ton)	343724	33890
食用油籽（吨）	Edible Oil Seeds (ton)	534	119
茶叶（吨）	Tea (ton)	1260	481
蘑菇罐头（吨）	Canned Mushroom (ton)	43	7
肥料（吨）	Fertilizer(ton)	404822	12253
中药材及中式成药（吨）	Medicinal Materials (ton)	16333	7601
生丝（吨）	Raw Silk (ton)	993	4866
黏土及其他耐火矿物（吨）	Clay & Other Refractory Minerals (ton)	144093	181
天然硫酸钡（重晶石）（吨）	Nature barium sulfate (Barite) (ton)	475403	5589
滑石（吨）	Talcum (ton)	189314	5959
氧化锌及过氧化锌（吨）	Zinc Oxide & Zinc Peroxide (ton)	613	77
锌钡白（立德粉）（吨）	Lithopone (ton)	2532	127
医药品（吨）	Medicinal & Pharmaceutical Products (ton)	2917	11633
烟花、爆竹（吨）	Fireworks & Firecrackers (ton)	21720	6263
松香及树脂酸（吨）	Resin & Resin Acids (ton)	5892	1186
家用或装饰用木制品（吨）	Wooden Products for household Use or Decoration (ton)	4951	1118
纸及纸板（未切成形的）（吨）	Paper & Paperboard in Rolls (ton)	69131	10000
纺织纱线、织物及制品	Spin Yarn, Fabric & the Products	—	331018
水泥及水泥熟料（吨）	Cement (ton)	3265	29
平板玻璃（万平方米）	Plain Glass (10 000 sq.m)	13	5
家用陶瓷器皿（吨）	Porcelain & Pottery Wares for Family Use (ton)	108127	59508
珍珠、钻石、宝石及半宝石	Pearls , Precious or Semi-Stones	—	11149
钢材（吨）	Rolled Steel (ton)	317157	20494
未锻造的铜及铜材（吨）	Unwrought Copper & Related Products (ton)	5415	3671

12—9 续表 continued

单位：万美元 (USD 10 000)

商品名称	Item	数量 Volume	金额 Value
未锻造的铝及铝材（吨）	Unwrought Aluminum & Related Products(ton)	47219	12822
液化石油气及其他烃类气（吨）	Liquified Petroleum Gas & Other Hydrocarbon Gases	418465	23773
磷酸及多磷酸（吨）	Phosphoric Acid & Polyphosphoric Acid	195954	14877
未锻造的锰（吨）	Unwrought Manganese (ton)	22436	4124
手用或机用工具（吨）	Hand Tools & Tools for Machines (ton)	12912	16293
电扇（万台）	Fans (10 000 units)	4154	9787
金属加工机床（台）	Machine Tools (unit)	90531	5936
自动数据处理设备及其部件（万台）	Automatic Data Processing Machines & Compo-nents (10 000 sets)	2795	71401
轴承（万套）	Bearings (10 000 units)	1867	3112
原电池（万个）	Primary Cells & Batteries (10 000 units)	64793	19201
蓄电池（万个）	Electric Accumulators (10 000 units)	2353	13302
扬声器（万个）	Loudspeakers (10 000 units)	679	6026
电容器（吨）	Electrical Capacitors (ton)	1578	27130
电线和电缆（吨）	Electric Wires & Cables (ton)	27751	14378
汽车（包括整套散件）（辆）	Motor Vehicles & Chassis (unit)	33161	58763
汽车零件	Parts of Motor Vehicles	—	19888
摩托车（辆）	Motorcycle (unit)	322980	8912
船舶（艘）	Ships(unit)	4	2481
家具及其零件	Furniture & Accessory	—	11359
灯具、照明装置及类似品	Lights ,Lighting Apparatus & Similar Articles	—	53911
箱包及类似容器	Boxes, Bags & Similar Container	—	7126
服装及衣着附件	Garments & Clothing Accessories	—	419057
鞋类（吨）	Footwear(ton)	—	75444
塑料制品（吨）	Plastic Articles (ton)	29059	23588
贵金属或包贵金属的首饰	Precious Metal or Jewelry of Rolled Precious Metal	—	6
圣诞用品（吨）	Articles for Christmas (ton)	3483	5551
竹编结品（吨）	Bamboo Products (ton)	1556	968
藤编结品（吨）	Rattan Products (ton)	3465	1174
草编结品（吨）	Straw Mats & Straw Products (ton)	2365	1160
手表（万只）	Wrist Watches (10 000 units)	7	2002
机电产品（包括本目录已具体列名的机电产品）	Mechanical & Electrical Products (including those have been show in this content)	—	1102456
高新技术产品（包括本目录已具体列名的机电产品）	High & New-tech Products (including those have been show in this content)	—	369827

12－10 主要进口商品数量及金额（2015年）

Volume & Value of Major Import Commodities（2015）

单位：万美元 (USD 10 000)

商品名称	Item	数量 Volume	金额 Value
鲜、干水果及坚果(吨)	Fresh & Dry Fruit, Nuts (ton)	928667	57689
大豆（万吨）	Soybean (10 000 tons)	601	254292
食用植物油（万吨）	Edible Vegetable Oil (10 000 tons)	9	5869
天然橡胶（包括胶乳,吨）	Natural Rubber (including Latex, ton)	14132	1931
合成橡胶（包括胶乳,吨）	Synthetic Rubber (including Latex, ton)	554	178
原木（吨）	Logs (ton)	7678	1091
锯材（吨）	Wood Sawn (ton)	26098	1259
纸浆（吨）	Paper Pulp (tons)	210165	12465
纺织用合成纤维（吨）	Synthetic Fibers Suitable for Spinning (ton)	566	157
铁矿砂及其精矿（万吨）	Iron Ore (10 000 tons)	1640	98898
锰矿砂及其精矿（万吨）	Manganese Ores (10 000 tons)	132	15887
煤（万吨）	Coal (10 000 tons)	1013	70404
成品油（万吨）	Petroleum Products Refined (10 000 tons)	6	3677
医药品（吨）	Pharmaceutical Products (ton)	92	756
初级形状的塑料（吨）	Primary Plastic (ton)	30207	5176
牛皮革及马皮革（吨）	Cattle Hide & Horsehide (ton)	43658	10208
棉纱线（吨）	Cotton Yarn (ton)	1275	691
合成纤维纱线（吨）	Synthetic Fibers, Continuous Filament & Yarn (ton)	257	183
合成纤维长丝机织物（万米）	Synthetic Fibers, Continuous Filament Woven Fabrics (10 000 m)	459	751
针织或钩编织物	Garments, knitted or Crocheted	—	1205
原油（吨）	Crude Oil (ton)	4214851	167085
钢材（吨）	Rolled Steel (ton)	19066	1813
未锻造的铜及铜材（吨）	Unwrought Copper & Related Products (ton)	692	402
未锻造的铝及铝材（吨）	Unwrought Aluminum & Related Products (ton)	350	129
液泵及液体提升机（台）	Liquid Pump & Machine with Liquid Exaltation (unit)	51701	1615
活塞式内燃机的零件（吨）	Accessories of Gas Engine with Liquid Exaltation (ton)	25	255
空气调节器（台）	Air Conditioners (set)	1	1
机械提升搬运装卸设备及零件	Portage, Load & Unload Equipments & Accessories with Machine Exaltation	—	1310
建筑及采矿用机械及零件	Building, Mining Machinery & Accessory	—	510
食品、饮料工业用加工机械及零件	Food & Drink Processing Machinery & Accessory	—	32
制造纸及纸制品用机械及零件	Papermaking & Paper Products Machinery & Accessory	—	3194
印刷、装订机械及零件	Printing & Binding Machinery & Accessory	—	4846
纺织机械及零件	Spinning Machinery & Accessory	—	317
金属加工机床（台）	Machine Tools (unit)	270	13224
橡胶或塑料加工机械及零件	Rubber or Plastic Processing Machinery & Accessory	—	588
阀门（万套）	Valves (10 000 sets)	5	754
自动数据处理设备及其部件（千台）	Automatic Data Processing Machines & Components (1 000 sets)	25503	133774
电话机(台)	Telephone sets (set)	3421220	6676
通断及保护电路装置及零件	Electrical Apparatus for Switching or Protecting Electrical Circuit	—	7218
电线和电缆（吨）	Electric Wires & Cables (ton)	3741	14068
汽车（包括整套散件）（辆）	Motor Vehicles (including complete sets of spare parts) (unit)	417	1451
汽车零配件	Parts of Motor Vehicles	—	1047
机电产品（包括本目录具体列名的机电产品）	Mechanical & Electrical Products (including those have been show in this content)	—	529561
高新技术产品（包括本目录已具体列名的机电产品）	High & New-tech Products (including those have been show in this content)	—	399184

12－11　外商直接投资额（1979－2015年）
Foreign Direct Investment（1979－2015）

单位：万美元　　(USD 10 000)

年份 Year	外商直接投资 Foreign Direct Investments	年份 Year	外商直接投资 Foreign Direct Investments
1979-1983	1226	2001	38415
1985	1251	2002	41726
1990	3025	2003	45619
		2004	29579
1991	3871	2005	37866
1992	18026		
1993	87203	2006	44740
1994	81506	2007	68396
1995	66952	2008	97119
		2009	103533
1996	66618	2010	91200
1997	87986		
1998	88613	2011	101381
1999	63730	2012	74853
2000	52466	2013	70008
		2014	100119
		2015	172208

12－12　主要年份实际利用外资情况
Basic Statistics of Foreign Capital Actually Utilized in Main Years

单位：万美元　　(USD 10 000)

项　目	Item	1995	2000	2006	2010	2011	2012	2013	2014	2015
外商直接投资	**Foreign Direct Investment**	**66952**	**52466**	**44740**	**91200**	**101381**	**74853**	**70008**	**100119**	**172208**
按投资方式分	By Investment Manner									
独资经营	Sole Investment	15163	18476	25150	65377	78103	43660	34258	65088	107135
合资经营	Joint-venture	41367	16413	18120	25770	22698	21298	33469	35031	64573
合作经营	Cooperative	10422	15477	1470	53		6	0	0	500
股份制	Share Holding							2281	0	0
按国民经济行业分	By National Economic Sector									
1.农林牧渔业	Farming, Forestry, Animal Husbandry & Fishery	2917	2092	2594	10090	6206	2509	625	310	10020
2.工业	Industry	33316	22697	34408	46989	64424	30519	41911	44552	61440
3.建筑业	Construction	3517	6157	221	2	30	0	0	0	20
4.交通运输、仓储和邮政业	Transport, Storage & Post	4587	2147	995	3003	18154	6121	5830	2263	45137
5.批发和零售贸易、住宿和餐饮业	Wholesale, Retail Trade, Hotel & Catering Services	1369	492	1458	14268	8260	4716	4016	2701	4717
6.房地产业	Real Estate	19997	11607	3806	11925	3233	15024	3794	40673	36219
7.其他行业	Other Sectors	1249	7274	1258	4923	1074	15964	13832	9620	14655
按国别、地区分	By Countries, Region									
#中国香港	Hong Kong, China	37226	20204	15559	52114	54275	42352	37047	54020	54414
中国澳门	Macao, China	2420	1321	402	2579	2910	445	669	972	385
日本	Japan	3175	524	1019	1347	1480	6	13	21	320
新加坡	Singapore	4039	1407	1817	6010	3094	2964	0	1105	44931
中国台湾	Taiwan, China	4295	4750	880	990	972	363	186	791	834
泰国	Thailand	4464	609	12	590		0	790	663	1056
美国	United States	2004	1282	935	135	11	3024	18	719	412
英属维尔京群岛	British Virgin Islands		6815	11704	11708	6044	5546	9659	8589	7416

注：1995年“房地产业”数据包含“租赁和商务服务业”。
Note: The data on “Real Estate” in 1995 includes “Leasing & Business Service”.

12－13 主要年份分市新签外商直接投资项目和金额

Items & Value of Utilization of Foreign Direct Investment Through Newly Signed Agreement by City in Main Years

城 市	City	1995	2000	2005	2010	2011	2012	2013	2014	2015
新签项目个数（个）	**Number of Items Newly Signed (unit)**	**571**	**246**	**351**	**190**	**169**	**109**	**109**	**138**	**142**
南宁市	Nanning	88	31	89	73	57	37	49	59	69
柳州市	Liuzhou	36	8	20	10	8	5	11	6	4
桂林市	Guilin	116	45	49	18	13	11	9	18	15
梧州市	Wuzhou	85	41	53	19	14	5	5	6	6
北海市	Beihai	56	17	32	21	9	6	6	9	11
防城港市	Fangchenggang	24	23	11	8	3	4	1	2	4
钦州市	Qinzhou	20	8	24	11	23	13	11	10	12
贵港市	Guigang		9	7	6	11	5	3	6	1
玉林市	Yulin	62	43	23	14	11	5	6	7	4
百色市	Baise	2	3	8	1	4	3	1	1	1
贺州市	Hezhou	30	7	19	3	3	6	2	5	4
河池市	Hechi	9	5	4	1	0	0	1	2	1
来宾市	Laibin	18	5	4	1	6	5	3	2	4
崇左市	Chongzuo	4	1	8	4	7	4	1	5	6
新签项目合同外资额（万美元）	**Foreign Capital to Be Utilized through the Newly Signed Agreements & Contracts(USD 10 000)**	**104177**	**71549**	**110182**	**209523**	**103165**	**91192**	**215771**	**191691**	**335668**
南宁市	Nanning	23557	10637	31704	70743	38396	23916	23053	77629	97978
柳州市	Liuzhou	8275	3380	3909	6124	11396	3659	3388	10357	31925
桂林市	Guilin	10772	6550	15437	1543	61	3244	17335	38399	89319
梧州市	Wuzhou	5837	3151	12609	9325	4487	6541	1240	599	1300
北海市	Beihai	10155	821	9596	30177	8214	3217	93666	2502	3715
防城港市	Fangchenggang	3746	34536	14158	5296	1392	2794	6953	1239	22916
钦州市	Qinzhou	12048	3057	7127	20188	13752	24278	28415	34886	55127
贵港市	Guigang		521	255	6246	9019	2320	14020	10917	676
玉林市	Yulin	16465	2210	2834	11445	5899	2238	2457	5542	1940
百色市	Baise	429	412	1502	354	3856	4560	45	-1881	1593
贺州市	Hezhou	2303	559	1331	26348	1612	6976	4368	3878	11623
河池市	Hechi	2605	4345	1826	265	-1682	-471	12807	2487	8434
来宾市	Laibin	947	530	637	3435	5702	2890	3687	2414	4033
崇左市	Chongzuo	903	840	7257	18034	1061	5030	4337	2723	5089

12－14　主要年份对外承包工程
Overseas Contracted Projects in Main Years

项　　目	Item	1995	2000	2005	2010	2011	2012	2013	2014	2015
合同项目（个）	**Contracted Projects(unit)**	**19**	**14**	**12**	**39**	**13**	**23**	**28**	**81**	**59**
#巴基斯坦	Pakistan	3								
越南	Vietnam	11	8	1						
泰国	Thailand			2						
安哥拉	Angola			2						
纳米比亚	Namibia			4						
冈比亚	The Gambia			3						
印度尼西亚	Indonesia									
合同金额（万美元）	**Contracted Value (USD 10 000)**	**7634**	**2994**	**1233**	**61019**	**55061**	**29703**	**32008**	**86373**	**65563**
#巴基斯坦	Pakistan	930								
越南	Vietnam	5137	699	346						
泰国	Thailand			66						
安哥拉	Angola			206						
纳米比亚	Namibia			224						
冈比亚	The Gambia			391						
印度尼西亚	Indonesia									
当年完成营业额（万美元）	**Volume of Business Fulfilled in the Year (USD 10 000)**	**8292**	**5042**	**2421**	**56429**	**65296**	**74972**	**83002**	**87736**	**93986**
#境内国际招标工程	Domestic International Bidding Process Projects									

主要统计指标解释

进出口总额 海关进出口总额指实际进出我国国境的货物总金额，它可用以观察一个国家在对外贸易方面的总规模。进出口总额统计范围包括：对外贸易实际进出口货物，来料加工装配进出口货物，国家间、联合国及国际组织无偿援助物资和赠送品，华侨、港澳台同胞和外籍华人捐赠品，租赁期满归承租人所有的租赁货物，进料加工进出口货物，边境地方贸易及边境地区小额贸易进出口货物（边民互市贸易除外），中外合资、合作、外商独资企业进出口货物和公用物品，到、离岸价格在规定限额以上的进出口货样和广告品（无商业价值、无使用价值和免费提供出口的除外），从保税仓库提取在中国境内销售的进口货物，以及其他进出口货物。我国规定出口货物按离岸价格统计，进口货物按到岸价格统计。

外商直接投资 指外国及港澳台地区法人和自然人在中国大陆地区以现金、实物、无形资产等进行的各种方式的投资，并且在非上市公司总的全部投资及在单个外国投资者所占股权比例不低于10%的上市公司总的投资。

外国投资者可以用现金、实物和技术等投资，还可以用从外商投资企业获得的利润进行再投资。

对外承包工程 指我国境内企业法人或者其他经济组织按照国际通行做法，在国外及港澳台地区承揽、实施工程建设项目的勘察、设计、施工、监理、设备材料采购、安装调试、工程咨询、工程管理等经营活动。

Explanatory Notes on Main Statistical Indicators

Total Import & Export Value refers to the value of commodities imported into and exported from the boundary of China, it can be used to observe the total scale in foreign trade of a country. It includes: the actual imports and exports through foreign trade, imported and exported goods under the processing and assembling trades and materials, supplies and gifts as aid given gratis between governments and by the United Nations and other international organizations, the donated products of overseas Chinese, compatriot from Hong Kong, Macao and Taiwan and Chinese of foreign nationality, lease goods belonging to lessee after expiring leasing period, the imports and exports of processing with imported materials, the local trade in the border and cargoes imported and exported of small trade of border area（excluding the trade between the residents in the border）, the imported and exported commodities and articles for public use of the Sino-foreign joint ventures, cooperative enterprises and ventures exclusively with foreign own investment, imported and exported sample of regulation and advertising product that are in the stipulated above-norm of the CIF and FOB（excluding which have no commercial value, using value and which export for free）, the imports that are picked up from the bonded warehouse and sale in china, and other imports and exports. In our country, exports are calculated according to FOB, and imports are calculated according to CIF.

Foreign Direct Investment refers to the investment made in Chinese mainland area by corporations or natural persons from foreign countries, Hong Kong, Macao and Taiwan areas in various ways（e.g. cash, kind, intangible assets etc.）, and also includes the total investment in unlisted companies and the investment in listed companies with the proportion of stock ownership no less than 10% from individual foreign investor.

Foreign investors can also invest in cash, kind and techniques, and reinvest with the profit gained from foreign-invested enterprises.

Overseas Contracted Projects refers to the business operations during the engineering construction projects contracted or carried out according to international practices in foreign countries, Hong Kong, Macao and Taiwan areas by Chinese domestic corporations or other economic institutions, such as surveying, designing, building, supervising, equipment and material purchasing, installation and debugging, project consulting, project managing etc.

第十三篇

农业

AGRICULTURE

（编辑：磨正中　杨海玲）

13－1 主要年份农村基本情况

指 标	Item	1995	2000
乡镇个数（个）	Number of Township & Town Governments (unit)	1362	1360
#镇个数	Number of Town Governments	618	745
村委会个数（个）	Number of Villagers' Committees (unit)	14803	14849
通汽车村数	Villages with Bus Services	12072	14182
通电话村数	Villages with Telephone Communication	4842	11812
自来水受益村数	Villages with Tap Water	5617	7832
乡（镇）村户数、人口	Number of Rural(Town Governments) Households & Population		
乡（镇）村户数（万户）	Number of Rural(Town Governments) Households (10 000 households)	827.88	913.95
乡（镇）村人口（万人）	Rural Population (10 000 persons)	3881.89	4026.44
乡（镇）村从业人员（万人）	Number of Rural(Town Governments) Laborers (10 000 persons)	1964.60	2145.35
按性别分	By sex		
男	Male	1030.85	1129.86
女	Female	933.75	1015.49
按产业分	By industry		
第一产业	Primary Industry	1562.88	1556.84
第二产业	Secondary Industry	125.97	148.57
第三产业	Tertiary Industry	275.75	439.94
农业机械总动力（亿瓦特）	Total Agricultural Machinery Power (100 million watts)	107.54	146.79
农用排灌动力机械（亿瓦特）	Motor Machinery for Agricultural Drainage & Irrigation (100 million watts)	10.12	16.05
农用水泵（台）	Pumps (unit)	130684	228198
农用载重汽车（台）	Trucks for Agricultural use (unit)	24423	27501
渔业机动船（艘）	Motorized Fishing Boats (unit)	11123	13294
（亿瓦特）	(100 million watts)	3.48	4.46

注：1995年乡(镇)村从业人员为“乡(镇)村实有劳动力”。
Note: “Number of rural (town governments) laborers” in 1995 refers to “Number of Rural (Town Governments) Actual Laborers”.

Basic Statistics of Rural Area in Main Years

2005	2010	2011	2012	2013	2014	2015
1130	1126	1126	1126	1126	1127	1129
698	702	702	715	720	752	773
14453	14354	14355	14355	14337	14046	14278
14017	14197	14207	14246	14233		
13669	14178	14213	14250	14244		
8440	9527	9827	10113	10140	10935	10993
986.10	1029.14	1039.24	1060.83	1065.00	1092.1	1112.03
4146.19	4203.98	4221.18	4243.35	4254	4351.47	4403.58
2275.39	2387.2	2406.67	2427.11	2436	2469.46	2489.85
1202.11	1262.17	1276.01	1288.22	1293	1311.94	1323.32
1073.28	1125.03	1130.66	1138.89	1143.00	1157.52	1166.53
1503.06	1556.9	1546.23	1564.2	1465	1619	1651
182.84	469.46					
589.49	360.84					
190.97	276.77	299.09	319.16	338.43	352.92	376.75
23.94	31.64	37.66				30.41
550225	834025	837376	845219	833951	867084	890894
33141	30137	30208				
13971	18713	19564	23332	26919	23415	
4.87	6.99	7.09				

13－2 农林牧渔业总产值（1978－2015年）
Gross Output Value of Farming, Forestry, Animal Husbandry & Fishery（1978－2015）

（当年价格）（At current prices）　　单位：亿元（100 million yuan）

年 份 Year	农林牧渔业总产值 Total	农业产值 Farming	林业产值 Forestry	牧业产值 Animal Husbandry	渔业产值 Fishery	农林牧渔服务业产值 Output Value of Service Industry for Farming, Forestry, Animal Husbandry & Fishery
一、总产值 Gross Output Value						
1978	46.17	36.99	2.28	6.37	0.53	
1980	63.31	44.41	4.39	13.64	0.87	
1985	108.02	66.34	8.09	30.43	3.16	
1990	252.22	149.69	18.05	75.50	8.98	
1991	278.15	164.73	20.87	81.99	10.56	
1992	333.12	188.65	26.77	100.71	16.99	
1993	378.62	214.24	27.47	114.15	22.76	
1994	516.46	283.71	31.78	164.02	36.95	
1995	698.28	384.17	32.56	225.57	55.98	
1996	821.55	450.52	38.14	263.80	69.09	
1997	882.60	482.48	38.64	280.67	80.81	
1998	865.90	476.24	37.75	263.96	87.95	
1999	844.78	454.85	37.48	261.87	90.58	
2000	828.97	418.83	38.76	275.33	96.05	
2001	872.90	439.93	39.44	292.34	101.19	
2002	916.50	465.47	39.81	306.50	104.72	
2003	1030.89	500.82	53.80	342.83	115.53	17.91
2004	1294.53	623.09	58.07	460.68	133.78	18.91
2005	1448.37	711.89	61.68	511.60	143.61	19.59
2006	1622.22	807.90	79.75	540.17	135.40	59.00
2007	2026.22	970.55	99.78	710.17	178.32	67.40
2008	2389.79	1106.74	124.26	871.66	206.98	80.15
2009	2380.51	1134.98	132.27	812.46	216.95	83.85
2010	2720.99	1339.58	173.47	870.73	247.16	90.05
2011	3323.37	1602.48	217.41	1096.58	303.11	103.79
2012	3490.72	1724.00	245.26	1072.77	331.74	116.95
2013	3755.19	1868.30	287.64	1101.23	366.65	131.37
2014	3947.73	1993.98	303.17	1087.25	413.12	150.21
2015	4197.12	2146.37	313.90	1140.30	429.82	166.73

13-2 续表 continued

(当年价格) (At current prices) 单位：亿元（100 million yuan）

年 份	Year	农林牧渔业总产值 Total	农业产值 Farming	林业产值 Forestry	牧业产值 Animal Husbandry	渔业产值 Fishery	农林牧渔服务业产值 Output Value of Service Industry for Farming, Forestry, Animal Husbandry & Fishery
二、构成（以总产值合计为100）	**Composition(Gross Output Value=100)**						
1978		100.0	80.1	4.9	13.8	1.2	
1980		100.0	70.1	6.9	21.6	1.4	
1985		100.0	61.4	7.5	28.2	2.9	
1990		100.0	59.3	7.2	29.9	3.6	
1991		100.0	59.2	7.5	29.5	3.8	
1992		100.0	56.6	8.1	30.2	5.1	
1993		100.0	56.6	7.3	30.1	6.0	
1994		100.0	54.9	6.1	31.8	7.2	
1995		100.0	55.0	4.7	32.3	8.0	
1996		100.0	54.8	4.7	32.1	8.4	
1997		100.0	54.7	4.4	31.8	9.1	
1998		100.0	55.0	4.4	30.5	10.1	
1999		100.0	53.9	4.4	31.0	10.7	
2000		100.0	50.6	4.6	33.2	11.6	
2001		100.0	50.4	4.5	33.5	11.6	
2002		100.0	50.8	4.4	33.4	11.4	
2003		100.0	48.6	5.2	33.3	11.2	1.7
2004		100.0	48.1	4.5	35.6	10.3	1.5
2005		100.0	49.1	4.3	35.3	9.9	1.4
2006		100.0	49.8	4.9	33.3	8.4	3.6
2007		100.0	47.9	4.9	35.1	8.8	3.3
2008		100.0	46.3	5.2	36.5	8.7	3.3
2009		100.0	47.7	5.6	34.1	9.1	3.5
2010		100.0	49.2	6.4	32.0	9.1	3.3
2011		100.0	48.2	6.6	33.0	9.1	3.1
2012		100.0	49.4	7.0	30.7	9.5	3.4
2013		100.0	49.7	7.7	29.3	9.8	3.5
2014		100.0	50.5	7.7	27.5	10.5	3.8
2015		100.0	51.1	7.5	27.2	10.2	4.0

注：1. 按照国家统计口径，2003年起农林牧渔业总产值包括农业、林业、牧业、渔业以及农林牧渔服务业产值。
2. 本表2006和2007年数据为第二次全国农业普查衔接数。

Note: 1. according to the statistic standard of our country, the gross output value of farming, forestry, animal husbandry & fishery has included the output value of the service industry of farming, forestry, animal husbandry & fishery since 2003.
2. Data of 2006 and 2007 in this table is in accordance with the second national agriculture census.

13－3 农林牧渔业总产值指数（1978－2015年）
Indices of Gross Output Value of Farming, Forestry, Animal Husbandry & Fishery（1978－2015）

（按可比价格计算，以上年为100） （at comparable prices , preceding year =100） 单位：%（%）

年 份 Year	农林牧渔业总产值 Total	农业产值 Farming	林业产值 Forestry	牧业产值 Animal Husbandry	渔业产值 Fishery	农林牧渔服务业产值 Output Value of Service Industry for Farming, Forestry, Animal Husbandry & Fishery
1978	101.8	101.9	100.8	105.0	72.8	
1979	104.8	106.1	109.7	96.9	85.2	
1980	104.2	105.2	98.9	99.0	112.8	
1981	106.0	104.1	122.7	111.7	106.4	
1982	116.2	115.4	104.6	123.5	126.3	
1983	100.7	100.6	92.5	102.7	112.0	
1984	99.7	97.0	113.7	105.6	104.2	
1985	102.1	99.6	110.5	107.2	112.5	
1986	103.4	103.1	104.2	103.3	114.5	
1987	104.9	106.6	93.1	102.7	112.5	
1988	98.1	96.7	102.7	100.4	107.0	
1989	110.3	111.4	94.5	111.8	109.4	
1990	108.0	105.4	125.1	111.3	113.9	
1991	108.1	105.3	113.0	112.9	112.2	
1992	114.9	115.3	106.7	116.1	122.9	
1993	104.7	101.3	104.2	108.9	126.6	
1994	107.3	102.4	108.0	111.5	136.0	
1995	114.9	114.0	96.2	117.2	135.9	
1996	105.0	99.6	100.3	112.5	120.4	
1997	109.9	110.7	97.4	107.7	120.4	
1998	105.2	106.5	95.5	102.9	110.1	
1999	107.9	111.4	99.8	103.6	106.2	
2000	100.2	94.7	101.9	109.4	105.3	
2001	104.9	104.9	103.5	106.0	103.4	
2002	107.8	111.2	100.7	105.2	102.7	
2003	104.3	100.0	114.8	109.2	106.9	104.0
2004	106.3	105.8	103.4	109.0	104.8	101.6
2005	107.4	105.8	107.0	110.6	105.0	101.1
2006	107.2	105.9	121.4	107.7	105.5	104.9
2007	105.8	108.1	110.3	102.0	105.2	104.7
2008	105.4	103.6	121.4	105.9	102.4	109.7
2009	105.4	105.3	102.1	105.6	106.2	106.3
2010	104.7	103.0	115.8	105.1	105.8	104.3
2011	104.8	105.8	110.9	101.4	105.9	108.7
2012	105.7	106.0	109.2	104.5	105.4	109.2
2013	104.4	104.7	108.2	102.3	105.4	108.9
2014	103.7	105.2	102.8	100.4	104.3	110.8
2015	103.7	105.1	106.3	99.7	104.0	107.8

13－4 主要年份主要农作物播种面积
Sown Area of Major Farm Crops in Main Years

单位：千公顷 (1 000 hectares)

指　标	Item	1995	2000	2005	2010	2011	2012	2013	2014	2015
农作物总播种面积	Total Sown Area	5745.7	6258.6	6343.9	5896.9	5996.5	6089.5	6137.3	6186.1	6134.7
粮食作物	Grain Crops	3662.7	3653.8	3350.9	3061.1	3072.8	3069.1	3076.0	3067.7	3059.3
占总播种面积比重（%）	Percentage to Total Area（%）	63.7	58.4	52.8	51.9	51.2	50.4	50.1	49.6	49.9
#稻　谷	Rice	2433	2301.6	2099.6	2094.4	2078.5	2057.6	2046.6	2026.2	1983.9
#早　稻	Early Rice	1150.8	1078	970.1	964.8	941.3	929.8	927.9	917.6	888.2
晚　稻	Late Rice	1137.7	1068.7	982.3	979.7	986.3	979.2	967.4	959.7	947.9
玉　米	Corn	550.1	608.7	607.6	538.6	565.9	580.5	587.6	584.0	622.6
大　豆	Soybean	252.5	281.4	250.4	108.8	111.9	94.4	97.0	99.6	96.0
薯　类	Tubers	312.6	341.1	294.2	244.5	238.3	255.9	265.1	273.8	274.1
花　生	Peanuts	208.4	240.6	243.7	170.3	179.5	188.1	194.9	204.3	214.3
油菜籽	Rape Seeds	61.5	89.2	60.6	15.6	15.5	17.1	18.8	24.2	24.8
芝　麻	Sesame	9.4	7.3	4.9	5.2	5.0	5.0	5.1	5.2	5.3
黄红麻	Jute & Ambary Hemp	6.7	5.8	4.8	4.6	4.2	4.1	4.0	3.7	3.3
苎　麻	Ramie	1.2	0.9	0.4	0.5	0.5	0.5	0.5	0.5	0.6
甘　蔗	Sugarcane	454.3	508.7	747.6	1069.3	1091.6	1128.0	1125.1	1081.5	973.7
烤　烟	Flue-Cured Tobacco	10.1	11.4	13.9	12.0	12.7	14.8	18.1	17.7	12.9
木　薯	Cassava	272.9	264.3	269.5	233.0	237.5	231.2	228.0	224.1	213.3
蔬　菜（含菜用瓜）	Vegetables (including vegetable melons)	555.8	899.5	1094.4	1007.6	1040.7	1075.4	1104.6	1162.5	1221.0

13－5 主要年份主要农作物产品产量

单位：万吨

指 标	Item	1995	2000
粮食作物	Grain Crops	1553.31	1667.24
#稻 谷	Rice	1307.66	1360.77
#早 稻	Early Rice	699.25	706.82
晚 稻	Late Rice	536.72	570.25
玉 米	Corn	155.47	188.44
大 豆	Soybean	28.97	36.43
薯 类	Tubers	49.68	67.61
油 料	Oil-bearing Crops	45.35	58.61
#花 生	Peanuts	39.17	49.55
油菜籽	Rapeseeds	5.34	8.16
芝 麻	Sesame	0.52	0.57
黄红麻	Jute & Ambary Hemp	1.29	1.15
苎 麻	Ramie	0.18	0.17
甘 蔗	Sugarcane	2555.73	2937.89
烤 烟	Flue-Cured Tobacco	1.24	1.69
蔬 菜（含菌类）	Vegetables (including ungus)		1620.75
木 薯	Cassava	124.51	132.56
茶 叶	Tea	1.94	1.79
水 果（含园林和瓜果类）	Fruits (including grove & melon fruits)	266.60	526.69
# 园林水果	Grove Fruits	266.60	360.14
#蕉 类	Banana	96.35	127.32
沙田柚	Shatian Pomeloe	8.77	18.36
柑桔橙	Citrus & Orange	72.58	87.99
菠 萝	Pineapple	12.22	8.00
龙 眼	Longyan	11.86	15.67
荔 枝	Litchi	14.85	14.55
芒 果	Mango	4.38	10.96

注：1. 2000年以后的水果产量包括园林水果和果用瓜。
2. 2009年起薯类包括马铃薯。

Note: 1. The output of fruits since 2000 has included grove fruits & fruited melon.
2. The “Tubers” includes potatoes since 2009.

Output of Major Farm Crops in Main Years

(10 000 tons)

2005	2010	2011	2012	2013	2014	2015
1516.29	1412.32	1429.93	1484.90	1521.80	1534.41	1524.75
1188.09	1121.25	1084.10	1141.00	1156.20	1166.12	1137.83
573.03	531.50	530.41	544.90	555.20	543.30	528.80
533.55	509.40	471.93	509.70	508.04	525.31	513.10
207.26	208.70	244.72	250.60	265.95	266.40	280.70
36.87	16.69	20.11	15.30	13.51	13.65	14.20
70.63	56.18	67.84	64.80	73.00	74.15	78.40
63.18	45.81	50.14	53.94	57.21	61.30	64.68
55.13	43.50	47.46	51.09	54.10	57.57	60.70
6.33	1.47	1.61	1.71	1.90	2.50	2.62
0.46	0.59	0.61	0.64	0.67	0.72	0.74
0.96	1.08	1.08	0.95	0.58	0.98	0.87
0.11	0.14	0.15	0.15	0.17	0.18	0.20
5154.69	7119.62	7269.96	7829.71	8104.26	7952.57	7504.92
1.97	2.03	2.20	2.70	3.11	2.74	2.14
2130.60	2129.44	2246.40	2356.72	2435.62	2610.08	2786.37
173.61	173.21	180.33	181.31	182.75	182.82	175.94
2.62	3.92	4.44	4.94	5.39	5.88	6.36
766.84	1094.41	1222.98	1325.03	1433.42	1560.60	1720.02
571.58	841.77	943.81	1030.95	1122.63	1233.30	1369.76
136.44	207.95	229.08	256.60	275.21	300.33	
29.38	41.33	43.57	47.28	50.25	58.80	60.18
155.08	268.29	307.70	332.72	368.39	412.80	459.07
6.54	2.76	2.93	3.05	3.27	3.43	3.43
38.17	40.55	47.36	50.41	51.57	55.81	57.36
33.48	46.58	53.19	53.06	54.63	61.85	63.77
18.59	15.62	18.34	21.76	34.04	40.84	48.98

13－6 主要年份主要农作物单位面积产量
Output of Major Farm Crops Per Hectare in Main Years

单位：公斤/公顷 (kg/hectare)

指 标	Item	2005	2009	2010	2011	2012	2013	2014	2015
粮食作物	Grain Crops	4525	4770	4614	4653	4838	4947	5002	4984
#稻 谷	Rice	5659	5392	5354	5216	5545	5649	5755	5735
#早 稻	Early Rice	5907	5596	5509	5636	5860	5983	5921	5954
晚 稻	Late Rice	5432	5125	5200	4785	5205	5251	5473	5413
玉 米	Corn	3411	4212	3875	4325	4317	4526	4562	4509
大 豆	Soybean	1472	1652	1534	1799	1621	1393	1371	1479
薯 类	Tubers	2401	2723	2298	2847	2532	2754	2709	2860
花 生	Peanuts	2262	2477	2554	2644	2716	2776	2818	2832
烤 烟	Flue-Cured Tobacco	1414	1914	1694	1734	1825	1720	1548	1658
甘 蔗	Sugarcane	68950	70836	66583	66599	69411	72032	73530	77073

13－7 主要年份农业生产条件基本情况
Basic Statistics on Agricultural Production Conditions in Main Years

指 标	Item	2005	2009	2010	2011	2012	2013	2014	2015
机耕面积（千公顷）	Tractor Ploughed Area (1 000 hectares)	1032.8	2593.4	3163.7	3662.9	3868.8	3865.5	4305.5	4628.5
农村用电量（亿千瓦小时）	Electricity Consumed in Rural Areas (100 million kwh)	34.31	48.48	50.22	56.18	63.31	68.38	76.21	83.91
化肥施用量（折纯量）(万吨)	Consumption of Chemical Fertilizers (10 000 tons)	201.25	229.32	237.16	242.71	249.04	255.70	258.67	259.86
氮 肥	Nitrogenous Fertilizer	63.27	68.38	69.94	70.82	72.45	74.17	74.65	74.23
磷 肥	Phosphate Fertilizer	25.23	27.98	28.85	29.57	30.46	30.91	31.25	31.06
钾 肥	Potash Fertilizer	47.95	51.49	53.23	54.82	56.04	57.28	57.39	58.34
复合肥	Compound Fertilizer	64.81	81.47	85.15	87.50	90.09	93.34	95.38	96.23
农田有效灌溉面积（千公顷）	Irrigated Area (1 000 hectares)	1519.8	1522.3	1523.0	1529.2	1541.3	1553.6	1600.0	1693.1
水 库（座）	Number of Reservoirs (set)	4380	4369	4366	4348	4347	4544	4545	4545
#大型水库	Large Reservoirs	33	37	37	37	37	57	57	57
中型水库	Medium-sizes Reservoirs	183	185	186	186	186	228	228	229
水库库容量（亿立方米）	Capacity of Reservoirs (100 million cu.m)	252.14	328.68	321.85	321.79	321.81	679	679	658
#大型水库	Large Reservoirs	154.3	230.44	223.38	223.37	223.37	563.00	563.00	547.00
中型水库	Medium-sizes Reservoirs	53.02	53.66	53.94	53.93	53.93	67.00	67.00	64.00
节水灌溉面积（千公顷）	Water-saving Irrigated Area (1 000 hectares)	622.1	685.9	702.2	727.2	780.8	800.5	879.6	951.4
#喷滴灌面积	Sprinkling & Drip Irrigation	4.8	5.2	5.5	6.9	26.0	38.5	56.0	67.0
除涝面积（千公顷）	Flooded or Waterlogged Area (1 000 hectares)	204.2	208.8	209.6	211.4	214.0	230.9	231.4	241.3
水土流失治理面积（千公顷）	Area of Soil Erosion under Control (1 000 hectares)	1487.6	1843.7	1870.3	1952.1	2019.5	1735.7	1791.8	2017.3
堤防总长度（公里）	Total Length of Dikes (km)	2759	2805	2867.4	2948.2	3108.3	4492.2	4649.1	4884.9
堤防保护耕地面积（千公顷）	Area of Land Protected by Dikes (1 000 hectares)	311.3	269.5	266.8	273.8	297.3	148.2	248.8	283.8

13－8　主要年份农作物播种面积构成
Sowing Areas Structure of Farm Crops in Main Years

（以总播种面积为100）（Total Planting Structure=100）　　单位：（%）

指　标	Item	1995	2000	2005	2010	2011	2012	2013	2014	2015
农作物播种面积	Planting Structure of Farm Crops	100.0	100.0	100.0	100.0	100.0	100.0	100.0	100.0	100.0
一、粮食作物	Grain Crops	63.8	58.4	52.8	51.8	51.2	50.4	50.1	49.6	49.9
#稻　谷	Rice	42.3	36.8	33.1	35.3	34.7	33.8	33.3	32.8	32.3
#早　稻	Early Rice	20.0	17.2	15.3	16.2	15.7	15.3	15.1	14.8	14.5
晚　稻	Late Rice	19.8	17.1	15.5	16.5	16.4	16.1	15.8	15.5	15.5
小　麦	Wheat	0.4	0.3	0.2	0.1	0.0	0.0	0.0	0.0	0.1
玉　米	Corn	9.6	9.7	9.6	9.0	9.4	9.5	9.6	9.4	10.1
大　豆	Soybean	4.4	4.5	3.9	1.9	1.9	2.5	1.6	1.6	1.6
薯　类	Tubers	5.4	5.5	4.6	4.4	4.0	4.5	4.3	4.4	4.5
二、经济作物及其他	Economic Crops	36.2	41.6	47.2	48.2	48.8	49.6	49.9	50.4	50.1
#油料合计	Total of Oil-bearing Crops	4.9	5.5	5.0	3.3	3.4	3.5	3.6	3.8	4.0
#花　生	Peanuts	3.6	3.8	3.8	2.9	3.0	3.1	3.2	3.3	3.5
油菜籽	Rapeseeds	1.1	1.4	1.0	0.3	0.3	0.3	0.3	0.4	0.4
芝　麻	Sesame	0.2	0.1	0.1	0.0	0.1	0.1	0.1	0.1	0.1
麻　类	Fiber Crops	0.1	0.1	0.1	0.1	0.1	0.1	0.1	0.1	0.1
#黄红麻	Jute & Ambary Hemp	0.1	0.1	0.1	0.1	0.1	0.1	0.1	0.1	0.1
甘　蔗	Sugarcane & Fruit Canes	7.9	8.1	11.8	18.2	18.2	18.5	18.3	17.5	15.9
#糖　蔗	Sugarcane	7.7	7.8	11.4	17.8	17.8	18.1	17.9	17.0	15.4
烟　叶	Tobacco	0.2	0.4	0.3	0.3	0.3	0.3	0.4	0.3	0.3
#烤　烟	Flue-Cured Tobacco	0.2	0.2	0.2	0.2	0.2	0.2	0.3	0.3	0.2
木　薯	Cassava	4.8	4.2	4.2	4.0	4.0	3.8	3.7	3.6	3.5
蔬　菜（含菜用瓜）	Vegetables (including vegetable melons)	9.7	14.4	17.3	17.1	17.4	17.7	17.8	18.8	19.9
绿　肥	Green Manure	3.7	2.5	1.5	0.9	0.9	0.9	0.9	1.0	1.1

13－9 主要年份林业生产情况

指 标	Item	1995	2000
造林面积（年末成活率达85（%）以上，千公顷）	Afforested Area (Survival Rate above 85（%） at Year-end, 1 000 hectares)	130.2	57
#飞机播种	Sown by Airplane		
用材林	Timber Forest	63.8	30.5
经济林	Economic Forest	64.2	19.5
防护林	Shelter-forest	1.7	6.0
当年迹地更新面积（千公顷）	Slash Reforestation Areas of the Current Year (1 000 hectares)	69.6	100.7
育苗面积（千公顷）	Grow Seedlings Area (1000 hectares)	2.1	1.4
当年四旁零星植树（按实际成活计，万株）	Oddly (all around) Tree Planting of the Current Year (by actual survival rate，10 000 roots)	3519	3355
当年幼林抚育作业面积（千公顷次）	Operative Areas of Young Growth Fostering of the Current Year (1000 hectares times)	623.3	390.5
成林抚育实际面积（千公顷）	Actual Areas of Mature Timber Fostering (1000 hectares)	310.2	280.3
现有封山育林面积（千公顷）	Close Hillsides to Facilitate Afforesation Areas (1000 hectares)	4339.2	4251.2
林木种籽采集量（吨）	Forestry Seed Collection (ton)	100	154
林产品产量（吨）	Output of Forestry Products (ton)		
油茶籽	Tea-oil Seeds	86098	118620
油桐籽	Tung-oil Seeds	50854	63002
松 脂	Pine Resin	247202	216015
八 角	Anise	18382	30966
桂 皮	Cassia Bark	16716	16605
板 栗	Chestnuts	11162	22008
核 桃	Walnuts	478	262
白 果	Ginkgo	2217	3629
茴 油	Fennel Oil	1186	1601
桂 油	Laurel Oil	642	779
竹笋干	Bamboo Shoots	7453	16208
橡 胶	Rubber	2672	1403
木材采伐量（万立方米）	Felling Amount of Timber (10 000 cu.m)	372.90	270.27
毛竹采伐量（万根）	Mao Bamboo (10 000 pieces)	2679.71	4655.48

注：2000年以前的木材和毛竹采伐量为村及村以下数量，2005年以后为全社会数量。

Note: Felling amount of timber & mao bamboo before 2000 only contains the amount of village & below. The amount after 2005 contains all amounts in every aspect.

Basic Statistics on Forestry in Main Years

2005	2010	2011	2012	2013	2014	2015
124.0	143.3	147.8	148.9	161.4	163.6	159.4
89.4	108	113.2	99.75	93.05	91.25	76.58
8.2	9.3	12.2	20.79	35.51	31.33	29.9
26.3	25.6	22.2	27.0	24.3	30.27	23.3
53.6	119.9	135.3	151.78	153.33	130.71	141.9
1.9	1.8	1.8	3.9	17.7	8.29	16.3
3092	5052	5408	5671.4	5989.42	6158.37	7099.37
513.2	657.9	625.9	603.6	581.1	667.0	746.0
211.3	503.9	590.3	865.06	879.2	1156.1	1488.8
3179.0	2151.0	2010.7	1858.1	1926.3	1931.8	1887.4
101	154	91	69	355	316	142
117363	143749	151002	163924	167688	177650	192762
60372	72536	75525	77524	79935	82611	83546
301943	495750	532903	557141	590021	616586	651234
76462	99626	104821	114118	119632	129101	135105
20305	28655	29940	31830	34896	34323	36707
45951	73059	73100	82276	91897	92278	100744
339	929	982	1140	1219	1210	1455
5409	7878	8140	8471	8615	8796	9001
2236	2973	3297	3397	3729	3961	4152
701	1036	1133	1192	1292	1216	1330
18770	24477	26003	28014	29980	32961	34046
678	378	213	225	999	172	117
762.55	1743.02	2065.25	2239.06	2288.03	2409.17	2980
5743.21	8712.93	9521.68	10207.25	10694.52	12373.63	17030.02

13－10　主要年份畜牧水产主要产品生产情况

指　标	Item	1995	2000
一、畜禽产品产量	**Output of Animal Products**		
肉猪出栏头数（万头）	Number of Slaughtered Fattened Hogs (10000 heads)	1905.84	2756.91
肉类总产量（万吨）	Output of Meat (10 000 tons)	195.61	287.26
#猪　肉	Pork	153.63	217.87
牛　肉	Beef	6.54	9.79
羊　肉	Mutton	0.77	2.47
禽　肉	Poultry	34.52	55.85
牛　奶（吨）	Milk (ton)	9006	16816
蜂　蜜（吨）	Honey (ton)	4016	5563
蚕　茧（吨）	Silkworm Cocoons (ton)	21248	29542
禽　蛋（吨）	Eggs (ton)		144514
二、水产品产量（吨）	**Aquatic Products(ton)**	**1032871**	**2398592**
#海水产品产量	Seawater Aquatic Products	645706	1594505
按生产性质分	By Production Character		
天然生产	Naturally Grow	498192	888417
人工养殖	Artificially Cultured	147514	706088
淡水产品产量	Freshwater Aquiculture	387165	804087
按生产性质分	By Production Character		
天然生产	Naturally Grow	45818	91538
人工养殖	Artificially Cultured	341347	712549

注：1996年以前水产品产量按旧标准统计，即贝类5斤折1斤计量。1997年起按新标准统计，即海蜇按三矾后的成品、海藻按干品计量，其余所有的水产品均按捕捞起水时的鲜活实际重量计量。

Note: Output of aquatic products before 1996 was calculated according to old standard, namely 5kg of shellfish were equivalent to 1 kg to count. According to new standard statistics from 1997,the jellyfish was measured according to finished product after three vitriol, marine alga was measured according to the dry product , and other aquatic products are all measured according to thelifelike actual weight while being caught from water.

Basic Statistics on Main Products of Animal Husbandry & Fishery in Main Years

2005	2010	2011	2012	2013	2014	2015
3852.82	3230.00	3195.12	3342.09	3456.72	3518.01	3416.79
418.60	387.77	391.09	410.99	420.02	420.03	417.27
300.02	241.5	239.79	252.5	261.34	266.29	258.81
16.95	13.7	14.27	13.86	14.33	14.38	14.38
3.70	3.30	3.21	3.20	3.24	3.24	3.24
95.11	124.93	128.84	136	135.32	128.24	132.52
53540	82000	88831	93600	95600	96500	100600
7775	9286	9752	11639	12417	13093	13585
148460	264716	296263	315703	323448	339622	360657
146271	200000	210000	218200	227100	221600	228800
2841935	**2750934**	**2888198**	**3034656**	**3190604**	**3321169**	**3456249**
1739581	1540362	1589085	1643851	1707060	1741574	1794194
845786	662954	665281	668274	651434	650599	652028
893795	877408	923804	975577	1055626	1090975	1142166
1102354	1210572	1299113	1390805	1483544	1579595	1662055
113148	116871	123259	129259	132687	134602	140014
989206	1093701	1175854	1261546	1350857	1444993	1522041

13－11 各市农林牧渔业总产值及构成（2015年）

Gross Output Value & Its Composition of Farming, Forestry, Animal Husbandry & Fishery by City（2015）

（按当年价格计算） (at current prices)

各市名称	City	农林牧渔业总产值 Total	农业 Farming	林业 Forestry	牧业 Animal Husbandry	渔业 Fishery	农林牧渔服务业产值 Output Value of Service Industry for Farming, Forestry, Animal Husbandry & Fishery
一、总产值（亿元）	**Gross Output Value (100millon yuan)**						
南 宁 市	Nanning	638.62	354.55	28.59	193.58	26.56	35.34
柳 州 市	Liuzhou	286.18	169.53	20.97	76.90	8.99	9.79
桂 林 市	Guilin	544.02	343.11	33.39	139.72	12.95	14.85
梧 州 市	Wuzhou	208.89	106.72	31.96	51.60	10.03	8.57
北 海 市	Beihai	254.38	52.61	4.08	33.28	160.25	4.16
防城港市	Fangchenggang	124.90	36.36	14.27	12.95	59.30	2.03
钦 州 市	Qinzhou	332.27	150.53	23.34	83.38	68.81	6.21
贵 港 市	Guigang	301.53	128.75	17.20	100.55	39.76	15.26
玉 林 市	Yulin	448.03	180.93	24.44	192.74	20.98	28.95
百 色 市	Baise	275.60	152.79	27.71	74.47	15.36	5.26
贺 州 市	Hezhou	166.85	93.89	17.15	43.17	7.61	5.03
河 池 市	Hechi	237.97	105.90	23.40	95.76	7.71	5.20
来 宾 市	Laibin	224.54	133.46	15.61	62.72	6.77	5.99
崇 左 市	Chongzuo	253.95	178.89	26.04	32.51	10.01	6.50
二、构成（%）	**Composition (%)**						
南 宁 市	Nanning	100.0	55.5	4.5	30.3	4.2	5.5
柳 州 市	Liuzhou	100.0	59.2	7.3	26.9	3.1	3.4
桂 林 市	Guilin	100.0	63.1	6.1	25.7	2.4	2.7
梧 州 市	Wuzhou	100.0	51.1	15.3	24.7	4.8	4.1
北 海 市	Beihai	100.0	20.7	1.6	13.1	63.0	1.6
防城港市	Fangchenggang	100.0	29.1	11.4	10.4	47.5	1.6
钦 州 市	Qinzhou	100.0	45.3	7.0	25.1	20.7	1.9
贵 港 市	Guigang	100.0	42.7	5.7	33.4	13.2	5.1
玉 林 市	Yulin	100.0	40.4	5.5	43.0	4.7	6.5
百 色 市	Baise	100.0	55.4	10.1	27.0	5.6	1.9
贺 州 市	Hezhou	100.0	56.3	10.3	25.9	4.6	3.0
河 池 市	Hechi	100.0	44.5	9.8	40.2	3.2	2.2
来 宾 市	Laibin	100.0	59.4	7.0	27.9	3.0	2.7
崇 左 市	Chongzuo	100.0	70.4	10.3	12.8	3.9	2.6

13－12 各市农作物播种面积构成（2015年）
Sowing Areas Structure of Farm Crops by City（2015）

（以总播种面积为100）（Total Planting Area=100）　　单位：%（%）

各市名称	City	农作物播种面积 Planting Area of Farm Crops	一、粮食作物 Grain Crops	#稻谷 Rice	玉米 Corn	二、经济和其他农作物 Economic Crops	#油料 Oil-bearing Crops	甘蔗 Sugarcane	木薯 Cassava	蔬菜（含菜用瓜） Vegetables(including vegetable melons)
南宁市	Nanning	100.0	45.5	29.8	11.4	54.5	5.4	14.5	3.7	22.7
柳州市	Liuzhou	100.0	41.5	33.1	4.3	58.5	3.6	23.2	0.7	24.3
桂林市	Guilin	100.0	53.6	37.5	6.1	46.4	3.4	0.8	1.0	26.0
梧州市	Wuzhou	100.0	54.0	41.2	3.7	46.0	4.9	1.0	8.1	27.0
北海市	Beihai	100.0	43.5	26.8	5.6	56.5	9.2	16.3	8.0	20.1
防城港市	Fangchenggang	100.0	40.7	26.2	6.9	59.3	2.6	36.0	1.7	18.1
钦州市	Qinzhou	100.0	56.1	42.5	4.7	43.9	2.4	14.1	6.6	16.1
贵港市	Guigang	100.0	61.2	47.8	6.4	38.8	6.7	6.6	6.4	14.9
玉林市	Yulin	100.0	64.4	52.5	4.4	35.6	3.4	3.3	4.4	21.7
百色市	Baise	100.0	57.7	20.0	27.0	42.3	2.4	12.6	0.7	20.4
贺州市	Hezhou	100.0	54.6	40.8	5.7	45.4	5.7	1.3	3.5	24.9
河池市	Hechi	100.0	57.0	20.7	23.5	43.0	2.8	13.2	3.4	17.3
来宾市	Laibin	100.0	40.3	27.6	6.6	59.7	3.6	35.0	1.8	13.2
崇左市	Chongzuo	100.0	24.2	13.4	7.2	75.8	2.3	54.2	2.8	9.1

13－13 各市主要农产品人均占有量（2015年）

Ownership of Per Capital Major Agricultural Products by City（2015）

单位：公斤 （kg）

各市名称	City	粮食产量 Grain	油料产量 Oil-bearing Crops	甘蔗产量 Sugarcane	蔬菜产量（含菌类） Vegetable	园林水果产量 Fruits	肉类产量 Meat	水产品产量 Aquatic Products
全　区	Total	319.32	13.55	1571.71	583.53	286.86	87.39	72.38
南宁市	Nanning	324.35	21.28	1561.63	729.06	307.81	94.99	36.61
柳州市	Liuzhou	217.94	8.00	1729.89	550.56	217.91	58.16	19.36
桂林市	Guilin	417.55	14.15	90.61	842.25	844.49	109.75	24.22
梧州市	Wuzhou	275.13	14.01	60.15	689.10	182.95	69.07	31.41
北海市	Beihai	239.94	30.39	1397.12	496.18	63.28	79.66	658.64
防城港市	Fangchenggang	221.11	7.16	3210.36	311.05	84.47	51.94	534.44
钦州市	Qinzhou	355.44	8.10	1225.08	420.09	555.31	95.96	170.16
贵港市	Guigang	359.11	23.88	565.48	361.60	61.79	89.07	52.32
玉林市	Yulin	326.73	8.92	299.38	533.79	162.79	137.23	27.36
百色市	Baise	333.40	4.34	1088.74	619.77	225.35	74.93	41.44
贺州市	Hezhou	358.18	15.46	97.78	803.40	340.34	82.87	37.74
河池市	Hechi	301.92	4.13	1046.04	409.45	106.23	65.85	21.95
来宾市	Laibin	375.41	17.47	5544.69	554.43	220.57	71.51	30.66
崇左市	Chongzuo	256.57	11.00	11637.67	466.14	246.20	61.20	34.71

注：本表按常住人口计算。
Note: Data in the table are calculated by average of permanent population.

主要统计指标解释

农林牧渔业总产值 农林牧渔业总产值是以货币表现的农林牧渔业的全部产品总量和农林牧渔服务业产值（即对农林牧渔业生产活动进行的各种支持性服务活动的价值）之和。它反映一定时期内农林牧渔业生产总规模和总成果，是观察农林牧渔业生产水平和发展速度，研究农林牧渔业内部比例关系、农林牧渔业与工业、农林牧渔业与国家建设、人民生活比例关系的重要指标，同时也是计算农林牧渔业劳动生产率和农林牧渔业增加值的基础资料。

农林牧渔业增加值 指农、林、牧、渔及农林牧渔服务业生产货物或提供服务活动而增加的价值，为农林牧渔业现价总产值扣除农林牧渔业现价中间投入后的余额。

农业机械总动力 指全部农业机械动力的额定功率之和。农业机械是指用于农业生产及其产品初加工等相关农事活动的机械和设备。总动力按法定计算单位千瓦计算。（注：1马力=735.5瓦特=0.735千瓦）

有效灌溉面积 指具有一定的水源，地块比较平整，灌溉工程或设备已经配套，在一般年景下能够进行正常灌溉的耕地面积。在一般的情况下，有效灌溉面积应等于灌溉工程或设备已经配套，能够进行正常灌溉的水田和水浇地面积之和。

农用化肥施用量 指在本年度内实际用于农业生产的化肥数量。包括：氮肥、磷肥、钾肥和复合肥。施用量分为按实物量及折纯量两种方法计算。按折纯量计算化肥数量，即把氮肥、磷肥、钾肥分别按含氮、含五氧化二磷、含氧化钾百分之一百折算。复合肥：是指多营养成分或元素组成的肥料，如磷铵等。其折纯量按所含的主要成分来折算。

农作物总播种面积 是指应该在本日历年度内收获农产品的各种农作物播种面积之和。其计算公式为：

农作物播种面积=上年秋冬播作物面积+本年春播作物面积+本年夏播作物面积=本年春收作物播种面积+本年夏收作物播种面积+本年秋收作物播种面积

粮食产量 指全社会产量。包括国有经济经营、集体统一经营和农民家庭经营的粮食产量，还包括工矿企业家庭办的农场和其他生产单位的产量。

粮食：按三大类进行统计，一是谷物，包括稻谷、小麦、玉米、高粱、谷子及其他杂粮，谷物产量一律按脱粒后的原粮（晒干）计算（玉米接脱粒后的干粒计算）；二是豆类，包括大豆、绿豆、红小豆等，按去荚后的干豆计算；三是薯类（包括红薯、马铃薯，不包括芋头、木薯），1963年以前按4公斤鲜薯折1公斤粮食计算，从1964年以后改为按5公斤鲜薯折1公斤粮食计算；按国家制度，2015年开始，薯类按鲜薯重量计算，但在粮食合计中仍按5公斤鲜薯折1公斤粮食计算。2009年以前广西的马铃薯统计在蔬菜中，2009年以后统计在粮食的薯类中；2014年以前的甜玉米按统计粮食统计，自2014年年报始，甜玉米不在粮食中，纳入蔬菜统计。

林产品产量 指从人工栽培的竹木上，不经砍伐竹木的根本而取得的各种林产品产量。包括生漆、棕片、五倍子、松脂、笋干、油茶籽、油桐籽、乌桕子、核桃、板栗等各种林木籽实以及修剪竹木所获得的枝叶（包括荆条、柳条、蒲葵叶5等。不包括桑叶、茶叶和水果。也不包括野生的林产品）。如果某些林产品人工栽培的和野生的混在一起，不易划分，应根据它的主要来源决定其应计入林产品产量还是其他农业的采集野生植物产量，不要两方面都算，以免重复。

水果产量 指农业生产经营者日历年度内生产的乔木类和藤本类水果、多年草本水果及果用瓜。包括园林水果和非园林水果（瓜果类），不包括采集的野生水果。按鲜果产量计算。经脱水、晾干等处理的干果，如干枣、葡萄干、柿饼、桔饼等一律折合成鲜果计算。

园林水果：指农业生产经营者日历年度内在专业性果园、林地及零星种植果树（藤）上生产的水果。包括苹果、梨、柑桔类、热带及亚热带水果和其它园林水果如桃、葡萄、红枣等，不包括采集的野生水果。按实收的鲜果计算产量。经脱水、晾干等处理的干果，如干枣、葡萄干、柿饼、桔饼等一律折合成鲜果计算。

肉类总产量 指调查期内各种牲畜及家禽、兔等动物肉产量总计。猪、牛、羊、马、驴、骡、骆驼肉产量按去掉头蹄下水后带骨肉的胴体重量计算,兔禽肉产量按屠宰后去毛和内脏后的重量计算。猪牛羊禽四个品种肉产量由主要畜禽监测抽样调查获得，马、驴、骡、骆驼、兔肉产量由全面统计获得，其它特种养殖肉产量可用住户调查资料推算获得。

水产品产量 指渔业（捕捞和养殖）生产活动的最终有效成果，包括全部海水和淡水鱼类、甲壳类（虾、蟹）、贝类、头足类、藻类和其它类渔业产品的最终产量。不包括渔业生产过程中的中间成果，如鱼苗、鱼种、亲鱼、转塘鱼、存塘鱼和自用作饵料的产品等。水产品在上岸前已经腐烂变质，不能供人食用或加工成其它制品的，不统计在水产品产量中。

Explanatory Notes on Main Statistical Indicators

Gross Output Value of Farming, Forestry, Animal Husbandry and Fishery refers to the total amount of farming, forestry, animal husbandry, fishery products and the output value of services (refer to the supporting activities for farming, forestry, animal husbandry and fishery) that behave with the currency. It reflects the total achievement or total scale of agricultural production in form of magnitude of value during a certain period. It is an important synthesis index to observe the agricultural production level and development speed, and study proportionate relationship inside agriculture, proportionate relationship between agriculture and industry, agriculture and national construction, and proportionate relationship of people's livelihood. And it is also the basic data for calculating the agricultural productivity of labour and agricultural added value.

The Added Value of Farming, Forestry, Animal Husbandry and Fishery refers to the added value of products of farming, forestry, animal husbandry, fishery and relative services, or the added value of providing services. It is calculated by subtracting the intermediate inputs from the gross output value of farming, forestry, animal husbandry and fishery which calculated by the current prices.

Total Power of Farm Machinery refers to the summary of power rating of total power of agricultural machinery. Agricultural machinery refers to the machines and equipment for relative agricultural activities, which including agricultural producing and primary processing for relative products. The total power of farm machinery is calculated by the statutory unit of measurement: KW (note: 1 horsepower=735.5W=0.735KW).

Effective Irrigated Area refers to the cultivated areas whose irrigated project or equipments is in suit, have water source, have been ploughed, and could normally irrigated in usual years. Under normal circumstances, the effective irrigated area should include the total area of paddy fields and irrigated lands which are fitted irrigating projects or equipments and can be irrigated normally.

Consumption of Chemical Fertilizers refers to the chemical fertilizers actually used in agricultural production during the year, including nitrogenous fertilizer, phosphate fertilizer, potash fertilizer and compound fertilizer. Consumption of chemical fertilizers is calculated by 2 methods: practical amount and pure amount. Calculating by pure amount is separately converting the nitrogenous fertilizer, phosphate fertilizer and potash fertilizer into 100% according to their content of nitrogen, phosphorus pent oxide, potassium oxide. Compound fertilizer refers to fertilizer composed by various of nutritional components or elements, such as ammonium phosphate etc. Pure quantity is calculated by the percentage of its content of major component.

Total Sown Area of Farm Crops refers to the total sown area of farm crops which supposed to be harvested as products in the calendar year. Its calculation formula is:

Total Sown Area of Farm Crops = Autumn & Winter Sown Area of Last Year + Spring Sown Area of Current Year + Summer Sown Area of Current Year = Spring Harvesting Area of Current Year + Summer Harvesting Area of Current Year + Autumn Harvesting Area of Current Year

The Output of Grain refers to the output of the whole society. It includes the grain output from state-owned economy, collective-owned economy and farmer family management, and also includes the output from farms run by industrial & mining enterprises and families and other production units.

The statistics of grains is divided into 3 broad categories. 1. Cereals, including rice, wheat, corn, sorghum, millet and other coarse cereals, the output of cereals is calculated by the threshed and dried grains. 2. Beans, including soybeans, mung beans and red beans etc. Its output is calculated by the dried one without pods. 3. Tubers, including sweet potatoes and potatoes, excluding taros and cassavas, is converted into that of grain at the ratio 4 : 1, i.e. 4kg of fresh tubers was equivalent to 1 kg of grain up to 1963, since 1964, the ratio for conversion has been 5 : 1. According to national system, the tubers are calculated by the fresh weight since 2015, and 5 kg of fresh tubers is still calculated as 1 kg of grain. Potatoes and taros in Guangxi are calculated as vegetable before 2009, and since 2009 they are calculated as tubers of grains. The sweet corn was calculated as grain before 2014, and it's calculated as vegetables instead of grain since 2014.

The Output of Forestry refers to the output of various forestry products which are gained from artificial planted bamboos and trees without felling them down. It includes raw lacquer, palm sheets, Chinese gallnuts, pine resin, bamboo shoots, tea-oil seeds, bancoul nuts, Chinese tallow tree seeds, walnuts, chestnuts and various seeds of trees and branches and leaves trimmed from bamboos and trees (including twigs of the chaste trees, twigs of the willow trees, leaves of palms etc. It excludes leaves of mulberry, leaves of tea trees and fruits; it also excludes the products from wild forests) . If it is difficult to discriminate certain kinds of mixed forestry products from artificial ones to wild ones, it should be accounted into the output of forestry or the output of wild plants of other agriculture according to its major resource, and it shouldn't be calculated in both sides so as to avoiding repetition.

Output of Fruits refers to the output of fruits of trees, vines, perennial herbs and fruited melons produced by agricultural operators in the calendar year. It includes grove fruits and non-grove fruits (melons) , but excludes collected wild fruits. The output of fruits is calculated with fresh weight. The dried fruits which have been dehydrated or dried out, such as dried dates, raisins, dried persimmon, tangerine cake, etc. should be converted into the fresh fruit and calculated in unison.

The grove fruits: refers to the fruits produced in professional groves, forestlands and sporadically planted trees (vines) by agricultural operators in the calendar year. It includes apples, pears, oranges, tropical and subtropical fruits and other grove fruit such as peaches, grapes and dates, excludes collected wild fruits. The output of fruits is calculated with fresh weight of fruits actually harvested. The dried fruits which have been dehydrated or dried out, such as dried dates, raisins, dried persimmon, tangerine cake, etc. should be converted into the fresh fruit and calculated in unison.

Total Output of Meat refers to total output of animal meat of various livestock, poultry and rabbits. The output of meat of pigs, cattle, sheep, horses, donkeys, mules and camels is calculated with the weight of carcasses gotten rid of heads, hooves and entrails, and the output of meat of rabbits and poultry is calculated with the weight of carcasses slaughtered and gotten rid of feather and entrails. The output of meat of pigs, cattle, sheep and poultry is gained from the sample monitor investigation of major livestock and poultry, the output of meat of horses, donkeys, mules, camels and rabbits is gained from the full investigation, and the output of meat of other culture of special species could be calculated by the data of household investigation.

Output of Aquatic Products refers to the final effective products of fishery (fishing and cultivating) producing activities, including the final volume of products of all the marine fishes, freshwater fishes, crustaceans (shrimps, crabs) , shellfishes, cephalopods, algae and other fishery products, excluding the intermediate products in the fishery producing activities, such as fries, fingerlings, parent fishes, pond fishes, storage pond fishes and products for self-use of fodder. The aquatic products, which have rotten before shoring and cannot be eaten or processing to other products, should not be calculated as the output, too.

第十四篇
工业
INDUSTRY

（编辑：白　平）

14－1 全部工业总产值及指数
All Included Gross Industrial Output Value & Its Related Index

年 份	Year	全部工业总产值 Total	按登记注册类型分类 Grouped by Status of Registration			按轻、重工业 Grouped by Light & Heavy Industry	
			国有 State-owned	集体 Collective-owned	其他 Others	轻工业 Light Industry	重工业 Heavy Industry
总产值（当年价，万元）	**Gross Output Value (At Current Prices, 10 000 yuan)**						
1978		699727	551690	116121	31916	382292	317435
1980		786344	612702	136125	37517	468411	317933
1985		1393949	1084159	228070	81720	753461	640488
1990		3534331	2550882	586910	396539	1953243	1581088
1991		4214681	3000710	696019	517952	2270524	1944157
1992		5828107	3824655	955270	1048182	3041305	2786803
1993		9029300	5013602	1548821	2466877	4223400	4805900
1994		13216300	5921631	2246881	5047788	6492200	6724100
1995		14631700	5825904	2569475	6236321	6955900	7675800
1996		15984500	5798228	3014812	7171460	7951900	8032600
1997		16710300	5693497	3347962	7668841	8464900	8245400
1998		17276800	4980222	3601904	8694674	9103500	8173300
1999		16673250	4368813	3342196	8962241	8130100	8543200
2000		18002396	4105570	2769606	11127220	8620042	9382354
2001		19031372	3574148	2331629	13125595	9123525	9907847
2002		20365560	3489093	1942627	14933840	9760647	10604913
2003		23542453	3854711	1451699	18236043	10815312	12727141
2004		31530448	4426117	984325	26120006	13073722	18456726
2005		36840688	5534547	960144	30345997	14610518	22230170
2006		46864680	6201561	1080907	39582212	18008453	28856227
2007		61028644	7610728	1260445	52157471	22075424	38953220
2008		78019656	9005999	1319937	67693720	27725212	50294444
2009		86999513	9441093	1488212	76070208	30711524	56287989
2010		116717894	12812025	1594193	102311676	38578284	78139610
2011		150918805	18963165	1664560	130291080	49645017	101273788
2012		172046215	20500188	1859502	149686525	53959108	118087107
2013		194345536	11110367	2009015	181226155	58375567	135969969
2014		217303080	10714696	2231910	204356474	63437841	153865239
2015		233755728	9295881	2411963	222047883	67113433	166642295

注：1. 本表从1995年起工业总产值按新规定计算,国有指纯国有企业。
2. 工业总产值指数按可比价格计算。
3. 本篇2004年数据为第一次经济普查数据。
4. 为了与第二次经济普查数据衔接，2005-2009年数据进行了相应调整。
5. 2013年数据为三经普汇总数据及保密单位数据，与国家工业司汇总数一致。

Note: 1. Note: 1.Gross Industrial Output Value have been calculated in accordance with the new standards since 1995, State-owned refers to pure State-owned Enterprises.
2. Related Index of Gross Industrial Output Value are calculated in accordance with Constant Prices.
3. The data of 2004 in this chapter are the figures of economic census.
4. The data from 2005 to 2009 has been adjusted for lingking up with the 2nd Economic Census.
5. The data in 2013 is the summary of the 3rd Economic Census and data of security units, and its statistical range is the same as Industrial Division of National Bureau of Statistic.

14—1 续表 continued

年份 Year	全部工业总产值 Total	按登记注册类型分类 Grouped by Status of Registration			按轻、重工业 Grouped by Light & Heavy Industry	
		国有 State-owned	集体 Collective-owned	其他 Others	轻工业 Light Industry	重工业 Heavy Industry
指数（上年=100） Index (preceding year=100)						
1978	109.7	109.7	109.2	117.1	107.6	112.3
1980	107.1	106.5	111.7	101.8	114.5	97.9
1985	120.8	121.1	112.2	148.3	116.7	128.0
1990	108.3	106.7	106.9	120.6	110.0	105.8
1991	115.3	111.9	119.1	190.8	117.1	113.2
1992	135.4	125.5	132.7	195.8	135.7	134.9
1993	135.2	109.1	146.7	220.3	125.7	146.3
1994	130.8	104.3	140.2	193.6	131.0	131.5
1995	115.1	105.2	113.5	110.7	103.2	121.9
1996	110.8	100.7	116.3	128.8	115.2	106.6
1997	107.2	100.5	113.7	99.8	109.7	98.2
1998	106.5	97.7	106.2	107.0	110.7	108.6
1999	106.5	97.8	85.4	118.0	100.2	102.6
2000	107.4	88.8	83.0	125.8	89.2	116.3
2001	108.0	89.5	85.6	120.0	104.5	110.6
2002	111.0	97.6	89.3	118.0	113.2	108.9
2003	115.4	100.4	75.3	127.4	117.2	116.2
2004	123.1	104.6	67.1	131.5	109.3	134.8
2005	113.2	119.2	93.5	112.9	108.1	116.8
2006	118.6	102.2	110.7	121.8	111.8	123.1
2007	125.2	117.4	112.4	126.8	126.0	124.7
2008	117.8	108.6	96.9	120.0	121.1	115.9
2009	118.1	112.2	119.5	118.2	109.5	122.8
2010	120.3	121.2	96.5	120.3	109.7	126.1
2011	118.4	136.5	96.2	116.6	111.7	121.8
2012	116.1	110.5	113.8	117.0	109.5	119.4
2013	116.5	54.1	114.6	125.3	121.5	114.4
2014	112.9	98.6	111.8	113.0	109.2	114.5
2015	109.4	86.8	111.8	110.6	109.5	109.4

14－2　主要年份工业企业主要指标

指　标	Item	企业单位数（个） Number of Enterprises (unit)			
		2000	2005	2010	2015
总　计	**Total**	**3155**	**3687**	**6583**	**5518**
内资企业	**Civil Funded Enterprises**	**2948**	**3297**	**6039**	**5057**
国有经济	State-owned	1821	791	384	151
中央企业	Central Enterprises	63	49	45	19
地方企业	Local Enterprises	1758	742	339	132
集体经济	Collective-owned	548	256	256	98
股份合作企业	Cooperative Enterprises	82	71	50	16
联营企业	Joint Ownership Enterprises	13	11	9	3
有限责任公司	Limited Liability Corporations	163	707	1128	1544
股份有限公司	Share Holding Enterprises	88	167	212	210
私营企业	Private Enterprises	231	1277	3931	2995
其他企业	Other Enterprises				40
港澳台商投资企业	**Enterprises with Funds from Hong Kong ,Macao & Taiwan**	**103**	**207**	**293**	**272**
外商投资企业	**Foreign Funded Enterprises**	**104**	**183**	**251**	**189**
在总计中：	Of the Total:				
国有控股企业	State Holding Enterprises	2027	1005	632	570
在总计中：	Of the Total:				
轻工业	**Light Industry**	**1426**	**1487**	**2442**	**2061**
重工业	**Heavy Industry**	**1729**	**2200**	**4141**	**3457**
在总计中：	Of the Total:				
大型企业	Large-scale Industrial Enterprises	198	25	48	195
中型企业	Medium-scale Industrial Enterprises	400	419	798	1270
小型企业	Small-scale Industrial Enterprises	2557	3243	5737	3820
微型企业	Micro-enterprises				233

注：本表的统计范围1995年为全部乡及乡以上独立核算工业企业，2000年为全部国有和年产品销售收入500万元及以上非国有工业法人企业，2005-2010年为年主营业务收入500万元及以上工业法人企业，2011-2015年为年主营业务收入2000万元及以上工业法人企业。

Note: The statistic in the table of 1995 covered all of the township industrial enterprises and above, and data of 2000 refer to all state-owned industrial enterprises and the non-state-owned industrial enterprises with an annual sales income of over 5 million yuan, anddata of from 2005 to 2010 refer to industrial enterprises with annual business income of the main products over 5 million yuan, since 2011-2015,the data refer to industrial enterprises with annual income of the major business over 20 million yuan.

Major Indicators of Industrial Enterprises in Main Years

工业总产值（当年价，万元） Gross Industrial Output Value (At Current Prices, 10 000 yuan)				全部从业人员年平均人数（人） Average Employed Persons (person)				流动资产合计（万元） Annual Average Balance of Circulating Funds (10 000 yuan)			
2000	2005	2010	2015	2000	2005	2010	2015	2000	2005	2010	2015
10032391	**25473188**	**96441278**	**225824149**	**912488**	**912102**	**1505050**	**1677994**	**6638402**	**11249972**	**37005538**	**69815219**
8887051	**19731000**	**76682817**	**185675146**	**852564**	**773606**	**1263500**	**1398837**	**5904494**	**8772365**	**27707681**	**55272118**
4105570	5534547	12812025	9295881	499646	216272	150499	75162	3293473	2708710	5079458	3796361
869987	1700251	3791390	1220521	47509	29004	28358	14730	550005	750011	1738270	777201
3235583	3834296	9020635	8075359	452137	187268	122141	60432	2743468	1958700	3341188	3019160
1326206	670825	1176462	2248560	113488	43455	37757	22233	610234	252430	372093	339404
202516	263114	1086610	459641	22490	12029	15680	3020	117024	108695	314936	66341
32322	52265	140088	41547	2752	2260	2031	466	23641	15396	50299	15742
1499467	6321223	24121675	72932443	103282	216067	359050	498153	907714	2925655	9029878	24256669
1159125	2779448	6887043	18968399	66217	94413	118552	117878	786486	1445803	4319642	8145931
557693	4069061	29503296	80503596	44008	186661	567856	670339	160086	1298079	8280640	18440760
			1225081				11586				210910
303508	**1357798**	**5699403**	**15483948**	**26210**	**62082**	**116632**	**157183**	**204492**	**682671**	**2206277**	**4101874**
841832	**4384390**	**14059058**	**24665055**	**33714**	**76414**	**124918**	**121974**	**529416**	**1794936**	**7091581**	**10441228**
6643575	12268731	36284650	62421736	653007	372398	389784	363822	5016849	5958746	15727556	25559237
3995063	**7903693**	**26615080**	**62433801**	**367066**	**377389**	**575986**	**649037**	**2444950**	**3349354**	**10784576**	**21275188**
6037328	**17569495**	**69826198**	**163390348**	**545422**	**534713**	**929064**	**1028957**	**4193452**	**7900617**	**26220962**	**48540031**
4679394	7730400	26248738	76696050	310704	127227	265881	507829	3231741	3239585	10757623	26536901
2024944	8537754	33917379	74550198	201162	303237	535571	697617	1497109	4488641	16173669	23140180
3328053	9205034	36275161	73059378	400622	481638	703598	465241	1909552	3521746	10074246	19071854
			1518522				7307				1066285

14—2 续表 1

单位：万元

指　标	Item	固定资产原价 Value of Fixed Assets 2000	2005	2010	2015
总　计	**Total**	**12964147**	**19080017**	**51408004**	**85756838**
内资企业	**Civil Funded Enterprises**	**11424337**	**16242526**	**43959624**	**71315154**
国有经济	State-owned	7418098	5773509	14181424	6445139
中央企业	Central Enterprises	2197845	2078259	7681474	1020072
地方企业	Local Enterprises	5220253	3695250	6499950	5425067
集体经济	Collective-owned	672445	301532	273513	331460
股份合作企业	Cooperative Enterprises	144689	110521	1208176	119242
联营企业	Joint Ownership Enterprises	20426	30597	72634	8324
有限责任公司	Limited Liability Corporations	2077567	6780493	16763603	36711024
股份有限公司	Share Holding Enterprises	908918	2132785	3817158	11459115
私营企业	Private Enterprises	182009	1100109	7507511	16015653
其他企业	Other Enterprises				225197
港澳台商投资企业	**Enterprises with Funds from Hong Kong ,Macao & Taiwan**	**247456**	**856712**	**2900474**	**4973724**
外商投资企业	**Foreign Funded Enterprises**	**1292354**	**1980780**	**4547905**	**9467960**
在总计中：	Of the Total:				
国有控股企业	State Holding Enterprises	10419967	13036444	30226479	44688748
在总计中：	Of the Total:				
轻工业	**Light Industry**	**4006214**	**4986527**	**10690677**	**18795295**
重工业	**Heavy Industry**	**8957933**	**14093490**	**40717327**	**66961543**
在总计中：	Of the Total:				
大型企业	Large-scale Industrial Enterprises	6799517	5845482	15607285	32644929
中型企业	Medium-scale Industrial Enterprises	2878663	7607598	18652915	30747711
小型企业	Small-scale Industrial Enterprises	3285967	5626937	17147803	21138789
微型企业	Micro-enterprises				1225409

continued

(10 000 yuan)

固定资产净值 Value of Fixed Assets				实收资本 Total Capital Hold			
2000	2005	2010	2015	2000	2005	2010	2015
9346627	**13126063**	**36664670**	**53624955**	**4407587**	**6803910**	**15851949**	**29152575**
8110169	**11232879**	**31496168**	**44549710**	**3577502**	**5360150**	**12713358**	**23720785**
5207488	3783996	10582569	3939303	2042639	1685247	3401392	1112934
1566070	1304105	5929332	632408	388898	639194	2145031	271691
3641418	2479891	4653237	3306895	1653741	1046053	1256361	841243
468787	179329	154987	206397	268002	97648	98432	75438
101877	83803	949377	77899	55598	42653	299630	24758
16369	22562	53412	5983	9180	11962	17779	1264
1586998	4930027	11473828	22397979	716846	2276024	4683364	14746006
580225	1387345	2539310	7379805	370963	653284	1360922	3205533
148317	834968	5643092	10376653	108812	584074	2763000	4514786
			165691				40065
183498	**614773**	**2195275**	**3195725**	**179367**	**561962**	**1274570**	**1943446**
1052960	**1278412**	**2973228**	**5879520**	**650718**	**881799**	**1864021**	**3488344**
7377249	8879648	20912831	27364877	3126600	4049793	7906893	10541734
2910112	**3389276**	**7190196**	**11598046**	**1524190**	**2061449**	**4653204**	**7509785**
6436515	**9736788**	**29474474**	**42026909**	**2883397**	**4742461**	**11198744**	**21642790**
4923367	4023210	10340445	19449107	2086221	1446009	3008126	7463418
1999046	5025459	13339348	19828994	892996	2846052	7270892	13732971
2424214	4077394	12984876	13647355	1428370	2511849	5572931	7606503
			699498				349683

14—2 续表 2

单位：万元

指 标	Item	负债合计 Total Liabilities 2000	2005	2010	2015
总 计	**Total**	**12932824**	**18534169**	**54132948**	**94028112**
内资企业	**Civil Funded Enterprises**	**11587555**	**15496001**	**44287260**	**76601490**
国有经济	State-owned	7303345	4829643	12182305	6219571
中央企业	Central Enterprises	2057981	1552760	6050848	950589
地方企业	Local Enterprises	5245364	3276884	6131457	5268982
集体经济	Collective-owned	966565	439258	398331	230894
股份合作企业	Cooperative Enterprises	159274	148790	784013	90743
联营企业	Joint Ownership Enterprises	32034	26166	64081	9004
有限责任公司	Limited Liability Corporations	1874049	6285633	16144204	38223442
股份有限公司	Share Holding Enterprises	1022749	2070123	5084569	11114025
私营企业	Private Enterprises	227736	1673542	9452050	20474977
其他企业	Other Enterprises				238833
港澳台商投资企业	**Enterprises with Funds from Hong Kong ,Macao & Taiwan**	**285815**	**927998**	**2774814**	**4899449**
外商投资企业	**Foreign Funded Enterprises**	**1059454**	**2110169**	**7070873**	**12527174**
在总计中：	Of the Total:				
国有控股企业	State Holding Enterprises	10119721	11301229	29019882	43679344
在总计中：	Of the Total:				
轻工业	**Light Industry**	**4513151**	**4832793**	**11830719**	**22920311**
重工业	**Heavy Industry**	**8419672**	**13701377**	**42302229**	**71107801**
在总计中：	Of the Total:				
大型企业	Large-scale Industrial Enterprises	6462542	5106233	17013726	36771160
中型企业	Medium-scale Industrial Enterprises	3022973	7264774	20990158	31265998
小型企业	Small-scale Industrial Enterprises	3447309	6163162	16129064	23963631
微型企业	Micro-enterprises				2027324

注：主营业务收入（产品销售收入）栏2000年为产品销售收入，2005-2015年为主营业务收入。

Note: In the table, data of Business Income of the Main Products（Sales Revenue） of 2000 is figure of Sales Revenue, and that from 2005 to 2015 are Business Income of the Main Products.

continued

(10 000 yuan)

主营业务收入（产品销售收入）Business Income of the Main Products (Sales Revenue)				利润总额 Total Profits				利税总额 Total Profits & Taxes			
2000	2005	2010	2015	2000	2005	2010	2015	2000	2005	2010	2015
9875056	**24667860**	**92358467**	**204425005**	**359400**	**1349867**	**7715895**	**12790565**	**1170124**	**2935645**	**13244225**	**23262797**
8782692	**19225332**	**73048098**	**166875608**	**313139**	**1018503**	**5753715**	**9854346**	**1057283**	**2342055**	**10349481**	**19006572**
4085024	5543125	12307051	8647019	127266	357318	482639	-49094	476799	933325	1277748	200387
832871	1688826	3407872	1118161	114801	230049	227554	12800	225470	574811	650525	40732
3252152	3854299	8899179	7528858	12465	127269	255086	-61894	251328	358514	627223	159656
1273077	661895	1178772	2172943	26869	10762	58512	176504	96542	45548	105170	302979
192191	251807	983230	441146	13609	7400	139148	57940	28511	13960	277254	66515
32163	49302	119806	42129	-628	8113	22429	5484	115	12788	32533	5921
1520614	6239953	23025787	64524536	80830	302542	1900513	3923457	273400	653024	3679576	7769785
1167736	2734124	7091970	16610899	54496	232651	802764	933516	147523	437409	1198027	3653926
507548	3704471	27384971	73246126	10315	99990	2247046	4719419	33858	244949	3634787	6891799
			1190809				87120				115259
301552	**1288361**	**5349221**	**14020883**	**1775**	**79737**	**616372**	**1229916**	**15224**	**144139**	**898128**	**1526825**
790812	**4154166**	**13961148**	**23528515**	**44486**	**251627**	**1345808**	**1706303**	**97617**	**449451**	**1996617**	**2729400**
6650384	12429732	36027399	56807658	248305	677038	2275089	2324215	866662	1685077	4894700	8366228
3763708	**7485388**	**24893120**	**55354189**	**108689**	**504939**	**2683730**	**4052161**	**462188**	**1152841**	**4412933**	**7407617**
6111348	**17182472**	**67465346**	**149070816**	**250711**	**844928**	**5032165**	**8738405**	**707935**	**1782804**	**8831293**	**15855180**
4587387	7593827	26390575	71744161	283872	476527	1816122	4161190	737433	1152721	3607502	8152440
1972244	8565199	32014676	66019977	55541	604357	2957365	4760550	204874	1116429	4979234	9080055
3315425	8508834	33953216	65035250	19987	268983	2942408	3927666	227817	666494	4657489	6030920
			1625616				-58841				-618

14—3 工业企业分行业主要指标（2015年）

单位：万元

行 业	Sector	企业单位数（个）Number of Enterprises (unit)	工业总产值（当年价格）Gross Industrial Output Value (At Current Prices)	全部从业人员年平均人数（人）Average Employed Persons (person)
工业企业	**Industrial Enterprises**	**5518**	**225824149**	**1677994**
煤炭的开采和洗选业	Coal Mining & Dressing	16	515642	13262
石油和天然气开采业	Oil & Gas Mining	1	100353	123
黑色金属矿采选业	Ferrous Metals Mining & Dressing	49	2010266	10557
有色金属矿采选业	Nonferrous Metals Mining & Dressing	84	3294557	26283
非金属矿采选业	Nonmetal Minerals Mining & Dressing	127	2452273	20974
开采辅助活动	Mining Assist Activities	1	19709	132
其他采矿业	Other Minerals Mining	3	24739	158
农副食品加工业	Farm & Sideline Products Processing	528	23494370	135948
#制糖业	Carbohydrate Processing	94	6530256	59284
食品制造业	Food Production	133	3882420	34644
#罐头制造业	Canned Food Manufacturing	15	371537	7024
酒、饮料和精制茶制造业	Wine, Drink & Refined Tea Manufacturing	149	5404920	50300
#酒的制造	Beverage Manufacturing	38	2252151	13476
烟草制品业	Tobacco Processing	2	2227030	3402
#卷烟制造	Cigarettes Manufacturing	1	2217874	2992
纺织业	Textile Industry	145	2773989	44585
纺织服装、服饰业	Textiles, Clothing & Dresses Manufacturing	59	1378660	22646
皮革、毛皮、羽毛及其制品和制鞋业	Leather, Fur, Feather & Related Products & Shoes Manufacturing	75	1333375	36839
木材加工及木、竹、藤、棕、草制品业	Timber Processing, Bamboo, Cane, Palm Fiber & Straw Products	558	10429089	126117
家具制造业	Furniture Manufacturing	49	1186971	13308
造纸及纸制品业	Papermaking & Paper Products	173	3833216	41036
#造纸	Papermaking	92	1988885	24168
印刷业和记录媒介的复制	Printing & Record Duplicating	70	1222400	11372
#印刷业	Printing	70	1222400	11372

注：工业企业分行业主要指标统计范围为年主营业务收入2000万元及以上工业法人企业。
Note: The statistic coverage of major indicators of industrial enterprises by industrial sectors is enterprises with business income ofthe main products of over 20 million yuan. the main products of over 5 million yuan.

Major Indicators of Industrial Enterprises by Industrial Sector (2015)

(10 000 yuan)

固定资产原价 Original Value of Fixed Assets	固定资产净值 Net Value of Fixed Assets	资产总计 Total Capital	流动资产合计 Annual Average Balance of Circulating Funds	所有者权益合计 Owner' s Equity	利润总额 Total Profits	利税总额 Total Profits & Taxes	应交增值税 Value Added Tax Payable	主营业务收入 Business Income of the Main Products
85756838	**53624955**	**151222995**	**69815219**	**56938219**	**12790565**	**23262797**	**6268183**	**204425005**
314214	178328	810934	239666	307824	-12379	3439	11270	489767
211779	115963	326942	34147	286482	51883	58552		222807
475938	348805	1111001	514315	540987	140036	189955	37546	1953124
919993	600595	2948429	1518537	981500	259167	435361	130851	3184115
606423	396338	1174828	548303	495798	256088	396174	105113	2283479
2119	2119	2343	224	1826	4858	8409	3351	19709
5623	3870	12034	8007	9984	2168	3609	960	25688
6391473	3655118	14799238	9116785	5470626	1456020	2066224	552422	20256561
3714877	1925607	7038961	4215387	2372015	831284	1071381	214817	5297870
1203647	829436	2538629	1135391	1393984	269131	433744	143169	3538650
105623	74079	182871	84311	112212	44038	57972	12395	357685
1796238	1153514	2766139	1148762	1474584	545033	794049	129345	4461021
915279	600855	1414955	575437	696546	139773	302928	54587	1578661
592954	247544	1946305	1348077	1438006	248053	1707759	275977	2237680
577482	241090	1894127	1304760	1389623	247312	1705725	274810	2229313
588425	389724	1417615	846363	417161	89867	187821	86900	2541882
184394	103875	535384	362328	275259	113130	163097	37985	1349565
254316	171617	572326	301089	310684	69117	111918	31966	1242584
1769895	1203207	4158962	2131375	2031732	491695	793056	248992	9528671
116442	77914	479564	297387	191963	74325	108085	28854	1149257
2423004	1846361	5696525	2090089	1699318	117656	197470	66805	3240455
1757010	1358041	4248618	1465954	1325125	78319	123474	39426	1782400
475054	255462	587306	247894	320721	112702	145375	27506	1169015
475054	255462	587306	247894	320721	112702	145375	27506	1169015

14—3 续表

单位：万元

行 业	Sector	企业单位数（个）Number of Enterprises (unit)	工业总产值（当年价格）Gross Industrial Output Value (At Current Prices)	全部从业人员年平均人数（人）Average Employed Persons (person)
文教、工美、体育和娱乐用品制造业	Culture, Education, Handcraft, Art, Sport & Entertainment Goods Manufacturing	98	1281221	41002
石油加工、炼焦及核燃料加工业	Oil Processing, Coking & Nuclear Fuel Processing	24	6745327	4661
化学原料及化学制品制造业	Raw Chemical Materials & Chemical Products	448	12079738	91412
医药制造业	Medical & Pharmaceutical Products	149	4389593	39970
化学纤维制造业	Chemical Fibre Products	2	8801	132
橡胶和塑料制品业	Rubber & Plastic Products	148	3489968	29826
非金属矿物制品业	Nonmetal Mineral Products	699	17016766	192655
#水泥制造	Cement Products	157	4775624	44567
黑色金属冶炼及压延加工业	Smelting & Pressing of Ferrous Metals	232	24471961	88374
有色金属冶炼及压延加工业	Smelting & Pressing of Nonferrous Metals	123	12652138	51701
金属制品业	Metal Products	124	4241732	31839
通用设备制造业	General Equipment Manufacturing	107	3393096	32003
专用设备制造业	For Special Purposes Equipment Manufacturing	156	5255459	43062
汽车制造	Automobile Manufacturing	341	24548020	143933
#汽车整车制造	Vehicle manufacturing	6	11485458	32299
铁路、船舶、航空航天和其他运输设备制造业	Railway, Ship, Aerospace & Other Transportation Equipment Manufacturing	40	1761363	25455
电气机械及器材制造业	Electric Equipment & Machinery	148	9044160	42739
计算机、通信和其他电子设备制造业	Computer, Communication & Other Electronic Equipment Manufacturing	124	12942531	90905
仪器仪表制造	Instruments Manufacturing	24	511185	5252
其他制造业	Other Manufacturing	16	299890	3553
废弃资源综合利用业	Waste Resources Comprehensive Utilization	30	2889498	4340
金属制品、机械和设备修理业	Metal Product, Machinery & Equipment Repair Services	4	28901	293
电力、热力的生产和供应业	Production & Supply of Electric Power ,Steam & Hot Water	210	12475352	111936
#电力生产	Electric Power Production	116	3271246	24301
#火力发电	Thermal Power	19	1487301.6	6631
水力发电	Hydropower	91	1729527	17302
燃气生产和供应业	Production & Supply of Gas	12	429458	2349
水的生产和供应业	Production & Supply of Water	37	284014	8916

continued

(10 000 yuan)

固定资产原价 Original Value of Fixed Assets	固定资产净值 Net Value of Fixed Assets	资产总计 Total Capital	流动资产合计 Annual Average Balance of Circulating Funds	所有者权益合计 Owner's Equity	利润总额 Total Profits	利税总额 Total Profits & Taxes	应交增值税 Value Added Tax Payable	主营业务收入 Business Income of the Main Products
119887	81548	489255	240569	233166	52842	82199	25040	1140598
3039928	2194679	3735052	1240969	2282921	12135	2214171	596353	5916683
4222360	2641634	7243664	3384594	3041877	650171	999853	255292	10890537
1550786	782182	2912714	1584019	1523227	391926	575475	157295	3548101
1154	792	4302	2981	-12	-153	88	199	8474
591232	350442	1708785	916369	518159	158812	230753	60936	3080863
6871046	4350901	10133876	4291876	5072919	1485430	2151934	562666	15485911
3567989	2368779	4239289	1249006	2297638	501219	706941	179906	3976186
6289650	4016943	11520229	5559434	3283578	622402	1156873	461296	22838864
7138263	4618518	11661548	5029628	2054093	130688	347112	194853	9292321
769848	477145	2171168	814105	969754	270191	382326	94420	3694627
1210351	665194	3222348	2181861	1441127	170204	258772	75717	3069659
1136318	699299	4786219	3023923	2225287	273334	397287	100951	4788702
5089618	3244822	15053943	9617595	3632897	1033159	2023270	559323	22983837
2198766	1326372	6925246	4676747	1347991	641011	1397766	362765	11592024
428181	252272	1231376	888745	540080	143363	218487	64203	1671954
1662366	1147071	3474208	1840671	1756951	681194	854732	131167	8299653
1230837	746884	3411006	2318522	1337016	1153657	1284713	109239	12626081
115621	56571	278525	141402	152482	33181	42804	8074	459945
92005	53879	120990	55818	61655	29428	39229	8356	293104
74539	57076	581961	458140	119209	170053	325316	139703	2555679
6282	4109	16929	11650	6578	3180	4168	750	32059
24463381	14722444	23708236	3867071	8232098	939232	1753583	730034	12146270
13535830	8623226	13761388	2166510	4533057	736656	1078459	302625	3157882
4659383	2829406	4265156	458466	1180336	38173	129356	81941	1413979
8652152	5594226	9096160	1670904	3252340	682948	934795	222101	1696002
299618	233372	458416	121191	171802	49604	54266	2311	403961
1021637	647390	1413745	335354	632916	47980	61292	10996	303093

14—4 国有控股工业企业主要指标（2015年）

单位：万元

行 业	Sector	企业单位数（个）Number of Enterprises (unit)	工业总产值（当年价格）Gross Industrial Output Value (At Current Prices)	全部从业人员年平均人数（人）Average Employed Persons (person)
国有控股工业企业	**State-holding Industrial Enterprises**	**570**	**62421736**	**363822**
在总计中:	**Of the Total:**			
轻工业	Light Industry	149	8995593	58193
重工业	Heavy Industry	421	53426144	305629
在总计中:	**Of the Total:**			
大型企业	Large-scale Industrial Enterprises	45	36991857	189805
中型企业	Medium-scale Industrial Enterprises	235	19611724	134621
小型企业	Small-scale Industrial Enterprises	270	5745367	39015
微型企业	Micro-enterprises	20	72788	381
煤炭的开采和洗选业	Coal Mining & Dressing	7	422325	10016
石油和天然气开采业	Oil & Gas Mining	1	100353	123
黑色金属矿采选业	Ferrous Metals Mining & Dressing	4	86482	681
有色金属矿采选业	Nonferrous Metals Mining & Dressing	23	624706	14167
非金属矿采选业	Nonmetal Minerals Mining & Dressing	7	284116	2837
农副食品加工业	Farm & Sideline Products Processing	42	4316384	24190
#制糖业	Carbohydrate Processing	22	1911608	18531
食品制造业	Food Production	7	214864	1854
酒、饮料和精制茶制造业	Wine, Drink & Refined Tea Manufacturing	9	462872	1928
#酒的制造	Beverage Manufacturing	3	426535	1680
烟草制品业	Tobacco Processing	2	2227030	3402
#卷烟制造	Cigarettes Manufacturing	1	2217874	2992
纺织业	Textile Industry	9	137160	2988
纺织服装、服饰业	Textiles, Clothing & Dresses Manufacturing	4	16999	471
木材加工及木、竹、藤、棕、草制品业	Timber Processing, Bamboo, Cane, Palm Fiber & Straw Products	15	526258	5003
造纸及纸制品业	Papermaking & Paper Products	9	128588	2679
#造纸	Papermaking	2	50635	1015

Major Indicators of State-owned & State-holding Industrial Enterprises（2015）

(10 000 yuan)

固定资产原价 Original Value of Fixed Assets	固定资产净值 Net Value of Fixed Assets	资产总计 Total Capital	流动资产合计 Annual Average Balance of Circulating Funds	所有者权益合计 Owner' s Equity	利润总额 Total Profits	利税总额 Total Profits & Taxes	应交增值税 Value Added Tax Payable	主营业务收入 Business Income of the Main Products
44688748	**27364877**	**66257467**	**25559237**	**22501147**	**2324215**	**8366228**	**2655457**	**56807658**
4187784	2509318	9091512	4552361	4074751	502536	2169198	456471	7473765
40500964	24855560	57165955	21006876	18426396	1821680	6197030	2198986	49333893
21406542	12279838	34529731	15728814	10204542	1002751	3971805	1300425	35096542
14196114	9024321	21193863	7329958	8753381	712876	3408340	1041022	16662930
8740186	5764784	9862495	2302087	3624913	680249	1055457	312055	4894305
345906	295934	671378	198379	-81688	-71661	-69374	1955	153882
224860	128691	511493	145765	259397	-3543	10224	9896	389265
211779	115963	326942	34147	286482	51883	58552		222807
40079	25134	45226	16584	18951	1874	5791	3078	93808
566923	336373	1913293	990170	447242	2368	66272	43519	801303
171949	78838	144141	43919	85172	57224	85841	22302	271368
1472536	842576	3398897	1844228	1069119	118571	234152	109473	3289292
1076634	551278	1892861	926687	732793	80701	142653	57190	1266994
142284	108984	182157	68671	96921	27888	31731	3347	185190
148458	114018	194055	53108	142199	17093	36277	7442	436348
141707	109441	174472	40593	134738	17023	34962	6311	400621
592954	247544	1946305	1348077	1438006	248053	1707759	275977	2237680
577482	241090	1894127	1304760	1389623	247312	1705725	274810	2229313
104596	79134	217068	108607	37289	1803	6718	4377	127545
14798	7523	20388	10537	11975	357	2116	1555	17061
244297	166946	467622	163449	173441	-58210	-34018	12316	369290
128605	80943	361031	133533	28560	-23084	-18450	4204	131550
85494	58707	105525	31731	2039	-11001	-10175	766	46306

14—4　续表

单位：万元

行　业	Sector	企业单位数（个）Number of Enterprises (unit)	工业总产值（当年价格）Gross Industrial Output Value (At Current Prices)	全部从业人员年平均人数（人）Average Employed Persons (person)
印刷业和记录媒介的复制	Printing & Record Duplicating	17	300005	2973
文教、工美、体育和娱乐用品制造业	Culture, Education, Handcraft, Art, Sport & Entertainment Goods Manufacturing	4	14618	392
石油加工、炼焦及核燃料加工业	Oil Processing, Coking & Nuclear Fuel Processing	5	6158081	2904
化学原料及化学制品制造业	Raw Chemical Materials & Chemical Products	31	1821701	18037
医药制造业	Medical & Pharmaceutical Products	10	638296	3292
橡胶和塑料制品业	Rubber & Plastic Products	7	379730	4427
非金属矿物制品业	Nonmetal Mineral Products	38	1669811	14634
#水泥制造	Cement Products	17	1150772	8561
黑色金属冶炼及压延加工业	Smelting & Pressing of Ferrous Metals	15	8044370	23432
有色金属冶炼及压延加工业	Smelting & Pressing of Nonferrous Metals	25	4877675	19666
金属制品业	Metal Products	8	757181	3216
通用设备制造业	General Equipment Manufacturing	17	353896	6663
专用设备制造业	For Special Purposes Equipment Manufacturing	19	1605675	16514
汽车制造	Automobile Manufacturing	18	13297084	48642
铁路、船舶、航空航天和其他运输设备制造业	Railway, Ship, Aerospace & Other Transportation Equipment Manufacturing	6	479268	5753
电气机械及器材制造业	Electric Equipment & Machinery	6	287718	2512
计算机、通信和其他电子设备制造业	Computer, Communication & Other Electronic Equipment Manufacturing	8	292990	4075
金属制品、机械和设备修理业	Metal Product, Machinery & Equipment Repair Services	2	5054	115
电力、热力的生产和供应业	Production & Supply of Electric Power ,Steam & Hot Water	163	11604785	107631
#电力生产	Electric Power Production	74	2465478	20293
#火力发电	Thermal Power	14	924341	5790
水力发电	Hydropower	58	1523793	14468
燃气生产和供应业	Production & Supply of Gas	2	28006	553
水的生产和供应业	Production & Supply of Water	30	257660	8052

continued

(10 000 yuan)

固定资产原价 Original Value of Fixed Assets	固定资产净值 Net Value of Fixed Assets	资产总计 Total Capital	流动资产合计 Annual Average Balance of Circulating Funds	所有者权益合计 Owner' s Equity	利润总额 Total Profits	利税总额 Total Profits & Taxes	应交增值税 Value Added Tax Payable	主营业务收入 Business Income of the Main Products
154962	83391	177426	89624	82775	48865	62104	12013	298708
8533	5180	15753	7395	6994	130	1563	1266	13858
2904554	2083927	3318072	1029461	2164667	-3985	2166212	576886	5346646
1780615	1008348	2191324	779496	796150	26621	76488	41037	1683218
120260	80324	481861	254008	24418430%	44245	65017	18251	186654
139906	90559	430138	180746	-28904	-3109	4697	5984	367855
1226882	816038	1744233	621360	949384	262561	358110	86705	1516395
1129021	757069	1354103	365415	782836	224870	291266	60025	1056628
3738576	2237927	6086543	2775788	1467660	-235977	-75002	144276	7038133
3669588	2514563	5679199	2000139	941972	21071	111765	78983	3478016
125279	97845	895505	251405	277860	79608	98813	18597	578735
209284	127355	584556	374191	228149	9791	17779	6453	337583
388608	222233	2904699	1840968	1356759	24776	58918	27055	1484383
2538446	1529365	8171826	5549694	1561783	663242	1462206	400525	13325489
164613	68024	673921	563929	192437	8624	37474	26899	437479
116594	62504	258894	157649	78869	3321	8125	4164	217990
85916	39121	307373	213243	145950	13914	18021	3564	260480
3405	2121	13745	10454	5088	696	1039	244	8509
22211910	13302636	21191043	3572764	7307534	862688	1635654	694793	11335872
11342055	7248599	11306949	1886768	3634889	661262	963475	268812	2412284
3133146	1903605	2719037	311576	560663		50708	59123	894647
8118571	5269726	8501101	1567312	3042107	669535	905621	208951	1501126
77179	50781	87260	12908	49824	8015	8320	50	44455
959521	609968	1315481	313222	577260	43840	55963	10227	274694

14—5　国有工业企业主要指标（2015年）

单位：万元

行　业	Sector	企业单位数（个）Number of Enterprises (unit)	工业总产值（当年价格）Gross Industrial Output Value (At Current Prices)	全部从业人员年平均人数（人）Average Employed Persons (person)
国有工业企业	**State-holding Industrial Enterprises**	**151**	**9295881**	**75162**
在总计中:	**Of the Total:**			
轻工业	Light Industry	43	582256	7916
重工业	Heavy Industry	108	8713625	67246
在总计中:	**Of the Total:**			
大型企业	Large-scale Industrial Enterprises	7	5584615	27354
中型企业	Medium-scale Industrial Enterprises	64	2444518	35677
小型企业	Small-scale Industrial Enterprises	80	1266748	12131
微型企业	Micro-enterprises			
煤炭的开采和洗选业	Coal Mining & Dressing	1	4524	943
黑色金属矿采选业	Ferrous Metals Mining & Dressing	1	9141	65
有色金属矿采选业	Nonferrous Metals Mining & Dressing	5	109326	2897
非金属矿采选业	Nonmetal Minerals Mining & Dressing	2	70541	55
农副食品加工业	Farm & Sideline Products Processing	9	399688	1905
#制糖业	Carbohydrate Processing	1	5421	258
食品制造业	Food Production	2	47216	317
酒、饮料和精制茶制造业	Wine, Drink & Refined Tea Manufacturing	1	3335	85
烟草制品业	Tobacco Processing			
纺织业	Textile Industry			
纺织服装、服饰业	Textile, Clothing & Dresses Manufacturing	1	3283	241
皮革、毛皮、羽毛及其制品和制鞋业	Leather, Fur, Feather & Related Products & Shoes Manufacturing			
木材加工及木、竹、藤、棕、草制品业	Timber Processing, Bamboo, Cane, Palm Fiber & Straw Products	3	101831	1268

Major Indicators of State-owned Industrial Enterprises (2015)

(10 000 yuan)

固定资产原价 Original Value of Fixed Assets	固定资产净值 Net Value of Fixed Assets	资产总计 Total Capital	流动资产合计 Annual Average Balance of Circulating Funds	所有者权益合计 Owner's Equity	利润总额 Total Profits	利税总额 Total Profits & Taxes	应交增值税 Value Added Tax Payable	主营业务收入 Business Income of the Main Products
6445139	**3939303**	**9190004**	**3796361**	**2970430**	**-49094**	**200387**	**212577**	**8647019**
315499	179383	655445	213792	271546	23169	34470	9073	508125
6129641	3759920	8534559	3582570	2698885	-72263	165918	203505	8138894
3457115	2074373	5558250	2660464	1381745	-140369	-43322	86168	5239696
1973855	1173155	2304170	832580	1094374	90750	193819	92206	2348305
1014169	691774	1327584	303318	494311	526	49890	34203	1059018
13939	7042	22513	9258	10786	-2259	-1586	538	4343
1401	1137	1552	188	1228	170	756	469	7572
38299	21525	71578	21122	42024	4709	9474	4156	103098
244	39	6811	4069	4296	11764	20214	7382	61008
10168	5174	174768	20528	41253	10545	14805	3384	332751
115	79	8550	8382	-741	-726	-452	253	5392
13090	8871	20089	11218	16618	4055	5114	946	45558
155	104	4193	4069	2926	444	615	147	2854
7475	4021	5391	1370	3960	185	293	99	3275
41177	29537	154844	21779	87234	-68041	-53906	3591	90128

14—5　续表

单位：万元

行　业	Sector	企业单位数（个）Number of Enterprises (unit)	工业总产值（当年价格）Gross Industrial Output Value (At Current Prices)	全部从业人员年平均人数（人）Average Employed Persons (person)
印刷业和记录媒介的复制	Printing & Record Duplicating	8	40953	957
文教、工美、体育和娱乐用品制造业	Culture, Education, Handcraft, Art, Sport & Entertainment Goods Manufacturing	1	3447	44
石油加工、炼焦及核燃料加工业	Oil Processing, Coking & Nuclear Fuel Processing			
化学原料及化学制品制造业	Raw Chemical Materials & Chemical Products	7	236156	2378
医药制造业	Medical & Pharmaceutical Products	4	13669	608
橡胶和塑料制品业	Rubber & Plastic Products	1	14010	379
非金属矿物制品业	Nonmetal Mineral Products	6	87893	2658
#水泥制造	Cement Products	2	26153	257
黑色金属冶炼及压延加工业	Smelting & Pressing of Ferrous Metals	2	4520405	16224
有色金属冶炼及压延加工业	Smelting & Pressing of Nonferrous Metals			
金属制品业	Metal Products	4	404682	2107
通用设备制造业	General Equipment Manufacturing	3	68755	1119
专用设备制造业	For Special Purposes Equipment Manufacturing	2	87251	1388
汽车制造	Automobile Manufacturing	2	470933	3697
铁路、船舶、航空航天和其他运输设备制造业	Railway, Ship, Aerospace & Other Transportation Equipment Manufacturing	3	340257	4127
电气机械及器材制造业	Electric Equipment & Machinery			
计算机、通信和其他电子设备制造业	Computer, Communication & Other Electronic Equipment Manufacturing	3	221293	2322
金属制品、机械和设备修理业	Metal Product, Machinery & Equipment Repair Services	1	2973	68
电力、热力的生产和供应业	Production & Supply of Electric Power, Steam & Hot Water	63	1970520	25863
#电力生产	Electric Power Production	16	432402	5298
#火力发电	Thermal Power	3	244393	1476
水力发电	Hydropower	13	188009	3822
水的生产和供应业	Production & Supply of Water	16	63798	3447

continued

(10 000 yuan)

固定资产原价 Original Value of Fixed Assets	固定资产净值 Net Value of Fixed Assets	资产总计 Total Capital	流动资产合计 Annual Average Balance of Circulating Funds	所有者权益合计 Owner's Equity	利润总额 Total Profits	利税总额 Total Profits & Taxes	应交增值税 Value Added Tax Payable	主营业务收入 Business Income of the Main Products
24388	14223	30635	15598	15029	2414	4534	1891	41031
994	714	2157	858	1812	42	76	1	3308
180983	80281	223930	128309	5369	-15466	-14096	1129	141393
13025	7273	35727	25999	6395	-267	471	622	11198
14062	12225	36689	19014	19436	1116	1471	327	12592
53074	42155	86773	24189	39818	3180	5909	2361	82835
33235	30329	44379	6716	23887	601	-57	-669	26109
3064529	1883430	4080688	1927695	1023763	-198306	-135694	53039	4376236
92733	73070	723741	144604	249781	62613	77739	14937	235369
44583	24226	96670	59864	51880	5611	8651	2624	66220
39637	14616	98565	71764	39926	6594	8910	2012	70941
83299	36839	381186	315598	54850	8538	21274	12710	450876
120094	45677	356210	298714	157565	6083	12197	5071	310747
58377	26102	187337	135559	105853	12002	15322	2973	194139
1398	1157	7718	5793	-591	695	788	23	6667
2285183	1462328	2012759	398939	818595	88980	188930	90327	1930326
1638632	1122716	1371328	167100	365271	45511	79334	30415	417180
681771	541396	642919	67144	106130	-844	12769	12140	231634
956861	581319	728409	99956	259142	46355	66566	18275	185546
242833	137539	367480	130266	170626	5507	8126	1820	62555

14－6 非公经济工业企业主要指标（2015年）

单位：万元

行 业	Sector	企业单位数（个）Number of Enterprises (unit)	工业总产值（当年价格）Gross Industrial Output Value (At Current Prices)	全部从业人员年平均人数（人）Average Employed Persons (person)
非公经济工业企业	**Non-public Industrial Enterprises**	**4783**	**156965144.5**	**1264613**
在总计中:	**Of the Total:**			
轻工业	Light Industry	1836	51274190	565795
重工业	Heavy Industry	2947	105690955	698818
在总计中:	**Of the Total:**			
大型企业	Large-scale Industrial Enterprises	144	37830072	306179
中型企业	Medium-scale Industrial Enterprises	994	51919922	540195
小型企业	Small-scale Industrial Enterprises	3438	65782182	411501
微型企业	Micro-enterprises	207	1432968	6738
煤炭的开采和洗选业	Coal Mining & Dressing	9	93318	3246
黑色金属矿采选业	Ferrous Metals Mining & Dressing	42	1848269	9630
有色金属矿采选业	Nonferrous Metals Mining & Dressing	61	2669850	12116
非金属矿采选业	Nonmetal Minerals Mining & Dressing	113	1985368	16639
开采辅助活动	Mining Assist Activities	1	19709	132
其他采矿业	Other Minerals Mining	3	24739	158
农副食品加工业	Farm & Sideline Products Processing	472	18609886	107716
#制糖业	Carbohydrate Processing	70	4504114	39095
食品制造业	Food Production	121	3636641	32066
#罐头制造业	Canned Food Manufacturing	15	371537	7024
酒、饮料和精制茶制造业	Wine, Drink & Refined Tea Manufacturing	136	4314524	43634
#酒的制造	Beverage Manufacturing	33	1211041	7296
纺织业	Textile Industry	134	2603422	40999
纺织服装、服饰业	Textiles, Clothing & Dresses Manufacturing	55	1361662	22175
皮革、毛皮、羽毛及其制品和制鞋业	Leather, Fur, Feather & Related Products & Shoes Manufacturing	75	1333375	36839
木材加工及木、竹、藤、棕、草制品业	Timber Processing, Bamboo, Cane, Palm Fiber & Straw Products	540	9891260	120734
家具制造业	Furniture Manufacturing	49	1186971	13308
造纸及纸制品业	Papermaking & Paper Products	158	3642880	37396
#造纸	Papermaking	86	1880972	22340

Major Indicators of Non-public Industrial Enterprises（2015）

(10 000 yuan)

固定资产原价 Original Value of Fixed Assets	固定资产净值 Net Value of Fixed Assets	资产总计 Total Capital	流动资产合计 Annual Average Balance of Circulating Funds	所有者权益合计 Owner's Equity	利润总额 Total Profits	利税总额 Total Profits & Taxes	应交增值税 Value Added Tax Payable	主营业务收入 Business Income of the Main Products
39509120.1	**25245984**	**82088216**	**42819012**	**32995348**	**10035968**	**14207082**	**3453633**	**142031297**
14043829	8768940	30475671	16224208	12934563	3410809	4959364	1270759	46110673
25465292	16477044	51612545	26594803	20060786	6625159	9247718	2182875	95920625
10565681	6713769	20329767	10408379	8324210	3036841	3964177	802412	35219509
16008043	10460670	30149305	15267865	11788382	3801985	5308952	1221016	46637189
12073760	7672694	29757895	16293013	12498894	3182446	4863425	1383744	58709227
861636	398851	1851249	849755	383862	14696	70528	46461	1465373
89355	49637	299441	93900	48427	-8836	-6785	1374	100502
420302	311313	1031765	476299	502353	126344	171817	33989	1789131
353069	264222	1035136	528368	534258	256798	369089	87332	2382812
391372	288798	939460	470381	348048	184805	279028	73681	1828513
2119	2119	2343	224	1826	4858	8409	3351	19709
5623	3870	12034	8007	9984	2168	3609	960	25688
4832785	2779289	11106707	7052988	4266195	1308848	1797841	438513	16499713
2589956	1362962	5067432	3225277	1578756	744089	919023	154697	3967573
1057037	718282	2337322	1053124	1285460	235800	394775	138231	3322577
105623	74079	182871	84311	112212	44038	57972	12395	357685
1289157	826464	2257713	1032952	1139141	479964	647186	93742	3617857
418584	280721	937318	480513	374480	76177	159387	20634	778794
481961	309902	1173282	713357	362238	88071	180561	82053	2390802
169595	96351	514996	351791	263284	112774	160981	36430	1332504
254316	171617	572326	301089	310684	69117	111918	31966	1242584
1523619	1034798	3684771	1965583	1856013	549563	826410	236372	9148301
116442	77914	479564	297387	191963	74325	108085	28854	1149257
2259746	1738079	5271383	1934424	1675885	142600	217988	62867	3047149
1640997	1274416	4087359	1416792	1328157	90986	135547	38946	1678597

14—6　续表

单位：万元

行　业	Sector	企业单位数（个）Number of Enterprises (unit)	工业总产值（当年价格）Gross Industrial Output Value (At Current Prices)	全部从业人员年平均人数（人）Average Employed Persons (person)
印刷业和记录媒介的复制	Printing & Record Duplicating	52	919531	8332
文教、工美、体育和娱乐用品制造业	Culture, Education, Handcraft, Art, Sport & Entertainment Goods Manufacturing	94	1266603	40610
石油加工、炼焦及核燃料加工业	Oil Processing, Coking & Nuclear Fuel Processing	19	587246	1757
化学原料及化学制品制造业	Raw Chemical Materials & Chemical Products	368	9343271	61932
医药制造业	Medical & Pharmaceutical Products	136	3686182	35476
化学纤维制造业	Chemical Fibre Products	2	8801	132
橡胶和塑料制品业	Rubber & Plastic Products	135	2853084	23803
非金属矿物制品业	Nonmetal Mineral Products	644	14297105	172116
#水泥制造	Cement Products	94	2953023	23235
黑色金属冶炼及压延加工业	Smelting & Pressing of Ferrous Metals	213	16246383	64432
有色金属冶炼及压延加工业	Smelting & Pressing of Nonferrous Metals	97	7764466	31999
金属制品业	Metal Products	113	3446961	27404
通用设备制造业	General Equipment Manufacturing	86	3004338	24545
专用设备制造业	For Special Purposes Equipment Manufacturing	136	3559521	24938
汽车制造	Automobile Manufacturing	313	10829423	92013
铁路、船舶、航空航天和其他运输设备制造业	Railway, Ship, Aerospace & Other Transportation Equipment Manufacturing	31	1246157	18571
电气机械及器材制造业	Electric Equipment & Machinery	135	7124408	34636
计算机、通信和其他电子设备制造业	Computer, Communication & Other Electronic Equipment Manufacturing	115	12646315	86138
仪器仪表制造	Instruments Manufacturing	22	503229	4623
其他制造业	Other Manufacturing	16	299890	3553
废弃资源综合利用业	Waste Resources Comprehensive Utilization	27	2846797	4057
金属制品、机械和设备修理业	Metal Product, Machinery & Equipment Repair Services	2	23847	178
电力、热力的生产和供应业	Production & Supply of Electric Power ,Steam & Hot Water	42	814126	3983
#电力生产	Electric Power Production	39	791840	3804
#火力发电	Thermal Power	5	562961	841
水力发电	Hydropower	30	191806	2630
燃气生产和供应业	Production & Supply of Gas	10	401452	1796
水的生产和供应业	Production & Supply of Water	6	24138	801

continued

(10 000 yuan)

固定资产原价 Original Value of Fixed Assets	固定资产净值 Net Value of Fixed Assets	资产总计 Total Capital	流动资产合计 Annual Average Balance of Circulating Funds	所有者权益合计 Owner's Equity	利润总额 Total Profits	利税总额 Total Profits & Taxes	应交增值税 Value Added Tax Payable	主营业务收入 Business Income of the Main Products
317604	170697	403233	152997	232581	63572	82993	15483	867839
111354	76368	473502	233173	226172	52712	80636	23774	1126740
135374	110751	416980	211508	118254	16121	47958	19466	570037
2267834	1495765	4784647	2496058	2097155	584542	825240	193793	8394940
1420374	698798	2367668	1279303	1242222	325913	478202	129770	3286271
1154	792	4302	2981	-12	-153	88	199	8474
437171	252337	1201747	671026	514281	153269	213513	51576	2623140
5403846	3385857	8022750	3550448	3849696	1100718	1619423	432735	12927259
2320830	1531141	2722340	809731	1445056	247328	366635	103850	2274159
2536379	1773966	5403490	2763552	1806059	855144	1227004	315571	15619733
3467507	2102956	5980761	3029069	1111569	106528	235202	115837	5804345
631765	370693	1234463	542253	657950	188954	280995	75196	3072189
988475	531329	2595091	1773884	1200328	158281	237503	68107	2704121
739102	474262	1829478	1135020	844103	248355	336715	72829	3240456
2480676	1678780	6686699	3919897	2014294	361745	547027	154273	9274632
257262	181622	542848	313868	342584	133365	176758	34816	1198212
1212045	822078	2535290	1359588	1364908	548789	690195	102736	6625254
1144381	707312	3102662	2104794	1191137	1139664	1266612	105675	12362387
106076	54396	259128	124591	140559	31953	40792	7578	455623
92005	53879	120990	55818	61655	29428	39229	8356	293104
61191	47107	495285	403426	112834	180832	334510	138161	2514251
2876	1988	3184	1196	1490	2484	3130	506	23549
2164263	1361993	2436996	284500	892760	80930	121409	34579	755844
2127274	1331055	2392149	273325	873240	72790	112043	33571	733558
1526237	925801	1546119	146890	619673	52823	78647	22818	519332
467080	280927	532769	97176	185305	10809	26233	12908	182836
222439	182591	371156	108283	121978	41589	45946	2260	359507
61469	37013	97628	21905	55035	4036	5093	643	26293

14—7 私营工业企业主要指标（2015年）

单位：万元

行 业	Sector	企业单位数（个）Number of Enterprises (unit)	工业总产值（当年价格）Gross Industrial Output Value (At Current Prices)	全部从业人员年平均人数（人）Average Employed Persons (person)
私营工业企业	**Collective-owned Industrial Enterprises**	**2995**	**80503596**	**670339**
在总计中:	**Of the Total:**			
轻工业	Light Industry	1066	24207703	266872
重工业	Heavy Industry	1929	56295893	403467
在总计中:	**Of the Total:**			
大型企业	Large-scale Industrial Enterprises	65	12576982	116117
中型企业	Medium-scale Industrial Enterprises	537	26158249	286088
小型企业	Small-scale Industrial Enterprises	2255	40922205	264257
微型企业	Micro-enterprises	138	846159	3877
煤炭开采和洗选业	Coal Mining & Dressing	5	17504	1173
黑色金属矿采选业	Ferrous Metals Mining & Dressing	30	1108248	4322
有色金属矿采选业	Nonferrous Metals Mining & Dressing	44	2207549	8295
非金属矿采选业	Nonmetal Minerals Mining & Dressing	81	1121133	12547
开采辅助活动	Mining Assist Activities	1	19709	132
其他采矿业	Other Minerals Mining	3	24739	158
农副食品加工业	Farm & Sideline Products Processing	278	7805496	49166
#制糖业	Carbohydrate Processing	16	635969	7455
食品制造业	Food Production	73	1660529	12482
#罐头制造业	Canned Food Manufacturing	8	118107	1574
酒、饮料和精制茶制造业	Wine, Drink & Refined Tea Manufacturing	80	2035235	22143
#酒的制造业	Beverage Manufacturing	20	854413	4633
纺织业	Textile Industry	75	1455321	20979
纺织服装、服饰业	Textiles, Clothing & Dresses Manufacturing	36	912524	13135
皮革、毛皮、羽毛及其制品和制鞋业	Leather, Fur, Feather & Related Products & Shoes Manufacturing	26	343112	7044
木材加工及木、竹、藤、棕、草制品业	Timber Processing, Bamboo, Cane, Palm Fiber & Straw Products	397	7160512	86643
家具制造业	Furniture Manufacturing	36	682048	9084
造纸及纸制品业	Papermaking & Paper Products	95	1799918	15342
#造纸业	Papermaking	54	678150	8348

Major Indicators of Private Dwned Industrial Enterprises (2015)

(10 000 yuan)

固定资产原价 Original Value of Fixed Assets	固定资产净值 Net Value of Fixed Assets	资产总计 Total Capital	流动资产合计 Annual Average Balance of Circulating Funds	所有者权益合计 Owner' s Equity	利润总额 Total Profits	利税总额 Total Profits & Taxes	应交增值税 Value Added Tax Payable	主营业务收入 Business Income of the Main Products
16015653	**10376653**	**34614603**	**18440760**	**14050459**	**4719419**	**6891799**	**1774220**	**73246126**
4741485	2939089	10654573	6008745	4607559	1392641	2094017	570151	21619275
11274168	7437564	23960030	12432015	9442900	3326778	4797782	1204069	51626851
3101586	1825574	4865785	2420418	1861443	817817	1128322	264975	12169464
6198353	4201679	12416543	6436459	4727938	1802338	2565601	590713	23548883
6573592	4244820	16725568	9273512	7253376	2067074	3138108	897022	36790964
142122	104580	606708	310371	207702	32190	59768	21511	736815
35599	24957	50918	19472	17336	-4406	-3033	1004	37033
174426	141111	437976	151608	235001	71897	105075	24571	1065651
278605	221189	771444	389176	434192	216347	293827	57065	1982140
201343	160857	543023	286778	202629	76883	129027	37961	1012078
2119	2119	2343	224	1826	4858	8409	3351	19709
5623	3870	12034	8007	9984	2168	3609	960	25688
1351863	847229	3674496	2342678	1431804	386849	575133	168302	6924845
314052	159720	1052961	818448	207243	83091	106045	20842	538644
398356	255047	683207	300995	318023	102901	177917	68239	1477937
10961	7721	26096	13003	13001	9228	14983	4947	113114
384128	279411	1099124	607299	511755	129784	216134	43507	1539457
174614	130770	621813	376086	230878	43223	86965	7554	468894
336932	215174	638168	378994	166468	42584	84840	37600	1316619
109605	67624	381267	269924	192912	89851	122376	25127	892538
57800	41305	155177	92592	68513	7100	16940	7965	331726
969451	715190	2424211	1338586	1154793	367773	563430	167782	6665389
67410	43412	383390	245333	147130	49892	69683	16774	663331
446849	301665	792931	370173	294982	94090	125314	23847	1425513
282267	197732	458393	201831	153224	38674	55089	12726	628166

14—7　续表

单位：万元

行　业	Sector	企业单位数（个）Number of Enterprises (unit)	工业总产值（当年价格）Gross Industrial Output Value (At Current Prices)	全部从业人员年平均人数（人）Average Employed Persons (person)
印刷业和记录媒介的复制	Printing & Record Duplicating	39	741412	5807
文教、工美、体育和娱乐用品制造业	Culture, Education, Handcraft, Art, Sport & Entertainment Goods Manufacturing	53	807601	23491
石油加工、炼焦及核燃料加工业	Oil Processing, Coking & Nuclear Fuel Processing	8	205911	908
化学原料及化学制品制造业	Raw Chemical Materials & Chemical Products	229	5337476	38241
医药制造业	Medical & Pharmaceutical Products	62	1689206	16047
化学纤维制造业	Chemical Fibre Products	2	8801	132
橡胶和塑料制品业	Rubber & Plastic Products	91	1789849	13240
非金属矿物制品业	Nonmetal Mineral Products	414	7676188	106751
#水泥制造	Cement Products	54	862441	8748
黑色金属冶炼及压延加工业	Smelting & Pressing of Ferrous Metals	131	8473609	31096
有色金属冶炼及压延加工业	Smelting & Pressing of Nonferrous Metals	55	3087532	15733
金属制品业	Metal Products	78	2584557	18822
通用设备制造业	General Equipment Manufacturing	58	1422599	10699
专用设备制造业	For Special Purposes Equipment Manufacturing	88	1957874	13962
汽车制造	Automobile Manufacturing	213	5793378	54816
铁路、船舶、航空航天和其他运输设备制造业	Railway, Ship, Aerospace & Other Transportation Equipment Manufacturing	24	1005028	15415
电气机械及器材制造业	Electric Equipment & Machinery	85	4074422	17621
计算机、通信和其他电子设备制造业	Computer, Communication & Other Electronic Equipment Manufacturing	51	3212578	17475
仪器仪表制造业	Instruments Manufacturing	14	291523	2260
其他制造业	Other Manufacturing	7	162648	1178
废弃资源综合利用业	Waste Resources Comprehensive Utilization	14	1667403	2301
电力、热力的生产和供应业	Production & Supply of Electric Power, Steam & Hot Water	15	109907	1376
#电力生产	Electric Power Production	15	109907	1376
#火力发电	Thermal Power	1	17901	104
水力发电	Hydropower	13	83572	1194
燃气生产和供应业	Production & Supply of Gas	1	19423	30
水的生产和供应业	Production & Supply of Water	1	7249	115

continued

(10 000 yuan)

固定资产原价 Original Value of Fixed Assets	固定资产净值 Net Value of Fixed Assets	资产总计 Total Capital	流动资产合计 Annual Average Balance of Circulating Funds	所有者权益合计 Owner's Equity	利润总额 Total Profits	利税总额 Total Profits & Taxes	应交增值税 Value Added Tax Payable	主营业务收入 Business Income of the Main Products
264644	132840	308125	119019	183017	56359	72578	12911	700721
51581	36060	344596	163181	165457	36113	53471	14252	726205
42949	29626	129760	92524	29835	6907	12493	4903	141892
1037362	678589	2202229	1131714	1048630	358614	512769	127905	4941612
557034	250278	714030	369797	388871	172958	231946	50229	1609614
1154	792	4302	2981	-12	-153	88	199	8474
226256	132393	643673	407323	271540	86947	128952	35666	1666131
2337614	1471984	3728861	1761782	1553796	519616	799837	232478	7230142
491168	322490	630261	237510	204131	37238	70640	26526	789786
1425401	1029738	2819756	1264435	1208290	357705	537298	146954	8206847
1103826	488309	2308822	1397735	472429	42172	64413	16545	2302896
465606	257412	907384	370396	480761	158118	231695	60919	2340995
169451	117548	521159	344143	215470	54751	77874	19215	1194758
492968	327655	1054083	633361	472867	146260	193044	39030	1763694
1306934	943551	3302587	1855116	643886	128750	214383	72268	4837985
181993	128369	396559	225741	249058	103597	137615	28467	954657
806292	561346	1549803	731411	850570	264257	363950	68623	3860651
366463	201487	824832	429156	369004	411871	467460	45014	3280398
64389	32683	76215	40386	41916	25924	32683	5913	280860
56599	39239	64643	25390	35384	14216	18188	3550	158468
22956	19507	279861	223016	85411	126403	238587	101600	1518196
206645	171461	366594	40161	87860	5263	8344	2715	96778
206645	171461	366594	40161	87860	5263	8344	2715	96778
33305	30898	36419	5521	11602	340	1276	865	13395
104555	74165	105810	19081	44286	2304	4444	1849	74948
4308	3398	12750	8115	6597	657	942	258	13704
245	245	1090	845	984	1060	1379	50	7249

14—8 大中型工业企业分行业主要指标（2015年）

单位：万元

行 业	Sector	企业单位数（个）Number of Enterprises (unit)	工业总产值（当年价格）Gross Industrial Output Value (At Current Prices)	全部从业人员年平均人数（人）Average Employed Persons (person)
大中型工业企业	**Large & Medium Industrial Enterprises**	**1465**	**151246249**	**1205446**
在总计中：	**Of the Total:**			
轻工业	Light Industry	665	38848300	475294
重工业	Heavy Industry	800	112397949	730152
在总计中：	**Of the Total:**			
大型企业	Large-scale Industrial Enterprises	195	76696050	507829
中型企业	Medium-scale Industrial Enterprises	1270	74550198	697617
煤炭的开采和洗选业	Coal Mining & Dressing	9	467462	11877
黑色金属矿采选业	Ferrous Metals Mining & Dressing	7	867647	7122
有色金属矿采选业	Nonferrous Metals Mining & Dressing	21	2113830	18638
非金属矿采选业	Nonmetal Minerals Mining & Dressing	16	900389	11004
农副食品加工业	Farm & Sideline Products Processing	158	14585689	97810
#制糖业	Carbohydrate Processing	82	6419928	56650
食品制造业	Food Production	27	2024500	21134
#罐头制造业	Canned Food Manufacturing	5	201392	5168
酒、饮料和精制茶制造业	Wine, Drink & Refined Tea Manufacturing	29	3402982	34392
#酒的制造	Beverage Manufacturing	8	1579408	9145
烟草制品业	Tobacco Processing	2	2227030	3402
#卷烟制造	Cigarettes Manufacturing	1	2217874	2992
纺织业	Textile Industry	53	1775005	30419
纺织服装、服饰业	Textiles, Clothing & Dresses Manufacturing	33	1057921	17948
皮革、毛皮、羽毛及其制品和制鞋业	Leather, Fur, Feather & Related Products & Shoes Manufacturing	38	977510	33608
木材加工及木、竹、藤、棕、草制品业	Timber Processing, Bamboo, Cane, Palm Fiber & Straw Products	99	3841430	65106
家具制造业	Furniture Manufacturing	16	714949	9465
造纸及纸制品业	Papermaking & Paper Products	33	1931720	23064
#造纸	Papermaking	17	1117376	14603

注：工业企业分行业主要指标统计范围为年主营业务收入2000万元及以上工业法人企业。

Note: The statistic coverage of major indicators of industrial enterprises by industrial sectors is enterprises with business income ofthe main products of over 20 million yuan. the main products of over 5 million yuan.

Major Indicators of Large-scale & Medium-scale Industrial Enter-prises（2015）

（10 000 yuan）

固定资产原价 Original Value of Fixed Assets	固定资产净值 Net Value of Fixed Assets	资产总计 Total Capital	流动资产合计 Annual Average Balance of Circulating Funds	所有者权益合计 Owner's Equity	利润总额 Total Profits	利税总额 Total Profits & Taxes	应交增值税 Value Added Tax Payable	主营业务收入 Business Income of the Main Products
63392640	**39278101**	**108251803**	**49677081**	**40207128**	**8921740**	**17232494**	**4494412**	**137764139**
13899069	8463169	29158763	15507372	12741647	2938641	5608232	1233400	34220342
49493571	30814932	79093040	34169709	27465481	5983100	11624262	3261012	103543797
32644929	19449107	55857438	26536901	19086278	4161190	8152440	2160199	71744161
30747711	19828994	52394365	23140180	21120850	4760550	9080055	2334213	66019977
279151	154075	703094	191242	304763	-8276	6539	10482	419192
364971	275802	687054	319082	339146	70916	93937	18391	838071
701674	446665	2163752	1090162	643798	198317	308097	81566	2219380
394993	240814	432019	130919	252844	168278	221924	43359	899228
5174779	2849187	11218711	7089045	4079384	1171307	1549976	345046	12317467
3557279	1830324	6481699	3825210	2399736	846142	1083919	212825	5187003
744271	526373	1575778	658171	863428	153416	254986	89666	1911913
91063	63325	150742	68472	96451	24143	30192	5585	195972
1131358	658784	1488495	613951	928464	405103	560457	69188	2779311
621885	363758	859735	371401	522276	104842	227545	40637	1057657
592954	247544	1946305	1348077	1438006	248053	1707759	275977	2237680
577482	241090	1894127	1304760	1389623	247312	1705725	274810	2229313
371073	280845	980989	564992	268504	44791	109354	57133	1581604
135690	79023	420676	289195	211192	91688	127663	26921	1036481
211925	145781	403396	168417	233408	57183	92341	25794	914644
615236	386498	1222011	631188	567173	228175	365408	116692	3536324
68223	40490	246490	168236	78777	41709	60604	16084	698433
1852602	1415522	4114534	1447342	1314073	41962	83793	37212	1542470
1370076	1057207	3279822	1103593	1112688	41528	71100	27633	1016862

14—8 续表

单位：万元

行 业	Sector	企业单位数（个）Number of Enterprises (unit)	工业总产值（当年价格）Gross Industrial Output Value (At Current Prices)	全部从业人员年平均人数（人）Average Employed Persons (person)
印刷业和记录媒介的复制	Printing & Record Duplicating	9	404204	3530
文教、工美、体育和娱乐用品制造业	Culture, Education, Handcraft, Art, Sport & Entertainment Goods Manufacturing	52	776041	35096
石油加工、炼焦及核燃料加工业	Oil Processing, Coking & Nuclear Fuel Processing	3	6073363	2524
化学原料及化学制品制造业	Raw Chemical Materials & Chemical Products	96	5448110	60905
医药制造业	Medical & Pharmaceutical Products	42	2481558	25675
橡胶和塑料制品业	Rubber & Plastic Products	27	1294753	14716
非金属矿物制品业	Nonmetal Mineral Products	192	10131045	137545
#水泥制造	Cement Products	35	3193969	23623
黑色金属冶炼及压延加工业	Smelting & Pressing of Ferrous Metals	51	20173129	70321
有色金属冶炼及压延加工业	Smelting & Pressing of Nonferrous Metals	46	10048804	44741
金属制品业	Metal Products	21	2347222	19424
通用设备制造业	General Equipment Manufacturing	19	1895082	21430
专用设备制造业	For Special Purposes Equipment Manufacturing	33	2814532	27843
汽车制造	Automobile Manufacturing	102	20514557	113593
铁路、船舶、航空航天和其他运输设备制造业	Railway, Ship, Aerospace & Other Transportation Equipment Manufacturing	23	1578210	23439
电气机械及器材制造业	Electric Equipment & Machinery	40	6193869	28330
计算机、通信和其他电子设备制造业	Computer, Communication & Other Electronic Equipment Manufacturing	58	11215547	82483
仪器仪表制造业	Instruments Manufacturing	6	169272	2932
其他制造业	Other Manufacturing	3	84740	1642
废弃资源综合利用业	Waste Resources Comprehensive Utilization	2	65519	999
电力、热力的生产和供应业	Production & Supply of Electric Power, Steam & Hot Water	89	10387306	97758
#电力生产	Electric Power Production	23	1543147	14543
#火力发电	Thermal Power	11	1118863	5928
水力发电	Hydropower	12	424284	8615
燃气生产和供应业	Production & Supply of Gas	2	77376	1168
水的生产和供应业	Production & Supply of Water	8	183946	4363

continued

(10 000 yuan)

固定资产原价 Original Value of Fixed Assets	固定资产净值 Net Value of Fixed Assets	资产总计 Total Capital	流动资产合计 Annual Average Balance of Circulating Funds	所有者权益合计 Owner' s Equity	利润总额 Total Profits	利税总额 Total Profits & Taxes	应交增值税 Value Added Tax Payable	主营业务收入 Business Income of the Main Products
151484	85796	232125	93008	118184	53906	69671	13624	372785
71538	48375	231893	111938	93664	35379	51257	14124	704603
2869044	2058977	3210409	963639	2122036	-3524	2163718	574571	5262628
3037621	1918320	4295439	1732455	1855709	306476	506050	138717	4939745
1108486	568925	2049334	1084322	1149233	292195	411008	104948	1892960
302239	196286	820647	431995	155094	60219	86183	23465	1140734
5001000	3252964	6442626	2322021	3607910	1064929	1512730	382313	9202769
2985712	1960333	3406428	953018	2004906	447603	609586	143468	2492733
5681083	3659102	9893886	4589025	2759539	533714	1003695	404754	18864087
6573385	4172900	9842980	4150859	1704901	149070	347940	181363	7545148
334118	226822	1153163	335547	442290	200711	278364	65288	2126925
955979	523171	2385174	1594571	1141791	110807	169763	50011	1755492
704970	442911	3484485	2191726	1668582	163036	238846	64540	2638560
4392935	2785578	13031081	8336146	3069305	931149	1855761	502436	19591070
376902	216543	1089454	818958	472405	129017	197219	58879	1512422
1089338	801586	2288594	1132535	1111941	527408	640913	78062	5730490
1070572	649219	2705165	1904810	979582	997850	1108833	94900	10873958
43985	21562	183968	89634	100606	4479	6852	1779	149874
22888	8551	33685	19579	12889	10097	13872	3077	83713
21328	12108	18752	5481	7262	7421	13006	4530	65220
16018767	9261998	15939627	2760927	5531687	364619	933290	511354	10102417
5521645	3457162	6435486	1150219	2086441	174556	291368	102547	1478094
3703195	2444799	3492588	322230	860795	20037	81893	54627	1063133
1818450	1012363	2942898	827989	1225645	154519	209476	47921	414961
160112	128013	231176	46359	113483	30534	31991	231	94533
765968	490989	1084839	251527	466075	39630	48695	7939	181808

14—9 工业企业主要经济效益指标（2015年）

行 业	Sector	企业亏损面（%）Composition of Loss-making Enterprises (%)	产值利税率（%）Ratio of Profits to Output Value (%)
总 计	**Total**	**18.1**	**10.3**
在总计中:	**Of the Total:**		
国有企业	State-owned	21.9	2.2
中央企业	Central Enterprises	10.5	3.3
地方企业	Local Enterprises	23.5	2.0
集体企业	Collective-owned	14.3	13.5
其他经济	Others	18.0	10.6
#外商及港澳台商投资企业	Foreign Funded Enterprises & Enterprises with Funds from Hong Kong ,Macao & Taiwan	20.6	10.6
在总计中:	**Of the Total:**		
轻工业	Light Industry	16.2	11.9
重工业	Heavy Industry	19.2	9.7
在总计中:	**Of the Total:**		
大型企业	Large-scale Industrial Enterprises	9.2	10.6
中型企业	Medium-scale Industrial Enterprises	14.2	12.2
小型企业	Small-scale Industrial Enterprises	18.4	8.3
微型企业	Micro-enterprises	41.6	
煤炭的开采和洗选业	Coal Mining & Dressing	68.8	0.7
石油和天然气开采业	Oil & Gas Mining		58.3
黑色金属矿采选业	Ferrous Metals Mining & Dressing	16.3	9.4
有色金属矿采选业	Nonferrous Metals Mining & Dressing	36.9	13.2
非金属矿采选业	Nonmetal Minerals Mining & Dressing	11.0	16.2
开采辅助活动	Mining Assist Activities		42.7
其他采矿业	Other Minerals Mining		14.6
农副食品加工业	Farm & Sideline Products Processing	18.0	8.8
#制糖	Carbohydrate Processing	35.1	16.4
食品制造业	Food Production	10.5	11.2
#罐头食品制造	Canned Food Manufacturing	13.3	15.6
酒、饮料和精制茶制造业	Wine, Drink & Refined Tea Manufacturing	14.1	14.7
#酒的制造	Liquor & Beverage Manufacturing	18.4	13.5
烟草制品业	Tobacco Processing		76.7
#卷烟制造	Cigarettes Manufacturing		76.9
纺织业	Textile Industry	33.8	6.8

Major Economic Efficiency Indicators of Industrial Enterprises (2015)

主营业务收入利税率（%） Ratio of Per-tax Profits to Core Business Sales (%)	百元固定资产原价实现利税（元） Per-tax Profits per 100 yuan of Original Value of Fixed Assets (yuan)	百元主营业务收入实现利润（元） Per-tax Profits Per 100 yuan of Core Business Sales (yuan)	成本费用利润率（%） Ratio of Profits to Industrial (%)
11.4	**27.1**	**6.3**	**6.7**
2.3	3.1	-0.6	-0.5
3.6	4.0	1.1	1.1
2.1	2.9	-0.8	-0.8
13.9	91.4	8.1	9.1
11.8	28.8	6.5	7.1
11.3	29.5	7.8	8.4
13.4	39.4	7.3	8.1
10.6	23.7	5.9	6.2
11.4	25.0	5.8	6.2
13.8	29.5	7.2	7.9
9.3	28.5	6.0	6.5
…	-0.1	-3.6	-3.4
0.7	1.1	-2.5	-2.4
26.3	27.6	23.3	31.6
9.7	39.9	7.2	7.8
13.7	47.3	8.1	8.8
17.3	65.3	11.2	12.8
42.7	396.8	24.6	33.2
14.0	64.2	8.4	9.3
10.2	32.3	7.2	7.8
20.2	28.8	15.7	18.2
12.3	36.0	7.6	8.2
16.2	54.9	12.3	13.9
17.8	44.2	12.2	14.2
19.2	33.1	8.9	10.1
76.3	288.0	11.1	28.5
76.5	295.4	11.1	28.7
7.4	31.9	3.5	3.7

14—9 续表

行 业	Sector	企业亏损面(%) Composition of Loss-making Enterprises (%)	产值利税率(%) Ratio of Profits to Output Value (%)
纺织服装、服饰业	Micro-enterprises	6.8	11.8
皮革、毛皮、羽毛及其制品和制鞋业	Leather, Fur, Feather & Related Products & Shoes Manufacturing	22.7	8.4
木材加工及木、竹、藤、棕、草制品业	Timber Processing, Bamboo, Cane, Palm Fiber & Straw Products	12.4	7.6
家具制造业	Furniture Manufacturing	8.2	9.1
造纸及纸制品业	Papermaking & Paper Products	31.8	5.2
#造纸	Papermaking	34.8	6.2
印刷业和记录媒介的复制	Printing & Record Duplicating	4.3	11.9
#印刷	Printing	4.3	11.9
文教、工美、体育和娱乐用品制造业	Culture, Education, Handcraft, Art, Sport & Entertainment Goods Manufacturing	6.1	6.4
石油加工、炼焦及核燃料加工业	Oil Processing, Coking & Nuclear Fuel Processing	37.5	32.8
化学原料及化学制品制造业	Raw Chemical Materials & Chemical Products	17.4	8.3
医药制造业	Medicine Products	14.1	13.1
化学纤维制造业	Chemical Fiber Products	100.0	1.0
橡胶和塑料制品业	Rubber & Plastic Products	10.1	6.6
非金属矿物制品业	Nonmetal Mineral Products	16.0	12.6
#水泥制造	Cement Products	28.0	14.8
黑色金属冶炼及压延加工业	Smelting & Pressing of Ferrous Metais	36.6	4.7
有色金属冶炼及压延加工业	Smelting & Pressing of Nonferrous Metals	46.3	2.7
金属制品业	Metal Products	12.9	9.0
通用设备制造业	General Equipment Manufacturing	18.7	7.6
专用设备制造业	For Special Purposes Equipment Manufacturing	17.9	7.6
汽车制造业	Automobile Manufacturing	17.9	8.2
#汽车整车制造	Vehicle manufacturing	16.7	12.2
铁路、船舶、航空航天和其他运输设备制造业	Railway, Ship, Aerospace & Other Transportation Equipment Manufacturing	5.0	12.4
电气机械及器材制造业	Electric Equipment & Machinery	8.8	9.5
计算机、通信和其他电子设备制造业	Computer, Communication & Other Electronic Equipment Manufacturing	14.5	9.9
仪器仪表制造业	Instruments Manufacturing	12.5	8.4
其他制造业	Other Manufacturing	12.5	13.1
废弃资源综合利用业	Waste Resources Comprehensive Utilization	16.7	11.3
金属制品、机械和设备修理业	Metal Product, Machinery & Equipment Repair Services		14.4
电力、热力的生产和供应业	Production & Supply of Electric Power & Heating Power	18.1	14.1
#电力生产	Electric Power Production	23.3	33.0
#火力发电	Thermal Power	36.8	8.7
水力发电	Hydropower	20.9	54.0
燃气生产和供应业	Production & Supply of Gas	25.0	12.6
水的生产和供应业	Production & Supply of Water	21.6	21.6

continued

主营业务收入利税率（%）Ratio of Per-tax Profits to Core Business Sales (%)	百元固定资产原价实现利税（元）Per-tax Profits per 100 yuan of Original Value of Fixed Assets (yuan)	百元主营业务收入实现利润（元）Per-tax Profits Per 100 yuan of Core Business Sales (yuan)	成本费用利润率（%）Ratio of Profits to Industrial (%)
12.1	88.5	8.4	9.3
9.0	44.0	5.6	6.0
8.3	44.8	5.2	5.5
9.4	92.8	6.5	7.0
6.1	8.1	3.6	3.6
6.9	7.0	4.4	4.1
12.4	30.6	9.6	10.6
12.4	30.6	9.6	10.6
7.2	68.6	4.6	4.9
37.4	72.8	0.2	0.3
9.2	23.7	6.0	6.3
16.2	37.1	11.0	12.7
1.0	7.6	-1.8	-1.8
7.5	39.0	5.2	5.6
13.9	31.3	9.6	10.7
17.8	19.8	12.6	14.4
5.1	18.4	2.7	2.8
3.7	4.9	1.4	1.4
10.3	49.7	7.3	7.8
8.4	21.4	5.5	5.6
8.3	35.0	5.7	6.1
8.8	39.8	4.5	4.7
12.1	63.6	5.5	5.9
13.1	51.0	8.6	9.3
10.3	51.4	8.2	9.1
10.2	104.4	9.1	10.0
9.3	37.0	7.2	7.8
13.4	42.6	10.0	11.2
12.7	436.4	6.7	7.2
13.0	66.4	9.9	11.3
14.4	7.2	7.7	8.2
34.2	8.0	23.3	29.1
9.1	2.8	2.7	2.7
55.1	10.8	40.3	61.8
13.4	18.1	12.3	13.2
20.2	6.0	15.8	18.1

14－10 国有控股工业企业主要经济效益指标（2015年）

行 业	Sector	企业亏损面(%) Composition of Loss-making Enterprises (%)	产值利税率(%) Ratio of Profits to Output Value (%)
总 计	**Total**	**21.9**	**2.2**
在总计中:	**Of the Total:**		
轻工业	Light Industry	30.2	5.9
重工业	Heavy Industry	18.5	1.9
在总计中:	**Of the Total:**		
大型企业	Large-scale Industrial Enterprises	28.6	-0.8
中型企业	Medium-scale Industrial Enterprises	9.4	7.9
小型企业	Small-scale Industrial Enterprises	31.3	3.9
微型企业	Micro-enterprises		
煤炭的开采和洗选业	Coal Mining & Dressing	100.0	-35.1
石油和天然气开采业	Oil & Gas Mining		
黑色金属矿采选业	Ferrous Metals Mining & Dressing		8.3
有色金属矿采选业	Nonferrous Metals Mining & Dressing	40.0	8.7
非金属矿采选业	Nonmetal Minerals Mining & Dressing	50.0	28.7
农副食品加工业	Farm & Sideline Products Processing	33.3	3.7
#制糖	Carbohydrate Processing	100.0	-8.3
食品制造业	Food Production		10.8
酒、饮料和精制茶制造业	Wine, Drink & Refined Tea Manufacturing		18.4
#酒的制造	Liquor & Beverage Manufacturing		
烟草制品业	Tobacco Processing		
#卷烟制造	Cigarettes Manufacturing		
纺织业	Textile Industry		
纺织服装、服饰业	Textiles, Clothing & Dresses Manufacturing		8.9
皮革、毛皮、羽毛及其制品和制鞋业	Leather, Fur, Feather & Related Products & Shoes Manufacturing		
木材加工及木、竹、藤、棕、草制品业	Timber Processing, Bamboo, Cane, Palm Fiber & Straw Products	66.7	-52.9
造纸及纸制品业	Papermaking & Paper Products		
#造纸	Papermaking		

Major Economic Efficiency Indicators of State-owned &State Holding Industrial Enterprises（2015）

主营业务收入利税率（%）Ratio of Per-tax Profits to Core Business Sales (%)	百元固定资产原价实现利税（元）Per-tax Profits per 100 yuan of Original Value of Fixed Assets (yuan)	百元主营业务收入实现利润（元）Per-tax Profits Per 100 yuan of Core Business Sales (yuan)	成本费用利润率（%）Ratio of Profits to Industrial (%)
2.3	**3.1**	**-0.6**	**-0.5**
6.8	10.9	4.6	4.8
2.0	2.7	-0.9	-0.9
-0.8	-1.3	-2.7	-2.5
8.3	9.8	3.9	4.0
4.7	4.9		0.0
-36.5	-11.4	-52.0	-33.5
10.0	54.0	2.2	2.3
9.2	24.7	4.6	4.8
33.1	8298.2	19.3	24.4
4.4	145.6	3.2	3.4
-8.4	-392.9	-13.5	-11.9
11.2	39.1	8.9	9.8
21.6	396.2	15.6	18.4
9.0	3.9	5.6	6.0
-59.8	-130.9	-75.5	-48.3

14—10 续表

行 业	Sector	企业亏损面 (%) Composition of Loss-making Enterprises (%)	产值利税率 (%) Ratio of Profits to Output Value (%)
印刷业和记录媒介的复制	Printing & Record Duplicating	12.5	11.1
文教、工美、体育和娱乐用品制造业	Culture, Education, Handcraft, Art, Sport & Entertainment Goods Manufacturing		2.2
石油加工、炼焦及核燃料加工业	Oil Processing, Coking & Nuclear Fuel Processing		
化学原料及化学制品制造业	Raw Chemical Materials & Chemical Products	71.4	-6.0
医药制造业	Medical & Pharmaceutical Products	75.0	3.4
橡胶和塑料制品业	Rubber & Plastic Products		10.5
非金属矿物制品业	Nonmetal Mineral Products		6.7
#水泥制造	Cement Products		-0.2
黑色金属冶炼及压延加工业	Smelting & Pressing of Ferrous Metals	100.0	-3.0
有色金属冶炼及压延加工业	Smelting & Pressing of Nonferrous Metals		
金属制品业	Metal Products		19.2
通用设备制造业	General Equipment Manufacturing		12.6
专用设备制造业	For Special Purposes Equipment Manufacturing		10.2
汽车制造	Automobile Manufacturing		4.5
铁路、船舶、航空航天和其他运输设备制造业	Railway, Ship, Aerospace & Other Transportation Equipment Manufacturing		3.6
电气机械及器材制造业	Electric Equipment & Machinery		
计算机、通信和其他电子设备制造业	Computer, Communication & Other Electronic Equipment Manufacturing		6.9
金属制品、机械和设备修理业	Metal Product, Machinery & Equipment Repair Services		26.5
电力、热力的生产和供应业	Production & Supply of Electric Power, Steam & Hot Water	11.1	9.6
#电力生产	Electric Power Production	18.8	18.3
#火力发电	Thermal Power	33.3	5.2
水力发电	Hydropower	15.4	35.4
燃气生产和供应业	Production & Supply of Gas		
水的生产和供应业	Production & Supply of Water	37.5	12.7

continued

主营业务收入利税率（%） Ratio of Per-tax Profits to Core Business Sales (%)	百元固定资产原价实现利税（元） Per-tax Profits per 100 yuan of Original Value of Fixed Assets (yuan)	百元主营业务收入实现利润（元） Per-tax Profits Per 100 yuan of Core Business Sales (yuan)	成本费用利润率（%） Ratio of Profits to Industrial (%)
11.0	18.6	5.9	6.2
2.3	7.7	1.3	1.3
-10.0	-7.8	-10.9	-7.0
4.2	3.6	-2.4	-2.3
11.7	10.5	8.9	9.9
7.1	11.1	3.8	4.0
-0.2	-0.2	2.3	2.3
-3.1	-4.4	-4.5	-4.2
33.0	83.8	26.6	30.0
13.1	19.4	8.5	9.1
12.6	22.5	9.3	9.8
4.7	25.5	1.9	1.8
3.9	10.2	2.0	1.9
7.9	26.2	6.2	6.6
11.8	56.3	10.4	13.7
9.8	8.3	4.6	4.8
19.0	4.8	10.9	11.8
5.5	1.9	-0.4	-0.3
35.9	7.0	25.0	32.4
13.0	3.3	8.8	8.9

14—11 大中型工业企业主要经济效益指标（2015年）

行 业	Sector	企业亏损面 (%) Composition of Loss-making Enterprises (%)	产值利税率 (%) Ratio of Profits to Output Value (%)
大中型工业企业	**Large & Medium Industrial Enterprises**	**13.5**	**11.4**
在总计中:	**Of the Total:**		
轻工业	Light Industry	13.1	14.4
重工业	Heavy Industry	13.9	10.3
在总计中:	**Of the Total:**		
大型企业	Large-scale Industrial Enterprises	9.2	10.6
中型企业	Medium-scale Industrial Enterprises	14.2	12.2
煤炭的开采和洗选业	Coal Mining & Dressing	66.7	1.4
黑色金属矿采选业	Ferrous Metals Mining & Dressing	28.6	10.8
有色金属矿采选业	Nonferrous Metals Mining & Dressing	33.3	14.6
非金属矿采选业	Nonmetal Minerals Mining & Dressing	6.3	24.6
农副食品加工业	Farm & Sideline Products Processing	19.0	10.6
#制糖业	Carbohydrate Processing	28.0	16.9
食品制造业	Food Production	18.5	12.6
#罐头制造业	Canned Food Manufacturing	40.0	15.0
酒、饮料和精制茶制造业	Wine, Drink & Refined Tea Manufacturing	6.9	16.5
#酒的制造	Beverage Manufacturing		14.4
烟草制品业	Tobacco Processing		76.7
#卷烟制造	Cigarettes Manufacturing		76.9
纺织业	Textile Industry	26.4	6.2
纺织服装、服饰业	Textiles, Clothing & Dresses Manufacturing	3.0	12.1
皮革、毛皮、羽毛及其制品和制鞋业	Leather, Fur, Feather & Related Products & Shoes Manufacturing	5.3	9.4
木材加工及木、竹、藤、棕、草制品业	Timber Processing, Bamboo, Cane, Palm Fiber & Straw Products	5.1	9.5
家具制造业	Furniture Manufacturing		8.5
造纸及纸制品业	Papermaking & Paper Products	42.4	4.3
#造纸	Papermaking	52.9	6.4
印刷业和记录媒介的复制	Printing & Record Duplicating		17.2

Major Economic Efficiency Indicators of Large & Medium Industrial Enterprises（2015）

主营业务收入利税率（%）Ratio of Per-tax Profits to Core Business Sales (%)	百元固定资产原价实现利税（元）Per-tax Profits per 100 yuan of Original Value of Fixed Assets (yuan)	百元主营业务收入实现利润（元）Per-tax Profits Per 100 yuan of Core Business Sales (yuan)	成本费用利润率（%）Ratio of Profits to Industrial (%)
12.5	**27.2**	**6.5**	**7.0**
16.4	40.3	8.6	9.7
11.2	23.5	5.8	6.1
11.4	25.0	5.8	6.2
13.8	29.5	7.2	7.9
1.6	2.3	-2.0	-1.8
11.2	25.7	8.5	9.2
13.9	43.9	8.9	9.6
24.7	56.2	18.7	23.4
12.6	30.0	9.5	10.4
20.9	30.5	16.3	19.1
13.3	34.3	8.0	8.7
15.4	33.2	12.3	13.8
20.2	49.5	14.6	17.5
21.5	36.6	9.9	11.6
76.3	288.0	11.1	28.5
76.5	295.4	11.1	28.7
6.9	29.5	2.8	2.9
12.3	94.1	8.8	9.9
10.1	43.6	6.3	6.7
10.3	59.4	6.5	7.0
8.7	88.8	6.0	6.4
5.4	4.5	2.7	2.5
7.0	5.2	4.1	3.6
18.7	46.0	14.5	16.3

14—11 续表

行 业	Sector	企业亏损面 (%) Composition of Loss-making Enterprises (%)	产值利税率 (%) Ratio of Profits to Output Value (%)
文教、工美、体育和娱乐用品制造业	Culture, Education, Handcraft, Art, Sport & Entertainment Goods Manufacturing	5.8	6.6
石油加工、炼焦及核燃料加工业	Oil Processing, Coking & Nuclear Fuel Processing	33.3	35.6
化学原料及化学制品制造业	Raw Chemical Materials & Chemical Products	17.7	9.3
医药制造业	Medical & Pharmaceutical Products	9.5	16.6
橡胶和塑料制品业	Rubber & Plastic Products	11.1	6.7
非金属矿物制品业	Nonmetal Mineral Products	4.7	14.9
#水泥制造	Cement Products	14.3	19.1
黑色金属冶炼及压延加工业	Smelting & Pressing of Ferrous Metals	23.5	5.0
有色金属冶炼及压延加工业	Smelting & Pressing of Nonferrous Metals	43.5	3.5
金属制品业	Metal Products		11.9
通用设备制造业	General Equipment Manufacturing	21.1	9.0
专用设备制造业	For Special Purposes Equipment Manufacturing	15.2	8.5
汽车制造	Automobile Manufacturing	6.9	9.0
铁路、船舶、航空航天和其他运输设备制造业	Railway, Ship, Aerospace & Other Transportation Equipment Manufacturing	4.3	12.5
电气机械及器材制造业	Electric Equipment & Machinery	7.5	10.3
计算机、通信和其他电子设备制造业	Computer, Communication & Other Electronic Equipment Manufacturing	5.2	9.9
仪器仪表制造	Instruments Manufacturing	33.3	4.0
其他制造业	Other Manufacturing	33.3	16.4
废弃资源综合利用业	Waste Resources Comprehensive Utilization		19.9
电力、热力的生产和供应业	Production & Supply of Electric Power ,Steam & Hot Water	14.6	9.0
#电力生产	Electric Power Production	39.1	18.9
#火力发电	Thermal Power	54.5	7.3
水力发电	Hydropower	25.0	49.4
燃气生产和供应业	Production & Supply of Gas		41.3
水的生产和供应业	Production & Supply of Water	12.5	26.5

continued

主营业务收入利税率（%）Ratio of Per-tax Profits to Core Business Sales (%)	百元固定资产原价实现利税（元）Per-tax Profits per 100 yuan of Original Value of Fixed Assets (yuan)	百元主营业务收入实现利润（元）Per-tax Profits Per 100 yuan of Core Business Sales (yuan)	成本费用利润率（%）Ratio of Profits to Industrial (%)
7.3	71.7	5.0	5.3
41.1	75.4	-0.1	-0.1
10.2	16.7	6.2	6.5
21.7	37.1	15.4	18.4
7.6	28.5	5.3	5.7
16.4	30.2	11.6	13.1
24.5	20.4	18.0	21.9
5.3	17.7	2.8	2.9
4.6	5.3	2.0	1.9
13.1	83.3	9.4	10.3
9.7	17.8	6.3	6.1
9.1	33.9	6.2	6.6
9.5	42.2	4.8	5.0
13.0	52.3	8.5	9.2
11.2	58.8	9.2	10.3
10.2	103.6	9.2	10.1
4.6	15.6	3.0	3.0
16.6	60.6	12.1	13.8
19.9	61.0	11.4	13.1
9.2	5.8	3.6	3.7
19.7	5.3	11.8	12.7
7.7	2.2	1.9	1.8
50.5	11.5	37.2	52.4
33.8	20.0	32.3	35.5
26.8	6.4	21.8	26.6

14—12　主要年份主要工业产品产量

产品名称	Item	1995	2000
锰矿石（万吨）	Manganese Ore (10 000 tons)	265.40	118.65
铁矿石（万吨）	Iron Ore (10 000 tons)	272.32	68.61
粗钢（万吨）	Steel (10 000 tons)	88.78	104.73
生铁（万吨）	Pig Iron (10 000 tons)	96.76	125.32
钢材（万吨）	Rolled Steel (10 000 tons)	80.50	102.63
铁合金（万吨）	Ferroalloys (10 000 tons)	31.14	41.58
十种有色金属（吨）	10 Nonferrous Metal (ton)	272700	605902
#铝	Aluminum	64960	185867
锌	Zinc	129076	235535
锡	Tin	23457	45874
氧化铝（万吨）	Oxide of Aluminum (10 000 tons)		40.81
发电量（亿千瓦小时）	Electricity (100 million kwh)	217.29	289.09
#水电	Hydropower	136.54	168.87
原煤（万吨）	Coal (10 000 tons)	1391.42	706.67
硫酸（万吨）	Sulfuric Acid (10 000 tons)	57.43	86.04
烧碱（吨）	Caustic Soda (ton)	101700	140719
农用化肥（折100%, 万吨）	Chemical Fertilizers (10 000 tons)	43.12	53.30
水泥（万吨）	Cement (10 000 tons)	1980.47	2198.35

Output of Major Industrial Products in Main Years

2005	2010	2011	2012	2013	2014	2015
75.18	564.39	353.41	494.77	605.79	741.45	821.99
62.16	353.06	423.25	484.03	908.40	871.15	799.28
496.29	1204.57	1212.11	1341.65	2223.65	2085.62	2146.05
485.39	1113.46	959.98	1302.70	1571.63	1235.20	1222.00
519.88	1560.34	1766.40	2149.54	2791.68	3263.68	3545.75
126.28	269.44	315.87	388.57	668.84	488.39	542.39
666284	1405548	1339961	1112295	1238592	1375375	1576687
246263	667180	631218	656208	658842	515272	575629
170110	500762	471706	318971	410139	524798	501797
35338	29306	27393	15903	12846	14103	11664
92.46	528.84	529.21	672.24	727.99	796.80	846.01
446.04	1032.15	1039.01	1186.12	1249.53	1310.03	1299.90
195.82	475.26	415.48	536.46	479.39	629.36	749.30
700.34	757.57	784.52	753.61	640.34	615.43	425.50
171.77	264.27	269.49	284.29	281.75	330.60	368.32
240172	430064	488177	449042	434025	416681	437556
84.02	86.90	95.67	124.41	105.71	111.49	116.91
3306.13	7516.51	8746.48	6986.88	11202.83	10744.58	11144.43

14—12　续表

产品名称	Item	1995	2000
汽车（辆）	Motor Vehicles (set)	73824	131238
#客车	Buses		59137
小型拖拉机（台）	Mini-tractors (set)	100900	90966
纱（万吨）	Yarn (10 000 tons)	7.70	9.22
布（万米）	Cloth (10 000 m)	16800	8714
机制纸及纸板（万吨）	Machine-made Paper & Paperboard (10 000 tons)	95.02	82.55
成品糖（万吨）	Machine-made Sugar (10 000 tons)	178.12	325.76
发酵酒精（万吨）	Liquor (10 000 tons)	13.93	21.46
化学原料药（吨）	Chemical Medicine (ton)	2804	2482
中成药（吨）	Traditional Chinese Medicine (ton)	57071	49719
表（万只）	Watches (10 000 units)	86.90	1016.88
原盐（万吨）	Salt (10 000 tons)	9.69	15.62
卷烟（万箱）	Cigarettes (10 000 cases)	98.35	72.33
罐头（吨）	Canned Food (ton)	234700	135747
饮料酒（千升）	Alcoholic Beverages (kilo-liter)	314889	546848
原油加工量（万吨）	Volume of Crude Oil Proccessing (10 000 tons)		
发动机（万千瓦）	Engine (10 000 kw)		

注：本表统计范围为全部工业产品产量。
Note: The statistical range of this table is the total output of industrial enterprises.

continued

2005	2010	2011	2012	2013	2014	2015
377184	1366096	1423467	1673293	1869086	2092254	2294032
288683	1076891	1116201	1245007	828835	617016	5340
117804	282254	386795	442446	457024	431257	163181
11.87	11.01	12.45	11.78	11.77	10.81	9.76
5472	4633	5970	5550	5067	4480	4506
125.37	225.11	276.52	336.37	413.90	338.67	284.05
504.34	705.46	742.28	861.47	1010.89	1077.16	925.74
22.45	55.76	56.18	55.95	65.59	86.17	69.56
5449	5920	7334	6034	6915	7090	7197
74712	213336	189188	232036	324318	293524	344856
95.34	102.15	98.41	97.06	99.02	88.68	76.34
10.72	8.80	6.54	7.14	11.08	8.94	7.90
106.90	143.30	148.30	150.70	153.70	156.80	156.84
171994	478805	487164	516198	559740	483416	565830
832112	1878833	2104674	2322123	2437584	2426751	2391867
	418.93	1108.01	1550.66	1296.13	1390.47	1428.80
	15377.04	15505.84	14045.63	16730.11	16973.37	18551.83

14—13　广西分市规模以上工业企业主要经济指标（2015年）

单位：万元

分市名称	Sector	企业单位数（个）Number of Enterprises (unit)	工业总产值（当年价格）Gross Industrial Output Value (At Current Prices)	全部从业人员年平均人数（人）Average Employed Persons (person)	固定资产原价 Original Value of Fixed Assets	固定资产净值 Net Value of Fixed Assets
广西	Guangxi	5518	225824149	1677994	85756838	53624955
南宁市	Nanning	920	32370606	239549	13010616	7178757
柳州市	Liuzhou	819	44634531	277917	13948096	8686029
桂林市	Guilin	641	23747109	206548	7608722	4681814
梧州市	Wuzhou	400	21298715	165729	4780734	3210531
北海市	Beihai	194	18448693	69804	3797176	2364598
防城港市	Fangchenggang	164	13008998	36022	3743237	2867639
钦州市	Qinzhou	304	13584674	92018	5290278	3718620
贵港市	Guigang	411	8558786	108506	3616316	2151688
玉林市	Yulin	609	15877831	205721	3986307	2505685
百色市	Baise	307	12873168	78145	8924116	5761011
贺州市	Hezhou	186	4243587	32436	2144380	1519798
河池市	Hechi	190	3718343	49068	6191066	3720217
来宾市	Laibin	228	5108679	43552	4465550	2656112
崇左市	Chongzuo	159	6547758	42763	3386453	2178777

Major Indicators Economic of Industrial Enterprises above Designated Size by City (2015)

(10 000 yuan)

资产总计 Total Capital	流动资产合计 Annual Average Balance of Circulating Funds	所有者权益合计 Owner's Equity	利润总额 Total Profits	利税总额 Total Profits & Taxes	应交增值税 Value Added Tax Payable	主营业务收入 Business Income of the Main Products
151222995	69815219	56938219	12790565	23262797	6268183	204425005
21107324	9776199	8723328	2208405	3777465	871423	30513440
31837139	18457110	9318016	945160	3014880	967979	41561737
13340174	5934314	6212971	1838980	2644176	632557	21851609
7595918	3301125	3183905	2028206	3018257	862341	19790867
7250084	3440951	3248793	1284040	2636461	613032	17231467
8190493	3704093	2897974	299625	448739	122254	10339146
9249547	3360365	3997446	392038	1915918	514228	12627560
7486399	3541031	3368622	583480	824869	174065	7870158
7961509	4393130	4108602	910128	1391785	397327	14731623
12776309	4523570	3779786	342795	617558	240494	8513035
3886196	1409219	1612833	338957	474255	114880	3828694
7174911	2592019	1537788	371003	618362	214665	3126788
6229221	2278216	1229833	42096	243331	166971	4709260
5580311	2624152	2197617	1146747	1372688	193887	5727018

主要统计指标解释

工业　指从事自然物质资源采掘和对工业品原料及农产品原料进行加工和再加工的物质生产部门。具体包括：（1）对自然资源的开采，如采矿、晒盐等，但不包括禽兽捕猎和水产捕捞；（2）对农副产品的加工、再加工，如粮油加工、食品加工、缫丝、纺织、制革等；（3）对采掘品的加工、再加工，如炼铁、炼钢、化工生产、石油加工、机器制造、木材加工等，以及电力、自来水、煤气的生产和供应等；（4）对工业品的修理、翻新，如机器设备的修理、交通运输工具（如汽车）的修理等。

独立核算法人工业企业　指从事工业生产经营活动的单位。独立核算法人工业企业应同时具备以下条件：①依法成立，有自己的名称、组织机构和场所，能够承担民事责任；②独立拥有和使用资产，承担负债，有权与其他单位签订合同；③独立核算盈亏，并能够编制资产负债表。

集体企业　指企业资产归集体所有，并按《中华人民共和国企业法人登记管理条例》规定登记注册的经济组织。是社会主义公有制经济的组成部分。包括城乡所有使用集体投资举办的企业，以及部分个人通过集资自愿放弃所有权并依据工商行政管理机关认定为集体所有制的企业。

国有控股企业　国有控股：包括：（1）在企业的全部实收资本中，国有经济成分的出资人拥有的实收资本（股本）所占企业全部实收资本（股本）的比例大于50%的国有绝对控股。（2）在企业的全部实收资本中，国有经济成分的出资人拥有的实收资本（股本）所占比例虽未大于50%，但相对大于其他任何一方经济成分的出资人所占比例的国有相对控股；或者虽不大于其他经济成分，但根据协议规定拥有企业实际控制权的国有协议控股。（3）投资双方各占50%，且未明确由谁绝对控股的企业，若其中一方为国有经济成分的，一律按国有控股处理。

股份制经济　是指以合作制为基础，由企业职工共同出资入股，吸收一定比例的社会资产投资组建，实行自主经营，自负盈亏，按劳分配与按股分红相结合的一种集体经济组织。

联营企业　是指两个及两个以上相同或不同所有制性质的企业法人或事业单位法人，按自愿、平等、互利的原则，共同投资组成的经济组织。包括国有联营、集体联营、国有与集体联营、其他联营等。

有限责任公司　是指根据《中华人民共和国公司登记管理条例》规定登记注册，由两个以上，五十个以下的股东共同出资，每个股东以其所认缴的出资额对公司承担有限责任，公司以其全部资产对其债务承担责任的经济组织。包括国有独资公司以及其他有限责任公司。

股份有限公司　是指根据《中华人民共和国公司登记管理条例》规定登记注册，其全部注册资本由等额股份构成并通过发行股票筹集资本，股东以其认购的股份对公司承担有限责任，公司以其全部资产对其债务承担责任的经济组织。

私营企业　是指由自然人投资设立或由自然人控股，以雇佣劳动为基础的营利性经济组织。包括按照《公司法》、《合伙企业法》、《私营企业暂行条例》以及《个人独资企业法》规定登记注册的私营独资企业、私营合伙企业、私营有限责任公司、私营股份有限公司和个人独资企业。

轻工业　指主要提供生活消费品和制作手工工具的工业。按其所使用的原料不同，可分为两大类：（1）以农产品为原料的轻工业，是指直接或间接以农产品为基本原料的轻工业。主要包括食品制造、饮料制造、烟草加工、纺织、缝纫、皮革和毛皮制作、造纸以及印刷等工业；（2）以非农产品为原料的轻工业，是指以工业品为原料的轻工业。主要包括文教体育用品、化学药品制造、合成纤维制造、日用化学制品、日用玻璃制品、日用金属制品、手工工具制造、医疗器械制造、文化和办公用机械制造等工业。

重工业　指为国民经济各部门提供物质技术基础的主要生产资料的工业。按其生产性质和产品用途，可以分为下列三类：（1）采掘（伐）工业，是指对自然资源的开采，包括石油开采、煤炭开采、金属矿开采、非金属矿开采和木材采伐等工业；（2）原材料工业，指向国民经济各部门提供基本材料、动力和燃料的工业。包括金属冶炼及加工、炼焦及焦炭化学、化工原料、水泥、人造板以及电力、石油和煤炭加工等工业；（3）加工工业，是指对工业原材料进行再加工制造的工业。包括装备国民经济各部门的机械设备制造工业、金属结构、水泥制品等工业，以及为农业提供的生产资料如化肥、农药等工业。

根据上述划分原则，修理业中以重工业产品为修理作业对象的划为重工业，反之划为轻工业。

工业总产值 是以货币表现的工业企业在一定时期内生产的已出售或可供出售工业产品总量，它反映一定时期内工业生产的总规模和总水平。包括在本企业内不再进行加工，经检验、包装入库（规定不需包装的产品除外）的成品价值，对外加工费收入，自制半成品、在产品期末期初差额价值。工业总产值采用“工厂法”计算，即以工业企业作为一个整体，按企业工业生产活动的最终成果来计算，企业内部不允许重复计算，不能把企业内部各个车间（分厂）生产的成果相加。但在企业之间、行业之间、地区之间存在着重复计算。

轻重工业总产值的划分也是按“工厂法”计算的，即一个工业企业在正常情况下生产的主要产品的性质属于轻工业，则该企业的全部总产值作为轻工业总产值；一个工业企业生产的主要产品的性质属于重工业，则该企业的全部总产值作为重工业总产值。

固定资产原价 指企业在建造、购置、安装、改建、扩建、技术改造某项固定资产时所支出的全部货币总额。它一般包括买价、包装费、运杂费和安装费等。

固定资产净值 指固定资产原价减去历年已提折旧额后的净额。

主营业务收入 指企业在报告期内生产的成品、自制半成品和工业性劳务取得的收入。

Explanatory Notes on Main Statistical Indicators

Industry refers to the material production sector which is engaged in excavation of natural material resources, processing and reprocessing of industrial and agricultural raw materidls, including: (1) exploitation of natural resources, such as mining, solar salt, but not including hunting and fishing ; (2) processing and reprocessing of farm and sideline products, such as rice husking, wine making, oil pressing, cotton ginning, silk reeling, spinning and weaving, and leather making; (3) manufacture of industrial products, such as steel making, iron smelting, chemicals manufacturing, petroleum processing , machine building, timber processing; water and gas production and electricity generation and supply; (4) repairing of industrial products such as the repairing of machinery and means of transport (such as cars) .

Corporate Industrial Enterprises with Independent Accounting System refer to enterprises engaging in industrial production activities, which meet the following requirements: 1. They are established legally, having their own names, organizations, location, able to take civil liability; 2. They possess and use their assets independently, assume liabilities, and are entitled to sign contracts with other units; 3.They are financially independent, and compile their own balance sheets.

Collective-owned Enterprises refer to industrial enterprises where the means of production are owned collectively, including urban and rural enterprises invested by collectives and some enterprises which were formerly owned privately but have been registered in industrial and commercial administration agency as collective units through raising fund from the public.

State-holding Enterprises includes: (1) absolutely state-holding enterprises whose state paid-up capital (stock) shares are more than 50%. (2) relatively state-holding enterprises that state shares are less than 50%,but relatively more than other economic units , or no more than other economic units, but according to agreement, the state have actuary controlling ability to the enterprises. (3) enterprises that one of the two 50-50 investors is state-owned, without conforming which investor is absolute holding.

Share-holding Enterprises refer to economic units set up on cooperative basis, with funding party from members of the enterprises and partly from outside investment, where the operation and management is decided by the members who also participate in the production, and the distribution of income is based both on work (labor input) and on shares (capital input) .

Joint-operation Enterprises refer to economic units that are established by joint investment by two or more corporate enterprise or institution of the same or different types of ownership on voluntary, equal and mutual-beneficial basis. They include state-owned joint-operation enterprises, collective joint-operation enterprises, state-collective joint-operation enterprises, other joint-operation etc.

Share-holding Liability Corporations refers to economic units registered in accordance with the Regulation of the People's Republic of China on the registration of corporation enterprises, assets are collected by above 2 investors, bellow 50 investors, each investor bears limited liability to the corporation depending on the holding of shares, and the corporation bears liability to its debt to the maximum of its total assets. They include state-owned enterprises and other share-holding liability corporations.

Share-holding Corporations Lid. refer to economic units registered in accordance with the Regulation of the People's Republic of China on the Management of Registration of Corporation Enterprises, with total registered capital divided into equal shares and raised through issuing stocks. Each investor bears limited liability to the corporation depending on the holding of shares, and the corporation bears to its debt to the maximum of its total assets

Private Enterprises refer to economic units invested or controlled (by holding the majority of the shares) by natural persons who hire labors for profit-making activities. Included in this category are private limited liability corporations, private share-holding corporations ltd., private partnership and private sole investment enterprises registered in accordance with the Corporation law, Partnership law, Tentative Regulation on Private Enterprises and Individual Proprietorship Enterprise Law.

Light Industry refers to the industry that produces consumer goods and hand tools. It consists of two categories, depending on the materials used: (1) Industries using farm products as raw materials. These are branches of light industry which directly or indirectly use farm products as basic raw materials, including the manufacture of food and beverages, tobacco processing, textile, clothing, fur and leather manufacturing, paper making, printing, etc. (2) Industries using non farm products as raw materials. These are branches of light industry which use manufactured goods as raw materials, including the manufacture of cultural, educational articles and sports goods, chemicals, synthetic fiber, chemical products for daily use, glass products for daily use, metal products for daily use, hand tools, medical apparatus and instruments, and the manufacture of cultural and clerical machinery.

Heavy Industry refers to the industry whose produces capital goods, and provides various sectors of the national economy with necessary material and technical basis. It consists of the following three branches according to the purpose of production or the use of products: (1) Mining, quarrying and logging industry refers to the industry that extracts natural resources, including extraction of petroleum, coal, metal and non metal ores and logging. (2) Raw materials industry refers to the industry that provides various sectors of the national economy with raw materials, fuels and power. It includes smelting and processing of metals, coking and coke chemistry, chemical materials and building materials such as cement, plywood, and power, petroleum refining and coal dressing. (3) Manufacturing industry refers to the industry that processes raw materials. It includes machine manufacturing industry which equips sectors of the national economy, industries of metal structure and cement products, industries producing means of agricultural production, such as chemical fertilizers and pesticides.

According to the above principle of classification, the repairing trades that are engaged primarily in repairing products of heavy industry are classified into heavy industry while these engaged in repairing products of light industry are classified into light industry.

Gross Industrial Output Value is the total volume of industrial products sold or available for sale in value terms that reflects the total achievements and overall scale of industrial production during a given period. It includes the value of the finished products, which are not to be further processed in the enterprises and have been inspected, packed and put in storage, the value of industrial services rendered to other units, and the changes in the value of the semi- finished products and products in process between the beginning and closing of the period. The gross industrial output value is calculated with "factory method". No double calculations are to be made within the same enterprise. However, double counting does occur among different enterprises.

Output value of light and heavy industries is also classified with the "factory" method. Under normal conditions, if the major products of an industrial enterprise belong to light industry products, the gross output value of that enterprise is classified wholly into light industry; the same principle applies to heavy industry.

Original Value of Fixed Assets refers to the original value of all fixed assets owned by industrial enterprises, calculated at the cost paid at the time of purchase, installation, reconstruction, expansion, and technical innovation and transformation of the said assets, which includes expenses on purchase, package, transportation, and installation, etc. Net value of fixed assets is obtained by deducting depreciation over years from the original value of fixed assets.

Net Value of Fixed Assets is obtained by deducting depreciation over years from the original value of fixed assets.

Business Income of Main Products refers to the revenue form the sales of finished and semi-finished products and from rendering of industrial services by industrial services by industrial enterprises during the reference period.

第十五篇

建筑业

CONSTRUCTION

（编辑：曾　睿）

15－1 主要年份三级及三级以上建筑业企业主要指标
Major Indicators of the Third & Higher Grade Construction Enterprises in Main Years

指 标	Item	2000	2005	2010	2011	2012	2013	2014	2015
企业个数（个）	**Number (unit)**	**1078**	**1047**	**1160**	**1174**	**1258**	**1245**	**1163**	**1152**
#国有及国有控股企业	State-owned & State-holding Enterprises	260	216	169	159	159	152	142	137
城镇集体企业	Urban Collective-owned Enterprises	623	314	229	232	225	197	182	167
1. 内资企业	1. Domestic Enterprises	1067	1042	1153	1168	1252	1241	1161	1149
2. 港澳台商投资企业	2.Enterprises Funded by Enterprises from Hong Kong, Macao & Taiwan	4	4	5	5	5	4	2	3
3. 外商投资企业	3. Foreign Funded Enterprises	7	1	2	1	1	0	0	0
总产值（万元）	**Gross Output Value (10 000 yuan)**	**1509158**	**4252101**	**12223126**	**15530712**	**18670580**	**22898810**	**26089057**	**29534213**
#国有及国有控股企业	State-owned & State-holding Enterprises	888224	2483506	6457240	8127477	9222792	11096091	12162752	13350594
城镇集体企业	Urban Collective-owned Enterprises	466152	638898	1170174	1464183	1526447	1526888	1717443	1923372
1. 内资企业	1. Domestic Enterprises	1502681	4228461	12007742	15292465	18270157	22893008	26086491	29525023
2. 港澳台商投资企业	2.Enterprises Funded by Enterprises from Hong Kong , Macao & Taiwan	670	1742	8837	16494	11344	5802	2566	9190
3. 外商投资企业	3. Foreign Funded Enterprises	5807	21898	206548	221753	389079	0	0	0
年末从业人员（万人）	**Number of Employed Persons(10 000 persons)**	**33.3**	**43.0**	**59.06**	**59.48**	**67.03**	**76.50**	**77.92**	**85.67**
#国有及国有控股企业	State-owned & State-holding Enterprises	16.1	20.4	26.4	26.81	26.76	30.73	31.90	35.02
城镇集体企业	Urban Collective-owned Enterprises	13.5	10.5	7.39	7.4	7.8	6.88	6.87	6.83
1. 内资企业	1. Domestic Enterprises	15.5	42.8	58.01	58.58	63.78	76.46	77.91	85.65
2. 港澳台商投资企业	2.Enterprises Funded by Enterprises from Hong Kong, Macao & Taiwan	…	0.03	0.01	0.05	0.04	0.04	0.01	0.02
3. 外商投资企业	3. Foreign Funded Enterprises	0.1	0.1	1.03	0.85	3.21	0.00	0.00	0.00
房屋建筑施工面积（万平方米）	**Floor Space of Buildings under Construction(10 000 sq.m)**	**2327.5**	**5518.1**	**10742.3**	**12906.3**	**15076.6**	**18316.1**	**21168.1**	**23432.0**
房屋建筑竣工面积（万平方米）	**Completed Residential Areas of Buildings(10 000 sq.m)**	**1188.7**	**2209.7**	**4093.82**	**4670.2**	**5028.7**	**5787.6**	**6733.0**	**7720.7**

15—2 主要年份国有及国有控股建筑企业主要指标
Major Indicators of State-owned & State-holding Construction Enterprises in Main Years

指　标	Item	2000	2005	2010	2011	2012	2013	2014	2015
企业个数（个）	Number of Enterprises（unit）	260	216	169	159	159	152	142	137
计算建筑业劳动生产率的平均人数（万人）	Average Number of Staff & Workers to Calculate Labor Productivity (10 000 persons)	15.6	19.7	25.1	25.8	25.2	28.8	35.4	38.7
建筑业总产值（万元）	Gross Output Value of Construction (10 000 yuan)	888224	2483506	6457240	8127477	9222792	11096091	12162752	13350594
竣工产值（万元）	Output Value of Construction Completed (10 000 yuan)	824396	1600790	3109693	4251798	4731476	5952729	4528612	6927922
房屋建筑施工面积（万平方米）	Floor Space of Buildings under Construction (10 000 sq.m)	1050.1	2380.9	4640.4	5802.0	6851.4	8708.4	10645.8	11767.8
#本年新开工	Newly Started Buildings in the Year	416.6	1069	1658.8	2106.7	2811.9	2467.1	3268.0	2388.7
房屋建筑竣工面积（万平方米）	Floor Space of Buildings Completed (10 000 sq.m)	464.9	808.1	1260.6	1511.6	1508.7	1605.3	1752.2	2157.4
#住宅	Residential Building	281.6	529.6	844.2	994.3	946.6	1117.3	1132.7	1284.8
年末自有机械设备总台数（台）	Number of Machinery & Equipment Owned at Year-end (set)	42514	46905	36782	53406	37814	37728		37146
年末自有机械设备净值（万元）	Net Value of Machinery & Equipment Owned at Year-end (10 000 yuan)	125314	174423	183742	190427	180498	162130		185266
年末自有机械设备总功率（万千瓦）	Total Power of Machinery & Equipment Owned at Year-end (10 000 kw)	98.2	104.6	107.4	131.9	95.1	110.1		114.3
年末固定资产原值（万元）	Original Value of Fixed Assets (10 000 yuan)	751637	758096	782614	880048	825364	847846	989844	1033633
年末固定资产净值（万元）	Net Value of Fixed Assets (10 000 yuan)	597232	505996	477123	476779	444553	438954	558453	577324
本年固定资产折旧（万元）	Depreciation of Fixed Assets (10 000 yuan)	20662	32117	53040	78022	48009	49627	68112	64642
利润总额（万元）	Total Profits (10 000 yuan)	440	15102	51373	51471	48651	77453	104659	127681
利税总额（万元）	Total Pre-tax Profits (10 000 yuan)	30485	95195	251929	292024	309995	393578	446876	511979
按建筑业总产值计算的劳动生产率（元/人）	Overall Labor Productivity in Terms of Gross Output Value (yuan/person)	56937	125917	257132	315302	366174	385924	343180	344720
按竣工面积计算的劳动生产率（平方米/人）	Overall Labor Productivity in Terms of Floor Space of Buildings Completed (sq.m/person)	29.8	41	50.2	58.6	59.9	55.8	49.4	55.7
产值利润率（%）	Ratio of Profit to Gross Output Value (%)	0.1	0.6	0.8	0.6	0.5	0.7	0.9	1.0
产值利税率（%）	Ratio of Pre-tax Profit to Gross Output Value (%)	3.4	3.8	3.9	3.6	3.4	3.5	3.7	3.8
房屋建筑面积竣工率（%）	Rate of Floor Space of Buildings Completed (%)	44.3	33.9	27.2	26.1	22	18.4	16.5	18.3
技术装备率（元/人）	Value of Machines per Laborer (yuan/person)	7784	8843	6960	7103	6745	5280		5292
动力装备率（千瓦/人）	Power of Machines per Laborer (kw/person)	6	5	4	5	4	4		3

15－3 主要年份地方国有建筑企业主要指标

Major Indicators of Local State-owned Construction Enterprises in Main Years

指　　标	Item	2000	2005	2010	2011	2012	2013	2014	2015
企业个数（个）	Number of Enterprises (unit)	238	200	156	128	130	118	103	96
计算建筑业劳动生产率的平均人数（万人）	Average Number of Staff & Workers to Calculate Labor Productivity (10 000 persons)	13.3	16.7	20.3	21.1	20.5	24.644	29.7245	28.1273
建筑业总产值（万元）	Gross Output Value of Construction (10 000 yuan)	691699	1949218	4878699	5985496	7588766	8778188	8368281	9059867
竣工产值（万元）	Output Value of Construction Completed (10 000 yuan)	601947	1213806	2560959	3401334	3731162	4065692	3683812	5425079
房屋建筑施工面积（万平方米）	Floor Space of Buildings under Construction (10 000 sq.m)	1004.7	2203.8	4415.9	5660.8	6697.2	8391.6	8351.8	9265.2
#本年新开工	Newly Started Buildings in the Year	400.3	961.1	1490.9	2043.1	2740.4	2326.7	2701.8	2015.0
房屋建筑竣工面积（万平方米）	Floor Space of Buildings Completed (10 000 sq.m)	444.3	702.3	1238.1	1479.9	1470.7	1543.3	1372.6	1669.5
#住宅	Residential Building	273.2	446.7	838.5	976.6	932.5	1076.5	928.0	965.8
年末自有机械设备总台数（台）	Number of Machinery & Equipment Owned at Year-end (set)	34428	34397	23962	37314	22671	20031		19042
年末自有机械设备净值（万元）	Net Value of Machinery & Equipment Owned at Year-end (10 000 yuan)	93670	107045	86709	89677	114266	89364		114434
年末自有机械设备总功率（万千瓦）	Total Power of Machinery & Equipment Owned at Year-end (10 000 kw)	74.9	63.2	57.6	40.7	60.8	42.3		59.5
年末固定资产原值（万元）	Original Value of Fixed Assets (10 000 yuan)	647397	427785	423670	479034	504654	492979	488579	488910
年末固定资产净值（万元）	Net Value of Fixed Assets (10 000 yuan)	532899	299639	298090	299218	318369	308085	328598	321051
本年固定资产折旧（万元）	Depreciation of Fixed Assets (10 000 yuan)	14028	3118	15029	25264	25814	22496	21244	25981
利润总额（万元）	Total Profits (10 000 yuan)	3789	7854	33002	31780	45516	79950	74325	85246
利税总额（万元）	Total Pre-tax Profits (10 000 yuan)	25426	61464	186674	206497	259196	330131	320206	344675
按建筑业总产值计算的劳动生产率（元/人）	Overall Labor Productivity in Terms of Gross Output Value (yuan/person)	52007	116991	239954	284116	370041	356200	343180	322102
按竣工面积计算的劳动生产率（平方米/人）	Overall Labor Productivity in Terms of Floor Space of Buildings Completed (sq.m /person)	33	42.2	60.9	70.2	71.7	62.6	49.4	59.4
产值利润率（%）	Ratio of Profit to Gross Output Value (%)	0.5	0.4	0.7	0.5	0.5	0.9	0.9	0.9
产值利税率（%）	Ratio of Pre-tax Profit to Gross Output Value (%)	3.7	3.2	3.8	3.4	3.0	3.8	3.7	3.8
房屋建筑面积竣工率（%）	Rate of Floor Space of Buildings Completed (%)	44.2	31.9	28	26.1	22	18	16.4	18.0
技术装备率（元/人）	Value of Machines per Laborer (yuan/person)	6788	6425	3900	3950	5048	3386		4472
动力装备率（千瓦/人）	Power of Machines per Laborer (kw/person)	5	4	3	2	3	2		2

15－4 建筑企业生产情况（2015年）
Major Production Indicators of Construction Enterprises（2015）

指标	Item	总计 Total	#国有经济 State-owned Economic	中央企业 Central	地方企业 Local	#城镇集体经济 Urban Collective-owned Economic
企业个数（个）	Number of Enterprises（unit）	1152	109	13	96	167
#亏损企业个数	Number of Loss-making Enterprises	220	22	1	21	28
建筑业总产值(万元)	Gross Output Value of Construction (10 000 yuan)	29534212.5	11116332.4	2056465.7	9059866.7	1923372.4
建筑工程	Construction Projects	25600103.9	9802470.2	1532072.7	8270397.5	1779678.4
安装工程	Installation Projects	2516465	1057993.1	487340.7	570652.4	69914.7
其他	Others	1417643.6	255869.1	37052.3	218816.8	73779.3
竣工产值（万元）	Output Value of Construction Completed (10 000 yuan)	17620959.3	5955864.2	530785.6	5425078.6	1201086
房屋建筑施工面积（万平方米）	Floor Space of Buildings under Construction (10 000 sq.m)	23431.97	9530.28	265.03	9265.25	1565.57
#本年新开工	Newly Started Buildings in the Year	7999.53	2065.98	50.98	2015.00	853.31
#投标承包	Number of Bidding Projects	19017.62	9323.28	245.05	9078.23	1032.01
房屋建筑竣工面积（万平方米）	Floor Space of Buildings Completed (10 000 sq.m)	7720.70	1701.23	31.70	1669.52	809.48
#住宅面积	Residential Buildings	4573.01	981.59	15.76	965.83	469.59
年末自有机械设备总台数（台）	Number of Machinery & Equipment Owned at Year-end (set)	148250	35204	16162	19042	18071
年末自有机械设备总功率（万千瓦）	Total Power of Machinery & Equipment Owned at Year-end (10 000 kw)	279.04	108.01	48.52	59.49	29.70
年末自有机械设备净值（万元）	Net Value of Machinery & Equipment Owned at Year-end (10 000 yuan)	578166.3	157369.1	42935.1	114434	46355.6
计算建筑业劳动生产率的平均人数(万人)	Average Number of Staff & Workers to Calculate Labor Productivity (10 000 persons)	98.66	32.29	4.16	28.13	7.53

15－5 按主要行业分组的建筑企业生产情况（2015年）
Major Production Indicators of Construction Enterprises by Sector (2015)

指标	Item	总计 Total	房屋建筑业 Housing Industry	土木工程建筑业 Civil Engineering	建筑安装业 Construction & Installation	建筑装饰和其他 Architectual Ornament & Others
企业个数（个）	Number of Enterprises (unit)	1152	685	205	119	143
#亏损企业个数	Number of Loss-making Enterprises	220	126	30	27	37
建筑业总产值(万元)	Gross Output Value of Construction (10 000 yuan)	29534212.5	23064664.8	5414188.6	711086.7	344272.4
建筑工程	Construction Projects	25600103.9	20796164.9	4287078.8	278752.6	238107.6
安装工程	Installation Projects	2516465	1221337.5	864112.9	413028.9	17985.7
其他	Others	1417643.6	1047162.4	262996.9	19305.2	88179.1
竣工产值（万元)	Output Value of Construction Completed (10 000 yuan)	17620959.3	13428596.5	3538583	413506.7	240273.1
房屋建筑施工面积（万平方米)	Floor Space of Buildings under Construction (10 000 sq.m)	23431.97	22479.37	851.76	99.32	1.51
#本年新开工	Newly Started Buildings in the Year	7999.54	7658.22	291.55	48.25	1.51
#投标承包	Number of Bidding Projects	19017.62	18172.57	803.52	41.53	0
房屋建筑竣工面积（万平方米）	Floor Space of Buildings Completed (10 000 sq.m)	7720.70	7573.04	115.23	30.90	1.51
#住宅面积	Residential Buildings	4573.01	4490.70	61.26	21.06	0
年末自有机械设备总台数（台）	Number of Machinery & Equipment Owned at Year-end (set)	148250	109963	30331	4721	3235
年末自有机械设备总功率（万千瓦）	Total Power of Machinery & Equipment Owned at Year-end (10 000 kw)	279.04	168.93	96.31	5.32	8.47
年末自有机械设备净值（万元）	Net Value of Machinery & Equipment Owned at Year-end (10 000 yuan)	578166.3	431260.4	129819.9	10939.7	6146.3
计算建筑业劳动生产率的平均人数(万人)	Average Number of Staff & Workers to Calculate Labor Productivity (10 000 persons)	98.66	80.47	14.73	2.20	1.27

15－6 建筑企业主要财务状况（2015年）
Major Financial Indicators of Construction Enterprises (2015)

单位：万元 (10 000 yuan)

指 标	Item	总 计 Total	#国有经济 State-owned Economic	中央企业 Central	地方企业 Local	#城镇集体经济 Urban Collective-owned Economic
实收资本合计	Total Capital Hold	3577218	879924	212983	666941	206578
流动资产合计	Total Circulating Funds	13520711	5622745	1781953	3840792	585078
固定资产合计	Total Fixed Assets	1731116	632827	226156	406671	128428
固定资产原价	Original Value of Fixed Assets	2221736	873107	384197	488910	141808
累计折旧	Add Up Depreciation	881188	391791	223932	167859	39360
#本年折旧	Depreciation of the Year	131650	57333	31352	25981	5031
资产总计	Total Assets	17094285	7099303	2101191	4998112	778540
流动负债合计	Total Liquid Liabilities	9903116	4695267	1635090	3060177	407073
非流动负债合计	Total Non-liquid Liabilities	1070289	792562	145206	647356	14663
所有者权益合计	Total Creditors Equity	5755056	1513291	320896	1192395	317533
主营业务收入	Income from Major Business	26106728	10913725	2398238	8515487	1390467
主营业务成本	Cost of Major Business	23553984	10165837	2212868	7952968	1183821
主营业务税金及附加	Taxes & Extra Charges of Major Business	893316	320880	67966	252914	61741
其他业务利润	Other Profits	31080	14229	3893	10336	1252
管理费用	Management Expenses	707399	213577	65487	148090	41010
财务费用	Property Expenses	207301	121188	34801	86387	4258
利润总额	Total Profits	543178	105524	20278	85246	38779
利税总额	Total Pre-tax Profits	1480038	435024	90349	344675	104687

15－7 按主要行业分组的建筑企业财务状况（2015年）

Major Production Indicators of Construction Enterprises by Sector（2015）

单位：万元 (10 000 yuan)

指　标	Item	总　计 Total	房屋建筑业 Housing Industry	土木工程建筑业 Civil Engineering	建筑安装业 Construction & Installation	建筑装饰和其他建筑业 Architectual Ornament & Others
实收资本合计	Total Capital Hold	3577218	2391999	919599	168406	97214
流动资产合计	Total Circulating Funds	13520711	8477663	4066422	701681	274945
固定资产合计	Total Fixed Assets	1731116	1111740	546020	51677	21679
固定资产原价	Original Value of Fixed Assets	2221736	1184825	901570	93473	41868
累计折旧	Add Up Depreciation	881188	357629	452141	46757	24661
#本年折旧	Depreciation of the Year	131650	57979	62649	8309	2713
资产总计	Total Assets	17094285	10414310	5520411	845071	314492
流动负债合计	Total Liquid Liabilities	9903116	5891566	3323878	539650	148021
非流动负债合计	Total Non-liquid Liabilities	1070289	395506	649145	18265	7373
所有者权益合计	Total Creditors Equity	5755056	3822560	1512894	277792	141810
主营业务收入	Income from Major Business	26106728	19810920	5258898	749309	287602
主营业务成本	Cost of Major Business	23553984	17967258	4689928	654487	242311
主营业务税金及附加	Taxes & Extra Charges of Major Business	893316	698743	166043	20230	8301
其他业务利润	Other Profits	31080	15438	10070	5436	137
管理费用	Management Expenses	707399	463060	172745	49427	22167
财务费用	Property Expenses	207301	116339	82898	7382	682
利润总额	Total Profits	543178	401630	114722	18819	8006
利税总额	Total Pre-tax Profits	1480038	1136697	285683	40730	16928

15－8 各种分组的建筑企业主要经济效益指标（2015年）
Major Economic Efficiency Indicators of Construction Enterprises by Various Groups (2015)

指 标	Item	劳动生产率 Labor Productivity			房屋建筑面积竣工率（%） Rate of Floor Space of Buildings Completed (%)
		按总产值计算（元/人） Calculated by Gross Output Value (yuan/person)	按竣工产值计算（元/人） Calculated by Completed Output Value (yuan/person)	按房屋竣工面积计算（平方米/人） Calculated by Floor Space of Building Completed (sq.m/person)	
总 计	**Total**	**299354**	**178603**	**78.26**	**32.95**
按经济类型分	By Economic units				
#国有经济	State-owned Economic	344249	184441	52.68	17.85
中央企业	Central Enterprises	493844	127464	7.61	11.96
地方企业	Local Enterprises	322102	192876	59.36	18.02
集体经济	Collective-owned Economic	255340	159452	107.46	51.71
按企业资质等级分	By the Classes of Enterprises				
0、一级	Zero, One Classes	319309	171749	68.53	24.83
二、三级	Two, Three Classes	268105	189336	93.48	52.77
按行业分	By Sector				
房屋建筑业	Building Construction	286638	166885	94.11	33.69
土木工程建筑业	Civil Engineering Construction	367677	240305	7.83	13.53
建筑安装业	Installation	322854	187744	14.03	31.12
建筑装饰和其他建筑业	Architectural Decoration & Others	271980	189819	1.19	100.00

15—8 续表 continued

指 标	Item	资产利润率(%) Ratio of Profit to Funds (%)	资产利税率(%) Ratio of Per-tax Profit to Funds (%)	产值利润率(%) Ratio of Profit to Gross Output Value(%)	产值利税率(%) Ratio of Pre-tax Profit to Gross Output Value (%)
总 计	**Total**	**3.18**	**8.66**	**1.84**	**5.01**
按经济类型分	By Economic units				
#国有经济	State-owned Economic	1.49	6.13	0.95	3.91
中央企业	Central Enterprises	0.97	4.30	0.99	4.39
地方企业	Local Enterprises	1.71	6.90	0.94	3.80
集体经济	Collective-owned Economic	4.98	13.45	2.02	5.44
按企业资质等级分	By the Classes of Enterprises				
O、一级	Zero, One Classes	2.85	8.94	1.38	4.33
二、三级	Two, Three Classes	3.57	8.33	2.70	6.29
按行业分	By Sector				
房屋建筑业	Building Construction	3.86	10.91	1.74	4.93
土木工程建筑业	Civil Engineering Construction	2.08	5.18	2.12	5.28
建筑安装业	Installation	2.23	4.82	2.65	5.73
建筑装饰和其他建筑业	Architectural Decoration & Others	2.55	5.38	2.33	4.92

主要统计指标解释

建筑业统计单位 指从事房屋、构筑物建造和设备安装活动的法人企业。

建筑业总产值 建筑业总产值是以货币表现的建筑业企业在一定时期内生产的建筑业产品和提供的服务的总和。建筑业总产值包括:

(1) 建筑工程产值：指列入建筑工程预算内的各种工程价值。

(2) 安装工程产值：指设备安装工程价值，不包括被安装设备本身价值。

(3) 其他产值：建筑业总产值中除建筑工程、安装工程以外的产值。包括房屋构筑物修理产值、非标准设备制造产值、总包企业向分包企业收取的管理费以及不能明确划分的施工活动所完成的产值。

竣工产值 指以货币表现的建筑业生产所形成的成品的价值。竣工产值一般是以单位工程为对象，当该工程按照设计所规定工程内容全部完成，达到了设计规定的交工条件，经有关部门检查验收鉴定合格的单位工程价值。竣工产值包括报告期内竣工单位工程从开工到竣工的全部自行完成的价值。如果一个单位工程跨两个年度施工，其竣工价值应当包括上年度完成的价值。竣工产值不包括附属辅助企业或内部核算的其他单位为外单位生产和服务的价值。

房屋建筑施工面积 是指报告期内施工的全部房屋建筑面积，它包括本期新开工的面积、上期跨入本期继续施工的房屋面积、上期停缓建在本期恢复施工的房屋面积、本期竣工的房屋面积以及本期施工后又停缓建的房屋面积。

房屋竣工面积 是指在报告期内房屋建筑按照设计要求已全部完工，达到了使用条件，经检查验收鉴定合格的房屋建筑面积。计算房屋竣工面积，必须严格执行房屋竣工验收标准。

自有机械设备年末总功率 是指本企业（或单位）自有施工机械、生产设备、运输设备以及其他设备等列为固定资产的生产性机械设备年末总功率，按设定能力或查定能力计算。包括机械本身的动力和为该机械服务的单独动力设备，如电动机等。计量单位用千瓦，动力换算可按1马力=0.735千瓦折合成千瓦数。电焊机、变压器、锅炉不计算动力。

自有机械设备净值 是指本企业（或单位）自有机械设备经过使用、磨损后实际存在的价值，即原值减去折旧后的净额。

房屋建筑面积竣工率 是指报告期内房屋建筑竣工面积占同期房屋建筑施工面积的比重。

技术装备率 指在报告期末自有机械设备净值与期末从业人数的比重。

动力装备率 指在报告期末自有机械设备总功率与期末从业人数的比重。

产值利润率 指在报告期内每百元产值所实现的利润。它的计算方法是：利润总额除以建筑业总产值。

产值利税率 指在报告期内每百元产值所实现的利税。它的计算方法是：利税总额除以建筑业总产值。

Explanatory Notes on Main Statistical Indicators

Statistical Unit in Construction refers to corporate enterprise engaged in the construction of buildings and structures and in the installation of equipment

Gross Output Value of Construction (Output Value of Projects Under Construction) refers to total of construction products, expressed, in money terms, completed by construction and installation enterprises during a given period of time. It includes:

(1)Output value of construction projects, that is the value of projects covered by the project budgets;

(2)Output value of installation projects, that is the value of the installation equipment,(excluding the value of the equipment to be installed);

(3)Output value of others, that is the output value of construction industry excluding of construction projects and installation projects. It includes: output value of repairs of buildings or structures; output value of non-standard equipment manufacturing; overhead expenses received by contracted enterprises the sub-contracted enterprises and the completed output value of construction activities that have no clear definition.

Output Value Completed refers to the value of the finished products make from construction producing that displays with the currency. It is the value of unit projects completed, which has come up to the designed standards and has been checked and accepted as qualified project by related departments. Output value completed includes the value of unit project completed that is all finished by itself from going into operation to completing during the report period. If the project of a unit is stepped for two years, its completed value should include the value that is finished in prior year. Output value completed does not include the value of attaching auxiliary enterprises or other checked-inside units that produce and serve for the other unit.

Floor Space of Buildings Under Construction refers to floor space of buildings under construction during the reference period including newly started buildings buildings started earlier and continued during the reference period and buildings suspended earlier restarted during the reference period, buildings completed during the reference period, and building under construction and then suspended during the reference period.

Floor Space of Buildings Completed refers to the floor space of buildings that are completed in reference period in accordance with the requirements of the design, up to the standard for putting into use, and have been checked and accepted by concerned departments as qualified ones.

Total Power of Machinery and Equipment Owned by the End of Year refers to the total power of machinery and equipment owned by the enterprises, and listed as the fixed assets of the enterprises by the end of the year' including machinery and equipment for construction, production and transportation. The power of the machinery is calculated on basis of the designed or verified capacity covering the power of the machinery / equipment and the separate power equipment serving the machinery / equipment (such as electric motors) but excluding welders, transformers and boilers. The unit used for the calculation of power is kilowatt, with horsepower converted to kilowatt by 1 horsepower = 0.735 kilowatt. Arc welding generator, voltage transformer and boiler don' t calculate power.

Net Value of Machinery and Equipment Owned refers to the actual value of machinery and equipment owned by the enterprises after being used and broken, is obtained by deducting net value after depreciation from original value.

Rate of Floor Space of Buildings Completed refers to the ration of the floor space of buildings completed in certain period of time to the floor space of buildings under Construction in the same period.

Value of Machines per Laborer refers to the proportion of net value of machinery and equipment owned with persons employed of construction at year-end during the reference period.

Power of Machines per Laborer refers to the proportion of total power of machinery and equipment owned with persons employed of construction at year-end during the reference period.

Ratio of Profit to Gross Output Value refers to the profits that per 100 yuan make. It can be calculated as: total profits /gross output value of construction.

Ratio of Pre-tax Profit to Gross Output Value that is ratio of pre-tax profit to gross output value. Refers to the profits that per 100 yuan make. It can be calculated as: total Pre-tax profits /gross output value of construction.

第十六篇

批发和零售业

WHOLESALE & RETAIL TRADES

（编辑：蒙庆彬）

16－1 限额以上批发和零售业企业基本情况（2015年）

Basic Conditions of Enterprises above Designated Size in Wholesale & Retail（2015）

项 目	Item	法人企业（个）Corporation Enterprises (unit)	年末从业人员（人）Year-end Persons Employed (person)
总 计	**Total**	**2920**	**180103**
一、批发业	**Ⅰ.Wholesale**	**1168**	**64790**
1.按登记注册类型分组	**1.Grouped by Status of Registration**		
内资企业	Domestic Funded Enterprises	1161	64496
国有企业	State-owned Industry	55	10174
集体企业	Collective-owned Industry	21	1191
股份合作企业	Cooperative Enterprises	2	46
联营企业	Joint Ownership Enterprises		
国有联营企业	State Joint Ownership Enterprises		
集体联营企业	Collective Joint Ownership Enterprises		
国有与集体联营企业	Joint State-Collective Ownership Enterprises		
其他联营企业	Other Joint Ownership Enterprises		
有限责任公司	Limited Liability Corporations	339	16914
国有独资企业	Sole State-funded Corporations	25	1238
其他有限责任公司	Other Limited Liability Corporations	314	15676
股份有限公司	Share Holding Enterprises	55	13516
私营企业	Private Enterprises	679	21901
私营独资企业	Private-funded Enterprises	5	123
私营合伙企业	Private Partnership Enterprises	1	19
私营有限责任公司	Private Limited Liability Corporations	651	21079
私营股份有限公司	Private Share Holding Enterprises	22	680
其他企业	Others	10	754
港、澳、台商投资企业	Enterprises with Funds from Hong Kong, Macao & Taiwan	5	209
合资经营企业	Joint Venture Enterprises	2	71
合作经营企业	Cooperative Enterprises		
独资经营企业	Enterprises with Sole Investment	3	138
投资股份有限公司	Share-holding Corporations Ltd. with Investment		
其他港澳台投资企业	Others		
外商投资企业	Foreign-investment Enterprise	2	85
中外合资经营企业	Joint Venture Enterprises	1	70
中外合作经营企业	Cooperative Enterprises		
外资企业	Enterprises with Sole Foreign Investment	1	15
外商投资股份有限公司	Share-holding Corporations Ltd. with Foreign Investment		
其他外商投资企业	Others		
2.按国民经济行业分组	**2.Grouped by National Economic Sector**		
农畜产品批发业	Wholesale of the Agricultural & Animal Products	61	2488
食品、饮料及烟草制品批发业	Wholesale of Food , Beverage & Tobacco Products	145	17468
#米、面制品及食用油批发业	Wholesale of Rice, Flour Products & Edible Oil	32	3165

16－1 续表1 continued

项　目	Item	法人企业(个) Corporation Enterprises (unit)	年末从业人员(人) Year-end Persons Employed (person)
烟草制品批发业	Wholesale of Tobacco Products	14	7232
纺织、服装及日用品批发业	Wholesale of Textile , Garments & Daily Necessities	95	5857
#服装批发业	Wholesale of Garments	13	746
文化、体育用品及器材批发业	Wholesale of Culture , Sports Goods & Apparatus	17	695
医药及医疗器材批发业	Wholesale of Medicine & Medical Apparatus	100	8596
矿产品、建材及化工产品批发业	Wholesale of Mineral Products , Building Materials & Chemical Products	552	22559
#煤炭及制品批发业	Wholesale of Coal & Related Products	74	1302
石油及制品批发业	Wholesale of Petroleum & Related Products	70	12177
金属及金属矿批发业	Wholesale of Metal & Metallic Ore	201	2993
建材批发业	Wholesale of Building Materials	70	956
化肥批发业	Wholesale of Chemical Fertilizer	66	2855
机械设备、五金交电及电子产品批发业	Wholesale of Mechanical Equipment , Hardware & Electrical Equipment & Electronic Product	166	6626
#汽车批发业	Wholesale of Motor Vehicles	32	946
计算机、软件及辅助设备批发业	Wholesale of Computer , Software & Auxiliary Equipment	20	757
贸易经纪与代理	Trade Manager & Acting as Agent	9	90
其他批发业	Others	23	411
二、零售业	**Ⅱ.Retail**	**1752**	**115313**
1.按登记注册类型分组	**1.Grouped by Status of Registration**		
内资企业	Domestic Funded Enterprises	1711	106706
国有企业	State-owned Industry	44	2899
集体企业	Collective-owned Industry	32	1401
股份合作企业	Cooperative Enterprises	1	30
联营企业	Joint Ownership Enterprises		
国有联营企业	State Joint Ownership Enterprises		
集体联营企业	Collective Joint Ownership Enterprises		
国有与集体联营企业	Joint State-Collective Ownership Enterprises		
其他联营企业	Other Joint Ownership Enterprises		
有限责任公司	Limited Liability Corporations	548	42946
国有独资企业	Sole State-funded Corporations	51	2231
其他有限责任公司	Other Limited Liability Corporations	497	40715
股份有限公司	Share Holding Enterprises	55	11655
私营企业	Private Enterprises	1022	47595
私营独资企业	Private-funded Enterprises	69	1710
私营合伙企业	Private Partnership Enterprises	10	337
私营有限责任公司	Private Limited Liability Corporations	904	43911
私营股份有限公司	Private Share Holding Enterprises	39	1637
其他企业	Others	9	180

16－1 续表2 continued

项 目	Item	法人企业（个）Corporation Enterprises (unit)	年末从业人员（人）Persons Employed (person)
港、澳、台商投资企业	Enterprises with Funds from Hong Kong, Macao & Taiwan	32	7073
合资经营企业	Joint Venture Enterprises	7	2558
合作经营企业	Cooperative Enterprises		
独资经营企业	Enterprises with Sole Investment	22	4188
投资股份有限公司	Share-holding Corporations Ltd. with Investment	2	139
其他港澳台投资企业	Others	1	188
外商投资企业	Foreign-investment Enterprise	9	1534
中外合资经营企业	Joint Venture Enterprises	1	246
中外合作经营企业	Cooperative Enterprises	2	198
外资企业	Enterprises with Sole Foreign Investment	4	840
外商投资股份有限公司	Share-holding Corporations Ltd. with Foreign Investment	1	230
其他外商投资企业	Others	1	20
2.按国民经济行业分组	**2.Grouped by National Economic Sector**		
综合零售业	Comprehensive Retail	286	43917
#百货零售业	Retail of Consumer Goods	103	17074
超级市场零售业	Retail of Supermarket	165	26015
食品、饮料及烟草制品专门零售业	Special Retail of Food , Beverage & Tobacco Products	83	2778
纺织、服装及日用品专门零售业	Special Retail of Textile , Garments & Daily Necessities	39	1712
# 服装零售业	Retail of Garments	13	570
文化、体育用品及器材专门零售业	Special Retail of Culture , Sports Goods & Apparatus	105	4609
#体育用品零售业	Retail of Sports Goods	2	788
图书零售业	Retail of Books	72	2838
医药及医疗器材专门零售业	Special Retail of Medicine & Medical Apparatus	109	14148
#药品零售业	Retail of Medicines	100	13833
汽车、摩托车、燃料及零配件专门零售业	Special Retail of Motor Vehicles, Motorcycles & Parts	717	32597
#汽车零售业	Retail of Motor Vehicles	555	28625
机动车燃料零售业	Fuel Retail of Motor Vehicle	77	2023
家用电器及电子产品专门零售业	Special Retail of Household Appliances & Electronic Products	307	10850
#日用家电设备零售业	Retail of Home Electionic & Electrical Appliances	126	5871
计算机、软件及辅助设备零售业	Retail of Computer , Software & Auxiliary Equipment	91	1690
通讯设备零售业	Retail of Communication Apparatus	28	1041
五金、家具及室内装修材料专门零售业	Special Retail of Hardware, Furniture & Indoor Renovation Material	44	1112
无店铺及其他零售业	Retail without Shop & Others	62	3590

16—2 主要年份限额以上批发和零售业企业商品购进、销售和库存总额
Total Purchases, Sales & Stock of Enterprises above Designated in Wholesale & Retail Sale Trade in Main Years

单位：万元 (10 000 yuan)

项　目	Item	1995	2000	2005	2010	2011	2012	2013	2014	2015
一、法人企业数（个）	**Number of Corporation Enterprises (unit)**		**681**	**902**	**1465**	**1859**	**2176**	**2375**	**2705**	**2920**
二、年末从业人员（人）	**Number of Persons Employed (person)**		**100057**	**119358**	**122788**	**143712**	**159978**	**170027**	**175267**	**180103**
三、商品购进总额	**Ⅰ.Total Purchases**	**5009775**	**3890602**	**11143383**	**24393191**	**34038386**	**41578059**	**45048592**	**46415288**	**48709342**
#进口	Imports	214441	66953	136366	399495	577844	789367	714536	1018980	949068
四、商品销售总额	**Ⅱ.Total Sales**	**5637665**	**4181138**	**11682006**	**25892641**	**33657157**	**42275981**	**48675175**	**51919397**	**57516783**
1.批发	1.Wholesale	4654163	3071302	8699573	18000452	23024914	30424752	34300190	35702255	39614680
#出口	Exports	690372	371065	331529	465449	563059	582354	470110	1076534	1802295
2.零售	2.Retail	983502	1109836	2982433	7892189	10632244	11851228	14374985	16217142	17902103
五、年末库存总额	**Ⅲ.Total Inventory at Year-end**	**720914**	**394164**	**694048**	**1887898**	**3023276**	**3770048**	**3794962**	**4148921**	**3792495**

注：1995年未统计限额以上法人企业个数和年末从业人员指标数据。

Note: The number of corporation enterprises above designated size and employed persons were not calculated in 1995.

16—3 限额以上批发和零售业企业商品购进、销售、库存总额（2015年）
Total Purchases, Sales & Stock of Enterprises above Designated in Wholesale & Retail Sale Trade by Sector (2015)

单位：万元 (10 000 yuan)

项目	Item	购进总额 Total Purchases	#进口 Imports	销售总额 Total Sales 合计 Total	批发 Wholesale	#出口 Exports	零售 Retail Sale	年末库存总额 Total Inven-tory at Year-end
总计	**Total**	**48709341.7**	**949068.2**	**57516782.6**	**39614679.9**	**1802294.6**	**17902102.7**	**3792494.5**
一、批发业	**Ⅰ. Wholesale**	**36085939.6**	**581717.9**	**42998153.7**	**38022413.1**	**1798614.4**	**4975740.6**	**2323972.5**
1.按登记注册类型分组	**1. Grouped by Status of Registration**							
内资企业	Domestic Funded Enterprises	35923356.1	538206.7	42788953.4	37828990.8	1798614.4	4959962.6	2305919
国有企业	State-owned Industry	7516338.1	661.1	4944382.3	4917428	252512.5	26954.3	472244
集体企业	Collective-owned Industry	562787.2	0	1135820.7	1128047.9	0	7772.8	14347.2
股份合作企业	Cooperative Enterprises	3973.2	0	4075.1	2482.1	0	1593	137.8
联营企业	Joint Ownership Enterprises							
国有联营企业	State Joint Ownership Enterprises							
集体联营企业	Collective Joint Ownership Enterprises							
国有与集体联营企业	Joint State-Collective Ownership Enterprises							
其他联营企业	Other Joint Ownership Enterprises							
有限责任公司	Limited Liability Corporations	17578528.2	314108.5	20558261.3	19331511.6	367581.6	1226749.7	1084291.5
国有独资企业	Sole State-funded Corporations	4768827.3	5568.8	6365798	6357013.4	336.5	8784.6	86242.4
其他有限责任公司	Other Limited Liability Corporations	12809700.9	308539.7	14192463.3	12974498.2	367245.1	1217965.1	998049.1
股份有限公司	Share Holding Enterprises	2269265.8	1986.5	7013492.3	3698892.4	37738.3	3314599.9	114715.2
私营企业	Private Enterprises	7959119.2	220631.2	9094431.6	8714141.9	1140782	380289.7	618692.6
私营独资企业	Private-funded Enterprises	22326.4	0	23623.7	22722.1	0	901.6	333.5

16—3 续表1 continue

单位：万元 (10 000 yuan)

项 目	Item	购进总额 Total Purchases	#进口 Imports	销售总额 Total Sales 合计 Total	批发 Whole-sale	#出口 Exports	零售 Retail Sale	年末库存总额 Total Inven-tory at Year-end
私营合伙企业	Private Partnership Enterprises	3353.6	0	3350.1	1716.7	0	1633.4	280
私营有限责任公司	Private Limited Liability Corporations	7590424.2	220631.2	8646205.2	8292377.5	1136714	353827.7	593945.2
私营股份有限公司	Private Share Holding Enterprises	343015	0	421252.6	397325.6	4068	23927	24133.9
其他企业	Others	33344.4	819.4	38490.1	36486.9	0	2003.2	1490.7
港、澳、台商投资企业	Enterprises with Funds from Hong Kong, Macao & Taiwan	108708.5	3125	128268.2	126618.1	0	1650.1	5758.4
合资经营企业	Joint Venture Enterprises	94959.8	0	104094.1	102594	0	1500.1	2094.7
合作经营企业	Cooperative Enterprises							
独资经营企业	Enterprises with Sole Investment	13748.7	3125	24174.1	24024.1	0	150	3663.7
投资股份有限公司	Share-holding Corporations Ltd. with Investment							
其他港澳台投资企业	Others							
外商投资企业	Foreign-investment Enterprise	53875	40386.2	80932.1	66804.2	0	14127.9	12295.1
中外合资经营企业	Joint Venture Enterprises	13488.8	0	36158.3	22030.4	0	14127.9	1690.5
中外合作经营企业	Cooperative Enterprises							
外资企业	Enterprises with Sole Foreign Investment	40386.2	40386.2	44773.8	44773.8	0	0	10604.6
外商投资股份有限公司	Share-holding Corporations Ltd. with Foreign Investment							
其他外商投资企业	Others							
2.按国民经济行业分组	**2.Grouped by National Economic Sector**							
农畜产品批发业	Wholesale of the Agricultural & Animal Products	497092.5	2218.2	538839.7	525380.6	9703.9	13459.1	154745.1

16—3 续表2 continued

单位：万元 (10 000 yuan)

项　目	Item	购进总额 Total Purchases	#进口 Imports	销售总额 Total Sales 合计 Total	批发 Wholesale	#出口 Exports	零售 Retail Sale	年末库存总额 Total Inven-tory at Year-end
食品、饮料及烟草制品批发业	Wholesale of Food, Beverage & Tobacco Products	7710012	76104.4	9129268.2	8938669.2	115738	190599	477667.6
#米、面制品及食用油批发业	Wholesale of Rice, Flour Pro-ducts & Edible Oil	276551.7	17945.4	318750.7	310249.3	5460.1	8501.4	42737.7
烟草制品批发业	Wholesale of Tobacco Products	2998315.8	0	4118246.3	4116795.9	0	1450.4	219756.4
纺织、服装及日用品批发业	Wholesale of Textile, Gar-ments & Daily Necessities	1860275.4	78501.8	2142056.1	1941049.6	403682.4	201006.5	294364.7
#服装批发业	Wholesale of Garments	115513.7	3125	128185.3	120888.2	54086.5	7297.1	18166.5
文化、体育用品及器材批发业	Wholesale of Culture, Sports Goods & Apparatus	237592.9	0	245308.8	233794	14649.3	11514.8	27938.3
医药及医疗器材批发业	Wholesale of Medicine & Medical Apparatus	1742919.2	1854	1961815.9	1838261.4	253759.4	123554.5	113615.6
矿产品、建材及化工产品批发业	Wholesale of Mineral Products, Building Materials & Chemical Products	22311559.7	402300.9	26883531.4	22677565.4	302019.5	4205966	1089904
#煤炭及制品批发业	Wholesale of Coal & Related Products	2142408.8	48917.2	2557502.3	2384214.8	1147.2	173287.5	98622.5
石油及制品批发业	Wholesale of Petroleum & Related Products	6749464.2	3350.6	8222233.5	4476370.9	0	3745862.6	247270.8
金属及金属矿批发业	Wholesale of Metal & Metallic Ore	11054940.3	345815.9	13540154.5	13440796.7	137218.9	99357.8	605285.8
建材批发业	Wholesale of Building Materials	713131.6	2230.7	780436	733965.8	65965.7	46470.2	39400.2
化肥批发业	Wholesale of Chemical Fertilizer	554959.9	765	625469.9	615915.1	48318.1	9554.8	56438.3
机械设备、五金交电及电子产品批发业	Wholesale of Mechanical Equi-pment, Hardware & Electrical Equipment & Electronic Product	1430880.4	17417.6	1782136.4	1569387.9	542172.7	212748.5	160274

16－3 续表3 continued

单位：万元 (10 000 yuan)

项　　目	Item	购进总额 Total Purchases	#进口 Imports	销售总额 Total Sales 合计 Total	批发 Wholesale	#出口 Exports	零售 Retail Sale	年末库存总额 Total Inven-tory at Year-end
#汽车批发业	Wholesale of Motor Vehicles	285165.8	0	332862.2	280261.2	31057	52601	21962.5
计算机、软件及辅助设备批发业	Wholesale of Computer, Soft-ware & Auxiliary Equipment	139404.3	0	145875	99647.2	0	46227.8	14379.6
贸易经纪与代理	Trade Manager & Acting as Agent	168582.1	674	175666.9	175194.9	155108.8	472	685
其他批发业	Others	127025.4	2647	139530.3	123110.1	1780.4	16420.2	4778.2
二、零售业	**Ⅱ. Retail**	**12623402.1**	**367350.3**	**14518628.9**	**1592266.8**	**3680.2**	**12926362.1**	**1468522**
1.按登记注册类型分组	**1. Grouped by Status of Registration**							
内资企业	Domestic Funded Enterprises	11543036	206950.3	13341628.9	1532760.4	2692.1	11808868.5	1349370.6
国有企业	State-owned Industry	250597.6	0	281943.2	101514.9	0	180428.3	14155.8
集体企业	Collective-owned Industry	245968.3	0	263022.7	103604.3	0	159418.4	14127.9
股份合作企业	Cooperative Enterprises	989.4	0	1426.2	0	0	1426.2	6.8
联营企业	Joint Ownership Enterprises							
国有联营企业	State Joint Ownership Enterprises							
集体联营企业	Collective Joint Ownership Enterprises							
国有与集体联营企业	Joint State-Collective Ownership Enterprises							
其他联营企业	Other Joint Ownership Enterprises							
有限责任公司	Limited Liability Corporations	5258637.1	88621.8	6170427.6	486993	0	5683434.6	617286.1
国有独资企业	Sole State-funded Corporations	167045.5	0	190918.6	8032.1	0	182886.5	26592.5

16-3　续表4　continued

单位：万元　(10 000 yuan)

项　目	Item	购进总额 Total Purchases	#进口 Imports	销售总额 Total Sales 合计 Total	批发 Wholesale	#出口 Exports	零售 Retail Sale	年末库存总额 Total Inven-tory at Year-end
其他有限责任公司	Other Limited Liability Corporations	5091591.6	88621.8	5979509	478960.9	0	5500548.1	590693.6
股份有限公司	Share Holding Enterprises	1749687.2	2306.7	2003152.8	372785.1	517.2	1630367.7	143972.6
私营企业	Private Enterprises	4021365.7	116021.8	4603998.4	466934	2174.9	4137064.4	557232
私营独资企业	Private-funded Enterprises	92991.4	84.1	104394.4	4943.4	0	99451	13827.4
私营合伙企业	Private Partnership Enterprises	10446.8	0	13067.3	1136.5	0	11930.8	1764
私营有限责任公司	Private Limited Liability Corporations	3790203.3	106081.1	4348653.1	456523.4	2174.9	3892129.7	528045
私营股份有限公司	Private Share Holding Enterprises	127724.2	9856.6	137883.6	4330.7	0	133552.9	13595.6
其他企业	Others	15790.7	0	17658	929.1	0	16728.9	2589.4
港、澳、台商投资企业	Enterprises with Funds from Hong Kong, Macao & Taiwan	948473.6	146510.8	1022569.3	59506.4	988.1	963062.9	106247.1
合资经营企业	Joint Venture Enterprises	267018.9	77710.1	288157.8	1311.1	0	286846.7	27722.8
合作经营企业	Cooperative Enterprises							
独资经营企业	Enterprises with Sole Investment	590130.1	68800.7	648786.4	58195.3	988.1	590591.1	66729.1
投资股份有限公司	Share-holding Corporations Ltd. with Investment	17884.9	0	17537.2	0	0	17537.2	1330.9
其他港澳台投资企业	Others	73439.7	0	68087.9	0	0	68087.9	10464.3
外商投资企业	Foreign-investment Enterprise	131892.5	13889.2	154430.7	0	0	154430.7	12904.3
中外合资经营企业	Joint Venture Enterprises	19418.4	0	21124	0	0	21124	2158.2
中外合作经营企业	Cooperative Enterprises	13084.6	0	14127.1	0	0	14127.1	1818.3
外资企业	Enterprises with Sole Foreign Investment	82372.7	13889.2	97412.8	0	0	97412.8	8068.8
外商投资股份有限公司	Share-holding Corporations Ltd. with Foreign Investment	8500	0	13306.2	0	0	13306.2	776.2
其他外商投资企业	Others	8516.8	0	8460.6	0	0	8460.6	82.8
2.按国民经济行业分组	**2.Grouped by National Economic Sector**							
综合零售业	Comprehensive Retail	2558725.3	4845.1	3406535.1	140130.5	0	3266404.6	278992

16－3 续表5 continued

单位：万元 (10 000 yuan)

项目	Item	购进总额 Total Purchases	#进口 Imports	销售总额 Total Sales 合计 Total	批发 Wholesale	#出口 Exports	零售 Retail Sale	年末库存总额 Total Inven-tory at Year-end
#百货零售业	Retail of Consumer Goods	1451168.9	2206.3	1976105.1	95091.5	0	1881013.6	117678.2
超级市场零售业	Retail of Supermarket	1014428.1	1937.2	1319762.1	1909	0	1317853.1	152181
食品、饮料及烟草制品专门零售业	Special Retail of Food , Beverage & Tobacco Products	137443.3	4938.8	169356.7	56189.7	0	113167	28842.3
纺织、服装及日用品专门零售业	Special Retail of Textile , Garments & Daily Necessities	126390.9	126.2	141396	16605.2	0	124790.8	21785.5
#服装零售业	Retail of Garments	58686.3	126.2	70500	7652.7	0	62847.3	12035.7
文化、体育用品及器材专门零售业	Special Retail of Culture, Sports Goods & Apparatus	255706.5	0	304276	31313.7	1505.3	272962.3	34371.9
#体育用品零售业	Retail of Sports Goods	26148.7	0	34634	4067.9	0	30566.1	212
图书零售业	Retail of Books	182121.5	0	202488.4	11511.6	0	190976.8	21491.8
医药及医疗器材专门零售业	Special Retail of Medicine & Medical Apparatus	2059157.5	2431.2	2240244.3	729972.3	0	1510272	158472.4
#药品零售业	Retail of Medicines	2028207.3	0	2195575	706387.3	0	1489187.7	154976.1
汽车、摩托车、燃料及零配件专门零售业	Special Retail of Motor Vehicles, Motorcycles & Parts	6219115.7	339791.3	6821104.8	404495.9	453	6416608.9	774636.1
#汽车零售业	Retail of Motor Vehicles	5638355.4	287344.9	6153893.9	291209.9	0	5862684	716292.9
机动车燃料零售业	Fuel Retail of Motor Vehicle	417783.4	52446.4	459911.8	96835.3	0	363076.5	20057.1
家用电器及电子产品专门零售业	Special Retail of Household Appliances & Electronic Products	926036.2	13889.2	1045535.3	161390.4	0	884144.9	120695.1
#日用家电设备零售业	Retail of Home Electionic & Electrical Appliances	485385.6	0	534159	63028.6	0	471130.4	62552.6
计算机、软件及辅助设备零售业	Retail of Computer , Software & Auxiliary Equipment	126494.6	0	135563.2	31881.5	0	103681.7	14400.3
通讯设备零售业	Retail of Communication Appa-ratus	136180.1	13889.2	154664.9	35096.8	0	119568.1	15470.5
五金、家具及室内装修材料专门零售业	Special Retail of Hardware, Furniture & Indoor Renovation Material	47787.9	0	60581.3	12231	1721.9	48350.3	11287.5
无店铺及其他零售业	Retail without Shop & Others	293038.8	1328.5	329599.4	39938.1	0	289661.3	39439.2

16－4　限额以上批发和零售业企业主要财务指标（2015年）

单位：万元

项　目	Item	流动资产小计 Circulat-ing Funds	#存货 Deposit Products	固定资产原价 Original Value of Fixed Assets	累计折旧 Add Up Depreci-ation	#本年折旧 Depreciat-ion of the Year	资产合计 Total Assets	负债合计 Total Liabilities
总　计	**Total**	**21801850.6**	**3865877.1**	**2859887.7**	**1027324.6**	**172104.8**	**28712403.7**	**20828980.7**
一、批发业	**Ⅰ. Wholesale**	**16123471.9**	**2497579**	**1612038.3**	**594126.7**	**87652.4**	**21311885.9**	**15541552.7**
1.按登记注册类型分组	**1. Grouped by Status of Registration**							
内资企业	Domestic Funded Enterprises	16071878	2478855.7	1605687.3	591970.7	87184	21209460.1	15482302.5
国有企业	State-owned Industry	1226866.1	371815.2	426946.3	182885.4	23883.2	1785480.4	798484.7
集体企业	Collective-owned Industry	69342.3	12701	11595	2633.3	310.2	90307.5	75717.2
股份合作企业	Cooperative Enterprises	493.5	17.8	198.6	56.4	9.6	865.6	748.3
联营企业	Joint Ownership Enterprises							
国有联营企业	State Joint Ownership Enterprises							
集体联营企业	Collective Joint Ownership Enterprises							
国有与集体联营企业	Joint State-Collective Ownership Enterprises							
其他联营企业	Other Joint Ownership Enterprises							
有限责任公司	Limited Liability Corporations	8322386.4	1217253.7	279367.2	95566.7	13767	10275423.3	8091142.9
国有独资企业	Sole State-funded Corporations	1308320.1	276481.5	39691.1	15287.6	2016.3	1866115.6	1120546.2
其他有限责任公司	Other Limited Liability Corporations	7014066.3	940772.2	239676.1	80279.1	11750.7	8409307.7	6970596.7
股份有限公司	Share Holding Enterprises	1421037.2	234883.9	644327.7	228991.4	31789.7	3290982.6	1603866.8
私营企业	Private Enterprises	4985509.4	640560.9	240861.7	80970.3	17160.1	5716605.5	4865306.5
私营独资企业	Private-funded Enterprises	3440	384.7	271.7	84.3	18.6	6349	4115.7
私营合伙企业	Private Partnership Enterprises	2629.1	841.6	225.1	137.4	7.5	2743.5	2376.1
私营有限责任公司	Private Limited Liability Corporations	4643591.8	614943.7	233787.6	78485.8	16388.9	5356355	4548737.5
私营股份有限公司	Private Share Holding Enterprises	335848.5	24390.9	6577.3	2262.8	745.1	351158	310077.2
其他企业	Others	46243.1	1623.2	2390.8	867.2	264.2	49795.2	47036.1
港、澳、台商投资企业	Enterprises with Funds from Hong Kong, Macao & Taiwan	25441.3	6176.9	6048.8	2091.2	438.1	75937.4	36348
合资经营企业	Joint Venture Enterprises	15346.4	1894.2	3194	1162.4	174.4	63413.1	30606.6
合作经营企业	Cooperative Enterprises							
独资经营企业	Enterprises with Sole Investment	10094.9	4282.7	2854.8	928.8	263.7	12524.3	5741.4
投资股份有限公司	Share-holding Corporations Ltd. with Investment							
其他港澳台投资企业	Others							

Main Financial Indicators of Enterprises above Designated in Wholesale & Retail Sale Trade (2015)

（10 000 yuan）

所有者权益合计 Total Creditors Equity	#实收资本 Capital Hold	#国家资本 State Capital	主营业务收入 Business Income of the Main Products	主营业务成本 Core Business Cost	主营业务税金及附加 Core Business Tax&Extra Charges	销售费用 Operat-ing Cost	管理费用 Manage-ment Expenses	财务费用 Financial Expenses	#利息支出 Interest Expen-diture	营业利润 Business Profits	利润总额 Gross Profits
7883423	**6378376.9**	**2235729.1**	**50553427.4**	**46953204.4**	**467707.6**	**1509805**	**902228.1**	**339175.3**	**286154.2**	**602448.8**	**700515.3**
5770333.2	**4849252**	**2039069.8**	**37793223.8**	**35490823.5**	**423529.9**	**719425.5**	**514271.9**	**261969.9**	**228742.4**	**460530.1**	**541477.6**
5727157.6	4795830	2039069.8	37610198.5	35309512.6	423270.9	711719.1	511985.5	260556	228677	469346.5	544828
986995.7	75675.5	63003.2	4394269.2	3338991.6	374674.3	117068.9	199347.2	-7188.1	12754.8	371694.6	391668.4
14590.3	7848.3	0	971034.8	954201.8	451.3	5691.4	5566.6	465	282.4	5460.9	2424.4
117.3	245.4	78	4075.1	3827.9	8.6	172	181.9	3	2.3	-0.3	-0.6
2184280.4	2247423.9	969008	18165905.8	17732368.8	14003.6	173662.8	114992	161551.6	138272.4	-6741.5	24439.8
745569.4	671885.7	582458.8	5504217.5	5481174.3	1168.9	10874.6	21172.9	37993.2	39259.6	-103	6149.3
1438711	1575538.2	386549.2	12661688.3	12251194.5	12834.7	162788.2	93819.1	123558.4	99012.8	-6638.5	18290.5
1687115.8	1199526.9	1006980.6	5633080.7	5238885.9	9145.1	227433.9	65801.7	21958.3	10819	105814.1	113219.8
851299	1261647.2	0	8406046.8	8010395.2	24948.1	185374.1	124313.7	83108.6	65894	-7040.8	13091.3
2233.3	1315.8	0	23538.7	22835.5	142.8	290.1	126	55.1	51	89.2	131.1
367.4	500	0	2863.3	2701.2	2.2	95.1	82.2	20.6	20.2	-38	-38
807617.5	1224838.2	0	8012645.6	7623845.5	24482.8	179965.7	121366.8	75762.8	58898.6	64.7	19992.6
41080.8	34993.2	0	366999.2	361013	320.3	5023.2	2738.7	7270.1	6924.2	-7156.7	-6994.4
2759.1	3462.8	0	35786.1	30841.4	39.9	2316	1782.4	657.6	652.1	159.5	-15.1
39589.4	45422	0	111435	107290.6	222.5	7151	1347.3	276.7	39.7	-3786.6	1691.5
32806.5	35583.7	0	89276.4	90565.1	109.8	3299.5	856.6	32.9	38.9	-4631.1	1461.3
6782.9	9838.3	0	22158.6	16725.5	112.7	3851.5	490.7	243.8	0.8	844.5	230.2

16－4　续表 1

单位：万元

项　目	Item	流动资产小计 Circulat-ing Funds	#存货 Deposit Products	固定资产原价 Original Value of Fixed Assets	累计折旧 Add Up Depreci-ation	#本年折旧 Depreciat-ion of the Year	资产合计 Total Assets	负债合计 Total Liabilities
外商投资企业	Foreign-investment Enterprise	26152.6	12546.4	302.2	64.8	30.3	26488.4	22902.2
中外合资经营企业	Joint Venture Enterprises	12478.9	1941.8	114.7	24.8	14	12664.3	6427.4
中外合作经营企业	Cooperative Enterprises							
外资企业	Enterprises with Sole Foreign Investment	13673.7	10604.6	187.5	40	16.3	13824.1	16474.8
外商投资股份有限公司	Share-holding Corporations Ltd. with Foreign Investment							
其他外商投资企业	Others							
2.按国民经济行业分组	**2.Grouped by National Economic Sector**							
农畜产品批发业	Wholesale of the Agricultural & Animal Products	403428.5	161990.1	71810.5	23127.6	2615.6	540040.5	414373
食品、饮料及烟草制品批发业	Wholesale of Food, Beverage & Tobacco Products	3528198.3	439913.4	397325.9	173550.5	24066.7	4643099.6	3374058.8
#米、面制品及食用油批发业	Wholesale of Rice, Flour Products & Edible Oil	320840.2	45707.6	25356.8	9062.4	1146.4	437046.5	319440.9
烟草制品批发业	Wholesale of Tobacco Products	747172	212992.9	297982.7	126463.9	18737.5	1007001	213990.2
纺织、服装及日用品批发业	Wholesale of Textile, Garments & Daily Necessities	1184192.5	284763.6	41384.6	9817.6	2902.5	1261820.8	1136150.4
#服装批发业	Wholesale of Garments	37603.3	17053.1	2535.9	1495.5	455.4	40779.7	31554.6
文化、体育用品及器材批发业	Wholesale of Culture, Sports Goods & Apparatus	191939.6	33366.1	20450	6572	938.1	337335.7	187600.1
医药及医疗器材批发业	Wholesale of Medicine & Medical Apparatus	818361.4	122105.5	62980.9	19381	4312.8	906129	747361.9
矿产品、建材及化工产品批发业	Wholesale of Mineral Products, Building Materials & Chemical Products	8833962.1	1275303.3	964115.3	339388	48816.7	12356086.4	8643192.6
#煤炭及制品批发业	Wholesale of Coal & Related Products	1557260.5	104532.7	34021.3	13340.9	3387	2032338.5	1307814
石油及制品批发业	Wholesale of Petroleum & Related Products	1431408.2	269453.5	760829.4	270075.9	34795.3	3450621.9	1750168.7
金属及金属矿批发业	Wholesale of Metal & Metallic Ore	3925101.8	733164.1	90256.9	28754.8	4698.2	4744032.8	3717469
建材批发业	Wholesale of Building Materials	739343.7	35411.2	7077.1	3852	817.2	772937.6	703792.4
化肥批发业	Wholesale of Chemical Fertilizer	305509.1	51763.8	27118.2	7401.5	877.3	398736.7	347833.3
机械设备、五金交电及电子产品批发业	Wholesale of Mechanical Equipment, Hardware & Electrical Equipment & Electronic Product	1098039	172423.4	48522	21094.5	3777.3	1195828.4	979503
#汽车批发业	Wholesale of Motor Vehicles	156911.3	23240	8164.7	4111.3	779.6	178214.2	148815.2
计算机、软件及辅助设备批发业	Wholesale of Computer, Software & Auxiliary Equipment	31230	11305.9	711.6	571	55.4	35324.4	20856
贸易经纪与代理	Trade Manager & Acting as Agent	16173.1	653.8	611.3	278.6	41.1	16775.4	17526
其他批发业	Others	49177.4	7059.8	4837.8	916.9	181.6	54770.1	41786.9

continued

（10 000 yuan）

所有者权益合计 Total Creditors Equity	#实收资本 Capital Hold	#国家资本 State Capital	主营业务收入 Business Income of the Main Products	主营业务成本 Core Business Cost	主营业务税金及附加 Core Business Tax&Extra Charges	销售费用 Operating cost	管理费用 Manage-ment Expenses	财务费用 Financial Expenses	#利息支出 Interest Expen-diture	营业利润 Business Profits	利润总额 Gross Profits
3586.2	8000	0	71590.3	74020.3	36.5	555.4	939.1	1137.2	25.7	-5029.8	-5041.9
6236.9	5000	0	31041.8	29246.5	36.5	555.4	535.6	18.3	18.3	548.3	551.5
-2650.7	3000	0	40548.5	44773.8	0	0	403.5	1118.9	7.4	-5578.1	-5593.4
125667.5	63519.9	21711	510021.2	487737.6	565.5	10977.5	11767.1	8135.2	6978.1	-5451.2	6462.7
1269040.8	312410.6	173243.2	8265856.6	7101438.3	382269.3	163356.5	220158	67188.9	55868.7	341085.3	367335.2
117605.6	64480.2	11901	300840.8	277918.7	411.3	19713.1	8131	5451	5706.6	-5269	483.2
793010.8	25471.7	19991.7	3606949.5	2627248.4	373407.6	82501.9	171664.1	-9967	-23.3	364356	369214.1
125670.4	558366.3	270	1972524.5	1873528	2185.5	49200.7	29645.7	9269.5	5185.4	13914.7	13869.4
9225.1	16570.5	0	125874.1	115497.5	209.3	8182.6	1823.2	247.5	43.1	-440.6	-1119.3
149735.6	123428.1	1339.5	216171.8	186377.6	90.9	15955.4	6461.1	323.2	1123.6	9056.1	8880.7
158767.1	116767.3	1550	1821429.7	1699585.1	3473	51692	40975.9	11733	6958.6	16073.1	16498
3712893.8	3557169.2	1838155.9	23066493.6	22350971.9	20545.9	359946.7	168013.2	156457.4	145581.9	59018.7	96033.4
724524.5	350636.2	100810.8	2084606.7	2028415.1	2947.2	21108.8	16763.9	11869.6	17812.4	-8821.6	4385.2
1700453.2	1904306.7	1079340.6	6641782.9	6206457.6	9299	238375.2	77970.4	13989.7	17276.7	113654	115185.9
1026563.8	1033476	574142.2	11953478.2	11834035	4491.1	43205.2	42997.9	91819.3	74928.9	-49942.2	-26462.1
69145.2	100097.3	0	686939.5	666275.8	570.1	12268.6	7721.8	7205.5	5867.7	-6501.1	-5632.6
50903.4	59208.6	13027.4	604286	573637.5	1160	16508.7	8097.1	4472.5	3720.2	1982.1	-622.4
216325.4	103419.7	1729.5	1643260.9	1504443.8	13951.8	61925	34271.9	8689.9	6670.8	25065.8	30147
29399	26481.8	170.7	309335.2	295368.2	314.6	10588.1	4212.9	1257.4	913.8	-1496.1	-899.9
14468.4	13204	0	130909.9	124880.4	170.3	3448.4	2571.9	422.4	351	129.9	-65.5
-750.6	2920	1000	175238.9	175978.5	25.2	663.9	380.1	191.5	154.3	-2033	-1597.9
12983.2	11250.9	70.7	122226.6	110762.7	422.8	5707.8	2598.9	-18.7	221	3800.6	3849.1

16－4　续表2

单位：万元

项　目	Item	流动资产小计 Circulat-ing Funds	#存货 Deposit Products	固定资产原价 Original Value of Fixed Assets	累计折旧 Add Up Depreci-ation	#本年折旧 Depreciat-ion of the Year	资产合计 Total Assets	负债合计 Total Liabilities
二、零售业	**Ⅱ.Retail**	**5678378.7**	**1368298.1**	**1247849.4**	**433197.9**	**84452.4**	**7400517.8**	**5287428**
1. 按登记注册类型分组	**1.Grouped by Status of Registra-tion**							
内资企业	Domestic Funded Enterprises	5275873.2	1278134.5	1112171.5	380993.3	71702.2	6858148.1	4948820.3
国有企业	State-owned Industry	72533.1	13967.7	35121.4	17485.1	1896	128817.4	72824.1
集体企业	Collective-owned Industry	23332	7606.4	11333.5	3112.6	263.4	41318.9	33891.1
股份合作企业	Cooperative Enterprises	326.6	5.8	35	30.1	1.6	331.5	239
联营企业	Joint Ownership Enterprises							
国有联营企业	State Joint Ownership Enterprises							
集体联营企业	Collective Joint Ownership Enterprises							
国有与集体联营企业	Joint State-Collective Ownership Enterprises							
其他联营企业	Other Joint Ownership Enterprises							
有限责任公司	Limited Liability Corporations	2442513.5	581137	377752.7	145413.4	31191.4	3035486.1	2180863.4
国有独资企业	Sole State-funded Corporations	77773.5	19379.7	29728.8	15550.8	1724.4	119475.2	50244.8
其他有限责任公司	Other Limited Liability Corporations	2364740	561757.3	348023.9	129862.6	29467	2916010.9	2130618.6
股份有限公司	Share Holding Enterprises	698879.5	127313.9	395727.5	116400.9	12108.1	1162496.6	646895.5
私营企业	Private Enterprises	2031926.9	545422.2	290903	98054	26117.7	2482119.4	2010117
私营独资企业	Private-funded Enterprises	39818.8	12222.8	5577.2	2059.1	463.4	51212.3	37417.8
私营合伙企业	Private Partnership Enterprises	4485.6	1834.8	1239.9	684.1	108.4	5316.9	3645.6
私营有限责任公司	Private Limited Liability Corporations	1949624.4	517426.3	272785.6	91415.7	24695.6	2371324.8	1932697.5
私营股份有限公司	Private Share Holding Enterprises	37998.1	13938.3	11300.3	3895.1	850.3	54265.4	36356.1
其他企业	Others	6361.6	2681.5	1298.4	497.2	124	7578.2	3990.2
港、澳、台商投资企业	Enterprises with Funds from Hong Kong, Macao & Taiwan	294497.8	73646	123489.6	47240.2	11286.3	417010	270392.9
合资经营企业	Joint Venture Enterprises	67241.6	26656	39275.6	16469.5	2322.2	110899.7	82263
合作经营企业	Cooperative Enterprises							
独资经营企业	Enterprises with Sole Investment	208453	35313	75220.6	29635.9	8387	279317.6	168107.4
投资股份有限公司	Share-holding Corporations Ltd. with Investment	3862.6	2608.3	2555.1	261.6	261.6	6287	5390.1
其他港澳台投资企业	Others	14940.6	9068.7	6438.3	873.2	315.5	20505.7	14632.4

continued

(10 000 yuan)

所有者权益合计 Total Creditors Equity	#实收资本 Capital Hold	#国家资本 State Capital	主营业务收入 Business Income of the Main Products	主营业务成本 Core Business Cost	主营业务税金及附加 Core Business Tax&Extra Charges	销售费用 Operat-ing Cost	管理费用 Manage-ment Expenses	财务费用 Financial Expenses	#利息支出 Interest Expen-diture	营业利润 Business Profits	利润总额 Gross Profits
2113089.8	**1529124.9**	**196659.3**	**12760203.6**	**11462380.9**	**44177.7**	**790379.5**	**387956.2**	**77205.4**	**57411.8**	**141918.7**	**159037.7**
1909327.8	1436052.3	196067.9	11730246.4	10575273.6	40674.8	684382.1	360344.8	74210.4	55076.2	114503.8	129354.5
55993.3	44420.9	40271.8	236207.5	203538.2	1136.8	22348.8	7182.6	480.1	626.5	5685	6821.3
7427.8	6885.5	0	219579.4	197291.3	1407.6	6662	5988.5	1657.4	809.8	6173.4	5981.4
92.5	50	0	1219	999.2	3.9	100.1	97.6	0.3	0	17.9	17.9
854622.7	689269.7	135008.3	5418913.8	4855512	17498.3	350771.3	138639.8	31944.8	24254.1	81717.4	88066.4
69230.4	65130.3	48896.4	173667.6	142332.8	571.9	16623.4	10863.2	397	541	8297.5	9702.6
785392.3	624139.4	86111.9	5245246.2	4713179.2	16926.4	334147.9	127776.6	31547.8	23713.1	73419.9	78363.8
515601.1	152546	20728.8	1673438.7	1494610.3	9020.1	79363.4	73600.2	8608.7	5588.4	33029.3	34760
472002.4	539429.1	59	4165317.7	3808808.2	11580.9	224214.4	134500.8	31297.1	23587.5	-11682	-6072
13794.5	10190	0	100138.2	89851.7	591	6235.3	3587.3	739.6	647	621.5	633.2
1671.3	1775.3	0	12518.6	10683	28.2	830.5	629.8	35.7	0	311.4	350
438627.3	516582	59	3916220.1	3584331.9	10493.9	211670.2	124224.9	29705.8	22340.4	-14596.3	-8244.2
17909.3	10881.8	0	136440.8	123941.6	467.8	5478.4	6058.8	816	600.1	1981.4	1189
3588	3451.1	0	15570.3	14514.4	27.2	922.1	335.3	222	209.9	-437.2	-220.5
146617.1	75510.8	591.4	894834.8	774175.2	2836.8	88945.1	24941.9	2724.5	2252.7	22916.7	23943.4
28636.7	30131.6	591.4	214751.7	184332.6	1004.1	18849.4	7821.4	1664.8	1284.2	5252.7	6008.2
111210.2	37379.2	0	600166.7	515020.6	1829.2	66629.1	15007.8	492.4	909.9	18719.7	19138.5
896.9	2000	0	17034.5	16052.2	3.5	604.3	698.9	131.6	0	-456	-496.9
5787.3	6000	0	62881.9	58769.8	0	2862.3	1413.8	435.7	58.6	-599.7	-706.4

16—4 续表3

单位：万元

项　目	Item	流动资产小计 Circulat-ing Funds	#存货 Deposit Products	固定资产原价 Original Value of Fixed Assets	累计折旧 Add Up Depreci-ation	#本年折旧 Depreciat-ion of the Year	资产合计 Total Assets	负债合计 Total Liabilities
外商投资企业	Enterprises With Foreign Investment	108007.7	16517.6	12188.3	4964.4	1463.9	125359.7	68214.8
中外合资经营企业	Joint Venture Enterprises	5802.2	1893.1	1470.4	1143.9	150.6	6530.6	3083.2
中外合作经营企业	Cooperative Enterprises	25540	3157	441.5	381.7	72.6	29534.9	27392.3
外资企业	Enterprises with Sole Foreign Investment	67837.7	10470.5	9293.3	2779.5	1159	79902.7	30625.3
外商投资股份有限公司	Share-holding Corporations Ltd. with Foreign Investment	2945.9	906.8	971.8	657.2	79.6	3354.3	1873.9
其他外商投资企业	Others	5881.9	90.2	11.3	2.1	2.1	6037.2	5240.1
2.按国民经济行业分组	**2.Grouped by National Economic Sector**							
综合零售业	Comprehensive Retail	1028741.4	227510.4	616026.5	208427.6	33657.1	1710400.3	1171533.1
#百货零售业	Retail of Consumer Goods	528374.1	91962.9	460648.5	137444.8	18946.6	1028439	717510.8
超级市场零售业	Retail of Supermarket	482743.8	130424.2	146430	68890.2	14511.2	650406.9	427307.1
食品、饮料及烟草制品专门零售业	Special Retail of Food, Beverage & Tobacco Products	105529.5	31869.4	20673.6	7632.9	2000.6	132791.9	86199.2
纺织、服装及日用品专门零售业	Special Retail of Textile, Garments & Daily Necessities	52343	19466.8	10119.4	2811.9	757.4	66473.4	53899
#服装零售业	Retail of Garments	28332.5	10273.1	5642.3	1348.2	389.4	36003.4	36188
文化、体育用品及器材专门零售业	Special Retail of Culture, Sports Goods & Apparatus	136723	26548.7	62578.9	29017.5	3218.1	232330.4	98393.1
#体育用品零售业	Retail of Sports Goods	1041.9	423.7	1547.3	990.3	496.2	2589.7	1193.8
图书零售业	Retail of Books	99605.6	14599.6	57179.6	25956.2	2546.8	187805.2	63515.1
医药及医疗器材专门零售业	Special Retail of Medicine & Medical Apparatus	1026470.4	178019.4	59268.8	21722.4	5372.1	1141404.8	847741.7
#药品零售业	Retail of Medicines	1001288.2	175654.4	54122.3	18806.4	3830.1	1113871.7	834213.7
汽车、摩托车、燃料及零配件专门零售业	Special Retail of Motor Vehicles, Motorcycles & Parts	2621468.1	694309.2	381744.7	125682.4	33359.1	3283697.4	2489462.4
#汽车零售业	Retail of Motor Vehicles	2046472	639018.1	352040.6	114054.3	31375.4	2587420.9	1938191.8
机动车燃料零售业	Fuel Retail of Motor Vehicle	194969.5	19902.5	21917.5	8058	1457.3	221363.9	180211.1
家用电器及电子产品专门零售业	Special Retail of Household App-liances & Electronic Products	472438.4	136864.6	34242.5	10773.8	2154.8	531808.5	360004.8
#日用家电设备零售业	Retail of Home Electionic & Electrical Appliances	233312.8	77633.4	20448.3	6166.1	1373.6	266846.5	208891
计算机、软件及辅助设备零售业	Retail of Computer , Software & Auxiliary Equipment	51424.6	13706.5	3166.2	1779.2	246.6	54577.1	32480
通讯设备零售业	Retail of Communication Apparatus	92302	14937.2	1422.4	853	140.1	98373.8	34134
五金、家具及室内装修材料专门零售业	Special Retail of Hardware, Furni-ture & Indoor Renovation Material	58346.9	13799.6	6253	2165.9	542.5	66686.7	48062.1
无店铺及其他零售业	Retail without Shop & Others	176318	39910	56942	24963.5	3390.7	234924.4	132132.6

continued

（10 000 yuan）

所有者权益合计 Total Creditors Equity	#实收资本 Capital Hold	#国家资本 State Capital	主营业务收入 Business Income of the Main Products	主营业务成本 Core Business Cost	主营业务税金及附加 Core Business Tax&Extra Charges	销售费用 Operating Cost	管理费用 Manage-ment Expenses	财务费用 Financial Expenses	#利息支出 Interest Expen-diture	营业利润 Business Profits	利润总额 Gross Profits
57144.9	17561.8	0	135122.4	112932.1	666.1	17052.3	2669.5	270.5	82.9	4498.2	5739.8
3447.4	0	0	18529.8	14830.5	82.7	2283.5	231.3	35.5	0	1443.6	1445.3
2142.6	1205.9	0	9917.9	8284.6	13.5	994.4	266.8	276.5	0	82.1	583.3
49277.4	14558.8	0	86963.7	72238.1	404.3	11076.1	1942.5	-44	82.8	2036.8	2744.6
1480.4	1000	0	10623.4	9304	142.7	2412.4	228.1	-6.3	0.1	441.4	468.3
797.1	797.1	0	9087.6	8274.9	22.9	285.9	0.8	8.8	0	494.3	498.3
538867.2	307193.8	22057.9	2750627	2331300.3	19297	329501.9	126035.5	16561.5	11350.8	31331.4	32995.7
310928.2	206672.2	19614.9	1550713.7	1315165.1	12868.7	164936.8	84374.9	9668.8	7219	12343.1	10979.1
223099.8	95672.8	1643	1123433.7	949697.7	5892.7	159167	39092.6	6216.4	3658.5	16317.5	19413.4
46592.7	132151.3	1889.4	152164.4	134766.2	565.6	9965.5	8485.2	2093	1454.8	-2441.2	134.8
12574.4	10670.8	576.1	130134.7	100665.2	843.1	20434.6	4600.6	372.9	370.3	4657.3	5111.3
-184.6	3659.2	0	61358.4	45350.3	519.5	13628.7	2638.9	240.2	223.1	-459.6	-146.6
133937.3	125062.8	87955.3	282432.6	219979.3	1287.3	30003.2	22430.3	264.9	595.2	13456.4	13986.1
1395.9	800	0	33688.5	24548.7	161.9	5671.5	1666.7	1.6	1.6	858.6	920.2
124290.1	114566.4	87955.3	194428.1	147297.5	724.8	22109	16731.3	-168.1	237.5	13358.9	13803.3
293663.1	142757.9	50609.4	1949592.7	1759559.9	3733.8	89128	50544.6	10951	6937.9	40026.9	43740.9
279658	131997.9	50609.4	1910038.2	1733037.5	3408.8	80227.2	47891.2	10718.4	6799.4	39092.4	42853.7
794235	664288.7	26500	6142768.8	5753502.1	13036.2	204752.2	124167.7	42399.5	31962.1	24267.3	29251.2
649229.1	434804	17152.5	5567390.1	5229847.5	11379.5	178372.5	113250.2	30933.4	21204.4	28213.8	32844.7
41152.8	27354.8	9167.5	395935.4	362334.9	829.9	19457	6801.7	2149.1	2057.7	4440.9	4583.5
171803.7	100979.9	345.6	965619.5	860629.9	3306.6	69376.4	33690.1	5507.6	4135.1	2177.9	4429.6
57955.5	38934.8	345.6	494117.6	433721.4	1875.1	43724.1	16600.6	4080.3	2682.4	-940.9	281.3
22097.1	20081.2	0	127110.3	114569.1	369.9	4745.3	6725.8	233.4	115.8	698.2	636.1
64239.8	24573.4	0	137787.9	125708.9	520.9	8821.6	4313.1	210.6	438.8	192.1	908.6
18624.6	15193.7	55.2	57807.7	47374.7	389.2	5899.8	3525	673.3	448.7	32.7	835.9
102791.8	30826	6670.4	329056.2	254603.3	1718.9	31317.9	14477.2	-1618.3	156.9	28410	28552.2

16－5　按登记注册类型分连锁批发和零售企业基本情况（2015年）

Basic Condictions of Chain-retail Enterprises by Categories of Registration （2015）

项　目	Item	总店数（个）Number of Head Offices	门店总数（个）Number of Stores (unit)	年末从业人数（人）Engaged Persons (10 000 persons)	年末零售营业面积（平方米）Operating Area (10 000 sq.m)	商品销售总额（万元）Total Sales of Commodities (10 000 yuan)	商品购进总额（万元）Total Purchases Value (10 000 yuan)	统一配送商品购进额（万元）Centralized Purchases &Delivery (10 000 yuan)
总　计	**Total**	**62**	**3989**	**38022**	**4268748**	**7723427**	**7087239**	**7034243**
内资企业	Domestic Funded Enterprises	60	3690	36349	4223532	7664048	7047034	6994039
国有企业	State-owned Industry							
集体企业	Collective-owned Industry							
股份合作企业	Cooperative Enterprises							
联营企业	Joint Ownership Enterprises							
国有联营企业	State Joint Ownership Enterprises							
集体联营企业	Collective Joint Ownership Enterprises							
国有与集体联营企业	Joint State-Collective Ownership Enterprises							
其他联营企业	Other Joint Ownership Enterprises							
有限责任公司	Limited Liability Corpora-tions	17	1190	9569	455264	1025137	927560	903874
国有独资公司	Sole State-funded Corpora-tions							
其他有限责任公司	Other Limited Liability Corporations	17	1190	9569	455264	1025137	927560	903874
股份有限公司	Share Holding Enterprises	30	1749	22033	3638983	6444492	5963693	5934384
私营企业	Private Enterprises	13	751	4747	129285	194418	155781	155781
私营独资企业	Private-funded Enter-prises							
私营合伙企业	Private Partnership Enter-prises							
私营有限责任公司	Private Limited Liability Corporations	12	742	4591	124418	132838	122708	122708
私营股份有限公司	Private Share Holding Enterprises	1	9	156	4867	61580	33073	33073
其他企业	Others							
港、澳、台商投资企业	Enterprises with Funds from Hong Kong, Macao & Taiwan	2	299	1673	45216	59379	40205	40205
合资经营企业（港或澳、台资）	Joint Venture Enterprises	1	116	920	30166	45757	27476	27476
合作经营企业（港或澳、台资）	Cooperative Enterprises							
港、澳、台商独资经营企业	Enterprises with Sole Investment	1	183	753	15050	13622	12729	12729
港、澳、台商投资股份有限公司	Share-holding Corporations Ltd. with Investment							
其他港澳台商投资	Others							
外商投资企业	Enterprises With Foreign Investment							
中外合资经营企业	Joint Venture Enterprises							
中外合作经营企业	Cooperative Enterprises							
外资企业	Enterprises with Sole Foreign Investment							
外商投资股份有限公司	Share-holding Corporations Ltd. with Foreign Investment							
其他外商投资	Others							

16－6　亿元以上商品交易市场基本情况（2015年）

Basic Conditions of Commodity Exchange Markets of Transaction Value over 100 Million Yuan（2015）

项　　目	Item	市场数量（个）Number of Markets (unit)	摊位数（个）Number of Booths (unit)	营业面积（平方米）Operating Area (sq.m)	成交额（万元）Turnover (10 000 yuan)
总　计	**Total**	**91**	**75320**	**4373259**	**9136700**
1.综合市场	**Integrated Markets**	**23**	**27130**	**778570**	**1643741**
工业消费品综合市场	Industrial Consumable Comprehensive Markets	2	6621	212000	195100
农产品综合市场	Farm Produce Comprehensive Markets	13	10495	364138	1045649
其他综合市场	Other Comprehensive Markets	8	10014	202432	402992
2.专业市场	**Special Markets**	**68**	**48190**	**3594689**	**7492959**
生产资料市场	Production Markets	17	6369	1035733	2621589
#农用生产资料市场	Agricultural Production Markets	3	950	71042	264657
木材市场	Wood Markets	2	287	165000	55386
建材市场	Building Material Markets	7	2236	235200	280321
金属材料市场	Metal Material Markets	3	1546	424491	1734350
机械设备市场	Mechanical Equipment Markets	1	500	30000	90000
其他生产资料市场	Others	1	850	110000	196875
农产品市场	Farm Produce Markets	17	12735	842855	2348863
#肉禽蛋市场	Meat,Poultry & Eggs Markets	8	7670	112924	469211
水产品市场	Aquatic Products Markets				
蔬菜市场	Vegetables Markets	3	1579	336620	620436
干鲜果品市场	Dried & FreshMelons & Fruits Markets	3	999	158935	554158
其他农产品市场	Others	2	2393	224376	695057
食品、饮料及烟酒市场	Food,Beverages,Tobacco & Liquor Markets	8	4700	83903	247080
#食品饮料市场	Food & Beverages Markets	2	2600	42020	87585
茶叶市场	Tea Markets	2	240	12500	79247
其他食品饮料及烟酒市场	Others	4	1860	29383	80248
纺织、服装、鞋帽市场	Textiles,Clothing,Shoes & Hats Markets	12	15599	507557	654446
#服装市场	Clothing Markets	7	11198	387837	524665
其他纺织服装鞋帽市场	Others	5	4401	119720	129781
电器、通讯器材、电子设备市场	Electrical Appliances,Communication Appliances & Electronical Appliances Markets	1	700	20678	90000
#计算机及辅助设备市场	Computer & Accessory Equipment Markets	1	700	20678	90000
医药、医疗用品及器材市场	Medicine,Medical Materials & Medical Instruments Markets	1	1116	23000	750200
#中药材市场	Traditional Chinese Medicinal Materials Markets	1	1116	23000	750200
家具、五金及装饰材料市场	Furniture,Hardware & Decoration Materials Markets	7	5428	696133	485087
#家具市场	Furniture Markets	2	1460	120973	166009
装饰材料市场	Decoration Materials Markets	2	907	175500	44190
五金材料市场	Hardware Materials Markets	1	700	45000	119000
其他装修市场	Others	1	550	150000	109886
汽车、摩托车及零配件市场	Cars,Motorcycles & Spare Parts Markets	5	1543	384830	295694
#汽车市场	Cars Markets	4	1208	375030	278494
摩托车市场	Motorcycles Markets	1	335	9800	17200

16－7　社会消费品零售总额及指数
Total Retail Sales of Consumer Goods & Relate Indices

年　份 Year	绝对数（万元） Absolute Number (10 000 yuan)	指数（上年=100） Relate Indices (Preceding year=100)
1978	335918	
1980	457228	117.9
1985	886005	129.1
1990	1754369	103.2
1991	2002276	114.1
1992	2436189	121.7
1993	3149992	129.3
1994	3991040	126.7
1995	4981172	124.8
1996	5718385	114.8
1997	6301661	110.2
1998	6868810	109.0
1999	7404577	107.8
2000	8041371	108.6
2001	8757053	108.9
2002	9597730	109.6
2003	10768653	112.2
2004	12222421	113.5
2005	14055459	115.0
2006	16203133	115.3
2007	19327097	119.3
2008	23957870	124.0
2009	27907047	116.5
2010	33120000	118.7
2011	39082000	118.0
2012	45166000	115.6
2013	51331000	113.6
2014	57728317	112.5
2015	63480633	110.0

注：本表数据1993-2008年已按经济普查资料口径调整。

Note: The data in this table from 1993 to 2008 was adjusted by the economic census.

16－8 各市社会消费品零售总额
Total Retail Sales of Consumer Goods by City

单位：亿元 (100 million yuan)

地　区	Region	2008	2009	2010	2011	2012	2013	2014	2015
全　区	**Total**	**2395.79**	**2790.70**	**3312.00**	**3908.20**	**4516.60**	**5133.10**	**5772.83**	**6348.06**
南宁市	Nanning	647.46	757.01	905.93	1073.15	1255.59	1442.84	1616.90	1786.68
柳州市	Liuzhou	344.33	400.98	480.00	568.80	661.84	758.42	858.20	944.11
桂林市	Guilin	284.77	330.92	391.53	462.36	536.35	604.03	682.87	751.96
梧州市	Wuzhou	146.54	171.09	191.77	224.08	257.21	292.34	328.30	364.93
北海市	Beihai	82.08	95.40	108.00	127.29	146.51	167.03	185.81	202.99
防城港市	Fangchenggang	39.09	45.33	51.84	61.16	71.30	81.43	91.67	101.03
钦州市	Qinzhou	124.01	145.09	172.19	204.27	237.56	268.82	303.25	333.50
贵港市	Guigang	155.86	181.08	209.54	245.97	284.05	321.72	359.56	389.06
玉林市	Yulin	224.88	262.92	307.24	362.81	422.83	482.91	545.71	600.34
百色市	Baise	83.56	97.10	113.85	134.34	156.67	178.60	201.06	221.18
贺州市	Hezhou	59.81	68.94	78.68	92.36	106.39	119.00	133.63	146.94
河池市	Hechi	99.98	115.07	131.73	154.79	176.98	198.97	223.79	243.38
来宾市	Laibin	57.57	66.84	79.46	94.42	109.53	120.87	134.17	145.11
崇左市	Chongzuo	45.99	53.45	61.08	72.40	84.37	96.38	108.44	119.39

注：本表数据2008年为第二次经济普查后修订数据。
Note: The data in this table in 2008 is adjusted by the 2nd Economic Census.

16－9 主要年份个体工商业发展情况

指　标	Item	1995	2000
一、户数（户）	**Number of Households (household)**	**923679**	**967512**
按城乡分	by Urban & Rural		
城　镇	Urban	362450	451020
农　村	Rural	561229	516492
按行业分	by Sector		
农林牧渔业	Farming, Forestry, Animal Husbandry & Fishery	2432	12888
制造业	Manufacturing	76662	85900
建筑业	Construction	762	1164
批发和零售业	Wholesale & Retail Trade	546260	529569
交通运输、仓储和邮政业	Transport, Storage & Postal Service	82886	85435
住宿和餐饮业	Hotels & Catering Services		
租赁和商务服务业	Leasing & Business Services		
居民服务、修理和其他服务业	Residents Services, Repairing & Other Services		
文化、体育和娱乐业	Culture, Sports & Entertainment		
二、从业人员（人）	**Number of Employed Persons (person)**	**1307050**	**1394187**
按城乡分	by Urban & Rural		
城　镇	Urban	529941	678565
农　村	Rural	777109	715622
按行业分	by Sector		
农林牧渔业	Farming, Forestry, Animal Husbandry & Fishery	3515	23066
制造业	Manufacturing	139534	146868
建筑业	Construction	1759	3627
批发和零售业	Wholesale & Retail Trade	732757	726665
交通运输、仓储和邮政业	Transport, Storage & Postal Service	104559	117835
住宿和餐饮业	Hotels & Catering Services		
租赁和商务服务业	Leasing & Business Services		
居民服务、修理和其他服务业	Residents Services, Repairing & Other Services		
文化、体育和娱乐业	Culture, Sports & Entertainment		

注：1.本表数据来自自治区工商行政管理局。
　　2.1995、2000年无住宿和餐饮业、租赁和商务服务业、居民服务修理和其他服务业、文化体育和娱乐业数据。

Note:1. The data in the table comes from Guangxi Administration for industry and commerce.
　　2. There is no data on "Hotels & Catering Services", "Leasing & Business Services", "Residents Services, Repairing & Other Services" and "Culture, Sports & Entertainment" in 1995 and 2000.

Development of Individual Industrial &Commercial Enterprises in Main Years

2005	2010	2011	2012	2013	2014	2015
1015941	**1158725**	**1141622**	**1173252**	**1243444**	**1375799**	**1493192**
558987	772103	837283	768197	929419	1038234	1129739
456954	386622	304339	405055	314025	337565	363453
15414	15600	16671	17132	18108	17994	20449
71105	71804	64128	60681	60415	62311	64192
1234	2183	2213	2246	2683	3382	4102
619773	750112	757149	716542	833537	933560	1013120
112534	110416	95636	149214	93631	96772	79091
85031	86229	85323	90840	102371	114636	144685
8658	11765	12555	12954	13982	15662	17234
78261	88774	87770	89294	96424	109136	124889
6847	6887	6522	6653	6496	6795	6607
1635767	**2231412**	**2172283**	**2296637**	**2492428**	**2811454**	**3079374**
897945	1410110	1566973	1391497	1677987	1906493	2124167
737822	821302	605310	905140	814441	904961	955207
30040	33017	36215	41514	48835	54852	62497
152766	227193	223490	204294	215910	227211	228584
2710	5702	5484	5781	6940	8599	10873
945430	1325885	1280985	1196093	1444283	1659230	1810012
138763	154101	139274	339393	153356	157604	118939
174077	226910	222327	224595	304023	346542	434021
13662	20667	23383	25721	28659	32645	36985
126714	166122	169895	174652	223546	255618	298550
13456	23133	23900	25128	25543	27723	28320

主要统计指标解释

商品购进额 指从本企业以外的单位和个人购进（包括从国外直接进口）作为转卖或加工后转卖的商品金额（含增值税）。本指标反映批发和零售业从国内外市场上购进商品的总价。商品购进包括：（1）从工农业生产者、批发和零售业企业、住宿和餐饮业企业、出版社或报社的出版发行部门和其他服务业企业购进的商品；（2）从机关团体、事业单位购进的商品；（3）从海关、市场管理部门购进的缉私和没收的商品；（4）从居民收购的废旧商品等。不包括：（1）企业为本单位自身经营用，不是作为转卖而购进的商品，如材料物资、包装物、低值易耗品、办公用品等；（2）未通过买卖行为而收入的商品，如接受其他部门移交的商品、借入的商品、收入代其他单位保管的商品、其他单位赠送的样品、加工回收的成品等；（3）经本单位介绍，由买卖双方直接结算，本单位只收取手续费的业务；（4）销售退回和买方拒付货款的商品；（5）商品溢余。

商品销售额 指对本单位以外的单位和个人出售的商品金额（包括售给本单位消费用的商品，含增值税），本指标反映批发和零售业在国内市场上销售商品以及出口商品的总价。商品销售包括：（1）售给城乡居民和社会集团消费用的商品；（2）售给农业、工业、建筑业、服务业等国民经济各行业用于生产、经营用的商品，包括售予批发和零售业作为转卖或加工后转卖的商品；（3）对国（境）外直接出口的商品。不包括：（1）未通过买卖行为付出的商品，如随机构变动移交给其他企业单位的商品、借出的商品、归还受其他单位委托代保管的商品、付出的加工原料和赠送给其他单位的样品等；（2）经本单位介绍，由买卖双方直接结算，本单位只收取手续费的业务；（3）购货退回的商品；（4）商品损耗和损失；（5）出售本单位自用的废旧物资。

批发额 指售给国民经济各行业用于生产、经营用的商品金额。

零售额 指售给城乡居民用于生活消费和社会集团用于公共消费的商品金额。

商品库存额 对于批发和零售业法人单位和个体经营户，是指报告期末取得所有权的全部商品金额（含增值税）；对于批发和零售业产业活动单位，是指报告期末实际在库且归属法人具有所有权的全部商品金额（含增值税）。这个指标反映批发和零售业的商品库存情况，以及对市场商品供应的保证程度。库存商品包括：（1）存放在本单位（如门市部、批发站、采购站、经营处）的仓库、货场、货柜和货架中的商品；（2）挑选、整理、包装中的商品；（3）已记入购进而尚未运到本单位的商品，即发货单或银行承兑凭证已到而货未到的商品；（4）寄放他处的商品，如因购货方拒绝付款而暂时存在购货方的商品；（5）委托其他单位代销（未作销售或调出）尚未售出的商品；（6）代其他单位购进尚未交付的商品。不包括：（1）所有权不属于本单位的商品，如商品已作销售但买方尚未取走的商品，代替他人保管、运输、加工的商品，代其他单位销售（未做购进或调入）而未售出的商品；（2）委托外单位加工的商品（包括本单位所属加工厂和其他生产单位加工生产尚未收回成品的商品）；（3）外贸企业代理其他单位从国外进口，尚未付给订货单位的商品；（4）代国家储备部门保管的商品。

亿元以上商品交易市场 指年成交额在亿元及以上的商品交易市场。商品交易市场是指经有关部门和组织批准设立，有固定场所、设施，有经营管理部门和监管人员，若干市场经营者入内，常年或实际开业三个月以上，集中、公开、独立地进行生活消费品、生产资料等现货商品交易以及提供相关服务的交易场所，包括各类消费品市场、生产资料市场等。

连锁总店（总部） 负责连锁企业资源（商号、商誉、经营模式、服务标准、管理模式等等）的开发、配置、控制或使用等功能的企业核心管理机构。连锁经营是指经营同类商品或服务，使用统一商号的若干店铺，在同一总店（总部）的管理下，采取统一采购或特许经营等方式，实现规模效益的组织形式，包括直营连锁、特许连锁和自愿连锁三种形式。

直营连锁是指连锁店铺由连锁公司全资或控股开设，在总部的直接控制下，开展统一经营的连锁经营形式；特许连锁是指拥有注册商标、企业标志、专利、专有技术等经营资源的企业（特许人），以合同形式将其拥有的经营资源许可其他经营者（被特许人）使用，被特许人按合同约定在统一的经营模式下开展经营，并向特许人支付特许经营费用的连锁经营形式；自愿连锁是指若干个店铺或企业自愿组合起来，在不改变各自资产所有权关系的情况下，以同一个品牌形象面对消费者，以共同进货为纽带开展的连锁经营形式。

社会消费品零售总额 指企业（单位、个体户）通过交易直接售给个人、社会集团非生产、非经营用的实物商品金额，以及提供餐饮服务所取得的收入金额。个人包括城乡居民和入境人员，社会集团包括机关、社会团体、部队、学校、企事业单位、居委会或村委会等。

Explanatory Notes on Main Statistical Indicators

Total Purchases of Commodities refer to the total value of purchases of commodities by enterprises (establishments) from other establishments or individuals (including direct import from abroad) for the purpose of re-selling, either with or without further processing of the commodities purchased. This indicator is used to show the total value of purchases of commodities by wholesale and retail establishments from domestic and overseas markets. The purchases include: (1) agricultural and industrial products purchased from producers; (2) books, magazines and newspapers purchased from distribution departments of the publishers; (3) commodities purchased from wholesale and retail establishments of different status of registration; (4) commodities purchased from other units, such as surplus materials purchased from government agencies, enterprises or institutions, commodities purchased from hotels and catering services establishments, confiscated goods purchased from customs authorities or market management agencies, second-hand goods and wastes purchased from residents; and (5) commodities directly imported from abroad. Excluded are commodities purchased by enterprises (establishments) for use in their own business operation, commodities obtained without buying or selling procedures, rejected commodities, etc.

Total Sales of Commodities refer to value of commodities sold by the establishments to other establishments and individuals (including direct export to abroad and value-added taxes). This indicator is used to show the total value of sales of commodities at domestic markets and export. The sales include: (1) commodities sold to urban and rural residents and social institutions for their consumption; (2) commodities sold to establishments in industry, agriculture, construction, post and telecommunications, wholesale and retail trades, hotels and catering services for their production and operation; (3) commodities for direct export to abroad. Excluded are: (1) commodities transferred without buying or selling procedures, such as hand-over commodities to other enterprises with institution changing, lent commodities, returned commodities that had been administered by other enterprises, processing raw materials sent out and samples present to other enterprises etc. (2)commission income from brokerage in transactions for which settlement is directly handled by buyers and sellers, (3)rejected commodities in the purchase, (4) loss in commodities, (5) self-using junk materials sold by enterprises etc.

Sales of Wholesale Trades refers to the amount of money of commodities sold to various national economic industries for producing and operating.

Sales of Retail Trades refers to the amount of money of commodities sold to urban and rural residents for household consumption and to social institutions for public consumption.

Total Stock of Commodities to wholesale and retail units and individual enterprises, it refers to total commodities possessed at the end of report periods(including value-added taxes); to wholesale and retail corporation units, it refers to total commodities actually in stock and possessed at the end of report periods(including value-added taxes). This indicator reflects the commodity stock level of various wholesale and retail enterprises and the potential for market supply. It includes: (1) commodities located in storage, garages, counters, and shelves of operating units (such as sale stores, wholesale centers, and operating offices) of wholesale and retail enterprises; (2) commodities in the process of being selected, sorted, and packed; (3) commodities not arrived but recorded as purchase in the account, i.e. commodities not arrived but payment receipts for the commodities from the sellers or the banks arrived; (4) commodities deposited in other places rather than places mentioned above, for instance: commodities in the hold of purchasers temporarily due to the refusal of payment and commodities not taken back after going through the formalities; (5) commodities entrusted to other units to sell but not sold yet; (6) commodities purchased for other units but not delivered yet. Commodities not included as: (1) stock are those not owned by the enterprises (units), (2)commodities on commission for processing but not yet delivered, (3)imported commodities of agency of foreign trade enterprise but not yet delivered to ordering units ,(4) finally those put in stock on behalf of the state material reserves units.

Volume of Transaction at Large Commodity Markets with Transaction Value over 100 Million Yuan refers to the markets with an annual transaction of over 100 million yuan markets approved by the industrial and commercial administration departments, which specialize in wholesale and retail trades of commodities with an annual transaction of over 100 million yuan. The sum of sales of all sellers in the market makes up the transaction value of the market.

Head Chain Store(Head Office) refers to the core managing institution in charge of development, allocation, controlling or using chain enterprise' s resources (such as firms, business credits, operating modes, servicing standards and managing modes etc.).Chain operation refers to the type of organization of several stores selling the same commodities or providing the same services use a uniform firm, and they under the management of the same head store(head office), realizing scaled efficient by modes of uniform purchases or licensed operating. The modes of chain operation include Regular Chain, Licensed Chain and Voluntary Chain.

Regular Chain refers to chain that are invested or controlled by the headquarters. They operate under direct and unified management from the headquarters. Licensed chain refers to chain that enterprises(licensing units)owning operating resources like registered trade marks, enterprise' s symbols, patents and special techniques license their resources to other operators(licensed units) in type of contracts. Licensed units operate in uniform operation mode according to contracts, and pay the licensed fees to licensing units. Voluntary Chain refers to chain that various stores or enterprises combine together voluntarily, and face the consumers with the same brand image while the own ship of assets did not changed.

Total Retail Sales of Consumer Goods refer to the summary of retail sales of commodities sold directly by wholesale and retail trades, catering services and other service industries to urban and rural households for household consumption and to social institutions for public consumption. The Retail Sales of Consumer Goods to households refer to sales of commodities sold to urban and rural households for household consumption. The Retail Sales of Consumer Goods to social institutions refer to sales of commodities sold to departments, social institutions, armies, schools, enterprises and public institutions, neighborhood committees or village committees for non-production, non-operation and public consumption purposes, paid with government expenses. Total Retail Sales of Consumer Goods includes: sales of commodities and building materials sold to urban and rural households for household and building houses, sales of Consumer Goods sold to foreigners, overseas Chinese and Chinese compatriots from Hong Kong, Macao and Taiwan visiting China, and sales of commodities sold to social institutions for non-production, non-operation and public consumption purposes. It excludes: sales of commodities between urban households, sales of commodities sold by urban households through trust shops and sales of commodities sold to agriculture, industry, and construction and so on for production.

第十七篇

住宿餐饮业和旅游

HOTELS,CATERING SERVICES & TOURISM

（编辑：蒙庆彬　钟业宁）

17—1　限额以上住宿和餐饮业企业基本情况（2015年）

Basic Conditions of Accommodation above Star-rated & Catering Service above Designated Size（2015）

项　　目	Item	法人企业（个）Corporation Enterprises (unit)	年末从业人员（人）Year-end Persons Employed (person)
总　计	**Total**	**828**	**75538**
一、住宿业	**Ⅰ.Accommodation**	**510**	**47146**
1.按登记注册类型分组	**1. Grouped by Status of Registration**		
内资企业	Domestic Funded Enterprises	491	42359
国有企业	State-owned Industry	51	5683
集体企业	Collective-owned Industry	5	353
股份合作企业	Cooperative Enterprises	2	208
联营企业	Joint Ownership Enterprises		
国有联营企业	State Joint Ownership Enterprises		
集体联营企业	Collective Joint Ownership Enterprises		
国有与集体联营企业	Joint State-Collective Ownership Enterprises		
其他联营企业	Other Joint Ownership Enterprises		
有限责任公司	Limited Liability Corporations	151	14308
国有独资企业	Sole State-funded Corporations	3	261
其他有限责任公司	Other Limited Liability Corporations	148	14047
股份有限公司	Share Holding Enterprises	25	3094
私营企业	Private Enterprises	240	17560
私营独资企业	Private-funded Enterprises	37	1731
私营合伙企业	Private Partnership Enterprises	14	634
私营有限责任公司	Private Limited Liability Corporations	173	13900
私营股份有限公司	Private Share Holding Enterprises	16	1295
其他企业	Others	17	1153
港、澳、台商投资企业	Enterprises with Funds from Hong Kong, Macao & Taiwan	17	4665
合资经营企业	Joint Venture Enterprises	3	753
合作经营企业	Cooperative Enterprises	1	474
独资经营企业	Enterprises with Sole Investment	13	3438
投资股份有限公司	Share-holding Corporations Ltd. with Investment		
其他港澳台投资企业	Others		
外商投资企业	Foreign-investment Enterprise	2	122
中外合资经营企业	Joint Venture Enterprises	1	87
中外合作经营企业	Cooperative Enterprises		
外资企业	Enterprises with Sole Foreign Investment	1	35
外商投资股份有限公司	Share-holding Corporations Ltd. with Foreign Investment		
其他外商投资企业	Others		
2.按国民经济行业分组	**2.Grouped By Sector**		
旅游饭店	Tourist Hotel	360	38142
一般旅馆	General Hotel	139	8229
其他住宿服务	Other Accommodation Service	11	775

17－1 续表 continued

项 目	Item	法人企业 (个) Corporation Enterprises (unit)	年末从业人员 (人) Year-end Persons Employed (person)
二、餐饮业	**Ⅱ.Catering Trades**	**318**	**28392**
1.按登记注册类型分组	**1. Grouped by Status of Registration**		
内资企业	Domestic Funded Enterprises	310	23082
国有企业	State-owned Industry	12	714
集体企业	Collective-owned Industry	3	104
股份合作企业	Cooperative Enterprises	2	86
联营企业	Joint Ownership Enterprises		
国有联营企业	State Joint Ownership Enterprises		
集体联营企业	Collective Joint Ownership Enterprises		
国有与集体联营企业	Joint State-Collective Ownership Enterprises		
其他联营企业	Other Joint Ownership Enterprises		
有限责任公司	Limited Liability Corporations	86	7874
国有独资企业	Sole State-funded Corporations		
其他有限责任公司	Other Limited Liability Corporations	86	7874
股份有限公司	Share Holding Enterprises	11	953
私营企业	Private Enterprises	180	12590
私营独资企业	Private-funded Enterprises	46	2311
私营合伙企业	Private Partnership Enterprises	9	355
私营有限责任公司	Private Limited Liability Corporations	119	9535
私营股份有限公司	Private Share Holding Enterprises	6	389
其他企业	Others	16	761
港、澳、台商投资企业	Enterprises with Funds from Hong Kong, Macao & Taiwan	5	430
合资经营企业	Joint Venture Enterprises	2	248
合作经营企业	Cooperative Enterprises		
独资经营企业	Enterprises with Sole Investment	3	182
投资股份有限公司	Share-holding Corporations Ltd. with Investment		
其他港澳台投资企业	Others		
外商投资企业	Foreign-investment Enterprise	3	4880
中外合资经营企业	Joint Venture Enterprises	1	700
中外合作经营企业	Cooperative Enterprises		
外资企业	Enterprises with Sole Foreign Investment	2	4180
外商投资股份有限公司	Share-holding Corporations Ltd. with Foreign Investment		
其他外商投资企业	Others		
2.按国民经济行业分组	**2.Grouped By Sector**		
正餐服务业	Dinner	298	20503
快餐服务业	Snack	15	7609
饮料及冷饮服务业	Beverage & Cold Drink	2	147
其他餐饮服务业	Others	3	133

17—2 限额以上住宿和餐饮业企业经营情况（2015年）

Business of Enterprises above Desinated Size of Hotels & Catering Services (2015)

单位：万元 (10 000 yuan)

项　目	Item	营业额 Business Revenue	客房收入 From Hotels	餐费收入 From Catering
总　计	**Total**	**1003530.9**	**387249.0**	**529882.1**
一、住宿业	**Ⅰ.Accommodation**	**648309.6**	**362105.6**	**214225.4**
1.按登记注册类型分组	**1. Grouped by Status of Registration**			
内资企业	Domestic Funded Enterprises	563715.4	320461.9	177776.4
国有企业	State-owned Industry	72059.3	28053.3	26246.4
集体企业	Collective-owned Industry	5601.4	2565.3	1705.2
股份合作企业	Cooperative Enterprises	1956.7	1099.1	799.5
联营企业	Joint Ownership Enterprises			
国有联营企业	State Joint Ownership Enterprises			
集体联营企业	Collective Joint Ownership Enterprises			
国有与集体联营企业	Joint State-Collective Ownership Enterprises			
其他联营企业	Other Joint Ownership Enterprises			
有限责任公司	Limited Liability Corporations	192962.2	119725.2	51539.3
国有独资企业	Sole State-funded Corporations	1929.0	952.8	805.2
其他有限责任公司	Other Limited Liability Corporations	191033.2	118772.4	50734.1
股份有限公司	Share Holding Enterprises	42186.8	19534.7	17087.8
私营企业	Private Enterprises	238278.7	143806.9	75971.8
私营独资企业	Private-funded Enterprises	22426.1	13143.9	8668.1
私营合伙企业	Private Partnership Enterprises	6872.1	4319.0	2425.6
私营有限责任公司	Private Limited Liability Corporations	186671.1	113040.9	57692.5
私营股份有限公司	Private Share Holding Enterprises	22309.4	13303.1	7185.6
其他企业	Others	10670.3	5677.4	4426.4
港、澳、台商投资企业	Enterprises with Funds from Hong Kong, Macao & Taiwan	81809.6	38992.7	36353.0
合资经营企业	Joint Venture Enterprises	8239.6	4505.7	3587.1
合作经营企业	Cooperative Enterprises	4043.2	1904.5	1717.3
独资经营企业	Enterprises with Sole Investment	69526.8	32582.5	31048.6
投资股份有限公司	Share-holding Corporations Ltd. with Investment			
其他港澳台投资企业	Others			
外商投资企业	Foreign-investment Enterprise	2784.6	2651.0	96.0
中外合资经营企业	Joint Venture Enterprises	2495.0	2473.7	0.0
中外合作经营企业	Cooperative Enterprises			
外资企业	Enterprises with Sole Foreign Investment	289.6	177.3	96.0
外商投资股份有限公司	Share-holding Corporations Ltd. with Foreign Investment			
其他外商投资企业	Others			
2.按国民经济行业分组	**2.Grouped By Sector**			
旅游饭店	Tourist Hotel	530687.3	279579.7	190073.1
一般旅馆	General Hotel	104840.6	77744.2	21989.8
其他住宿服务	Other Accommodation Service	12781.7	4781.7	2162.5

17－2 续表 continued

单位：万元 (10 000 yuan)

项　目	Item	营业额 Business Revenue	客房收入 From Hotels	餐费收入 From Catering
二、餐饮业	**Ⅱ.Catering Trades**	**355221.3**	**25143.4**	**315656.7**
1.按登记注册类型分组	**1. Grouped by Status of Registration**			
内资企业	Domestic Funded Enterprises	272420.3	25143.4	232912.7
国有企业	State-owned Industry	9164.6	2353.1	5751.8
集体企业	Collective-owned Industry	1079.6	0.0	1079.6
股份合作企业	Cooperative Enterprises	1126.7	0.0	1110.2
联营企业	Joint Ownership Enterprises			
国有联营企业	State Joint Ownership Enterprises			
集体联营企业	Collective Joint Ownership Enterprises			
国有与集体联营企业	Joint State-Collective Ownership Enterprises			
其他联营企业	Other Joint Ownership Enterprises			
有限责任公司	Limited Liability Corporations	99511.1	4604.6	89486.2
国有独资企业	Sole State-funded Corporations			
其他有限责任公司	Other Limited Liability Corporations	99511.1	4604.6	89486.2
股份有限公司	Share Holding Enterprises	10057.6	1848.7	7462.4
私营企业	Private Enterprises	143352.1	16137.5	120107.2
私营独资企业	Private-funded Enterprises	19851.3	3460.5	15948.1
私营合伙企业	Private Partnership Enterprises	3819.0	541.3	3082.2
私营有限责任公司	Private Limited Liability Corporations	114900.1	10938.3	97655.6
私营股份有限公司	Private Share Holding Enterprises	4781.7	1197.4	3421.3
其他企业	Others	8128.6	199.5	7915.3
港、澳、台商投资企业	Enterprises with Funds from Hong Kong, Macao & Taiwan	8418.9	0.0	8361.9
合资经营企业	Joint Venture Enterprises	1983.0	0.0	1983.0
合作经营企业	Cooperative Enterprises			
独资经营企业	Enterprises with Sole Investment	6435.9	0.0	6378.9
投资股份有限公司	Share-holding Corporations Ltd. with Investment			
其他港澳台投资企业	Others			
外商投资企业	Foreign-investment Enterprise	74382.1	0.0	74382.1
中外合资经营企业	Joint Venture Enterprises	17936.7	0.0	17936.7
中外合作经营企业	Cooperative Enterprises			
外资企业	Enterprises with Sole Foreign Investment	56445.4	0.0	56445.4
外商投资股份有限公司	Share-holding Corporations Ltd. with Foreign Investment			
其他外商投资企业	Others			
2.按国民经济行业分组	**2.Grouped By Sector**			
正餐服务业	Dinner	240648.3	24971.4	203093.6
快餐服务业	Snack	110723.4	0.0	110667.4
饮料及冷饮服务业	Beverage & Cold Drink	2261.9	0.0	703.5
其他餐饮服务业	Others	1587.7	172.0	1192.2

17－3 限额以上住宿和餐饮业企业主要财务指标（2015年）

单位：万元

项 目	Item	流动资产小计 Circulating Funds	#存货 Deposit Products	固定资产原价 Original Value of Fixed Assets	累计折旧 Add Up Depreciation	#本年折旧 Depreciation of the Year	资产合计 Total Assets	负债合计 Total Liabilities
总 计	**Total**	**958720.4**	**91667.3**	**1678094.7**	**716643.7**	**78455.0**	**2557003.0**	**1985213.0**
一、住宿业	**Ⅰ.Accommodation**	**738750.3**	**79650.3**	**1499955.7**	**652379.7**	**66013.6**	**2132142.4**	**1661498.4**
1.按登记注册类型分组	**1. Grouped by Status of Registration**							
内资企业	Domestic Funded Enterprises	575695.8	20579.7	1065238.8	458091.1	47007.2	1634498.1	1218165.0
国有企业	State-owned Industry	44618.1	2359.3	224040.2	114910.3	8380.6	232531.3	135168.3
集体企业	Collective-owned Industry	3429.8	72.1	10470.9	6374.3	649.7	8395.9	5511.9
股份合作企业	Cooperative Enterprises	1224.3	68.8	5668.6	3018.2	251.6	4360.2	3722.2
联营企业	Joint Ownership Enterprises							
国有联营企业	State Joint Ownership Enterprises							
集体联营企业	Collective Joint Ownership Enterprises							
国有与集体联营企业	Joint State-Collective Ownership Enterprises							
其他联营企业	Other Joint Ownership Enterprises							
有限责任公司	Limited Liability Corporations	222482.3	8449.1	376915.3	139530.5	16889.9	608958.6	453612.1
国有独资企业	Sole State-funded Corporations	2246.7	43.9	10407.8	3873.4	857.8	13996.3	11846.2
其他有限责任公司	Other Limited Liability Corporations	220235.6	8405.2	366507.5	135657.1	16032.1	594962.3	441765.9
股份有限公司	Share Holding Enterprises	15721.4	1049.0	117900.8	57422.1	3412.3	111710.9	75580.2
私营企业	Private Enterprises	281910.0	8303.1	306346.1	124282.3	16529.1	649660.2	538882.3
私营独资企业	Private-funded Enterprises	20640.5	965.7	47712.3	21430.4	1854.5	54811.1	24979.7
私营合伙企业	Private Partnership Enterprises	4010.9	76.1	12616.5	4412.0	625.2	15047.4	8664.2
私营有限责任公司	Private Limited Liability Corporations	218954.2	6978.7	207813.9	84104.3	12406.6	508049.6	437569.7
私营股份有限公司	Private Share Holding Enterprises	38304.4	282.6	38203.4	14335.6	1642.8	71752.1	67668.7
其他企业	Others	6309.9	278.3	23896.9	12553.4	894.0	18881.0	5688.0
港、澳、台商投资企业	Enterprises with Funds from Hong Kong, Macao & Taiwan	161251.6	59042.7	434158.2	193799.5	18946.9	495104.9	444189.4
合资经营企业	Joint Venture Enterprises	3338.5	162.3	50269.1	28138.7	1425.8	78294.2	88164.6
合作经营企业	Cooperative Enterprises	3279.0	145.0	19702.0	13417.8	754.5	10230.1	7931.6
独资经营企业	Enterprises with Sole Investment	154634.1	58735.4	364187.1	152243.0	16766.6	406580.6	348093.2
投资股份有限公司	Share-holding Corporations Ltd. with Investment							
其他港澳台投资企业	Others							
外商投资企业	Foreign-investment Enterprise	1802.9	27.9	558.7	489.1	59.5	2539.4	-856.0
中外合资经营企业	Joint Venture Enterprises	307.2	17.7	214.3	153.8	57.4	941.7	-2187.9
中外合作经营企业	Cooperative Enterprises							
外资企业	Enterprises with Sole Foreign Investment	1495.7	10.2	344.4	335.3	2.1	1597.7	1331.9
外商投资股份有限公司	Share-holding Corporations Ltd. with Foreign Investment							
其他外商投资企业	Others							
2.按国民经济行业分组	**2.Grouped By Sector**							
旅游饭店	Tourist Hotel	604043.7	76562.2	1393238.5	617540.4	57821.4	1826628.2	1402449.3
一般旅馆	General Hotel	123237.9	2897.0	102225.0	32667.5	7566.1	287765.3	247251.7
其他住宿服务	Other Accommodation Service	11468.7	191.1	4492.2	2171.8	626.1	17748.9	11797.4

Main Financial Indicators of Enterprises above Designated in Wholesale & Retail Sale Trade（2015）

（10 000 yuan）

所有者权益合计 Total Creditors Equity	#实收资本 Capital Hold	#国家资本 State Capital	主营业务收入 Business Income of the Main Products	主营业务成本 Core Business Cost	主营业务税金及附加 Core Business Tax&Extra Charges	销售费用 Operating Cost	管理费用 Manage-ment Expenses	财务费用 Financial Expenses	#利息支出 Interest Expen-diture	营业利润 Business Profits	利润总额 Gross Profits
571790.1	**910203.2**	**121827.0**	**983991.8**	**397514.2**	**53747.4**	**338038.6**	**234291.8**	**54357.6**	**37979.6**	**-70036.4**	**-72212.7**
470644.1	**804553.9**	**120082.6**	**634450.3**	**223054.4**	**34509.6**	**234216.9**	**187958.5**	**43522.6**	**29784.4**	**-66144.8**	**-69455.3**
416333.2	560483.5	116794.4	549379.0	204607.6	29920.1	204269.5	144333.3	30148.0	22198.2	-41575.0	-46480.0
97363.0	82411.5	67357.0	70153.5	26192.7	3611.3	29395.6	20732.8	2625.8	1532.1	-8861.3	-8620.7
2884.0	2450.7	0.0	5438.8	1573.1	324.9	2080.2	1437.5	43.5	49.7	-3.7	-5.7
638.0	108.1	0.0	1251.1	993.9	98.9	222.8	545.9	63.8	0.0	18.1	-85.6
155346.5	207433.9	48464.6	187464.9	68024.9	10280.6	69086.6	55190.0	11365.8	7459.8	-15420.1	-20355.4
2150.1	2000.0	1200.0	1847.9	683.5	115.4	1169.0	627.1	146.3	139.4	-821.5	-670.9
153196.4	205433.9	47264.6	185617.0	67341.4	10165.2	67917.6	54562.9	11219.5	7320.4	-14598.6	-19684.5
36130.7	34742.3	545.0	40295.1	15938.1	2089.0	11500.7	12331.0	1548.0	1281.7	-2747.0	-1765.7
110778.0	219401.0	78.9	234108.6	85820.8	12884.3	89743.7	52644.7	14409.9	11827.3	-14704.0	-15867.0
29831.4	21647.3	0.0	21823.1	10972.4	1163.5	4517.9	3966.4	940.2	757.7	865.9	566.8
6383.2	5222.5	0.0	6646.0	2774.8	238.5	1746.8	1202.4	577.4	568.1	187.1	175.1
70480.0	179590.0	78.9	183562.8	66088.7	10294.3	77131.2	41065.5	10804.6	8683.5	-15906.2	-16487.5
4083.4	12941.2	0.0	22076.7	5984.9	1188.0	6347.8	6410.4	2087.7	1818.0	149.2	-121.4
13193.0	13936.0	348.9	10667.0	6064.1	631.1	2239.9	1451.4	91.2	47.6	143.0	220.1
50915.5	243874.0	3288.2	82230.4	17991.7	4421.4	28323.8	43032.3	13355.5	7586.2	-24667.1	-23559.5
-9870.4	40983.6	3288.2	7594.9	1365.4	422.8	3391.8	4571.3	330.7	264.1	-2365.0	-2348.3
2298.5	13908.7	0.0	4043.2	818.7	224.4	1474.2	1783.6	335.8	0.0	-593.5	-597.3
58487.4	188981.7	0.0	70592.3	15807.6	3774.2	23457.8	36677.4	12689.0	7322.1	-21708.6	-20613.9
3395.4	196.4	0.0	2840.9	455.1	168.1	1623.6	592.9	19.1	0.0	97.3	584.2
3129.6	0.0	0.0	2640.9	421.3	157.1	1399.6	419.9	17.9	0.0	340.3	341.2
265.8	196.4	0.0	200.0	33.8	11.0	224.0	173.0	1.2	0.0	-243.0	243.0
424179.0	756875.2	116030.2	518569.4	187194.6	28440.1	186241.2	161047.3	38503.0	26285.0	-62028.1	-64927.8
40513.6	45453.4	3776.8	103630.3	33849.1	5339.3	44810.5	23516.0	4633.8	3326.4	-6912.7	-7480.0
5951.5	2225.3	275.6	12250.6	2010.7	730.2	3165.2	3395.2	385.8	173.0	2796.0	2952.5

17−3　续表

单位：万元

项　目	Item	流动资产小计 Circulating Funds	#存货 Deposit Products	固定资产原价 Original Value of Fixed Assets	累计折旧 Add Up Depreciation	#本年折旧 Depreciation of the Year	资产合计 Total Assets	负债合计 Total Liabilities
二、餐饮业	**Ⅱ.Catering Trades**	**219970.1**	**12017.0**	**178139.0**	**64264.0**	**12441.4**	**424860.6**	**323714.6**
1.按登记注册类型分组	**1. Grouped by Status of Registration**							
内资企业	Domestic Funded Enterprises	200979.0	11458.1	170083.1	61615.8	11725.8	385871.2	302547.9
国有企业	State-owned Industry	2518.3	251.1	9849.5	5553.2	371.4	9201.5	7651.9
集体企业	Collective-owned Industry	66.9	15.2	101.0	21.9	3.1	146.1	97.3
股份合作企业	Cooperative Enterprises	2434.6	1.1	1278.4	561.0	43.7	3152.5	1030.4
联营企业	Joint Ownership Enterprises							
国有联营企业	State Joint Ownership Enterprises							
集体联营企业	Collective Joint Ownership Enterprises							
国有与集体联营企业	Joint State-Collective Ownership Enterprises							
其他联营企业	Other Joint Ownership Enterprises							
有限责任公司	Limited Liability Corporations	48303.2	2555.8	44469.9	16141.8	3710.9	104644.5	95543.5
国有独资企业	Sole State-funded Corporations							
其他有限责任公司	Other Limited Liability Corporations	48303.2	2555.8	44469.9	16141.8	3710.9	104644.5	95543.5
股份有限公司	Share Holding Enterprises	4748.1	934.3	18856.6	7203.8	627.0	18239.8	16158.1
私营企业	Private Enterprises	139367.1	7420.0	90556.7	30085.2	6552.8	243496.5	179118.7
私营独资企业	Private-funded Enterprises	10590.0	1790.3	16486.2	5450.2	1028.4	24338.0	10977.1
私营合伙企业	Private Partnership Enterprises	2447.5	102.3	1874.0	621.0	78.2	3724.7	3708.9
私营有限责任公司	Private Limited Liability Corporations	117883.7	5320.8	69672.7	22266.3	5283.0	203516.1	154755.9
私营股份有限公司	Private Share Holding Enterprises	8445.9	206.6	2523.8	1747.7	163.2	11917.7	9676.8
其他企业	Others	3540.8	280.6	4971.0	2048.9	416.9	6990.3	2948.0
港、澳、台商投资企业	Enterprises with Funds from Hong Kong, Macao & Taiwan	4894.9	136.8	2363.6	1570.4	288.0	6330.6	3251.5
合资经营企业	Joint Venture Enterprises	311.7	0.0	214.1	143.1	12.8	383.7	355.2
合作经营企业	Cooperative Enterprises							
独资经营企业	Enterprises with Sole Investment	4583.2	136.8	2149.5	1427.3	275.2	5946.9	2896.3
投资股份有限公司	Share-holding Corporations Ltd. with Investment							
其他港澳台投资企业	Others							
外商投资企业	Foreign-investment Enterprise	14096.2	422.1	5692.3	1077.8	427.6	32658.8	17915.2
中外合资经营企业	Joint Venture Enterprises	3939.3	422.1	1496.7	1069.1	427.6	5266.7	1441.2
中外合作经营企业	Cooperative Enterprises							
外资企业	Enterprises with Sole Foreign Investment	10156.9	0.0	4195.6	8.7	0.0	27392.1	16474.0
外商投资股份有限公司	Share-holding Corporations Ltd. with Foreign Investment							
其他外商投资企业	Others							
2.按国民经济行业分组	**2.Grouped By Sector**							
正餐服务业	Dinner	181548.8	10685.3	150307.5	52772.8	10288.7	348276.4	274086.8
快餐服务业	Snack	23592.2	1264.2	16673.2	6591.3	1073.4	52672.6	32416.1
饮料及冷饮服务业	Beverage & Cold Drink	13489.1	32.1	6645.5	2645.8	402.7	18072.9	14832.7
其他餐饮服务业	Others	1340.0	35.4	4512.8	2254.1	676.6	5838.7	2379.0

continued

(10 000 yuan)

所有者权益合计 Total Creditors Equity	#实收资本 Capital Hold	#国家资本 State Capital	主营业务收入 Business Income of the Main Products	主营业务成本 Core Business Cost	主营业务税金及附加 Core Business Tax&Extra Charges	销售费用 Operating Cost	管理费用 Manage-ment Expenses	财务费用 Financial Expenses	#利息支出 Interest Expen-diture	营业利润 Business Profits	利润总额 Gross Profits
101146.0	**105649.3**	**1744.4**	**349541.5**	**174459.8**	**19237.8**	**103821.7**	**46333.3**	**10835.0**	**8195.2**	**-3891.6**	**-2757.4**
83323.3	97336.5	1744.4	266810.6	135623.7	14658.7	80555.5	40565.8	10970.0	8346.0	-14297.1	-13308.9
1549.6	3439.7	1543.3	8707.0	4404.7	393.3	2848.8	1647.1	160.4	142.4	-438.1	-187.5
48.8	8.0	0.0	1079.5	533.2	61.2	262.5	134.6	0.5	0.0	87.5	2.7
2122.1	583.4	0.0	1098.6	520.6	61.0	340.2	198.0	-0.2	0.0	-21.0	-18.0
9101.0	23914.0	35.0	97264.9	49934.5	5172.6	33891.0	12712.0	2699.1	1986.9	-5820.6	-4931.7
9101.0	23914.0	35.0	97264.9	49934.5	5172.6	33891.0	12712.0	2699.1	1986.9	-5820.6	-4931.7
2081.7	2747.3	160.0	9890.6	5606.1	527.8	2173.4	2206.1	129.8	11.0	-985.8	-386.9
64377.8	64751.9	6.1	140792.9	69852.2	8077.1	39809.2	22689.4	7822.9	6096.2	-7868.2	-8317.6
13360.9	9275.0	6.1	19683.0	11588.3	1232.5	3178.6	2341.7	288.1	73.0	1189.6	1109.6
15.8	477.0	0.0	3654.7	1685.8	217.7	905.3	465.6	210.4	45.7	199.9	41.1
48760.2	48373.2	0.0	112673.5	53871.6	6380.7	34024.9	19230.8	7113.7	5952.3	-8524.3	-8794.1
2240.9	6626.7	0.0	4781.7	2706.5	246.2	1700.4	651.3	210.7	25.2	-733.4	-674.2
4042.3	1892.0	0.0	7977.1	4772.4	365.7	1230.4	978.6	157.5	109.5	749.1	530.1
3079.1	3029.0	0.0	8348.8	3187.7	491.8	4188.5	516.2	24.4	0.0	-71.3	2.9
28.5	130.0	0.0	1912.9	834.4	125.4	885.0	85.4	8.1	0.0	-36.8	33.2
3050.6	2899.0	0.0	6435.9	2353.3	366.4	3303.5	430.8	16.3	0.0	-34.5	-30.3
14743.6	5283.8	0.0	74382.1	35648.4	4087.3	19077.7	5251.3	-159.4	-150.8	10476.8	10548.6
3825.5	3000.0	0.0	17936.7	9557.8	967.7	5568.6	834.8	-8.6	0.0	1016.4	1014.2
10918.1	2283.8	0.0	56445.4	26090.6	3119.6	13509.1	4416.5	-150.8	-150.8	9460.4	9534.4
74189.6	92222.7	1744.4	236212.8	123465.1	13266.5	67407.8	37034.0	10034.9	7746.7	-14721.4	-12728.7
20256.5	9776.6	0.0	110544.1	49529.3	5854.8	35399.0	8536.8	373.1	22.4	10893.1	10033.6
3240.2	1550.0	0.0	1269.4	409.3	77.7	812.6	446.7	316.9	315.7	142.1	142.1
3459.7	2100.0	0.0	1515.2	1056.1	38.8	202.3	315.8	110.1	110.4	-205.4	-204.4

17－4　主要年份限额以上住宿和餐饮业企业经营情况
Business Circumstance of Enterprises above Designated Size in Hotel & Catering in Major Years

单位：万元　　(10 000 yuan)

项　　目	Item	2000	2005	2010	2011	2012	2013	2014	2015
一、法人企业数（个）	Number of Corporation Enterprises(unit)	85	393	581	662	734	802	818	828
二、年末从业人员（人）	Number of Persons Employed(person)	21621	59652	70818	52483	83526	81461	77844	75538
三、营业额（万元）	Business Revenue(10 000 yuan)	70028	352590	675506	848208	965256	926203	932172	1003531
四、客房间数（间）	Number of Guest Rooms(room)			63915	69897	96443	81777	87037	115733
五、床位数（个）	Number of Beds(bed)		80315	112690	121624	161065	139771	147920	189627
六、餐位数（位）	Number of Catering Seatings(seat)		213534	292875	315285	367388	365375	389320	399120
七、年末餐饮营业面积（平方米）	Area of Catering Business(sq.m)		680358	812365	1421726	1783501	1736158	1863541	1916088

注：1. 2005年住宿业为星级以上住宿企业，未设置"客房间数"指标。
　　2. 2000年统计范围为限额以上餐饮业，未包括住宿业；未设置四至七项指标。

Note: 1. The data on hotel in 2005 refers to the hotels above star-rate, and the indicator of "Number of Guest Rooms" has not been set.
　　2. The statistical range in 2000 is the catering enterprises above designated size, exculding hotel enterprises, and the relative indicators have not been set.

17－5　旅游机构数（2015年）
Number of Tourism Institutions（2015）

单位：家　　(unit)

城　　市	City	旅游管理部门 Tourist Management Department	旅行社 Travel Agencies	星级饭店 Star-rated Hotels	五星 5 Star	四星 4 Star	三星 3 Star	二星 2 Star	一星 1 Star
总　计	**Total**	**162**	**638**	**466**	**11**	**80**	**271**	**103**	**1**
南宁市	Nanning	19	103	51	2	13	26	10	
柳州市	Liuzhou	14	52	47	2	10	25	10	
桂林市	Guilin	17	219	68	4	14	39	11	
梧州市	Wuzhou	8	23	32		1	18	13	
北海市	Beihai	3	51	30	1	4	18	7	
防城港市	Fangchenggang	5	27	31		6	25	0	
钦州市	Qinzhou	7	18	24	1	1	21	1	
贵港市	Guigang	6	18	18		5	8	5	
玉林市	Yulin	9	29	21		4	9	8	
百色市	Baise	13	18	26		5	16	5	
贺州市	Hezhou	10	16	19		2	13	4	
河池市	Hechi	29	36	50		7	28	14	1
来宾市	Laibin	7	14	20	1	2	13	4	
崇左市	Chongzuo	15	14	29		6	12	11	

17－6　主要年份旅游人数及收入

Number of Oversea Visitor Arrivals & Tourist Income in Main Years

指　　标	Item	1995	2000	2005	2010	2011	2012	2013	2014	2015
接待入境旅游者人数（人次）	**Number of Oversea Visitor Arrivals (person-time)**	**418499**	**1240265**	**1461605**	**2502363**	**3027923**	**3502732**	**3915435**	**4211845**	**4500562**
港澳和台湾同胞	Compatriots from Hong Kong , Macao & Taiwan	107672	730706	585557	1088493	1313095	1575725	1792289	1995074	2108234
外国人	Foreigners	307428	506288	873103	1413870	1714828	1927007	2123146	2216771	2392328
#越南	Vietnam	1110	66327	140396	292332	379477	486694	450799	427548	453556
韩国	South Korea		86769	57304	94461	151180	190446	221023	278608	369949
马来西亚	Malaysia	15546	11672	145537	190128	242512	242491	281445	279697	281679
新加坡	Singapore	7164	6174	15545	53995	84635	100808	129784	131404	151725
美国	United States	34878	58517	78709	101540	112932	111172	109754	119674	125262
印度尼西亚	Indonesia	15057	14351	19065	67624	77048	96765	134099	117725	121311
泰国	Thailand	5166	8256	48322	30552	51601	81646	106747	86644	105457
法国	France	23241	40519	43425	85921	91429	79163	77597	67293	63252
英国	United Kingdom	12374	15795	24757	53996	56718	49105	52467	56935	62462
加拿大	Canada	5497	6376	15969	38181	49991	71526	71338	63390	57282
德国	Germany	22987	27802	32045	51535	55797	55234	55984	50064	51057
日本	Japan	72706	86469	91117	84576	65615	59235	31241	38638	48944
澳大利亚	Australia	5587	7782	20036	45321	46496	45516	42880	46792	42282
菲律宾	The philippines				6778	8341	8063	13367	18158	37297
印度	India				4428	6347	8670	19667	20539	28069
意大利	Italy	10075	8732	15079	17164	19374	19940	20117	23507	23387
新西兰	New Zealand	1178	1440	3168	8626	8456	8403	11515	14214	13519
国内游客人数（万人次）	**Number of Domestic Visitors (10 000 person-times)**	**1450**	**3951**	**6493**	**14074**	**17257**	**20778**	**24264**	**28565**	**33661**
国际旅游外汇收入（亿美元）	**Foreign Exchange from International Tourism (100 million dollars)**	**1.21**	**3.07**	**3.59**	**8.07**	**10.52**	**12.79**	**15.47**	**17.28**	**19.17**
国内旅游收入（亿元）	**Domestic Tourist Income (100 million yuan)**	**17.4**	**146.8**	**277.8**	**898.1**	**1209.5**	**1578.9**	**1961.3**	**2495.0**	**3136.4**
旅游总收入（亿元）	**Total Tourist Income (100 million yuan)**	**28.3**	**168.6**	**303.7**	**952.9**	**1277.8**	**1659.7**	**2057.1**	**2601.2**	**3254.2**
星级饭店数（个）	**Number of Star-rated Hotels(unit)**	**41**	**162**	**350**	**423**	**443**	**456**	**477**	**466**	**466**

注：2000年及以前的星级饭店总数为涉外饭店数。

Note: The number of star-rated hotels before 2000 refers to the number of hotels for foreign tourists.

17—7 主要年份各市接待入境旅游者人数

单位：人次

指　标	City	2000		2005		2010	
		合计 Total	外国人 Foreigners	合计 Total	外国人 Foreigners	合计 Total	外国人 Foreigners
南宁市	Nanning	45586	23746	83317	65338	167527	123267
柳州市	Liuzhou	20268	4148	33778	24072	81100	59153
桂林市	Guilin	950172	403872	1000912	585391	1486202	897491
梧州市	Wuzhou	49858	3110	37612	17959	90017	8736
北海市	Beihai	38087	4523	30228	18657	73008	37249
防城港市	Fangchenggang					70122	66388
钦州市	Qinzhou					24367	2950
贵港市	Guigang					40485	9992
玉林市	Yulin					33128	10209
百色市	Baise					26741	7466
贺州市	Hezhou					164018	41557
河池市	Hechi					30155	9935
来宾市	Laibin					8163	3703
崇左市	Chongzuo					207330	135774

Number of Oversea Visitor Arrivals & International Tourism Receipts by City in Main Years

(person-time)

2011		2012		2013		2014		2015	
合计 Total	外国人 Foreigners	合计 Total	外国人 Foreigners	合计 Total	外国人 Foreigners	合计 Total	外国人 Foreigners	合计 Total	外国人 Foreigners
236144	161735	300674	209892	351068	233107	432967	309542	510850	396336
105958	73209	137760	87005	167394	100150	174132	114121	181221	126170
1643935	1037220	1824141	1092967	1936542	1170849	2047792	1171655	2163406	1216381
130119	14588	152816	12087	182851	14655	190255	15263	196278	16172
83073	41703	98759	53205	115820	61427	120938	63113	129053	65264
103275	99002	127497	122183	146715	140034	153803	144795	160987	150294
35630	5220	41631	6220	46112	6829	50312	7227	53573	7300
55847	12724	68086	12025	79323	12734	82853	11847	86921	11897
43006	9855	57942	15832	81054	20745	95939	17969	105432	19511
40106	14483	51516	26950	63698	34334	70106	35489	73928	37585
227152	57336	267251	69630	309624	66541	330696	63829	351569	64722
41385	13179	53546	15543	70037	21146	91705	32793	100570	35080
12030	4904	14500	6002	16848	7364	18561	6545	19629	6437
270263	169670	306613	197466	348349	233234	351771	222583	367145	239179

17－8 主要年份各市国际旅游收入
Income from International Tourism by City in Main Years

单位：万元 (10 000 yuan)

城 市	City	2000	2005	2010	2011	2012	2013	2014	2015
南宁市	Nanning	5736	20320	37858	53449	67629	85067	100629	125962
柳州市	Liuzhou	1031	9560	18241	23476	30073	36428	40488	44579
桂林市	Guilin	188712	191951	341244	401305	463936	538503	582964	638154
梧州市	Wuzhou	3004	3195	15589	22907	26725	34971	40236	43284
北海市	Beihai	8367	5326	14768	16728	21662	26677	29164	31259
防城港市	Fangchenggang			11731	17546	22595	27139	30148	32476
钦州市	Qinzhou			5589	7334	8418	9332	10822	11929
贵港市	Guigang			8129	11376	13766	16389	18813	20157
玉林市	Yulin			9947	11327	14555	20280	25936	28799
百色市	Baise			7298	9920	12221	14552	16522	18031
贺州市	Hezhou			28408	41088	48201	58482	66281	73613
河池市	Hechi			7744	10122	12644	15913	21843	25541
来宾市	Laibin			2368	3134	3800	4342	4998	5545
崇左市	Chongzuo			39591	53743	61664	70118	72879	78582

17—9 主要年份各市接待入境旅游者平均每人消费额

Per Capita Consumption of Oversea Visitor Arrivals by City in Main Years

单位：元 (yuan)

城 市	City	2000	2005	2010	2011	2012	2013	2014	2015
南宁市	Nanning	1258	2439	2260	2263	2249	2423	2324	2466
柳州市	Liuzhou	509	2830	2249	2216	2183	2176	2326	2460
桂林市	Guilin	1986	1918	2296	2441	2543	2781	2847	2950
梧州市	Wuzhou	603	849	1732	1760	1749	1913	2115	2205
北海市	Beihai	2197	1762	2023	2014	2193	2303	2411	2422
防城港市	Fangchenggang			1673	1699	1772	1850	1960	2017
钦州市	Qinzhou			2294	2058	2022	2024	2151	2227
贵港市	Guigang			2008	2037	2022	2066	2271	2319
玉林市	Yulin			3003	2634	2512	2502	2703	2732
百色市	Baise			2729	2473	2372	2285	2357	2439
贺州市	Hezhou			1732	1809	1804	1889	2004	2094
河池市	Hechi			2568	2446	2361	2272	2382	2540
来宾市	Laibin			2901	2605	2621	2577	2693	2825
崇左市	Chongzuo			1910	1989	2011	2013	2072	2140

17－10 各市接待国内游客人数
Number of Domestic Visitors by City

单位：万人次 (10 000 persons-times)

城 市	City	2010	2011	2012	2013	2014	2015
南宁市	Nanning	3542.70	4374.74	5122.07	5840.26	6905.19	8159.14
柳州市	Liuzhou	1300.25	1519.63	1904.10	2266.32	2605.43	2901.14
桂林市	Guilin	2097.71	2623.78	3110.25	3390.52	3737.84	4253.61
梧州市	Wuzhou	655.91	840.33	975.98	1131.39	1279.13	1527.79
北海市	Beihai	938.43	1100.79	1311.20	1521.16	1770.67	2143.69
防城港市	Fangchenggang	550.08	675.59	806.53	965.11	1168.40	1345.77
钦州市	Qinzhou	469.33	570.42	692.74	774.25	868.31	1077.07
贵港市	Guigang	623.02	744.62	918.75	1095.16	1266.25	1435.85
玉林市	Yulin	712.55	837.47	1023.28	1355.97	1653.75	2027.02
百色市	Baise	952.24	1119.78	1356.29	1680.45	1997.80	2321.92
贺州市	Hezhou	487.43	640.12	785.12	999.13	1257.17	1526.53
河池市	Hechi	728.01	849.13	1063.11	1281.76	1530.09	1841.95
来宾市	Laibin	353.36	581.56	753.35	855.99	1197.65	1539.39
崇左市	Chongzuo	662.48	779.44	954.81	1106.45	1327.35	1560.50

17—11 各市国内旅游收入

Income from Domestic Visitors by City

单位：亿元 (100 million yuan)

城　市	City	2010	2011	2012	2013	2014	2015
南宁市	Nanning	234.78	307.05	397.13	469.64	598.73	729.93
柳州市	Liuzhou	88.59	117.38	150.66	182.27	229.09	281.02
桂林市	Guilin	134.17	178.21	230.48	294.63	373.77	453.51
梧州市	Wuzhou	50.02	64.53	81.26	100.11	123.22	153.78
北海市	Beihai	67.17	86.07	110.17	137.28	173.11	219.74
防城港市	Fangchenggang	27.89	38.73	50.36	61.79	76.73	97.40
钦州市	Qinzhou	27.04	40.03	51.02	60.99	75.67	101.12
贵港市	Guigang	34.53	48.59	65.66	85.88	107.53	135.62
玉林市	Yulin	49.55	66.95	88.21	115.83	147.53	196.44
百色市	Baise	56.64	73.23	95.08	121.84	156.01	200.02
贺州市	Hezhou	34.87	50.62	67.77	96.05	124.96	162.44
河池市	Hechi	43.32	58.41	88.97	111.81	144.39	179.60
来宾市	Laibin	15.86	32.88	41.52	50.15	70.59	101.18
崇左市	Chongzuo	33.66	46.79	60.64	73.05	93.66	124.59

17－12 各市旅游总收入

Total Tourist Income by City

单位：亿元 (100 million yuan)

城 市	City	2010	2011	2012	2013	2014	2015
南宁市	Nanning	238.57	312.40	403.89	478.15	608.79	742.53
柳州市	Liuzhou	90.42	119.73	153.67	185.92	233.14	285.48
桂林市	Guilin	168.30	218.34	276.87	348.48	432.07	517.33
梧州市	Wuzhou	51.58	66.82	83.93	103.61	127.24	158.11
北海市	Beihai	68.64	87.74	112.34	139.94	176.03	222.86
防城港市	Fangchenggang	29.07	40.48	52.62	64.51	79.75	100.64
钦州市	Qinzhou	27.60	40.76	51.86	61.92	76.75	102.31
贵港市	Guigang	35.34	49.73	67.03	87.52	109.41	137.64
玉林市	Yulin	50.54	68.08	89.67	117.86	150.12	199.32
百色市	Baise	57.37	74.23	96.31	123.30	157.66	201.82
贺州市	Hezhou	37.71	54.73	72.59	101.89	131.59	169.80
河池市	Hechi	44.10	59.42	90.23	113.40	146.57	182.16
来宾市	Laibin	16.10	33.19	41.90	50.59	71.09	101.74
崇左市	Chongzuo	37.62	52.16	66.81	80.06	100.95	132.45

17—13 广西国家A级旅游景区一览表（2015年）
Schedule of National A-Grade Scenic Spots in Guangxi (2015)

类别 Classification	风景名胜区名称	Name	所在地	Location
AAAAA	桂林漓江景区	Lijiang River Scenic Spot	桂林市	Guilin City
	桂林乐满地休闲世界	Lemandi World for Leisure of Guilin		
	桂林独秀峰-王城景区	Guilin Duxiu Peak & Imperial City Scenic Zone		
	南宁青秀山风景旅游区	Qingxiu Mountain Scenic Spot of Nanning	南宁市	Nanning City
AAAA	南宁嘉和城景区	Jiahe Town Scenic Spot of Nanning	南宁市	Nanning City
	南宁九曲湾温泉景区	Jiuquwan Hotspring Scenic Spot of Nanning		
	广西八桂田园	Bagui Fields and Gardens of Guangxi		
	南宁市动物园	Nanning Zoo		
	广西药用植物园	Guangxi Medicinal Botanical Garden		
	南宁大明山风景旅游区	Damingshan Mountain Scenic Spot of Nanning		
	广西科技馆	Guangxi Science & Technology Museum		
	广西民族博物馆	Guangxi Ethnographical Museum		
	南宁市乡村大世界景区	World of Countryside of Nanning		
	南宁市武鸣县伊岭岩景区	Yilingyan Rock Scenic Spot of Wuming in Nanning		
	南宁市良凤江森林景区	Liangfengjiang Forest Tourist Area of Nanning		
	广西规划馆景区	Guangxi Capital Exhibition		
	南宁市民歌湖景区	Minge Lake of Nanning		
	隆安县龙虎山旅游景区	Longhu Hill Scenic Spot of Long'an County		
	南宁市凤岭儿童公园	Fengling Children's Park of Nanning		
	南宁马山金伦洞景区	Jinlun Cave Scenic Spot of Mashan County in Nanning		
	上林县金莲湖景区	Jinlian Lake Scenic Spot of Shanglin County		
	南宁市人民公园	People's Park in Nanning City		
	南宁花花大世界景区	Huahua Flower World in Nanning City		
	柳州龙潭景区	Longtan Scenic Spot of Liuzhou	柳州市	Liuzhou City
	柳侯公园	Liuhou Park		
	柳州立鱼峰风景区	Liyu Hill Scenic Spot of Liuzhou		
	三江程阳侗族八寨景区	Dong Bazhai Scenic Spot of Sanjiang Chengyang		
	柳州博物馆	Liuzhou Museum		
	广西鹿寨香桥岩风景区	Xiangqiao Rock Scenic Spot of Luzhai County in Guangxi		
	柳州市融水县贝江景区	Beijiang River Scenic Spot of Rongshui County in Liuzhou		
	柳州市三江县丹州景区	Danzhou Scenic Spot of Sanjiang County in Liuzhou		
	柳州文庙景区	Confucian Temple Scenic Spot of Liuzhou		
	柳州城市规划展览馆	Liuzhou Urban Planning Exhibition Hall		
	柳州市马鹿山奇石博览园景区	Malu Hill Stones Exposition Garden of Liuzhou		
	柳州市三江县大侗寨景区	Dadongzhai Scenic Spot in Sanjiang County of Liuzhou		
	柳州市工业博物馆景区	Industrial Museum Scenic Spot of Liuzhou		
	柳州市百里柳江旅游景区	Liujiang River Scenic Spot of Liuzhou		
	柳州园博园景区	Liuzhou Garden Expro Scenic Spot		
	柳州市融安石门仙湖旅游景区	Liuzhou Rongan Xianhu Shimen Tourist Attractions		

17－13 续表1 continued

类别 Classification	风景名胜区名称	Name	所在地	Location
AAAA	柳州柳城县知青城景区	Zhiqing Town Scenic Spot of Liucheng County in Liuzhou	柳州市	Liuzhou City
	柳州市都乐岩景区	Dule Cave Scenic Spot in Liuzhou		
	柳州市融水元宝山龙女沟景区	Longnv Ravine Scenic Spot of Yuanbao Mountain of Rongshui County in Liuzhou		
	柳江县凤凰河生态旅游度假区	Fenghuang River Original Scenic Spot of Liujiang County		
	七星景区	Qixing Scenic Spot	桂林市	Guilin City
	芦笛景区	Ludi Scenic Spot		
	桂林世外桃源旅游区	Shiwaitaoyuan Scenic Spot of Guilin		
	象山景区（象山公园、滨江公园）	Xiangshan Hill Scenic Spot (Xiangshan Park, Binjiang Park)		
	桂林冠岩景区	Guanyan Rock Scenic Spot of Guilin		
	桂林愚自乐园艺术园	Art Garden in Yuzi Fairyland of Guilin		
	桂林两江四湖景区	Two Rivers & Four Lakes Scenic Spot of Guilin		
	桂林银子岩旅游度假区	Yinzi Rock Scenic Spot of Guilin		
	桂林古东瀑布景区	Gudong Waterfall Scenic Spot of Guilin		
	兴安灵渠景区	Lingqu Scenic Spot of Xing'an County		
	桂林丰鱼岩旅游度假区	Fengyu Rock Scenic Spot of Guilin		
	桂林龙胜温泉旅游度假区	Longsheng Hotspring Scenic Spot of Guilin		
	桂林穿山景区	Chuanshan Scenic Spot of Guilin		
	桂林尧山景区	Yaoshan Hill Scenic Spot of Guilin		
	荔浦荔江湾景区	Lijiang Bay Scenic Spot of Lipu		
	桂林义江缘景区	Yijiangyuan Scenic Spot of Guilin		
	桂林叠彩伏波景区	Diecai & Fubo Hill Scenic Spot of Guilin		
	阳朔图腾古道-聚龙潭景区	Totem Ancient Road & Julong Lake Scenic Spot of Yangshuo County		
	永福金钟山旅游度假区	Jinzhongshan Hill Scenic Spot of Yongfu County		
	龙胜龙脊梯田景区	Longji Rice Terrace Scenic Spot of Longsheng County		
	灌阳千家峒景区	Qianjiadong Scenic Spot of Guanyang County		
	桂林市南溪山景区	Nanxishan Hill Scenic Spot of Guilin		
	桂林市神龙水世界景区	Shenlong Water World Scenic Spot of Guilin		
	桂林市雁山园景区	Yanshan Park Scenic Spot of Guilin		
	桂林经典刘三姐大观园景区	Scenery Park of Liusanjie in Guilin		
	桂林阳朔县蝴蝶泉旅游景区	Butterfly Spring Scenic Spot in Yangshuo County of Guilin		
	桂林西山景区	Guilin Xishan Scenic Spot		
	桂林市逍遥湖景区	Xiaoyao Lake Scenic Spot in Guilin		
	桂林罗山湖玛雅水上乐园景区	Maya Water World of Luoshan Lake in Liuzhou		
	桂林市猫儿山景区	Mao'er Moutain Scenic Spot of Guilin City		
	梧州骑楼城—龙母庙景区	City of Arcade-Longmu Temple Scenic Spot of Wuzhou	梧州市	Wuzhou City
	藤县石表山休闲旅游景区	Shibiao Hill Scenic Spot of Tengxian		

17—13 续表2 continued

类 别 Classification	风景名胜区名称	Name	所在地	Location
AAAA	蒙山县永安王城景区	Yongan Ancient City Scenic Spot of Mengshan County	梧州市	Wuzhou City
	北海银滩旅游区	Yintan Coast Scenic Spot of Beihai	北海市	Beihai City
	北海海底世界	Submarine World of Beihai		
	北海海洋之窗	Oceanorama of Beihai		
	北海涠洲岛国家地质公园鳄鱼山景区	E' yushan Hill Scenic Spot of Weizhoudao Island National Geopark		
	北海市嘉和-冠山海景区	Jiahe-Guanshanhai Scenic Spot in Beihai		
	北海老城历史文化旅游区	Oldtown Historical & Cultural Tourism Area in Beihai		
	北海市金海湾红树林生态旅游区	Jinhaiwan Mangrove Forest Scenic Spot in Beihai		
	北海市园博园景区	Beihai Garden Expro Scenic Spot		
	上思十万大山国家森林公园景区	Shiwandashan Mountain National Forest Park of Shangsi County	防城港市	Fangcheng-gang City
	防城港东兴市京岛风景名胜区	Jingdao Island Scenic Spot of Dongxing City in Fangchenggang		
	东兴市屏峰雨林景区	Pingfeng Rainforest Scenic Spot of Dongxing City		
	防城港市江山半岛白浪滩旅游景区	Bailangtan Beach in Jiangshan Peninsula of Fangchenggang		
	防城港市西湾旅游区	Western Bay Tourism Area in Fangchenggang		
	上思县十万大山百鸟乐园景区	Shiwandashan Mountain Paradise of Birds of Shangsi County		
	钦州三娘湾旅游区	Sanniang Bay Scenic Spot of Qinzhou	钦州市	Qinzhou City
	钦州刘冯故居景区	Former Residence of Liuyongfu & Fengzicai Scenic Spot of Qinzhou		
	钦州八寨沟旅游景区	Bazhai Ravine Scenic Spot of Qinzhou		
	钦州市浦北县五皇山景区	Wuhuang Hill Scenic Spot of Pubei County in Qinzhou		
	桂平西山风景名胜区	Xishan Hill Scenic Spot of Guiping	贵港市	Guigang City
	贵港市龙潭国家森林公园景区	Longtan National Forest Park of Guiping		
	玉林容县“三名”旅游景区	“Famous Building, Famous Person & Famous Hill” Scenic Spot of Rongxian in Yulin	玉林市	Yulin City
	兴业鹿峰山风景区	Lufeng Mountain Scenic Spot of Xingye		
	陆川谢鲁温泉休闲景区	Xielu Hotspring Scenic Spot of Luchuan		
	广西五彩田园现代特色农业示范区	Wucaitianyuan Modern Featured Agricultrue Demonstration Distrct		
	广西玉林市大容山国家森林公园	DaRong Mountain National Forest Park in Yulin City		
	靖西通灵大峡谷景区	Tongling Canyon Scenic Spot of Jingxi	百色市	Baise City
	百色乐业大石围天坑群景区	Leye Dashiwei Sky Hole Cluster Scenic Spot of Baise		
	百色起义纪念馆	Memorial of Baise Uprising		
	靖西古龙山峡谷群生态旅游景区	Gulong Mountain Canyon Cluster Natural Scenic Spot of Jingxi		
	百色大王岭景区	Dawang Hill Scenic Spot of Baise		
	凌云茶山金字塔景区	Pyramid of Tea Hill Scenic Spot of Lingyun County		
	百色市德保县吉星岩景区	Jixing Rock Scenic Spot in Debao County of Baise		
	百色市澄碧湖风景区	Chengbihu Lake Scenic Spot of Baise		
	百色市德保县红叶森林旅游景区	Red Leaves Forest Scenic Spot in Debao County of Baise		
	百色市平果黎明通天河旅游景区	Baise Pingguo Liming Tongtian River Scenic Area		
	百色市田阳聚之乐休闲农业景区	Baise Tianyang Poly Music Leisure Agriculture Area		

17－13 续表3 continued

类 别 Classification	风景名胜区名称	Name	所在地	Location
AAAA	贺州姑婆山旅游区	Gupo Mountain Scenic Spot in Hezhou City	贺州市	Hezhou City
	昭平黄姚古镇风景名胜区	Huangyao Town Scenic Spot of Zhaoping		
	贺州市十八水原生态园景区	Shibashui Original Scenic Spot in Hezhou City		
	贺州市玉石林景区	Jade Stone Forest Scenic Spot of Hezhou City		
	巴马盘阳河景区	Panyang River Scenic Spot of Bama County	河池市	Hechi City
	巴马水晶宫景区	Crystal Palace Scenic Spot of Bama County		
	广西凤山国家地质公园景区	Fengshan National Geopark in Guangxi		
	河池市东兰红色旅游区	Red Tourism Area in Donglan County of Hechi		
	河池市宜州刘三姐故里旅游区	Liusanjie's Homeland Scenic Spot in Yizhou City of Hechi		
	河池天峨县龙滩大峡谷景区	Longtan Grand Canyon Scenic Spot of Tian'e County in Hechi		
	宜州市会仙山景区	Huixian Mountain Scenic Spot of Yizhou City		
	南丹县歌娅思谷·中国白裤瑶生态民俗风情园景区	Geyasigu Baiku Yao Original Folkcustom Scenic Spot of Nandan County		
	广西大化七百弄国家地质公园景区	Qibainong National Geopark in Dahua County		
	金秀莲花山旅游景区	Lianhua Mountain Scenic Spot of Jinxiu County	来宾市	Laibin City
	来宾市象州古象旅游区	Guxiang Scenic Spot of Xiangzhou County in Laibin		
	来宾市金秀圣堂湖景区	Shengtang Lake Scenic Spot of Jinxiu County in Laibin		
	金秀县圣堂山景区	Shengtang Moutain Scenic Spot of Jinxiu County		
	金秀县山水瑶城景区	Shanshuiyaocheng Scenic Spot of Jinxiu County		
	忻城县薰衣草庄园景区	Lavender Villa Scenic Spot of Xincheng County		
	大新德天跨国瀑布景区	Detian International Waterfall Scenic Spot of Daxin	崇左市	Chongzuo City
	凭祥市友谊关景区	Youyiguan Scenic Spot of Pingxiang City		
	凭祥红木文博城景区	Rosewood Exposition of Pingxiang City		
	龙州县龙州起义纪念园景区	Memorial of Longzhou Uprising of Longzhou County		
	大新县明仕景区	Mingshi Scenic Spot of Daxin County		
AAA	南宁金花茶公园	Golden Camellia Park of Nanning	南宁市	Nanning City
	横县西津湖景区	Xijin Lake Scenic Spot in Hengxian		
	横县九龙瀑布群景区	Jiulong Waterfall Scenic Spot of Hengxian		
	昆仑关旅游风景区	Kunlun Guan Scenic Spot		
	宾阳蔡氏书香古宅群景区	Caishi Oldhouse Scenic Spot of Binyang		
	南宁市大王滩风景区	Dawang Beach Scenic Spot of Nanning		
	南宁市凤凰谷景区	Fenghuang Valley Scenic Spot of Nanning		
	南宁海底世界景区	Sea World Scenic Spot of Nanning		
	南宁金湖地王云顶观光旅游景区	Top Tour of Diwang Building of Nanning		
	宾阳县白鹤观旅游度假区	Baihe Taoist Temple Scenic Spot in Binyang County		
	南宁市华南城景区	Huanancheng Scenic Spot of Nanning		
	上林县大龙洞景区	Dalong Cave Scenic Spot of Shanglin County		
	上林县鼓鸣寨养生旅游度假区	Guming Village Healthy Tourism Resort of Shanglin County		
	上林县禾田农耕文化园	Hetian Farming Culture Garden of Shanglin County		
	上林县霞客桃园壮乡旅游度假区	Xiaketaoyuan Zhuang Minority Village for Tourism of Shanglin County		
	南宁市江南区扬美古镇景区	Yangmei Ancient Town of Jiangnan District in Nanning City		
	横县中华茉莉园景区	Chinese Jasmine Garden of Hengxian County		

17－13 续表4 continued

类 别 Classification	风景名胜区名称	Name	所在地	Location
AAA	柳州花果山生态景区	Huaguo Mountain Natural Scenic Spot of Liuzhou	柳州市	Liuzhou City
	三江石门冲景区	Shimenchong Scenic Spot of Sanjiang County		
	柳州市君武森林公园景区	Junwu Forest Park of Liuzhou City		
	鹿寨月岛湖景区	Yuedao Lake Scenic Spot of Luzhai County		
	融水雨卜苗寨景区	Yubu Miaotse Scenic Spot of Rongshui County		
	融水老子山景区	Laozi Hill Scenic Spot of Rongshui County		
	融水县田头苗寨景区	Tiantou Miaotse Scenic Spot of Rongshui County		
	柳城县红马山景区	Hongma Hill Scenic Spot in Liucheng County		
	柳州市万聚乐休闲农庄	Leisure Farm Wanjule of Liuzhou City		
	柳州市动物园	The Liuzhou City Zoo		
	三江县灌洞景区	Sanjiang County Irrigation Cave Scenic Spot		
	柳州柳城古砦仫佬族乡民俗风情旅游区	Guzhai Mulam Folklore Scenic Spot of Liucheng County in Liuzhou		
	柳州三江甜水寨旅游度假景区	Tianshuizhai Scenic Spot of Sanjiang County in Liuzhou		
	融水县龙宝大峡谷景区	Longbao Canyon Scenic Spot of Rongshui County		
	融水县石上人家景区	Village-on-rock Scenic Spot of Rongshui County		
	融水县民族体育公园景区	Folk Sports Park of Rongshui County		
	三江县产口景区	Chankou Scenic Spot of Sanjiang County		
	三江县侗族博物馆	Museum of Dong Minority of Sanjiang County		
	鹿寨县中渡古镇景区	Zhongdu Ancient Town of Luzhai County		
	融安县沙子石岩生态旅游景区	Shazishi Cave Original Scenic Spot of Rong'an County		
	柳江县百朋镇下伦荷花景区	Xialun Lotus Garden of Baipeng Town of Liujiang County		
	桂林阳朔文化古迹山水园	Park of Cultural & Historic Site & Landscape of Yangshuo in Guilin	桂林市	Guilin City
	桂林资江景区	Zijiang River Scenic Spot of Guilin		
	临桂十二滩漂流景区	Twelve Beach Drift Scenic Spot of lingui		
	阳朔鉴山寺景区	Jianshan Temple Scenic Spot of Yangshuo		
	阳朔九马画山景区	Nine horses Paint Mountain Scenic Spot of Yangshuo		
	荔浦天河瀑布景区	Tianhe Waterfall Scenic Spot of Lipu County		
	灵川龙门瀑布景区	Longmen Waterfall County Scenic Spot of Lingchuan County		
	平乐仙家温泉景区	Xianjia Hotspring Scenic Spot of Pingle County		
	龙胜县大唐湾景区	Datang Bay Scenic Spot in Longsheng County		
	资源县八角寨景区	Bajiaozhai Scenic Spot in Ziyuan County		
	恭城县红岩景区	Hongyan Scenic Spot in Gongcheng County		
	恭城县三庙一馆景区	Three Temples & Guild Hall Scenic Spot in Gongcheng County		
	桂林市金银寨-蛇王李景区	Guilin Gold and Silver Village-Snake King Li Scenic Spot		
	灵川县江头景区	Jiang Tou Lingchuan County Area		
	桂林兴安县红军长征突破湘江战役纪念公园	Memorial Park for the Battle of the Red Army Breaking Through the Xiangjiang River of Xing'an County in Guilin		
	桂林旅苑景区	Lvyuan Scenic Spot of Guilin		
	桂林芦笛岩鸡血玉文化艺术中心景区	Jixue Jade Culture & Art Centro of Ludi Cave in Guilin		
	桂林全州县湘山寺景区	Xiangshan Temple Scenic Spot of Quanzhou County in Guilin		

17－13　续表5　continued

类　别 Classification	风景名胜区名称	Name	所在地	Location
AAA	龙胜县白面瑶寨景区	Baimian Yao Minority Scenic Spot of Longsheng County	桂林市	Guilin City
	龙胜艺江南中国红玉文化园景区	Yijiangnan Chinese Red Jade Cultural Garde of Longsheng County		
	龙胜县龙脊特色旅游小镇景区	Longji Featured Tourism Town of Longsheng County		
	龙胜县金车生态民族村景区	Jinche Original Minority Village of Longsheng County		
	藤县黎寨蝴蝶谷景区	Lizhai Butterfly Valley of Tengxian County	梧州市	Wuzhou City
	梧州市珠山景区	Zhushan Hill Scenic Spot of Wuzhou		
	梧州市中山公园	Zhongshan Park of Wuzhou		
	蒙山县梁羽生公园	Liangyusheng Park in Mengshan County		
	梧州岑溪市天龙顶山地公园景区	Tianlongding Hill Scenic Spot of Cenxi City in Wuzhou		
	北海合浦汉文化公园景区	Han Dynasty Culture Park of Hepu Couty in Beihai	北海市	Beihai City
	北海大江埠民俗风情村	Dajiangbu Folk Custom Village in BeiHai		
	北海涠洲岛圣堂景区	Shengtang Scenic Spot of Beihai		
	广西北海市贝雕博物馆	Museum of Shell Carving in Beihai City		
	广西北海市南珠博物馆	Museum of Nanzhu Pearl in Beihai City		
	广西北海市槐园景区	Huaiyuan Garden Scenic Spot in Beihai City		
	东兴陈公馆景区	Chen Mansion Scenic Spot of Dongxing	防城港市	Fangcheng-gang City
	防城港市北仑河源头景区	The Headstream of Beilun River Scenic Spot in Fangchenggang		
	东兴市意景园旅游景区	Yijingyuan Garden Scenic Spot in Dongxing City		
	东兴市百业东兴.红木社区旅游购物景区	Baiyedongxing Rosewood Tourism & Shopping Area of Dongxing City		
	灵山六峰山景区	Liufeng Hill Scenic Spot of Lingshan	钦州市	Qinzhou City
	钦州龙门群岛海上生态公园	Longmen Archipelago Natural Ocean Park of Qinzhou		
	钦州市浦北县文昌景区	Wenchang Scenic Spot of Pubei County in Qinzhou		
	钦州市浦北县大朗书院景区	Dalang Ancient College of Pubei County in Qinzhou		
	钦州坭兴陶艺术馆景区	Nixing Pottery Art Gallery Scenic Spot of Qinzhou		
	钦州火龙果农业文化休闲园景区	Huolongguo Farming Culture Scenic Spot in Qinzhou City		
	钦州市登峰陶艺馆景区	Dengfeng Pottery Art Gallery in Qinzhou City		
	钦州保税港区国际商品直销中心旅游景区	International Merchandise Outlet of Bonded Port Area in Qinzhou City		
	钦州市白石湖景区	Baishi Lake Scenic Spot in Qinzhou City		
	钦州市钦北区碗窑梨花谷景区	Wanyao Pear Valley Scenic Spot of Qinbei District in Qinzhou City		
	浦北县公猪脊景区	Gongzhuji Scenic Spot of Pubei County		
	灵山县大芦古村文化生态旅游区	Dalu Ancient Village Culture Original Scenic Spot of Lingshan County		
	桂平市大藤峡景区	Dateng Canyon Scenic Spot of Guiping City	贵港市	Gugang City
	贵港市平天山国家森林公园	Pingtian Moutain National Forest Park in Guigang City		
	平南县龚州公园	Gongzhou Park of Pingnan County		
	桂平市北回归线标志公园	Park of the Sign of the Tropic of Cancer of Guiping City		
	桂平市太平天国金田起义遗址景区	The Site of the Jintian Uprising of the Taiping Heavenly Kingdom of Guiping City		
	桂平市中山公园	Zhongshan Park of Guiping City		
	北流勾漏洞景区	Goulou Hole Scenic Spot of Beiliu	玉林市	Yulin City
	陆川龙珠湖风景名胜区	Longzhu Lake Scenic Spot of Luchuan County		
	玉林市龟山公园景区	Guishan Hill Scenic Spot of Yulin		
	玉林市容县天堂湖温泉度假山庄景区	Tiantanghu Hotspring Holiday Village of Rongxian County in Yulin		

17－13 续表6 continued

类 别 Classification	风景名胜区名称	Name	所在地	Location
AAA	玉林市狮子山公园景区	Shizi Hill Park of Yulin	玉林市	Yulin City
	容县抗日烈士纪念馆	Memorial Hall for Anti-Japanese Martyrs of Rongxian County		
	北流市扶新佰仁生态旅游风景区	Fuxinbairen Original Scenic Spot of Beiliu City		
	玉林市六万大山森林公园	Liuwandashan Moutain Forest Park in Yulin City		
	玉林市云天民俗文化世界景区	Yuntian Folk Cultural World in Yulin City		
	北流市铜石岭国际旅游度假区	Tongshiling Mountain International Scenic Spot of Beiliu City		
	田东十里莲塘景区	Shili Lotus Scenic Spot of Tiandong	百色市	Baise City
	凌云县泗城文庙景区	Sicheng Literature Temple of Lingyun County		
	田东县右江工农民主政府旧址景区	The Site of Youjiang Former Workers & Peasants Democratic Government of Tiandong County		
	凌云县纳灵河谷景区	Naling Valley of Lingyun County		
	百色乐业罗妹莲花洞景区	Luomei Lotus Cave Scenic Spot in Leye County of Baise		
	靖西市龙潭湿地公园景区	Longtan Lake Wetland Park of Jingxi City		
	靖西鹅泉旅游景区	E'quan Spring Scenic Spot of Jingxi City		
	贺州紫云景区	Ziyun Scenic Spot of Hezhou	贺州市	Hezhou City
	贺州市贺州博学园景区	Boxue Park Scenic Spot of Hezhou		
	昭平县桂江生态旅游景区	Guijiang River Original Scenic Spot of Zhaoping County		
	贺州八步区西溪森林温泉度假村	Xixi Stream Forest & Hotspring Holiday Village of Babu District in Hezhou City		
	昭平县故乡茶博园景区	Homeland Tea Expo Garden of Zhaoping County		
	昭平县黄姚世外田园景区	Paradise Garden of Huangyao Town of Zhaoping County		
	贺州市博物馆	Museum of Hezhou City		
	南丹温泉公园	Hotspring Park of Nandan	河池市	Hechi City
	河池市天峨县龙滩水电站景区	Longtan Hydroelectric Station of Tian'e County in Hechi		
	南丹白裤瑶生态博物馆	Eco-museum of Baiku Yao in Nandan County		
	金城江小三峡旅游景区	Xiaosanxia Scenic Spot in Jinchengjiang		
	河池市金城江公园	Jinchengjiang Park in Hechi City		
	南丹县铜江公园景区	Tongjiang River Scenic Spot in Nandan County		
	河池市环江县牛角寨瀑布群景区	Niujiaozhai Waterfalls Scenic Spot of Huanjiang County in Hechi		
	河池市巴马长寿岛景区	Changshou Island Scenic Spot of Bama County in Hechi		
	河池市巴马仁寿源景区	Renshouyuan Scenic Spot of Bama County in Hechi		
	河池宜州市古龙河漂流景区	Gulong River Rafting Scenic Spot of Yizhou City in Hechi		
	宜州市拉浪林场景区	Lalang Woodland Scenic Spot of Yizhou City		
	宜州市西竺寺景区	Xizhu Temple Scenic Spot of Yizhou City		
	罗城县成龙湖公园景区	Chenglong Lake Park of Luocheng County		
	天峨县大山原始森林景区	Dashan Primeval Forest Scenic Spot of Tian'e County		
	巴马县西山红色旅游区	Western Hill Red Tourism Scenic Spot of Bama Coutny		
	武宣百崖大峡谷景区	Baiya Canyon Scenic Spot of Wuxuan	来宾市	Laibin City
	忻城莫土司衙署景区	Ancient Government Office of Mo Tusi of Xincheng County		
	来宾市金秀县银杉公园景区	Silver Fir Park Scenic Spot of Jinxiu County in Laibin		
	忻城县盘鹤岭森林公园	Panhe Mountain Forest Park of Xincheng County		
	金秀县青山瀑布景区	Qingshan Waterfall Scenic Spot of Jinxiu County		

17－13　续表7　continued

类　别 Classification	风景名胜区名称	Name	所在地	Location
AAA	金秀县古沙沟景区	Gusha Gully Scenic Spot of Jinxiu County	来宾市	Laibin City
	来宾市桂中水域盘古公园	Pangu Park of Waters in Mid-Guangxi in Laibin City		
	忻城县神秘湖景区	Mysterious Lake Scenic Spot of Xincheng County		
	合山市国家矿山公园	National Mine Park of Heshan City		
	扶绥县逐羊景区	Zhuyang Scenic Spot in Fusui County	崇左市	Chongzuo City
	凭祥市金鸡山景区	Jinji Hill Scenic Spot of Pingxiang City		
	凭祥市大连城景区	Daliancheng Defense Scenic Spot of Pingxiang City		
	凭祥市兰花谷景区	Park of Orchids Valley of Pingxiang City		
	凭祥市平岗岭地下长城景区	Pinggangling Greatwall Underground Scenic Spot of Pingxiang City		
	凭祥市浦寨文化旅游不夜城景区	The Never-Sleep-City Cultural Scenic Spot of Puzhai Town of Pingxiang City		
	凭祥市世界珍稀林木生态园景区	The World's Rare Trees Original Scenic Spot of Pingxiang City		
	大新县老木棉·紫园旅游景区	Laomumian Ziyuan Garden of Daxin County		
	大新县龙宫仙境景区	Longgongxianjing Scenic Spot of Daxin County		
AA	梧州白云山公园	Baiyun Hill Park of Wuzhou	梧州市	Wuzhou City
	北海帆顺古船木旅游景区	Fanshun Antique Boatwood Scenic Spot of Beihai	北海市	Beihai City
	防城港火山岛景区	Volcano Island Scenic Spot of Fangchenggang	防城港市	Fangcheng-gang City
	钦州市北部湾坭兴玉陶景区	The Nixing Potery Scenic Spot of Beibu Gulf in Qinzhou	钦州市	Qinzhou City
	钦州市灵山县锦泉生态旅游度假村	Jinquan Original Holiday Village of Lingshan County in Qinzhou City		
	北流市白云岩景区	Baiyun Cave Scenic Spot of Beiliu city	玉林市	Yulin City
	兴业县桔香果业庄园旅游景区	Juxiang Fruit Manor in Xingye County		
	玉林市欢天喜地园艺乐园	Huantianxidi Gardening Paradise in Yulin		
	贺州市客家围屋景区	Scenic Spot of Hakka Buildings in Hezhou	贺州市	Hezhou City
	富川县神仙湖生态景区	Shenxian Lake of Fuchuan County		
	贺州八步区黄洞月湾茶园景区	Huangdongyuewan Tea Plantation in Babu District of Hezhou		
	罗城县武阳江景区	WuYang River Scenic Spot of Luocheng County	河池市	Hechi City
	宜州壮古佬景区	Zhuanggulao Scenic Spot of Yizhou		
	罗城青明山庄园景区	Qingming Villa Scenic Spot of Luocheng County		
	河池市都安县石头开花景区	Jianjiang River Scenic Spot of Luocheng County in Hechi		
	河池市罗城县剑江景区	Jianjiang River Scenic Spot of Luocheng County in Hechi		
	都安县八仙乐园景区	Baxian Fairyland Scenic Spot of Du'an County		
	象州县凉泉景区	Liangquan Scenic Spot of Xiangzhou County	来宾市	Laibin City
	合山奇石馆景区	Strange Stones Gallery of Heshan City		
	来宾市金海公园	Jinhai Park in Laibin		
	桂中第一支部	The 1st Party Branch of Mid Guangxi		
	广西武宣县文庙景区	The Confucian Temple of Wuxuan County in Guangxi		

主要统计指标解释

营业额 指住宿和餐饮业单位在经营活动中因提供服务或销售商品等取得的全部收入，包括：客房收入、餐费收入、商品销售额（含增值税）和其他收入。不包括法人企业附营的其他行业产业活动单位的餐费收入、商品销售收入等各项收入。

客房收入 指住宿和餐饮业单位在经营活动中因提供住宿服务取得的收入。不包括法人企业附营的其他行业产业活动单位的客房收入。

餐费收入 指本单位为顾客提供就餐服务取得的收入。包括：经烹饪、调制加工后出售的各种食品，如主食、炒菜、凉拌菜等的收入。不包括法人企业附营的其他行业产业活动单位的餐费收入。

商品销售额 指对本单位意外的单位和个人出售商品的金额（包括售给本单位消费用的商品，含增值税）。本指标反映住宿和餐饮业单位出售商品的销售总额（含增值税）。不包括法人企业附营的其他行业产业活动单位的商品销售额。

其他收入 指营业额中除客房收入、餐费收入、商品销售额（含增值税）以外的其他收入。

游客 指任何为休闲、娱乐、观光、度假、探亲访友、就医疗养、购物、参加会议或从事经济、文化、体育、宗教活动，离开常住国（或常住地）到其他国家（或地方），其连续停留时间不超过12个月，并且在其他国家（或其他地方）的主要目的不是通过所从事的活动获取报酬的人。游客不包括因工作或学习在两地有规律往返的人，按出游时间分为过夜游客和一日游游客（不过夜游客）。

入境游客 指报告期内来中国（大陆）观光、度假、探亲访友、就医疗养、购物、参加会议或从事经济、文化、体育、宗教活动的外国人、港澳台同胞等游客（即入境旅游人数）。统计时，入境游客按每入境一次统计1人次。入境旅游人数包括入境过夜游客和入境一日游游客。

国内游客 指报告期内在中国（大陆）观光游览、度假、探亲访友、就医疗养、购物、参加会议或从事经济、文化、体育、宗教活动的中国（大陆）居民，其出游的目的不是通过所从事的活动谋取报酬。统计时，国内游客按每出游一次统计1人次。

出境人数（出境游客） 指中国（大陆）公民因公或因私出境前往其他国家、中国香港特别行政区、澳门特别行政区和台湾省观光、度假、探亲访友、就医疗养、购物、参加会议或从事经济、文化、体育、宗教活动的人数（即出境游客）。统计时，出境游客按每出境一次统计1人次。

旅游收入 游客（入境游客和国内游客）在旅游过程中（由游客或游客的代表为游客）支付的一切旅游支出就是国家（省、区、市）的旅游收入。旅游支出应包括过夜游客和一日游游客在整个游程中行、游、住、食、购、娱，以及为亲友、家人购买纪念品、礼品等方面的旅游支出，不包括为商业目的购物、购买房、地、车、船等资本性或交易性的投资、馈赠亲友的现金及给公共机构的捐赠。旅游收入包括国际旅游（外汇）收入和国内旅游收入。

国际旅游（外汇）收入 入境游客在中国（大陆）境内旅行、游览过程中用于交通、参观游览、住宿、餐饮、购物、娱乐等全部花费。

国内旅游收入 指国内游客在国内旅行、游览过程中用于交通、参观游览、住宿、餐饮、购物、娱乐等全部花费。

Explanatory Notes on Main Statistical Indicators

Business Revenue refers to the total incomes of hotels and catering units from services providing or goods selling in operating activities, including : incomes from hotels, incomes from catering services, incomes from sales of goods (including value-added tax) and other incomes. Business revenue excludes the incomes of the sideline industries units from catering services and goods selling.

Incomes from Hotels refer to the incomes of hotels and catering units gained for providing hotel services in operating activities. It excludes the incomes of the sideline industries units from hotel services.

Incomes from Catering Services refer to the incomes of hotels and catering units gained for providing catering services in operating activities, including: various foods being sold after cooking and concocting, such as income from staple food, stir-fry food and salad etc. It excludes the incomes of the sideline industries units from catering services.

Sales of Goods refer to sales of goods sold to other units or individuals(including the goods sold to the unit inside, and including value-added tax).This indicator reflects the total sales(including value-added tax) of goods of hotels and catering units. It excludes the incomes of the sideline industries units from goods soling.

Other Incomes refer to the other incomes in the turnover beside the incomes from hotels, catering services and sales of goods(including value-added tax).

Tourists refer to the persons leaving their resident countries (or resident districts) for other countries (or districts) for the purposes of leisure, entertainment, sight-seeing, vacation, visiting relatives or friends, medical treatment, shopping, attending conference, or to engage in economic, cultural, sports and religious activities, continuously staying for less than 12 months, and not having the main purpose of being paid by their activities. Tourists excludes the persons regularly traveling round for studying or working, and is divided into overnight tourists and one-day tourists by the length of their visiting periods.

Number of Visitor Arrivals refers to the number of tourists of foreigners, Chinese compatriots from Hong Kong, Macao and Taiwan who come to China (mainland) within the reference period for sight-seeing, vacation, visiting relatives, medical treatment, shopping, attending conference, or to engage in economic, cultural, sports and religious activities. In compiling statistics, each time of visitor arrival is counted as one person-time. The number of visitor arrivals includes the number of overnight visitor arrivals and one-day visitor arrivals.

Number of Domestic Tourists refers to the number of Chinese (mainland) residents who travel within China (mainland) for sight-seeing, vacation, visiting relatives, medical treatment, shopping, attending conference, or to engage in economic, cultural, sports and religious activities. In compiling statistics, each time of traveling is counted as one person-time.

Number of Chinese Residents Going Abroad refer to the number of Chinese (mainland) residents going to other countries, Hong Kong Special Administrative region, Macao Special Administrative region and Taiwan for on official or private purposes, for sight-seeing, vacation, visiting relatives, medical treatment, shopping, attending conference, or to engage in economic, cultural, sports and religious activities. In compiling statistics, each time of leaving is counted as one person-time.

Tourist Income refers to the total expenditure paid by tourists or delegates of tourists (visitor arrivals or domestic tourists) during their journeys. It should include the tourist (overnight or one-day) expenditure for transportation, visiting, accommodation, catering, shopping, entertainment, purchasing gifts and souvenirs for families and friends during the whole journey, and exclude shopping for business purposes, capital or trading investment for buying real estates, lands, motor vehicles and ships, cash given to relatives and friends, and donations for public institutions. Tourist income includes foreign exchange earnings from international tourism and income from domestic tourism.

Foreign Exchange Earnings from International Tourism refer to the total expenditure of foreigners, overseas Chinese, Chinese compatriots from Hong Kong, Macao and Taiwan during their stay in the mainland of China on transportation, sighting, accommodation, food, shopping and entertainment.

Income from Domestic Tourism refer to expenditure of domestic tourists on transportation, sighting, accommodation, food, shopping and entertainment while they travel.

第十八篇
交通、运输和邮电通信业
TRANSPORTATION, POSTAL & TELECOMMUNICATION SERVICES

（编辑：邓海梅）

18－1 主要年份民用车辆保有量

Possession of Civil Vehicles in Main Years

指　标	Item	1995	2000	2005	2010	2011	2012	2013	2014	2015
一、汽车（万辆）	Civil Motor Vehicles（10 000 units）	24.9	29.13	63.54	155.73	191.45	231.03	279.81	322.36	366.52
#私人	Private	6.51	13.27	33.49	111.71	143.83	180.76	226.29	269.83	316.66
1. 载客汽车（万辆）	Number of Buses and Cars (100 000 units)	10.72	15.23	38	113.13	142.58	175.77	217.94	258.96	302.56
#私人	Private	1.89	6.03	21.07	88.01	115.4	146.94	187.31	229.08	274.28
载客量（万客位）	Passenger Vehicles Seats (10 000 sets)	111.16	192.57		793.31	966.43	1163.91	1404.28	1623.22	1861.34
大型（万辆）	Large (10 000 units)	1.3	1.7	2.45	3.22	3.42	3.53	3.53	3.37	3.33
#私人	Private	0.31	0.53	0.19	0.12	0.12	0.13	0.10	0.04	0.02
载客量（万客位）	Passenger Vehicles Seats (10 000sets)	48.02	68.6		125.95	136.15	143.47	147.12	145.45	144.86
2. 载货汽车（万辆）	Ordinary Trucks (10 000 units)	13.07	13.16	19.48	36.82	42.90	49.20	55.74	57.73	58.71
#私人	Private	4.59	7.15	8.45	20	24.57	29.91	34.93	37.05	38.99
载重量（万吨位）	General Trucks (10 000 tons)	48.76	58.2		127.93	146.8	166.1	188.46	185.37	182.40
大（重）型（万辆）	Large (10 000 units)	8.93	7.38	9.36	8.97	10.44	11.79	13.45	13.55	13.51
#私人	Private	3.24	3.98	3.55	3.14	3.85	4.73	5.43	5.12	5.10
载重量（万吨位）	General Trucks (10 000 tons)	44.33	39.7		83.01	97.64	112.32	130.57	129.84	128.93
3. 其他汽车（万辆）	Other Special Motor Vehicles(10 000 units)	1.11	0.75	6.05	5.78	5.98	6.06	6.13	5.67	5.24
#私人	Private	0.04	0.09	3.97	3.69	3.85	3.91	4.05	3.70	3.40
二、拖拉机（万辆）	Wheel Tractor (10 000 units)	23.52	29.17	49.07	37.95	38.51	41.45	42.67	48.72	47.82
#私人	Private	22.61	28.37	49.79	37.95	38.51	41.45	42.67	48.72	47.82
手扶拖拉车（万辆）	Walking Tractor (10 000 units)	19.16	21.21		21.68	21.94	23.60			
#私人	Private	18.6	20.9		21.68	21.94	23.60			
三、摩托车（万辆）	Motorcycles（10 000 units）	45.69	160.15	433.8	638.52	672.4	693.17	700.64	692.80	671.96
#私人	Private	37.55	145.57	425.97	633.02	668.47	689.78	697.54	689.69	668.75
普通（万辆）	Motor Bikes (10 000 units)	37.45	145.5	414.12	633.4	667.52	688.42	695.64	688.33	667.73
#私人	Private	33.34	137.09	407.31	627.93	663.61	685.05	692.55	685.22	664.53
四、挂车（万辆）	Trailers (10 000 units)	0.91	0.45	0.89	1.46	1.74	2.03	2.39	2.73	2.92
#私人	Private	0.39	0.22	0.28	0.38	0.49	0.61	0.74	0.86	0.96
五、其他类型车（万辆）	Other Motor Vehicles (10 000 units)	1.09	3.4		0.02	0.01	0.01	0.01	0.01	0.01
#私人	Private	0.86	1.93		…	…	…	…	…	…

说明：根据2006年口径，2005年民用汽车拥有量及其中私人民用汽车拥有量数据已做调整，不再包含农机部门的三轮汽车和低速汽车。

Note: The number of Civil Motor Vehicles and Private Civil Motor Vehicles in 2005 have been adjusted according to the new standard in 2006, and exclude the motor pedicabs and low-speed motor vehicles belong to the Agricultual Machinery Department.

18－2 主要年份民用运输船舶拥有量
Possession of Civil Transport Vessels in Main Years

指 标	Item	1995	2000	2005	2010	2011	2012	2013	2014	2015
一、机动船（艘）	**Ⅰ.Motor Vessels (unit)**	**12360**	**8472**	**8307**	**8800**	**8668**	**8873**	**8658**	**9074**	**9000**
#私人	Private	6457	3978	3450	3493	3040	3023	2590	3033	2877
载客量（客位）	Passenger Vehicles Seats (set)	93152	83676	89716	112138	103264	111394	103685	114367	119982
净载重量（吨位）	Net Haulage Capacity (ton)	917539	849281	2036048	5140009	6209481	6811525	7426921	7727187	8197392
总功率（千瓦）	Total Power (kw)	491044	411586	674658	1485400	1730830	1831268	1970310	2013192	2084065
1. 客船（艘）	1.Passenger Vessels (unit)	1379	1872	2269	2725	2476	2611	2357	2525	2462
#私人	Private	998	1456	1684	2168	1856	2010	1658	1966	1934
载客量（客位）	Passenger Vehicles Seats (set)	59758	74087	88283	110731	101857	109987	101826	112508	118307
2. 客货船（艘）	2.Passenger and Cargo Vessels (unit)	1150	166	5	5	5	5	6	6	4
#私人	Private	1084	143	1						
载客量（客位）	Passenger Vehicles Seats (set)	33394	9589	1433	1407	1407	1407	1859	1859	1675
净载重量（吨位）	Net Haulage Capacity (ton)	11912	2420		2555	2553	2555	5099	5101	4041
3. 货船（艘）	3.Cargo Boat (unit)	9638	6403	6030	6060	6184	6254	6293	6541	6532
#私人	Private	4367	2379	1765	1325	1184	1013	932	1067	943
净载重量（吨位）	Net Haulage Capacity (ton)	905627	846861	2034599	5131300	6206911	6808970	7421822	7722086	8193351
4. 拖船（艘）	4.Drawing (unit)	193	31	3	3	3	3	2	2	2
二、驳船（艘）	**Ⅱ.Barges (unit)**	**597**	**110**	**10**	**7**	**7**	**7**	**4**	**4**	**4**
净载重量（吨位）	Net Haulage Capacity (ton)	106289	32725	6740	6138	6138	6138	3250	3250	3250

18－3 主要年份内河、沿海规模以上港口基本情况
Basic Statistics of Major Ports of Inland & Coast in Main Years

指 标	Item	码头长度（米） Length of Quay Lines (m)								
		1995	2000	2005	2010	2011	2012	2013	2014	2015
内 河	**Navigable Inland Waterways**				**17288**	**17518**	**20649**	**21358**	**23126**	**23451**
南宁港	Nanning Port	1115	2197	1643	3319	3319	4155	5044	5796	5796
柳州港	Liuzhou Port	350	1150	1056	751	981	1556	1556	1556	1556
梧州港	Wuzhou Port	1559	6376	4234	3970	3970	4586	4406	5120	5250
贵港港	Guigang Port	890	5150	5951	7083	7083	7311	7311	7613	7745
来宾港	Laibin Port				2165	2165	3041	3041	3041	3104
广西北部湾港	**Ports of Beibu Gulf in Guangxi**				**24694**	**27136**	**31191**	**31496**	**34097**	**35937**
其中：北海港域	Beihai Port	1210	1900	2504	5082	5082	6040	6040	6040	6739
防城港域	Fangchenggang Port	2371	3211	4080	12134	12134	13945	14223	14897	15260
钦州港域	Qinzhou Port	360	1730	3696	7478	9920	11206	11233	13160	13938

18－4 主要年份运输线路里程
Length of Transportation Routes in Main Years

单位：公里 (km)

指 标	Item	1995	2000	2005	2010	2011	2012	2013	2014	2015
一、铁路营业里程	Operating Length of Railways	2236	2725	2733	3174	3163	3164	3982	4711	5086
#时速200公里及以上里程	Operating Length of High-speed Rail	—	—	—	—	—	—	785	1482	1703
#复线里程	Length of Double Traek Lines				455	456	456	1377	2163	2400
电气化里程	Length of Electric Lines				779	779	779	1622	2377	3066
二、铁路正线延展里程	Extensive Length of Railways Lines	2621	3349	3462	3675	3648	3647	5367	5884	7501
三、公路里程	Length of Highways	40904	52910	62003	101782	104889	107906	111384	114900	117993
#高速公路里程	Length of Expressway		812	1411	2574	2754	2883	3305	3722	4288
四、内河航道里程	Length of Navigable Inland Waterways	4521	5618	6157	6157	6157	6157	6153	6200	6200

注：2006年度国家交通部将村道纳入公路里程统计范围。

Note: The village road has been brought into the statistical range of length of Highuays by National Department of Transportation since 2006.

18－5 主要年份规模以上港口货物吞吐量
Cargo Handled at Major Ports in Main Years

单位：万吨 (10 000 tons)

港口名称	Name of Ports	1995	2000	2005	2010	2011	2012	2013	2014	2015
规模以上港口货物吞吐量合计	**Total Volume of Cargo Handled in Ports above Designated Size**	**1717**	**2879**	**6877**	**18575**	**23335**	**26873**	**29276**	**31025**	**31421**
#内河港口	**Ports of Navigable Inland Waterways**	**998**	**1112**	**3208**	**6652**	**8004**	**9435**	**10603**	**10836**	**10939**
南宁港	Nanning Port	82	58	73	485	777	1070	1292	1150	1004
柳州港	Liuzhou Port	74	36	56	189	124	197	239	252	234
梧州港	Wuzhou Port	160	85	403	1601	2071	2608	3015	3142	3202
贵港港	Guigang Port	362	468	1507	3807	4108	4512	4900	5242	5334
来宾港	Laibin Port				569	924	1048	1157	1050	1166
广西北部湾港	**Ports of Beibu Gulf of Guangxi**	**719**	**1768**	**3669**	**11923**	**15331**	**17438**	**18673**	**20189**	**20482**
北海港域	Beihai Port	201	265	437	1251	1591	1757	2078	2276	2468
防城港域	Fangchenggang Port	464	919	2006	7650	9024	10058	10501	11501	11504
钦州港域	Qinzhou Port	9	140	511	3022	4716	5622	6035	6412	6510

18－6 全社会客运量及旅客周转量（1978－2015年）
Total Passenger Traffic & Turnover of Passenger Traffic（1978－2015）

年 份 Year	客运量（万人） Passenger Traffic（10 000 persons）	铁路 Railways	公路 Highways	水运 Waterways	民航 Civil Aviation
1978	6398	1368	4628	383	10
1980	9369	1869	7054	429	17
1985	20018	2456	16993	526	43
1990	26272	2391	22826	984	69
1991	24685	2346	21175	1089	75
1992	27262	2703	23189	1273	95
1993	39398	2980	33968	2344	106
1994	34274	3030	29954	1177	113
1995	34317	2819	30024	1192	283
1996	36066	2385	32582	805	294
1997	38343	2495	34752	802	294
1998	39670	2576	36006	786	302
1999	41009	2496	37412	779	322
2000	42952	2508	39321	766	357
2001	44451	2270	41020	755	373
2002	45868	2148	42459	850	410
2003	43595	1936	40524	785	350
2004	48870	1938	45578	861	439
2005	52197	2037	48740	883	536
2006	56635	2347	52609	1023	656
2007	61716	2578	57213	1119	806
2008	64745	2937	60645	340	823
2009	69740	2956	65045	302	1077
2010	76967	3163	72208	395	1201
2011	84431	3383	79300	417	1331
2012	91656	3310	86449	470	1427
2013	50846	3275	45606	394	1571
2014	49926	4770	42841	512	1803
2015	50986	7046	41522	533	1885

注：1. 2013年公路水路数为交通运输部《公路运输量统计试行方案（2014）》和《水路运输量统计试行方案（2014）》确认数。
2. 2015年公路水路数为交通部小样本抽样调查推算数，2014年数也按2015年增速作了相应调整。
3. 铁路客运量：2015年3月起，由售票人数改为乘车人数。

Note：The data on highways and wateways in 2013 is confirmed by Pilot Scheme of Highways Ttaffic Statistic (2014) and Pilot Scheme of Highways Ttaffic Statistic (2014) from Ministry of Transport.
The corresponding data in old statistical range is: Total 97780, Raiways 3275，Higways 92378， Waterways 556， Civil Aviation 1571.

18－6 续表 continued

年 份 Year	旅客周转量（亿人公里） Turnover of Passenger Traffic （100 million passenger-km）	铁路 Railways	公路 Highways	水运 Waterways	民航 Civil Aviation
1978	41.20	21.64	16.89	2.67	
1980	60.25	31.11	25.05	4.09	
1985	127.77	55.72	66.50	5.55	
1990	174.79	66.79	101.21	6.76	
1991	183.70	71.33	105.18	7.19	
1992	223.94	83.19	133.39	7.31	
1993	283.77	112.00	164.04	7.72	
1994	289.39	118.59	165.32	5.48	
1995	298.41	112.14	180.78	5.49	
1996	323.69	93.79	225.97	3.93	
1997	378.18	94.40	280.32	3.46	
1998	386.97	91.77	292.63	2.57	
1999	440.19	105.36	332.30	2.52	
2000	464.96	114.48	347.94	2.54	
2001	490.92	116.23	372.07	2.63	
2002	502.42	117.02	382.70	2.70	
2003	475.09	105.46	367.35	2.27	
2004	529.43	116.18	410.64	2.61	
2005	573.08	131.73	438.77	2.58	
2006	625.34	150.90	471.43	3.01	
2007	714.27	174.05	536.93	3.29	
2008	753.27	188.10	563.52	1.65	
2009	787.42	167.44	618.28	1.70	
2010	879.23	182.13	695.32	1.78	
2011	973.01	194.48	776.51	2.01	
2012	1047.98	187.72	857.98	2.28	
2013	611.32	193.67	415.73	1.92	
2014	670.05	236.96	430.60	2.48	
2015	731.75	318.22	410.82	2.71	

注：1. 2013年公路水路数为交通运输部《公路运输量统计试行方案（2014）》和《水路运输量统计试行方案（2014）》确认数。
2. 2015年公路水路数为交通部小样本抽样调查推算数，2014年数也按2015年增速作了相应调整。
3. 铁路客运量：2015年3月起，由售票人数改为乘车人数。

Note: The data on highways and wateways in 2013 is confirmed by Pilot Scheme of Highways Ttaffic Statistic (2014) and Pilot Scheme of Highways Ttaffic Statistic (2014) from Ministry of Transport.
The corresponding data in old statistical range is: Total 1126.83, Raiways 193.67, Highways 930.63, Waterways 2.53.

18－7　全社会货运量及货物周转量（1978－2015年）
Total Freight Traffic & Turnover of Freight Traffic（1978－2015）

年　份 Year	货运量（万吨） Freight Traffic (10 000 tons)	铁路 Railways	公路 Highways	水运 Waterways	民航 Civil Aviation
1978	5885	2118	2697	1070	
1980	4496	1833	1772	891	0.10
1985	12909	2224	9898	787	0.58
1990	19888	3798	14711	1338	0.50
1991	22469	3920	17146	1403	0.70
1992	23457	4167	17567	1666	0.90
1993	35509	4434	27723	3352	1.00
1994	28132	4920	20391	2820	1.00
1995	28622	5072	20686	2862	1.60
1996	29441	5166	22386	1887	1.70
1997	31473	5315	24349	1808	1.00
1998	32671	5364	25482	1823	1.80
1999	30862	5293	23720	1846	3.20
2000	31270	5843	23514	1910	3.38
2001	33267	6316	23747	2024	3.76
2002	33392	6636	24325	2423	7.64
2003	33457	6516	24164	2774	3.80
2004	37118	7860	25822	3432	4.20
2005	41025	8517	27861	4642	4.80
2006	45454	9374	30525	5549	5.60
2007	50152	10503	32920	6722	6.90
2008	84950	9861	64884	10198	6.80
2009	95076	9564	75766	9738	8.03
2010	113445	7052	93552	12832	9.49
2011	136143	6770	113549	15813	11.0
2012	161368	6846	135112	19398	12.2
2013	151155	6916	124677	19549	12.9
2014	137794	6687	108270	22824	13.3
2015	149727	5779	119194	24741	13.4

注：1. 2013年公路水路数为交通运输部《公路运输量统计试行方案（2014）》和《水路运输量统计试行方案（2014）》确认数。
2. 2015年公路水路数为交通部小样本抽样调查推算数，2014年数也按2015年增速作了相应调整。

Note: The data on highways and wateways in 2013 is confirmed by Pilot Scheme of Highways Ttaffic Statistic (2014) and Pilot Scheme of Highways Ttaffic Statistic (2014) from Ministry of Transport.
The corresponding data in old statistical range is: Total 179795, Raiways 6916, Highways 151841, Waterways 21025, Civil Aviation 12.9.

18－7 续表 continued

年 份 Year	货物周转量（亿吨公里） Turnover of Freight Traffic（100 million ton-km）	铁路 Railways	公路 Highways	水运 Waterways	民航 Civil Aviation
1978	183.78	153.93	7.54	22.31	
1980	160.46	132.52	5.77	22.17	
1985	276.26	200.52	47.30	28.44	
1990	428.02	268.17	116.95	42.82	
1991	429.61	286.31	91.62	51.68	
1992	487.27	310.98	102.72	64.42	
1993	511.96	335.21	103.23	73.51	
1994	588.98	348.14	140.36	100.48	
1995	592.93	351.61	143.39	97.93	
1996	606.12	346.30	170.58	89.23	
1997	642.30	366.73	183.48	92.08	
1998	695.35	413.46	190.48	91.41	
1999	698.20	414.60	202.10	81.50	
2000	770.61	485.14	209.44	76.03	
2001	799.42	504.15	212.10	83.16	
2002	860.74	540.92	218.51	101.31	
2003	942.55	606.39	217.10	119.06	
2004	1095.66	713.35	235.62	146.69	
2005	1208.91	777.73	258.43	172.75	
2006	1338.95	846.02	286.85	206.08	
2007	1516.55	928.94	302.23	285.34	
2008	2210.23	912.86	799.96	497.41	
2009	2365.62	825.25	934.70	605.67	
2010	2926.77	891.33	1173.45	861.99	
2011	3478.23	895.38	1494.04	1088.81	
2012	4110.64	860.01	1878.29	1372.34	
2013	3856.37	809.43	1857.18	1189.76	
2014	3869.91	770.85	1902.70	1196.36	
2015	4061.82	674.53	2122.60	1264.69	

注：1. 2013年公路水路数为交通运输部《公路运输量统计试行方案（2014）》和《水路运输量统计试行方案（2014）》确认数。
2. 2015年公路水路数为交通部小样本抽样调查推算数，2014年数也按2015年增速作了相应调整。

Note: The data on highways and wateways in 2013 is confirmed by Pilot Scheme of Highways Ttaffic Statistic (2014) and Pilot Scheme of Highways Ttaffic Statistic (2014) from Ministry of Transport.
The corresponding data in old statistical range is: Total 179795, Raiways 6916, Highways 151841, Waterways 21025, Civil Aviation 12.9.

18－8　公路线路长度（按等级分类，1978－2015年）
Total Length of Highways（Grouped by Class,1978－2015）

单位：公里　　(km)

年份 Year	公路里程总计 Total Length of Highways	等级公路合计 Expressway & Class I to IV Highway	高速 Expressway	一级 Class I	二级 Class II	三级 Class III	四级 Class IV	等外 Below Class IV	公路等级里程占总里程（%） Proportion of Expressway & Class I to IV Highway in Total Length of Highways(%)
1978	29773							14996	
1979	30692	13771			83	1341	12347	16921	44.87
1980	31624	14703			83	1348	13272	16921	46.49
1981	31823	14902			83	1373	13446	16921	46.83
1982	32156	15264			83	1465	13716	16892	47.47
1983	32529	15740			84	1531	14125	16789	48.39
1984	32757	16061			84	1531	14446	16696	49.03
1985	32972	16329			104	1633	14592	16643	49.52
1986	33222	16703			105	1670	14928	16519	50.28
1987	33928	17604			139	1763	15702	16324	51.89
1988	35400	19193			202	1803	17188	16207	54.22
1989	35945	19829			214	1875	17740	16116	55.16
1990	36214	20098		8	358	2031	17701	16116	55.50
1991	36660	20711		11	428	1919	18353	15949	56.49
1992	37291	21488		11	682	1917	18878	15803	57.62
1993	38495	22754		11	1035	1910	19798	15741	59.11
1994	39550	23890		48	1074	2017	20751	15660	60.40
1995	40904	25509		66	1330	2163	21950	15395	62.36
1996	42696	27375		66	1448	2222	23639	15321	64.12
1997	45378	30283	193	189	1670	2208	26023	15095	66.73
1998	51073	43319	439	389	2107	16741	23643	7754	84.82
1999	51378	43671	575	389	2319	16721	23667	7707	85.00
2000	52910	45430	812	442	2628	16620	24928	7480	85.86
2001	54752	40192	822	449	4316	5213	29392	14560	73.40
2002	56297	42155	822	449	4773	5348	30763	14142	74.86
2003	58451	45284	1011	482	5351	5611	32829	13167	77.47
2004	59704	47304	1157	514	5783	5337	34314	12400	79.23
2005	62003	51046	1411	546	6299	5813	36977	10957	82.33
2006	90318	52101	1545	705	6847	5589	37415	38216	57.69
2007	94202	62861	1879	733	7325	5625	47296	31340	66.73
2008	99273	73051	2181	818	8114	6311	55624	26221	73.58
2009	100491	77154	2395	827	8559	6889	58484	23337	76.78
2010	101782	81239	2574	876	8646	7942	61200	20543	79.82
2011	104889	87296	2754	944	9132	8261	66205	17592	83.23
2012	107906	91583	2883	984	9720	8320	69676	16322	84.87
2013	111384	96343	3305	1008	10392	8258	73380	15041	86.50
2014	114900	100647	3722	1026	10618	8334	76947	14252	87.60
2015	117993	105019	4288	1079	11147	8269	80236	12974	89.00

注：1. 从2001年起以第二次全国公路普查数据为调整基数。
2. 2006年度国家交通部将村道纳入公路里程统计范围，与往年数据不可比。

Note: 1. The data in the table have been readjusted basing on the data of the Second National Highway Census since 2001.
2. Since 2006, the Ministry of Transportation has broght the country roads under the statistical range of highway length, thus the data in 2006 is incomparable with the former years.

18—9 主要年份邮电通信水平

Level of Postal & Telecommunications Services in Main Years

指　　标	Item	1995	2000	2005	2010	2011	2012	2013	2014	2015
平均每人每年发函件数（件）	Per Capita Annul Average Number of Letters (piece)	4.6	3.6	2.4	1.4	1.4	1.3	1.1	1.1	0.8
平均每人订有报刊数（件）	Annul Average Number of Newspapers & Magazines Per Capita Subscribed (piece)	13.1	9.5	4.0	6.2	7.4	7.8	8.0	8.1	8.2
平均每万人拥有电话机数（部）	Average Number of Telephone Subscribers per 10 000 Persons Owned (set)	233.6	1102.3	3852.6	6176.6	6879.7	7469.5	8152.0	8558.2	8449.6
设有邮电局、所乡(镇)比重（%）	Proportion of townships with Post & Telecommunication Office (%)	85.4	90.3	91.3	95.5	95.7	96.0	100.0	100.0	100.0
通电话的乡（镇）比重（%）	Proportion of townships with Telephone Communication (%)	96.8	100.0	100.0	100.0	100.0	100.0	100.0	100.0	100.0
按固定班期投递邮件的乡（镇）比重（%）	Proportion of townships with Delivery by Regularly Time (%)	98.2	99.9	98.7	100.0	100.0	100.0	100.0	100.0	100.0
通电话的行政村比重（%）	Proportion of Administrative Village with Telephone (%)		91.5	99.1	100.0	100.0	100.0	100.0	100.0	100.0

注：1. 1995年以来的“平均每万人拥有电话机数”含移动电话用户。

2. 平均每人每年发函件数、平均每人每年订报刊数、平均每万人拥有电话机数等指标根据2004年和2005年实际情况做相应修改。

Note: 1. “Number of Telephone Subscribers per 10 000 persons owned” have included mobile telephones subscribers since 1995.

2. The data on “Per Capita Annul Average Number of Letters”, “Annul Average Number of Newspapers & Magazines per Capita Subscribed” & “Average Number of Telephone Subscribers per 10000 persons owned” was adjusted by practical situation in 2004 & 2005.

18－10　主要年份邮政和电信主要指标
Major Indicators of Postal & Telecommunications Services in Main Years

指　标	Item	1995	2000	2005	2010	2011	2012	2013	2014	2015
邮政行业各类营业网点（个）	Number of Post & Telecommunication Offices (unit)	1503	1674	1613	1518	1469	1469	1445	3419	4849
邮路及快递网路总长度（单程，万公里）	Total Length of Postal Route & Experess Network(one way,10 000km)	16.33	17.7	17.86	19.44	19.46	20.03	19.86	63.31	54.55
邮政行业汽车（辆）	Postal Vehicles（unit）	683	1084	1318	1554	2102	1659	1606	3908	4315
长途业务电路总数（万路）	Total Lines of Long Distance Business (line)	2.19	8.40	57.90	64.20	108.42	131.17	155.66	231.17	226.7
邮电业务总量（亿元）	Business Volume of Post & Telecommuni-cation Services (100 million yuan)	20.56	96.36	322.87	807.81	326.30	366.44	392.82	503.24	651.74
#电信业务总量	Telecommunication Services		92.05	311.15	779.23	304.42	342.30	363.25	467.01	608.10
邮政业务总量	Post		4.31	11.72	28.58	21.88	24.14	29.57	36.23	43.64
快递业务量（万件）	Express（10 000 pcs）				2278	3496	4395	6745	9055	12541
函件（亿件）	Number of Letters (100 million pcs)	2.1	1.7	1.2	0.72	0.64	0.61	0.54	0.5	0.36
报刊期发数（万份）	Newspapers & Magazines Circulation (10 000 copies)	720	667.4	340.1	360.22	389.85	387.26	379.43	407	396.70
订销报纸累计数（万份）	Total Number of Newspaper Subscribed & Sold (10 000 copies)	54392	40934	22387	27900	30579	32800	34068	34913	36060
订销杂志累计数（万份）	Total Number of Magazines Subscribed & Sold (10 000 copies)	4284	3324	2490	3825	3715	3727	3658	3663	3295
固定电话年末户数（万户）	Number of Subscribers of Fixed-line Telephone (10 000 subscribers)	76.7	319.1	869.4	708.9	650.9	599.3	546.3	499.85	439.67
#公用电话（万户）	Public Telephone (10 000 subscribers)	2.26	9.92	61.8	57.4	47.5	46.6	42.6	42.06	31.33
#城市电话	Urban	65.65	233.48	557.7	430.3	399.6	376.50	354.7	336.91	312.01
农村电话	Rural	11.04	85.64	311.7	278.6	251.3	222.8	191.6	162.94	127.65
移动电话用户合计（万户）	Number of Mobile Telephone Subscribers (10 000 subscribers)	9.92	166.9	1021.0	2214.5	2532.7	2884.1	3285.6	3553.78	3594.96
#3G移动电话用户数	3G Mobile Telephone Subscribers				98.0	278.6	560.7	1067.4	1359.02	666.72
#4G移动电话用户数	4G Mobile Telephone Subscribers									1297.6
互联网用户数（万户）	Number of Subscribers of Internet(10 000 subscribers)	0.001	23.8	186	1579.6	2071.9	2721.8	2762.3	3186.51	3405.28
#互联网宽带接入用户数	Broadband Internet Access		23.2	80	330.1	422.9	507.1	559.6	592.43	715.78
移动互联网用户数	Mobile Internet				1240.3	1619.4	2205.8	2202.7	2586.52	2681.96
固定互联网宽带接入时长（亿分钟）	Access Time of Fixed Broadband(100 million minutes)									23416.29
移动互联网接入流量（万GB）	Access Flow of Mobile Internet (10 000 GB)									10156.87

注：1. 邮电业务总量2000年及以前按1990年不变价格计算，以后按2000年不变价格计算。订销杂志累计数根据2005年实际情况做相应修改。
2. 2014年起，邮政快递网点、邮路总长度、邮政汽车三个指标包含快递服务企业数据，之初前仅含邮政公司数。

Note: 1. The business volume of post & telecommunication services of 2000 and before were calculated at 1995's constant prices; and these since 2000 were calculated at 2000's constant prices. The Total Number of Magazines Subscribed & Sold was adjusted by the practical situation in 2005.
2. Since 2014, the indicators "Number of Post & Telecommunication Offices", "Length of Postal Routes" and "Motor Vehicles for Post" include the data from enterprises of express service, while the data before 2014 just includes the post offices.

主要统计指标解释

铁路营业里程　又称营业长度（包括正式营业和临时营业里程），指办理客货运输业务的铁路正线总长度。凡是全线或部分建成双线及以上的线路，以第一线的实际长度计算；复线、站线、段管线、岔线和特殊用途线以及不计算运费的联络线都不计算营业里程。

公路里程　指在一定时期内实际达到《公路工程技术标准JTG B01-2003》规定的技术等级的公路，并经公路主管部门正式验收交付使用的公路里程数。包括大、中城市的郊区公路，以及公路通过小城镇（指县城、集镇）街道的公路里程和公路桥梁长度、隧道长度、渡口的宽度以及分期修建的公路已验收交付使用的里程，不包括大中城市的街道、厂矿、林区生产用道和农业生产用道的里程。两条或多条公路共同经由同一路段，只计算一次，不得重复计算里程长度。按公路技术等级分为等级公路和等外公路，其中等级公路分为高速公路、一级公路、二级公路、三级公路和四级公路。

内河航道通航里程　指在一定时期内，能通航运输船舶及排筏的天然河流、湖泊水库、运河及通航渠道的长度。包括全年季节性通航累计三个月以上的航道，不包括仅供零散流放竹、木排的河道。两省以河为界的航道里程，双方均按一半计算，以免重复。该指标可以反映内河水运网的规模、水平和发展情况。

铁路旅客运量　指一定时期内使用铁路客车运送的旅客人数。铁路旅客运量的计算方法：不论票价多少或行程长短，均按单程计算为一人次；不足购票年龄免购客票的儿童，不计算运量；月、季票按每月往返各21人次计算。

铁路旅客周转量　指一定时期内使用铁路客车运送的旅客人数与运输距离的乘积之和。计算公式为：

旅客周转量（人公里）=∑（实际运送的每一乘客×该旅客出发站与到达站间距离）=实际运送的旅客人数×旅客平均运程

铁路货物运量　指使用铁路货车实际运送的货物数重量。

铁路货物周转量　指一定时期内使用铁路货车完成的货物运量与运送距离的乘积之和。计算公式为：

货物周转量（吨公里）=∑（每批货物重量×该批货物的运送距离）=实际运送货物吨数×货物平均运程

公路客运量　指公路运输企业及由其组织的其它单位在一定时期内实际运送的旅客人数。公路客运量的计算方法：不论乘车路程远近和票价的多少，以客票为依据，“人”为计量单位；不足购票年龄的免票儿童不计客运量。

公路旅客周转量　指一定时期内由各种公路运输工具实际运送的旅客人数与相应的运送距离的乘积之和。计算公式为：

旅客周转量（人公里）=∑（实际运送的每一旅客×该旅客出发站与到达站间距离）

公路货运量　指一定时期内由各种公路运输工具实际运送到目的地并卸完的货物数量。反映公路货运量的指标有发送货物吨数、到达货物吨数和运送货物吨数。

公路货物周转量　指一定时期内由各种公路运输工具实际完成的货物运量与相应的运送距离的乘积之和。计算公式为：

货物周转量（吨公里）=∑（每批货物重量×该批货物的运送距离）

水路客运量　指水运企业及由其组织的其他单位在一定时期内实际运送的旅客人数。

水路旅客周转量　指水运企业和由其组织的其他单位在一定时期内实际运送的旅客人数与相应的运送距离的乘积之和。

水路货运量　指在一定时期内由各种水运工具实际运送的货物数量，包括内河、江海、远洋货运量。

水路货物周转量　指一定时期内由各种水路运输工具实际完成的货物运量与相应的运送距离的乘积之和。

港口货物吞吐量　指经由水路进、出港区范围，并经过装卸的货物数量。按货物流向分为进港吞吐量和出港吞吐量，按货物的贸易性质分为内贸和外贸吞吐量。按货物的类别分，可根据现行的交通行业标准《运输货物分类和代码》分类。

民用航空客运量　指公共航空运输飞行所载运的旅客人数。成人和儿童各按一人计算，婴儿不计人数。每一特定航班的每一旅客只计算一次。唯一例外的是，乘坐定期航班既经过国内航段又经过国际航段的旅客，同时计算一个国内旅客和一个国际旅客。不定期航班运送的旅客每一特定航班（同一航班）只计算一次。

民用航空货邮运量　指公共航空运输飞行所载运的货物、邮件重量，货物包括外交信袋和快件。原始数据以吨位计算单位，保留一位小数。每一特定航班（同一航班）的货邮只计算一次，不能按航段重复计算。但对于既经过国内航段、又经过国际航段运输的货邮，则同时统计为国内货邮和国际货邮。不定期航班运输的货物每一特定航班（同一航班）只计算一次。

邮电业务总量　指以货币形式表现的邮电通信企业为社会提供各类邮电通信服务的总数量。计算方法为各类邮电通信服务业务的实物量分别乘以相应的不变单价，求出各类业务的货币量后加总求得。该指标反映了一定时期邮电通信业务发展的总成果，是观察邮电通信业务发展变化总趋势的综合性指标，分别按邮政业务总量和电信业务总量统计。

Explanatory Notes on Main Statistical Indicators

Length of Railways in Operation refers to the total length of the trunk line for passenger and freight transportation (including both full operation and temporary operation). The calculation is based on the actual length of the first line if this line has a full or partial double (or more). Not included are double tracks, station sidings, tracks under the charge of stations, branch lines, special-purpose lines and non-payable connecting lines. The length of railways in operation is an important indicator to show the development of the infrastructure of railway transport. It is also essential data to calculate volume of passenger freight transport, traffic density and utilization efficiency of locomotives and carriages.

Length of Highways refers to the length of highways which are built in conformity with the grades specified by the highway engineering standard [Highways WTBZ-Technical Standard JTG B01-2003] formulated by the Ministry of Transport, and have been formally checked and accepted by the departments of highways and put into use. The length of highways includes that of the suburb highways at large and medium-sized cities, highways passing through streets at small cities and towns, and also the length of bridges, tunnels, ferry piers, and the checked and accepted length of the installment highways being put to use. It does not include the length of streets in big and medium-sized cities and highways built for the production purpose at factories, mines, forest areas and agricultural areas. If two or more highways go the same section of the way, the length of the section is only calculated for once and no duplication is allowed. According to the technical grade, they are divided into grade highways and off-grade highways, and grade highways include express highways, Class I, Class II, Class III and Class IV. The length of highways is an indicator to show the development of the scale of highway construction and to provide essential information to calculate the transport network density.

Length of Navigable Inland Waterways is an indicator reflecting the size and development of inland water network. It refers to the length of the natural rivers, lakes, reservoirs, canals, and ditches open to navigation during a given period, which enables transportation by ships and rafts. It includes the channels open to navigation for over an accumulated period of 3 months in a year, yet this does not include the river courses which are only used to float odd logs and bamboo rafts. For fear of repeating calculation, the length of waterways of boundary rivers between two provinces is reckon in a half for each province. This indicator can reflect the scale, level and development situation of the inland waterway network.

Railway Passenger Traffic refers to the volume of passenger transported with railway within a specific period of time. It is calculated by the principle that one person can be counted only once in one trip and takes no account of the ticket price and traveling distance. The free tickets for under-aged children are not calculated in. Monthly tickets and season tickets are calculated as 21 person-times per 1 month.

Turnover of Railway Passenger Traffic refers to the summary of products of the number of passengers transported with railway trains and the distance of transportation within a specific period of time. It is calculated as:

Turnover of Passenger Traffic(person-km)=∑(each passenger actually transported × distance between this passenger's starting and arriving station)- number of passengers actually transported × average distance of passengers transported

Railway Freight Traffic refers to the weight of goods actually transported with railway goods trains.

Turnover of Railway Freight Traffic refers to the summary of products of the volume of goods transported with railway goods trains and the distance of transportation within a specific period of time. The calculating formula is:

Turnover of Freight Traffic(ton-km) = ∑(weight of each batch of goods× distance of this batch of goods transported)-tonnage of goods actually transported × average distance of goods transported

Highway Passenger Traffic refers to volume of passenger transported with highway transportation enterprises and other units being organized by highway transportation enterprises within a specific period of time. It is calculated by the principle that one person can be counted as "1 person" and takes no account of the traveling distance and ticket price, according to the ticket. The free tickets for under-aged children are not calculated in.

Turnover of Highway Passenger Traffic refers to the summary of products of the number of passengers actually transported with kinds of highway conveyances and the distance of transportation within a specific period of time. It is calculated as:

Turnover of Passenger Traffic(person-km)=∑(each passenger actually transported ×distance between this passenger' s starting and arriving station)

Highway Freight Traffic refers to the volume of goods actually transported to destinations and completely discharged with kinds of highway conveyances within a specific period of time. To reflecting Highway Freight Traffic, there are indicators such as the tonnage of goods sending off, the tonnage of goods receiving and the tonnage of goods transporting.

Turnover of Highway Freight Traffic refers to the summary of products of the volume of goods actually transported with kinds of highway conveyances and the distance of transportation within a specific period of time. The calculating formula is:

Turnover of Freight Traffic(ton-km) =∑(weight of each batch of goods × distance of this batch of goods transported)

Waterway Passenger Traffic refers to the volume of passenger transported with waterway transportation enterprises and other units being organized by highway transportation enterprises within a specific period of time.

Turnover of Waterway Passenger Traffic refers to the summary of products of the number of passengers actually transported with waterway transportation enterprises and other units being organized by waterway transportation enterprises the distance of transportation within a specific period of time.

Waterway Freight Traffic refers to the volume of goods actually transported with kinds of waterway conveyances within a specific period of time. It includes the freight traffic of inland rivers, seas and oceans.

Turnover of Waterway Freight Traffic refers to the summary of products of the volume of goods actually.

Volume of Freight Handled in Coastal Ports refers to the volume of cargo passing in and out of the harbor area of the major coastal ports and having been loaded and unloaded. The volume of freight handled may be classified by direction of flow as freight for import and freight for export, or by nature of cargo as freight for domestic trade and freight for foreign trade. The volume of freight handled maybe classified by the classification of cargo, or the current transport standard of The Classification and Code of Cargo Type.

Civil Aviation Passenger Traffic refers to the volume of passenger transported with public air transportation. An adult or child is counted as 1 person, and babies are not calculated in. One passenger in a certain flight is just counted once. The exception is that one passenger taking a fix-date flight both including domestic part and international part is calculated as 1 domestic passenger and 1 international passenger contemporarily.

Civil Aviation Freight Traffic of Goods and Posts refers to the weight of goods and posts transported with public air transportation. The goods and posts of one certain flight can be just counted once. The exception is that the goods and posts taking a fix-date flight both including domestic part and international part are calculated as 1 domestic goods and posts and 1 international goods and posts contemporarily.

transported with kinds of waterway conveyances and the distance of transportation within a specific period of time.

Business Volume of Post and Telecommunications (Business Volume of Communication) refers to the total amount of postal and telecommunication services, expressed in value terms, provided by the post and telecommunications departments for society. It can be classified as: letters, parcels, drafts, circulating presses, postal expresses, EMS, postal savings, stamp collecting, faxes, long distance telephones, rent circuitries, mobile phones, packet switching digital communication and lease and maintenance etc. This indicator reflects the overall results of development of postal and telecommunication services in a certain period, and it is an important indicator for researching construction and development of business volume of post and telecommunications. The calculating formula is:

Business Volume of Post and Telecommunications

= ∑(various Business Volume of Post and Telecommunications × fixed unit prices) + lease and maintenance and other business incomes= Business Volume of Post + Business Volume of Telecommunications

第十九篇

教育、科技和文化

EDUCATION,SCIENCE,TECHNOLOGY & CULTURE

（编辑：陈立峰　付晓霞）

19−1 主要年份各类学校基本情况
Basic Statistics of Schools by Type in Main Years

项 目	Item	1995	2000	2005	2010	2011	2012	2013	2014	2015
培养研究生单位（所）	Institutions of Postgraduate Education (unit)	9	9	9	11	11	12	12	13	13
毕业生人数（人）	Graduates (person)	228	444	1652	5396	5994	7225	7518	8007	8444
招生人数（人）	New Student Enrollment (person)	318	912	4561	7720	7920	8429	9417	9238	9619
在校学生数（人）	Student Enrollment (person)	747	2057	10711	20823	22567	23545	24905	25888	26731
普通高等学校（所）	Regular Institutions of Higher Education (unit)	27	30	51	70	70	70	70	70	70
毕业生人数（万人）	Graduates (10 000 persons)	1.78	2.02	6.49	13.81	15.11	16.22	16.50	17.41	18.27
招生人数（万人）	New Student Enrollment (10 000 persons)	2.04	4.72	11.67	18.38	18.83	19.73	20.07	22.77	24.14
在校学生数（万人）	Student Enrollment (10 000 persons)	6.00	11.79	33.83	56.75	60.01	62.92	64.42	70.19	75.12
专任教师（人）	Number of Full-time Teachers (person)	7542	9326	19610	31650	33459	35027	37437	37680	38625
普通中等专业学校（所）	Regular Specialized Secondary Schools (unit)	123	127	93	357	327	319	309	295	280
毕业生人数（万人）	Graduates (10 000 persons)	3.83	4.17	4.96	16.36	18.00	21.49	26.75	23.05	23.19
招生人数（万人）	New Student Enrollment (10 000 persons)	4.07	4.10	5.96	38.09	31.71	31.28	30.36	27.12	25.69
在校学生数（万人）	Student Enrollment (10 000 persons)	11.67	15.87	17.04	80.95	84.20	86.24	82.22	78.27	73.64
专任教师（人）	Number of Full-time Teachers (person)	7797	8800	7040	20469	20597	20755	20459	20417	20151
技工学校（所）	Skilled Workers' Schools (unit)	120	82	55	54	48	49	48	47	48
毕业生人数（万人）	Graduates (10 000 persons)	2.05	1.60	1.80	3.41	3.21	4.54	3.21	3.01	2.56
招生人数（万人）	New Student Enrollment (10 000 persons)	3.07	1.80	3.13	5.14	5.61	4.30	4.32	5.2	5.56
在校学生数（万人）	Student Enrollment (10 000 persons)	6.39	4.14	7.97	10.82	11.50	10.22	10.39	11.4	10.97
专任教师（人）	Number of Full-time Teachers (person)	3780	3405	3879	3622	3986	4457	6305	4662	4694
普通中学（所）	Regular Secondary Schools (unit)	3077	3019	2887	2437	2385	2310	2289	2288	2284
毕业生人数（万人）	Graduates (10 000 persons)	48.73	74.07	93.89	86.56	86.28	88.13	88.21	87.19	88.48
招生人数（万人）	New Student Enrollment (10 000 persons)	76.73	109.84	107.06	97.22	97.19	96.15	98.63	96.89	97.95
在校学生数（万人）	Student Enrollment (10 000 persons)	194.05	285.63	303.87	275.79	278.19	276.20	276.96	278.9	282.88
专任教师（人）	Number of Full-time Teachers (person)	97749	126660	152381	160840	162317	162035	169750	166162	169741
普通高中（所）	Senior Secondary Schools (unit)	437	464	529	463	446	450	453	445	445
毕业生人数（万人）	Graduates (10 000 persons)	6.60	8.20	19.35	23.90	23.84	23.75	24.19	25.33	25.73
招生人数（万人）	New Student Enrollment (10 000 persons)	7.84	15.34	25.69	27.07	28.33	29.28	29.77	30.46	31.04
在校学生数（万人）	Student Enrollment (10 000 persons)	20.93	36.93	69.96	75.40	77.36	79.58	81.89	83.82	86.57
专任教师（人）	Number of Full-time Teachers (person)	14344	18913	35249	42120	43069	44557	58412	48357	50733
普通初中（所）	Junior Secondary Schools (unit)	2640	2555	2358	1974	1939	1860	1836	1843	1839
毕业生人数（万人）	Graduates (10 000 persons)	42.13	65.87	74.54	62.66	62.44	64.38	64.02	61.86	62.75
招生人数（万人）	New Student Enrollment (10 000 persons)	68.89	94.50	81.37	70.15	68.86	66.87	68.86	66.43	66.91
在校学生数（万人）	Student Enrollment (10 000 persons)	173.12	248.70	233.91	200.39	200.83	196.62	195.08	195.08	196.31
专任教师（人）	Number of Full-time Teachers (person)	83405	107747	117132	118720	119248	117478	111338	117805	119008
普通小学（所）	Regular Primary Schools (unit)	16005	16109	15500	13942	13789	13535	13499	12946	11849
毕业生人数（万人）	Graduates (10 000 persons)	81.05	103.70	84.42	71.82	70.26	68.64	70.06	67.54	67.36
招生人数（万人）	New Student Enrollment (10 000 persons)	107.48	76.76	73.46	74.11	72.67	74.21	75.29	74.97	77.08
在校学生数（万人）	Student Enrollment (10 000 persons)	639.92	536.79	452.79	430.06	427.00	426.48	426.26	431.81	440.1
专任教师（人）	Number of Full-time Teachers (person)	194780	198977	204788	220183	218967	217151	209529	210666	221962
幼儿园（所）	Kindergartens (unit)	2555	3846	3152	5349	6208	7554	8886	9734	10397
在园儿童（万人）	Student Enrollment (10 000 persons)	100.07	72.84	88.78	118.53	144.25	165.93	181.71	197.33	206.9
专任教师（人）	Number of Full-time Teachers (person)	22956	22942	22395	31109	37616	44857	52110	61256	68407

注：2005年以后的普通中等专业学校统计范围为中等职业教育（学校）。

Note: The statistical range of "Regular Specialized Secondary Schools" refers to vocational schools for secondary edcation.

19－2 普通高等学校本科学生数（2015年）
Student Statistics in Institutions of Higher Education by Field of Study（2015）

单位：人 (person)

项　目	Item	毕业生数 Graduates	招生数 New Student Enrollment	在校学生数 Student Enrollment	预计毕业生数 Number of Expecting Graduates
总 计	**Total**				
哲　学	Philosophy	43	107	321	41
经济学	Economics	4792	5601	5601	5229
法　学	Law	2122	3343	10580	2371
教育学	Education	2986	5699	18793	4159
文　学	Literature	9796	11728	41853	9997
历史学	History	353	349	1364	338
理　学	Science	5498	6396	24139	6008
工　学	Engineering	19990	31507	106600	24405
农　学	Agriculture	791	640	3103	1024
医　学	Medicine	6490	9690	39504	6930
管理学	Administration	14929	22073	73582	16932

19－3 普通高等学校专科学生数（2015年）
Student Statistics in Institutions of Higher Education by Field of Study（2015）

单位：人 (person)

项　目	Item	毕业生数 Graduates	招生数 New Student Enrollment	在校学生数 Student Enrollment	预计毕业生数 Number of Expecting Graduates
总 计	**Total**				
农林牧渔大类	Farming, Forestry, Animal Husbandry & Fishery	1871	2116	6120	2139
交通运输大类	Transportation	5717	6564	18351	5708
生化与药品大类	Biochemistry & Medicine	936	1385	3517	1024
资源开发与测绘大类	Resource Developing, Survey & Draw	535	666	2028	676
材料与能源大类	Material & Energy	1748	1708	5097	1621
土建大类	Construction	16082	19559	57097	17075
水利大类	Water Conservancy	607	470	1531	578
制造大类	Manufacture	12358	15737	42611	12317
电子信息大类	Electronic Information	8014	10502	28598	8483
环保、气象与安全大类	Environmental Protection, Meteorology & Weather Safty	218	319	1006	342
轻纺食品大类	Textile & Food Industry	1081	1269	3692	1164
财经大类	Finance & Economy	27070	30928	87283	26801
医药卫生大类	Medical & Health Care	9435	10928	31398	9453
旅游大类	Tourism	3594	4754	12385	3697
公共事业大类	Public Affairs	1016	1242	3109	793
文化教育大类	Culture & Education	10211	15835	41152	13852
艺术设计传媒大类	Art Design & Media	3147	4209	11595	3487
公安大类	Public Security	551	305	2168	859
法律大类	Law	1660	1569	4850	1470

19－4　中等职业专业学校分科学生数（2015年）
Number of Students by Field of Study in Secondary Vocational Schools（2015）

单位：人　(person)

项　目	Item	毕业生数 Graduates	招生数 New Student Enrollment	初中毕业 Graduates from Junior Secondary Schools	在校学生数 Student Enrollment	预计毕业生数 Number of Expecting Graduates
合　计	**Total**					
农林牧渔类	Farming, Forestry, Animal Husbandry & Fishery	25146	24618	10936	63849	24415
资源环境类	Resouwes & Environment	55	41	41	153	71
能源与新能源类	Energy & New Energy	530	229	159	789	234
土木水利类	Construction & Water Conservancy	5301	6530	4571	20296	5454
加工制造类	Processing & Manufacturing	42605	41126	26299	129509	46095
石油化工类	Petrochemical Engineering	273	105	104	363	190
轻纺食品类	Textile & Food	1573	1564	1047	4114	1355
交通运输类	Transportation	34748	40209	29303	118085	39361
信息技术类	Information Technique	42063	40186	26082	125370	45568
医药卫生类	Medical & Health Care	15929	21545	16743	58593	17368
休闲保健类	Leisure & Health Keeping	654	1629	867	4348	1100
财经商贸类	Finance & Business	27986	32371	24924	88939	29364
旅游服务类	Tourism Services	12305	16153	11262	41840	13097
文化艺术类	Culture & Art	9714	10580	7701	30867	10688
体育与健身	Sports & Body Building	293	796	586	1450	311
教育类	Education	9622	16148	14975	39442	9654
司法服务类	Jurisdiction Services	364	352	288	1090	404
公共管理与服务类	Public Administration & Services	2571	2137	1373	6180	2758
其他	Others	157	578	333	1083	176

19—5 主要年份教师负担学生数
Student-teacher Ratio of School by Field in Main Years

单位：人 (person)

指 标	Item	1995	2000	2005	2010	2011	2012	2013	2014	2015
普通高等学校	Regular Institutions of Higher Education									
教师人数	Number of Teachers	7542	9326	19610	32616	33459	35027	37437	37680	38625
平均每个教师负担学生数	Student-teacher Ratio	8	12.6	17.2	17.9	17.94	17.8	18.1	18.6	18.1
中等学校	Secondary Schools									
教师人数	Number of Teachers	116084	145397	171287	184931	186900	187247	196514	186579	194586
平均每个教师负担学生数	Student-teacher Ratio	19.2	20.6	20.2	19.9	20	19.9	18.8	19.14	18.9
小学	Primary Schools									
教师人数	Number of Teachers	194780	198977	204788	220183	218967	217151	209529	210666	221962
平均每个教师负担学生数	Student-teacher Ratio	32.9	27	22.1	19.5	19.5	19.6	19.7	20.5	19.8

注：中等学校包括初中、普通高中、普通中专、职业高中、技工学校。

Note: Secondary school includes junior secondary schools, senior secondary schools, specialized secondary schools, vocational secondary schools and skilled workers' schools.

19—6 主要年份各级各类教育平均每万人在校学生数
Number of Students Enrollment by Level & Type per 10 000 Persons in Main Years

单位：人 (person)

指 标	Item	1995	2000	2005	2010	2011	2012	2013	2014	2015
1. 高等学校	Institutions of Higher Education	25	46	99.3	156.9	169.0	181.9	192.4	198.2	215.9
普通高校	Regular Institutions of Higher Education	13	25	69.2	123.3	130.0	139.4	136.5	147.6	156.6
成人高校	Adult Education Schools	12	21	27.9	33.6	34.0	42.5	48.1	50.6	53.7
2. 高中阶段	Step of Senior Schools	135	158	232	363	376	377.7	370.0	364.9	358.2
#中职学校	Vocational Secondary Schools			75.7	199.4	208.0	208.4	196.3	188.6	177.7
普通高中	Regular Senior Secondary Schools	47	78	143.1	163.8	168.0	169.3	173.5	176.3	180.5
3. 初中阶段	Step of Junior Schools	387	535	479.3	435.3	436.4	419.9	413.4	410.4	409.3
#普通初中	Regular Junior Secondary Schools	385	528	478.5	435.3	436.4	419.9	413.4	410.4	409.3
4. 小学	Primary Schools	1424	1139	926.1	934.3	927.9	910.9	903.3	908.3	917.6
5. 幼儿园	Kindergartens	189	155	181.6	257.5	313.5	354.4	385.1	415.1	431.4

19－7 主要年份各级成人教育在校学生数

Student Enrollment in Various Adult Education in Main Years

单位：人 (person)

项 目	Item	1995	2000	2005	2010	2011	2012	2013	2014	2015
总 计	**Total**	**378923**	**364884**	**213392**	**173921**	**158226**			**253141**	**270202**
成人高等学校	Adult Education Schools	52200	100992	136579	19639	154802	199093	227016	20343	20360
广播电视大学	Ratio & TV Universities	12142	13784		673	935	973	982	1052	1141
职工（农民）高等学校	Schools of Higher Education for Staff, Workers(Peasants)	5518	3180		543	476	505	546	452	262
管理干部学院	Colleges for Management Cadres	4142	10502		11540	2080	2192	2086	10738	11001
教育学院	Pedagogical Colleges	10995	6421		6883	2154	1943	3109	8101	7956
普通高等学校举办	Run by Institutions of Higher Schools	19403	67105	115699	146456	149157	193480	220293	232798	249842

19－8 主要年份义务教育普及程度

Level of Compulsory Education Populization in Main Years

单位：% (%)

指 标	Item	1995	2000	2005	2010	2011	2012	2013	2014	2015
小学学龄儿童入学率	Percentage of School-age Children Enrolled	98.2	98.7	99.1	99.4	99.5	99.8	99.6	99.6	99.4
男童	Male Students	98.8	98.7	99.1	99.4	99.4	99.8	99.6	99.6	99.4
女童	Female Students	97.5	98.6	99.0	99.3	99.8	99.8	99.6	99.6	99.4
初中毛入学率	Crude Percentage of Children Enrolled in Junior Schools	66.3	91.7	101.9	106.7	106.9	108.9	108.8	108.9	109.2
男生	Male Students	69.3	92.4	102.2	106.8	107.0	109.3	108.9	109.1	109.5
女生	Female Students	62.8	90.9	101.6	106.5	106.5	108.5	108.7	108.7	108.9
小学生辍学率	Drop-out Rate of Primary Students	3.0	0.8	1.5	2.1	1.3	1.5	1.3	0.5	0.4
男生	Male Students	2.9	0.9	1.6	2.3	1.4	1.7	1.5	0.5	0.4
女生	Female Students	3.2	0.8	1.3	1.9	1.3	1.3	1.1	0.4	0.3
普通初中辍学率	Drop-out Rate of Regular Junior Students	7.4	5.0	5.6	6.6	3.1	3.4	3.3	2.5	1.9
男生	Male Students	8.4	5.5	6.7	8.0	3.6	4.2	4.1	3.0	2.5
女生	Female Students	6.2	4.3	4.3	5.0	2.6	2.6	2.5	2.0	1.2
小学毕业生升学率	Percentage of Graduates of Primary Schools Entering Junior Secondary Schools	85.9	92.6	96.5	97.7	98.0	97.4	98.3	98.4	99.3
男生	Male Students	89.1	93.9	96.9	96.9	97.5	95.4	97.3	97.6	98.7
女生	Female Students	81.9	91.1	96.0	98.6	98.6	99.4	99.4	99.2	100.0
初中毕业生升学率	Percentage of Graduates of Junior Secondary Schools Entering Senior Secondary Schools		39.8	58.4	79.6	83.4	77.7	80.1	85.7	83.6
小学生五年保留率	Percentage of 5-year Primary Schools Maintained	73.5	91.6	96.7	88.4	93.3	88.1	89.0	91.1	91.0
男生	Male Students	73.3	91.9	96.6	87.7	92.8	87.5	88.1	90.6	90.4
女生	Female Students	73.7	91.1	96.7	89.0	93.9	88.7	89.7	91.8	91.6
普通初中生三年保留率	Percentage of 3-year Junior Secondary Schools Maintained	83.5	82.0	83.6	82.0	89.1	90.9	90.9	94.2	94.7
男生	Male Students	79.4	79.8	80.5	78.0	87.8	89.5	88.6	93.1	93.6
女生	Female Students	89.5	84.8	87.2	86.4	90.6	92.3	92.9	95.5	95.9

19－9　主要年份科技活动基本情况

Basic Statistics for Scientific & Technical Activities in Main Years

指　标	Item	2000	2005	2010	2011	2012	2013	2014	2015
科技机构数（个）	**Number of Scientific & Technological Research Institutions (unit)**	**732**	**639**	**714**	**723**	**816**	**825**	**847**	**842**
#科技部门属科研机构	Institutions of Research & Technological Development	234	209	138	124	123	120	121	124
大中型工业企业属技术开发机构	Technological Development Institutions in Large & Medium Industrial Enterprises	181	122	211	203	234	284	267	234
全日制高等院校属科研机构	Institutions of Research in Full-time Universities & Colleges	131	74	159	168	192	186	233	285
科技活动人员数（万人）	**Number of Persons Engaged in Scientific & Techno-logical Activities (10 000 persons)**	**4.86**	**5.67**	**8.91**	**10.29**	**10.77**	**10.87**	**10.72**	**11.37**
#R&D活动人员折合全时人员（人年）	Number of Full-time Personnel Converted from the Persons Engaged in Scientific & Techno-logical Activities (person-year)	13015	17996	33982	40129	41268	40664	41208	38535
研究与发展经费内部支出（万元）	**Inner Expenditure of Funds for Research & Develop-ment (10 000 yuan)**	**83597**	**146745**	**628695**	**810204**	**971539**	**1076790**	**1119033**	**1059124**
（一）按活动类型分	By Type of Activities								
#基础研究支出	Expenditure for Basic Research	5443	9488	36005	46121	61845	54832	78630	108296
应用研究支出	Expenditure for Application Research	14786	39076	95585	121831	118297	122770	129914	131781
试验发展支出	Expenditure for Experimental Development	63367	93048	497105	642251	791396	899187	910488	819047
（二）按支出用途分	By Use of Expenditure								
#日常性支出	# Ordinary Expenditure	53976	141611	526983	667289	820223	864559	946395	912865
#人员劳务费	#Fees for Personel Labor Service	39621	39202	150318	194040	228590	283417	313399	326517
（三）按资金来源分	By Resource of Funds								
#政府资金	Funds from Government	19198	32549	152128	171985	212500	210060	234760	249685
企业资金	Funds from Enterprises	56972	105062	451914	601013	703549	804800	826558	759182
境外资金	Funds from Foreign Countries	149	270	866	217	265	237	615	335

19—10　大中型工业企业科技活动基本情况（2015年）

单位：万元

指　标	Item	R&D人员折合全时当量（人年）Number of Full-time Personnel Converted from the Persons Engaged in R&D Activities (person-year)	其中：研究人员 Researchers	基础研究 Basic Research	应用研究 Application Research	试验发展 Testing Develop-ment	R&D经费内部支出 Inner Expenditure of R&D Funds	1.日常性支出 Recurrent Expenditure
总　计	**Total**	**16236.00**	**11881.00**	**16.0**	**254.0**	**15966.0**	**666123.9**	**598575.6**
一、按登记注册类型分组	**I. Grouped by Type of**							
内资企业	**Registration**	**9757**	**7447.00**	**16.0**	**254.0**	**9487.0**	**387536.4**	**332153.4**
国有企业	Domestically-funded	616	431.00		2.0	614.0	23176.1	21784.1
集体企业	Enterprises	5	1.00			5.0	373.1	214.9
股份合作企业	State-owned Enterprises							
有限责任公司	Collective-owned	4561.0	3603.00	16.0	169.0	4376.0	159153.1	133064.4
股份有限公司	Enterprises	2996.0	2152.00		83.0	2913.0	101094.3	88829.1
私营企业	Cooperative Stock	1526.0	1208.00			1526.0	102768.8	87322.4
港、澳、台商投资企业	**Enterprises**	**590.0**	**376.00**			**590.0**	**13400.3**	**12957.4**
合资经营企业（港或澳、台资）	Limited Liability	543.0	348.00			543.0	12642.6	12199.7
港、澳、台商独资经营企业	Corporations	29.0	21.00			29.0	477.7	477.7
外商投资企业	**Share Holding Enterprises**	**5889.0**	**4058.00**			**5889.0**	**265187.2**	**253464.8**
中外合资经营企业	Private Enterprises	4947.0	3266.00			4947.0	209774.8	200315.8
外资企业	Enterprises with Funds from Hong Kong, Macao or Taiwan	361.0	360.00			361.0	12526.2	12041.9
外商投资股份有限公司	Joint Equity (Funds from Hong Kong, Macao or Taiwan)	580.0	432.00			580.0	42886.2	41107.1
二、按工业行业大类分组	**Enterprises Wholly Owned by Hong Kong, Macao or Taiwan**							
采矿业	**Foreign Funded**	**321.0**	**313.0**			**321.0**	**10881.3**	**9682.4**
煤炭开采和洗选业	Enterprises	5.0	2.0			5.0	800.0	127.2
有色金属矿采选业	Sino-foreign Joint Equity	30.0	24.0			30.0	1454.1	1049.8
制造业	**Wholly Foreign-owned Enterprises**	**15795.0**	**11457.0**	**16.0**	**254.0**	**15525.0**	**653085.8**	**587953.9**
农副食品加工业	Foreign-funded Share	553.0	320.0		26	527.0	20045.2	18117.7

Basic Statistics for Scientific & Technical Activities Organized by Large & Medium Industrial Enterprises（2015）

（10000 yuan）

	内部经费支出中: In Recurrent Expenditure						内部经费支出中: In Inner Expenditure				
人员劳务费 Remunera-tion	基础研究 Basic Research	应用研究 Application Research	试验发展 Testing Develop ment	2. 资产性支出 Capital Expenditure	1. 土建工程 Projects of Construc-tion	2. 仪器设备 Instruments & Equipment	政府资金 Government Funds	企业资金 Funds from Enterprises	国外资金 Foreign Funds	其他资金 Others	R&D经费外部支出 Exterior Expend-iture
220015.2	**350.5**	**20490.3**	**645283.1**	**67548.3**	**2037.6**	**65510.7**	**22700.2**	**641177.2**	**74.9**	**2171.6**	**34712.9**
101974.3	**350.5**	**20490.3**	**366695.6**	**55383**	**1314**	**54069**	**18997.7**	**366367.1**		**2171.6**	**22664.1**
9024.3		3611.4	19564.7	1392.0	11.8	1380.2	3808.3	19178.0		189.8	1858.1
64.7			373.1	158.2	0.2	158.0		373.1			
50325.1	350.5	14816.8	143985.8	26088.7	628.2	25460.5	5864.2	152430.0		858.9	16052.2
25323.5		2062.1	99032.2	12265.2	586.1	11679.1	5915.1	95047.9		131.3	3398.3
16950.2			102768.8	15446.4	87.7	15358.7	3390.1	98387.1		991.6	1355.5
3398.6			**13400.3**	**442.9**	**76.0**	**366.9**	**580.8**	**12744.6**	**74.9**		**256.7**
3195.6			12642.6	442.9	76	366.9	489.4	12153.2			256.7
187.8			477.7				80.5	322.3	74.9		
114642.3			**265187.2**	**11722.4**	**647.6**	**11074.8**	**3121.7**	**262065.5**			**11792.1**
98491.4			209774.8	9459.0	117.7	9341.3	2109.8	207665.0			7982.3
1843.2			12526.2	484.3	18.7	465.6	563.2	11963.0			129.4
14307.7			42886.2	1779.1	511.2	1267.9	448.7	42437.5			3680.4
874.7			**10881.3**	**1198.9**	**14.4**	**1184.5**	**1082.0**	**9798.5**		**0.8**	**708.7**
80.3			800.0	672.8		672.8	1.7	798.3			
352.3			1454.1	404.3	3.0	401.3	529.6	924.5			591.8
218695.7	**350.5**	**20490.3**	**632245.0**	**65131.9**	**1821.9**	**63310.0**	**21617.4**	**629226.2**	**74.9**	**2167.3**	**33558.3**
4111.3		213.1	19832.1	1927.5	17.2	1910.3	1076.6	18536.5		432.1	304.4

19—10 续表

指 标	Item	R&D人员折合全时当量(人年) Number of Full-time Personnel Converted from the Persons Engaged in R&D Activities (person-year)	其中：研究人员 Researchers	基础研究 Basic Research	应用研究 Application Research	试验发展 Testing Develop-ment	R&D经费内部支出 Inner Expenditure of R&D Funds	1. 日常性支出 Recurrent Expenditure
食品制造业	Food Production	106.0	74.0		11	95.0	4654.5	4394.3
酒、饮料和精制茶制造业	Beverage Production	297.0	209.0		7	291.0	7666.0	7042.7
烟草制品业	Tobacco Processing	123.0	113.0		26	97.0	11094.9	9730.1
纺织业	Textile Industry	141.0	127.0			141.0	4514.2	2957.7
木材加工和木、竹、藤、棕、草制品业	Processing of Timbers, Manufacture of Wood, Bamboo,Rattan,Palm,and Straw Products	14.0	7.0			14.0	473.9	452.9
造纸和纸制品业	Papermaking & Paper Products	5.0	3.0			5.0	474.3	454.2
印刷业和记录媒介复制业	Printing & Record Duplicating	39	11			39	658.9	645.5
化学原料和化学制品制造业	Raw Chemical Materials & Chemical Products	896.0	576.0		63.0	833.0	28684.3	23372.2
医药制造业	Medical & Pharmaceutical Products	905.0	835.0		16.0	889.0	32569.3	28840.1
橡胶和塑料制品业	Rubber Products	265.0	140.0			265.0	4797.4	3947.6
非金属矿物制品业	Nonmetal Mineral Products	258.0	213.0	16.0	2.0	239.0	10363.3	9556.0
黑色金属冶炼和压延加工业	Smelting & Pressing of Ferrous Metals	695.0	598.0			695.0	53929.6	46359.5
有色金属冶炼和压延加工业	Smelting & Pressing of Nonferrous Metals	299.0	205.0			299.0	24821.1	16567.2
通用设备制造业	General Equipment Manufacturing	745.0	544.0			745.0	46697.7	44454.0
专用设备制造业	For Special Purposes Equipment Manufacturing	1605.0	1345.0		4.0	1600.0	50980.1	44761.0
汽车制造业	Automobile Manufacturing	7359.0	5024.0			7359.0	295998.4	274947.5
铁路、船舶、航空航天和其他交通运输设备制造业	Railway,Ships, Aerospace & other Transport Equipment Manufacturing	104.0	63.0			104.0	3014.9	2508.5
电气机械和器材制造业	Electric Equipment & Machinery	964.0	784.0			964.0	26911.2	24983.1
计算机、通信和其他电子设备制造业	Communicaition Equipment, Computer & other Electronic Equipment Manufacturing	267.0	193.0		98.0	169.0	16091.3	15488.3
仪器仪表制造业	Instruments, Meters Cultural & Office Machinery	97.0	18.0			97.0	1231.6	1083.3
电力、热力、燃气及水生产和供应业	Production & Supply of Electric Power, Gas & Water	120.0	111.0			120.0	2156.8	939.3
电力、热力生产和供应业	Production & Supply of Electric Power & Steam	120.0	111.0			120.0	2156.8	939.3

continued

人员劳务费 Remunera-tion	内部经费支出中: In Recurrent Expenditure			2. 资产性支出 Capital Expenditure			内部经费支出中: In Inner Expenditure				R&D经费外部支出 Exterior Expend-iture
	基础研究 Basic Research	应用研究 Application Research	试验发展 Testing Develop-ment		1. 土建工程 Projects of Construc-tion	2. 仪器设备 Instruments & Equipment	政府资金 Government Funds	企业资金 Funds from Enterprises	国外资金 Foreign Funds	其他资金 Others	
954.2		198	4456.5	260.2		260.2	177.0	4477.5			18.0
3008.2		31.1	7634.9	623.3	3.1	620.2	50.5	7213.3		402.2	22.3
3188.9		8970.4	2124.5	1364.8		1364.8		11094.9			1905.4
393.4			4514.2	1556.5	259	1297.5	342.9	4171.3			8.5
204.7			473.9	21.0		21	13.5	460.4			
206.2			474.3	20.1		20.1		474.3			
162.3			658.9	13.4		13.4		658.9			4
5832.6		1236.0	27448.3	5312.1	59.7	5252.4	1255.6	27276.7		152	231.0
5245.0		1202.0	31367.3	3729.2	85	3644.2	1916.8	30652.5			2386.9
1357.3			4797.4	849.8	30	819.8	528.9	4213.3		55.2	1485.5
2609.6	350.5	16.7	9996.1	807.3	15.4	791.9	1560.6	8685.8		116.9	32.9
8175.5			53929.6	7570.1		7570.1	310.0	53619.6			125.2
4151.2			24821.1	8253.9	58.9	8195.0	1307.7	22523.2		990.2	670.0
16051.3			46697.7	2243.7	531.3	1712.4	519.2	46178.5			3680.4
13893.5		210.0	50770.1	6219.1	437.6	5781.5	3167.9	47812.2			938.1
132367.6			295998.4	21050.9	164.4	20886.5	3955.5	292024.2		18.7	21192.0
785.3			3014.9	506.4	8	498.4	75.0	2939.9			
7478.7			26911.2	1928.1	112.8	1815.3	2710.7	24200.5			545
7560.6		8413.0	7678.3	603.0	1	602.0	1031.2	14985.2	74.9		8.7
533.3			1231.6	148.3	37.9	110.4		1231.6			
444.8			2156.8	1217.5	201.3	1016.2	0.8	2152.5		3.5	445.9
444.8			2156.8	1217.5	201.3	1016.2	0.8	2152.5		3.5	445.9

19—11　主要年份工业企业科技活动情况
Statistics for Technical Activities of Large & Medium Industrial Enterprises in Main Years

指　标	Item	2000	2007	2010	2011	2012	2013	2014	2015
大中型工业企业(个)	**Number of Enterprises (unit)**								
#有科技活动的单位数	Units Engaged in Scientific & Technological Activities	293	191	232	290	168	186	173	139
#有R&D活动的单位数	Units Engaged in New Products Developing Activities		138	167	218	232	225	233	214
科技活动人员（万人）	**Personnel Engaged in Scientific & Technological Activities (10 000 persons)**	**2.15**	**2.68**	**3.78**	**4.88**	**5.22**	**5.37**	**5.48**	**4.83**
研究与发展经费内部支出（万元）	**Inner Expenditure of Funds for Research & Development (10 000 yuan)**			**438669**	**586791**	**702225**	**817062.9**	**848807.5**	**769189.7**
（一）按活动类型分	By Type of Activities								
# 基础研究支出	Expenditure for Basic Research	171	3748	167	4043	443	601.6	369.5	385.7
应用研究支出	Expenditure for Application Research	5601	26154	9083	16275	13799	6525	23160.4	22161.5
试验发展支出	Expenditure for Experimental Development	50462	117480	429420	566332	687984	809936.5	825277.6	746642.5
（二）按支出用途分	By Use of Expenditure								
#日常性支出	Ordinary Expenditure	42987	147382	378741	489188	605937	660527.6	740385.1	684371.4
# 人员劳务费	Fees for Personel Labor Service	16912	31817	91657	129971	150140	202106	230884.2	242332.7
（三）按资金来源分	By Resource of Funds								
# 政府资金	Funds from Government	2930	5704	22168	26354	33403	36970.1	38907	31999.5
企业资金	Funds from Enterprises	48390	140294	413173	557087	666371	777281.3	796269.6	732074.4
境外资金	Funds from Foreign Countries	132	68	161	44	65	65.8	368.8	74.9
新产品开发经费支出（万元）	**Expenditure for New Product Development(10 000 yuan)**	**50304**	**174798**	**460413**	**740320**	**771269**	**849394.8**	**850464**	**903957.2**
科技活动产出情况	**Output from Scientific & Technological Activities**								
专利申请数（项）	Patent Applications Examined(item)	162	627	1591	2067	3025	4468	4840	4613
#发明专利	Patent for Invention	20	190	488	737	1333	2234	2423	2005
拥有发明专利数（项）	Number of Patent for Invention Owned(item)	78	233	950	932	1499	1889	2670	3731
技术改造和技术获取情况	**Technological Transformation & Technical Acquisition**								
技术改造经费支出（万元）	Expenditure for Technological Transformation (10 000 yuan)	126898	713690	1374075	1308777	1540035	1223980.5	850899.9	915924.4
引进境外技术经费支出（万元）	Expenditure for Technological Recommendation from Foreign Countries (10 000 yuan)	27910	8180	8137	15298	2619	3599	12392.2	5697.1
引进技术的消化吸收经费支出（万元）	Expenditure for Technological Digesting & Absorbing (10 000 yuan)	754	3411	5988	12430	6087	3604.7	6329	2621.2
购买境内技术经费支出（万元）	Expenditure for Buying Domestic Technological (10 000 yuan)	6657	3779	12092	26678	11598	12881.1	16031.6	11609.9

19—12 主要年份县及县以上政府部门所属研究与开发机构基本情况
Basic Statistics on Governmental Department Research & Development Institutions at & above County Level in Main Years

项 目	Item	1995	2000	2005	2010	2011	2012	2013	2014	2015
机构数(个)	Number of Institutions (unit)	230	224	210	207	205	202	200	199	195
从事科技活动人员（人）	Number of Persons Engaged in Scientific & Technological Activities (person)	9227	7954	7574	8757	9022	9152	9586	10025	10034
#科学家、工程师	Scientists & Engineers	5048	4787	4461						
#大学本科及以上学历	University Degree or above				5400	5811	6138	6719	7068	7449
经费筹集总额（万元）	Funds for Scientific & Technological Activities (10 000 yuan)	44526	54820	72749	187190	201933	254351	286173	284221.4	278239.9
#政府拨款	Funds from Government	16910	31272	60359	136474	158033	196158	230582	232426.3	224072.9
经费使用总额（万元）	Expenditure of Funds for Scientific & Technological Activities (10 000 yuan)	39087	53090	73823	170741	189432	248668	271088	293344.9	274085
#固定资产购建支出	Purchases of Fixed Assets	8910	7818	12445	28939	31617	51612	58966	80274.4	52688.8

注：2009年，指标“科学家工程师”取消，改为“大学本科及以上学历”（县属机构使用“大专以上学历”）。2011年，均使用“大学本科及以上学历”。

Note: The indicator of “Scientists & Engineers” has been canceled since 2009, and it was replaced by “University Degree or above” (it is changed as “Junior College Degree or above” in county level institutions).

19－13 县及县以上政府部门所属研究与开发机构情况（2015年）
Basic Statistics on Governmental Department Research & Development Institutions at & above County Level (2015)

项 目	Item	机构数（个）Number of Institutions (unit)	从从事科技活动人员合计（人）Personnel in Scientific & Technological Activities (person)	#大学本科及以上学历 University Degree or above	经费筹集总额（万元）Funds for Scientific & Technological Activities (10 000 yuan)	#政府拨款 Funds from Government	经费使用总额（万元）Total Expenditure (10 000 yuan)
总 计	**Total**	**195**	**10034**	**7449**	**278239.9**	**224072.9**	**274085**
一、按单位类型分	**By Unit Type**						
科学研究与技术开发机构	Institutions of Research &	176	9583	7089	268955.6	215973.2	264956.6
科技情报与文献机构	Technological Development	19	451	360	9284.3	8099.7	9128.4
二、按隶属关系分	**Scientific & Technological Information & Literature Institutions**						
中央属	By Relationship	7	1147	855	40093.9	22312.8	41774
自治区属	Central	71	6366	5059	195561.4	168203	192708.5
地（市）属	Autonomous	70	2161	1466	39282.5	30345	36364.3
县属	Prefectural	47	360	69	3302.1	3212.1	3238.2
三、按学科领域分	**County**						
自然科学	By Programmes	10	1098	885	48886.1	34948.2	46882.4
农业科学	Natural Sciences	89	3332	2160	108404	99424.5	93510.1
医药科学	Agricultural Sciences	13	1744	1350	50207.5	44968	62751.8
工程与技术科学	Medical Sciences	46	2999	2372	50814.1	26411.5	52992.6
人文与社会科学	Engineering & Technology	37	861	682	19928.2	18320.7	17948.1

19－14　县及县以上政府部门所属研究与开发机构课题情况（2015年）
Projects of Governmental Department Research & Development Institutions at & above County Level (2015)

项　目	Item	课题数（项） Projects (unit)	投入人员（人年） Personnel Engaged in Projects (person-year)	#研究人员 Researchers	投入经费（万元） Funds of Projects (10 000 yuan)
总 计	**Total**	**3041**	**5266**	**2634**	**83696.2**
按单位类型分	**By Unit Type**				
科学研究与技术开发机构	Institutions of Research & Technological Development	2943	5023	2461	81552.4
科技情报与文献机构	Scientific & Technological Information & Literature Institutions	98	243	173	2143.8
按活动类型分	**By Activity Type**				
基础研究	Basic Research	501	661	350	112295.5
应用研究	Application Research	706	1266	704	179836.6
实验发展	Testing Development	1108	1847	891	308363.7
研究与实验发展成果应用	Application of R&D Achievement	428	844	377	160416.8
科技服务	Technological Services	298	648	312	76049.6

注：投入的人员和经费为直接投入数据，不包括间接投入数据。
Note: The data on personnel engaged and Funds of Projects is direct input, excluding indirect input.

19－15 县及县以上政府部门所属研究与开发机构成果情况（1990－2015年）
Achievement of Governmental Department Research & Development Institutions at & above County Level（1990－2015）

年 份 Year	科学著作（种） Scientific & Technological Works (10 000 words)	科学论文（篇） Scientific & Technological Works (unit)
1990	887	579
1991	1520	675
1992	881	945
1993	1027	1072
1994	841	1135
1995	583	1274
1996	35	1403
1997	23	1691
1998	50	1505
1999	79	1525
2000	84	1839
2001	62	1456
2002	58	1400
2003	51	1673
2004	34	1756
2005	50	1918
2006	62	2274
2007	58	2331
2008	62	2550
2009	63	2736
2010	72	3104
2011	39	3178
2012	48	3342
2013	87	3328
2014	102	3868
2015	96	3731

注：1999年以后科学著作计量单位为：种；1990年科学著作、科学论文不包含科技情报与文献机构数。

Note: Since 1999, the term of scientific & technological works is Kind; In the year of 1990, scientific & technological works & papers exclude ones from scientific & technological information & literature institutions.

19－16 文化及相关产业机构和从业人员（2015年）
Institutions, Staff & Workers of Cultural & Relevant Industries (2015)

项 目	Item	总计 Total		文化部门 Cultural Department		其他部门 Other Departments	
				合 计 Total			
		机构数（个） Number of Institutions (unit)	从业人员数（人） Number of Staff & Workers (person)	机构数（个） Number of Institutions (unit)	从业人员数（人） Number of Staff & Workers (person)	机构数（个） Number of Institutions (unit)	从业人员数（人） Number of Staff & Workers (person)
总 计	**Total**	**9008**	**62217**	**1973**	**16957**	**7035**	**45260**
艺术业	Art	121	5271	38	2151	83	3120
图书馆业	Library	112	1509	112	1509		
群众文化服务业	Service for Mass Culture	1291	5285	1291	5285		
艺术教育业	Art Education	3	180	3	180		
文化市场经营机构（不含非公有制艺术表演团体）	Units in Operation in Culture Mar-ket (excluding non-public-owned art peformance groups)	6949	42111	6949	42111	6949	42111
文艺科研	Culture & Art Researching	10	180	10	180		
文物业	Cultural Relics	206	2595	203	2566	3	29
其他文化产业	Other Industries	316	5099	316	5099		

注：统计范围为文化系统,以下各表相同。

Note: The statistical range is the cultural system, and the same as the continued tables.

19—17　文化及相关产业增加值（2015年）
Added Value of Culture & Relevant Industries（2015）

单位：千元　　　　　　　　　　　　　　　　　　　　　　　　　　　　　　　　　(10 00 yuan)

项　目	Item	总产出 Total Output	中间消耗 Consum-ption Therein	增加值 Added Value	劳动者报酬 Remuneration for Labors	生产税净额 Net Value of Production Tax	固定资产折旧 Depreciation of Fixed Assets	营业盈余 Surplus of Operation
总计	**Total**	**6538271**	**2786915**	**3751356**	**2461935**	**227727**	**205963**	**855731**
艺术业	Art	615886	125237	490649	264850	15341	80412	130046
#艺术表演团体	Art Performance Groups	557161	125712	431449	234775	12182	65223	119269
艺术表演场馆	Art Performance Places	53563	-1372	54935	25853	3132	15173	10777
图书馆	Library	233969	57834	176135	148276	850		197
群众文化	Mass Culture	458830	117550	341280	312315	578	28310	77
艺术教育	Art Education	31859	7170	24689	21958		2729	2
文化市场经营机构	Operating Units of Culture Marlcet	3512983	1368917	2144066	1027303	203161		913602
动漫企业	Comic & Animation	24919	11025	13894	9422	1287	1773	1412
文艺科研	Culture & Art Research	51693	16097	35596	35406		188	2
文物业	Relic Industry	416181	202486	213695	170039	5376	29426	8854
其他文化及相关产业	Other Culture & Relative Industries	1191951	880599	311352	472367	1134	36312	-198461

19—18　文化部门主要文化产业单位基本情况
Basic Situation of Major Units of Culture Industries in Culture Department

项　目	Item	1995	2000	2005	2010	2011	2012	2013	2014	2015
艺术表演团体	**Art Performance Groups**									
机构数（个）	Number of Institutions (unit)	117	118	118	141	148	68	59	67	92
从业人员（人）	Employees (person)	4408	4518	4352	4946	5461	2744	3777	3042	4613
国内演出场次（千场次）	Times of Domestic Performance (1000 performances)	10.87	13.4	12.34	14.93	11.7	11.07	15.41	9.2	13.17
国内演出观众人次(千人次)	Person-times of Audiences of Domestic Performance (1 000 person-times)	9867	16184	13182	15076	12070	7579	8818	6639	
本年收入合计（万元）	Total Income in This Year (10 000 yuan)	3806.1	6503.1	12018.0	23854.6	29784.8	17507.1	35746.6	32238.3	65364.8
#财政补助收入	Income from Financial Allowance	2589.1	4913	9022.0	17950.8	21845.4	12709.4	22823.7	21449	24936.6
演出收入	Income from Performance	506.7	716.9	1550.0	3678.8	4176.6	4630.6	9108.5	5496.9	34801
本年支出合计（万元）	Total Expenditure in This Year (10 000 yuan)	3670.4	6491.8	11761.0	23871.2	28034.1	15819.9	35656.9	29396.6	54128.8

注：本表中艺术表演团体基本情况数据自2010年开始，将在广西文化市场管理机构登记办证的艺术表演单位纳入统计范畴。

Note: The data on the basic situation of art performance groups has brought the art performance units of culture market in Guangxi into the statistical rarge since 2010.

19—18 续表 1 continued

项 目	Item	1995	2000	2005	2010	2011	2012	2013	2014	2015
公共图书馆	**Public Library**									
机构数（个）	Number of Institutions (unit)	99	94	95	108	108	112	112	112	112
从业人员（人）	Employees (person)	1335	1540	1459	1509	1467	1467	1519	1508	1509
总藏量（千册/件）	Total Collection of Books (1 000 copies/ collects)	12430	13122	14908	18809	19965	21267	21098	24815.19	26062.69
总流通人次（千人次）	Total Circulation Person-times (1 000 person-times)	8090	9268	12257	13428	12307	13664	14705	19979.57	20652.07
书刊外借册次（千册次）	Copy-time of Lending Books (1 000 copy-times)	5281	6878	7614	7328	6681	8058	8539	7542.15	11550.31
本年收入合计（万元）	Total Income in This Year (10 000 yuan)	1820.9	3360.9	6305.2	13320.4	14858.2	25084.2	29032.2	25968.9	35996.5
#财政补助收入	Income from Financial Allowance	1562.7	2851.4	5468.7	12191.1	13424.7	22675.2	23491.3	23347.2	32733.9
本年支出合计（万元）	Total Expenditure in This Year (10 000 yuan)	1768.6	3076.9	6287.5	13368.8	14085	18759.2	25285.5	26425.1	35914.6
#图书购置费	Expenditure for Book Purchasing	290.6	520.3	674.2	1675.5	2098.5	2483.9	2845.1	2281.1	
本年新购图书（千册）	New Books Purchased in This Year(1 000 copies)	157	201	260	563	620	913	968	1426.27	1492.27
群众文化	**Mass Culture**									
群艺馆机构数（个）	Number of Institutions of Mass Culture (unit)	14	15	15	15	15	15	15	15	15
从业人员（人）	Employees (person)	319	337	335	345	351	487	557	512	519
举办展览个数（个）	Number of Exhibitions Held (unit)	57	53	84	70	66	80	128	113	151
组织文艺活动次数（次）	Times of Culture & Art Actions Organized (time)	119	276	289	1264	1034	1186	1142	1126	1288
本年收入合计（万元）	Total Income in This Year (10 000 yuan)	610.6	849.3	1454	4055.1	4244.1	8268.7	11144.4	1123640	129517
#财政补助收入	Income from Financial Allowance	331.7	566.6	1249	3372.2	3623.8	6394.2	10074.9	10024.7	11299
本年支出合计（万元）	Total Expenditure in This Year(10 000 yuan)	651.7	876.7	1515.2	4005.9	3657.7	7366	11484	11323.3	11816.8

19－18 续表 2 continued

项　目	Item	1995	2000	2005	2010	2011	2012	2013	2014	2015
文化馆机构数（个）	Number of Insitutions of Cultural Centers (unit)	98	99	100	107	107	108	108	108	108
从业人员（人）	Employees (person)	1280	1273	1195	1145	1090	1605	1629	1630	1595
举办展览个数（个）	Number of Exhibitions Held (unit)	316	730	340	354	421	564	623	629	608
组织文艺活动次数（次）	Times of Culture & Art Actions Organizated (time)	1288	2166	2249	4740	4508	6215	5950	6364	6600
本年收入合计（万元）	Total Income in This Year (10 000 yuan)	1248.4	1508.7	2606.7	6743.4	8476.5	13130	16062.7	16460	18662.8
#财政补助收入	Income from Financial Allowance	897.2	1233.7	2258.3	6443.3	7903.3	12091.3	13868.5	15089.7	16705.5
本年支出合计（万元）	Total Expenditure in This Year (10 000 yuan)	1218.2	1484.8	2537.4	6671.7	8247.8	12556.8	15283.8	16194.6	17639.1
文化站机构数（个）	Number of Insitutions of Cultural Stations (unit)	1412	1294	1139	1162	1163	1167	1167	1167	1168
从业人员（人）	Employees (person)	1835	1777	2273	2585	2695	2735	2832	2967	3168
博物馆	**Museum**									
机构数（个）	Number of Institutions (unit)	37	39	49	64	71	79	104	106	124
从业人员（人）	Employees (person)	566	667	753	1096	1175	1529	1696	1703	1996
文物藏品（件、套）	Collection of Relics (unit, set)	180956	170336	239327	279452	301583	362854	397058	411224	422677
#一级品	1st Class	296	293	279	312	312	316	316	316	360
举办展览（个）	Number of Exhibitions Held (unit)	102	102	126	194	205	250	171	207	445
参观人次（千人次）	Number of Visitors (1 000 person-times)	1443	1802	1442	7441	9740	11249.6	12531.63	15078.3	16554.84
#未成年人参加人次	Juveniles				2067	2790	2761.6	3382.04	3843.36	5114.7
#外宾人次	Foreign Visitors	41	34	37		110	156			
本年收入合计（万元）	Total Income in This Year (10 000 yuan)	906.2	1791.5	4904.6	17239.2	19307.6	32873	39462.7	40182.6	40712.4
#财政补助收入	Income from Financial Allowance	610.9	976.3	2430.1	14244.2	15097.1	27635.3	23212.5	29614.7	29744.9
门票收入	Income from Ticket	50.6	122.4	228.5	39	70.6	164.5	75		
本年支出合计（万元）	Total Expenditure in This Year (10 000 yuan)	899	1852.4	4325.5	14343.6	18374	30700.9	27714.3	32572.8	38965.3

注：1.公共图书馆中自2013年起“图书购置费”为“新增藏量购置费”，“本年新购图书”为“本年新增藏量”。
2.博物馆中自2013年起“举办展览”为“临时展览”。

Note: 1. The indicator of “Expenditure for Book Burchasing” of Public Library since 2013 is changed to “Expenditure for New Added Collection” “New Books Purchased in This Year” is changed to “New Added Collection in This Year”.
2. The indicator of “Number of Exhibitions Held” of Museum since 2013 is changed to “Temporary Exhibitions Held”.

19－19 主要年份广播事业发展情况
Basic Statistics on Broadcasting in Main Years

项　目	Item	1995	2000	2005	2010	2011	2012	2013	2014	2015
基本情况	**Basic Statistics**									
中短波转播发射台（座）	Medium-and-short-wave Broadcasting Transmision Stations & Relaying Stations (set)	24	25	21	20	20	20	20	20	20
调频转播发射台（座）	Frequency Modulation Broadcasting Transmision Stations & Relaying Stations (set)	32	100	89	150	154	155	261	392	604
节目（套）	Programmes (unit)	31	34	60	63	64	63	65	70	72
全年公共广播节目播出时间（小时）	Daily Broadcasting Hours (hour)	117560	158714	257463	276733	297125	313741	324793	358517.6	376961
广播综合人口覆盖率（%）	Listener Rating (%)	66.3	85.2	88.7	95	95.2	96.1	96.2	96.6	96.74
制作广播节目（小时）	Broadcasting Programmes Producing (hour)	47053	90269	165012	176577	169407	188949	188549	221858	220838
新闻资讯节目	News & Information Programmes	6801	11186	23447	36670	36598	37629	36504	42427	41919
专题服务节目	Subject Service Programmes	11999	23109	46634	43832	40140	41324	35929	39176	34445
综艺益智	Comprehensive Entertainment Programmes	17362	27912	60556	62601	57348	71827	67584	74870	61424
广播剧节目	Radio Play Programmes			769	409	770	645	484	1131	1035
广告节目	Advertisement Programmes		2323	15326	13071	12793	13779	15800	18140	17851
其他节目	Other Programmes	10891	25739	18280	19994	21758	23745	32246	46111	64163

19－20　各市公共图书馆基本情况（2015年）

地区	Region	机构数（个）Number of Institutions (unit)	从业人员（人）Employed Persons (person)	总藏量（千册）Library Holdings (1000 copies)	当年购买的报刊种类（种）Newspapers & Periodicals Purchased in the Year (kind)	总流通人次（千人次）Total Circulation of Persons (1000 person-times)
广西壮族自治区	**Guangxi**	**112**	**1509**	**26062.7**	**39848**	**20652.07**
自治区本级	**Autonomous Region Level**	**3**	**317**	**6295.98**	**9181**	**4590.96**
南宁市	Nanning	14	185	3152.92	4815	3555.36
柳州市	Liuzhou	11	145	2031.13	3617	1613.87
桂林市	Guilin	13	93	1497.96	2132	723.35
梧州市	Wuzhou	5	71	1071.13	1492	4608.53
北海市	Beihai	3	74	624.27	667	717.93
防城港市	Fangchenggang	4	37	384.81	709	99.94
钦州市	Qinzhou	5	59	3105.57	859	310.5
贵港市	Guigang	6	44	1084.87	1725	620.39
玉林市	Yulin	6	103	1556.55	1583	1196.56
百色市	Baise	13	120	1839.85	4148	674.71
贺州市	Hezhou	4	57	669.09	1579	372.65
河池市	Hechi	11	83	1182.38	3688	430.94
来宾市	Laibin	7	63	808.49	1674	771.34
崇左市	Chongzuo	7	58	757.7	1615	365.06

Basic Situation of Public Libraries by City (2015)

为读者举办各种活动 Activities Held for Readers				本年支出合计 (万元) Total Cost of the Year (10 000 yuan)	资产合计 (万元) Total Capitals (10 000 yuan)	实际使用公用房屋建筑面积 (平方米) Area of Public Building Actual Used (sq.m)
组织各类讲座次数 (次) Number of Lectures Held (time)	参加人次 (千人次) Number of Persons Attending (1000 person-times)	举办展览 (次) Number of Exhibitions Held (time)	参观人次 (千人次) Number of Persons Visiting (1000 person-times)			
1673	**302.0**	**969**	**2020.9**	**35914.6**	**87156.4**	**345220**
82	**17.19**	**274**	**1235.87**	**14358.9**	**40224.7**	**78460**
359	93.95	98	160.26	3701.8	10539.7	33900
112	10.23	44	25	2178.8	8807.3	29370
196	23.32	101	73.16	1390.3	2284.1	17160
148	26.29	51	21.77	925.1	1724.2	7730
142	47.03	93	158.5	1199.5	2380.8	23160
33	1.1	13	4.6	870.2	1606.2	12820
78	4.76	11	23.13	643.2	1687.6	6990
75	19.15	37	53.99	890.5	1775.1	18880
112	11.64	28	71.52	1612	2397.7	18510
118	8.24	51	43.25	4532.4	5307	28000
50	9.5	35	30.88	804.9	1697.1	7150
78	13.9	60	51.17	1179	3142.4	31820
58	7.67	39	36.93	888.4	1893	18600
32	7.99	34	30.83	739.6	1689.5	12680

19－21　主要年份电视事业发展情况
Basic Statistics on Television Stations in Main Years

项　目	Item	1995	2000	2005	2010	2011	2012	2013	2014	2015
基本情况	**Basic Statistics**									
电视转播台（座）	Television Relaying Stations (set)	1009	237	65	128	129	129	128	128	128
节目（套）	Programmes (unit)	20	23	39	41	41	41	41	41	42
全年公共电视节目播出时间（小时）	Television Broadcasting Hours of Whole Year (hour)	42572	74166	276597	481171	485287	529407	543051	548710	576257
电视综合人口覆盖率(%)	Viewer Rating (%)	79.5	90	93.5	97	97.2	97.7	98	98.2	98.31
制作电视节目	Programmes Producing	5732	15200.0	60033	80594	102763	88403	106334	104166	97532
新闻资讯节目（小时）	News & Information Programmes（hour）	1591	2793	17833	25367	26792	27042	34943	34540	33830
专题服务节目（小时）	Subject Service Programmes（hour）	1387	3357	12123	15071	18801	23711	24981	27125	25481
综艺益智节目（小时）	Comprehensive Entertainment	768	2999	7793	9101	11933	8527	12014	12855	9041
影视剧节目（小时）	Programmes（hour）			692	416	71	306	117	91	104
广告节目（小时）	TV Play Programmes（hour）		4011	15168	21730	21565	21566	22156	20584	20665
其他节目（小时）	Advertisement Programmes（hour）	1986	2040	6424	8909	23601	7250	12120	8968	8411
电视剧（部/集）	Other Programmes（hour）	3/21	11/80	9/448	10/341	3/114	9/404	2/52	108	60
动画电视（小时）	TV Plays (collection/episode)				3	1	1	71	4	45

19－22　主要年份图书、报纸及杂志出版情况
Basic Statistics of Books, Newspaper & Magazines in Main Years

项　目	Item	1995	2000	2005	2010	2011	2012	2013	2014	2015
图　书	**Books**									
种　数（种）	Number of Publications（kind）	2694	2739	3500	7344	7695	8667	8795	13146	7537
印　数（万册）	Printed Copies（10 000 copies）	25397	23691	18818	24810	26820	28796	34376	39773	29978
印　张（千印张）	Printed Sheets（1000 sheets）	1031173	1153943	1331175	1545018	1733915	1927385	2400209	2854019	2165681
报　纸	**Newspapers**									5
种　数（种）	Number of Publications（kind）	66	60	50	55	54	55	54	54	54
印　数（万份）	Printed Copies（10 000 copies）	47475	56008	58222	69560	67229	69546	71812	72972	68974
印　张（千印张）	Printed Sheets（1000 sheets）	451524	834192	1668812	2855711	2639518	2565130	2516898	2326772	2082133
期　刊	**Magazines**									
种　数（种）	Number of Publications（kind）	159	191	180	183	184	184	179	182	180
印　数（万册）	Printed Copies（10 000 copies）	4630	5242	5571	4268	4470	4516	4870	4808	4754
印　张（千印张）	Printed Sheets（1000 sheets）	129001	149238	277555	176235	188643	179985	201151	196245	193264

主要统计指标解释

普通高等学校 指按国家规定的设置标准和审批程序批准建立的，通过全国普通高等教育统一招生考试，招收高中毕业生为主要培养对象，实施高等学历教育的全日制大学、独立设置的学院和高等专科学校、高等职业学校和其他机构。

大学、独立设置的学院主要实施本科及本科层次以上教育 高等专科学校、高等职业学校实施专科层次教育。其他机构是承担国家普通招生计划任务不计校数的机构。包括普通高等学校分校和批准筹建的普通高等学校等（注：高等学校在校学生数均不包括在校研究生）。

成人高等学校 指按国家规定的设置标准和审批程序批准举办的，通过全国成人高等教育统一招生考试，招收具有高中毕业或同等学历的人员为主要培养对象，利用函授、业余、脱产的多种形式对其实施高等学历教育的学校。包括职工高等学校、农民高等学校、管理干部学院、教育学院、独立函授学院、广播电视大学、其他机构。

中等职业教育 调整后的中等职业学校是指将普通中等专业学校（中等技术学校、中等师范学校）、成人中等专业学校、职业高中学校、其他机构等各种实施中等职业教育的办学类型，通过合并、共建、联办、划转等形式调整为统一的办学类型。

艺术表演团体 指由文化部门主办或实行行业管理（经文化市场行政部门审批或已申报登记并领取相关许可证），专门从事表演艺术等活动的各类专业艺术表演团体，含民间职业剧团。不包括群众业余文艺表演团体。

艺术表演场馆 指由文化部门主办或实行行业管理（经文化市场行政部门审批或已申报登记并领取相关许可证），有观众席、舞台、灯光设备，公共售票、专供文艺团体演出的文化活动场所。

广播节目综合人口覆盖率 是指根据国家广电总局制定的《广播电视人口覆盖率统计技术标准和方法》，在对象区内采用无线、有线、卫星等技术手段能够收听到包括中央、省、地市、县广播节目其中任意一套的人口数与全国总人口的比。

电视节目综合人口覆盖率 是指根据国家广电总局制定的《广播电视人口覆盖率统计技术标准和方法》，在对象区内采用无线、有线、卫星等技术手段能够收看到包括中央、省、地市、县级电视节目中任意一套的人口数与全国总人口的比。

科技活动 指在自然科学、农业科学、医药科学、工程与技术科学、人文与社会科学领域（简称科学技术领域）中，与科技知识的产生、发展、传播和应用密切相关的有组织的活动。可分为科学研究与试验发展（R&D）、科学研究与试验发展成果应用及相关的科技服务三类活动。

科学研究与试验发展（R&D） 指在科学技术领域，为增加知识总量、以及运用这些知识去创造新的应用而进行的系统的创造性的活动，包括基础研究、应用研究、试验发展三类活动。

基础研究 指为获得关于现象和可观察事实的基本原理的新知识（揭示客观事物的本质、运动规律，获得新发现、新学说）而进行的实验性或理论性研究，它不以任何专门或特定的应用或使用为目的。其成果以科学论文和科学著作为主要形式。

应用研究 指为获得新知识而进行的创造性研究，主要针对某一特定的目的或目标。应用研究是为了确定基础研究成果可能的用途，或是为达到预定的目标探索应采取的新方法（原理性）或新途径。其成果形式以科学论文、专著、原理理性模型或发明专利为主。

试验发展 指利用从基础研究、应用研究和实际经验所获得的现有知识，为产生新的产品、材料和装置，建立新的工艺、系统和服务，以及对已产生和建立的上述各项作实质性的改进而进行的系统性工作。其成果形式主要是专利、专有技术，具有新产品基本特征的产品原型或具有新装置基本特征的原始样机等。在社会科学领域，试验发展是指把通过基础研究、应用研究获得的知识转变成可以实施的计划（包括为进行检验和评估实施示范项目）的过程。人文科学领域没有对应的试验发展活动。

R&D人员 指单位内部从事基础研究，应用研究和试验发展三类活动的人员。包括直接参加上述三类项目活动的人员以及这三类项目的管理人员和直接服务人员。为研发活动提供直接服务的人员包括直接为研发活动提供资料文献、材料供应、设备维护等服务的人员。

政府资金　指从各级政府部门获得的计划用于科技活动的经费，包括科学事业费、科技三项费、科研基建费、科学基金、教育等部门事业费中计划用于科技活动的经费以及政府部门预算外资金中计划用于科技活动的经费等。

Explanatory Notes on Main Statistical Indicators

Regular Institutions of Higher Learning refer to educational establishments set up according to the govern-ment evaluation and approval procedures, enrolling graduates from senior secondary schools and providing higher education courses and training for senior professionals. They include full-time universities, colleges, high professional schools and short-term profes-sional universities.

Institutions of Higher Learning for Adults refer to educational establishments, set up in line with relevant rules approved by the government, enrolling staff and workers with senior secondary school or equivalent education, and providing higher education courses in many forms of full-time, part-time, spare-time, or correspondence for adults. Professionals thus trained receive a qualification equivalent to graduates studying regular courses at regular universities, colleges and professional colleges. Institutions of higher learning for adults include Radio and TV universities, schools of high education for staff and workers and peasants, college for management cadres, pedagogical colleges, independent correspondence colleges.

Art Troupe refers to the troupe which is engaged in drama, opera, music, dance, acrobatics or other art performance, opens independent accounts with banks and has self-supporting accounting system; excluding the troupes which are engaged partly in industrial or agricultural activities, partly in art performance and the professional troupes organized by the people.

Scientific and Technological Activities (S&T Activities) refer to organized activities which are closely related with the creation, development, dissemination, and application of the scientific and technical knowledge in the fields of natu-ral sciences, agricultural science, medical science, engineering and technological science, humanities and social sciences(referred to as scientific and technological fields). S&T activities can be classified into 3 categories: research and development (R&D) activities, application of R&D results, and related S&T services.

Research and Development (R&D) refers to systematic and creative activities in the field of science and tech-nology aiming at increasing the knowledge and using the knowledge for new application. R&D includes 3 categories of activities: basic research, applied research and experiments and development.

Basic Research refers to empirical or theoretical research aiming at obtaining new knowledge on the fundamental prin-ciples of phenomena of observable facts to reveal the nature and law of movement of objects and to acquire new discoveries or new theories. Basic research takes no specific or designated application as the aim of the research are mainly released or disseminated in the form of scientific papers or monographs.

Applied Research refers to creative research aiming at obtaining new knowledge on a specific objective or target. Pur-pose of the applied research is to identity the possible use of results from basic research, or to explore new (fundamental) methods of new approaches. Results of applied research are expressed in the form of scientific papers, monographs, fundamental models or in-vention patents.

Experiments and Development refer to systematic activities aiming at using the knowledge form basic and applied researches or form practical experience to develop new products, materials and equipment, to establish new production process, systems and services, or to make substantial improvement on the existing products, process or services. Results of experiment and development activities are embodied in patents, exclusive technology, and monotype of new products or equipment. In social sci-ences, experiment and development activities refer to the process of converting the knowledge from basic or applied researches into feasible programs (including conduct of demonstration projects for assessment and evaluation). There is on experiment and devel-opment activities in the science of humanities.

R&D Personnel refer to persons engaged in research, management and supporting activities of R&D, including persons in the project teams, persons engaged in the management of S&T activities of enterprises and supporting staff providing direct ser-vice to the research projects.

Government Funds refer to funds obtained from government agencies at all levels to be used for S&T activities, including fund for scientific undertakings, 3 kinds of fund for S&T activities, fund for capital construction for scientific researches, science fund, funds from education expenditures by education departments for S&T activities, and extra-budget fund from government agencies for S&T activities.

第二十篇

体育、卫生、社会福利与服务业

SPORT, PUBLIC HEALTH, SOCIAL WELFARE & SERVICE INDUSTRY

（编辑：陈立峰）

20－1　主要年份体育事业发展情况

Statistics on Sports in Main Years

项　目	Item	2000	2005	2010	2011	2012	2013	2014	2015
体育系统从业人员（人）	Number of Staff & Workers in Sports System (person)	3335	3917	5183	5231	5319	3670	3971	4457
#优秀运动队	Splendid Sports Team		1110	1535	1761	1776	119	881	956
体育运动学校	Physical Education & Sports Schools	180		199	168	176	523	499	512
业余体校	Spare Time Sports Schools	1028	1119	1886	1626	1786	716	743	793
训练基地	Training Bases	184	129	127	62	97	856	295	300
体育场馆	Sports Places	272	213	248	126	209	308	271	272
举办综合运动会次数（次）	Number of Comprehensive Athletic Meetings Held (time)		0	4	1	0	0	0	1
举办单项比赛次数（次）	Number of Single Game Items Held (time)		23	34	14	26	25	27	30
举办全民健身活动次数（次）	Number of Exercises Held for All the People (time)		2675	3265	3726	2851	—		511
#1000人以上的活动	Above 1000 Persons		448	973	748	568	—		511
举办全民健身活动人数（万人）	Number of Persons Taking Part in Exercises Held for All the People (10 000 persons)		331	454	856	1731	—		130
等级运动员发展人数（人）	Number of Athletes in Grades (person)	2552	707	1711	690	927	635	743	607
#国际级健将	International Masters of Sports		4	7	3	0	0	0	0
运动健将	Masters of Sports	27	36	45	29	21	24	1	7
一级运动员	First Grade Sportsmen	41	75	184	165	177	133	223	31
二级运动员	Second Grade Sportsmen	354	592	1475	493	729	478	523	370
等级裁判员发展人数（人）	Number of Referees in Grades (person)	2154	865	1894	2685	5411	2652	2755	2170
#国家级裁判	National Referees	10	11	1	7	12	5	0	10
一级裁判员	First Grade Referees		78	113	161	290	185	271	233
二级裁判员	Second Grade Referees		776	1780	2190	1944	2458	2484	1934

20－2　运动队体育比赛成绩（2015年）

Scores of Sports Groups in Sport Matches （2015）

单位：个　　　　(unit)

项　目	Item	名次 Position								破记录情况 Situation of Record Breaking
		1	2	3	4	5	6	7	8	
世界三大赛	The Three Worldwide Big Matches	5	9	2	4	3	0	1	0	2
一般国际比赛	Common Worldwide Matches	20	3	10	4	6	2	7	0	
亚洲大赛	Big Matches of Asia	9	6	12	3	0	0	0	0	
全国大赛	National Big Matches	51	43	40	48	50	46	14	24	1
全国青少年比赛	National Matches of Youth	109	100	111	81	84	50	37	26	0
一般国内大赛	Common National Matches	9	5	2	6	10	8	4	0	0
合　计	**Total**	**183**	**163**	**167**	**142**	**147**	**104**	**56**	**50**	**3**

20－3　主要年份卫生事业基本情况
Basic Situation of Public Health in Main Years

项　目	Item	1995	2000	2005	2010	2011	2012	2013	2014	2015
一、各类卫生机构、卫生技术人员	Health Care Institutions & Medical Technical Personnel by Type									
卫生机构数（个）	Number of Health Care Institutions (unit)	5571	13707	9432	10341	10645	10829	11195	11469	11770
#医院、卫生院	Hospitals	1709	1868	1753	1728	1745	1749	1755	1756	1794
社区卫生服务中心（站）	Community Sanitation Service Center			156	285	262	266	261	269	277
疗养院	Sanatoriums	11	8	8	5	5	5	5	5	5
门诊部、诊所、医务室	Clinics	3333	11361	7050	7891	8130	8388	8725	9041	9255
疾病预防控制中心(防疫站)	Sanitation & Antiepidemic Agencies	132	136	106	105	106	109	109	113	115
卫生监督所（局）	Sanitation Supervision Agencies			63	109	110	105	110	112	112
专科疾病防治院（所、站）	Specialized Prevention Hospitals (Stations)	66	66	62	43	41	41	40	41	41
妇幼保健院（所、站）	Maternity & Child Care Hospitals (Stations)	81	103	103	103	103	103	104	104	104
医学学科研究机构	Research Institutions of Medical Science	26	22	15	14	14	13	13	14	13
其他卫生机构	Others	126	147	41	28	129	50	39	14	15
病床总数（张）	Total Number of Beds (bed)	83963	85422	93767	143695	152039	168691	187216	201600	214485
#医院、卫生院病床数	Hospitals	78788	82975	87061	133887	141278	156681	174001	187702	199712
每千人中医院、卫生院病床数（张）	Number of Hospital Beds per 1000 Persons (bed)	1.73	1.74	1.77	2.6	2.72	2.99	3.69	3.95	4.06
卫生技术人员（人）	Medical Technical Personnel (person)	116547	127036	129210	185715	203639	220762	233777	258618	274663
#执业医师、执业助理医师	Practitioner Doctors & Practitioner Assistant Doctors	41305	45981	54652	67314	73776	78043	77825	86525	91580
注册护士	Registered Nurses	35636	40331	44604	69906	76505	85515	93887	103955	113202
每千人中有卫生技术人员数（人）	Number of Medical Technical Personnel per 1000 Persons (person)	2.56	2.67	2.63	3.6	3.92	4.21	4.87	5.44	5.73
疾病预防控制中心（防疫站）（个）	Center for Disease Control and Prevention (Epidemic Prevention Stations) (unit)	132	136	106	105	106	109	109	113	115
卫生技术人员（人）	Medical Technical Personnel (person)	5152	5340	4839	4852	4922	5254	5354	5435	5735
妇幼保健院（所、站）（个）	Women and Children Care Agencies (unit)	81	103	103	103	103	103	104	104	104
卫生技术人员（人）	Medical Technical Personnel (person)	2190	5879	7193	12763	14095	15448	16997	18357	19380
乡镇卫生院（个）	Rural Hospitals (unit)	1273	1134	1295	1278	1280	1280	1279	1270	1267
床位数（张）	Number of Beds (bed)	18470	12720	20963	44974	45526	49331	55526	58319	59406
卫生技术人员（人）	Medical Technical Personnel (person)	23829	20134	28258	43687	46979	49628	53395	56298	58007
乡村医生和卫生员人数（人）	Doctors or Health Workers in Rural Areas (person)	44617	47099	36236	36386	37419	37435	33353	36725	36101
二、医院病床使用情况	Utilization of Hospital Beds									
病床周转次数（次）	Turnover of Beds (time)	18.5	18.7	24.55	42.1	34.9	37.1	38	38.1	36.8
病床工作日数（日）	Days Per Bed in Use (day)	263.70	218.79	256.17	299.5	340.4	350	357	347	328
病床使用率（%）	Utilization Rate of Beds (%)	72.70	59.78	70.18	82.06	93.26	95.63	98.00	95.06	89.83
出院者平均住院日数（日）	Average Hospitalization Period (day)	13.60	11.34	9.96	6.9	9.5	9.3	9.2	9.0	9.0
参合率（%）	Participation Rate of NCMS(%)				93.11	96.22	97.92	98.9	99.04	99.18

注：1. 本表的卫生机构数不含村卫生室和计生机构。

2. 1995年、2000年的执业医师、执业助理医师为中医师、西医师、中西医结合医师，注册护士为护师、护士。

Note: 1. The indicator "Number of Health Care Institutions" in this table excludes village clinics and institutions of family planning.

2. The practitioner doctors and practitioner assistant doctors in 1995, 2000 refer to doctors of Chinese medicine, doctors of Western medicine, senior doctors who integrate traditional Chinese therapeutics with Western therapeutics in practice, registered nurses refer to primary nurses and nurses.

20—4 医疗机构诊疗人次和入院人数（2015年）
Number of Hospital Patients & Admissions (2015)

医院类别	Hospital Type	诊疗人次数（万人次）Total Number of Patients Treated (10 000 person-times)	#门、急诊 Out-patients & Emergency Patients	入院人数（万人）Hospital Admissions (10 000 persons)	每百名门急诊的入院人数（人）Hospital Admissions Per 100 Patient-times (person)
总　计	**Total**				
医院	Hospital	8703.0	8482.0	499.5	6.0
疗养院	Sanatoriums				
社区卫生服务中心	Community Sanitation Service Center				
卫生院	Rural Hospitals	5124.0	4996.0	257.1	5.0
门诊部	Out-patients Department				
妇幼保健院（所、站）	Hospitals for Maternity & Child Care	1712.0	1630.0	69.7	4.0
专科疾病防治院（所、站）	Specialized Stations	105.0	103.0	0.6	1.0

20—5 收养性社会福利单位基本情况（2015年）
Basic Statistics of Adopting Social Welfare Units (2015)

项　目	Item	机构（个）Number of Institutions (unit)	职工人数（人）Number of Staff & Workers (person)	床位（张）Number of Beds (bed)	年在院总人天数（人天）Number of Persons in Social Welfare Home (person-day)
总　计	**Total**				
荣誉军人康复医院	Recuperative Hospital for Soldiers with Honour	1	57	230	69337
光荣院	Homes for Disabled Veterans	62	253	2190	243651
复退军人精神病院	Mental Hospitals for Demobilized Soldiers & Veterans	4	725	1406	467518
社会福利院	Social Welfare Homes	91	1997	9045	158603
儿童福利机构	Social Welfare Homes for Children	14	610	1943	231699
社会福利医院	Social Welfare Homes for Mental Patients	4	848	1999	451191
城镇收养性老年福利机构	Adopting Welfare Units for the Elderly in Urban Areas	166	3461	21290	268417
农村收养性老年福利机构	Adopting Welfare Units for the Elderly in Rural Areas	120	362	3907	775958
其他收养性福利单位	Others	148	1279	6656	864919

注：收养性社会福利单位不包括五保村。

Note: The adopting social welfare units excludes the five guarantees villages.

20—6 主要年份优抚和社会福利单位机构和人员

Institutions & Persons Engaged for Martyrs & Social Welfare in Main Years

项 目	Item	1995	2000	2005	2010	2011	2012	2013	2014	2015
机 构（个）	**Institutions(unit)**									
一、收养性社会福利单位	Adopting Social Welfare Units	423	634	5992	1446	1479	1471	1496	492	
#优抚类收养性单位	Adopting Units for Martyrs	20	22	44	70	75	77			
福利类收养性单位	Adopting Units for Welfare	403	612	5948	1376	1404	1394			
二、优抚安置单位	Administration Units for Martyrs			62	80	49	68			72
#军休所	Homes for Retired & Resigned Soldiers	10	18	32	37	38	36	36	36	35
军供站	Institutions for Army Facilities Supply	11	12	12	12	12	12	13	13	13
烈士纪念建筑物管理单位	Administrative Agencies of Martyr Memorial Buildings			18	31	20	20	21	23	24
三、社会福利企业单位	Number of Total Social Welfare Enterprises	482	325	276	199	170	137	143	124	112
#国有社会福利企业	Run by Government			42						
集体社会福利企业	Run by Communities			174						
民办社会福利企业	Run by the Local People			60						
四、救助类单位	Units for Relief	17	17	20	37	39	46	55	81	93
#救助管理站	Stations for Relief Management	15	15	17	30	32	39	48	58	66
流浪儿童救助保护中心	Helping & Protecting Centers for Waifs			3	7	7	7	7	23	27
五、殡仪服务单位	Funeral Institutions	24	44	56	71	68	71	56	107	108
六、福利彩票发行单位	Welfare Lottery-ticked Issuance Units			91	53	39	36	33	32	30
七、慈善团体	Charities			15						
八、社区服务中心	Community Service Centers		70	93	104	107	91	86	80	88
#提供住宿	Providing with Lodging			2						
不提供住宿	Providing without Lodging			91						
职工人数（人）	**Number of Staff & Workers (person)**									
一、收养性社会福利单位	Adopting Social Welfare Units	2135	3134	9136	7846	8126	7864	8724	5900	
#优抚类收养性单位	Adopting Units for Martyrs	409	446	673	792	945	923	—		
福利类收养性单位	Adopting Units for Welfare	1704	2688	8463	7054	7181	6941	—		
二、优抚安置单位	Administration Units for Martyrs			770						
#军休所	Homes for Retired & Resigned Soldiers	93	141	224	242	251	246	246	36	35
军供站	Institutions for Army Facilities Supply	388	395	391	381	305	293	301	13	13
烈士纪念建筑物管理单位	Administrative Agencies of Marty Memorial Buildings			155	185	217	218	243	307	
三、社会福利企业单位	Number of Total Staff & Workers Engaged in Social Welfare Enterprises	12398	9981	9389	11292	10053	9095	8815	8139	7619
#国有社会福利企业	Run by Government			1546						
集体社会福利企业	Run by Communities			6184						
民办社会福利企业	Run by the Local People			2105						
四、救助类单位	Units for Relief	715	645	297	348	402	441	474	556	553
#救助管理站	Stations for Relief Management	245	255	276	306	338	369	406	433	439
流浪儿童救助保护中心	Helping & Protecting Centers for Waifs			21	42	64	72	68	123	114
五、殡仪服务单位	Funeral Institutions	613	784	1261	1581	1549	1513	1435	1942	2075
六、福利彩票发行单位	Welfare Lottery-ticked Issuance Units			482	323	536	494	589	669	740
七、慈善团体	Charities			50						
八、社区服务中心	Community Service Centers		413	901	1576	801	728	654	304	
#提供住宿	Providing with Lodging			5						
不提供住宿	Providing without Lodging			896						

注：收养性社会福利单位数、收养人数不包括五保村机构数、床位数和收养人数。优抚、福利类收养性单位和优抚安置单位的调查口径自2013年起已取消。

Note: The number of adopting social welfare units and the number of adopting persons excludes the number of five guarantees villages,beds and adopting persons.The adjusted statistical range of adopting units for martyrs and welfare and administration units for martyrs has been canceled since 2013.

20－7 主要年份社会救济对象享受救济情况

Basic Statistics of Persons Receiving Subsidies or Relief Funds in Main Years

项　目	Item	2000	2005	2010	2011	2012	2013	2014	2015
一、城镇居民最低生活保障人数（人）	Population Receiving Lowest Cost-of-living in Urban Area (person)	108173	568957	601935	575387	515317	494366	448016	385308
城镇居民最低生活保障家庭数（户）	Number of Families Receiving Lowest Cost-of-living in Urban Area (household)		273349	306368	303471	267113	252800	228360	198698
城镇临时救济人次数（人次）	Population Receiving Temporary Almsgiving in Urban Area (person-time)	31226	67043	4732	13848	16135	7164	5088	7402
二、农村居民最低生活保障人数（人）	Population Receiving Lowest Cost-of-living in Rural Area (person)	204293	42745	3156789	3252252	3328459	3458922	3289710	2921414
农村居民最低生活保障家庭数（户）	Number of Families Receiving Lowest Cost-of-living in Rural Area(household)		26019	1296975	1384097	1335727	1334863	1294495	1179258
三、农村传统定期定量救济人数（人）	Population Receiving Traditional Relief in Rural Area (person)	50292	470169	6308	107369	109216	111153	117691	118118
农村临时救济人次数（人次）	Population Receiving Temporary Almsgiving (person-time)	1298570	2058208	6308	842198	292689	251163	76608	
四、农村五保户供养人数（人）	Population Enjoying the Five Guarantees (person)			327349	319975	305395	294670	289490	280486
农村五保户供养户数（户）	Households Enjoying the Five Guarantees (household)			320567	313077	300476	—		
五、医疗救助（人）	Medical Assistance (person)								
民政部门资助参保人数	Number of Persons Aided by Civil Affairs Departments						250598	211705	148784
民政部门资助参合人数	Number of Persons Joined CMS and being Aided by Civil Affairs Departments						2439585	2326681	1860604
民政部门直接救助人次数	Number of Person-times Directly Aided by Civil Affairs Departments						413584	373903	931603
#住院救助人次数	Number of Person-times of Hospital Assistance						295485	337638	908789
门诊救助人次数	Number of Person-times of Outpatients Assistance						118099	36265	22814

注：医疗救助情况，民政部从2013年始使用新口径，数据与2012年以前不可比。

Note: The new statistical range of Medical Assitatnce is used by Ministry of Civil Affairs since 2013, and it is not comparable with the data before 2012.

20－8 主要年份殡葬管理情况

Condition of Burial Administration in Main Years

项　目	Item	2008	2009	2011	2012	2013	2014	2015
一、单位数（个）	Number of Units(unit)	69	68	68	71	75	107	108
二、年末职工人数（人）	Number of Staff & Workers in Year-end (person)	1568	1501	1549	1513	1435	1942	2075
四、业务活动	Operation							
（一）火化炉数（台）	Number of Cremators(unit)	71	76	76	88	88	91	99
（二）全年处理遗体数（具）	Annual Number of Remains Dealed(body)	58627	59506	58212	70044	71536	77139	78448
（三）穴位数（个）	Number of Graves(unit)	155059	169135	138249	138549	121945	255235	348434
#本年销售穴位数	# Annual Number of Sold Graves	21798	19182	23496	8884	9948	9372	14058
（四）安葬数（具）	Number of Remains Buried(body)	107176	127623	43805	88555	94365	122806	212613
#本年安葬数	# Annual Number of Buried Remains	8809	11746	3529	5935	6291	7482	13649

20－10　广西残疾人工作主要情况

The Major Situation of the Disabled Work in Guangxi Autonomous Region

指　标	Item	2000	2005	2010	2011	2012	2013	2014	2015
一、康 复	**Rehabilitation**								
白内障复明手术（例）	Give-back-sight Surgeries for Glaucoma Patients (case)	1	0.8	0.52	0.49	0.57	0.53	0.59	25637
低视力配用助视器（人）	Weak Eyesight Furnished with Visual Aids (person)			0.17	0.11	0.03	0.04	0.06	4097
年收训聋儿（人）	Annual Deaf Children Received & Trained (person)								503
监护精神病人数（人）	Mental Patients Receiving Guardianship (person)		1.4	4.06	4.02	40.19	31.42		96439
麻风畸残矫治手术（例）	Remedial Surgeries for Leprosy Malformation & Disable Patients (case)		4.1	7.95	8.42	7.66	7.04	6.79	0
用品用具供应件数（件）	Number of Facilities Provided (unit)			0.27	0.29	0.31	0.2	0.22	17154
普及型假肢装配总例数（例）	Total Cases of Furnishing Universal Artificial Limbs (case)			3.77	0.6	0.71	0.75	0.77	596
肢体残疾康复训练数（人）	Rehabilitation of Persons with Physical Disability (person)		2.37	36.77	43.02	45.08	40.6	39.9	8162
二、教育	**Education**			4.28	6.64	6.88	4.17	4.42	
未入学学龄残疾儿童少年（人）	Disabled Children & Youth in School Age yet not Schooled (person)			12.17	2.87	4.07	5.57	5.75	4550
特残教育普通高中学校在校生（人）	Sfudents Enrollment Receiving Special Cripple Education in Ordinary Senior Schools (person)								49
残疾人中等职业学校在校生（人）	Disabled Students Enrollment in Vacational Secondary Schools (person)	5.5	2.17	2.61	2.79	3.78	4.84	5.98	219
高等教育院校录取人数(人)	Enrolled at Schools of Higher Education (person)	10.2	1.17	1.62	2.71	8.66	3.55	3.83	275
三、就业	**Employment**	2.2	0.8	0.4	0.56	0.6	0.59	0.65	
城镇残疾人本年度安排就业（万人）	Arranging Employment for the Disabled in Urban Area in This Year (10 000 persons)								0.57
城镇残疾人本年度新登记失业人数（万人）	Registered Application for Job of the Disabled in Urban Area in This Year (10 000 persons)		1	0	0	0	0	0	0.06
四、社会保障	**Social Security**			495	563	629	606	438	
城镇参加社会保险人数（万人）	Population of Taking out Social Insurance in Urban Area (10 000 persons)								
城镇纳入最低生活保障范围（万人）	Population Taken in the Range of Minimum Living Guarantee System in Urban Area(10 000 persons)	2373	1957	2723	3253	3277	3028	3167	6.7
城镇集中供养人数（万人）	Population Receiving the Collective Supporting & Temporary Relief in Urban Area (10 000 persons)			0.27	0.29	0.31	0.2	0.22	0.72
城镇其他救助救济人数（万人）	Population of Receiving Terminal Allowance in Urban Area (10000 persons)			3.77	0.6	0.71	0.75	0.77	1.25
农村纳入最低生活保障范围（万人）	Population Taken in the Range of Minimum Living Guarantee System in Rural Area (10 000 persons)		2.37	36.77	43.02	45.08	40.6	39.9	40.98
农村五保供养人数（万人）	Population Receiving the Supporting for households with Livelihood Guaranteed in 5 Aspects & Temporary Relief in Urban Area (10 000 persons)			4.28	6.64	6.88	4.17	4.42	4.38
农村其他救助救济人数（万人）	Population of Receiving Terminal Allowance in Rural Area (10 000 persons)			12.17	2.87	4.07	5.57	5.75	13.54
五、扶贫	**Supporting the Poor**								
本年扶持贫困残疾人（万人）	Supporting the Poor Disabled in This Year (10 000 persons)	5.5	2.17	2.61	2.79	3.78	4.84	5.98	5.48
本年脱贫（万人）	Population of Actually Solved Warmly Dressing & Fill (10 000 persons)	10.2	1.17	1.62	2.71	8.66	3.55	3.83	3.47
本年返贫（万人）	Population Returning to Poor in This Year (10 000 persons)	2.2	0.8	0.4	0.56	0.6	0.59	0.65	0.54
六、维权	**Upholding Rights**								
侵害残疾人合法权益大案要案查处（件）	Handling Heavy Cases of Invading the Disabler's Lawful Rights (case)		1	0	0	0	0	0	0
残疾人法律援助（服务）中心办理案件（件）	Handled Cases of the Disabler's Legal aid (service) Center (case)			495	563	629	606	438	380
七、残联组织建设	**Construction of the Disabler's Association**								
省市县乡镇街道残联实有人员（人）	Actual Personnel of the Disabler's Association in Province, Cities, Counties, Townships, Towns & Streets(person)	2373	1957	2723	3253	3277	3028	3167	3267

主要统计指标解释

等级运动员人数　指经考核正式批准授予等级运动员称号的人数。运动员等级分为国际级运动健将、运动健将、一级运动员、二级运动员、三级运动员、少年级运动员。

等级裁判员人数　指经考核正式批准授予等级裁判员称号的人数。裁判员等级分为国际裁判、国家级裁判、一级裁判、二级裁判、三级裁判。

卫生机构　是指从卫生行政部门取得《医疗机构执业许可证》，或从民政、工商行政、机构编制管理部门取得法人单位登记证书，为社会提供医疗保健、疾病控制、卫生监督服务或从事医学科研和教育等工作的单位。

卫生技术人员　包括执业(助理)医师、注册护士、药剂人员、检验和影像人员等卫生专业人员。不包括从事管理工作的卫生技术人员。

执业医师　指具有《医师执业证》及其“级别”为“执业医师”且实际从事医疗、预防保健工作的人员，不包括实际从事管理工作的执业医师。执业医师类别分为临床、中医、口腔和公共卫生。

执业助理医师　指具有《医师执业证》及其“级别”为“执业助理医师”且实际从事医疗、预防保健工作的人员，不包括实际从事管理工作的执业助理医师。执业助理医师类别分为临床、中医、口腔和公共卫生。

注册护士　指具有注册护士证书且实际从事护理工作的人员，不包括从事管理工作的护士。

收养性社会福利单位数　是指提供食宿的、不以盈利为目的的革命伤残军人休养院、复退军人慢性病疗养院、复退军人精神病院、光荣院、社会福利院、儿童福利院、老年收养性机构(敬老院、养老院、老年公寓)等收养性的社会福利事业单位的总称。这些单位，分事业单位、企业和民办非企业3类。

收养性社会福利单位床位数　指提供食宿的、不以盈利为目的的革命伤残军人休养院、复退军人慢性病疗养院、复退军人精神病院、光荣院、社会福利院、儿童福利院、精神病福利院、老年收养性机构等收养性单位报告期末床位的实际收养能力。

农村定期定量救济　指由民政部门发给农村收入水平很低、生活确有困难的五保户、贫困户的生活救济。

年收训聋儿　指本年度（上年9月1日至本年8月31日）康复机构收训聋儿数量。包括机构内康复和社区家庭指导聋儿数。

未入学学龄残疾儿童少年　指截止到本年度12月31日，《义务教育法》规定的入学年龄段（6-14周岁或7-15周岁）内的，因各种未能入学的各类残疾儿童少年人数。

特殊教育普通高中　指截止到本年度12月31日，按国家规定的设置标准和审批程序批准成立的，专门招收盲、聋初中毕业生实施普通高级中等教育的全日制学校（部、班）。

Explanatory Notes on Main Statistical Indicators

Number of Athletes in Grades refers to the number of athletes who have been given titles through examination. The titles of athletes include international masters of sports, masters of sports, first grade, second grade and third grade sportsmen and young athletes.

Number of Referees in Grades refers to the number of referees who have been given titles after examination. They are classified as international masters of referees, masters of referees and referees of the first, second and third grades.

Stadiums refer to stadiums for track and field events with six lane 400-meter tracks around soccer fields, permanent track marks and permanent bleachers. Stadiums are classified according to seating capacity. They include: Class A stadiums seating 25000 people each, Class B stadiums seating 15000 to 25000 people each, Class C stadium seating 5000 to 15000 people each, and Class D stadiums seating fewer than 5000 people.

Gymnasiums refer to indoor sports grounds with permanent seats in which basketball, volleyball, badminton, table tennis and gymnastics can be held. Gymnasiums are classified according to seating capacity. They include Class A gymnasiums seating over 6000 people, Class B gymnasiums seating 4000 to 6000 people, Class C gymnasiums seating 2000 to 4000 people, and Class D gymnasiums seating fewer than 2000 people.

Hospitals refer to medical institutions with permanent hospital beds, which are able to take in patients and provide them with medical and nursing services. Hospitals are classified into three categories: hospitals at or above the country level, hospitals of rural townships, and other hospitals. According to their ownership, hospitals can be classified into three categories: hospitals under the public health departments, hospitals under industrial and other departments and collective-owned hospitals. Hospitals at or above county level are divided into comprehensive and specialized hospitals.

Medical Technical Personnel refers to all medical staff and workers employed by medical institutions, including doctors of Chi-nese and Western medicine, senior doctors who integrate traditional Chinese therapeutics with Western therapeutics in practice, senior nurse, pharmacists of Chinese and Western medicine, laboratory specialists, other specialists, paramedics of Chinese and Western medicine, nurses, midwives, druggists in Chinese and Western medicine, laboratory technicians, other technicians, other practitioners of Chinese medicine, nursing attendants, pharmacological workers of Chinese and Western medicine, laboratory workers, and other primary medical personnel.

Actual Expenditure of Funds refers to the total actual expenditure of administrative units in this year, including wages, allow-ance wages, other wages, welfare funds for staff and workers, social security funds, grants, funds for official duties, expenditure for equipment purchasing, expenditure for repairing, funds for business and expenditure for other use (the 11 kinds of expenditure above are of the same to items of expenditure detail account).

Off-budget Expenditure refers to actual expenditure of accounting administrative units for off-budget expenditure. This indicator is filled by list according to total number of “off-budget expenditure” of accounting items.

Specific Fund Expenditure refers to total actual expenditure of administrative units for specific funds. Specific funds refer to specially own and owner-occupied funds, which are reserved or set by administrative units according to governmental rules, such as fund for rewards, fund of institutions and fund for appraised fixed assets.

Special Fund Expenditure refers to actual expenditure of specific fund appropriated. Specific fund refers to fund appointed use, for specific purposes and independently accounted, such as expenditure for equipment purchasing, expenditure for large scale repairing and expenditure for special survey.

Expenditure for Business refers to actual total expenditure for business and other items of units in this year, including wages, allowance wages, other wages, welfare funds for staff and workers, social security funds, funds for official duties, expenditure for equipment purchasing, expenditure for repairing, funds for business and expenditure for other use (the 10 kinds of expenditure above are of the same to items of detail account of expenditure for business).

Specific Fund Expenditure refers to total actual expenditure from specific funds of units in this year.

Special Fund Expenditure refers to total actual expenditure from special funds of units in this year.

第二十一篇

区域经济

ECONOMIC ZONES

（编辑：沈环宇）

21－1　各个经济区域主要经济指标

指标	Item	2014	
		北部湾经济区（4市）The Beibu Gulf Economic Zone (4 cities)	北部湾经济区（6市）The Beibu Gulf Economic Zone (6 cities)
土地面积（平方公里）	Local Land Area（sq.km）	43221	73377
年末常住人口（万人）	Population at the Year-end(10 000 persons)	1260.61	2030.60
城镇化率（%）	Urbanization Rate（%）	51.96	48.52
地区生产总值（亿元）	Gross Domestic Product（100 million yuan）	5448.72	7439.95
第一产业	Primary Industry	768.70	1164.76
第二产业	Secondary Industry	2385.35	3254.45
＃工业	Industry	1880.28	2592.44
第三产业	Tertiary Industry	2294.67	3020.74
地区生产总值指数（上年=100）	Indices of Gross Domestic Product（preceding year = 100）	109.5	109.2
第一产业	Primary Industry	103.5	100.8
第二产业	Secondary Industry	112.8	112.5
＃工业	Industry	113.2	112.1
第三产业	Tertiary Industry	107.6	108.4
固定资产投资（亿元）	Investment in Fixed Assets（100 million yuan）	4810.12	6482.47
公共财政预算收入（亿元）	Public Budget Income（100 million yuan）	415.19	552.45
公共财政预算支出（亿元）	Public Budget Expenditure（100 million yuan）	808.97	1192.49
社会消费品零售总额（亿元）	Total Retail Sales of Consumer Goods（100 million yuan）	2197.63	2851.78
进出口（亿美元）	Total Exports & Imports（100 million USD）	191.17	342.98
#出口	Exports	78.85	213.87

说明：北部湾经济区（4市）指南宁、北海、防城港、钦州4市合计，北部湾经济区（6市）指南宁、北海、防城港、钦州、玉林、崇左6市合计，桂西资源富集区指百色、河池、崇左3市合计，珠江—西江经济带广西七市指南宁、柳州、梧州、贵港、百色、来宾、崇左7市合计。

Main Economic Indicators of Each Economic Zone

2014		2015			
桂西资源富集区 The Resource-rich Area of Western Guangxi	珠江—西江经济带广西七市 The Zhujiang River-Xijiang River Economic Belt (7 cities)	北部湾经济区（4市） The Beibu Gulf Economic Zone (4 cities)	北部湾经济区（6市） The Beibu Gulf Economic Zone (6 cities)	桂西资源富集区 The Resource-rich Area of Western Guangxi	珠江—西江经济带广西七市 The Zhujiang River-Xijiang River Economic Belt (7 cities)
87009	130785	43221	73377	87009	130785
906.00	2580.37	1273.95	2050.12	912.80	2603.51
33.56	48.64	52.89	49.45	34.97	49.66
2168.84	8243.79	5867.15	7995.88	2281.27	8657.32
443.22	1240.56	810.31	1224.51	465.25	1302.19
972.73	4161.05	2530.03	3440.47	986.30	4216.11
802.61	3561.77	1990.31	2726.33	807.13	3573.76
752.89	2842.18	2526.83	3330.92	829.72	3139.02
108.3	107.7	109.1	109.0	107.0	107.7
102.0	100.1	103.9	103.2	103.4	103.7
111.2	108.3	110.8	110.7	106.6	107.4
110.3	107.9	111.2	110.7	106.3	107.2
107.9	109.9	108.7	109.0	110.0	109.4
1787.09	7950.42	5623.51	7647.19	2109.31	9315.31
149.24	692.17	447.06	594.33	154.55	732.05
638.88	1600.72	990.42	1461.28	755.21	1873.95
533.28	3606.63	2424.19	3143.92	583.95	3970.46
159.02	241.67	240.88	446.72	221.65	311.74
137.33	178.71	99.41	245.02	154.03	201.03

Note: The Beibu Gulf Economic Zone (4 cities) includes 4 cities of Nanning, Beihai, Fangchenggang and Qinzhou, the Beibu Gulf Economic Zone (6 cities) includes 6 cities of Nanning, Beihai, Fangchenggang, Qinzhou, Yulin and Chongzuo, the Resource-rich Area of Western Guangxi includes 3 citise of Baise, Hechi and Chongzuo, and the Zhujiang River-Xijiang River Economic Belt (7 cities) includes 7 cities of Nanning, Liuzhou, Wuzhou, Guigang, Baise, Laibin and Chongzuo.

21-2 各个经济区域主要经济指标占全区比重

指标	Item	2014	
		北部湾经济区（4市）The Beibu Gulf Economic Zone (4 cities)	北部湾经济区（6市）The Beibu Gulf Economic Zone (6 cities)
土地面积	Local Land Area	18.19	30.88
年末常住人口	Population at the Year-end	26.52	42.71
地区生产总值	Gross Domestic Product	34.77	47.47
第一产业	Primary Industry	31.85	48.26
第二产业	Secondary Industry	32.56	44.43
# 工业	Industry	31.00	42.74
第三产业	Tertiary Industry	38.67	50.90
固定资产投资	Investment in Fixed Assets	36.20	48.79
公共财政预算收入	Public Budget Income	29.19	38.84
公共财政预算支出	Public Budget Expenditure	23.25	34.27
社会消费品零售总额	Total Retail Sales of Consumer Goods	38.07	49.40
进出口	Total Exports & Imports	47.14	84.58
#出口	Exports	32.41	87.90

Percentage of Main Regional Economic Indicators to Guangxi

2014		2015			
桂西资源富集区 The Resource-rich Area of Western Guangxi	珠江—西江经济带广西七市 The Zhujiang River-Xijiang River Economic Belt (7 cities)	北部湾经济区(4市) The Beibu Gulf Economic Zone (4 cities)	北部湾经济区(6市) The Beibu Gulf Economic Zone (6 cities)	桂西资源富集区 The Resource-rich Area of Western Guangxi	珠江—西江经济带广西七市 The Zhujiang River-Xijiang River Economic Belt (7 cities)
36.62	55.04	18.19	30.88	36.62	55.04
19.06	54.28	26.56	42.75	19.03	54.29
13.84	52.60	34.92	47.59	13.58	51.52
18.36	51.40	31.59	47.73	18.14	50.76
13.28	56.81	32.78	44.58	12.78	54.63
13.23	58.72	31.30	42.87	12.69	56.19
12.69	47.89	38.75	51.09	12.73	48.14
13.45	59.83	35.92	48.85	13.47	59.50
10.49	48.67	29.51	39.23	10.20	48.32
18.36	46.00	24.36	35.94	18.58	46.09
9.24	62.48	38.19	49.53	9.20	62.55
39.21	59.59	46.99	87.14	43.24	60.81
56.44	73.45	35.47	87.43	54.96	71.73

21－3　北部湾经济区主要经济指标（4市，2006－2015年）
Main Economic Indicators of the Beibu Gulf Economic Zone（4 cities, 2006－2015）

年份 Year	地区生产总值（亿元）Gross Domestic Product (100 million yuan)	第一产业 Primary Industry	第二产业 Secondary Industry	第三产业 Tertiary Industry	#工业 Industry
2006	1418.09	314.25	484.67	619.16	381.40
2007	1764.60	371.74	615.46	777.40	496.05
2008	2156.01	417.90	778.79	959.32	630.11
2009	2492.99	443.36	912.17	1137.46	724.33
2010	3042.75	511.24	1198.05	1333.45	954.80
2011	3770.17	635.08	1545.18	1589.92	1228.75
2012	4268.59	678.30	1787.21	1803.08	1408.75
2013	4817.43	742.96	2097.47	1977.00	1660.52
2014	5448.72	768.70	2385.35	2294.67	1880.28
2015	5867.15	810.31	2530.03	2526.83	1990.31

21－3　续表 1　continued

年份 Year	地区生产总值指数（上年=100）Index of Gross Domestic Product (preceding year=100)	第一产业 Primary Industry	第二产业 Secondary Industry	第三产业 Tertiary Industry	#工业 Industry
2006	116.0	106.7	126.0	113.9	129.9
2007	117.7	106.7	123.2	118.8	126.3
2008	115.6	104.5	117.8	118.8	119.1
2009	116.0	105.5	120.3	116.7	117.8
2010	115.6	105.1	122.1	114.0	121.3
2011	115.4	105.2	123.6	112.0	124.6
2012	113.5	105.4	120.3	109.5	120.8
2013	110.5	104.7	115.0	107.7	114.8
2014	109.5	103.5	112.8	107.6	113.2
2015	109.1	103.9	110.8	108.7	111.2

21－3　续表 2　continued

年份 Year	全社会固定资产投资（亿元）Investment in Fixed Assets (100 million yuan)	公共财政预算收入（亿元）Public Budget Income (100 million yuan)	公共财政预算支出（亿元）Public Budget Expenditure (100 million yuan)	社会消费品零售总额（亿元）Total Retail Sales of Consumer Goods (100 million yuan)	进出口（亿美元）Total Exports & Imports (100 million USD)	#出口 Exports
2006	722.25	86.34	156.96	595.69		
2007	965.03	109.96	203.54	706.14	40.84	18.29
2008	1292.30	137.20	272.35	871.01	60.55	28.45
2009	1994.51	177.16	361.15	1042.84	66.39	34.76
2010	2796.72	228.65	454.88	1237.96	76.94	35.38
2011	3671.74	277.22	544.25	1465.88	113.11	46.13
2012	4513.52	339.98	672.64	1710.96	148.90	55.31
2013	4246.04	384.02	738.99	1968.12	149.50	58.50
2014	4810.12	415.19	813.54	2197.63	191.17	78.85
2015	5623.51	447.06	990.42	2424.19	240.88	99.41

说明：1.北部湾经济区（4市）指南宁、北海、防城港、钦州4市合计。
2.全社会固定资产投资包含固定资产投资和农户投资两部分，本表数据自2014年起为固定资产投资数据。

Note: 1. The Beibu Gulf Economic Zone (4 cities) includes 4 cities of Nanning, Beihai, Fangchenggang and Qinzhou.
2. The "Total Investment in Fixed Assets" includes 2 parts: investment in fixed assets and investment from rural households, and the data in this table refers to the investment in fixed assets since 2014.

21－4 北部湾经济区主要经济指标（6市，2006－2015年）
Main Economic Indicators of the Beibu Gulf Economic Zone (6 cities, 2006－2015)

年份 Year	地区生产总值 (亿元) Gross Domestic Product (100 million yuan)	第一产业 Primary Industry	第二产业 Secondary Industry	第三产业 Tertiary Industry	#工业 Industry
2006	2025.71	488.59	702.43	834.68	571.96
2007	2500.52	574.88	885.16	1040.48	733.14
2008	3031.82	648.84	1110.78	1272.20	920.92
2009	3480.84	682.36	1296.72	1501.76	1056.28
2010	4275.37	797.82	1720.55	1756.99	1406.46
2011	5281.97	993.87	2201.18	2086.92	1793.96
2012	5901.17	1050.45	2486.50	2364.23	1997.19
2013	6600.52	1136.22	2872.33	2591.97	2305.20
2014	7439.95	1164.76	3254.45	3020.74	2592.44
2015	7995.88	1224.51	3440.47	3330.92	2726.33

21－4 续表1 continued

年份 Year	地区生产总值指数（上年＝100） Index of Gross Domestic Product (preceding year=100)	第一产业 Primary Industry	第二产业 Secondary Industry	第三产业 Tertiary Industry	#工业 Industry
2006	115.6	107.2	124.6	113.9	127.5
2007	117.1	106.4	122.8	118.5	125.1
2008	114.7	104.9	117.2	117.5	118.2
2009	115.4	105.6	119.5	116.4	117.2
2010	115.4	105.5	122.0	113.8	121.0
2011	114.1	105.4	120.8	111.5	121.1
2012	112.8	105.6	118.9	109.4	118.9
2013	110.4	104.5	114.8	107.7	114.5
2014	109.2	100.8	112.5	108.4	112.1
2015	109.0	103.2	110.7	109.0	110.7

21－4 续表2 continued

年份 Year	全社会固定资产投资 (亿元) Investment in Fixed Assets (100 million yuan)	公共财政预算收入 (亿元) Public Budget Income (100 million yuan)	公共财政预算支出 (亿元) Public Budget Expenditure (100 million yuan)	社会消费品零售总额 (亿元) Total Retail Sales of Consumer Goods (100 million yuan)	进出口 (亿美元) Total Exports & Imports (100 million USD)	#出口 Exports
2006	948.46	112.60	225.08	781.15	35.91	18.66
2007	1262.91	143.14	297.74	927.57	53.86	29.07
2008	1708.15	179.55	396.80	1163.51	81.03	45.07
2009	2651.40	228.40	527.42	1359.20	98.60	62.69
2010	3721.12	291.79	658.80	1606.28	118.73	72.62
2011	4879.07	356.33	804.52	1901.09	170.21	96.37
2012	6049.93	445.04	981.52	2218.15	226.12	126.95
2013	5692.24	506.98	1081.28	2547.67	256.44	158.98
2014	6482.47	552.45	1192.49	2851.78	342.98	213.87
2015	7647.19	594.33	1461.28	3143.92	446.72	245.02

说明：1.北部湾经济区（6市）指南宁、北海、防城港、钦州、玉林、崇左6市合计。
2.全社会固定资产投资包含固定资产投资和农户投资两部分，本表数据自2014年起为固定资产投资数据。

Note: 1. The Beibu Gulf Economic Zone (6 cities) includes 6 cities of Nanning, Beihai, Fangchenggang, Qinzhou, Yulin and Chongzuo .
2. The "Total Investment in Fixed Assets" includes 2 parts: investment in fixed assets and investment from rural households, and the data in this table refers to the investment in fixed assets since 2014.

21－5 桂西资源富集区主要经济指标（2006－2015年）
Main Economic Indicators of the Resource-rich Area of Western Guangxi（2006－2015）

年份 Year	地区生产总值 (亿元) Gross Domestic Product (100 million yuan)	第一产业 Primary Industry	第二产业 Secondary Industry	第三产业 Tertiary Industry	#工业 Industry
2006	734.79	200.91	305.00	228.89	252.69
2007	902.79	227.97	397.20	277.63	339.30
2008	1054.10	249.30	481.09	323.70	416.40
2009	1139.99	259.91	499.04	381.04	418.82
2010	1435.10	317.93	679.37	437.79	581.10
2011	1667.90	390.45	772.83	504.62	661.29
2012	1778.46	406.43	805.51	566.51	678.94
2013	1917.12	432.27	870.62	614.23	727.51
2014	2168.84	443.22	972.73	752.89	802.61
2015	2281.27	465.25	986.30	829.72	807.13

21－5 续表1 continued

年份 Year	地区生产总值指数（上年＝100） Index of Gross Domestic Product (preceding year=100)	第一产业 Primary Industry	第二产业 Secondary Industry	第三产业 Tertiary Industry	#工业 Industry
2006	115.1	106.7	123.6	113.1	124.1
2007	115.6	103.6	122.7	116.8	125.5
2008	112.8	106.0	118.6	110.5	122.7
2009	112.0	104.5	113.3	115.8	110.5
2010	113.7	105.9	118.8	111.8	118.0
2011	107.0	104.8	107.4	107.9	107.9
2012	106.8	105.9	106.6	107.8	105.6
2013	108.3	104.6	111.1	106.6	110.7
2014	108.3	102.0	111.2	107.9	110.3
2015	107.0	103.4	106.6	110.0	106.3

21－5 续表2 continued

年份 Year	全社会固定资产投资 (亿元) Investment in Fixed Assets (100 million yuan)	公共财政预算收入 (亿元) Public Budget Income (100 million yuan)	公共财政预算支出 (亿元) Public Budget Expenditure (100 million yuan)	社会消费品零售总额 (亿元) Total Retail Sales of Consumer Goods (100 million yuan)	进出口 (亿美元) Total Exports & Imports (100 million USD)	#出口 Exports
2006	509.25	41.88	123.74	156.07	11.61	7.40
2007	627.55	53.54	173.66	183.48	16.33	11.06
2008	665.11	64.14	232.01	229.53	24.09	18.10
2009	1020.23	70.38	274.92	265.62	37.26	30.06
2010	1310.50	83.01	342.11	306.66	47.77	37.45
2011	1616.39	93.25	409.29	361.53	62.91	50.46
2012	1810.06	118.24	520.32	418.03	81.68	71.80
2013	1676.96	140.16	564.31	473.95	113.56	101.83
2014	1787.09	149.24	638.88	533.28	159.02	137.33
2015	2109.31	154.55	755.21	583.95	221.65	154.03

说明：1.桂西资源富集区指百色、河池、崇左3市合计。
2.全社会固定资产投资包含固定资产投资和农户投资两部分，本表数据自2014年起为固定资产投资数据。

Note: 1. The Resource-rich Area of Western Guangxi includes 3 citise of Baise, Hechi and Chongzuo.
2. The "Total Investment in Fixed Assets" includes 2 parts: investment in fixed assets and investment from rural households, and the data in this table refers to the investment in fixed assets since 2014.

21－6 珠江—西江经济带广西七市主要经济指标（2006－2015年）

Main Economic Indicators of the Zhujiang River-Xijiang River Economic Belt（2006－2015）

年份 Year	地区生产总值 (亿元) Gross Domestic Product (100 million yuan)	第一产业 Primary Industry	第二产业 Secondary Industry	第三产业 Tertiary Industry	#工业 Industry
2006	2720.33	535.40	1138.77	1046.16	968.32
2007	3315.59	622.86	1449.82	1242.91	1252.45
2008	3960.79	696.91	1781.41	1482.47	1538.98
2009	4522.50	727.35	2055.33	1739.83	1750.10
2010	5611.10	859.82	2736.76	2014.52	2353.01
2011	6806.61	1067.24	3356.56	2382.82	2870.66
2012	7635.59	1130.95	3773.94	2730.70	3205.87
2013	8451.39	1218.24	4244.34	2988.81	3599.10
2014	8243.79	1240.56	4161.05	2842.18	3561.77
2015	8657.32	1302.19	4216.11	3139.02	3573.76

21－6 续表1 continued

年份 Year	地区生产总值指数（上年＝100） Index of Gross Domestic Product (preceding year=100)	第一产业 Primary Industry	第二产业 Secondary Industry	第三产业 Tertiary Industry	#工业 Industry
2006	115.5	107.1	122.5	113.0	124.5
2007	116.3	105.6	122.5	115.1	124.3
2008	113.1	104.7	116.3	113.4	117.4
2009	115.3	105.2	119.0	115.2	117.2
2010	115.2	105.4	120.5	112.5	120.1
2011	111.3	105.5	114.0	110.2	113.5
2012	111.7	106.0	114.4	110.2	114.1
2013	109.6	104.9	112.2	107.7	112.0
2014	107.7	100.1	108.3	109.9	107.9
2015	107.7	103.7	107.4	109.4	107.2

21－6 续表2 continued

年份 Year	全社会固定资产投资 (亿元) Investment in Fixed Assets (100 million yuan)	公共财政预算收入 (亿元) Public Budget Income (100 million yuan)	公共财政预算支出 (亿元) Public Budget Expenditure (100 million yuan)	社会消费品零售总额 (亿元) Total Retail Sales of Consumer Goods (100 million yuan)	进出口 (亿美元) Total Exports & Imports (100 million USD)	#出口 Exports
2006	1315.03	153.48	322.85	997.25	35.05	21.09
2007	1672.24	187.56	420.75	1181.37	48.59	31.90
2008	2121.82	239.94	558.21	1481.31	71.81	48.60
2009	3293.76	294.72	709.68	1727.55	86.77	62.54
2010	4597.06	369.56	911.03	2041.63	101.42	65.03
2011	5983.92	437.36	1076.92	2413.16	119.98	82.26
2012	7772.67	571.95	1348.79	2809.26	164.87	111.36
2013	7169.31	647.89	1463.46	3219.13	202.86	140.40
2014	7950.42	692.17	1600.72	3606.63	241.67	178.71
2015	9315.31	732.05	1873.95	3970.46	311.74	201.03

说明：1.珠江—西江经济带广西七市指南宁、柳州、梧州、贵港、百色、来宾、崇左7市合计。

2.全社会固定资产投资包含固定资产投资和农户投资两部分，本表数据自2014年起为固定资产投资数据。

Note: 1. The Zhujiang River-Xijiang River Economic Belt (7 cities) includes 7 cities of Nanning, Liuzhou, Wuzhou, Guigang, Baise, Laibin and Chongzuo.

2. The "Total Investment in Fixed Assets" includes 2 parts: investment in fixed assets and investment from rural households, and the data in this table refers to the investment in fixed assets since 2014.

第二十二篇

各市基本情况

BASIC STATISTICS OF CITIES

（编辑：沈环宇）

22－1 各市社会经济主要指标（2015年）

指 标	Item	南宁市 Nanning	柳州市 Liuzhou	桂林市 Guilin
行政区域土地面积（平方公里）	Administrative Region Land Area (sq.km)	22099	18597	27809
地区生产总值（当年价，亿元）	Gross Domestic Product (At current prices, 100 million yuan)	3410.08	2298.62	1942.90
第一产业	Primary Industry	371.10	167.10	339.59
第二产业	Secondary Industry	1345.15	1300.11	900.98
#工业	Industry	1000.37	1174.93	745.22
第三产业	Tertiary Industry	1693.83	831.41	702.33
人均地区生产总值（元）	Per Capita GDP (yuan)	49066	58869	39327
地区生产总值指数（%,上年=100）	Indices of Gross Domestic Product (%, preceding year=100)	108.6	107.2	108.0
第一产业	Primary Industry	104.1	103.3	104.4
第二产业	Secondary Industry	110.4	105.2	108.2
#工业	Industry	111.4	105.2	108.1
第三产业	Tertiary Industry	107.9	112.4	109.2
人均地区生产总值指数（%,上年=100）	Indices of Per Capita GDP (%, preceding year=100)	107.6	106.3	107.1
户籍年末总人口（万人）	Total Population at Year-end (10 000 persons)	740.23	381.62	528.97
男性	Male	387.51	197.80	274.73
女性	Female	352.72	183.82	254.24
出生人口（万人）	Birth (10000person)	11.81	5.77	8.38
死亡人口（万人）	Death (10000person)	3.23	1.79	2.92
年末总户数（万户）	Total Households at Year-end (10 000 households)	222.38	112.47	162.67
就业人员（万人）	Employed Persons (10 000 persons)		270.74	
城镇登记失业率（%）	Urban Registered Unemployment Rate (%)	2.69	3.95	3.57
城镇非私营就业人员（万人）	Number of Employed Persons in Urban Units (10 000 persons)	95.95	61.65	44.39
#国有单位	State-owned Units	38.74	20.90	21.38
城镇集体单位	Urban Collective-owned Units	1.09	1.29	1.45
城镇私营单位就业人数（万人）	Number of Employed Persons in Urban Private Enterprises (10 000 persons)	86.21	44.57	
城镇单位就业人员（含劳务派遣）平均工资（元）	Average Wages of Employed Persons in Urban Units (yuan)	63820	54223	51642
国有单位	State-owned Units	70155	61398	57256
城镇集体单位	Urban Collective-owned Units	46868	44164	45308
固定资产投资（亿元，不含农户）	Investment in Fixed Assets (100 million yuan, excluding rural registents)	3366.89	2050.55	1837.32
#房地产开发	Investment in Real Estate Development	657.19	301.64	191.14
商品房销售额（亿元）	Sales of Commercial Houses (100 million yuan)	665.08	220.39	174.10
#住宅	Residential Buildings	547.49	173.76	152.89

注：本表统计范围为全市数。

Note: The statistic indicators in this table refer to the whole city (including the counties belonging to the city).

Main Social & Economic Indicators by City（2015）

梧州市 Wuzhou	北海市 Beihai	防城港市 Fangcheng-gang	钦州市 Qinzhou	贵港市 Guigang	玉林市 Yulin	百色市 Baise	贺州市 Hezhou	河池市 Hechi	来宾市 Laibin	崇左市 Chongzuo
12572	3337	6238	10895	10602	12838	36201	11753	33476	13411	17332
1078.65	891.94	620.71	944.42	865.20	1445.91	980.42	468.11	618.03	557.93	682.82
122.44	159.35	75.49	204.37	173.95	259.14	169.38	103.14	140.81	136.83	155.06
623.96	450.13	353.00	381.75	348.50	635.83	511.68	188.68	200.01	218.05	274.61
572.62	401.25	310.52	278.17	285.89	509.64	433.61	126.87	147.14	158.59	226.38
332.25	282.46	192.23	358.31	342.75	550.94	299.36	176.29	277.21	203.05	253.15
36106	55239	67971	29560	20240	25440	27365	23178	17841	25677	33355
108.3	111.4	110.2	108.4	107.5	108.9	108.1	107.6	104.5	103.4	108.0
103.9	103.2	103.7	103.9	103.8	101.4	104.7	104.0	102.2	102.0	103.2
108.1	113.2	112.6	108.4	108.5	111.1	107.3	106.6	103.7	102.1	108.1
108.4	113.9	113.8	105.7	107.0	110.2	106.7	105.5	104.0	99.9	107.6
110.6	111.4	107.8	111.4	107.9	109.4	111.8	111.2	106.8	106.7	111.5
107.5	110.2	109.0	107.6	106.6	108.1	107.3	106.9	103.8	102.7	107.3
343.92	171.97	95.61	404.10	548.94	710.73	413.19	239.79	424.54	265.84	248.80
182.78	90.38	51.84	220.97	291.72	381.10	215.26	126.46	221.08	139.68	131.40
161.14	81.59	43.78	183.12	257.22	329.63	197.94	113.33	203.46	126.16	117.40
6.40	3.04	1.95	7.79	10.53	16.08	7.22	4.37	8.05	4.46	4.07
1.73	0.52	0.31	1.41	1.91	4.76	2.47	1.30	2.27	1.26	1.23
99.00	44.17	24.91	98.16	157.39	205.26	110.88	64.56	124.76	78.02	70.88
		65.77	160.42	285.92		242.54			167.65	153.23
2.93	3.14	1.68	2.68	1.16	3.21	2.90	2.48	2.93	3.19	2.63
19.37	14.68	10.84	20.83	18.71	34.56	21.82	9.92	18.80	13.32	13.70
9.57	7.47	6.21	10.64	11.71	16.72	14.68	7.21	13.07	8.12	9.32
0.76	1.04	0.14	1.36	0.92	2.38	1.14	0.13	0.57	0.54	0.21
		4.83	5.47	8.24	24.27	24.43	4.15	7.81	12.71	4.93
47471	49562	51230	46070	52653	47658	49809	52980	53638	55665	47630
57664	57762	53430	51828	53112	54444	52200	55205	58676	61552	50603
38224	39742	39611	41265	31761	45604	36147	40723	36396	49729	33446
1045.51	920.37	526.15	810.10	689.67	1332.12	1022.05	625.93	395.69	449.07	691.57
68.97	133.98	80.20	64.31	65.79	95.96	73.00	20.33	37.90	73.86	44.83
62.38	91.62	72.83	64.57	83.99	125.98	58.43	22.88	79.83	38.79	37.73
53.57	86.24	62.59	52.80	77.21	95.10	44.87	20.83	26.99	34.50	30.60

22－1 续表1

指　标	Item	南宁市 Nanning	柳州市 Liuzhou	桂林市 Guilin
商品房屋销售面积（万平方米）	Selling Space of Commercial Houses (10 000 sq.m)	1000.73	329.15	358.28
#住宅	Residential Buildings	878.87	288.09	333.58
公共财政预算收入（亿元）	Public Budget Income (100 million yuan)	297.05	146.68	134.53
#税收收入	Tax Revenue	225.97	104.76	77.38
#国内增值税	Value-added Tax	25.48	16.59	7.01
营业税	Sales Tax	54.37	17.15	17.35
企业所得税	Enterprises Income Tax	29.34	10.56	9.18
个人所得税	Individual Income Tax	8.96	2.91	2.52
公共财政预算支出（亿元）	Public Budget Expenditure (100 million yuan)	527.69	309.72	356.04
#教育支出	Expenditure for Education	92.49	66.97	66.00
社会保障和就业支出	Expenditure for Social Security & Employment	57.11	28.72	32.12
医疗卫生（与计划生育）支出	Expenditure for Medical & Health Care	53.22	28.55	43.81
农林水利事务支出	Expenditure for Affairs of Agriculture, Forestry & Water Resources	54.03	39.20	44.05
农村居民人均纯收入（元）	Per Capita Annual Net Income of Rural Households (yuan)	9408	9449	10365
农村居民人均生活费支出（元）	Per Capita Annual Living Expenditure of Rural Households (yuan)	7560	7872	7471
#食品支出	Expenditure for Food	3234	3409	3354
城镇居民人均可支配收入（元）	Per Capital Annual Disposable Income of Urban Households (yuan)	29106	28722	28768
城镇居民人均生活消费性支出（元）	Per Capita Living Expenditure of Urban Households (yuan)	20897	18314	17998
#食品支出	Expenditure for Food	7918	7428	7084
农村人均住房面积（平方米）	Per Capita Living Floor Space of Rural Households (sq.m)		40.20	45.82
城镇人均住房建筑面积（平方米）	Per Capita Living Building Space of Urban Households (sq.m)		45.57	45.40
乡村户数（万户）	Rural Households (10 000 households)	136.97	63.54	107.22
常用耕地面积（千公顷）	Daily Cultivated Area (1000 hectares)	682.61	350.17	329.82

Continued

梧州市 Wuzhou	北海市 Beihai	防城港市 Fangcheng-gang	钦州市 Qinzhou	贵港市 Guigang	玉林市 Yulin	百色市 Baise	贺州市 Hezhou	河池市 Hechi	来宾市 Laibin	崇左市 Chongzuo
146.88	419.75	185.11	170.45	212.00	337.16	157.02	86.13	79.83	156.38	108.51
141.04	168.82	170.55	154.07	200.91	280.43	135.86	82.20	77.04	150.88	99.10
92.37	47.61	52.05	162.23	42.57	97.16	72.98	28.97	31.45	30.29	50.12
44.98	34.91	31.99	142.18	29.18	57.15	46.06	17.11	19.16	19.51	28.81
3.34	4.30	2.42	4.13	3.72	5.03	4.71	2.28	3.01	2.76	3.54
6.60	7.73	4.47	6.34	6.43	7.89	7.91	2.98	4.52	4.60	4.11
3.84	2.65	2.40	2.09	3.19	4.48	3.37	1.68	2.32	1.27	2.05
1.00	0.64	0.46	0.59	0.67	1.33	0.79	0.43	0.70	0.40	0.34
214.73	131.76	131.72	192.54	186.38	285.76	310.99	154.16	259.12	139.33	185.10
43.04	24.95	14.00	41.82	50.94	73.87	60.16	29.41	53.44	28.73	33.99
16.84	6.46	12.82	20.50	16.31	32.10	33.29	11.64	28.43	17.26	23.79
25.08	12.26	8.50	21.78	26.96	43.38	34.37	17.48	30.29	18.27	18.58
22.10	19.06	15.03	18.38	21.95	29.53	49.53	20.59	44.37	18.89	26.06
9051	9923	10429	9710	10017	10292	6766	8056	6164	8379	8308
6191		6886	5738	6550	6106	6402	6020	5657	7169	8109
2483		3500	2652	2960	2635	2636	2414	2250	2722	2997
25898	27729	28433	27281	24890	28842	24958	25194	22752	27077	24668
17008		17452	16446	16650	17299	15531	14322	14867	16757	14026
7198		7145	7500	6920	6920	5965	5546	4950	6214	5648
		47.10	38.52	47.42	40.02					43.02
		58.20	49.61	45.82	51.89	39.90				39.99
75.43	26.02	17.58	85.18	121.61	135.92	82.48	52.76	95.13	54.23	54.70
138.71	124.41	91.61	214.39	359.33	240.52	449.19		367.80	408.02	520.15

22－1　续表2

指　　标	Item	南宁市 Nanning	柳州市 Liuzhou	桂林市 Guilin
农业机械总动力（万千瓦）	Total Agricultural Machinery Power (10 000 kw)	514.22	226.43	530.29
化肥使用量（折纯量，万吨）	Consumption of Chemical Fertilizers (Pure quantity, 10 000 tons)	48.51	19.27	24.04
农村用电量（亿千瓦时）	Electricity Consumed in Rural Areas (100 million kwh)	10.88	5.25	6.70
有效灌溉面积（千公顷）	Irrigated Area (1 000 hectares)	258.81	89.74	218.23
农作物总播种面积（千公顷）	Total Sown Area of Farm Crops (1 000 hectares)	970.12	400.30	709.20
#粮食作物	Grain Crops	441.88	166.27	380.37
粮食产量（万吨）	Grain Output (10 000 tons)	225.42	85.10	206.29
甘蔗产量（万吨）	Output of Sugarcane (10 000 tons)	1085.33	675.45	44.77
油料产量（万吨）	Output of Oil Plants (10 000 tons)	14.79	3.13	6.99
蔬菜产量（万吨）	Output of Vegetables (10 000 tons)	486.20	207.76	401.46
园林水果产量（万吨）	Output of Grove Fruits (10 000 tons)	213.93	85.09	417.21
肉类总产量（万吨）	Total Output of Meat (10 000 tons)	66.02	22.71	54.22
奶类产量（万吨）	Output of Milk (10 000 tons)	5.03	0.67	0.17
禽蛋产量（万吨）	Output of Eggs (10 000 tons)	3.45	1.54	6.09
水产品产量（吨）	Output of Aquatic Products (ton)	254440	75600	119700
工业企业单位数（个）	Number of Industrial Enterprises (unit)	920	818	641
工业总产值（规模以上，当年价，亿元）	Gross Industrial Output Value (Above designated size, at current prices, 100 million yuan)	3237.06	4455.25	2374.71
#轻工业	Light Industry	1326.29	483.34	887.93
重工业	Heavy Industry	1910.77	3971.91	1486.78
#大型企业	Large Enterprises	695.16	2273.49	469.73
中型企业	Medium Enterprises	1034.82	1075.03	923.67
小型企业	Small Enterprises	1507.08	1106.73	981.31
#内资企业	Domestic Funds Enterprises	2608.10	3321.40	2186.28
港澳台商投资企业	Enterprises with Funds from Hong Kong, Macao & Taiwan	463.10	66.88	32.46
外商投资企业	Foreign Funded Enterprises	165.86	1066.98	155.97
工业企业资产总计（亿元）	Total Assets of Industrial Enterprises (100 million yuan)	2110.73	3072.24	1334.02
工业企业负债合计（亿元）	Total Liabilities of Industrial Enterprises (100 million yuan)	1229.03	2160.38	712.45
工业企业所有者权益（亿元）	Owner's Equity of Industrial Enterprises (100 million yuan)	872.33	911.54	621.30
工业企业主营业务收入（亿元）	Business Income of the Major Products of Industrial Enterprises (100 million yuan)	3051.34	4130.78	2185.16
工业企业利润总额（亿元）	Total Profits of Industrial Enterprises (100 million yuan)	220.84	96.49	183.90
工业企业本年应交增值税（亿元）	Value Added Tax Payable of Industrial Enterprises (100 million yuan)		222.32	63.26
工业企业从业人员年平均人数（万人）	Annual Average Number of Employed Persons of Industrial Enterprises (10 000 persons)	23.95	27.13	20.72
建筑企业单位数（个）	Number of Construction Enterprises (unit)	408	81	143
建筑业企业从业人员（万人）	Number of Persons Employed in Construction Enterprises (10 000 persons)	29.85	17.40	
建筑业总产值（亿元）	Gross Output Value of Construction (100 million yuan)	1032.13	575.17	285.51

Continued

梧州市 Wuzhou	北海市 Beihai	防城港市 Fangcheng-gang	钦州市 Qinzhou	贵港市 Guigang	玉林市 Yulin	百色市 Baise	贺州市 Hezhou	河池市 Hechi	来宾市 Laibin	崇左市 Chongzuo
137.07	145.26	85.15	183.16	362.07	350.13	309.85	137.27	338.37	197.90	250.34
7.17	6.60	6.22	25.30	19.57	16.34	12.19	5.56	13.45	25.64	30.05
4.33	3.49	1.89	9.50	5.33	9.09	9.70	2.90	8.74	4.91	2.52
72.17	50.50	30.14	81.40	150.20	141.01	108.38	65.49	85.10	99.68	88.29
293.79	183.99	123.15	394.90	446.66	492.35	473.90	247.73	474.67	428.70	515.76
158.51	80.08	50.15	221.61	273.28	317.30	273.34	135.15	270.58	172.67	124.76
82.19	38.74	20.19	113.56	153.51	185.70	119.45	72.34	104.59	81.57	52.52
17.97	225.59	293.17	391.41	241.72	170.16	390.01	19.75	362.36	1204.78	2382.40
4.29	4.91	0.65	2.59	10.21	5.07	1.56	3.12	1.48	3.80	2.32
205.48	80.10	28.27	134.00	152.20	301.74	221.32	160.98	140.12	117.43	95.35
54.65	10.22	7.71	177.42	26.41	92.52	80.14	68.74	36.80	47.93	50.40
20.64	12.86	4.74	30.66	38.22	77.99	26.84	16.74	22.81	15.54	12.53
0.10	0.16	0.48	2.84	0.42	0.51	0.03	1.54	0.00	0.55	0.00
0.84	1.89	0.68	2.42	2.32	6.99	0.54	0.77	0.50	0.41	0.25
93800	1063508	488050	543642	223700	155491	148456	76200	76022	66600	71100
400	188	164	299	411	608	307	186	191	218	159
2129.87	1871.38	1300.30	1358.47	855.88	1560.51	1287.32	424.36	380.04	510.87	657.69
346.12	244.84	500.99	469.29	359.70	756.55	152.88	81.56	105.39	162.17	367.24
1783.75	1626.54	799.31	889.18	496.18	803.96	1134.44	342.80	274.65	348.70	290.45
846.92	1515.96	460.33	83.13	191.30	377.47	452.84	43.68	91.08	389.47	188.86
638.53		401.12	805.14	378.39	568.46	442.64	189.81	167.08	221.87	267.56
644.42		438.85	470.20	280.67	610.52	783.67	190.87	241.30	250.05	187.58
1922.04		867.18	1197.81	721.13	1242.55	1222.05	372.23	366.06	449.62	499.83
133.36	461.82	45.30	37.58	89.97	113.98	65.02	45.57	5.14	30.50	165.23
74.47		387.82	123.08	44.78	203.98	0.25	65.55	8.83	30.75	138.42
759.59	716.90	819.12	924.95	748.68	791.62	1277.63	388.62	828.97	622.92	558.03
440.89	394.82	528.86	485.03	408.07	412.24	898.96	226.63	654.54	498.80	337.73
318.39	322.10	289.87	399.74	336.86	378.52	377.98	161.28	174.05	122.98	219.76
1979.09	1719.86	1032.73	1262.76	787.02	1445.89	851.30	382.87	338.07	470.93	572.70
202.82	107.84	29.76	39.20	58.35	90.94	34.28	33.90	35.13	4.21	114.67
		12.19	51.42	17.41	39.08	24.05	11.49		16.70	19.39
16.57	7.42	3.60	9.20	10.85	20.45	7.18	3.24	5.44	4.35	4.28
43	32	56	60	44	73	69	33	47	31	33
1.23	1.72	3.10	14.52	2.28	7.20	1.84	0.67	1.69	1.86	0.44
28.80	70.17	84.18	366.88	641.89	259.47	42.05	15.11	52.77	60.94	25.85

22－1　续表3

指　　标	Item	南宁市 Nanning	柳州市 Liuzhou	桂林市 Guilin
房屋建筑施工面积（万平方米）	Floor Space of Buildings under Construction (10 000 sq.m)	7368.11	6534.10	2588.65
房屋建筑竣工面积（万平方米）	Floor Space of Buildings Completed (10 000 sq.m)	1629.18	1308.06	647.94
公路里程（公里）	Length of Highways (km)	12656	8398	12564
#等级公路	Length of Expressway & Class I to IV Highway	11960	7176	10290
民用汽车拥有量（辆）	Number of Civil Motor Vehicles Owned (vehicle)	1034492	768160	419896
#私人汽车	Private Motor Vehicles	850231	700278	367625
邮政业务总量（亿元）	Business Volume of Post Service (100 million yuan)	4.33	3.79	4.24
电信业务总量（亿元）	Business Volume of Telecommunications Service (100 million yuan)	153.62	28.85	63.29
固定电话用户（万户）	Local Telephone Subscribers (10 000 subscribers)	71.53	40.68	57.96
移动电话用户（万户）	Number of Mobile Telephone Subscribers (10 000 subscribers)	749.27	365.65	456.58
互联网用户数（万户）	Number of Internet Subscribers (10 000 subscribers)	167.69	81.93	85.16
社会消费品零售总额（亿元）	Total Retail Sales of Consumer Goods (100 million yuan)	1786.68	944.11	751.96
批发和零售业法人企业数（个）	Number of Corporation Enterprises in Wholesale & Retail (unit)	808	470	276
批发和零售业年末从业人数（人）	Number of Year-end Employed Persons in Wholesale & Retail (person)	66274	24513	19811
批发和零售业商品销售额（亿元）	Sales of Goods of Wholesale & Retail (100 million yuan)	2681.70	1319.78	372.90
住宿和餐饮业法人企业数（个）	Number of Corporation Enterprises in Hotel & Catering (unit)	213	70	168
住宿和餐饮业年末从业人数（人）	Number of Year-end Employed Persons in Hotel & Catering (person)	34438	6886	13699
住宿和餐饮业营业额（亿元）	Turnover of Hotel & Catering (100 million yuan)	40.40	9.51	20.96
进出口总额（万美元）	Total Import & Export (USD 10 000)	3644564	1386332	573196
进口额	Import	1619744	903107	70459
出口额	Export	2024820	483225	502737
实际外商直接投资（万美元）	Foreign Actual Direct Investment (USD 10 000)	70109		65555
入境国际旅游者人数（万人次）	Number of International Tourists Through Guangxi (10 000 person-times)	51.09	18.12	216.34
#外国人	Foreigners	39.63	12.62	121.64
国际旅游外汇收入（万美元）	Foreign Exchange Earnings From International Tourism (USD 10 000)	20498.33	7254.48	98281.38
国内旅游人数（万人次）	Number of Domestic Tourists (10 000 person-times)	8159.14	2901.14	4253.61
国内旅游总收入（亿元）	Total Domestic Tourism Receipts (100 million yuan)	729.93	281.02	453.51
星级饭店数（个）	Total Number of Tourist Hotel (unit)	51	46	51
金融机构本外币存款（亿元）	Saving Deposit in RMB & Foreign Currencies of Financial Institutions (100 million yuan)	8408.73	2822.67	2607.11
金融机构人民币存款（亿元）	Saving Deposit in RMB of Financial Institutions (100 million yuan)	8257.77	2807.12	2588.99
#住户存款	Deposit of Households	2700.37		1555.02

说明：根据海关报表调整，2015年起进出口总额使用人民币口径。
Note: According to the adjustment of the reports from the customhouse, the data of indicator "Total Import & Export" is calculated in RMB since 2015.

Continued

梧州市 Wuzhou	北海市 Beihai	防城港市 Fangcheng-gang	钦州市 Qinzhou	贵港市 Guigang	玉林市 Yulin	百色市 Baise	贺州市 Hezhou	河池市 Hechi	来宾市 Laibin	崇左市 Chongzuo
841.39	419.75	394.18	1004.59	447.77	2169.76	222.23	295.61	252.59	622.93	614.53
51.62	168.82	288.24	160.58	325.60	1248.79	169.20	30.95	275.67	204.25	44.05
6270	2796	3024	6693	7205	10202	16517	1741	12914	6799	7047
5952		2335	6401	5882	8124	15108	819	12217	5516	6504
645070		90321	155756	188956	331130	198660	113076	175555	111851	93000
626455		77888	129581	170502	299949	141979	100336	156375	100267	80600
2.35	1.46	1.27	1.89	3.03	4.33	2.33	1.00	1.91	0.97	1.55
29.72	26.81	14.36	29.05	34.62	53.01	18.66	19.27	34.92	21.59	22.98
17.39		12.05	27.46	33.00	49.23	19.10	9.62	18.70	10.65	12.84
190.54		87.81	163.48	241.74	324.97	246.05	125.97	227.51	191.01	155.44
33.36		16.14	33.07	39.44	276.18	32.47	20.46	162.25	13.14	21.08
364.93	202.99	101.03	333.50	389.06	600.34	221.18	146.94	243.38	145.11	119.39
177	143.00	75	166	94	232	156	56	90	66	105
7130	7144	3127	7263	5662	17601	8555	3885	160191	2944	4076
126.71	134.60	157.75	199.05	124.30	1025.05	188.14	73.88	334.89	58.02	209.17
42	52	23	32	29	54	59	11	30	18	26
2288	3904	1622	2304	2070	4921	3322	1267	28880	1644	2109
2.84	4.88	1.93	2.06	1.90	77.84	3.49	1.30	29.93	1.25	2.89
567181	2364042	5361229	3615754	199522	279589	1012298	64120	242218	41649	12551385
281508	1183242	3925197	2078467	82134	75655	314469	18862	222447	16810	3712378
285673	1180800	1436032	1537287	117388	203934	697829	45258	19771	24839	8839007
1437	18611	2780	44923	2530	3421	1501	790	12044	2966	7373
19.63	12.90	16.10	5.36	8.69	10.54	7.39	35.16	10.06	2.01	36.71
1.62		15.03	0.73	1.19	4.72	3.76	6.47	3.51	0.98	23.92
7043.77	5086.93	5284.87	1941.22	3280.00	4686.56	2934.25	11979.30	4156.43	902.28	12787.95
1527.79		1345.77	1077.07	1435.85	2027.02	2321.92	1526.53	1841.95	1543.28	1560.50
153.78	219.73	97.40	101.12	135.62	196.44	200.01	162.44	179.60	102.09	124.59
32	31	31	24	18	21	26	19	50	20	20
921.41	757.90	523.35	823.05	975.02	1447.02	948.97	535.77	886.92	528.38	607.23
918.23	748.49	508.27	818.40	972.95	1445.26	948.11	535.32	883.18	528.09	606.78
594.87	483.45	289.11	529.10	733.37	1127.09	583.36	328.04	551.71	307.83	401.26

22－1 续表4

指　标	Item	南宁市 Nanning	柳州市 Liuzhou	桂林市 Guilin
金融机构本外币贷款（亿元）	Loans in RMB & Foreign Currencies of Financial Institutions (100 million yuan)	8621.14	2051.36	1580.79
金融机构人民币贷款（亿元）	Loans in RMB of Financial Institutions (100 million yuan)	8228.66	2032.08	1574.89
境内贷款	Domestic Loans	8219.29	2031.95	1574.78
短期贷款	Short-term Loans	1567.56	112.94	436.55
中长期贷款	Medium & Long-term Loans	6213.48	535.60	1104.98
境外贷款	Overseas Loans	9.37	0.13	0.11
幼儿园数（所）	Number of Kindergartens (unit)	1483	664	652
在园儿童数（万人）	Student Enrollment (10 000 persons)	29.59	12.75	16.50
普通小学学校数（所）	Number of Regular Primary Schools (unit)	1379	577	855
普通小学专任教师数（人）	Full-time Teachers in Regular Primary Schools (person)	29474	14411	20109
普通小学招生数（万人）	New Student Enrollment in Regular Primary Schools (10 000 persons)	10.89	5.00	6.25
普通小学在校学生数（万人）	Regular Primary Student Enrollment (10 000 persons)	59.19	29.61	35.26
普通小学毕业生数（万人）	Graduates of Regular Primary Schools (10 000 persons)	8.38	4.21	4.66
普通中学学校数（所）	Number of Regular Secondary Schools (unit)	339	158	212
普通中学专任教师数（人）	Full-time Teachers in Regular Secondary Schools (person)	24158	12784	15677
普通中学招生数（万人）	New Student Enrollment in Secondary Schools (10 000 persons)	12.99	6.33	7.17
普通中学在校学生数（万人）	Student Enrollment in Regular Secondary Schools (10 000 persons)	38.13	18.10	20.80
普通中学毕业生数（万人）	Graduates in Regular Secondary Schools (10 000 persons)	12.48	5.53	6.58
普通高等学校数（所）	Regular Institutions of Higher Education (unit)	32	6	10
普通高等学校专任教师数（人）	Full-time Teachers in Regular Institutions of Higher Education (person)	18411	3422	8263
普通高等学校招生数（万人）	New Student Enrollment in Regular Institutions of Higher Education (10 000 persons)	12.03	2.32	8.06
普通高等学校在校学生数（万人）	Student Enrollment in Regular Institutions of Higher Education (10 000 persons)	37.52	7.23	22.75
普通高等学校毕业生数（万人）	Graduates in Regular Institutions of Higher Education (10 000 persons)	9.63	1.87	5.93
公共图书馆（个）	Public Libraries (unit)	15	11	14
卫生机构数（个）	Number of Health Institutions (unit)	2759	2280	5311
#医院、卫生院	Hospitals, Village Clinics	225	162	200
卫生机构床位数（张）	Number of Beds in Health Institutions (bed)	41055	21790	19630
#医院、卫生院	Hospitals, Village Clinics	37964	20460	17916
卫生机构人员数（人）	Number of Employed Personnel in Health Institutions (person)	73191	36487	41211
#卫生技术人员	Medical & Technical Personnel	57474	29039	29979
#执业医师、执业助理医师	Certified Physicians, Certified Assistant Physicians	20169	9533	19655
注册护士	Senior Nurses	24958	12677	12408

Continued

梧州市 Wuzhou	北海市 Beihai	防城港市 Fangcheng-gang	钦州市 Qinzhou	贵港市 Guigang	玉林市 Yulin	百色市 Baise	贺州市 Hezhou	河池市 Hechi	来宾市 Laibin	崇左市 Chongzuo
666.34	495.88	440.28	555.57	596.81	846.53	712.01	310.13	510.55	358.79	373.12
665.61	484.13	425.34	547.13	596.71	843.68	711.66	310.13	505.18	358.50	373.06
665.44	484.06	425.24	546.91	596.67	843.66	711.65	310.11	505.18	358.49	373.03
64.62	117.03	94.27		197.37	309.49	47.36	128.74	169.63	24.46	132.70
198.11	365.80	327.08		388.86	511.94	235.81	174.74	332.23	117.00	232.17
0.17	0.07	0.10	0.21	0.04	0.03	0.01	0.01	0.001	0.01	0.03
590	298	208	249	914	1361	1191	395	810	940	434
12.61	7.89	3.75	15.94	21.21	30.08	15.69	8.94	15.42	8.86	7.51
899	386	518	1082	1144	1423	1189	647	1339	423	369
14462	7669	4359	16920	20696	29052	16149	9676	18559	10059	9435
4.73	2.68	1.54	6.10	7.74	10.88	5.65	3.75	5.87	3.28	2.83
28.19	14.53	8.98	34.30	44.45	60.27	34.52	19.16	35.35	18.29	17.07
4.63	2.38	1.36	6.00	7.42	9.85	5.27	2.72	5.16	2.70	2.56
134	94	47	121	226	290	161	108	198	82	86
11607	8131	2900	11294	18932	22702	11053	7130	12136	7206	5845
6.43	1.14	1.85	5.90	14.40	14.12	5.07	3.92	7.49	3.33	3.57
18.64	10.31	5.24	21.70	34.78	40.43	14.70	11.29	21.12	11.94	9.47
5.75	1.04	1.70	6.20	11.53	12.42	4.93	3.23	6.85	2.91	2.58
3	5	1	2		1	4	1	2	2	6
726	1497	120	748		873	1787	596	733	414	1829
0.57	1.30	0.25	0.80		0.48	1.30	0.40	0.58	0.36	1.70
1.72	2.75	0.36	2.20		1.76	3.42	1.17	1.66	0.95	4.28
0.41	0.64	0.00	0.70		4.22	0.78	0.23	0.39	0.20	0.96
5		4	5	6	8	13	5	11	7	7
1699	1052	624	107	4283	3490	2625	1161	2287	214	1440
97	52	41	82	112	154	208	78	179	97	121
11345	8015	3955	13486	14386	22404	16550	7404	15570	9917	8241
11345	7974	3686	12409	13737	20816	15348	6982	14667	9414	7659
23676	11940	7319	23739	27569	34462	27298	14092	25075	11870	14998
16671	9068	5282	16066	18433	24381	19536	9981	18199	9449	10391
5577	3277	1833	4979	5893	8328	5823	3074	5700	3430	5616
7007	3736	2070	6377	6852	9351	7955	4067	7473	3991	4314

22－2 南宁市主要经济指标情况（1978－2015年）
Main Economic Indicators of Nanning（1978－2015）

年份 Year	生产总值（按当年价格，亿元）Gross Domestic Product (current prices, 100 million yuan)	第一产业 Primary Industry	第二产业 Secondary Industry	#工业 Industry	第三产业 Tertiary Industry	生产总值指数（上年=100）Indices of Gross Domestic Product (preceding year=100)	第一产业 Primary Industry	第二产业 Secondary Industry	#工业 Industry	第三产业 Tertiary Industry
1978	14.74	6.19	5.22	4.75	3.33	111.5	110.3	112.1	108.1	112.6
1979	10.68	2.90	5.17	4.73	2.61	119.7	111.1	134.1	133.9	106.2
1980	18.01	7.01	7.00	6.45	4.00	105.5	105.3	108.0	112.6	101.7
1981	12.44	3.32	5.62	5.02	3.50	109.0	109.2	102.2	102.6	121.9
1982	13.72	4.11	5.99	5.26	3.62	108.8	120.2	107.2	105.6	102.0
1983	14.95	4.11	6.58	5.82	4.26	108.8	98.1	110.7	111.5	115.8
1984	15.38	4.12	6.51	5.65	4.75	100.0	98.3	96.4	95.6	107.4
1985	30.93	11.83	10.84	9.59	8.27	112.7	103.4	122.1	117.7	113.1
1986	35.15	12.64	12.72	11.10	9.79	107.9	101.4	111.7	110.1	114.1
1987	42.05	14.64	15.67	13.75	11.75	112.6	105.2	117.6	118.3	114.2
1988	53.78	17.88	19.13	16.67	16.76	109.7	92.8	109.0	108.3	129.6
1989	62.04	19.16	21.92	20.06	20.96	107.4	107.7	102.8	108.0	114.9
1990	70.88	23.10	24.84	22.83	22.94	109.6	111.1	111.6	112.1	107.8
1991	79.32	23.91	27.46	25.20	27.95	106.3	100.6	106.9	106.7	111.6
1992	91.81	27.77	30.47	27.59	33.56	112.7	115.1	109.3	107.9	114.3
1993	134.62	34.44	49.93	43.65	50.25	123.5	106.9	134.4	129.7	128.3
1994	187.23	49.10	67.51	57.80	70.61	116.5	107.7	119.6	117.1	120.7
1995	235.81	61.52	80.79	65.22	93.49	114.5	112.6	114.9	108.3	115.7
1996	267.20	69.05	84.59	66.64	113.56	111.4	105.9	110.4	107.7	116.5
1997	304.49	78.59	92.22	70.98	133.69	112.5	113.9	108.8	106.3	115.2
1998	339.55	83.44	99.73	76.71	156.38	111.5	108.4	110.3	110.3	114.8
1999	356.99	85.26	101.99	77.23	169.73	109.4	107.4	108.1	106.4	111.7
2000	377.94	87.66	105.37	79.09	184.91	107.7	100.7	104.6	105.4	113.9
2001	418.17	90.74	113.16	85.25	214.26	108.8	102.2	106.4	106.7	113.2
2002	463.18	94.35	125.56	93.39	243.27	110.9	107.7	112.0	112.2	111.6
2003	521.78	99.70	152.35	109.62	269.73	110.9	103.7	119.3	113.4	109.4
2004	619.12	107.68	193.38	137.83	318.06	113.2	105.9	118.2	116.8	113.1
2005	727.90	124.25	231.21	165.18	372.44	113.4	108.2	115.6	115.0	114.0
2006	880.11	144.34	297.31	221.29	438.46	116.8	108.4	125.3	129.9	114.4
2007	1089.07	178.00	372.27	284.09	538.80	117.4	107.3	121.2	124.2	117.9
2008	1320.43	203.11	457.94	352.27	659.39	114.7	105.3	114.8	116.9	117.4
2009	1524.71	212.38	527.46	395.80	784.88	115.1	105.8	117.0	113.5	116.3
2010	1800.26	244.43	651.88	483.78	903.94	114.2	105.7	117.8	115.9	113.7
2011	2211.44	305.55	829.61	612.59	1076.28	113.5	105.7	118.3	118.1	112.2
2012	2503.18	322.96	960.75	706.11	1219.48	112.3	105.2	118.1	118.7	109.6
2013	2803.54	349.93	1110.89	820.60	1342.73	110.3	104.8	114.6	114.8	108.1
2014	3148.32	354.69	1251.54	923.49	1542.09	108.5	104.2	109.9	110.3	108.2
2015	3410.08	371.10	1345.15	1000.37	1693.83	108.6	104.1	110.4	111.4	107.9

22－2 续表 continued

年份 Year	全社会固定资产投资(亿元) Total Investment in Fixed Assets (100 million yuan)	社会消费品零售总额(亿元) Total Retail Sales of Consumer Goods (100 million yuan)	进出口(万美元) Total Import & Export (USD 10 000)	#出口 Exports	财政收入(亿元) Finance Revenue (100 million yuan)	#公共财政预算收入 Public Budget Income	公共财政预算支出(亿元) Public Budget Expenditure (100 million yuan)	城镇居民人均可支配收入(元) Per Capita Annual Disposable Income of Urban Households (yuan)	农村居民人均纯收入(元) Per Capita Annual Net Income of Rural Households (yuan)
1978	1.77	3.47			2.01	2.01	0.71		88
1979	2.47	4.02			1.98	1.98	0.60		105
1980	1.67	4.94			2.37	2.37	0.74	386	107
1981	1.34	5.50			2.45	2.45	0.74	445	135
1982	1.65	6.24			2.60	2.60	0.81	478	158
1983	1.96	6.93			2.63	2.63	0.77	513	239
1984	2.39	8.42			2.74	2.74	0.95	624	316
1985	4.46	11.72			3.54	3.54	1.80	716	367
1986	5.93	12.50			3.89	3.89	2.67	851	404
1987	6.80	15.16			4.41	4.41	2.90	949	461
1988	9.15	20.59			5.11	5.11	4.05	1166	521
1989	7.39	23.79			5.74	5.74	3.94	1274	574
1990	7.59	25.16	13732	9983	6.39	6.39	4.77	1454	624
1991	8.44	30.63	15884	11153	7.01	7.01	4.84	1659	683
1992	11.36	36.76	15903	10121	7.35	7.35	4.84	2106	778
1993	23.65	52.09	23324	9463	10.65	10.65	6.69	3081	912
1994	33.90	66.79	25234	9424	15.02	7.35	8.58	4543	1093
1995	56.35	83.99	17594	6988	17.11	9.12	9.46	5544	1326
1996	64.39	100.66	13703	6210	19.05	10.36	10.58	5973	1553
1997	74.78	115.36	36368	29434	21.58	11.68	11.95	5931	1788
1998	82.36	128.64	39753	33228	24.52	13.16	13.99	6570	1942
1999	88.08	137.14	57100	40094	27.01	14.97	17.29	6847	2079
2000	113.17	212.43	66164	51238	36.46	21.65	29.07	7448	1791
2001	121.41	231.35	53733	43053	45.29	29.19	34.86	7906	1954
2002	145.56	256.78	49668	40746	52.53	31.28	45.26	8796	2111
2003	190.36	288.45	65792	51143	61.06	36.24	52.50	9162	2231
2004	262.76	332.05	63625	52421	74.63	43.25	62.12	8059	2467
2005	362.90	380.34	71916	57716	100.22	45.20	73.55	9203	2680
2006	447.22	438.20	92853	71681	120.36	56.62	93.08	10193	3033
2007	560.22	518.81	128596	101316	150.84	70.15	118.00	11877	3462
2008	693.44	647.46	186666	158604	191.17	92.88	166.08	14446	4001
2009	1043.91	757.01	278735	238172	231.37	120.46	203.55	16254	4385
2010	1483.02	905.93	220407	158638	300.88	156.10	261.28	18032	5005
2011	2018.95	1073.15	251042	166236	363.52	186.29	301.85	20005	5848
2012	2585.18	1255.59	414678	251734	422.00	229.72	376.51	22561	6777
2013	2475.01	1450.84	442117	235270	473.66	256.25	418.40	24817	7685
2014	2933.87	1616.90	481410	261702	526.59	274.85	465.77	27075	8576
2015	3366.89	1786.68	585153	325095	572.48	297.05	527.69	29106	9408

注：2004年以前城镇居民人均可支配收入口径为城市居民可支配收入。

Note: The statistical range of indicator "per capita Annual Disposable Income of Urban Households" refers to the households in cities before 2004.

22—3 柳州市主要经济指标情况（1978—2015年）
Main Economic Indicators of Liuzhou（1978—2015）

年份 Year	生产总值（按当年价格，亿元）Gross Domestic Product (current prices, 100 million yuan)	第一产业 Primary Industry	第二产业 Secondary Industry	#工业 Industry	第三产业 Tertiary Industry	生产总值指数（上年=100）Indices of Gross Domestic Product (preceding year=100)	第一产业 Primary Industry	第二产业 Secondary Industry	#工业 Industry	第三产业 Tertiary Industry
1978	9.89	2.70	4.86	4.53	2.33	106.6	104.7	106.4	107.2	109.5
1979	10.87	2.76	5.31	4.94	2.80	104.5	98.8	106.8	108.1	106.6
1980	12.26	3.16	6.11	5.67	2.99	112.9	104.8	116.7	116.5	114.2
1981	13.47	3.73	6.56	6.09	3.18	106.4	110.7	104.9	106.2	105.0
1982	14.10	3.99	6.68	6.23	3.43	105.2	103.4	105.0	105.6	107.3
1983	16.29	4.31	7.76	7.27	4.23	109.9	105.5	108.9	109.0	116.1
1984	18.74	4.57	9.14	8.40	5.04	114.0	101.8	121.1	120.4	112.5
1985	23.16	5.18	11.53	10.77	6.45	120.1	102.2	127.9	128.2	119.6
1986	26.87	5.94	13.57	12.50	7.36	113.2	105.7	118.5	119.4	107.3
1987	35.51	6.93	18.87	17.27	9.72	117.0	108.9	115.4	114.2	126.4
1988	42.78	8.12	21.53	19.79	13.13	107.6	96.5	105.4	105.9	118.9
1989	49.01	9.61	24.06	22.43	15.34	102.7	111.2	100.8	101.8	102.3
1990	52.80	11.98	24.23	22.88	16.59	102.8	106.4	100.6	101.0	104.9
1991	61.67	11.97	28.85	26.41	20.85	111.5	98.1	113.9	113.5	117.0
1992	76.34	13.73	36.49	33.42	26.12	119.2	115.1	120.2	120.5	120.2
1993	105.48	16.23	56.71	52.77	32.54	110.3	105.0	123.0	123.8	101.7
1994	141.56	21.04	78.94	72.80	41.57	115.1	100.7	130.7	130.4	105.6
1995	177.64	29.25	93.46	85.68	54.93	116.5	114.7	117.8	116.8	115.8
1996	178.75	31.93	82.52	73.56	64.30	102.2	108.3	98.7	97.4	104.0
1997	201.07	33.54	91.26	82.07	76.27	115.0	110.8	110.4	110.8	122.8
1998	216.86	34.74	96.04	87.48	86.08	107.9	101.8	105.6	106.7	113.0
1999	228.37	35.60	99.09	91.10	93.68	107.3	106.8	105.9	106.3	109.1
2000	251.56	37.36	107.26	99.70	106.93	109.0	105.3	108.7	109.6	110.7
2001	283.68	39.40	119.84	111.59	124.45	111.1	106.8	112.2	112.8	111.4
2002	314.63	42.86	135.51	124.07	136.27	113.7	106.9	117.8	115.8	111.7
2003	361.57	44.61	168.73	150.61	148.23	111.9	104.6	117.2	112.4	108.7
2004	440.83	54.56	226.06	203.54	160.21	114.2	107.9	120.4	120.5	109.0
2005	512.00	58.95	266.11	241.78	186.95	114.0	107.3	117.5	118.6	111.6
2006	622.34	65.75	345.79	319.71	210.79	115.2	108.0	121.0	122.5	109.3
2007	755.12	77.20	437.93	407.55	239.99	115.6	106.8	119.4	119.9	112.2
2008	905.26	85.52	543.66	505.78	276.08	114.1	105.1	118.6	119.2	109.0
2009	1046.05	90.45	636.43	588.07	319.18	116.3	105.4	120.1	119.1	112.4
2010	1315.31	109.48	839.96	776.84	365.87	115.8	105.4	120.4	119.9	109.8
2011	1579.72	135.86	1003.68	923.21	440.17	110.8	105.7	111.7	111.3	110.3
2012	1820.61	147.38	1147.36	1055.69	525.87	111.5	106.1	111.7	111.6	112.6
2013	2010.05	159.29	1274.93	1166.65	575.84	110.0	105.0	111.6	111.0	107.6
2014	2208.51	160.01	1312.54	1191.11	735.90	108.5	103.3	108.5	108.6	109.7
2015	2298.62	167.10	1300.11	1174.93	831.41	107.2	103.3	105.2	105.2	112.4

22—3 续表 continued

年份 Year	全社会固定资产投资(亿元) Total Investment in Fixed Assets (100 million yuan)	社会消费品零售总额(亿元) Total Retail Sales of Consumer Goods (100 million yuan)	进出口(万美元) Total Import & Export (USD 10 000)	#出口 Exports	财政收入(亿元) Finance Revenue (100 million yuan)	#公共财政预算收入 Public Budget Income	公共财政预算支出(亿元) Public Budget Expenditure (100 million yuan)	城镇居民人均可支配收入（元） Per Capita Annual Disposable Income of Urban Households (yuan)	农村居民人均纯收入（元） Per Capita Annual Net Income of Rural Households (yuan)
1978	1.23	3.63			2.79	2.79	1.15		82
1979	0.96	3.93			2.99	2.99	0.73		91
1980	1.73	4.75			2.96	2.96	0.79	384	81
1981	1.33	5.45			3.24	3.24	0.80	431	103
1982	1.68	6.04			3.41	3.41	0.96	467	159
1983	1.81	6.61			2.92	2.92	0.97	489	254
1984	2.99	7.30			3.34	3.34	1.17	586	270
1985	4.88	9.43			4.37	4.37	1.95	668	316
1986	5.37	10.96			4.91	4.91	3.32	841	352
1987	8.67	12.54			5.76	5.76	3.95	966	392
1988	9.76	16.97			6.43	6.43	4.10	1119	453
1989	7.63	18.25			7.23	7.23	4.88	1260	518
1990	6.59	18.84			7.55	7.55	5.26	1515	586
1991	10.71	21.66			7.81	7.69	5.35	1794	694
1992	15.64	26.54			8.40	8.40	5.72	2105	783
1993	35.34	39.75			13.10	13.10	9.22	3267	890
1994	45.78	48.38			17.07	6.92	8.35	3912	1120
1995	38.68	60.48			18.78	8.26	9.71	4508	1440
1996	40.54	63.06			18.34	7.78	11.68	4805	1701
1997	41.36	72.65			20.90	9.32	12.06	5457	2035
1998	46.17	74.45			25.74	13.05	13.95	5552	2155
1999	45.46	77.43			27.93	13.93	16.60	5328	2183
2000	44.83	81.15			33.09	16.86	19.48	5740	1658
2001	50.77	94.57	21317	14022	42.20	21.76	27.43	7547	1797
2002	75.78	102.86	26813	14632	49.00	23.24	30.77	7928	1954
2003	109.37	90.90	28454	13922	58.19	27.13	38.37	8370	2082
2004	141.32	175.50	59342	19236	67.74	29.81	43.73	9155	2250
2005	171.76	200.25	69599	21250	80.19	28.18	49.48	9556	2534
2006	200.69	230.50	101256	39472	95.20	34.85	62.61	11002	2914
2007	302.04	274.08	133110	68613	116.38	40.37	74.93	12866	3497
2008	430.30	344.33	202586	93049	140.13	52.44	96.36	14474	3956
2009	681.86	400.98	167882	36484	157.64	61.41	127.48	16017	4330
2010	1004.88	480.00	281894	62952	201.18	74.64	155.03	17766	4935
2011	1304.57	568.80	278372	92446	229.60	89.45	184.29	19615	5721
2012	1683.13	661.84	311234	90678	260.18	113.55	221.17	22181	6746
2013	1566.71	758.42	288429	87472	285.06	125.12	240.58	24355	7663
2014	1810.94	858.2	226825	80197	316.55	133.16	261.61	26693	8606
2015	2082.89	944.11	222657	77924	343.81	146.68	309.72	28722	9449

注：1. 城镇居民人均可支配收入2004年（含2004年）以前为城市居民人均可支配收入。

2. 2000年以后农民人均纯收入统计口径调整。

Note:1. The statistical range of indicator "Per Capita Annual Disposable Income of Urban Households" is the household in cities in and before 2004.

2. After 2000 the statistical range of Per Capita Net Income of Farmers has been adjusted.

22－4　桂林市主要经济指标情况（1978－2015年）
Main Economic Indicators of Guilin（1978－2015）

年份 Year	生产总值（按当年价格，亿元）Gross Domestic Product (current prices, 100 million yuan)	第一产业 Primary Industry	第二产业 Secondary Industry	#工业 Industry	第三产业 Tertiary Industry	生产总值指数（上年=100）Indices of Gross Domestic Product (preceding year=100)	第一产业 Primary Industry	第二产业 Secondary Industry	#工业 Industry	第三产业 Tertiary Industry
1978	11.22	4.87	3.96	3.66	2.39	111.2	105.1	109.9	109.7	123.8
1979	12.57	5.70	4.32	3.94	2.55	108.3	111.1	107.8	106.1	103.3
1980	13.76	6.11	4.73	4.26	2.92	103.7	97.9	109.2	108.3	107.6
1981	14.54	6.44	4.85	4.28	3.25	103.3	102.9	99.9	98.4	109.8
1982	15.96	7.36	4.95	4.36	3.65	107.4	109.0	103.6	103.6	110.0
1983	17.71	8.26	5.35	4.77	4.10	107.4	107.4	106.1	107.6	109.2
1984	19.69	8.54	6.02	5.26	5.13	109.9	100.5	114.4	114.5	120.9
1985	24.42	10.47	7.54	6.55	6.40	114.9	107.4	121.1	118.1	118.4
1986	28.54	11.30	9.31	7.89	7.93	109.5	102.3	113.0	113.5	114.9
1987	34.47	12.92	11.37	9.16	10.19	110.4	100.7	111.8	108.1	120.6
1988	41.82	16.08	13.21	11.00	12.53	105.3	101.7	105.6	107.3	108.7
1989	45.06	16.96	14.23	12.22	13.87	100.8	104.9	100.4	102.7	97.1
1990	49.88	20.45	14.44	12.36	15.00	103.0	102.4	101.7	102.0	105.3
1991	57.13	22.20	17.01	15.06	17.93	113.5	109.3	116.8	120.9	116.1
1992	70.87	25.95	23.27	20.42	21.64	117.8	110.3	131.4	132.2	114.2
1993	96.93	32.33	35.29	30.65	29.31	119.8	107.9	137.2	138.5	118.2
1994	134.28	50.33	43.41	37.88	40.54	112.4	111.2	113.1	113.7	113.0
1995	178.03	65.00	57.62	49.75	55.41	118.5	119.4	117.4	114.9	118.9
1996	223.11	80.71	69.17	59.33	73.22	121.0	116.8	120.3	119.9	126.7
1997	247.31	90.03	74.85	64.18	82.42	111.9	118.2	106.9	106.5	110.7
1998	259.64	90.67	82.92	70.89	86.05	107.8	102.7	113.7	113.8	107.4
1999	278.32	96.27	85.33	72.39	96.72	109.5	106.2	109.2	108.5	113.3
2000	302.49	99.50	93.57	79.49	109.42	110.1	105.2	111.3	111.7	113.6
2001	332.53	104.96	101.41	86.81	126.16	109.8	107.3	109.1	110.5	112.7
2002	360.78	107.50	112.47	95.60	140.81	109.2	102.5	111.6	110.9	112.8
2003	391.54	105.63	139.89	117.51	146.02	109.8	106.0	112.1	110.2	110.5
2004	459.16	118.05	170.73	143.52	170.38	113.1	109.2	115.9	115.8	113.4
2005	512.03	119.89	186.99	155.67	205.15	113.6	107.9	118.8	119.9	112.7
2006	595.52	133.42	234.83	200.34	227.27	112.2	106.5	116.3	117.8	111.8
2007	724.05	157.72	290.76	250.60	275.56	114.8	105.8	121.2	122.7	113.7
2008	851.59	171.42	357.46	308.71	322.71	112.9	106.0	118.2	119.7	111.1
2009	948.23	177.90	412.00	354.05	358.33	113.8	105.3	117.6	116.7	113.9
2010	1103.56	203.31	492.35	417.93	407.89	113.8	104.8	120.7	120.2	110.3
2011	1327.57	247.11	615.08	519.85	465.37	111.8	105.2	118.7	118.9	106.7
2012	1485.02	271.84	697.46	585.55	515.71	113.1	106.7	119.3	119.8	108.0
2013	1657.90	299.44	792.87	662.66	565.59	111.0	105.2	115.5	115.3	107.3
2014	1826.27	320.63	865.05	717.27	640.59	108.0	104.9	109.9	110.0	106.6
2015	1942.90	339.59	900.98	745.22	702.33	108.0	104.4	108.2	108.1	109.2

22—4 续表 continued

年份 Year	全社会固定资产投资(亿元) Total Investment in Fixed Assets (100 million yuan)	社会消费品零售总额(亿元) Total Retail Sales of Consumer Goods (100 million yuan)	进出口(万美元) Total Import & Export (USD 10 000)	#出口 Exports	财政收入(亿元) Finance Revenue (100 million yuan)	#公共财政预算收入 Public Budget Income	公共财政预算支出(亿元) Public Budget Expenditure (100 million yuan)	城镇居民人均可支配收入(元) Per Capita Annual Disposable Income of Urban Households (yuan)	农村居民人均纯收入(元) Per Capita Annual Net Income of Rural Households (yuan)
1978	0.91	4.17			0.92				
1979	0.98	4.74			0.94				
1980	1.48	5.60			0.96				
1981	1.38	6.00			1.09				
1982	1.73	6.34			1.24				
1983	1.73	6.70			1.40				
1984	1.76	8.03			1.56				
1985	3.27	11.02			1.74				
1986	5.75	12.17			2.07				
1987	8.77	15.17			2.74				
1988	9.58	19.88	435	435	3.72				
1989	7.60	20.71	1841	1653	4.65				
1990	7.34	22.22	2696	1791	5.07				513
1991	7.50	24.86	4143	2737	8.03				689
1992	12.71	28.84	5185	4278	8.87				735
1993	25.36	37.57	8404	5736	9.48				872
1994	33.09	50.75	9204	8454	12.86				1137
1995	42.58	67.28	19114	16360	15.32				1575
1996	53.02	82.49	23661	14763	17.97				2075
1997	58.62	90.30	24253	16044	20.68				2347
1998	63.20	95.92	23945	13300	22.73	14.76	19.92		2570
1999	69.83	104.17	20887	11267	23.16	15.21	21.77		2673
2000	79.23	113.52	26167	12909	24.22	15.89	24.15		2878
2001	88.51	124.12	21277	11940	29.52	20.52	30.92		2063
2002	97.41	136.04	23813	14158	32.90	20.19	36.57		2195
2003	111.05	103.95	26227	16488	37.04	22.13	40.95		2354
2004	146.90	142.88	35468	23861	42.74	25.52	45.09	8149	2638
2005	198.73	164.78	44155	30843	51.61	24.78	54.62	9268	3003
2006	260.87	191.17	58426	42871	59.33	29.70	64.80	10713	3391
2007	403.05	228.79	79243	53074	72.50	36.32	84.67	12908	3908
2008	485.96	284.77	101058	69541	85.55	45.18	117.15	14636	4465
2009	659.35	330.92	73600	51547	97.64	55.15	141.71	16221	4833
2010	908.56	391.53	90743	62220	121.08	67.08	183.59	17949	5487
2011	1140.53	462.36	95655	71700	141.94	80.75	232.67	19882	6325
2012	1462.40	536.35	97487	78858	163.56	106.01	261.33	22300	7328
2013	1390.32	604.03	92370	75889	180.37	111.00	286.56	24552	8361
2014	1627.30	682.87	94327	77225	195.18	123.89	304.43	26811	9431
2015	1970.83	751.96	88271	77420	209.19	134.53	356.04	28768	10365

22－5 梧州市主要经济指标情况（1978－2015年）
Main Economic Indicators of Wuzhou（1978－2015）

年份 Year	生产总值（按当年价格，亿元）Gross Domestic Product (current prices, 100 million yuan)	第一产业 Primary Industry	第二产业 Secondary Industry	#工业 Industry	第三产业 Tertiary Industry	生产总值指数（上年=100）Indices of Gross Domestic Product (preceding year=100)	第一产业 Primary Industry	第二产业 Secondary Industry	#工业 Industry	第三产业 Tertiary Industry
1978	6.07	3.07	1.77	1.64	1.22	125.2	109.8	172.9	175.3	117.0
1979	6.32	3.17	1.87	1.68	1.28	113.8	123.4	107.7	105.7	101.3
1980	6.99	3.42	2.11	1.91	1.46	105.6	107.3	103.4	103.0	104.5
1981	7.88	3.46	2.46	2.22	1.96	109.2	93.4	116.0	116.8	130.5
1982	9.07	4.23	2.73	2.43	2.11	106.2	111.7	106.3	160.1	104.6
1983	9.85	4.50	2.81	2.52	2.49	105.2	104.0	100.8	99.7	113.5
1984	10.62	5.03	2.89	2.59	2.70	105.7	107.4	102.5	103.2	106.0
1985	12.68	5.75	3.54	3.14	3.40	97.4	110.5	116.1	114.0	115.4
1986	14.41	6.20	4.02	3.58	4.18	127.8	107.3	107.7	109.1	117.1
1987	17.91	7.68	5.17	4.65	5.06	113.2	111.8	114.3	115.9	114.4
1988	21.96	9.16	6.43	5.71	6.36	109.2	103.9	112.5	110.9	114.1
1989	25.35	10.61	7.25	6.48	7.49	106.1	108.1	105.0	107.5	104.6
1990	30.69	13.08	7.09	6.36	10.52	119.7	114.5	104.6	102.0	142.9
1991	35.02	14.31	7.86	7.04	12.85	117.3	114.5	113.9	118.7	125.1
1992	45.24	17.51	11.03	9.75	16.70	116.6	111.1	109.4	106.4	129.5
1993	59.36	21.16	17.51	15.67	20.69	120.5	109.0	155.1	162.0	112.7
1994	73.24	27.81	21.77	19.29	23.66	104.4	102.6	114.6	114.1	98.0
1995	86.27	32.72	25.00	21.75	28.56	105.9	106.9	105.5	103.3	105.0
1996	96.55	35.96	28.98	25.69	31.60	108.5	106.1	115.8	118.0	104.4
1997	107.21	37.57	33.95	29.91	35.69	112.4	105.2	119.3	119.0	113.9
1998	112.00	38.85	34.19	29.63	38.96	105.5	99.7	105.0	104.2	112.9
1999	115.78	39.95	34.67	30.51	41.16	108.2	107.5	107.3	108.9	109.7
2000	127.08	41.77	38.51	33.27	46.79	108.1	101.9	110.2	108.9	112.1
2001	139.05	43.13	41.64	35.86	54.28	108.4	105.2	107.8	108.1	111.8
2002	153.16	46.10	47.06	39.86	60.00	110.2	106.8	111.5	109.7	111.9
2003	162.00	40.22	56.02	46.32	65.76	109.5	100.8	120.2	116.5	107.6
2004	196.61	47.74	75.93	60.42	72.95	114.2	109.7	124.8	119.9	108.1
2005	228.40	49.83	97.61	81.07	80.96	114.6	105.8	121.0	119.4	114.1
2006	270.42	52.96	126.23	109.40	91.22	114.6	105.2	123.0	127.6	110.2
2007	319.57	59.67	165.00	145.61	94.91	115.6	102.8	126.6	129.0	108.4
2008	400.12	66.45	215.50	190.96	118.17	114.9	104.1	123.6	124.9	107.0
2009	453.65	69.53	246.60	215.91	137.52	117.6	106.6	123.7	122.9	113.0
2010	579.28	79.96	341.23	304.60	158.10	117.8	104.8	125.3	126.8	110.2
2011	742.49	96.02	465.84	422.43	180.62	114.3	105.6	119.6	120.9	107.4
2012	832.58	104.84	525.22	479.88	202.52	113.6	105.1	117.5	119.0	108.5
2013	991.71	115.32	654.83	605.03	221.55	113.2	104.8	116.8	117.5	107.9
2014	1062.00	117.18	646.06	595.31	298.76	106.0	102.1	107.0	107.8	105.0
2015	1078.65	122.44	623.96	572.62	332.25	108.3	103.9	108.1	108.4	110.6

22—5 续表 continued

年份 Year	全社会固定资产投资(亿元) Total Investment in Fixed Assets (100 million yuan)	社会消费品零售总额(亿元) Total Retail Sales of Consumer Goods (100 million yuan)	进出口(万美元) Total Import & Export (USD 10 000)	#出口 Exports	财政收入(亿元) Finance Revenue (100 million yuan)	#公共财政预算收入 Public Budget Income	公共财政预算支出(亿元) Public Budget Expenditure (100 million yuan)	城镇居民人均可支配收入（元） Per Capita Annual Disposable Income of Urban Households (yuan)	农村居民人均纯收入（元） Per Capita Annual Net Income of Rural Households (yuan)
1978	0.33	2.53			0.90	0.90	0.60	442	85
1979	0.40	2.78			0.82	0.82	0.56	449	88
1980	0.50	3.30			0.95	0.95	0.61	458	94
1981	0.58	3.61		16735	1.04	1.04	0.71	459	93
1982	0.84	3.79		16577	1.06	1.06	0.75	486	133
1983	0.90	4.01		16374	1.05	1.05	0.81	472	230
1984	0.88	4.40		14713	1.14	1.14	1.02	589	264
1985	1.31	6.15		15454	1.42	1.42	1.21	776	327
1986	2.00	7.17		19573	1.54	1.54	1.77	942	385
1987	2.41	8.57	29089	20611	1.89	1.89	1.95	1093	453
1988	3.32	10.82	28502	19393	2.34	2.34	2.43	1571	516
1989	3.94	11.74	23785	18333	2.62	2.62	2.86	1724	555
1990	4.10	12.10	22940	19171	2.71	2.71	3.26	1890	598
1991	5.00	13.89	24707	19556	3.44	3.44	3.49	2314	662
1992	9.72	17.53	37416	23636	3.75	3.75	4.02	2315	803
1993	16.51	23.10	44064	24692	5.16	5.16	4.92	3246	1054
1994	19.55	31.61	47494	26422	4.07	3.29	5.32	4309	1247
1995	24.86	37.76	42880	23103	6.61	4.13	5.85	4909	1565
1996	21.48	42.49	24490	16105	7.58	4.65	6.36	4945	2015
1997	23.10	46.21	21211	13956	8.18	5.31	6.87	4934	2212
1998	23.95	48.27	18951	9781	8.84	5.92	8.25	4838	2302
1999	13.42	52.17	17340	9818	9.08	6.16	8.96	5415	2394
2000	20.73	57.55	19569	12400	9.88	6.87	10.27	5221	2442
2001	26.32	63.32	10621	14300	11.32	8.12	13.76	5838	1784
2002	30.14	69.54	15406	18293	12.59	8.20	16.46	6282	1897
2003	41.70	76.40	21223	21975	14.26	9.17	19.25	6785	2007
2004	73.04	71.31	37304	25724	17.64	11.94	22.02	7062	2292
2005	99.89	85.55	45805	29260	20.25	11.99	27.21	8118	2575
2006	121.94	98.04	44051	29073	23.08	13.71	33.84	9449	2879
2007	151.37	115.59	51494	32191	27.03	15.27	43.66	11362	3252
2008	198.31	146.54	50845	36114	32.42	18.13	50.91	13268	3854
2009	330.37	171.09	55835	38763	40.06	23.49	71.71	14747	4218
2010	468.42	191.77	64221	44548	56.13	32.42	90.96	16427	4879
2011	631.65	224.08	79616	52508	76.14	44.91	118.55	18239	5651
2012	858.09	257.21	121038	44127	101.02	73.83	159.21	20563	6592
2013	850.30	292.30	176506	49932	118.23	85.74	175.95	22537	7475
2014	926.36	328.30	124948	50777	122.42	90.45	184.05	24272	8342
2015	1061.33	364.93	567181	285673	123.74	92.37	214.73	25898	9051

22－6 北海市主要经济指标情况（1978－2015年）
Main Economic Indicators of Beihai（1978－2015）

年份 Year	生产总值（按当年价格，亿元）Gross Domestic Product (current prices, 100 million yuan)	第一产业 Primary Industry	第二产业 Secondary Industry	#工业 Industry	第三产业 Tertiary Industry	生产总值指数（上年=100）Indices of Gross Domestic Product (preceding year=100)	第一产业 Primary Industry	第二产业 Secondary Industry	#工业 Industry	第三产业 Tertiary Industry
1978	2.86	1.72	0.78	0.73	0.35	100.8	98.8	101.9	101.2	109.6
1979	3.21	1.82	1.92	0.86	0.47	103.7	101.1	102.7	102.3	118.4
1980	3.67	1.86	1.19	0.99	0.61	110.4	104.5	123.4	110.9	116.7
1981	3.77	1.94	1.16	1.04	0.67	105.4	104.8	99.6	107.5	116.4
1982	4.44	2.48	1.14	1.01	0.83	108.4	115.8	99.5	97.0	95.1
1983	4.79	2.51	1.28	1.12	1.00	107.7	104.4	116.1	111.8	109.8
1984	5.16	2.33	1.45	1.24	1.38	110.2	98.0	100.4	108.4	171.4
1985	6.83	3.04	2.27	1.65	1.52	107.8	93.8	140.1	128.2	111.8
1986	8.01	3.28	2.77	2.10	1.96	117.7	105.7	128.3	126.1	128.8
1987	9.47	3.98	3.02	2.24	2.47	103.3	110.4	105.0	106.8	105.1
1988	12.08	5.01	3.75	3.16	3.32	110.0	105.6	120.5	124.1	106.1
1989	13.81	6.30	3.94	3.43	3.57	104.6	109.2	101.2	103.2	101.4
1990	17.61	8.05	4.78	4.19	4.78	125.6	138.9	108.4	107.2	123.0
1991	21.21	9.52	5.92	5.08	5.77	107.9	98.1	116.7	114.0	117.8
1992	31.55	11.94	9.82	7.37	9.79	142.1	115.5	164.3	150.0	162.3
1993	54.31	15.03	20.51	12.78	18.77	146.3	104.3	179.2	162.0	160.4
1994	75.45	19.72	28.24	20.94	27.49	118.1	111.6	123.7	140.0	116.6
1995	88.26	26.16	27.61	21.04	34.49	102.6	117.9	89.2	89.6	108.1
1996	91.62	29.23	24.04	18.63	40.03	102.6	105.7	94.3	97.9	108.7
1997	95.33	29.99	26.03	21.85	39.31	101.6	101.1	101.0	105.6	102.4
1998	102.63	32.58	30.02	24.19	40.03	109.4	108.7	115.0	111.8	105.2
1999	107.63	34.96	29.75	24.63	42.97	106.9	107.4	103.7	105.9	109.6
2000	113.67	35.46	31.81	26.98	46.40	107.7	103.8	110.0	112.7	108.6
2001	123.44	37.39	33.87	29.26	52.18	109.3	103.4	115.6	119.8	109.4
2002	134.39	39.43	36.77	31.05	58.19	110.4	104.6	113.5	112.3	112.3
2003	140.14	39.08	42.82	33.29	58.24	111.8	102.9	123.6	116.4	110.7
2004	155.53	42.76	51.92	44.57	60.85	111.3	103.1	120.2	123.7	110.7
2005	164.61	51.76	49.81	41.64	63.04	121.9	107.9	137.8	139.9	123.9
2006	179.25	56.08	59.32	50.36	63.85	110.9	104.2	118.9	120.9	110.2
2007	225.95	63.53	71.79	61.32	90.62	117.9	104.8	128.0	130.6	119.5
2008	276.50	70.60	96.60	82.50	109.30	116.8	103.7	125.8	126.0	117.8
2009	321.06	77.07	118.40	100.70	125.60	116.2	104.7	123.0	122.0	116.5
2010	401.41	87.17	167.88	144.92	146.36	117.6	103.7	132.3	133.5	110.0
2011	496.60	115.50	207.40	176.10	173.80	118.2	103.1	131.9	132.9	111.4
2012	630.09	127.37	303.75	267.77	198.97	121.7	104.3	138.3	141.9	108.7
2013	735.00	142.81	373.65	332.78	218.53	113.3	104.1	119.1	119.8	108.1
2014	856.54	149.49	454.51	407.81	252.54	112.4	101.9	118.7	119.7	105.7
2015	891.94	159.35	450.13	401.25	282.46	111.4	103.2	113.2	113.9	111.4

22－6 续表 continued

年份 Year	全社会固定资产投资（亿元） Total Investment in Fixed Assets (100 million yuan)	社会消费品零售总额（亿元） Total Retail Sales of Consumer Goods (100 million yuan)	进出口（万美元） Total Import & Export (USD 10 000)	#出口 Exports	财政收入（亿元） Finance Revenue (100 million yuan)	#公共财政预算收入 Public Budget Income	公共财政预算支出（亿元） Public Budget Expenditure (100 million yuan)	城镇居民人均可支配收入（元） Per Capita Annual Disposable Income of Urban Households (yuan)	农村居民人均纯收入（元） Per Capita Annual Net Income of Rural Households (yuan)
1978	0.27	1.15	3005	3005	0.32	0.32	0.21		
1979	0.29	1.31	3040	3040	0.33	0.33	0.23		
1980	1.01	1.67	3893	3893	0.37	0.37	0.30		
1981	0.61	1.94	3676	3676	0.40	0.40	0.33		
1982	0.64	2.24	3948	3948	0.45	0.45	0.34		
1983	0.55	2.46	4192	4191	0.46	0.46	0.31	539	239
1984	1.06	2.75	3731	3731	0.52	0.52	0.54	754	316
1985	2.03	3.84	10236	9218	0.78	0.78	0.73	828	400
1986	2.77	4.69	8409	7389	0.86	0.86	1.21	998	417
1987	2.65	5.00	10634	9218	0.93	0.93	1.14	1122	458
1988	3.01	6.77	8353	6929	1.10	1.10	1.10	1296	546
1989	2.35	6.74	16828	8794	1.32	1.32	1.65	1376	586
1990	3.11	7.07	14510	8998	1.59	1.59	1.82	1391	738
1991	3.85	7.86	17182	8462	1.95	1.95	2.25	1910	786
1992	10.05	9.72	24409	9430	2.85	2.85	2.70	2727	869
1993	36.58	15.42	13865	9318	5.68	5.68	5.27	4516	1281
1994	34.75	18.61	16592	8373	6.77	5.33	6.88	5649	1635
1995	25.81	21.57	39655	8260	8.30	5.87	7.96	6365	2224
1996	17.48	24.01	26976	7768	7.69	4.95	6.08	6396	2348
1997	17.58	26.30	32096	10406	8.41	5.46	5.95	6558	2394
1998	24.11	28.68	19381	15178	9.70	6.63	8.26	6301	2366
1999	25.65	31.16	16812	13250	10.69	7.56	8.79	6483	2427
2000	21.83	34.01	7403	4876	10.20	6.54	8.98	6167	2155
2001	19.94	37.34	7327	5040	10.68	6.85	10.72	7013	2265
2002	26.60	40.75	10782	6738	11.63	7.19	13.33	7692	2454
2003	43.06	34.24	14429	8668	13.06	8.27	13.21	8015	2587
2004	51.40	40.71	15073	10656	15.32	9.72	14.63	8773	2790
2005	51.40	46.24	20079	13770	19.27	10.86	17.77	9520	3180
2006	67.24	53.41	29172	19574	23.10	14.04	24.98	10380	3414
2007	87.40	64.36	49838	30671	30.03	19.02	33.57	12334	3846
2008	200.30	82.08	71075	43863	27.03	14.34	31.26	13989	4309
2009	321.85	95.40	79643	47351	35.75	17.22	50.99	15134	4697
2010	485.26	108.00	137122	83948	47.10	27.51	63.04	16798	5426
2011	603.19	127.29	171242	113143	57.50	37.06	84.64	18656	6249
2012	725.36	146.51	207820	118382	100.10	41.13	98.73	21202	7227
2013	674.90	167.30	269833	136611	113.60	42.11	99.47	23407	8239
2014	797.71	185.81	350016	175176	127.39	47.25	104.97	25818	9079
2015	932.54	202.99	379048	189211	142.99	47.61	131.76	27729	9923

22—7 防城港市主要经济指标情况（1978—2015年）
Main Economic Indicators of Fangchenggang（1978—2015）

年份 Year	生产总值（按当年价格，亿元）Gross Domestic Product (current prices, 100 million yuan)	第一产业 Primary Industry	第二产业 Secondary Industry	#工业 Industry	第三产业 Tertiary Industry	生产总值指数（上年=100）Indices of Gross Domestic Product (preceding year=100)	第一产业 Primary Industry	第二产业 Secondary Industry	#工业 Industry	第三产业 Tertiary Industry
1978	1.08	0.56	0.29	0.22	0.23	-	-	-	-	-
1980	1.26	0.68	0.30	0.21	0.28	102.5	105.4	90.3	102.1	108.7
1985	2.56	1.56	0.42	0.30	0.58	103.3	101.7	103.9	99.3	107.2
1986	3.09	1.73	0.62	0.51	0.75	124.4	118.0	143.7	164.1	127.8
1987	3.71	1.89	0.70	0.58	1.12	114.0	107.2	106.9	107.5	136.1
1988	4.68	2.34	0.86	0.65	1.48	102.6	90.5	110.8	103.3	120.6
1989	5.82	3.30	0.90	0.73	1.62	117.4	140.0	104.3	110.3	92.3
1990	6.98	4.02	1.04	0.84	1.92	110.1	104.2	121.2	119.4	115.9
1991	8.24	4.33	1.59	1.20	2.32	116.7	100.8	124.9	118.8	142.3
1992	12.38	6.08	2.02	1.37	4.29	127.9	105.1	143.0	143.2	150.8
1993	17.49	6.12	4.33	3.00	7.04	124.8	100.2	150.6	148.6	134.2
1994	24.66	8.95	7.51	5.71	8.20	122.3	120.9	151.6	160.3	104.9
1995	29.26	11.73	7.01	5.60	10.52	112.2	115.2	106.4	113.3	115.1
1996	36.66	13.96	10.27	8.17	12.43	116.8	121.0	126.4	122.3	105.3
1997	44.64	18.11	12.08	9.72	14.45	115.1	116.5	118.1	118.4	110.7
1998	49.04	19.27	13.12	10.30	16.65	112.0	109.3	111.8	109.5	114.8
1999	52.05	19.46	14.06	11.35	18.54	108.2	104.5	107.3	108.2	112.6
2000	55.03	19.99	14.28	11.57	20.77	107.4	100.6	111.0	113.2	110.0
2001	60.03	20.18	16.12	13.12	23.72	108.8	103.3	114.2	114.9	110.5
2002	66.53	20.40	20.05	17.41	26.09	113.1	102.7	129.6	138.6	110.6
2003	72.53	20.70	21.41	18.09	30.42	110.7	106.2	116.1	114.9	109.8
2004	83.32	21.67	27.38	22.34	34.28	111.7	104.8	118.9	114.3	110.8
2005	99.14	26.04	35.22	29.72	37.87	116.0	105.3	130.9	135.6	111.0
2006	122.78	29.54	48.55	41.23	44.70	119.8	107.6	132.9	133.2	116.0
2007	162.91	32.87	72.71	64.34	57.33	120.8	105.7	127.3	130.3	123.5
2008	213.34	36.45	99.38	87.94	77.50	120.2	104.9	120.7	120.3	127.9
2009	251.04	39.88	124.93	109.73	86.23	122.6	104.7	136.2	136.0	116.5
2010	320.42	47.43	159.77	138.19	113.21	117.8	105.7	120.1	117.4	119.9
2011	413.77	57.79	217.63	187.32	138.35	115.3	105.8	119.0	117.4	114.0
2012	443.99	61.16	233.56	197.64	149.28	112.2	105.7	117.8	117.8	106.5
2013	530.40	67.30	295.36	255.59	167.74	112.4	105.5	117.9	119.5	105.9
2014	588.89	70.57	340.36	298.41	177.96	110.4	101.6	115.2	117.1	105.2
2015	620.71	75.49	353.00	310.52	192.23	110.2	103.7	112.6	113.8	107.8

注：2013年更新为全国第三次经济普查数据。
Note: The data in 2013 has been adjusted according to the 3rd National Economic Census.

22－7 续表 continued

年份 Year	全社会固定资产投资（亿元） Total Investment in Fixed Assets (100 million yuan)	社会消费品零售总额（亿元） Total Retail Sales of Consumer Goods (100 million yuan)	进出口（万美元） Total Import & Export (USD 10 000)	#出口 Exports	财政收入（亿元） Finance Revenue (100 million yuan)	#公共财政预算收入 Public Budget Income	公共财政预算支出（亿元） Public Budget Expenditure (100 million yuan)	城镇居民人均可支配收入（元） Per Capita Annual Disposable Income of Urban Households (yuan)	农村居民人均纯收入（元） Per Capita Annual Net Income of Rural Households (yuan)
1978	0.32	0.57			0.08	0.08	0.18		72
1980	0.35	0.77			0.91	0.91	0.22		78
1985	0.58	1.12			0.17	0.17	0.41		246
1986	0.76	1.92			0.21	0.21	0.60		286
1987	0.90	2.11			0.25	0.25	0.72		296
1988	1.41	2.84			0.33	0.33	0.75		338
1989	0.68	3.34			0.50	0.50	0.89		387
1990	0.92	3.52	1348	1043	0.58	0.51	1.17		443
1991	1.90	3.68	1642	1399	0.93	0.56	1.33		535
1992	2.45	5.11	1348	1063	1.57	0.94	1.93		862
1993	8.56	6.70	1738	1049	2.92	2.92	2.71		877
1994	10.41	9.83	3730	2417	3.64	2.30	4.08		1020
1995	13.13	12.79	17715	10863	3.84	2.47	4.72		1443
1996	11.39	14.86	19800	10146	4.04	2.62	3.97	4508	1855
1997	11.88	16.56	30353	23214	4.51	3.04	4.38	5122	2269
1998	14.42	17.93	41202	28015	5.21	3.69	5.43	5456	2503
1999	14.69	19.38	33083	21789	5.42	3.86	5.47	5591	2626
2000	15.23	20.94	24073	12593	4.13	3.26	4.74	6200	1844
2001	17.53	22.66	10459	1855	4.53	3.61	6.61	6661	2026
2002	16.03	24.29	34444	5742	5.03	3.57	7.54	7664	2163
2003	19.70	17.60	48685	7358	5.61	3.84	8.37	7869	2334
2004	30.40	20.28	73486	8358	6.78	4.72	9.14	6324	2517
2005	42.96	22.89	84953	9924	8.04	4.51	10.22	7254	2704
2006	68.96	26.37	102900	11610	10.59	5.21	13.92	9113	3172
2007	103.53	31.41	145857	19495	15.76	7.74	19.08	12159	3791
2008	146.32	39.09	220775	30660	21.92	11.70	26.22	14364	4474
2009	254.10	45.33	216891	39202	27.39	18.47	40.10	16067	4930
2010	376.84	51.84	279774	77906	35.12	22.69	52.57	17831	5628
2011	491.27	61.16	410586	94431	44.35	28.30	60.77	19722	6502
2012	550.39	71.30	489826	82804	52.38	35.55	74.73	22203	7539
2013	475.45	81.43	430030	107839	59.26	40.71	88.48	24423	8557
2014	499.91	91.67	546866	150522	65.33	45.45	97.52	26523	9524
2015	549.74	101.03	860140	231166	70.64	52.05	131.72	28433	10429

注：1. 2003年及以前城镇居民人均可支配收入指标数据为城市居民人均可支配收入数据。
2. 2000年后数据口径有调整。

Note: 1. The indicator "Per Capita Annual Disposable Income of Urban Households" refers to the per capita annual disposable income of city residents in and before 2003.
2. The statistical range of data after 2000 has been adjusted.

22－8　钦州市主要经济指标情况（1978－2015年）
Main Economic Indicators of Qinzhou（1978－2015）

年份 Year	生产总值（按当年价格，亿元）Gross Domestic Product (current prices, 100 million yuan)	第一产业 Primary Industry	第二产业 Secondary Industry	#工业 Industry	第三产业 Tertiary Industry	生产总值指数（上年=100）Indices of Gross Domestic Product (preceding year=100)	第一产业 Primary Industry	第二产业 Secondary Industry	#工业 Industry	第三产业 Tertiary Industry
1978	4.46	2.80	0.85	0.70	0.80	107.0	97.1	137.7	116.7	121.3
1979	4.80	2.93	0.99	0.80	0.88	108.3	106.1	114.0	114.8	109.9
1980	6.15	4.01	1.15	0.93	0.99	122.0	127.6	115.5	114.3	110.6
1981	6.50	4.15	1.26	1.00	1.06	106.9	107.3	111.0	112.6	101.0
1982	7.79	5.38	1.22	0.95	1.19	113.6	120.7	93.0	90.2	110.2
1983	8.20	5.39	1.34	1.02	1.46	104.2	100.0	107.7	109.0	118.9
1984	8.40	5.26	1.42	1.07	1.72	95.6	88.3	105.0	104.4	114.0
1985	9.72	5.93	1.76	1.39	2.03	105.8	99.7	116.6	120.9	114.1
1986	11.79	7.20	2.25	1.82	2.34	111.8	108.2	125.4	126.8	108.9
1987	14.48	8.66	2.78	2.33	3.03	112.6	111.5	116.1	118.5	111.8
1988	16.70	9.12	3.36	2.81	4.22	101.4	90.1	106.3	107.3	124.7
1989	18.85	10.03	3.60	3.03	5.21	111.9	119.3	95.8	94.8	113.2
1990	23.92	13.33	4.07	3.46	6.52	119.8	108.7	136.8	143.1	128.0
1991	28.50	14.91	4.97	4.30	8.62	118.4	113.5	117.8	119.4	129.0
1992	38.79	21.28	7.19	5.82	10.33	132.1	139.5	140.7	135.1	113.7
1993	52.65	26.73	12.30	9.83	13.61	113.4	102.1	154.4	157.9	109.7
1994	70.12	37.74	15.03	12.36	17.35	110.0	113.5	108.4	109.9	104.3
1995	86.89	47.03	16.41	13.73	23.45	107.0	105.9	98.4	98.3	118.5
1996	97.82	51.81	17.54	14.00	28.47	108.9	102.7	115.0	112.4	116.1
1997	109.58	57.86	20.46	16.33	31.26	113.8	116.9	111.1	109.6	110.5
1998	118.23	62.98	22.29	17.58	32.96	111.9	112.0	116.4	116.7	108.0
1999	122.86	66.01	22.06	17.46	34.78	110.5	115.6	102.5	102.1	108.0
2000	131.25	68.69	23.49	19.49	39.07	104.7	101.9	103.4	106.9	111.5
2001	142.55	72.79	26.28	21.22	43.48	108.7	107.4	112.7	109.8	108.6
2002	148.12	71.02	29.02	22.98	48.08	110.9	109.8	112.1	109.9	111.9
2003	152.89	70.02	34.98	28.62	47.89	106.4	101.3	113.2	111.5	111.0
2004	171.25	72.67	43.99	35.91	54.60	113.3	113.3	116.2	114.8	111.3
2005	188.02	76.45	51.50	41.65	60.08	114.9	107.2	138.7	143.4	111.0
2006	235.95	84.29	79.50	68.52	72.15	115.1	105.3	131.4	136.4	113.6
2007	286.67	97.34	98.69	86.30	90.65	116.9	107.4	124.6	127.6	120.6
2008	345.75	107.77	124.85	107.37	113.13	115.4	103.4	121.3	120.3	122.0
2009	396.18	114.04	141.38	118.10	140.76	115.2	105.8	119.6	116.4	119.2
2010	520.67	132.21	218.51	187.91	169.90	118.0	104.9	130.6	131.4	115.5
2011	646.65	156.00	290.70	252.90	199.91	120.1	105.1	136.6	140.3	110.7
2012	691.32	166.81	289.15	237.24	235.35	111.8	106.5	114.4	111.5	111.6
2013	753.74	181.77	316.85	250.12	255.13	107.9	104.6	110.3	107.3	106.3
2014	854.96	193.95	338.94	250.57	322.07	109.8	104.0	113.6	110.8	107.5
2015	944.42	204.37	381.75	278.17	358.31	108.4	103.9	108.4	105.7	111.4

22—8 续表 continued

年份 Year	全社会固定资产投资（亿元） Total Investment in Fixed Assets (100 million yuan)	社会消费品零售总额（亿元） Total Retail Sales of Consumer Goods (100 million yuan)	进出口（万美元） Total Import & Export (USD 10 000)	#出口 Exports	财政收入（亿元） Finance Revenue (100 million yuan)	#公共财政预算收入 Public Budget Income	公共财政预算支出（亿元） Public Budget Expenditure (100 million yuan)	城镇居民人均可支配收入（元） Per Capita Annual Disposable Income of Urban Households (yuan)	农村居民人均纯收入（元） Per Capita Annual Net Income of Rural Households (yuan)
1978	0.51	1.66			0.40	0.40	0.46		117
1979	0.57	1.93			0.42	0.42	0.44		136
1980	0.66	2.37			0.47	0.47	0.5		182
1981	0.61	2.59			0.67	0.67	0.54		206
1982	0.89	2.95			0.74	0.74	0.55		244
1983	1.01	3.29			0.61	0.61	0.51		259
1984	0.92	3.67			0.60	0.60	0.65		250
1985	0.78	4.49			0.65	0.65	0.82	620	278
1986	1.30	5.11			0.81	0.81	1.26	745	302
1987	1.27	6.14			0.93	0.93	1.4	865	455
1988	1.96	7.70			1.12	1.12	1.63	1242	506
1989	1.82	9.31			1.35	1.35	3.01	1507	494
1990	1.69	9.77			1.62	1.62	2.32	1640	655
1991	2.45	13.07			2.04	2.04	2.58	1852	663
1992	5.59	15.56			2.28	2.28	2.68	2095	800
1993	12.61	21.65			3.41	3.41	3.49	3091	985
1994	13.28	20.50			3.91	2.22	3.61	4030	1231
1995	14.16	25.18			4.39	2.68	3.97	4635	1670
1996	15.50	28.39			4.93	3.20	4.69	5098	1930
1997	15.47	32.29			5.70	3.84	5.51	5027	2174
1998	20.76	35.42			6.64	4.67	6.29	5433	2362
1999	20.80	39.06			7.44	5.79	7.68	5672	2475
2000	23.02	42.81	3357	1146	8.26	6.72	9.27	5692	2092
2001	28.93	47.37	1772	1208	8.35	5.52	11.68	6328	2278
2002	35.30	51.23	3202	2059	9.24	6.23	13.25	6734	2442
2003	44.50	55.87	4320	3598	10.19	6.99	15.59	7437	2610
2004	63.00	62.47	9056	5191	11.75	7.84	16.78	7922	2783
2005	89.85	70.76	19846	11415	14.11	9.08	20.87	8942	3091
2006	117.88	80.72	44040	13458	17.17	10.47	24.91	10041	3405
2007	165.93	95.32	84089	31384	23.56	13.04	32.37	12057	3934
2008	248.91	124.01	127008	51370	32.00	18.28	48.80	14106	4444
2009	374.65	145.09	88572	22566	38.02	21.01	66.51	15768	4843
2010	451.60	172.19	131101	32558	58.37	22.36	78.00	17356	5340
2011	558.34	204.27	298225	87518	123.10	25.57	96.98	19248	6167
2012	652.59	237.56	376656	100190	139.20	33.58	122.67	21600	7140
2013	609.72	268.82	353042	105243	136.12	44.95	134.26	23695	8054
2014	726.95	303.05	533447	201112	138.31	47.64	141.27	25425	8892
2015	866.23	333.5	582738	247574	162.23	50.34	192.54	27281	9710

22－9 贵港市主要经济指标情况（1996－2015年）
Main Economic Indicators of Guigang（1996－2015）

年份 Year	生产总值（按当年价格，亿元）Gross Domestic Product (current prices, 100 million yuan)	第一产业 Primary Industry	第二产业 Secondary Industry	#工业 Industry	第三产业 Tertiary Industry	生产总值指数（上年=100）Indices of Gross Domestic Product (preceding year=100)	第一产业 Primary Industry	第二产业 Secondary Industry	#工业 Industry	第三产业 Tertiary Industry
1996	108.26	50.95	19.70	18.17	37.60	100.5	94.7	91.9	91.6	116.1
1997	111.58	52.03	20.58	19.26	38.98	106.7	108.9	106.5	107.8	104.2
1998	113.66	51.73	21.58	20.06	40.35	107.6	108.7	106.6	106.3	106.9
1999	115.38	51.31	21.98	20.54	42.08	105.6	106.8	103.2	103.5	105.7
2000	120.81	51.17	24.87	23.16	44.77	104.3	98.3	109.8	109.5	108.1
2001	132.35	52.59	28.11	25.98	51.65	108.5	104.7	113.4	112.9	110.0
2002	139.82	52.92	29.94	27.24	56.96	110.8	109.5	111.3	110.3	111.9
2003	156.92	52.51	38.58	33.98	65.83	111.4	104.9	125.0	121.4	110.6
2004	191.18	62.21	53.52	46.24	75.45	112.8	106.9	123.9	121.0	111.5
2005	222.82	66.01	72.63	60.23	84.19	116.2	107.4	137.8	133.2	109.3
2006	260.02	70.08	88.85	75.17	101.09	112.9	105.1	120.3	122.6	112.7
2007	330.56	83.30	127.51	111.25	119.75	117.0	102.9	133.2	136.4	112.4
2008	386.82	96.34	153.46	133.62	137.02	111.3	105.2	111.8	112.0	115.0
2009	437.73	96.92	182.21	158.37	158.61	115.2	104.8	120.7	120.2	115.6
2010	544.66	108.05	248.25	218.78	188.35	114.0	104.6	120.6	120.8	112.0
2011	630.82	138.79	264.49	228.92	227.54	106.1	105.4	105.2	104.4	107.8
2012	679.18	148.68	273.38	229.15	257.13	110.2	106.1	112.0	110.4	110.1
2013	742.01	160.76	303.35	253.11	277.90	108.2	104.9	111.1	110.7	106.2
2014	805.40	162.14	325.5	270.65	317.75	105.2	103.0	105.2	105.2	106.4
2015	865.20	173.95	348.50	285.89	342.75	107.5	103.8	108.5	107.0	107.9

22—9 续表 continued

年份 Year	全社会固定资产投资（亿元）Total Investment in Fixed Assets (100 million yuan)	社会消费品零售总额（亿元）Total Retail Sales of Consumer Goods (100 million yuan)	进出口（万美元）Total Import & Export (USD 10 000)	#出口 Exports	财政收入（亿元）Finance Revenue (100 million yuan)	#公共财政预算收入 Public Budget Income	公共财政预算支出（亿元）Public Budget Expenditure (100 million yuan)	城镇居民人均可支配收入（元）Per Capita Annual Disposable Income of Urban Households (yuan)	农村居民人均纯收入（元）Per Capita Annual Net Income of Rural Households (yuan)
1996	7.75	45.39	6432	4560	6.42	4.19	5.22		1906
1997	9.06	43.90	7063	5359	6.46	4.21	5.35		2103
1998	12.26	46.79	3115	2502	7.24	4.98	6.58		2179
1999	13.04	49.37	1173	749	7.41	5.39	7.33		2114
2000	17.29	53.67	1892	1628	8.03	5.81	8.12		1868
2001	21.09	58.58	1553	1122	9.00	6.46	10.97		1979
2002	29.47	63.46	5046	2513	10.03	6.59	12.88		2091
2003	36.35	70.70	5666	4254	12.04	8.09	15.47		2228
2004	58.61	79.96	6306	5130	14.31	9.56	18.42	6209	2399
2005	129.43	91.42	7777	5443	17.05	9.21	22.01	7642	2693
2006	149.56	104.50	9544	6144	19.08	10.97	27.33	8938	2961
2007	155.90	123.80	11474	8515	23.02	12.29	35.31	10717	3472
2008	220.07	155.86	16388	9525	29.07	15.62	47.44	12666	4049
2009	290.18	181.08	14324	11131	34.03	19.53	64.24	13915	4504
2010	385.29	209.54	17386	12090	40.02	21.44	90.80	15531	5289
2011	430.02	245.97	27228	14033	43.33	21.69	106.07	17017	6257
2012	552.24	284.05	23144	10609	50.03	26.57	126.24	19314	7253
2013	496.26	321.72	22123	12143	57.42	31.22	140.46	21361	8189
2014	611.41	359.56	30603	18703	66.11	36.45	146.84	23262	9131
2015	778.61	389.10	32258	13281	72.75	42.57	186.38	24890	10017

22－10 玉林市主要经济指标情况（1978－2015年）
Main Economic Indicators of Yulin（1978－2015）

年份 Year	生产总值（按当年价格，亿元）Gross Domestic Product (current prices, 100 million yuan)	第一产业 Primary Industry	第二产业 Secondary Industry	#工业 Industry	第三产业 Tertiary Industry	生产总值指数（上年=100）Indices of Gross Domestic Product (preceding year=100)	第一产业 Primary Industry	第二产业 Secondary Industry	#工业 Industry	第三产业 Tertiary Industry
1978	9.12	5.79	1.66	1.43	1.67	102.0	101.2	107.6	116.1	97.2
1979	9.18	5.75	1.61	1.30	1.82	99.7	93.9	95.9	90.5	127.3
1980	10.42	6.76	1.66	1.41	2.00	110.8	109.9	94.4	112.7	113.5
1981	11.64	7.45	1.89	1.59	2.30	112.8	112.1	114.5	113.3	113.5
1982	13.86	9.01	2.17	1.84	2.69	118.5	120.7	113.2	106.1	116.7
1983	14.36	9.01	2.34	1.94	3.01	100.7	95.6	108.5	100.5	109.9
1984	15.45	9.41	2.58	2.02	3.46	106.4	101.3	109.1	94.8	117.7
1985	17.63	10.11	3.42	2.92	4.10	105.2	93.9	120.5	167.7	119.4
1986	20.74	11.55	4.32	3.64	4.87	112.4	108.7	121.9	125.5	111.9
1987	26.98	14.67	5.75	4.92	6.56	120.9	111.9	128.9	133.9	130.0
1988	33.57	18.31	7.31	6.23	7.95	106.6	101.4	114.8	113.7	107.8
1989	35.97	19.62	7.78	6.51	8.58	101.2	108.8	101.9	106.0	89.9
1990	41.13	23.99	8.24	6.79	8.90	109.1	107.8	103.3	107.3	117.0
1991	50.40	27.30	11.31	9.61	11.79	112.6	106.4	128.9	129.0	118.9
1992	65.31	30.29	18.97	16.69	16.04	126.6	109.3	156.1	156.1	135.0
1993	97.97	36.08	36.67	33.29	25.22	125.2	103.8	143.2	153.1	117.5
1994	134.92	52.92	49.25	45.40	32.75	115.6	119.0	112.5	112.1	115.4
1995	156.08	63.65	50.71	46.01	41.71	111.2	110.0	113.1	113.5	110.0
1996	168.34	72.91	51.46	46.67	43.97	104.5	106.0	101.9	101.8	103.6
1997	173.51	77.16	51.58	47.14	44.77	104.3	107.0	101.3	101.2	104.7
1998	187.40	80.87	57.77	52.88	48.76	109.2	106.5	111.2	112.4	110.6
1999	191.15	80.37	57.10	52.59	53.68	106.5	107.4	102.8	103.3	111.0
2000	199.64	78.42	60.70	55.58	60.52	106.1	98.5	109.4	109.4	112.9
2001	213.91	81.59	61.17	55.55	71.14	107.4	105.1	107.8	107.9	110.1
2002	231.70	80.61	71.50	65.34	79.59	110.4	105.8	116.7	117.6	110.1
2003	258.45	79.68	84.99	77.24	93.78	108.3	98.0	116.8	116.4	111.9
2004	312.68	99.49	101.03	87.80	112.16	115.2	112.3	122.1	117.2	110.8
2005	352.60	100.62	120.80	104.41	131.19	113.1	106.8	117.5	116.8	114.6
2006	410.96	107.62	148.64	129.90	154.70	113.5	107.0	119.2	120.1	113.4
2007	501.39	128.88	187.06	164.60	185.45	115.2	105.1	121.6	122.4	116.5
2008	602.83	149.49	230.32	201.70	223.02	112.8	105.8	114.7	114.7	115.4
2009	683.49	152.06	277.14	241.11	254.29	114.8	106.2	120.7	119.3	114.0
2010	840.25	171.73	373.39	324.14	295.13	115.7	105.7	123.7	122.5	112.8
2011	1019.94	213.81	458.59	395.50	347.55	111.0	105.4	113.7	113.0	110.9
2012	1102.08	229.20	482.33	404.39	390.55	110.9	106.1	114.6	113.3	108.7
2013	1198.46	243.83	526.62	434.06	428.01	110.0	104.2	113.8	112.9	107.8
2014	1341.52	248.78	591.66	479.53	501.08	108.4	103.4	110.9	109.9	107.2
2015	1445.91	259.14	635.83	509.64	550.94	108.9	101.4	111.1	110.2	109.4

22—10 续表 continued

年份 Year	全社会固定资产投资(亿元) Total Investment in Fixed Assets (100 million yuan)	社会消费品零售总额(亿元) Total Retail Sales of Consumer Goods (100 million yuan)	进出口(万美元) Total Import & Export (USD 10 000)	#出口 Exports	财政收入(亿元) Finance Revenue (100 million yuan)	#公共财政预算收入 Public Budget Income	公共财政预算支出(亿元) Public Budget Expenditure (100 million yuan)	城镇居民人均可支配收入(元) Per Capita Annual Disposable Income of Urban Households (yuan)	农村居民人均纯收入(元) Per Capita Annual Net Income of Rural Households (yuan)
1978	0.39	3.11			0.89		0.68		
1979	0.46	3.50			0.79		0.69		
1980	0.46	3.93			0.87		0.77		
1981	0.35	4.36			1.06		0.92		
1982	0.82	5.03			1.22		0.93		
1983	1.20	5.83			1.15		0.93		
1984	0.62	7.15			1.06		1.07		
1985	0.99	8.85			1.41		1.61		
1986	1.40	10.25			1.46		1.94		
1987	1.98	12.49			1.95		2.28		
1988	3.89	17.56			2.69		3.04		
1989	2.46	22.02	1010		2.95		3.52		
1990	2.38	23.15	2083		3.23		4.01		
1991	7.52	25.88	2471		3.70		4.35		
1992	12.92	29.18	5542		4.21		4.89		
1993	21.46	34.53	6409		7.24		6.74		
1994	34.65	47.49	17887		9.32	5.36	8.54		
1995	42.03	61.34	19100		11.16	6.82	10.72		
1996	39.77	72.84	18482		12.54	8.19	10.82		
1997	26.11	76.48	18145		13.19	9.04	11.44		
1998	29.43	80.73	23280	21149	13.95	9.59	12.44		
1999	25.79	83.39	6690	6324	15.24	10.85	14.11		
2000	28.15	75.77	17854	17163	16.65	12.09	16.11		1736
2001	30.03	82.62	9800	8400	15.44	10.53	18.86		1839
2002	33.86	90.53	13280	9945	18.32	10.87	20.84		1959
2003	48.33	99.63	26001	17510	21.43	12.06	24.07		2035
2004	92.30	113.97	30143	21422	25.42	14.13	26.76	7136	2259
2005	131.31	130.80	36916	25866	28.64	14.86	31.97	8297	2573
2006	176.11	151.39	34807	26705	33.68	17.74	40.42	10175	3041
2007	230.68	180.96	37023	29780	40.68	20.88	54.89	12202	3536
2008	290.69	224.88	44214	31665	47.75	25.57	71.59	14156	4123
2009	444.61	262.92	35401	21663	54.67	30.61	96.21	15827	4531
2010	615.56	307.24	45148	31594	68.96	36.84	129.37	17642	5302
2011	792.18	362.81	63457	34069	85.86	48.94	159.73	19590	6269
2012	1004.26	422.83	58807	35843	100.36	65.57	192.65	22171	7269
2013	974.78	482.91	41679	28992	113.81	75.48	203.73	24366	8272
2014	1154.39	545.71	48681	32224	128.17	88.81	229.10	26681	9341
2015	1332.12	600.34	45092	32872	139.57	97.16	285.76	28842	10292

22－11 百色市主要经济指标情况（1978－2015年）
Main Economic Indicators of Baise（1978－2015）

年份 Year	生产总值（按当年价格，亿元）Gross Domestic Product (current prices, 100 million yuan)	第一产业 Primary Industry	第二产业 Secondary Industry	#工业 Industry	第三产业 Tertiary Industry	生产总值指数（上年=100）Indices of Gross Domestic Product (preceding year=100)	第一产业 Primary Industry	第二产业 Secondary Industry	#工业 Industry	第三产业 Tertiary Industry
1978	6.15	3.92	1.09	0.93	1.14	112.9	111.7	115.2	106.7	114.2
1979	6.53	4.06	1.15	0.98	1.32	107.1	104.9	108.7	109.3	112.0
1980	6.74	4.10	1.23	0.99	1.41	96.4	94.8	99.0	97.3	98.6
1981	7.46	4.67	1.25	1.04	1.54	110.8	117.2	93.5	96.2	109.0
1982	8.38	5.34	1.30	1.07	1.74	106.6	106.4	102.3	100.8	110.5
1983	9.09	5.64	1.46	1.20	1.99	107.9	104.6	112.5	113.0	113.7
1984	9.40	5.47	1.56	1.30	2.37	98.7	90.9	106.7	110.2	113.3
1985	10.56	5.99	1.80	1.50	2.77	102.5	99.9	108.3	107.5	103.9
1986	12.85	7.41	2.16	1.89	3.28	110.3	110.4	108.8	114.2	111.0
1987	15.21	8.26	2.96	2.57	3.99	110.3	104.8	124.1	122.4	111.7
1988	17.87	9.52	3.42	2.87	4.93	103.7	101.7	104.2	101.5	107.0
1989	19.92	10.60	3.83	3.34	5.49	101.3	103.0	104.4	106.4	96.0
1990	23.14	11.84	4.35	3.73	6.95	103.3	101.0	103.3	102.1	107.5
1991	26.91	13.41	5.54	4.59	7.96	108.7	105.3	119.4	113.4	107.8
1992	31.04	14.12	7.04	5.39	9.88	111.3	105.2	120.9	115.0	114.8
1993	41.56	18.31	10.69	7.42	12.56	112.7	108.0	124.3	116.7	111.4
1994	58.68	26.50	13.54	10.33	18.64	115.3	112.4	112.7	122.0	121.9
1995	77.13	32.62	20.53	15.66	23.98	116.3	112.6	127.7	122.7	112.7
1996	89.18	37.10	23.20	20.43	28.88	114.4	114.5	112.6	130.7	115.7
1997	97.14	40.49	24.50	21.11	32.15	113.1	112.0	115.3	114.3	112.7
1998	106.08	44.56	27.04	23.09	34.48	110.9	112.2	112.0	111.6	108.3
1999	112.02	47.28	28.66	24.17	36.08	109.1	109.4	110.5	109.4	107.3
2000	119.50	47.85	32.43	26.81	39.22	107.2	103.1	107.8	105.6	110.7
2001	128.37	49.45	35.25	28.42	43.67	107.1	101.0	111.4	110.3	111.1
2002	143.97	48.09	47.43	37.25	48.45	113.1	104.7	130.4	129.4	108.1
2003	162.13	50.32	58.38	47.28	53.43	112.9	103.4	129.9	133.2	106.2
2004	203.76	61.04	82.83	69.22	59.89	115.9	106.0	127.4	129.9	112.2
2005	239.36	63.91	105.70	88.06	69.75	115.2	106.1	120.3	118.8	117.1
2006	297.28	67.32	149.11	126.14	80.85	115.0	103.8	122.8	121.6	112.5
2007	352.73	79.98	176.49	151.47	96.26	115.4	104.0	122.2	124.1	113.8
2008	416.24	88.07	217.61	189.29	110.56	113.4	103.2	120.2	123.7	109.7
2009	452.86	90.77	225.78	191.66	136.31	114.8	104.1	119.8	119.1	113.8
2010	573.99	105.21	313.89	273.49	154.80	115.0	104.9	121.1	121.4	110.5
2011	656.71	125.61	357.84	312.26	173.26	106.5	104.6	107.7	108.3	105.2
2012	755.24	137.14	414.21	361.92	203.89	109.2	107.4	109.7	109.1	109.6
2013	803.58	148.76	432.59	373.87	222.22	108.6	105.3	110.1	109.8	107.2
2014	917.95	158.71	490.02	417.90	269.22	108.4	104.2	109.9	108.7	107.8
2015	980.42	169.38	511.68	433.61	299.36	108.1	104.7	107.3	106.7	111.8

22—11 续表 continued

年份 Year	全社会固定资产投资(亿元) Total Investment in Fixed Assets (100 million yuan)	社会消费品零售总额(亿元) Total Retail Sales of Consumer Goods (100 million yuan)	进出口(万美元) Total Import & Export (USD 10 000)	#出口 Exports	财政收入(亿元) Finance Revenue (100 million yuan)	#公共财政预算收入 Public Budget Income	公共财政预算支出(亿元) Public Budget Expenditure (100 million yuan)	城镇居民人均可支配收入（元） Per Capita Annual Disposable Income of Urban Households (yuan)	农村居民人均纯收入（元） Per Capita Annual Net Income of Rural Households (yuan)
1978	0.58	2.05			0.54	0.54	0.83		57
1980	0.95	2.75			0.47	0.47	0.96		64
1985	1.47	4.56			0.77	0.77	1.87		139
1986	1.33	5.56			0.87	0.87	2.29		166
1987	1.53	6.56			1.14	1.14	2.74		191
1988	2.76	8.46			1.42	1.42	3.07		218
1989	2.09	8.64			1.67	1.67	3.53		259
1990	2.74	8.91			1.95	1.95	3.84	1546	283
1991	4.67	10.36			2.23	2.23	4.03	1620	330
1992	8.77	14.57			2.36	2.36	4.85	2002	382
1993	18.47	14.14	62	62	3.74	3.74	5.42	2703	483
1994	20.63	18.76	986	986	4.53	2.71	6.34	4017	643
1995	27.92	23.55	1736	1552	5.78	3.70	8.55	5035	909
1996	13.31	24.67	1985	1805	7.13	4.56	8.07	5180	1261
1997	13.75	27.40	4259	3014	8.57	5.42	9.53	5049	1642
1998	18.80	29.83	4392	3335	10.04	6.90	12.01	5495	1848
1999	21.38	31.82	2770	1460	11.24	7.62	13.50	5607	1985
2000	29.46	34.02	2433	1393	12.78	8.18	14.68	5747	1183
2001	37.32	36.82	3210	2205	14.67	9.38	20.64	6806	1258
2002	58.08	39.99	11439	5484	16.69	9.54	23.55	7215	1331
2003	76.31	43.72	13358	7090	20.10	11.64	27.00	7378	1403
2004	102.74	37.22	17110	4775	24.80	14.15	32.82	6687	1550
2005	175.56	48.72	18560	6943	32.37	15.23	39.74	8077	1783
2006	249.92	56.23	32489	12104	40.08	20.19	52.73	9887	2110
2007	293.66	66.22	43980	17046	50.08	26.79	75.19	12197	2463
2008	325.45	83.56	48921	33994	55.10	29.46	98.48	13169	2820
2009	530.15	97.10	37238	26212	56.85	28.55	111.46	14573	3064
2010	639.71	113.85	39415	20264	72.32	33.86	137.67	15976	3461
2011	764.01	134.34	42887	25521	84.07	39.69	162.89	17384	4052
2012	1000.07	156.67	50866	29286	98.11	56.58	214.85	19561	4774
2013	845.44	178.60	59786	38667	107.69	65.70	231.69	21458	5409
2014	895.23	201.06	72850	53059	108.7	70.91	261.13	23282	6145
2015	1051.22	221.18	164091	113945	114.51	72.98	310.99	25041	6766

22－12 贺州市主要经济指标情况（2002－2015年）
Main Economic Indicators of Hezhou（2002－2015）

年份 Year	生产总值（按当年价格，亿元） Gross Domestic Product (current prices, 100 million yuan)	第一产业 Primary Industry	第二产业 Secondary Industry	#工业 Industry	第三产业 Tertiary Industry	生产总值指数（上年=100） Indices of Gross Domestic Product (preceding year=100)	第一产业 Primary Industry	第二产业 Secondary Industry	#工业 Industry	第三产业 Tertiary Industry
2002	110.26	42.54	30.68	27.74	37.04	107.6	102.0	109.0	108.9	113.7
2003	114.98	40.71	38.24	31.86	36.03	110.5	104.9	116.6	112.6	112.1
2004	139.50	49.43	54.28	44.77	35.79	112.6	106.3	122.8	116.5	108.9
2005	141.07	51.25	48.52	35.38	41.30	114.6	105.2	123.9	121.7	109.8
2006	162.15	53.61	61.40	46.40	47.15	113.3	105.1	118.6	119.8	114.3
2007	205.43	48.39	100.39	83.19	56.65	115.0	105.0	120.5	122.4	116.5
2008	227.36	55.28	104.30	84.00	67.77	106.4	103.9	106.1	106.0	108.8
2009	249.22	56.31	112.07	85.21	80.84	112.6	104.3	113.8	107.8	117.2
2010	296.87	63.68	139.57	105.91	93.62	113.1	104.5	119.6	119.2	110.0
2011	356.40	78.92	165.09	124.77	112.39	110.6	105.2	113.5	114.6	109.8
2012	394.21	85.43	183.53	136.10	125.25	109.0	106.2	110.9	109.1	108.0
2013	423.85	92.58	196.30	143.55	134.97	108.7	104.4	112.0	112.2	106.1
2014	448.97	98.59	192.02	134.23	158.36	106.1	104.2	105.5	105.6	108.1
2015	468.11	103.14	188.68	126.87	176.29	107.6	104.0	106.6	105.5	111.2

22－12 续表 continued

年份 Year	全社会固定资产投资（亿元） Total Investment in Fixed Assets (100 million yuan)	社会消费品零售总额（亿元） Total Retail Sales of Consumer Goods (100 million yuan)	进出口（万美元） Total Import & Export (USD 10 000)	#出口 Exports	财政收入（亿元） Finance Revenue (100 million yuan)	#公共财政预算收入 Public Budget Income	公共财政预算支出（亿元） Public Budget Expenditure (100 million yuan)	城镇居民人均可支配收入（元） Per Capita Annual Disposable Income of Urban Households (yuan)	农村居民人均纯收入（元） Per Capita Annual Net Income of Rural Households (yuan)
2002	12.51	25.72	9901	7731	6.26	3.67	10.25		1793
2003	22.49	28.29	11671	9011	7.06	4.63	12.76		1894
2004	45.98	31.06	11251	9401	8.78	5.98	13.89	6415	2090
2005	82.96	34.85	11220	9290	11.22	6.95	17.23	7516	2351
2006	106.10	39.87	10281	8760	13.56	8.50	21.84	8619	2682
2007	133.66	45.65	9853	8614	15.81	9.72	28.43	10790	3093
2008	159.19	59.81	10558	9502	16.01	8.52	35.47	12772	3458
2009	254.68	68.94	14085	12749	18.15	10.39	47.98	14151	3776
2010	363.3	78.68	10953	9140	22.08	12.13	61.23	15802	4298
2011	464.71	92.36	15499	11580	26.65	14.02	78.91	17606	4963
2012	591.58	106.39	15589	9061	32.04	19.21	97.69	19855	5823
2013	483.19	119.00	19951	7220	35.76	21.95	107.26	21682	6557
2014	566.02	133.63	17306	7351	40.60	24.41	118.32	23590	7337
2015	662.05	146.94	64051	45190	47.14	28.97	154.75	25194	8056

22－13 河池市主要经济指标情况（1978－2015年）
Main Economic Indicators of Hechi (1978－2015)

年份 Year	生产总值（按当年价格，亿元）Gross Domestic Product (current prices, 100 million yuan)	第一产业 Primary Industry	第二产业 Secondary Industry	#工业 Industry	第三产业 Tertiary Industry	生产总值指数（上年=100）Indices of Gross Domestic Product (preceding year=100)	第一产业 Primary Industry	第二产业 Secondary Industry	#工业 Industry	第三产业 Tertiary Industry
1978	5.67	2.53	1.69	1.40	1.46	108.9	95.8	126.8	120.6	133.7
1979	6.57	3.14	2.02	1.71	1.42	103.1	102.1	112.0	108.3	95.4
1980	7.82	3.89	2.19	1.85	1.73	107.7	103.4	110.0	106.2	116.3
1981	7.58	3.84	1.90	1.67	1.84	95.9	98.2	85.2	93.8	104.1
1982	8.44	4.52	1.89	1.68	2.31	109.6	117.4	94.5	95.6	107.6
1983	8.56	4.17	2.23	1.94	2.16	100.9	94.9	113.5	112.0	104.3
1984	9.84	4.71	2.68	2.23	2.46	109.3	105.7	115.8	112.4	111.1
1985	12.72	5.49	4.33	3.72	2.90	121.7	107.5	159.8	152.8	112.8
1986	14.25	6.02	4.74	3.83	3.49	100.8	98.4	93.5	92.9	116.3
1987	17.34	7.11	5.84	4.69	4.39	115.9	109.5	121.6	102.5	120.2
1988	20.78	8.90	6.74	5.70	5.15	100.4	96.8	102.4	107.1	103.8
1989	24.43	10.08	8.24	6.86	6.11	115.9	125.7	114.0	115.8	103.7
1990	27.91	11.43	8.65	7.43	7.83	108.0	112.0	105.6	106.2	123.4
1991	31.56	12.59	9.18	7.98	9.79	109.8	108.1	103.7	104.9	119.0
1992	37.17	14.41	10.86	9.37	11.90	111.3	105.9	115.8	117.1	114.2
1993	51.33	17.86	18.12	16.04	15.35	121.0	108.6	145.7	151.1	112.1
1994	73.14	24.75	27.16	23.89	21.23	121.1	111.1	133.4	132.8	117.3
1995	98.89	30.24	37.70	32.89	30.95	118.5	110.6	122.4	120.1	121.9
1996	108.77	35.20	36.32	31.34	37.24	105.0	104.4	99.2	98.3	114.0
1997	122.84	39.04	40.90	34.00	42.91	110.3	110.8	109.3	106.8	111.1
1998	130.03	42.52	43.62	35.01	43.89	110.9	108.5	112.6	110.9	111.1
1999	137.75	43.70	46.08	37.37	47.97	109.3	106.7	110.8	111.8	109.8
2000	141.39	41.81	56.31	48.95	43.27	108.0	102.9	111.0	111.5	108.6
2001	145.31	43.05	54.58	45.53	47.68	103.8	104.3	98.1	93.1	109.2
2002	137.64	42.94	42.00	32.17	52.69	95.2	102.0	74.6	65.6	108.8
2003	148.58	44.34	46.08	34.17	58.16	106.9	104.1	108.4	103.5	108.3
2004	178.45	54.58	58.68	43.32	65.20	113.7	110.2	122.2	118.5	109.4
2005	206.96	58.55	76.08	57.36	72.34	113.5	107.9	124.7	126.2	108.3
2006	248.89	64.80	100.87	78.48	83.22	114.1	107.2	122.1	123.4	111.1
2007	319.31	73.86	144.43	120.07	101.02	116.7	105.5	122.2	127.3	119.2
2008	367.31	80.26	166.45	142.63	120.60	113.0	103.8	117.3	121.2	114.3
2009	382.77	82.20	165.86	136.33	134.72	108.2	104.2	105.3	100.1	114.5
2010	468.74	97.87	216.29	180.08	154.58	112.5	105.8	117.0	114.7	111.4
2011	511.96	119.81	211.65	173.39	180.50	104.1	103.6	100.8	101.5	109.1
2012	492.71	126.34	174.34	132.96	192.02	99.3	104.9	93.2	90.5	103.9
2013	528.62	133.78	189.78	143.02	205.06	106.0	103.9	108.1	107.0	104.9
2014	601.17	137.23	205.26	152.07	258.68	108.2	103.7	112.4	113.1	105.9
2015	618.03	140.81	200.01	147.14	277.21	104.5	102.2	103.7	104.0	106.8

22－13 续表 continued

年份 Year	全社会固定资产投资(亿元) Total Investment in Fixed Assets (100 million yuan)	社会消费品零售总额(亿元) Total Retail Sales of Consumer Goods (100 million yuan)	进出口(万美元) Total Import & Export (USD 10 000)	#出口 Exports	财政收入(亿元) Finance Revenue (100 million yuan)	#公共财政预算收入 Public Budget Income	公共财政预算支出(亿元) Public Budget Expenditure (100 million yuan)	城镇居民人均可支配收入（元） Per Capita Annual Disposable Income of Urban Households (yuan)	农村居民人均纯收入（元） Per Capita Annual Net Income of Rural Households (yuan)
1978	1.43	2.26			0.47	0.47	0.78		54
1979	1.16	2.54			0.42	0.42	0.78		55
1980	1.14	2.73			0.43	0.43	0.84		55
1981	0.90	2.86			0.44	0.44	0.83		61
1982	1.04	3.03			0.45	0.45	0.92		75
1983	1.36	3.59			0.51	0.51	1.13		96
1984	1.86	4.09			0.58	0.58	1.46		133
1985	2.60	5.36			0.76	0.76	1.76		145
1986	3.54	5.80			0.81	0.81	2.33		174
1987	4.30	6.95			1.11	1.11	2.52		214
1988	4.71	10.32			1.39	1.39	3.03		254
1989	5.64	9.98			1.78	1.78	3.40		302
1990	5.61	9.93			1.96	1.96	3.86		332
1991	6.42	10.91			2.20	2.20	4.20		368
1992	9.16	13.14			2.54	2.54	4.71		413
1993	14.14	15.57		50	4.43	2.59	6.26		519
1994	20.81	20.83		846	5.70	3.21	7.17		656
1995	26.02	29.02	2625	2408	7.85	4.55	8.76		900
1996	24.29	34.41	2586	2056	9.12	5.46	9.43	3890	1170
1997	30.32	38.88	4027	3441	10.58	6.59	11.08	3976	1591
1998	36.76	42.70	4869	4861	11.84	7.70	13.34	4662	1748
1999	36.16	46.66	1730	1666	13.20	8.87	15.17	4726	1885
2000	40.55	50.95	1834	1812	14.50	9.56	16.42	4800	1386
2001	50.15	55.62	1350	1336	18.68	12.38	23.36	5292	1384
2002	53.45	59.03	1348	1143	16.63	9.43	23.98	5033	1419
2003	60.81	46.24	4115	2665	16.65	9.85	25.30	5238	1497
2004	92.05	52.01	10369	5837	20.03	12.15	28.40	6156	1727
2005	137.00	60.50	14567	8667	23.04	11.60	33.72	7170	1912
2006	188.28	68.78	28276	18241	27.40	13.18	43.24	8619	2186
2007	218.74	80.55	26083	15546	34.32	14.45	58.64	10752	2592
2008	211.17	99.98	31406	12506	40.23	17.91	80.68	12042	2944
2009	277.80	115.07	48624	16474	40.32	21.04	93.40	13369	3183
2010	361.95	131.73	64621	12634	47.34	22.95	120.97	14889	3599
2011	437.24	154.79	78614	10839	50.72	23.36	142.45	16448	4118
2012	277.84	176.99	52444	8112	44.56	22.17	175.95	17964	4620
2013	349.14	198.97	48148	3758	50.23	26.97	198.04	19653	5198
2014	399.65	223.79	47929	2291	54.67	29.93	226.19	21363	5723
2015	454.48	243.38	39168	3185	56.14	31.45	259.12	22752	6164

22－14 来宾市主要经济指标情况（1978－2015年）
Main Economic Indicators of Laibin（1978－2015）

年份 Year	生产总值（按当年价格，亿元）Gross Domestic Product (current prices, 100 million yuan)	第一产业 Primary Industry	第二产业 Secondary Industry	#工业 Industry	第三产业 Tertiary Industry	生产总值指数（上年=100）Indices of Gross Domestic Product (preceding year=100)	第一产业 Primary Industry	第二产业 Secondary Industry	#工业 Industry	第三产业 Tertiary Industry
1978	3.60	2.32	0.71	0.59	0.57	101.9				
1979	3.68					102.4				
1980	3.86	2.48	0.76	0.67	0.62	102.2	101.2	115.6	95.7	111.6
1981	4.28									
1982	5.02									
1983	5.71									
1984	6.36									
1985	6.97	4.04	1.46	1.18	1.48	101.9	88.7	113.8	102.9	132.5
1986	7.65									
1987	9.43									
1988	11.69									
1989	14.35									
1990	16.78	8.98	4.54	4.07	3.26	106.3	97.4	103.5	102.9	130.4
1991	20.40	10.33	5.48	4.90	4.59	115.1	111.5	108.8	108.2	133.3
1992	23.57	12.17	6.04	5.37	5.36	110.4	109.8	109.6	109.2	112.7
1993	32.77	15.38	10.03	9.06	7.36	114.6				
1994	45.47	21.33	14.11	12.64	10.03	103.3	97.8	108.8	107.1	108.5
1995	59.31	28.80	17.98	16.19	12.53	116.3	118.8	114.1	113.1	114.0
1996	72.23	34.77	21.56	19.75	15.90	115.4	110.1	116.8	118.4	125.0
1997	79.73	37.81	23.94	21.50	17.98	112.9	114.9	110.5	107.6	112.2
1998	86.89	36.86	30.37	22.38	19.67	114.9	100.9	140.6	109.7	109.0
1999	87.49	39.44	27.55	21.51	20.50	106.4	111.3	100.9	110.7	106.9
2000	98.95	42.34	33.87	30.46	22.73	104.7	102.3	101.8	115.9	114.2
2001	109.21	45.55	37.39	34.42	26.27	110.9	109.3	108.1	110.6	113.2
2002	114.71	46.13	39.05	35.01	29.54	109.7	108.4	111.0	108.6	110.1
2003	126.30	48.71	44.21	39.57	33.38	110.7	106.8	115.6	115.7	110.7
2004	154.75	58.91	57.13	51.45	38.71	113.1	108.6	119.7	119.9	110.8
2005	165.22	52.54	65.17	58.05	47.51	113.4	107.9	118.2	118.4	113.6
2006	200.06	65.88	77.41	69.50	56.77	113.9	108.6	116.4	116.7	116.3
2007	235.64	70.10	96.86	87.23	68.68	115.3	106.4	122.2	123.4	115.1
2008	273.47	76.22	113.87	100.25	83.38	112.8	105.0	114.9	113.2	117.4
2009	303.14	80.36	129.45	109.47	93.33	112.9	104.6	116.5	112.1	114.8
2010	405.22	97.83	192.35	168.00	115.04	118.0	105.0	125.0	123.1	117.8
2011	486.21	120.37	231.75	195.60	134.09	113.0	105.1	118.9	116.3	109.9
2012	514.29	127.01	236.07	189.06	151.22	111.7	107.7	114.6	112.1	109.8
2013	515.57	134.45	219.51	169.21	161.61	103.0	105.1	99.5	98.0	107.8
2014	551.12	133.17	228.21	173.67	189.75	106.1	102.1	105.9	106.3	109.4
2015	557.93	136.83	218.05	158.59	203.05	103.4	102.0	102.1	99.9	106.7

22－14 续表 continued

年份 Year	全社会固定资产投资（亿元）Total Investment in Fixed Assets (100 million yuan)	社会消费品零售总额（亿元）Total Retail Sales of Consumer Goods (100 million yuan)	进出口（万美元）Total Import & Export (USD 10 000)	#出口 Exports	财政收入（亿元）Finance Revenue (100 million yuan)	#公共财政预算收入 Public Budget Income	公共财政预算支出（亿元）Public Budget Expenditure (100 million yuan)	城镇居民人均可支配收入（元）Per Capita Annual Disposable Income of Urban Households (yuan)	农村居民人均纯收入（元）Per Capita Annual Net Income of Rural Households (yuan)
1978	0.73	1.47	436	436	0.52	0.20	0.39		
1979	0.68	1.59		840	0.41	0.25	0.36		
1980	0.83	1.84	979	979	0.44	0.25	0.34		
1981	0.43	2.20		935	0.46	0.24	0.36		
1982	0.47	2.28		859	0.51	0.33	0.41		
1983	0.63	2.95		607	0.65	0.38	0.46		
1984	0.83	3.08		414	0.74	0.38	0.81		
1985	1.06	3.70	204	204	0.91	0.52	0.76		259
1986	1.81	3.99		224	1.40	0.61	1.00		
1987	2.51	4.54		455	1.88	0.86	1.38		
1988	3.75	6.12		518	2.22	1.08	1.66		
1989	2.89	7.14		542	2.67	1.50	2.03		
1990	1.58	7.07	265	265	2.19	1.65	2.43		591
1991	1.27	8.04		409	2.45	1.69	2.46		604
1992	2.03	8.85		2813	3.49	2.09	3.49		660
1993	4.05	7.99		69	3.77	2.75	3.77		794
1994	7.01	9.88		245	3.97	1.80	3.94		945
1995	10.04	11.54	2268	2268	3.89	2.41	4.12		1219
1996	11.32	12.94	5166	3630	4.90	3.01	5.24		1512
1997	13.66	13.95	5718	3952	6.04	3.45	5.17		1845
1998	30.86	14.33	2586	1014	6.99	4.39	6.20		1998
1999	27.35	16.54	10829	3537	7.63	4.91	6.85		2142
2000	18.01	18.09	6009	4554	8.39	5.49	8.20		1458
2001	16.52	20.06	7088	4763	9.16	5.53	9.42		1639
2002	24.11	22.59	7956	4969	10.23	5.35	14.15		1769
2003	34.92	25.41	9034	5646	11.31	5.86	14.25		1927
2004	45.62	28.77	17814	10013	13.74	6.26	16.11	6428	2113
2005	56.89	32.97	14329	7356	17.51	6.64	20.89	8166	2385
2006	74.65	38.71	15009	8810	21.06	8.63	25.49	10051	2829
2007	93.90	46.15	23985	13243	26.07	10.39	33.83	12089	3245
2008	125.77	57.57	52149	20200	30.29	14.64	46.09	14037	3767
2009	205.01	66.84	26929	16725	34.14	20.48	61.18	15609	4094
2010	306.90	79.46	17127	10213	43.05	24.94	89.76	17334	4659
2011	419.58	94.42	13091	3563	47.66	25.10	100.17	19233	5382
2012	561.80	109.53	14321	6565	52.55	32.20	119.82	21499	6231
2013	453.22	120.87	11965	4634	56.13	36.37	123.68	23563	7085
2014	482.83	134.17	10688	4699	58.11	37.95	129.29	25401	7751
2015	498.15	145.11	6722	4003	50.02	30.29	139.33	27077	8379

22－15 崇左市主要经济指标情况（2003－2015年）
Main Economic Indicators of Chongzuo（2003－2015）

年份 Year	生产总值（按当年价格，亿元）Gross Domestic Product (current prices, 100 million yuan)	第一产业 Primary Industry	第二产业 Secondary Industry	#工业 Industry	第三产业 Tertiary Industry	生产总值指数（上年=100）Indices of Gross Domestic Product (preceding year=100)	第一产业 Primary Industry	第二产业 Secondary Industry	#工业 Industry	第三产业 Tertiary Industry
2003	104.22	40.96	24.97	19.31	38.28	108.3	103.8	111.5	109.9	111.9
2004	125.55	48.34	31.08	25.26	46.13	112.8	110.2	118.6	117.9	112.1
2005	151.13	55.34	43.63	36.29	52.17	113.9	108.8	129.4	130.3	107.5
2006	194.03	66.45	66.58	58.13	61.00	117.1	110.1	127.8	130.4	114.5
2007	231.87	76.24	78.12	67.97	77.51	116.6	107.1	122.9	123.9	119.7
2008	272.98	81.45	101.67	89.11	89.86	111.8	105.7	118.9	119.9	110.0
2009	304.36	86.94	107.41	90.83	110.01	112.6	105.1	111.6	108.1	120.1
2010	392.37	114.85	149.11	127.53	128.41	113.1	107.0	116.6	115.0	114.0
2011	491.85	144.98	197.42	169.71	149.45	110.5	106.2	116.0	115.6	108.1
2012	530.51	142.95	216.96	184.06	170.60	111.8	105.2	117.4	117.4	110.4
2013	584.63	149.44	248.24	210.62	186.95	110.2	104.2	115.7	115.9	107.8
2014	649.72	147.28	277.45	232.64	224.99	108.3	103.8	111.5	111.0	107.5
2015	682.82	155.06	274.61	226.38	253.15	108.0	103.2	108.1	107.6	111.5

22－15 续表 continued

年份 Year	全社会固定资产投资（亿元）Total Investment in Fixed Assets (100 million yuan)	社会消费品零售总额（亿元）Total Retail Sales of Consumer Goods (100 million yuan)	进出口（万美元）Total Import & Export (USD 10 000)	#出口 Exports	财政收入（亿元）Finance Revenue (100 million yuan)	#公共财政预算收入 Public Budget Income	公共财政预算支出（亿元）Public Budget Expenditure (100 million yuan)	城镇居民人均可支配收入（元）Per Capita Annual Disposable Income of Urban Households (yuan)	农村居民人均纯收入（元）Per Capita Annual Net Income of Rural Households (yuan)
2003	32.49	20.11	26185	22009	13.01	8.86	18.38	—	1927
2004	40.73	23.90	32628	28005	14.84	8.31	20.61	6208	2122
2005	52.81	26.98	49490	41380	16.74	8.46	23.78	7102	2298
2006	71.05	31.06	55332	43609	20.50	8.51	27.77	8640	2767
2007	115.15	36.71	93233	78026	26.94	12.30	39.83	11070	3290
2008	128.49	45.99	160531	134526	32.07	16.77	52.85	12732	3754
2009	212.28	53.45	286765	257935	36.73	20.79	70.06	14032	4028
2010	308.84	61.08	373711	341557	47.54	26.16	85.53	15620	4621
2011	415.14	72.40	507571	468275	57.65	30.23	103.11	17301	5370
2012	532.15	84.37	713458	680593	66.00	39.49	130.99	19370	6263
2013	482.38	96.38	1027713	975800	73.02	47.49	140.92	21289	7077
2014	581.49	108.44	1469407	1317965	73.16	48.40	155.51	23184	7707
2015	691.57	119.39	2013277	1423209	75.15	50.12	185.10	24668	8308

22－16　广西农垦管区社会经济主要指标
Main Social & Economic Indicators by Guangxi State Farms

指　　标	Item	2008	2009	2010	2011	2012	2013	2014	2015	2015年比上年增长%
辖区土地面积（平方公里）	Administrative Region Land Area (sq.km)	1681.98	1701.65	1701.84	1681.88	1681.88	1681.88	1681.88	1681.88	-
地区生产总值（当年价，亿元）	Gross Domestic Product (At current prices, 100 million yuan)	161.15	193.07	236.88	296.67	341.92	382.72	417.9	449.59	9.1
第一产业	Primary Industry	24.78	27.46	33.06	39.73	41.81	45.93	47.20	49.91	3.4
第二产业	Secondary Industry	100.45	118.08	145.79	180.48	213.03	240.82	262.60	280.90	10.0
#工业	Industry	79.64	89.78	113.53	137.25	160.32	183.38	199.30	218.42	13.0
建筑业	Construction	20.81	28.30	32.26	43.23	52.71	57.44	63.30	62.48	0.7
第三产业	Tertiary Industry	35.92	47.53	58.03	76.46	87.08	95.97	108.10	118.78	9.4
年末总人口（万人）	Total Population at Year-end (10 000 persons)	25.53	26.81	28.51	31.82	35.28	36.93	37.98	39.61	4.3
男性	Male	14.69	15.60	16.54	18.78	20.51	21.67	22.51	23.57	4.7
女性	Female	10.84	11.21	11.97	13.04	14.77	15.26	15.47	16.04	3.7
年末总户数（万户）	Total Households at Year-end(10 000 households)	6.98	7.61	8.36	9.88	10.69	11.07	11.45	11.72	2.3
就业人员（万人）	Employed Persons (10 000 persons)	15.67	16.34	16.93	18.51	20.13	20.46	20.85	21.69	4.0
第一产业	Primary Industry	5.75	5.81	5.92	6.09	6.17	6.31	6.17	6.20	0.4
第二产业	Secondary Industry	6.34	6.62	7.03	8.25	9.31	9.31	9.55	9.96	4.3
第三产业	Tertiary Industry	3.58	3.91	3.98	4.17	4.65	4.84	5.13	5.53	7.9
国有单位就业人员（万人）	Number of Employed Persons in State-owned Units(10 000 persons)	5.55	5.73	5.76	5.89	5.90	6.07	5.94	5.99	0.9
在岗职工人数（万人）	Number of Staff & Workers (10 000 persons)	3.54	3.40	3.23	3.16	3.01	2.91	2.77	2.59	-6.5
在岗职工工资总额（亿元）	Total Wage of Staff & Workers (100 million yuan)	59171	58796	64937	71739	79755	87731	92626	91669	-1.0
在岗职工平均工资（元）	Average Wage of Staff & Workers (yuan)	16410	17293	19455	22583	26585	29662	32609	34182	4.8
全社会固定资产投资总额（亿元）	Total Investment in Fixed Assets (100 million yuan)	60.90	101.16	131.31	180.21	235.41	270.79	281.00	300.60	7.0
#基本建设	Basic Construction	43.30	71.13	83.87	107.39	150.79	176.22	181.01	182.66	0.9
更新改造	Innovation	3.97	9.81	9.86	15.78	7.93	11.06	11.64	9.85	-15.4
其他投资	Others	0.95	2.29	5.53	9.09	10.75	11.30	12.14	17.56	44.7
房地产开发	Real Estate Development	10.26	14.03	27.45	33.36	32.88	47.97	61.52	81.1	31.8
私人建房	Housing Construction by Individuals	2.42	3.90	4.60	14.59	33.06	24.24	14.69	9.43	-35.9
城镇固定资产投资（亿元）	Urban Investment in Fixed Assets (100 million yuan)	58.56	98.27	127.67	173.67	229.33	257.25	266.95	285.57	7.0
城镇居民人均可支配收入（元）	Per Capita Annual Disposable Income of Household (yuan)	11145	12095	13310	14775	17550	19654	21641	23446	8.3
农林牧渔业从业人口	Farming, Forestry, Animal Husbandry & Fishery Employed Persons (10 000 persons)	5.75	5.81	5.92	6.09	6.20	6.31	6.18	6.20	0.3
常用耕地面积（千公顷）	Daily Cultivated Area (1000 hectares)	30.90	31.80	32.65	32.91	32.81	33.76	33.85	33.88	0.1
农林牧渔业总产值（当年价，亿元）	Gross Output Value of Farming, Forestry, Animal Husbandry & Fishery (At current prices, 100 million yuan)	41.21	42.56	51.56	63.00	70.44	75.92	78.79	86.54	9.8

22－16 续表 continued

指 标	Item	2008	2009	2010	2011	2012	2013	2014	2015	2015年比上年增长%
农业机械总动力（万千瓦）	Total Agricultural Machinery Power (10 000 kw)	17.49	18.93	23.62	25.30	25.43	27.30	27.7	31.83	14.9
化肥使用量（折纯量，万吨）	Consumption of Chemical Fertilizers (Pure quantity, 10 000 tons)	5.11	4.97	4.97	5.53	5.52	5.82	5.51	5.27	-4.4
农场用电量（万千瓦小时）	Electricity Consumed in Rural Areas (10 000 kwh)	29405	30786	32097	38711	48746	49132	49518	52350	5.7
有效灌溉面积（千公顷）	Irrigated Area (1 000 hectares)	9.91	10.66	11.52	12.61	12.99	12.83	13.57	15.37	13.3
农作物总播种面积（千公顷）	Total Sown Area of Farm Crops (1 000 hectares)	29.59	31.93	32.39	32.63	32.76	32.76	32.97	33.51	1.6
#甘蔗播种面积（千公顷）	Total Sown Area of Sugarcane (1 000 hectares)	22.23	22.42	22.55	22.62	22.91	22.62	21.98	22.17	0.9
甘蔗产量（万吨）	Output of Sugarcane (10 000 tons)	230.42	220.15	227.75	223.72	239.43	242.19	234.56	232.83	-0.7
剑麻纤维产量（万吨）	Output of Sisal fiber (10 000 ton)	1.68	1.82	1.80	2.02	2.11	2.19	1.94	1.80	-7.6
干毛茶产量（吨）	Output of Primary tea (ton)	2646	1266	881	849	1137	1068	968	770	-20.5
水果产量（万吨）	Output of Fruits (10 000 tons)	16.11	18.20	16.14	18.02	23.50	25.28	25.68	30.67	19.4
生猪年末存栏头数（万头）	Number of Pigs in Livestock (10 000 heads)	66.08	75.45	90.15	100.29	127.40	145.71	164.43	141.44	-14.0
肉猪出栏头数（万头）	Number of Slaughtered Fattened Hogs (10 000 heads)	85.60	109.65	130.66	130.94	154.46	179.99	193.3	215.86	11.7
肉类总产量（万吨）	Total Output of Meat (10 000 tons)	6.81	8.64	10.07	10.10	11.91	13.73	14.71	16.53	12.3
#猪牛羊肉产量	Pork, Beef & Mutton Output	6.02	7.70	9.17	9.19	10.85	12.63	13.59	15.18	11.7
牛奶产量（吨）	Output of Cow milk (10 000 tons)	4781	5210	4366	4471	4017	3989	4111	4641	12.9
水产品产量（万吨）	Output of Aquatic Products (10 000 ton)	1.33	1.55	1.50	1.57	1.66	1.70	1.63	1.71	4.6
工业企业单位数（规模以上，个）	Number of Industrial Enterprises (Above designated size, unit)	303	324	369	248	274	300	329	347	5.5
工业总产值（规模以上，当年价，亿元）	Gross Industrial Output Value(Above designated size, at current prices, 100 million yuan)	186.63	206.09	266.40	315.10	387.54	450.07	514.19	588.37	14.4
工业企业增加值（规模以上，当年价，亿元）	Value-added of Industrial Enterprises (Above designated size, at current prices, 100 million yuan)	73.52	84.24	105.99	118.47	144.33	161.94	183.19	200.88	13.1
工业企业税金（规模以上，亿元）	Taxation expense of Industrial Enterprises (Above designated size, 100 million yuan)	8.24	8.65	10.13	10.27	10.55	11.29	12.55	13.65	8.7
工业企业利润（规模以上，亿元）	Total Profits of Industrial Enterprises (Above designated size, 100 million yuan)	17.74	18.14	20.11	24.23	26.62	27.07	29.94	31.32	4.6
成品糖产量（万吨）	Machine-made Sugar (10 000 tons)	83.37	76.40	61.30	67.55	69.82	83.16	84.77	80.52	-5.0
发酵酒精产量（万吨）	Output of Alcohol (10 000 tons)	18.75	22.54	21.47	20.02	25.22	22.12	22.35	20.39	-8.8
剑麻制品（万吨）	Sisal Product (10 000 tons)	2.41	3.62	4.31	4.88	5.71	4.57	4.35	4.86	11.7
淀粉产量（万吨）	Output of Starch (10 000 tons)	19.02	25.76	28.57	29.96	29.66	32.80	32.67	27.67	-15.3
软饮料产量（万吨）	Output of Soft Drinks (10 000 tons)	21.85	28.51	28.21	30.06	31.64	25.64	17.81	16.88	-5.3
成品茶（吨）	Refined Tea (ton)	4393	2288	2298	2188	2761	2873	2710	2463	-9.1
人造板产品（万立方米）	Artificial Plate (10 000 cu.m)	77.42	88.43	95.87	106.61	141.22	143.44	161.21	160.05	-0.7
水泥（万吨）	Cement (10 000 tons)	53.03	44.26	46.46	53.76	44.52	48.00	49.46	45.31	-8.4
饲料产量（万吨）	Output of Feed (10 000 tons)	15.35	23.47	31.36	41.16	46.37	54.67	63.78	82.29	29.0
工农业产品进出口总额（亿元）	Import & Export of Industrial & Agricultural Products (100 million yuan)	12.96	12.04	17.10	17.17	14.46	16.88	18.29	20.47	11.9
年末实有外来投资企业及项目个数（个）	Actual Number of External Investment Enterprises & Projects in Year-end (unit)	662	729	759	820	892	980	1057	1129	6.8

第二十三篇

县（市、区）基本情况

BASIC STATISTICS OF COUNTIES(CITIES, DISTRICTS)

（编辑：杨海玲）

23－1 109个县域社会经济主要指标（2015年）

指 标	Item	兴宁区 Xingning District	青秀区 Qingxiu District
行政区域土地面积（平方公里）	Administrative Region Land Area (sq.km)	751	865
常住户数（户）	Total Households at Year-end (household)	96058	216645
常住人口（万人）	Total Population at Year-end (10 000 persons)	42.20	76.68
户籍人口（万人）	Registered Population (10 000 persons)	31.68	68.70
地区生产总值（万元）	Gross Domestic Product (10 000 yuan)	3564969	7554061
第一产业增加值	Primary Industry	107678	161873
第二产业增加值	Secondary Industry	615720	948113
#工业	Industry	110628	168923
第三产业增加值	Tertiary Industry	2841571	6444075
人均生产总值（元）	Per Capital GDP (yuan)	84911	99161
地区生产总值指数（上年=100）	Indices of Gross Domestic Product (preceding year=100)	109.9	109.6
第一产业	Primary Industry	106.0	104.3
第二产业	Secondary Industry	104.5	105.3
#工业	Industry	101.7	104.6
第三产业	Tertiary Industry	111.6	110.4
人均生产总值指数（上年=100）	Indices of Per Capital GDP (preceding year=100)	108.7	107.8
地区生产总值构成（%）	Construction of GDP (%)		
第一产业	Primary Industry	3.0	2.1
第二产业	Secondary Industry	17.3	12.6
第三产业	Tertiary Industry	79.7	85.3
公共财政收入（万元）	Government Revenue (10 000 yuan)	94548	306082
各项税收（万元）	Total Tax Revenue (10 000 yuan)	83695	287644
公共财政支出（万元）	Government Expenditure (10 000 yuan)	145217	302929
年末金融机构各项存款余额（万元）	Year-end Deposits of Financial Institutions (10 000 yuan)	0	
#居民储蓄存款余额	Urban & Rural Savings Deposits	0	
年末金融机构各项贷款余额（万元）	Year-end Loans of Financial Institutions (10 000 yuan)	0	
耕地面积（公顷）	Farmland(hectare)	14562	20798
设施农业占地面积（公顷）	Protected Agriculture Covered(hectare)	300	255
农作物总播种面积（公顷）	Total Sown Area of Major Farm Crops (hectare)	27517	38808

注：本表由各县（市）区上报，部分指标为快报数，下同。
Note: The data in this table is reported by relevant counties(cities,districts), and part of data is from express report, and the same as the following.

Main Social & Economic Indicators by County (2015)

江南区 Jiangnan District	西乡塘区 Xixiangtang District	良庆区 Liangqing District	邕宁区 Yongning District	武鸣县 Wuming County	隆安县 Long'an County	马山县 Mashan County	上林县 Shanglin County
1183	1298	1369	1231	3389	2306	2345	1871
159738	244000	92608	88819	237328	89977	159395	148985
60.97	120.27	36.80	27.80	55.10	31.01	40.39	45.57
49.74	88.93	27.02	35.41	70.81	41.94	56.33	49.60
4219399	8099752	1267451	672474	2922601	616536	467871	496058
179840	201118	205787	248053	728387	238163	161442	192349
2796958	4625305	711739	159263	1457829	180301	101454	114420
2490280	3953446	440934	64665	1279249	111715	35893	66791
1242601	3273329	349925	265158	736385	198072	204975	189289
69644	67580	34639	24312	52376	19978	11624	13999
110.2	108.6	110.5	108.6	107.5	107.2	104.2	106.5
104.2	100.3	101.2	104.2	104.7	105.1	104.0	103.6
110.9	109.9	109.2	104.0	104.3	103.2	98.8	109.9
111.5	110.1	105.2	96.5	103.8	100.0	93.5	107.2
109.6	107.3	119.5	117.7	118.2	115.8	108.7	106.4
108.7	107.8	109.2	107.9	106.9	106.5	103.5	105.3
4.3	2.5	16.2	36.9	24.9	38.6	34.5	38.8
66.3	57.1	56.2	23.7	49.9	29.2	21.7	23.1
29.4	40.4	27.6	39.4	25.2	32.1	43.8	38.2
163606	563996	222756	29018	132507	34361	20659	28234
153743	489764	215375	24184	82956	22627	27666	38218
282836	442208	143935	150875	253240	207312	236752	228495
			0	1912524	826796	781641	829547
			0	1307333	637510	490114	603814
			0	1126188	407951	398573	412966
39120	44292	35435	45356	116944	63354	46185	47865
730	121	284	7	780	102	82	25
72891	41732	58049	65046	173386	70593	58311	60538

23－1　续表1

指　　标	Item	兴宁区 Xingning District	青秀区 Qingxiu District
#粮食作物	Grain Crops	10968	15291
粮食总产量（吨）	Yield of Grain (ton)	55227	86329
#稻谷	Rice	47564	67570
油料产量（吨）	Yield of Oil-bearing Crops (ton)	4287	9141
糖料产量（吨）	Yield of Sugar Crops (ton)	69354	511043
园林水果产量（吨）	Yield of Fruit (ton)	7930	16442
肉类总产量（吨）	Output of Meat (ton)	18417	33824
#猪肉	Pork	9967	21162
禽蛋产量（吨）	Output of Eggs (ton)	1004	2545
奶类产量（吨）	Output of Milk (ton)	1978	
蔬菜产量（吨）	Yield of Vegetables (ton)	167500	169329
水产品产量（吨）	Aquatic Products (ton)	7964	6874
规模以上工业企业个数（个）	Number of Industrial Enterprises above Designated Size (unit)	26	26
规模以上工业总产值（当年价，万元）	Included Gross Industrial Output Value above Designated Size (at current price, 10 000 yuan)	328025	544281
规模以上工业企业从业人员年平均人数（人）	Annual Average Number of Employed Persons (person)	3126	4361
规模以上工业企业主营业务收入（万元）	Income from Major Business (10 000 yuan)	308600	493347
公路里程（公里）	Length of Domestic Highways (km)	316	741
民用汽车拥有量（辆）	Number of Civil Motor Vehicles Owned (unit)	0	
年末实有公共汽（电）车营运数（辆）	Year-end Total Operating Public Buses (vehicle)	0	
年末实有出租汽车数（辆）	Year-end Total Taxis (vehicle)	0	
固定电话年末用户（户）	Number of Local Telephone Subscribers in Year-end (subscriber)	0	
年末移动电话用户数（户）	Number of Mobile Telephone Subscribers at Year-end (subscriber)	0	
互联网宽带接入用户（户）	Number of Internet Subscribers (subscriber)	0	
全社会用电量（万千瓦时）	Total Consumption of Electricity (10 000 kwh)	124300	233400
#居民生活用电量	Household Consumption of Electricity	40300	67700
社会消费品零售总额（万元）	Total Retail Sale of Consumer Goods (10 000 yuan)	3732228	3672242
固定资产投资（万元）	Investment in Fixed Assets (10 000 yuan)	2313421	6610522

Continued

江南区 Jiangnan District	西乡塘区 Xixiangtang District	良庆区 Liangqing District	邕宁区 Yongning District	武鸣县 Wuming County	隆安县 Long' an County	马山县 Mashan County	上林县 Shanglin County
16795	12620	18762	27030	70770	39540	40650	38500
92820	65514	95674	143997	367346	177427	185904	184754
70528	42524	80531	117783	219238	80798	83306	135120
12490	9361	5895	13512	46730	5611	2607	7512
1466432	135056	1066384	1010264	1561973	489710	153454	563100
49567	592102	73743	44760	805440	374026	20496	6945
31064	35828	37315	61496	148153	44634	41479	40536
10336	17159	10932	20668	95425	31523	29314	34175
3905	4087	859	665	12099	1173	810	558
4990	1359	660		1409	42		0
505653	296387	324800	243809	1170888	281229	203939	128850
14987	13072	12939	13116	46255	15298	12318	21074
155	224	60	16	189	40	15	15
8036851	10501949	1533623	239797	4159270	533041	88659	289466
29808	80689	11641	4007	40005	5912	2310	3146
6694820	10610074	1284206	236817	2100309	500320	91669	218615
	690	1363	977	2297	0	1238	968
			27874	26364	0	28668	16668
		24053	125	141	59	25	45
			0	100	23	40	28
			490	161200	0	28368	17535
			101625	513856	0	304000	221865
			62345	61225	0	36367	24974
334997		75900		148640	62546	32568	23696
54486	106100	7200	3580	30609	13447	17841	11352
2889465	4026821	303264	186429	721724	174340	210183	182432
3739937	6389562	2334717	1282561	3117287	686388	343906	564103

23－1 续表2

指 标	Item	兴宁区 Xingning District	青秀区 Qingxiu District
新增固定资产（万元）	Newly Increased Fixed Assets (10 000 yuan)	1183745	3341846
房地产开发投资完成额（万元）	Real Estate Development (10 000 yuan)	927842	1308817
#住宅	Residential Buildings	740175	886553
住宅竣工面积（万平方米）	Completed Floor Space of Residential Buildings (10 000 sq.m)	65.13	50.30
普通中学数（所）	Number of Regular Secondary Schools (unit)	14	
小学数（所）	Number of Primary Schools (unit)	48	79
普通中学专任教师数（人）	Full-time Teachers in Regular Secondary Schools (person)	968	707
小学专任教师数（人）	Full-time Teachers in Primary Schools (person)	1426	2911
普通中学在校学生数（人）	Student Enrollment in Regular Secondary Schools (person)	9653	9812
小学在校学生数（人）	Primary Student Enrollment (person)	33943	55698
专业技术人员（人）	Number of Professionals (person)	1867	3320
#农业技术人员	Agricultural Professionals（Person）	33	
医疗卫生机构床位数（床）	Number of Beds in Healthcare Institutions (bed)	4140	10964
医疗卫生机构技术人员（人）	Medical & Technical Personnel of Healthcare Institutions (person)	5486	18194
#执业（助理）医师	Practitioner (assistant) Doctors	1950	6359
居民人均可支配收入（元）	Per Capita Annual Disposable Income of Households (yuan)		
城镇居民人均可支配收入（元）	Per Capita Annual Disposable Income of Urban Households (yuan)	31945	36830
农村居民人均纯收入（元）	Annual Per Capita Net Income of Rural Residents (yuan)	10843	11012
各种社会福利收养性单位数（个）	Number of Adopting Units of Social Welfare (unit)	4	15
各种社会福利收养性单位床位数（张）	Number of Beds in Adopting Units of Social Welfare (bed)	165	539
城镇基本养老保险参保人数（人）	Number of Persons Joining Basic Pension Insurance (person)		62129
城镇基本医疗保险参保人数（人）	Number of Persons Joining Basic Health Care Insurance (person)		
失业保险参保人数（人）	Number of Persons Joining Unemployment Insurance (person)		
新型农村合作医疗参保人数（人）	Number of Persons Joining New-type Rural Cooperative Medical Service (person)	134677	179278
新型农村社会养老保险参保人数（人）	Number of Persons Joining New-type Rural Social Pension Insurance (person)	61203	62192
城镇居民最低生活保障人数（人）	Number of Urban Residents Receiving Lowest Cost-of-living (person)	1301	621
农村居民最低生活保障人数（人）	Number of Rural Residents Receiving Lowest Cost-of-living (person)	2593	3075

Continued

江南区 Jiangnan District	西乡塘区 Xixiangtang District	良庆区 Liangqing District	邕宁区 Yongning District	武鸣县 Wuming County	隆安县 Long' an County	马山县 Mashan County	上林县 Shanglin County
2282810	2956466	657863	332417	2105300	0	234324	318986
538985	1025442	1307822	680225	283060	34520	21450	31086
382018	582937	832521	620862	234561	34146	13335	25592
53.38	100.57	36.75	5.56	42.00	0.37	6.94	9.50
31	43	18	11	26	16	20	17
87	113	66	72	138	123	104	111
1288	2632	979	825	2150	742	1405	1401
2720	3268	1303	854	2502	1176	2373	2056
16613	27725	14605	14912	28131	16827	22343	21532
60831	95798	34836	21590	35298	30769	37027	30568
10102	17654	2309	3955	8556	3613	5470	5178
134	49	93	305	487	137	136	136
700	7695	1509	1400	2580	1323	1388	1325
480	7582	2289	1091	3020	1337	1758	1518
193	2971	851	523	1025	433	503	755
						22295	0
27181	26198	25054	25827	27872	22445	22295	21788
10923	10079	10244	9805	11210	7277	6664	6980
8	15	40	7	21	21	15	28
665	270	368	296	480	450	460	482
	5944	618	16106	48000	20700	18544	18350
	1503	24500	16485	75100	41500	31062	34670
	38281		16485	18900	10702	8640	9665
248189	310714	215406	279299	586900	368556	509606	424625
92139	94093	64896	98837	301102	156603	168984	162750
779	41548	187	206	1543	667	20997	3608
1688	36025	4472	5625	10829	20798	29511	22076

23－1　续表3

指　　标	Item	宾阳县 Binyang County	横　县 Hengxian County
行政区域土地面积（平方公里）	Administrative Region Land Area (sq.km)	2298	3448
常住户数（户）	Total Households at Year-end (household)	280846	344589
常住人口（万人）	Total Population at Year-end (10 000 persons)	105.91	119.91
户籍人口（万人）	Registered Population (10 000 persons)	105.13	125.96
地区生产总值（万元）	Gross Domestic Product (10 000 yuan)	1798103	2550911
第一产业增加值	Primary Industry	432191	673798
第二产业增加值	Secondary Industry	635983	1105603
#工业	Industry	439526	837746
第三产业增加值	Tertiary Industry	729928	771510
人均生产总值（元）	Per Capital GDP (yuan)	22284	28628
地区生产总值指数（上年=100）	Indices of Gross Domestic Product (preceding year=100)	108.5	106.0
第一产业	Primary Industry	103.9	104.9
第二产业	Secondary Industry	106.2	104.3
#工业	Industry	104.6	103.1
第三产业	Tertiary Industry	114.6	110.2
人均生产总值指数（上年=100）	Indices of Per Capital GDP (preceding year=100)	107.5	105.1
地区生产总值构成（%）	Construction of GDP (%)		
第一产业	Primary Industry	24.0	26.4
第二产业	Secondary Industry	35.4	43.3
第三产业	Tertiary Industry	40.6	30.2
公共财政收入（万元）	Government Revenue (10 000 yuan)	172380	126610
各项税收（万元）	Total Tax Revenue (10 000 yuan)	128296	127616
公共财政支出（万元）	Government Expenditure (10 000 yuan)	396959	410156
年末金融机构各项存款余额（万元）	Year-end Deposits of Financial Institutions (10 000 yuan)	1760427	2082775
#居民储蓄存款余额	Urban & Rural Savings Deposits	1406760	1682551
年末金融机构各项贷款余额（万元）	Year-end Loans of Financial Institutions (10 000 yuan)	968701	1233015
耕地面积（公顷）	Farmland(hectare)	91439	110406
设施农业占地面积（公顷）	Protected Agriculture Covered(hectare)	477	420
农作物总播种面积（公顷）	Total Sown Area of Major Farm Crops (hectare)	135359	159068

Continued

城中区 Chengzhong District	鱼峰区 Yufeng District	柳南区 Liunan District	柳北区 Liubei District	柳江县 Liujiang County	柳城县 Liucheng County	鹿寨县 Luzhai County	融安县 Rong' an County
78	36830	177	301	2577	2114	2975	2900
54567	118604	192721	148536	218264	124822	116946	92285
16.90	41.33	51.17	46.44	59.82	37.64	35.61	33.78
14.99	34.15	34.94	35.93	56.37	40.94	42.57	32.21
2808276	3650294	5646058	4781940	2005163	1142063	1245295	582413
9987	25540	27013	85448	365445	385731	291508	158818
1251202	2519120	3993488	2759441	992418	415283	575580	203302
941131	2481327	3821802	2599125	830839	339340	444912	160266
1547087	1105634	1625557	1937051	647300	341049	378207	220293
166515	77509	110544	108680	33714	31401	36116	19834
108.4	104.8	110.2	103.8	106.2	109.3	109.0	108.8
98.5	77.1	103.5	102.6	103.0	105.9	104.0	104.4
106.9	102.9	109.1	101.1	104.1	105.2	108.8	108.8
108.1	102.8	109.3	101.0	103.2	105.0	107.8	108.1
110.6	111.9	113.4	111.6	111.9	119.0	113.3	111.4
107.9	103.7	109.9	103.2	104.2	108.6	107.6	108.0
0.4	0.7	0.5	1.8	18.2	33.8	23.4	27.3
44.6	69.0	70.7	57.7	49.5	36.4	46.2	34.9
55.1	30.3	28.8	40.5	32.3	29.9	30.4	37.8
55751	95218	78789	69413	85148	49144	57264	37886
50813	153563	67837	59690	138227	33836	67587	17733
65238	67777	108303	101511	232747	194442	227702	176593
0	0	0		1563989	812527	1301284	702745
0	0	0		1018173	607908	873999	498729
0	0	0		1311772	484382	1027938	376168
374	10800	2545	8455	85905	77635	58990	26876
26	86	3	325	217	301	250	58
1260	11369	4116	12014	88441	87403	80221	44082

23－1 续表4

指 标	Item	宾阳县 Binyang County	横 县 Hengxian County
#粮食作物	Grain Crops	71180	79600
粮食总产量（吨）	Yield of Grain (ton)	372353	425487
#稻谷	Rice	315926	340278
油料产量（吨）	Yield of Oil-bearing Crops (ton)	18198	17577
糖料产量（吨）	Yield of Sugar Crops (ton)	1487445	1985730
园林水果产量（吨）	Yield of Fruit (ton)	24532	76999
肉类总产量（吨）	Output of Meat (ton)	65147	82632
#猪肉	Pork	40649	48588
禽蛋产量（吨）	Output of Eggs (ton)	1638	2677
奶类产量（吨）	Output of Milk (ton)	218	5305
蔬菜产量（吨）	Yield of Vegetables (ton)	599726	748397
水产品产量（吨）	Aquatic Products (ton)	40124	45241
规模以上工业企业个数（个）	Number of Industrial Enterprises above Designated Size (unit)	61	96
规模以上工业总产值（当年价，万元）	Included Gross Industrial Output Value above Designated Size (at current price, 10 000 yuan)	1381905	2623661
规模以上工业企业从业人员年平均人数（人）	Annual Average Number of Employed Persons (person)	18135	26408
规模以上工业企业主营业务收入（万元）	Income from Major Business (10 000 yuan)	1243517	2596820
公路里程（公里）	Length of Domestic Highways (km)	1009	1864
民用汽车拥有量（辆）	Number of Civil Motor Vehicles Owned (unit)	14900	16626
年末实有公共汽（电）车营运数（辆）	Year-end Total Operating Public Buses (vehicle)	302	23
年末实有出租汽车数（辆）	Year-end Total Taxis (vehicle)	102	135
固定电话年末用户（户）	Number of Local Telephone Subscribers in Year-end (subscriber)	434610	48570
年末移动电话用户数（户）	Number of Mobile Telephone Subscribers at Year-end (subscriber)	552266	568427
互联网宽带接入用户（户）	Number of Internet Subscribers (subscriber)	78828	69810
全社会用电量（万千瓦时）	Total Consumption of Electricity (10 000 kwh)	110265	139700
#居民生活用电量	Household Consumption of Electricity	36849	40490
社会消费品零售总额（万元）	Total Retail Sale of Consumer Goods (10 000 yuan)	929505	838212
固定资产投资（万元）	Investment in Fixed Assets (10 000 yuan)	2149009	2182009

Continued

城中区 Chengzhong District	鱼峰区 Yufeng District	柳南区 Liunan District	柳北区 Liubei District	柳江县 Liujiang County	柳城县 Liucheng County	鹿寨县 Luzhai County	融安县 Rong' an County
267	3831	1673	3241	33800	32550	32578	20677
1282	18083	8455	16714	175305	170572	170866	101245
580	10534	7447	13865	146329	154095	141983	93752
122	527	594	1325	3459	8552	10110	2194
0	219600	2434	265799	1780999	2594859	1037704	441982
668	7355	3492	33615	111473	368005	134701	125168
2988	3741	5480	14141	52049	46413	32731	21729
1007	2064	3264	7216	32356	33329	21993	11736
0	14	6739	2703	777	1626	1531	802
195	2229	330	2617	570	18	778	
11926	62390	45726	166252	788186	239431	384519	172426
338	868	1468	9807	16743	18348	9893	6778
16	189	125	149	108	39	48	41
1353752	8165994	5692432	6309142	2671788	861812	1489920	459991
2552	58545	40808	30137	23000	8400	20540	6381
1047569	7526453	4738362	5890626	1772969	671436	1307348	409964
70	0	51	163	1224	1362	1472	900
0	0	0		54747	7200	10158	18540
0	0	0			28	120	39
0	0	0			50	100	60
0	0	0		214095	15400	28158	13514
0	0	0		332750	295863	221367	220168
0	0	0		50873	35578	54632	31062
0	0	159503	470041	80511	41791	115965	24578
0	0	42822	36677	27078	15444	16371	11051
1475927	1834836	2548056	1811552	414747	317271	334237	247631
925766	1333294	1606680	1551548	2178809	1105836	1667373	885452

23—1　续表5

指　　标	Item	宾阳县 Binyang County	横　县 Hengxian County
新增固定资产（万元）	Newly Increased Fixed Assets (10 000 yuan)	131133	1652199
房地产开发投资完成额（万元）	Real Estate Development (10 000 yuan)	132667	122837
#住宅	Residential Buildings	104789	104313
住宅竣工面积（万平方米）	Completed Floor Space of Residential Buildings (10 000 sq.m)	66.78	29.20
普通中学数（所）	Number of Regular Secondary Schools (unit)	41	43
小学数（所）	Number of Primary Schools (unit)	203	271
普通中学专任教师数（人）	Full-time Teachers in Regular Secondary Schools (person)	3196	3220
小学专任教师数（人）	Full-time Teachers in Primary Schools (person)	3494	3504
普通中学在校学生数（人）	Student Enrollment in Regular Secondary Schools (person)	52694	17262
小学在校学生数（人）	Primary Student Enrollment (person)	28096	14594
专业技术人员（人）	Number of Professionals (person)	9143	9674
#农业技术人员	Agricultural Professionals（Person)	249	250
医疗卫生机构床位数（床）	Number of Beds in Healthcare Institutions (bed)	3411	3076
医疗卫生机构技术人员（人）	Medical & Technical Personnel of Healthcare Institutions (person)	3497	3517
#执业（助理）医师	Practitioner (assistant) Doctors	1285	1172
居民人均可支配收入（元）	Per Capita Annual Disposable Income of Households (yuan)	0	16140
城镇居民人均可支配收入（元）	Per Capita Annual Disposable Income of Urban Households (yuan)	27295	27189
农村居民人均纯收入（元）	Annual Per Capita Net Income of Rural Residents (yuan)	9916	9727
各种社会福利收养性单位数（个）	Number of Adopting Units of Social Welfare (unit)	26	199
各种社会福利收养性单位床位数（张）	Number of Beds in Adopting Units of Social Welfare (bed)	3100	2248
城镇基本养老保险参保人数（人）	Number of Persons Joining Basic Pension Insurance (person)	63048	50603
城镇基本医疗保险参保人数（人）	Number of Persons Joining Basic Health Care Insurance (person)	118725	86901
失业保险参保人数（人）	Number of Persons Joining Unemployment Insurance (person)	22861	19533
新型农村合作医疗参保人数（人）	Number of Persons Joining New-type Rural Cooperative Medical Service (person)	869591	1094566
新型农村社会养老保险参保人数（人）	Number of Persons Joining New-type Rural Social Pension Insurance (person)	478181	356008
城镇居民最低生活保障人数（人）	Number of Urban Residents Receiving Lowest Cost-of-living (person)	1093	1085
农村居民最低生活保障人数（人）	Number of Rural Residents Receiving Lowest Cost-of-living (person)	14994	25229

Continued

城中区 Chengzhong District	鱼峰区 Yufeng District	柳南区 Liunan District	柳北区 Liubei District	柳江县 Liujiang County	柳城县 Liucheng County	鹿寨县 Luzhai County	融安县 Rong' an County
925766	1333294	1467904	1443657		807059	1111365	669086
755781	542817	473813	368092	70538	104406	113830	62153
438401	473329	218300	263811	16676	85536	90414	48775
60.30	22.41	35.00	21.70	9.31	10.92	4.60	2.37
6	8	17	14	18	17	7	14
19	37	40	45	118	142	63	112
616	675	1242	921	1622	1132	1043	904
1011	1307	2063	1495	2382	1619	1639	1215
8448	10356	17637	12863	18250	13384	13639	12853
18033	27595	41509	27766	37140	21927	25431	18693
1503	0	2834	7484	7161	4687	3933	3599
5	0	16	36	320	225	168	129
3699	5099	1599	2467	1655	1534	1642	1326
6035	4630	2156	3043	1639	1685	1970	1371
1847	149	1833	1491	705	525	728	383
0	0	0			0		0
31091	30477	30908	30714	26906	24071	27111	24110
17380	17896	15870	13261	11253	10954	10394	9245
4	8	9	5	17	85	30	28
465	950	1307	842	332	780	540	413
0	128943	0	132777	47098	41823	48075	32009
0	128943	0	174800	37750	50281	67893	50857
0	43746	81080	75596	20765	13258	19554	9259
11086	84258	34543	60170	440945	326884	340142	265671
2236	21097	9200	17426	230669	124476	169502	97123
794	2320	2834	56552	469	13229	3736	1864
214	371	315	13539	6058	90220	13042	12606

23－1 续表6

指　标	Item	融水苗族自治县 Rongshui County	三江侗族自治县 Sanjiang County
行政区域土地面积（平方公里）	Administrative Region Land Area (sq.km)	4638	2417
常住户数（户）	Total Households at Year-end (household)	105482	106500
常住人口（万人）	Total Population at Year-end (10 000 persons)	43.71	39.23
户籍人口（万人）	Registered Population (10 000 persons)	51.55	39.75
地区生产总值（万元）	Gross Domestic Product (10 000 yuan)	758575	427199
第一产业增加值	Primary Industry	150801	170726
第二产业增加值	Secondary Industry	327556	88979
#工业	Industry	218070	34613
第三产业增加值	Tertiary Industry	280219	167494
人均生产总值（元）	Per Capital GDP (yuan)	18419	13984
地区生产总值指数（上年=100）	Indices of Gross Domestic Product (preceding year=100)	109.6	110.1
第一产业	Primary Industry	98.3	106.3
第二产业	Secondary Industry	109.9	101.6
#工业	Industry	109.7	99.2
第三产业	Tertiary Industry	116.4	120.7
人均生产总值指数（上年=100）	Indices of Per Capital GDP (preceding year=100)	109.0	109.4
地区生产总值构成（%）	Construction of GDP (%)		
第一产业	Primary Industry	19.9	40.0
第二产业	Secondary Industry	43.2	20.8
第三产业	Tertiary Industry	36.9	39.2
公共财政收入（万元）	Government Revenue (10 000 yuan)	41806	20373
各项税收（万元）	Total Tax Revenue (10 000 yuan)	28886	14503
公共财政支出（万元）	Government Expenditure (10 000 yuan)	303002	201203
年末金融机构各项存款余额（万元）	Year-end Deposits of Financial Institutions (10 000 yuan)	968086	679629
#居民储蓄存款余额	Urban & Rural Savings Deposits	680588	427090
年末金融机构各项贷款余额（万元）	Year-end Loans of Financial Institutions (10 000 yuan)	552862	335766
耕地面积（公顷）	Farmland(hectare)	55733	20665
设施农业占地面积（公顷）	Protected Agriculture Covered(hectare)		18
农作物总播种面积（公顷）	Total Sown Area of Major Farm Crops (hectare)	45001	26529

Continued

叠彩区 Diecai District	象山区 Xiangshan District	七星区 Qixing District	雁山区 Yanshan District	临桂区 Lingui District	阳朔县 Yangshuo County	灵川县 Lingchuan County	全州县 Quanzhou County
52	90	123	288	2247	1436	2302	3875
47272	85832	75839	17907	124495	91870	111307	250498
19.17	28.96	28.06	12.90	50.86	32.58	38.73	82.58
14.83	24.25	20.87	7.19	50.01	32.58	38.54	83.59
710193	1917243	1794002	231602	2360911	1081766	1386131	1618908
13499	11411	16819	50481	384316	231869	350518	468239
155021	682664	987036	55943	1522774	411094	645033	650658
74638	527433	903876	37806	1311168	223420	551848	548851
541673	1223168	790147	125178	453821	438804	390580	500011
39226	66479	59601	18700	50750	38211	38249	24771
108.9	107.2	107.6	108.7	107.9	109.6	108.8	109.0
101.4	101.6	99.8	102.8	103.9	106.0	105.3	104.1
106.1	102.7	106.9	109.0	108.6	110.9	109.5	110.1
105.7	101.9	107.0	110.2	107.7	106.6	109.8	110.3
110.1	110.8	109.3	110.8	108.8	110.3	110.1	111.1
107.6	106.1	106.5	102.7	106.7	108.7	107.9	108.4
1.9	0.6	0.9	21.8	16.3	21.4	25.3	28.9
21.8	35.6	55.0	24.2	64.5	38.0	46.5	40.2
76.3	63.8	44.0	54.0	19.2	40.6	28.2	30.9
29167	71412	89908	12933	186227	59285	116462	43905
36702	31312	108207	7232	130233	41170	103113	48693
33501	73710	107068	42398	351059	155925	283956	302469
		0		3451034	950831	1489295	1576665
		0			701215	1126346	1274848
		0		1756261	501414	1167934	843401
1012	1443	871	4286	47137	14738	28075	70954
35	30	29		554	165	206	173
2358	2603	2338	9729	83451	46824	63371	129682

23－1 续表7

指 标	Item	融水苗族自治县 Rongshui County	三江侗族自治县 Sanjiang County
#粮食作物	Grain Crops	23618	14739
粮食总产量（吨）	Yield of Grain (ton)	118811	69632
#稻谷	Rice	111430	61975
油料产量（吨）	Yield of Oil-bearing Crops (ton)	2646	1727
糖料产量（吨）	Yield of Sugar Crops (ton)	379178	6932
园林水果产量（吨）	Yield of Fruit (ton)	54775	11608
肉类总产量（吨）	Output of Meat (ton)	28979	18858
#猪肉	Pork	16288	9999
禽蛋产量（吨）	Output of Eggs (ton)	287	873
奶类产量（吨）	Output of Milk (ton)		
蔬菜产量（吨）	Yield of Vegetables (ton)	141998	64782
水产品产量（吨）	Aquatic Products (ton)	7867	3819
规模以上工业企业个数（个）	Number of Industrial Enterprises above Designated Size (unit)	35	15
规模以上工业总产值（当年价，万元）	Included Gross Industrial Output Value above Designated Size (at current price, 10 000 yuan)	579215	50638
规模以上工业企业从业人员年平均人数（人）	Annual Average Number of Employed Persons (person)	5472	1217
规模以上工业企业主营业务收入（万元）	Income from Major Business (10 000 yuan)	514746	46059
公路里程（公里）	Length of Domestic Highways (km)	1765	1071
民用汽车拥有量（辆）	Number of Civil Motor Vehicles Owned (unit)	19051	37459
年末实有公共汽（电）车营运数（辆）	Year-end Total Operating Public Buses (vehicle)	26	29
年末实有出租汽车数（辆）	Year-end Total Taxis (vehicle)	80	80
固定电话年末用户（户）	Number of Local Telephone Subscribers in Year-end (subscriber)	13539	13630
年末移动电话用户数（户）	Number of Mobile Telephone Subscribers at Year-end (subscriber)	324251	224268
互联网宽带接入用户（户）	Number of Internet Subscribers (subscriber)	32291	24938
全社会用电量（万千瓦时）	Total Consumption of Electricity (10 000 kwh)	39248	31002
#居民生活用电量	Household Consumption of Electricity	23401	11165
社会消费品零售总额（万元）	Total Retail Sale of Consumer Goods (10 000 yuan)	279615	189638
固定资产投资（万元）	Investment in Fixed Assets (10 000 yuan)	891488	583476

Continued

叠彩区 Diecai District	象山区 Xiangshan District	七星区 Qixing District	雁山区 Yanshan District	临桂区 Lingui District	阳朔县 Yangshuo County	灵川县 Lingchuan County	全州县 Quanzhou County
605	1322	472	4094	48670	24160	33270	79660
3863	6561	2545	20147	261190	119713	174895	435623
3494	5814	2139	15562	239587	92102	144807	376713
139	60	51	337	1284	6178	1870	13568
440		0		69106	34770	12650	39784
272	172	145	27772	130189	394810	301231	314189
2520	4104	5431	17809	100211	28741	54388	75452
1508	3151	4404	6316	33496	17492	31365	58434
160	415	155	2709	17121	2442	9421	8557
121	240	982		0	73	0	
43392	16625	55774	83441	454485	274370	562844	504439
340	1855	1050	2824	16592	8718	10169	24307
12	26	72	7	70	23	68	45
347800	1527308	3254669	137503	4131664	535177	2042176	1759030
2279	17511	26503	1262	19970	14321	223	7075
242900	1200457	2397526	105734	4023556	533688	2014377	1657419
42	76	73	277	693	669	888	1897
21002	33967	29789	3709	25245	22990	27852	30987
		0		129	74	152	415
		130	1		46	0	97
		0		22507	15700	25525	20074
		0		344490	214374	354265	248612
		0		50611	26811	62547	24293
	122910	67864		79759	34669	80836	113271
	28846	25060		24330	15571	20066	28277
993900	1314254	754995	31740	368229	236412	445747	286076
574500	1240591	1340139	363119	2658540	1074495	1723326	1509479

23—1 续表8

指　标	Item	融水苗族自治县 Rongshui County	三江侗族自治县 Sanjiang County
新增固定资产（万元）	Newly Increased Fixed Assets (10 000 yuan)	891488	282462
房地产开发投资完成额（万元）	Real Estate Development (10 000 yuan)	134322	30678
#住宅	Residential Buildings	127610	25544
住宅竣工面积（万平方米）	Completed Floor Space of Residential Buildings (10 000 sq.m)	26.79	3.11
普通中学数（所）	Number of Regular Secondary Schools (unit)	23	16
小学数（所）	Number of Primary Schools (unit)	177	241
普通中学专任教师数（人）	Full-time Teachers in Regular Secondary Schools (person)	1308	1031
小学专任教师数（人）	Full-time Teachers in Primary Schools (person)	2004	1451
普通中学在校学生数（人）	Student Enrollment in Regular Secondary Schools (person)	22004	16630
小学在校学生数（人）	Primary Student Enrollment (person)	39283	33528
专业技术人员（人）	Number of Professionals (person)	5096	4027
#农业技术人员	Agricultural Professionals（Person）	176	148
医疗卫生机构床位数（床）	Number of Beds in Healthcare Institutions (bed)	1606	1065
医疗卫生机构技术人员（人）	Medical & Technical Personnel of Healthcare Institutions (person)	1766	1140
#执业（助理）医师	Practitioner (assistant) Doctors	403	405
居民人均可支配收入（元）	Per Capita Annual Disposable Income of Households (yuan)		13402
城镇居民人均可支配收入（元）	Per Capita Annual Disposable Income of Urban Households (yuan)	24939	23776
农村居民人均纯收入（元）	Annual Per Capita Net Income of Rural Residents (yuan)	6586	6672
各种社会福利收养性单位数（个）	Number of Adopting Units of Social Welfare (unit)	21	131
各种社会福利收养性单位床位数（张）	Number of Beds in Adopting Units of Social Welfare (bed)	489	1149
城镇基本养老保险参保人数（人）	Number of Persons Joining Basic Pension Insurance (person)	29590	14216
城镇基本医疗保险参保人数（人）	Number of Persons Joining Basic Health Care Insurance (person)	84224	29301
失业保险参保人数（人）	Number of Persons Joining Unemployment Insurance (person)	12541	4829
新型农村合作医疗参保人数（人）	Number of Persons Joining New-type Rural Cooperative Medical Service (person)	449117	340665
新型农村社会养老保险参保人数（人）	Number of Persons Joining New-type Rural Social Pension Insurance (person)	215561	157701
城镇居民最低生活保障人数（人）	Number of Urban Residents Receiving Lowest Cost-of-living (person)	4002	7788
农村居民最低生活保障人数（人）	Number of Rural Residents Receiving Lowest Cost-of-living (person)	30815	35271

Continued

叠彩区 Diccai District	象山区 Xiangshan District	七星区 Qixing District	雁山区 Yanshan District	临桂区 Lingui District	阳朔县 Yangshuo County	灵川县 Lingchuan County	全州县 Quanzhou County
33054	265715	736655	294033	1076800	879705	1172976	632195
202672	120519	206281	30411	749140	657	133388	54622
102350	120519	145216	4500	662294	657	91936	28571
19.32	3.18	17.77	5.36	13.23	0.00	9.60	
1	1	3	2	19	12	20	27
13	23	17	7	81	90	50	286
66	49	168	207	1564	1046	1172	2389
505	1073	821	335	1836	1165	1549	2553
515	417	1693	1618	20482	11058	13012	30250
9224	21166	21946	4069	33442	18825	21896	47852
593	1042	920	718	5188	4653	3652	7456
4	7	4	32	90	201	152	237
1051	3031	101	117	1157	731	1622	1630
1891	3787	363	118	2213	1048	2546	2109
745	1690	157	45	859	312	756	879
		0			0	0	
28489	29155	30209	24720	34547	34610	30442	24400
10525	10723	13374	9996	12542	11977	11045	10553
7	5	9	3	80	15	58	216
215	1200	622	18	773	257	1028	2402
2086		0		32808	18692	21985	48868
	1020	0		58680	41910	61402	82516
		0		17542	6187	10796	13106
25713	23369	10372	54137	408058	271125	296835	698552
4337	567	0	25944	228945	152159	156957	355453
1579	3015	18495	95	6869	600	2100	6359
621	665	25685	2626	21603	13114	20006	42760

23－1　续表9

指　　标	Item	兴安县 Xing' an County	永福县 Yongfu County
行政区域土地面积（平方公里）	Administrative Region Land Area (sq.km)	2333	2795
常住户数（户）	Total Households at Year-end (household)	126159	80240
常住人口（万人）	Total Population at Year-end (10 000 persons)	34.13	24.15
户籍人口（万人）	Registered Population (10 000 persons)	38.70	28.66
地区生产总值（万元）	Gross Domestic Product (10 000 yuan)	1461214	1108789
第一产业增加值	Primary Industry	320182	241005
第二产业增加值	Secondary Industry	759492	675226
#工业	Industry	653934	542557
第三产业增加值	Tertiary Industry	381539	192559
人均生产总值（元）	Per Capital GDP (yuan)	43104	46094
地区生产总值指数（上年=100）	Indices of Gross Domestic Product (preceding year=100)	105.7	107.5
第一产业	Primary Industry	104.4	105.4
第二产业	Secondary Industry	105.4	107.6
#工业	Industry	105.3	107.6
第三产业	Tertiary Industry	107.5	109.8
人均生产总值指数（上年=100）	Indices of Per Capital GDP (preceding year=100)	105.1	106.7
地区生产总值构成（%）	Construction of GDP (%)		
第一产业	Primary Industry	21.9	21.7
第二产业	Secondary Industry	52.0	60.9
第三产业	Tertiary Industry	26.1	17.4
公共财政收入（万元）	Government Revenue (10 000 yuan)	93186	37580
各项税收（万元）	Total Tax Revenue (10 000 yuan)	85751	23614
公共财政支出（万元）	Government Expenditure (10 000 yuan)	238845	165105
年末金融机构各项存款余额（万元）	Year-end Deposits of Financial Institutions (10 000 yuan)	1222397	612401
#居民储蓄存款余额	Urban & Rural Savings Deposits	983676	467663
年末金融机构各项贷款余额（万元）	Year-end Loans of Financial Institutions (10 000 yuan)	1020150	500677
耕地面积（公顷）	Farmland(hectare)	26603	26986
设施农业占地面积（公顷）	Protected Agriculture Covered(hectare)	130	280
农作物总播种面积（公顷）	Total Sown Area of Major Farm Crops (hectare)	65981	49539

Continued

灌阳县 Guanyang County	龙胜各族自治县 Longsheng County	资源县 Ziyuan County	平乐县 Pingle County	荔浦县 Lipu County	恭城瑶族自治县 Gongcheng County	万秀区 Wanxiu District	长洲区 Changzhou District
1835	2538	1954	1919	1760	2139	439	369
103261	48047	57569	149883	112808	90671	97827	54395
24.72	15.80	15.15	45.93	36.70	25.60	30.18	17.47
29.42	17.13	17.84	45.93	38.26	30.26	30.46	16.81
685750	565922	492239	1020253	1453843	789644	1953296	2395121
169642	106186	103875	390638	297379	229494	35589	41587
346552	305797	245124	362285	713817	354574	1016446	1647195
307577	253623	192974	308054	612032	316522	956962	1612583
169556	153939	143239	267329	442647	205576	901261	706340
28765	35818	32599	26747	40695	30906	61511	119131
106.1	108.6	108.7	107.2	110.9	104.3	108.4	109.9
103.8	105.0	105.5	105.0	106.1	100.1	106.3	100.5
109.1	109.5	108.3	108.9	112.8	104.3	108.8	109.5
109.7	110.0	108.3	109.9	113.9	104.6	109.0	109.8
101.3	108.7	111.6	107.1	110.6	108.8	107.9	111.4
105.7	108.3	108.0	106.7	110.7	104.0	108.0	107.8
24.7	18.8	21.1	38.3	20.5	29.1	1.8	1.7
50.5	54.0	49.8	35.5	49.1	44.9	52.0	68.8
24.7	27.2	29.1	26.2	30.4	26.0	46.1	29.5
34024	51945	27374	34739	86800	48237	48311	84463
24069	37284	10746	30328	68144	38356	37620	84463
165006	151768	147278	181025	208773	187578	94351	78061
639242	494200	547003	769279	961733	611374	611815	207881
451694	340100	367853	659113	809370	480130	409815	204874
374328	318100	336580	392202	706538	383220	504857	292214
19705	17806	16524	20766	25600	5891	3521	2831
67	7	21	52	247	22	11	8
43115	21680	21994	70712	52800	42676	7616	9721

23-1　续表10

指　　标	Item	兴安县 Xing' an County	永福县 Yongfu County
#粮食作物	Grain Crops	39230	27563
粮食总产量（吨）	Yield of Grain (ton)	216430	144883
#稻谷	Rice	171518	119664
油料产量（吨）	Yield of Oil-bearing Crops (ton)	6794	1953
糖料产量（吨）	Yield of Sugar Crops (ton)	2483	156397
园林水果产量（吨）	Yield of Fruit (ton)	369748	178054
肉类总产量（吨）	Output of Meat (ton)	46828	43678
#猪肉	Pork	37508	20964
禽蛋产量（吨）	Output of Eggs (ton)	3398	2580
奶类产量（吨）	Output of Milk (ton)	55	201
蔬菜产量（吨）	Yield of Vegetables (ton)	339539	244186
水产品产量（吨）	Aquatic Products (ton)	11718	7199
规模以上工业企业个数（个）	Number of Industrial Enterprises above Designated Size (unit)	50	55
规模以上工业总产值（当年价，万元）	Included Gross Industrial Output Value above Designated Size (at current price, 10 000 yuan)	1910384	1840138
规模以上工业企业从业人员年平均人数（人）	Annual Average Number of Employed Persons (person)	9973	9613
规模以上工业企业主营业务收入（万元）	Income from Major Business (10 000 yuan)	1907300	1748845
公路里程（公里）	Length of Domestic Highways (km)	1128	723
民用汽车拥有量（辆）	Number of Civil Motor Vehicles Owned (unit)	22165	14853
年末实有公共汽（电）车营运数（辆）	Year-end Total Operating Public Buses (vehicle)	49	33
年末实有出租汽车数（辆）	Year-end Total Taxis (vehicle)	110	23
固定电话年末用户（户）	Number of Local Telephone Subscribers in Year-end (subscriber)	20641	21489
年末移动电话用户数（户）	Number of Mobile Telephone Subscribers at Year-end (subscriber)	228841	139942
互联网宽带接入用户（户）	Number of Internet Subscribers (subscriber)	30474	25214
全社会用电量（万千瓦时）	Total Consumption of Electricity (10 000 kwh)	62780	37776
#居民生活用电量	Household Consumption of Electricity	13359	10905
社会消费品零售总额（万元）	Total Retail Sale of Consumer Goods (10 000 yuan)	385503	261475
固定资产投资（万元）	Investment in Fixed Assets (10 000 yuan)	1820601	1028248

Continued

灌阳县 Guanyang County	龙胜各族自治县 Longsheng County	资源县 Ziyuan County	平乐县 Pingle County	荔浦县 Lipu County	恭城瑶族自治县 Gongcheng County	万秀区 Wanxiu District	长洲区 Changzhou District
27593	11019	9119	31548	23478	18656	4490	3366
251985	65117	56831	169668	128907	82932	24000	15997
132869	42505	41552	121722	92402	45662	21725	14679
3396	392	1244	13115	6007	13534	436	1632
4814	0	0	54528	68681	4000	575	0
349167	81577	65838	764942	26684	902084	11480	5786
30549	11782	9686	32384	50558	23764	6913	6763
25879	6578	6218	21758	37532	14498	5247	4427
1658	616	759	4728	2925	3215	426	620
2	0	0		52	0	270	79
166626	119242	149874	546408	272018	174626	40906	87167
5176	752	1399	10485	7327	7674	6254	9396
29	22	31	20	62	23	72	18
949807	541290	500900	950117	1970681	977771	2083445	5669741
3176	6882	3375	7686	38164	7604	214	37241
934585	542380	474400	920785	1797406	884243	1584502	5317587
783	886	662	826	896	877	45	246
12336	10648	21719	18472	25527	17717	17202	5114
109	18	43	128	92	35	325	0
52	61	30	50	216	62	0	0
18000	7063	7000	26581	32000	16449	39321	63890
162255	146954	92638	249478	302784	210729	71408	65773
20589	16631	13860	41750	45123	28794	1230818	101023
63404	33300	37612	36519	48735	38432	64365	120324
11425	5977	5395	15989	17805	11631	9226	97495
167170	80735	105650	208111	492500	236417	781891	685069
540961	494898	537486	957134	1212477	872579	1541805	1474541

23－1　续表11

指　　标	Item	兴安县 Xing' an County	永福县 Yongfu County
新增固定资产（万元）	Newly Increased Fixed Assets (10 000 yuan)	1519546	898147
房地产开发投资完成额（万元）	Real Estate Development (10 000 yuan)	19071	14978
#住宅	Residential Buildings	16919	12834
住宅竣工面积（万平方米）	Completed Floor Space of Residential Buildings (10 000 sq.m)	1.67	1.64
普通中学数（所）	Number of Regular Secondary Schools (unit)	16	13
小学数（所）	Number of Primary Schools (unit)	112	80
普通中学专任教师数（人）	Full-time Teachers in Regular Secondary Schools (person)	896	736
小学专任教师数（人）	Full-time Teachers in Primary Schools (person)	1326	966
普通中学在校学生数（人）	Student Enrollment in Regular Secondary Schools (person)	10934	9416
小学在校学生数（人）	Primary Student Enrollment (person)	21123	16870
专业技术人员（人）	Number of Professionals (person)	3417	2971
#农业技术人员	Agricultural Professionals（Person）	189	140
医疗卫生机构床位数（床）	Number of Beds in Healthcare Institutions (bed)	1414	1001
医疗卫生机构技术人员（人）	Medical & Technical Personnel of Healthcare Institutions (person)	1553	1215
#执业（助理）医师	Practitioner (assistant) Doctors	826	799
居民人均可支配收入（元）	Per Capita Annual Disposable Income of Households (yuan)	0	
城镇居民人均可支配收入（元）	Per Capita Annual Disposable Income of Urban Households (yuan)	29318	29516
农村居民人均纯收入（元）	Annual Per Capita Net Income of Rural Residents (yuan)	12852	9591
各种社会福利收养性单位数（个）	Number of Adopting Units of Social Welfare (unit)	15	55
各种社会福利收养性单位床位数（张）	Number of Beds in Adopting Units of Social Welfare (bed)	540	610
城镇基本养老保险参保人数（人）	Number of Persons Joining Basic Pension Insurance (person)	29594	17284
城镇基本医疗保险参保人数（人）	Number of Persons Joining Basic Health Care Insurance (person)	73080	31413
失业保险参保人数（人）	Number of Persons Joining Unemployment Insurance (person)	11500	6186
新型农村合作医疗参保人数（人）	Number of Persons Joining New-type Rural Cooperative Medical Service (person)	313106	232953
新型农村社会养老保险参保人数（人）	Number of Persons Joining New-type Rural Social Pension Insurance (person)	165167	113673
城镇居民最低生活保障人数（人）	Number of Urban Residents Receiving Lowest Cost-of-living (person)	2106	3987
农村居民最低生活保障人数（人）	Number of Rural Residents Receiving Lowest Cost-of-living (person)	17862	21754

Continued

灌阳县 Guanyang County	龙胜各族自治县 Longsheng County	资源县 Ziyuan County	平乐县 Pingle County	荔浦县 Lipu County	恭城瑶族自治县 Gongcheng County	万秀区 Wanxiu District	长洲区 Changzhou District
64887	2500	336686	704333	1128969	721446	1459533	1051347
16869	5643	18983	51307	57969	18436	96461	163672
12084	2000	14125	32232	49330	15067	67952	145794
32.55	1.18	3.80	4.10	7.64	0.00	3.05	11.96
12	3	8	16	13	13	2	4
133	65	115	69	153	22	43	27
883	587	459	1125	879	874	97	95
1286	760	663	1630	1663	1367	1230	679
9516	6013	6605	15846	9131	11815	1001	1945
18117	9944	12309	28977	22294	20453	21968	14547
4042	2609	1391	5024	2853	3665	1412	1035
213	160	78	266	171	178	11	40
1040	574	451	1229	1158	839	4304	546
798	810	551	1890	1554	1212	7895	820
318	258	182	857	554	429	1837	336
0		0			0	24821	0
24692	27642	25076	25430	29368	25391	26475	27386
6849	6637	8140	9810	10622	8890	11525	10984
60	67	5	33	13	66	12	4
421	739	136	464	509	852	337	134
15867	75532	0	26962	153214	18220	41205	19247
29619	24708	35619	49326	54565	42649	20062	31157
5200	6651	5480	8100	10967	8006	20062	9674
245937	146978	144360	361196	310921	246548	68753	96637
136071	75804	63592	176680	156861	138992	22693	6206
4101	2028	1019	4406	3727	4673	3496	1745
19459	13398	8872	32479	21239	27363	2887	3621

23-1 续表12

指　标	Item	龙圩区 Longxu District	苍梧县 Cangwu County
行政区域土地面积（平方公里）	Administrative Region Land Area (sq.km)	971	2758
常住户数（户）	Total Households at Year-end (household)	84597	102369
常住人口（万人）	Total Population at Year-end (10 000 persons)	28.08	37.98
户籍人口（万人）	Registered Population (10 000 persons)	30.54	40.25
地区生产总值（万元）	Gross Domestic Product (10 000 yuan)	1051718	338781
第一产业增加值	Primary Industry	81724	142901
第二产业增加值	Secondary Industry	536524	109462
#工业	Industry	476586	59264
第三产业增加值	Tertiary Industry	433470	86418
人均生产总值（元）	Per Capital GDP (yuan)	37608	10418
地区生产总值指数（上年=100）	Indices of Gross Domestic Product (preceding year=100)	108.7	105.3
第一产业	Primary Industry	100.0	105.2
第二产业	Secondary Industry	108.4	103.6
#工业	Industry	109.0	103.7
第三产业	Tertiary Industry	113.6	108.8
人均生产总值指数（上年=100）	Indices of Per Capital GDP (preceding year=100)	107.9	104.7
地区生产总值构成（%）	Construction of GDP (%)		
第一产业	Primary Industry	7.8	42.2
第二产业	Secondary Industry	51.0	32.3
第三产业	Tertiary Industry	41.2	25.5
公共财政收入（万元）	Government Revenue (10 000 yuan)	30280	40711
各项税收（万元）	Total Tax Revenue (10 000 yuan)	26518	19408
公共财政支出（万元）	Government Expenditure (10 000 yuan)	87376	197789
年末金融机构各项存款余额（万元）	Year-end Deposits of Financial Institutions (10 000 yuan)		1355000
#居民储蓄存款余额	Urban & Rural Savings Deposits		950831
年末金融机构各项贷款余额（万元）	Year-end Loans of Financial Institutions (10 000 yuan)		1001500
耕地面积（公顷）	Farmland(hectare)	10330	20910
设施农业占地面积（公顷）	Protected Agriculture Covered(hectare)	233	18
农作物总播种面积（公顷）	Total Sown Area of Major Farm Crops (hectare)	25519	37849

Continued

藤 县 Tengxian County	蒙山县 Mengshan County	岑溪市 Cenxi City	海城区 Haicheng District	银海区 Yinhai District	铁山港区 Tieshangang District	合浦县 Hepu County	港口区 Gangkou District
3946	1280	2784	182	475	503	2762	410
300592	72100	272217	95000	44216	43947	264207	42536
86.86	19.93	87.79	36.67	19.19	18.26	91.68	14.52
108.39	22.26	94.72	30.35	16.26	18.26	107.02	13.29
2065760	589542	2396129	3948371	1008757	1861837	2011547	3460541
469511	117208	335895	221049	337100	249153	786185	142257
1126453	256927	1530320	2274329	276780	1404613	525724	2331601
984760	219400	1400336	2020752	214434	1370376	387049	2094332
469795	215407	529914	1452993	394876	208071	699637	986683
23890	29677	29927	108726	53247	124704	22037	206723
107.7	105.3	108.2	113.8	112.0	107.6	107.3	112.8
104.0	105.4	103.9	102.6	103.4	102.7	103.4	104.7
107.9	101.4	107.7	115.9	117.1	108.2	110.3	115.8
107.9	101.2	108.2	117.3	119.9	108.3	109.1	116.9
111.3	112.6	113.2	111.2	112.3	106.6	106.6	107.1
107.0	104.7	107.3	112.1	110.0	106.3	106.5	110.8
22.7	19.9	14.0	5.6	33.4	13.4	39.1	4.1
54.5	43.6	63.9	57.6	27.4	75.4	26.1	67.4
22.7	36.5	22.1	36.8	39.1	11.2	34.8	28.5
122731	28079	200035	37799	55700	20747	67349	118997
106500	21921	103524	31613	30125	17432	88975	84931
394391	149878	437824	90514	86123	71819	402512	141142
1580989	462355	1635679	5515000			2001370	
1209944	318651	1281930	3520000			1712659	
959874	284669	1127443	3030000			1128597	
38828	12852	37314	2241	21503	18250	81484	3189
23	10	39	170	1040	632	1083	17
100472	32289	80126	4342	26824	21264	131732	7280

23－1 续表13

指　标	Item	龙圩区 Longxu District	苍梧县 Cangwu County
#粮食作物	Grain Crops	16428	24709
粮食总产量（吨）	Yield of Grain (ton)	82596	131195
#稻谷	Rice	78276	119008
油料产量（吨）	Yield of Oil-bearing Crops (ton)	6070	6489
糖料产量（吨）	Yield of Sugar Crops (ton)	1342	6360
园林水果产量（吨）	Yield of Fruit (ton)	64237	121666
肉类总产量（吨）	Output of Meat (ton)	15622	24138
#猪肉	Pork	10427	16784
禽蛋产量（吨）	Output of Eggs (ton)	186	148
奶类产量（吨）	Output of Milk (ton)	0	0
蔬菜产量（吨）	Yield of Vegetables (ton)	87374	155085
水产品产量（吨）	Aquatic Products (ton)	6768	10596
规模以上工业企业个数（个）	Number of Industrial Enterprises above Designated Size (unit)	31	13
规模以上工业总产值（当年价，万元）	Included Gross Industrial Output Value above Designated Size (at current price, 10 000 yuan)	567949	195305
规模以上工业企业从业人员年平均人数（人）	Annual Average Number of Employed Persons (person)	7911	1405
规模以上工业企业主营业务收入（万元）	Income from Major Business (10 000 yuan)	417478	174837
公路里程（公里）	Length of Domestic Highways (km)	276	1235
民用汽车拥有量（辆）	Number of Civil Motor Vehicles Owned (unit)	0	17148
年末实有公共汽（电）车营运数（辆）	Year-end Total Operating Public Buses (vehicle)	63	0
年末实有出租汽车数（辆）	Year-end Total Taxis (vehicle)	0	0
固定电话年末用户（户）	Number of Local Telephone Subscribers in Year-end (subscriber)	16419	16400
年末移动电话用户数（户）	Number of Mobile Telephone Subscribers at Year-end (subscriber)	225538	278800
互联网宽带接入用户（户）	Number of Internet Subscribers (subscriber)	33893	22800
全社会用电量（万千瓦时）	Total Consumption of Electricity (10 000 kwh)	54243	15353
#居民生活用电量	Household Consumption of Electricity	19127	7986
社会消费品零售总额（万元）	Total Retail Sale of Consumer Goods (10 000 yuan)	340021	197200
固定资产投资（万元）	Investment in Fixed Assets (10 000 yuan)	927354	278688

Continued

藤　县 Tengxian County	蒙山县 Mengshan County	岑溪市 Cenxi City	海城区 Haicheng District	银海区 Yinhai District	铁山港区 Tieshangang District	合浦县 Hepu County	港口区 Gangkou District
48330	12933	48300	1361	5674	5819	67231	4471
262568	67011	238592	4558	23572	28016	331291	18546
233124	52550	189303	1428	14559	17930	232979	11753
11809	5494	10031	1176	8148	11360	28388	1429
45322	56746	69355	9611	739780	173231	1313590	2493
140439	29699	173237	9852	9563	5112	77659	1502
56523	16278	79757	6053	15055	11671	95850	2292
36680	11429	39704	4534	8295	7773	55896	791
2705	1597	2726	36	980	144	17702	1982
5	211	386	483	522		632	
1037174	218502	428604	42445	130819	76235	551494	19586
29206	11149	20461	233009	222881	177806	429812	202410
91	24	89	89	13	12	62	59
3126323	750222	4771582	9921408	180500	6332881	1416896	7494815
73598	7319	3	45963	2080	6938	13086	15987
3066345	625685	4728800	9936941	163811	5266008	1061412	6097523
1776	389	1546	92	422	372	1857	287
3784	458	39760	133000		9360	58545	
78	8	97	0			11	
54	10	18	0			216	
40800	11062	68230	243000			74033	40072
532840	124794	489413	555000			860681	97862
71639	19560	58572	198800			98709	38325
110749	23276	88673	134001	8415	193861	114374	129866
27959	7252	29269	35300	5811	8710	43007	9876
739120	144015	664459	1066111	156800	86401	720562	185963
2229139	547160	2553300	3600655	1852900	1663917	1833287	2622947

23－1　续表14

指　　标	Item	龙圩区 Longxu District	苍梧县 Cangwu County
新增固定资产（万元）	Newly Increased Fixed Assets (10 000 yuan)	727911	207582
房地产开发投资完成额（万元）	Real Estate Development (10 000 yuan)	44053	0
#住宅	Residential Buildings	40987	0
住宅竣工面积（万平方米）	Completed Floor Space of Residential Buildings (10 000 sq.m)	25.39	0.00
普通中学数（所）	Number of Regular Secondary Schools (unit)	10	15
小学数（所）	Number of Primary Schools (unit)	69	132
普通中学专任教师数（人）	Full-time Teachers in Regular Secondary Schools (person)	663	952
小学专任教师数（人）	Full-time Teachers in Primary Schools (person)	1304	1827
普通中学在校学生数（人）	Student Enrollment in Regular Secondary Schools (person)	12110	15037
小学在校学生数（人）	Primary Student Enrollment (person)	29109	31229
专业技术人员（人）	Number of Professionals (person)		11236
#农业技术人员	Agricultural Professionals（Person）		2885
医疗卫生机构床位数（床）	Number of Beds in Healthcare Institutions (bed)	1002	885
医疗卫生机构技术人员（人）	Medical & Technical Personnel of Healthcare Institutions (person)	1605	1321
#执业（助理）医师	Practitioner (assistant) Doctors	647	333
居民人均可支配收入（元）	Per Capita Annual Disposable Income of Households (yuan)	0	
城镇居民人均可支配收入（元）	Per Capita Annual Disposable Income of Urban Households (yuan)	22735	18148
农村居民人均纯收入（元）	Annual Per Capita Net Income of Rural Residents (yuan)	8113	6534
各种社会福利收养性单位数（个）	Number of Adopting Units of Social Welfare (unit)	1	4
各种社会福利收养性单位床位数（张）	Number of Beds in Adopting Units of Social Welfare (bed)	20	50
城镇基本养老保险参保人数（人）	Number of Persons Joining Basic Pension Insurance (person)	0	10106
城镇基本医疗保险参保人数（人）	Number of Persons Joining Basic Health Care Insurance (person)	0	34500
失业保险参保人数（人）	Number of Persons Joining Unemployment Insurance (person)	0	7116
新型农村合作医疗参保人数（人）	Number of Persons Joining New-type Rural Cooperative Medical Service (person)	237444	348757
新型农村社会养老保险参保人数（人）	Number of Persons Joining New-type Rural Social Pension Insurance (person)	125835	196236
城镇居民最低生活保障人数（人）	Number of Urban Residents Receiving Lowest Cost-of-living (person)	1813	1714
农村居民最低生活保障人数（人）	Number of Rural Residents Receiving Lowest Cost-of-living (person)	18999	32313

Continued

藤县 Tengxian County	蒙山县 Mengshan County	岑溪市 Cenxi City	海城区 Haicheng District	银海区 Yinhai District	铁山港区 Tieshangang District	合浦县 Hepu County	港口区 Gangkou District
1523997	611989	2209252	2973796	143230	189032	1756273	738953
144501	19731	221313	613022	474700	2000	180587	385663
94404	12311	184737	418151	398430		163789	296158
7.89	9.02	4.90	72.60	25.00		30.10	12.00
38	11	33	13	10	8	41	4
270	74	446	25	40	52	277	33
3333	765	3698	178	441	650	3310	189
5109	914	4103	1532	935	820	3953	632
54931	10636	37950	3600	6911	6230	55580	2987
86067	15501	82165	42600	18550	11775	77810	11893
9889	3792	11000	1744	1497	1470	11212	1085
540	113	580	1	15		608	45
2214	13	2626	2734	253	159	4824	235
2985	939	2870	4070	378	335	3596	456
1301	211	1551	1510	229	89	1249	173
	13102	26960	0				
23879	23050	26960	28233	27630	27238	27041	30172
8729	7354	9294	10794	10905	10400	9698	11069
26	44	22	11	30	4	131	4
645	483	405	521	313	75	1500	185
41342	14313	61042	9700		2070	64800	15879
111504	31639	177832	118545	1659	7223	64900	31682
20828	9102	19751	0			27023	8132
912753	184359	794421	61000	137014	154037	814553	59537
385169	80763	338989	3743	45662	63551	271252	13699
3746	1895		3617	1181	633	8798	19268
92589	14682	68312	770	2832	3300	35103	38275

23－1　续表15

指　标	Item	防城区 Fangcheng District	上思县 Shangsi County
行政区域土地面积（平方公里）	Administrative Region Land Area (sq.km)	2427	2814
常住户数（户）	Total Households at Year-end (household)	103105	62960
常住人口（万人）	Total Population at Year-end (10 000 persons)	38.41	25.10
户籍人口（万人）	Registered Population (10 000 persons)	43.19	24.79
地区生产总值（万元）	Gross Domestic Product (10 000 yuan)	1271298	697503
第一产业增加值	Primary Industry	271196	186992
第二产业增加值	Secondary Industry	550164	327498
#工业	Industry	454772	307695
第三产业增加值	Tertiary Industry	449938	183013
人均生产总值（元）	Per Capital GDP (yuan)	33258	33302
地区生产总值指数（上年=100）	Indices of Gross Domestic Product (preceding year=100)	107.9	105.7
第一产业	Primary Industry	105.1	100.2
第二产业	Secondary Industry	107.2	106.8
#工业	Industry	108.1	108.2
第三产业	Tertiary Industry	110.5	109.8
人均生产总值指数（上年=100）	Indices of Per Capital GDP (preceding year=100)	106.9	105.2
地区生产总值构成（%）	Construction of GDP (%)		
第一产业	Primary Industry	21.3	26.8
第二产业	Secondary Industry	43.3	47.0
第三产业	Tertiary Industry	35.4	26.2
公共财政收入（万元）	Government Revenue (10 000 yuan)	110482	59173
各项税收（万元）	Total Tax Revenue (10 000 yuan)	76767	40135
公共财政支出（万元）	Government Expenditure (10 000 yuan)	235396	199265
年末金融机构各项存款余额（万元）	Year-end Deposits of Financial Institutions (10 000 yuan)	3394851	490628
#居民储蓄存款余额	Urban & Rural Savings Deposits	1557560	296665
年末金融机构各项贷款余额（万元）	Year-end Loans of Financial Institutions (10 000 yuan)	3232440	288918
耕地面积（公顷）	Farmland(hectare)	26323	58950
设施农业占地面积（公顷）	Protected Agriculture Covered(hectare)	122	
农作物总播种面积（公顷）	Total Sown Area of Major Farm Crops (hectare)	48284	55805

Continued

东兴市 Dongxing City	钦南区 Qinnan District	钦北区 Qinbei District	灵山县 Lingshan County	浦北县 Pubei County	港北区 Gangbei District	港南区 Gangnan District	覃塘区 Qintang District
589	2310	2217	3558	2526	1020	1099	1352
39205	145075	186436	427789	245285	216596	210500	155570
15.54	59.00	83.83	168.74	83.92	60.72	53.15	57.83
14.45	60.22	84.64	163.54	93.62	69.51	68.77	60.23
854351	2132533	2318196	2147040	1615227	1725272	821836	1040897
154447	600276	449477	606892	373881	193745	203774	232526
362265	539729	953002	744962	779946	496146	303904	459170
289931	305664	626380	519747	530042	265072	229251	377620
337639	992528	915716	795187	461401	1035380	314159	349200
55441	38362	33353	18039	21429	28559	15528	24677
108.6	113.3	112.2	110.1	110.7	103.0	108.3	109.1
105.3	103.9	104.3	103.8	102.9	103.1	102.9	104.0
108.0	118.7	120.7	114.4	114.1	100.4	111.8	114.0
108.8	115.2	119.0	112.6	113.4	93.8	111.1	112.2
110.5	115.4	108.6	109.9	109.9	105.2	107.2	105.2
107.0	112.0	111.2	109.5	109.9	102.0	107.5	108.3
18.1	28.1	19.4	28.3	23.1	11.2	24.8	22.3
42.4	25.3	41.1	34.7	48.3	28.8	37.0	44.1
39.5	46.5	39.5	37.0	28.6	60.0	38.2	33.5
118487	55660	60120	71449	78550	61979	60433	31933
93191	43600	40922	76404	35841	126133	54181	75963
252486	193731	254156	427122	322195	191809	170930	171680
1197233			1887819	1322662	4388795	0	
928933			1599999	1055100		0	
732004			883834	705487	3195997	75338	
5647	46396	46766	80396	40510	37373	44747	61724
45	538	292	361	308	698	166	212
9822	87600	92738	136499	77990	40184	60738	71287

23－1　续表16

指　　标	Item	防城区 Fangcheng District	上思县 Shangsi County
#粮食作物	Grain Crops	27540	12078
粮食总产量（吨）	Yield of Grain (ton)	112574	46939
#稻谷	Rice	81788	33045
油料产量（吨）	Yield of Oil-bearing Crops (ton)	2949	1586
糖料产量（吨）	Yield of Sugar Crops (ton)	457321	2455960
园林水果产量（吨）	Yield of Fruit (ton)	50970	13321
肉类总产量（吨）	Output of Meat (ton)	25997	11456
#猪肉	Pork	16801	4947
禽蛋产量（吨）	Output of Eggs (ton)	3578	738
奶类产量（吨）	Output of Milk (ton)		4780
蔬菜产量（吨）	Yield of Vegetables (ton)	172951	47650
水产品产量（吨）	Aquatic Products (ton)	139875	17758
规模以上工业企业个数（个）	Number of Industrial Enterprises above Designated Size (unit)	54	22
规模以上工业总产值（当年价，万元）	Included Gross Industrial Output Value above Designated Size (at current price, 10 000 yuan)	1555401	1098619
规模以上工业企业从业人员年平均人数（人）	Annual Average Number of Employed Persons (person)	9513	4492
规模以上工业企业主营业务收入（万元）	Income from Major Business (10 000 yuan)	1148655	474942
公路里程（公里）	Length of Domestic Highways (km)	1235	1251
民用汽车拥有量（辆）	Number of Civil Motor Vehicles Owned (unit)		704
年末实有公共汽（电）车营运数（辆）	Year-end Total Operating Public Buses (vehicle)	105	20
年末实有出租汽车数（辆）	Year-end Total Taxis (vehicle)	178	32
固定电话年末用户（户）	Number of Local Telephone Subscribers in Year-end (subscriber)	31014	10790
年末移动电话用户数（户）	Number of Mobile Telephone Subscribers at Year-end (subscriber)	382128	
互联网宽带接入用户（户）	Number of Internet Subscribers (subscriber)	35385	11407
全社会用电量（万千瓦时）	Total Consumption of Electricity (10 000 kwh)	103140	23737
#居民生活用电量	Household Consumption of Electricity	19093	12808
社会消费品零售总额（万元）	Total Retail Sale of Consumer Goods (10 000 yuan)	403028	182513
固定资产投资（万元）	Investment in Fixed Assets (10 000 yuan)	1138936	532408

Continued

东兴市 Dongxing City	钦南区 Qinnan District	钦北区 Qinbei District	灵山县 Lingshan County	浦北县 Pubei County	港北区 Gangbei District	港南区 Gangnan District	覃塘区 Qintang District
6057	40114	55240	77768	48400	25474	41140	38895
23855	176195	284404	408739	266006	154109	232783	222026
19470	129412	236332	357604	220761	120269	194088	159369
570	3841	12109	4956	5259	8066	10391	16780
15929	1040592	932916	1374272	566280	559689	198955	1009100
11444	65783	387379	716870	604140	15082	14901	12649
7686	42605	105211	94111	63394	58880	46494	48114
4583	14624	22178	41460	42500	45975	35388	39202
465	7191	2010	10599	4368	3116	1900	5750
27	150		27478	725	3187	0	83
42562	368620	411937	369589	189866	123847	113601	154020
128007	413965	40795	45424	36997	15878	27618	18719
30	55	59	76	91	48	80	71
1279664	1813368	2346870	2335017	2360000	1422275	888560	1203599
4601	9195	12805	22160	12230	16352	10889	7687
980163	1614293	2190500	1683820	2200000	1396799	783436	808368
302	1308		2100	1668	655	840	1128
			40785	12485	40736	21685	18610
81	309		58	285	189	26	0
210	396		148	140	289	70	60
34775			99530	83467	1869	56487	50365
199510			696850	492526	23966	49592	39430
22821			120260	37120	7757	17193	14500
43932	111015		95042	59452	156873	61117	133537
20447	21638		44728	26981	30855	22822	16534
223692	717538	848977	860694	693817	1505946	385848	370191
1167794	2710885	1613933	1521257	1499600	1690126	1214630	759575

23－1 续表17

指　标	Item	防城区 Fangcheng District	上思县 Shangsi County
新增固定资产（万元）	Newly Increased Fixed Assets (10 000 yuan)	14443	371860
房地产开发投资完成额（万元）	Real Estate Development (10 000 yuan)	247574	8386
#住宅	Residential Buildings	125011	
住宅竣工面积（万平方米）	Completed Floor Space of Residential Buildings (10 000 sq.m)	12.55	
普通中学数（所）	Number of Regular Secondary Schools (unit)	17	12
小学数（所）	Number of Primary Schools (unit)	135	52
普通中学专任教师数（人）	Full-time Teachers in Regular Secondary Schools (person)	826	646
小学专任教师数（人）	Full-time Teachers in Primary Schools (person)	1622	1103
普通中学在校学生数（人）	Student Enrollment in Regular Secondary Schools (person)	15319	11604
小学在校学生数（人）	Primary Student Enrollment (person)	34567	19490
专业技术人员（人）	Number of Professionals (person)	3722	3365
#农业技术人员	Agricultural Professionals（Person）	70	86
医疗卫生机构床位数（床）	Number of Beds in Healthcare Institutions (bed)	952	750
医疗卫生机构技术人员（人）	Medical & Technical Personnel of Healthcare Institutions (person)	1104	773
#执业（助理）医师	Practitioner (assistant) Doctors	371	282
居民人均可支配收入（元）	Per Capita Annual Disposable Income of Households (yuan)		
城镇居民人均可支配收入（元）	Per Capita Annual Disposable Income of Urban Households (yuan)	29685	18347
农村居民人均纯收入（元）	Annual Per Capita Net Income of Rural Residents (yuan)	10946	8486
各种社会福利收养性单位数（个）	Number of Adopting Units of Social Welfare (unit)	40	23
各种社会福利收养性单位床位数（张）	Number of Beds in Adopting Units of Social Welfare (bed)	795	618
城镇基本养老保险参保人数（人）	Number of Persons Joining Basic Pension Insurance (person)	34020	19447
城镇基本医疗保险参保人数（人）	Number of Persons Joining Basic Health Care Insurance (person)	76886	72130
失业保险参保人数（人）	Number of Persons Joining Unemployment Insurance (person)	16960	10792
新型农村合作医疗参保人数（人）	Number of Persons Joining New-type Rural Cooperative Medical Service (person)	284083	158211
新型农村社会养老保险参保人数（人）	Number of Persons Joining New-type Rural Social Pension Insurance (person)	110523	85000
城镇居民最低生活保障人数（人）	Number of Urban Residents Receiving Lowest Cost-of-living (person)	11097	7127
农村居民最低生活保障人数（人）	Number of Rural Residents Receiving Lowest Cost-of-living (person)	43891	29727

Continued

东兴市 Dongxing City	钦南区 Qinnan District	钦北区 Qinbei District	灵山县 Lingshan County	浦北县 Pubei County	港北区 Gangbei District	港南区 Gangnan District	覃塘区 Qintang District
878163	1842867	985014	1118112	925421	871031	684711	556583
160336	268958	183884	97653	92100	356186	28782	9752
123114	192770	175633	50040	67400	279744	3590	8981
29.15	70.90	36.80	21.03	12.39	19.64	1.22	0.00
8	7	20	41	27	28	21	21
50	126	203	405	317	139	168	133
494	871	1549	4022	2886	2136	1793	1749
851	2246	3868	6775	4679	2959	2654	2227
9205	11893	32107	86788	48473	32752	29562	25736
20054	44491	80644	138748	84649	62806	47905	42540
1976	4845	6050	13335	7920	5571	5099	5230
	271	70	259	310	68	155	103
438	1043	2153	4363	2411	3276	1722	1236
965	1461	1921	4508	2473	3683	1257	1471
376	829	621	1095	878	1246	637	358
				13820	26418	26093	0
33558	28116	27509	26351	26316	26418	26093	25326
12904	10113	9416	9766	9778	11023	10543	11107
4	122		298	179	48	72	97
106	1398		3717	3323	546	641	599
	27845	64236	26502	34800	10526	5512	
41808	81814	15259	48989	82000	120064	53906	24224
8985	9893	17560	26580	18000		0	
101500	401561	672885	1446520	721582	456501	565711	525676
52922	146880	280019	415463	281120	192642	177316	154965
1241	4743	2003	12578	4225	2118	566	290
6103	20544	24712	87969	57503	12349	7318	23072

23－1　续表18

指　标	Item	平南县 Pingnan County	桂平市 Guiping City
行政区域土地面积（平方公里）	Administrative Region Land Area (sq.km)	2984	4071
常住户数（户）	Total Households at Year-end (household)	431722	540231
常住人口（万人）	Total Population at Year-end (10 000 persons)	144.07	156.02
户籍人口（万人）	Registered Population (10 000 persons)	150.88	199.60
地区生产总值（万元）	Gross Domestic Product (10 000 yuan)	2112785	2953795
第一产业增加值	Primary Industry	509384	600150
第二产业增加值	Secondary Industry	779119	1439350
#工业	Industry	697413	1275522
第三产业增加值	Tertiary Industry	824282	914295
人均生产总值（元）	Per Capital GDP (yuan)	18114	19019
地区生产总值指数（上年=100）	Indices of Gross Domestic Product (preceding year=100)	109.4	108.1
第一产业	Primary Industry	103.6	104.5
第二产业	Secondary Industry	112.7	108.3
#工业	Industry	113.3	106.6
第三产业	Tertiary Industry	108.9	109.9
人均生产总值指数（上年=100）	Indices of Per Capital GDP (preceding year=100)	108.5	107.1
地区生产总值构成（%）	Construction of GDP (%)		
第一产业	Primary Industry	24.1	20.3
第二产业	Secondary Industry	36.9	48.7
第三产业	Tertiary Industry	39.0	31.0
公共财政收入（万元）	Government Revenue (10 000 yuan)	146711	147051
各项税收（万元）	Total Tax Revenue (10 000 yuan)	121700	118592
公共财政支出（万元）	Government Expenditure (10 000 yuan)	457040	557850
年末金融机构各项存款余额（万元）	Year-end Deposits of Financial Institutions (10 000 yuan)	2129596	3049600
#居民储蓄存款余额	Urban & Rural Savings Deposits	1609523	2433536
年末金融机构各项贷款余额（万元）	Year-end Loans of Financial Institutions (10 000 yuan)	1186429	1512534
耕地面积（公顷）	Farmland(hectare)	61080	116765
设施农业占地面积（公顷）	Protected Agriculture Covered(hectare)	1	2290
农作物总播种面积（公顷）	Total Sown Area of Major Farm Crops (hectare)	107009	171433

Continued

玉州区 Yuzhou District	福绵区 Fumian District	容　县 Rongxian County	陆川县 Luchuan County	博白县 Bobai County	兴业县 Xingye County	北流市 Beiliu City	右江区 Youjiang District
576	829	2257	1551	3830	1468	2472	3718
391086	117680	209297	327412	469505	217074	408502	105200
80.78	39.45	65.95	78.90	154.53	70.61	138.09	39.50
82.73	43.13	85.40	108.71	184.18	75.59	147.79	35.86
3305682	654349	1723529	2189348	2419258	1363620	2844565	2055104
162725	223756	342512	311949	746786	375627	428033	254577
1242455	227481	876183	1076653	946304	559661	1438777	959637
940878	128430	788436	933711	782491	347744	1183971	775417
1900502	203112	504834	800746	726168	428332	977755	840890
46704	16629	26243	27865	17457	23564	24201	52393
109.0	109.8	109.8	105.8	114.0	110.1	109.0	108.1
99.9	102.0	103.0	100.9	100.2	101.1	103.9	105.1
110.8	112.2	110.7	103.5	125.8	112.8	108.9	107.0
107.3	110.5	109.9	103.0	129.6	110.4	108.2	106.6
108.2	112.4	113.6	112.6	107.5	114.3	111.6	110.5
107.9	109.3	108.9	105.0	113.2	109.4	108.1	106.7
4.9	34.2	19.9	14.2	30.9	27.5	15.0	12.4
37.6	34.8	50.8	49.2	39.1	41.0	50.6	46.7
57.5	31.0	29.3	36.6	30.0	31.4	34.4	40.9
153930	37307	90386	101264	144133	75551	183716	58320
125802	29750	85942	90375	69443	46973	148768	51284
273943	137849	308600	388631	529728	255109	459886	183842
		1851703	1435255	2147577	1085200	2505003	2757470
		1485524	1267960	1864376	937700	2152040	1382103
		935702	800473	1195432	572100	1507683	1948295
26491		29011	33439	71660	33762	41279	30592
	411	183	273	454	714	139	44
37573	44674	57706	61003	142662	63583	90707	49106

23－1　续表19

指　标	Item	平南县 Pingnan County	桂平市 Guiping City
#粮食作物	Grain Crops	69168	103430
粮食总产量（吨）	Yield of Grain (ton)	355874	570277
#稻谷	Rice	310384	491975
油料产量（吨）	Yield of Oil-bearing Crops (ton)	28977	37882
糖料产量（吨）	Yield of Sugar Crops (ton)	156330	336700
园林水果产量（吨）	Yield of Fruit (ton)	112206	109274
肉类总产量（吨）	Output of Meat (ton)	108945	118329
#猪肉	Pork	83870	83656
禽蛋产量（吨）	Output of Eggs (ton)	6308	6106
奶类产量（吨）	Output of Milk (ton)	639	251
蔬菜产量（吨）	Yield of Vegetables (ton)	520717	609853
水产品产量（吨）	Aquatic Products (ton)	82989	78465
规模以上工业企业个数（个）	Number of Industrial Enterprises above Designated Size (unit)	104	105
规模以上工业总产值（当年价，万元）	Included Gross Industrial Output Value above Designated Size (at current price, 10 000 yuan)	1837617	3316041
规模以上工业企业从业人员年平均人数（人）	Annual Average Number of Employed Persons (person)	34048	56083
规模以上工业企业主营业务收入（万元）	Income from Major Business (10 000 yuan)	1664255	3209893
公路里程（公里）	Length of Domestic Highways (km)	1491	2676
民用汽车拥有量（辆）	Number of Civil Motor Vehicles Owned (unit)	33587	48728
年末实有公共汽（电）车营运数（辆）	Year-end Total Operating Public Buses (vehicle)	70	91
年末实有出租汽车数（辆）	Year-end Total Taxis (vehicle)	100	450
固定电话年末用户（户）	Number of Local Telephone Subscribers in Year-end (subscriber)	110777	96700
年末移动电话用户数（户）	Number of Mobile Telephone Subscribers at Year-end (subscriber)	558875	973500
互联网宽带接入用户（户）	Number of Internet Subscribers (subscriber)	71750	298600
全社会用电量（万千瓦时）	Total Consumption of Electricity (10 000 kwh)	135596	151412
#居民生活用电量	Household Consumption of Electricity	45305	54776
社会消费品零售总额（万元）	Total Retail Sale of Consumer Goods (10 000 yuan)	899649	1031078
固定资产投资（万元）	Investment in Fixed Assets (10 000 yuan)	1468972	2173643

Continued

玉州区 Yuzhou District	福绵区 Fumian District	容　县 Rongxian County	陆川县 Luchuan County	博白县 Bobai County	兴业县 Xingye County	北流市 Beiliu City	右江区 Youjiang District
18768	27596	38310	44340	87361	41591	59950	18285
111490	163780	229057	272114	484285	250281	346015	82520
105311	155173	209197	250570	376925	227965	313141	42690
4086	3577	3408	6065	13217	4641	15705	1506
19212	210608	22269	114667	1134169	100094	100560	995350
21749	50368	168000	61675	292840	38252	287945	191650
31607	58690	86747	116183	219170	169641	91219	31075
21431	20213	43869	80809	175189	56505	58816	15439
6480	22424	15028	9594	5379	3819	5550	701
25		281	150	456		4229	266
273346	385011	357760	301423	741190	251126	653566	333590
20379	13003	12492	25951	42410	8822	32434	24125
59	25	91	111	105	33	168	50
2147700	149934	2437339	3287505	1954570	1057503	3611463	2297763
23270	4471	26874	10386	36652	8180	77938	13723
1706600	142303	2348646	2892000	1588333	892000	3409168	1505856
1025		1263	1671	2828	1322	1687	258
72588	16785	32165	41251	46982	22930	51198	51570
1149	45	340	283	556	188	453	169
699		83	100	85	60	63	476
159900	509	65313	58440	81490	52559	114441	66622
950021	222868	499295	448883	853617	380040	141954	468740
182456	13526	76684	64504	73952	55890	72332	100383
267866	26430	65013	72560	120819	63676	134453	298277
57392	9997	28189	27161	53097	19032	42681	35210
2629470	153044	578988	528267	908873	304334	900380	690723
3459118	935772	1438486	1777432	2216037	1318402	2175984	1408547

23－1 续表20

指　标	Item	平南县 Pingnan County	桂平市 Guiping City
新增固定资产（万元）	Newly Increased Fixed Assets (10 000 yuan)	1190889	1106645
房地产开发投资完成额（万元）	Real Estate Development (10 000 yuan)	185529	145860
#住宅	Residential Buildings	129989	145860
住宅竣工面积（万平方米）	Completed Floor Space of Residential Buildings (10 000 sq.m)	18.98	47.00
普通中学数（所）	Number of Regular Secondary Schools (unit)	64	74
小学数（所）	Number of Primary Schools (unit)	287	430
普通中学专任教师数（人）	Full-time Teachers in Regular Secondary Schools (person)	4530	6679
小学专任教师数（人）	Full-time Teachers in Primary Schools (person)	7302	7805
普通中学在校学生数（人）	Student Enrollment in Regular Secondary Schools (person)	85800	113638
小学在校学生数（人）	Primary Student Enrollment (person)	137909	166334
专业技术人员（人）	Number of Professionals (person)	14180	63506
#农业技术人员	Agricultural Professionals（Person）	160	165
医疗卫生机构床位数（床）	Number of Beds in Healthcare Institutions (bed)	3993	4635
医疗卫生机构技术人员（人）	Medical & Technical Personnel of Healthcare Institutions (person)	4535	5817
#执业（助理）医师	Practitioner (assistant) Doctors	1676	1879
居民人均可支配收入（元）	Per Capita Annual Disposable Income of Households (yuan)	17084	0
城镇居民人均可支配收入（元）	Per Capita Annual Disposable Income of Urban Households (yuan)	24601	24164
农村居民人均纯收入（元）	Annual Per Capita Net Income of Rural Residents (yuan)	9566	9635
各种社会福利收养性单位数（个）	Number of Adopting Units of Social Welfare (unit)	110	93
各种社会福利收养性单位床位数（张）	Number of Beds in Adopting Units of Social Welfare (bed)	1164	1415
城镇基本养老保险参保人数（人）	Number of Persons Joining Basic Pension Insurance (person)	48516	52722
城镇基本医疗保险参保人数（人）	Number of Persons Joining Basic Health Care Insurance (person)	139083	60065
失业保险参保人数（人）	Number of Persons Joining Unemployment Insurance (person)	20785	33000
新型农村合作医疗参保人数（人）	Number of Persons Joining New-type Rural Cooperative Medical Service (person)	1277872	1607340
新型农村社会养老保险参保人数（人）	Number of Persons Joining New-type Rural Social Pension Insurance (person)	471000	656069
城镇居民最低生活保障人数（人）	Number of Urban Residents Receiving Lowest Cost-of-living (person)	11865	9780
农村居民最低生活保障人数（人）	Number of Rural Residents Receiving Lowest Cost-of-living (person)	75855	75891

Continued

玉州区 Yuzhou District	福绵区 Fumian District	容县 Rongxian County	陆川县 Luchuan County	博白县 Bobai County	兴业县 Xingye County	北流市 Beiliu City	右江区 Youjiang District
148595	909782	1261675	977281	1256778	476334	1686670	566449
502624	4591	113274	37194	109646	14330	177912	319702
155494		88723	37194	79852	10729	166275	219643
43.28		15.95	0.00	23.62	0.98	53.00	19.78
25	14	37	33	80	28	51	20
132	106	187	168	355	205	301	109
1800	1289	2547	3099	3865	1728	4954	1584
3183	1452	2876	4782	9554	2806	7750	1831
26295	18016	48388	55992	99369	26254	92024	30246
76856	29776	70039	85694	151935	53457	163211	33574
5357	3108	8060	10564	18093	5439	14687	3700
107	53	295	206	315	93	280	85
5896	552	2759	2460	3736	1230	3768	4143
7392		2800	2544	3756	1352	3857	4911
2628	324	918	1384	1095	477	1541	1550
		0				0	20819
32758	30536	24890	25959	24448	24189	30632	25955
11810	10016	9918	10087	10092	9130	11106	9217
19	1	131	28	72	131	15	59
708	60	1096	516	3756	1263	447	1488
57113	8652	36877	38425	53820	18935	82972	128153
134319	15568	131661	111511	188732	40605	197725	63291
15797	4203	19820	20569	23233	9592	24130	9725
430984	378054	657413	926395	1357696	630590	1240410	225086
131145	132231	257907	284903	543955	219992	353784	109443
3667	250	2692	6552	15462	1172	7969	3843
22964	26274	34488	73658	136926	40636	82034	25306

23－1 续表21

指 标	Item	田阳县 Tianyang County	田东县 Tiandong County
行政区域土地面积（平方公里）	Administrative Region Land Area (sq.km)	2373	2813
常住户数（户）	Total Households at Year-end (household)	101782	111809
常住人口（万人）	Total Population at Year-end (10 000 persons)	33.91	38.37
户籍人口（万人）	Registered Population (10 000 persons)	35.82	43.42
地区生产总值（万元）	Gross Domestic Product (10 000 yuan)	1192347	1312473
第一产业增加值	Primary Industry	249659	260579
第二产业增加值	Secondary Industry	671711	749549
#工业	Industry	586821	611339
第三产业增加值	Tertiary Industry	270977	302345
人均生产总值（元）	Per Capital GDP (yuan)	37093	35501
地区生产总值指数（上年=100）	Indices of Gross Domestic Product (preceding year=100)	109.1	110.8
第一产业	Primary Industry	104.7	104.2
第二产业	Secondary Industry	109.1	112.1
#工业	Industry	109.3	112.0
第三产业	Tertiary Industry	112.8	112.7
人均生产总值指数（上年=100）	Indices of Per Capital GDP (preceding year=100)	108.6	109.8
地区生产总值构成（%）	Construction of GDP (%)		
第一产业	Primary Industry	20.9	19.9
第二产业	Secondary Industry	56.3	57.1
第三产业	Tertiary Industry	22.7	23.0
公共财政收入（万元）	Government Revenue (10 000 yuan)	81246	68955
各项税收（万元）	Total Tax Revenue (10 000 yuan)	42982	34363
公共财政支出（万元）	Government Expenditure (10 000 yuan)	287351	267321
年末金融机构各项存款余额（万元）	Year-end Deposits of Financial Institutions (10 000 yuan)	769105	937082
#居民储蓄存款余额	Urban & Rural Savings Deposits	538401	666989
年末金融机构各项贷款余额（万元）	Year-end Loans of Financial Institutions (10 000 yuan)	683494	855879
耕地面积（公顷）	Farmland(hectare)	48535	64562
设施农业占地面积（公顷）	Protected Agriculture Covered(hectare)	451	71
农作物总播种面积（公顷）	Total Sown Area of Major Farm Crops (hectare)	54179	65727

Continued

平果县 Pingguo County	德保县 Debao County	那坡县 Napo County	凌云县 Lingyun County	乐业县 Leye County	田林县 Tianlin County	西林县 Xilin County	隆林各族自治县 Longlin County
2457	2580	2223	2057	2636	5526	2997	3518
144822	91836	60673	58027	49219	68779	41179	106785
45.25	33.50	21.46	20.77	17.34	26.26	15.89	42.03
51.39	36.78	21.46	22.12	17.55	26.40	15.89	42.03
1407700	723953	226868	279010	208856	402774	211243	457532
147527	98879	68546	76636	66363	130849	87196	102382
926824	446731	52712	109312	40884	124129	38297	181786
846879	362844	33631	76525	13775	99053	19734	155146
333349	178343	105610	93062	101609	147796	85750	173364
31164	23697	14413	14616	13642	17535	14752	12969
106.8	108.2	107.0	106.8	109.8	112.8	107.9	107.9
104.2	104.1	104.2	104.5	107.1	106.0	105.1	105.1
107.4	108.9	105.2	107.5	106.0	120.8	109.2	106.7
106.4	108.8	104.8	106.8	105.0	123.3	106.4	105.9
106.3	108.5	109.8	107.4	113.8	112.8	109.7	112.0
105.9	107.7	106.3	106.1	109.1	112.3	107.1	107.1
10.5	13.7	30.2	27.5	31.8	32.5	41.3	22.4
65.8	61.7	23.2	39.2	19.6	30.8	18.1	39.7
23.7	24.6	46.6	33.4	48.7	36.7	40.6	37.9
151304	63916	19719	12585	13587	17684	9677	53781
89259	39766	12966	12585	6410	23382	6341	17220
256555	222787	179000	178752	146130	206803	147204	258790
1090851	479246	370298	385469	321947	518734	337435	568964
748816	346484	226254	235727	173304	273822	171016	407226
1223812	472897	173613	220358	166037	315644	169105	323644
46088	40200	27431	16627	25240	25234	22086	50860
2351	39	13	9	12	123	6	124
41075	39618	25282	23629	18301	36695	23401	32954

23－1 续表22

指　标	Item	田阳县 Tianyang County	田东县 Tiandong County
#粮食作物	Grain Crops	22560	24869
粮食总产量（吨）	Yield of Grain (ton)	118179	134107
#稻谷	Rice	64964	74380
油料产量（吨）	Yield of Oil-bearing Crops (ton)	1456	1602
糖料产量（吨）	Yield of Sugar Crops (ton)	360910	1361600
园林水果产量（吨）	Yield of Fruit (ton)	171316	222417
肉类总产量（吨）	Output of Meat (ton)	29116	32602
#猪肉	Pork	20321	21855
禽蛋产量（吨）	Output of Eggs (ton)	272	598
奶类产量（吨）	Output of Milk (ton)	0	
蔬菜产量（吨）	Yield of Vegetables (ton)	640204	418476
水产品产量（吨）	Aquatic Products (ton)	19455	18790
规模以上工业企业个数（个）	Number of Industrial Enterprises above Designated Size (unit)	34	29
规模以上工业总产值（当年价，万元）	Included Gross Industrial Output Value above Designated Size (at current price, 10 000 yuan)	1600224	1911381
规模以上工业企业从业人员年平均人数（人）	Annual Average Number of Employed Persons (person)	5944	10827
规模以上工业企业主营业务收入（万元）	Income from Major Business (10 000 yuan)	583288	889028
公路里程（公里）	Length of Domestic Highways (km)	1296	1357
民用汽车拥有量（辆）	Number of Civil Motor Vehicles Owned (unit)	18454	64540
年末实有公共汽（电）车营运数（辆）	Year-end Total Operating Public Buses (vehicle)	63	89
年末实有出租汽车数（辆）	Year-end Total Taxis (vehicle)	106	41
固定电话年末用户（户）	Number of Local Telephone Subscribers in Year-end (subscriber)	24849	26314
年末移动电话用户数（户）	Number of Mobile Telephone Subscribers at Year-end (subscriber)	218472	252159
互联网宽带接入用户（户）	Number of Internet Subscribers (subscriber)	29851	29995
全社会用电量（万千瓦时）	Total Consumption of Electricity (10 000 kwh)	47835	82597
#居民生活用电量	Household Consumption of Electricity	13774	16910
社会消费品零售总额（万元）	Total Retail Sale of Consumer Goods (10 000 yuan)	224341	196183
固定资产投资（万元）	Investment in Fixed Assets (10 000 yuan)	1381890	1681346

Continued

平果县 Pingguo County	德保县 Debao County	那坡县 Napo County	凌云县 Lingyun County	乐业县 Leye County	田林县 Tianlin County	西林县 Xilin County	隆林各族自治县 Longlin County
27000	27560	17370	15095	12005	21301	14755	22700
112501	105255	67787	53775	53299	99067	58777	92000
56091	48033	26948	18694	19059	45000	22686	36950
877	1026	318	1158	1778	752	1681	1901
266570	226055	21580	12164	1964	380115	111931	30995
33142	24395	8054	8092	7674	37065	59672	20782
36891	20062	12181	12785	9805	22138	11070	20404
21906	11266	8073	9249	6762	14553	6458	13599
922	466	195	139	151	440	382	779
0		11	0	0	0	0	
137000	119979	72880	58394	57028	104572	57641	67900
9301	2105	840	1000	17035	3756	17249	27170
51	22	7	21	4	23	7	14
2451079	981819	75163	214434	13789	227958	58656	308100
16726	7368	1088	2530	509	2007	1393	3367
226	761605	64158	188813	11399	147073	34782	430322
1353	1064	1109	1210	1280	1742	820	2000
19176	12602	7321	8674	6924	37421	5909	11284
167	58	58	26	60	51	42	51
10	51	92	30	44	27	42	52
28929	18980	9066	10396	6738	15560	10089	15561
310665	185861	105780	116436	96138	148538	98134	197277
44964	21332	8534	9202	6842	15184	7646	14359
135131	104412	21906	19613	8894	33963	9772	109574
22336	11686	5866	8914	5745	8739	5276	10644
257235	107242	122346	56806	61580	94974	56356	136563
1680834	880178	280162	301705	280835	261043	251667	330515

23－1 续表23

指 标	Item	田阳县 Tianyang County	田东县 Tiandong County
新增固定资产（万元）	Newly Increased Fixed Assets (10 000 yuan)	181787	803199
房地产开发投资完成额（万元）	Real Estate Development (10 000 yuan)	58133	49509
#住宅	Residential Buildings	58133	36958
住宅竣工面积（万平方米）	Completed Floor Space of Residential Buildings (10 000 sq.m)	2.80	27.44
普通中学数（所）	Number of Regular Secondary Schools (unit)	7	19
小学数（所）	Number of Primary Schools (unit)	73	158
普通中学专任教师数（人）	Full-time Teachers in Regular Secondary Schools (person)	654	1277
小学专任教师数（人）	Full-time Teachers in Primary Schools (person)	1039	1659
普通中学在校学生数（人）	Student Enrollment in Regular Secondary Schools (person)	8123	19564
小学在校学生数（人）	Primary Student Enrollment (person)	25689	35142
专业技术人员（人）	Number of Professionals (person)	3414	4292
#农业技术人员	Agricultural Professionals（Person）	137	232
医疗卫生机构床位数（床）	Number of Beds in Healthcare Institutions (bed)	1171	1898
医疗卫生机构技术人员（人）	Medical & Technical Personnel of Healthcare Institutions (person)	1507	1871
#执业（助理）医师	Practitioner (assistant) Doctors	318	586
居民人均可支配收入（元）	Per Capita Annual Disposable Income of Households (yuan)	0	
城镇居民人均可支配收入（元）	Per Capita Annual Disposable Income of Urban Households (yuan)	25449	28078
农村居民人均纯收入（元）	Annual Per Capita Net Income of Rural Residents (yuan)	8161	9234
各种社会福利收养性单位数（个）	Number of Adopting Units of Social Welfare (unit)	74	107
各种社会福利收养性单位床位数（张）	Number of Beds in Adopting Units of Social Welfare (bed)	763	1055
城镇基本养老保险参保人数（人）	Number of Persons Joining Basic Pension Insurance (person)	12515	161142
城镇基本医疗保险参保人数（人）	Number of Persons Joining Basic Health Care Insurance (person)	53261	49925
失业保险参保人数（人）	Number of Persons Joining Unemployment Insurance (person)	8203	12007
新型农村合作医疗参保人数（人）	Number of Persons Joining New-type Rural Cooperative Medical Service (person)	292578	361573
新型农村社会养老保险参保人数（人）	Number of Persons Joining New-type Rural Social Pension Insurance (person)	164890	165483
城镇居民最低生活保障人数（人）	Number of Urban Residents Receiving Lowest Cost-of-living (person)	996	2887
农村居民最低生活保障人数（人）	Number of Rural Residents Receiving Lowest Cost-of-living (person)	34130	48222

Continued

平果县 Pingguo County	德保县 Debao County	那坡县 Napo County	凌云县 Lingyun County	乐业县 Leye County	田林县 Tianlin County	西林县 Xilin County	隆林各族自治县 Longlin County
1357029	316191	276176	276429	290859	146990	157003	303960
141862	22127	0	0	0	10787	56674	22457
107465	16831	0	0	0	10151	15870	15114
8.24	3.00	0.00	0.00	0.00	7.96	12.00	6.11
11	15	11	13	13	16	11	20
188	50	120	109	83	106	40	182
1351	827	516	613	632	608	466	1521
1923	1373	992	910	1091	1163	769	1617
25504	10831	8702	13507	11131	12904	9133	18582
37717	24151	16782	21020	16720	27377	17728	44407
4949	3385	4486	2627	2159	2948	1940	3856
222	59	94	56	67	103	55	82
1981	1113	762	521	351	444	601	1234
2256	1191	1226	780	490	1429	740	1266
633	216	221	94	253	139	107	259
17529	27552		0	10266	23713	0	
28057	27552	19658	23679	24254	23713	20728	25381
7645	6159	4962	5391	5428	6331	5997	5565
165	48	31	22	9	54	11	20
1629	1073	480	278	203	1037	356	549
34672	6692	11689	4960	69415	8553	67403	7426
89548	33973	18522	19459	14554	33211	15855	39437
11950	4684	4616	4362	3320	5223	3800	6850
411963	306540	195551	194248	149760	230658	134960	365623
151945	172396	108798	77163	69415	92563	68372	123675
3607	2181	2563	4862	1992	2722	1795	4105
46711	53542	34777	28081	25516	49406	22531	104177

23－1　续表24

指　　标	Item	靖西市 Jingxi City	八步区 Babu District
行政区域土地面积（平方公里）	Administrative Region Land Area (sq.km)	3326	5736
常住户数（户）	Total Households at Year-end (household)	165475	311007
常住人口（万人）	Total Population at Year-end (10 000 persons)	65.40	104.67
户籍人口（万人）	Registered Population (10 000 persons)	65.60	118.08
地区生产总值（万元）	Gross Domestic Product (10 000 yuan)	1274485	1571369
第一产业增加值	Primary Industry	150658	283820
第二产业增加值	Secondary Industry	823348	613100
#工业	Industry	762893	431785
第三产业增加值	Tertiary Industry	300479	674450
人均生产总值（元）	Per Capital GDP (yuan)	24745	24639
地区生产总值指数（上年=100）	Indices of Gross Domestic Product (preceding year=100)	108.5	109.7
第一产业	Primary Industry	103.3	102.9
第二产业	Secondary Industry	108.9	110.4
#工业	Industry	108.5	111.1
第三产业	Tertiary Industry	109.7	111.9
人均生产总值指数（上年=100）	Indices of Per Capital GDP (preceding year=100)	107.7	108.8
地区生产总值构成（%）	Construction of GDP (%)		
第一产业	Primary Industry	11.8	18.1
第二产业	Secondary Industry	64.6	39.0
第三产业	Tertiary Industry	23.6	42.9
公共财政收入（万元）	Government Revenue (10 000 yuan)	101633	187258
各项税收（万元）	Total Tax Revenue (10 000 yuan)	7566	109245
公共财政支出（万元）	Government Expenditure (10 000 yuan)	395100	572370
年末金融机构各项存款余额（万元）	Year-end Deposits of Financial Institutions (10 000 yuan)	940132	3315180
#居民储蓄存款余额	Urban & Rural Savings Deposits	642497	1717794
年末金融机构各项贷款余额（万元）	Year-end Loans of Financial Institutions (10 000 yuan)	563804	1965499
耕地面积（公顷）	Farmland(hectare)	68618	57545
设施农业占地面积（公顷）	Protected Agriculture Covered(hectare)	25	641
农作物总播种面积（公顷）	Total Sown Area of Major Farm Crops (hectare)	67638	119096

Continued

昭平县 Zhaoping County	钟山县 Zhongshan County	富川瑶族自治县 Fuchuan County	金城江区 Jinchengjiang District	南丹县 Nandan County	天峨县 Tian'e County	凤山县 Fengshan County	东兰县 Donglan County
3273	1472	1572	2346	3905	3184	1738	2437
126800	95089		110204	97304	50331	60853	80752
35.22	36.10	26.60	34.30	30.71	18.01	20.32	22.86
44.26	44.25	33.22	34.13	31.77	17.53	21.97	31.36
598287	805845	622595	1140933	838661	558969	196289	237640
192227	159635	207784	116297	112228	69632	54150	67396
176769	329780	237616	384583	350187	344105	38553	49029
76308	213512	183562	283910	296820	311738	12992	15193
229291	316430	177195	640053	376246	145232	103586	121215
17060	22341	23516	33414	29227	35144	11832	10836
108.0	106.2	102.1	102.4	97.6	113.1	104.0	106.7
105.4	104.4	106.3	105.3	102.5	102.6	103.7	103.7
109.2	105.2	95.7	99.1	94.0	116.0	105.4	106.2
108.3	103.1	91.4	98.7	93.7	118.2	104.9	109.2
108.6	109.1	109.0	106.3	106.0	107.6	103.1	108.9
107.3	105.7	101.3	101.7	97.1	112.4	103.3	105.9
32.1	19.8	33.4	10.2	13.4	12.5	27.6	28.4
29.5	40.9	38.2	33.7	41.8	61.6	19.6	20.6
38.3	39.3	28.5	56.1	44.9	26.0	52.8	51.0
33401	25135	59000	27417	50956	18814	8676	11890
14638	37122	19709	22816	51054	11533	5350	7265
218949	209542	226776	163558	206561	145073	177939	203520
603052	799455	635549	2193647	707620	374543	420686	495339
449572	604640	508378	1159166	550941	209775	204039	298335
344533	436416	354837	1311289	551353	388534	194186	233841
13538	33564	41805	23138	23542	13749	14690	14060
106	234	59	29	20	5	7	195
40176	37986	50945	37777	36196	26796	21699	24207

23－1　续表25

指　　标	Item	靖西市 Jingxi City	八步区 Babu District
#粮食作物	Grain Crops	51910	57110
粮食总产量（吨）	Yield of Grain (ton)	232363	303160
#稻谷	Rice	85645	261606
油料产量（吨）	Yield of Oil-bearing Crops (ton)	1517	13439
糖料产量（吨）	Yield of Sugar Crops (ton)	144242	145979
园林水果产量（吨）	Yield of Fruit (ton)	22578	135552
肉类总产量（吨）	Output of Meat (ton)	30314	76519
#猪肉	Pork	19895	54734
禽蛋产量（吨）	Output of Eggs (ton)	344	2165
奶类产量（吨）	Output of Milk (ton)	40	70
蔬菜产量（吨）	Yield of Vegetables (ton)	145500	879717
水产品产量（吨）	Aquatic Products (ton)	7630	31246
规模以上工业企业个数（个）	Number of Industrial Enterprises above Designated Size (unit)	21	104
规模以上工业总产值（当年价，万元）	Included Gross Industrial Output Value above Designated Size (at current price, 10 000 yuan)	2674378	2685996
规模以上工业企业从业人员年平均人数（人）	Annual Average Number of Employed Persons (person)	7572	18777
规模以上工业企业主营业务收入（万元）	Income from Major Business (10 000 yuan)	1591952	2372265
公路里程（公里）	Length of Domestic Highways (km)	1683	1881
民用汽车拥有量（辆）	Number of Civil Motor Vehicles Owned (unit)	21327	73230
年末实有公共汽（电）车营运数（辆）	Year-end Total Operating Public Buses (vehicle)	124	174
年末实有出租汽车数（辆）	Year-end Total Taxis (vehicle)	194	450
固定电话年末用户（户）	Number of Local Telephone Subscribers in Year-end (subscriber)	25608	51020
年末移动电话用户数（户）	Number of Mobile Telephone Subscribers at Year-end (subscriber)	283244	1277396
互联网宽带接入用户（户）	Number of Internet Subscribers (subscriber)	28947	154183
全社会用电量（万千瓦时）	Total Consumption of Electricity (10 000 kwh)	123969	480782
#居民生活用电量	Household Consumption of Electricity	22456	49829
社会消费品零售总额（万元）	Total Retail Sale of Consumer Goods (10 000 yuan)	255126	793702
固定资产投资（万元）	Investment in Fixed Assets (10 000 yuan)	1481809	3704204

Continued

昭平县 Zhaoping County	钟山县 Zhongshan County	富川瑶族自治县 Fuchuan County	金城江区 Jinchengjiang District	南丹县 Nandan County	天峨县 Tian' e County	凤山县 Fengshan County	东兰县 Donglan County
26580	26131	25766	17711	20296	17508	13338	15812
142515	146015	131711	73458	87089	66647	42848	56156
121529	127144	97881	41350	51994	24025	17070	29495
1816	4306	12293	821	3148	949	679	889
106	16113	4867	342281	69453	2403	10845	27410
53192	100884	397748	37624	39290	30563	8106	28065
25347	33664	31835	13615	20638	11493	9956	13531
17854	22642	25714	9991	10636	8405	7632	8164
1265	1346	2886	139	300	359	228	340
22	15305		0	0	0	0	0
224160	188656	317295	237502	173090	32888	34758	50250
19229	16815	8923	8761	1807	6955	337	5400
20	40	24	30	15	5	8	5
249632	735566	554746	830108	1085209	487682	24614	38006
2234	5814	3618	16000	8833	704	838	715
209490	721237	5158777	1052000	627702	490916	234972	38006
367	724	121	910	1154	1234	833	1322
8609	10690	11000	29967	16217	934	5141	7656
58	29	16	147	53	41	20	9
13	66	60	343	111	43	0	23
16834	20208	13000	35249	19947	8302	7063	11538
194611	269023	342500	369313	269175	104156	104156	136782
32922	24389	69265	279833	13827	4269	13855	24486
30105	31594	42588	150269	205250	11550	10892	15294
12729	12581	11311	22009	10316	8492	6558	9015
218261	314380	143075	604713	247215	110241	74877	129905
794012	987810	813466	893911	422690	20716	210003	291859

23－1 续表26

指 标	Item	靖西市 Jingxi City	八步区 Babu District
新增固定资产（万元）	Newly Increased Fixed Assets (10 000 yuan)	952	2520671
房地产开发投资完成额（万元）	Real Estate Development (10 000 yuan)	48243	119573
#住宅	Residential Buildings	19386	100583
住宅竣工面积（万平方米）	Completed Floor Space of Residential Buildings (10 000 sq.m)	0.00	10.45
普通中学数（所）	Number of Regular Secondary Schools (unit)	28	48
小学数（所）	Number of Primary Schools (unit)	283	304
普通中学专任教师数（人）	Full-time Teachers in Regular Secondary Schools (person)	1556	3086
小学专任教师数（人）	Full-time Teachers in Primary Schools (person)	2267	4737
普通中学在校学生数（人）	Student Enrollment in Regular Secondary Schools (person)	27914	51711
小学在校学生数（人）	Primary Student Enrollment (person)	46132	97511
专业技术人员（人）	Number of Professionals (person)	5572	9840
#农业技术人员	Agricultural Professionals（Person）	386	210
医疗卫生机构床位数（床）	Number of Beds in Healthcare Institutions (bed)	1742	3960
医疗卫生机构技术人员（人）	Medical & Technical Personnel of Healthcare Institutions (person)	1532	6664
#执业（助理）医师	Practitioner (assistant) Doctors	393	2066
居民人均可支配收入（元）	Per Capita Annual Disposable Income of Households (yuan)	11622	0
城镇居民人均可支配收入（元）	Per Capita Annual Disposable Income of Urban Households (yuan)	21503	26061
农村居民人均纯收入（元）	Annual Per Capita Net Income of Rural Residents (yuan)	5927	8487
各种社会福利收养性单位数（个）	Number of Adopting Units of Social Welfare (unit)	104	190
各种社会福利收养性单位床位数（张）	Number of Beds in Adopting Units of Social Welfare (bed)	1202	1392
城镇基本养老保险参保人数（人）	Number of Persons Joining Basic Pension Insurance (person)	14022	84390
城镇基本医疗保险参保人数（人）	Number of Persons Joining Basic Health Care Insurance (person)	61776	99348
失业保险参保人数（人）	Number of Persons Joining Unemployment Insurance (person)	11294	19594
新型农村合作医疗参保人数（人）	Number of Persons Joining New-type Rural Cooperative Medical Service (person)	580285	932702
新型农村社会养老保险参保人数（人）	Number of Persons Joining New-type Rural Social Pension Insurance (person)	259827	295456
城镇居民最低生活保障人数（人）	Number of Urban Residents Receiving Lowest Cost-of-living (person)	4353	10271
农村居民最低生活保障人数（人）	Number of Rural Residents Receiving Lowest Cost-of-living (person)	100561	57676

Continued

昭平县 Zhaoping County	钟山县 Zhongshan County	富川瑶族自治县 Fuchuan County	金城江区 Jinchengjiang District	南丹县 Nandan County	天峨县 Tian' e County	凤山县 Fengshan County	东兰县 Donglan County
674210	1233592	734897	68270	396718	152916	69957	217457
40598	18833	24287	168494	13405	0	15761	1972
18948	14578	21376	117822	10275	0	10275	1828
4.19	4.82	20.85	17.53	0.00	19.10	2.61	39.06
19	21	9	22	16	12	14	11
208	119	70	62	166	84	102	73
1116	1192	1070	1305	926	572	763	722
1641	1776	1518	1532	1986	821	1145	1334
18300	19709	8917	21286	15360	11513	10570	13527
34189	34653	24172	28224	31187	18004	19062	21566
5045	4411	5538	4340	5086	2466	3351	3242
226	138	116	167	114	73	219	187
1320	2353	942	3247	873	557	752	928
965	1610	1331	4655	1047	690	758	864
452	423	267	1314	378	164	214	277
		13445	0	0	0	18174	8760
24277	23691	23527	26254	27576	20327	18174	18626
7719	7808	7544	6722	7757	6100	5078	5192
195	3	15	26	12	29	47	20
1821	108	404	330	325	565	446	299
19258	16565	11612	33380	16781	8410	7873	8085
58618	46018	38509	82681	77924	15446	22320	18187
10246	11412	7891	10699	9287	6306	8611	5816
344144	362650	271720	186644	237606	152093	180772	264708
148894	141007	154384	71090	92275	72286	64196	86374
4637	5877	3756	1557	5010	3159	4064	4655
30916	28213	16259	11309	29065	35156	52683	28804

23－1　续表27

指　　标	Item	罗城仫佬族自治县 Luocheng County	环江毛南族自治县 Huanjiang County
行政区域土地面积（平方公里）	Administrative Region Land Area (sq.km)	2692	4553
常住户数（户）	Total Households at Year-end (household)	119718	116709
常住人口（万人）	Total Population at Year-end (10 000 persons)	38.13	27.92
户籍人口（万人）	Registered Population (10 000 persons)	38.32	37.43
地区生产总值（万元）	Gross Domestic Product (10 000 yuan)	406198	431124
第一产业增加值	Primary Industry	145618	160615
第二产业增加值	Secondary Industry	84744	90227
#工业	Industry	45871	57191
第三产业增加值	Tertiary Industry	175836	180282
人均生产总值（元）	Per Capital GDP (yuan)	13236	15497
地区生产总值指数（上年=100）	Indices of Gross Domestic Product (preceding year=100)	101.4	103.9
第一产业	Primary Industry	103.2	100.9
第二产业	Secondary Industry	98.9	105.4
#工业	Industry	96.9	104.4
第三产业	Tertiary Industry	102.1	106.1
人均生产总值指数（上年=100）	Indices of Per Capital GDP (preceding year=100)	100.7	103.3
地区生产总值构成（%）	Construction of GDP (%)		
第一产业	Primary Industry	35.8	37.3
第二产业	Secondary Industry	20.9	20.9
第三产业	Tertiary Industry	43.3	41.8
公共财政收入（万元）	Government Revenue (10 000 yuan)	20620	33216
各项税收（万元）	Total Tax Revenue (10 000 yuan)	32771	25594
公共财政支出（万元）	Government Expenditure (10 000 yuan)	230181	220817
年末金融机构各项存款余额（万元）	Year-end Deposits of Financial Institutions (10 000 yuan)	717908	679703
#居民储蓄存款余额	Urban & Rural Savings Deposits	495895	448747
年末金融机构各项贷款余额（万元）	Year-end Loans of Financial Institutions (10 000 yuan)	294645	337868
耕地面积（公顷）	Farmland(hectare)	44819	60541
设施农业占地面积（公顷）	Protected Agriculture Covered(hectare)	61	25
农作物总播种面积（公顷）	Total Sown Area of Major Farm Crops (hectare)	55367	44751

Continued

巴马瑶族自治县 Bama County	都安瑶族自治县 Du'an County	大化瑶族自治县 Dahua County	宜州市 Yizhou City	兴宾区 Xingbin District	忻城县 Xincheng County	象州县 Xiangzhou County	武宣县 Wuxuan County
1976	4116	2750	3857	4403	2541	1856	1704
68886	176982	105420	202361	306175	129906	113418	116549
26.11	69.16	37.13	65.89	111.50	32.18	32.21	36.61
28.68	70.69	46.83	66.24	111.50	43.02	36.89	45.04
338318	403642	539882	1106750	2465324	559112	957522	985893
95251	127995	87555	372848	570213	176625	259854	244014
83178	69251	258057	260802	894904	182587	480765	463820
56040	27039	221808	155374	572729	147474	379312	408443
159889	206395	194271	473100	1000207	199900	216903	278060
14754	7593	14595	19229	25940	17445	32602	27044
108.2	102.6	107.6	103.1	101.0	105.8	107.2	107.8
101.6	101.4	102.9	101.0	102.0	102.6	101.6	102.0
113.2	94.8	109.9	99.2	99.1	107.4	109.4	109.3
113.8	87.7	112.1	98.2	96.9	105.1	107.6	107.0
107.2	108.8	105.8	109.0	103.3	106.9	109.3	110.5
107.5	101.9	106.9	102.5	100.2	105.0	106.5	107.0
28.2	31.7	16.2	33.7	23.1	31.6	27.1	24.8
24.6	17.2	47.8	23.6	36.3	32.7	50.2	47.0
47.3	51.1	36.0	42.7	40.6	35.8	22.7	28.2
23205	40668	57008	65906	49795	16024	43656	49668
18139	32794	48838	25655	33016	9346	46828	61045
190722	339782	259111	256789	325395	194262	194779	212688
485540	864718	650194	1278703	2552260	534845	666714	795466
297153	529961	378103	998811	1283400	366502	47530	541122
209483	371496	393283	819475	2184187	252159	396489	397806
18851	30865	25337	99126	190242	60309	71264	60101
23	40	19	44	1186	26	32	135
38211	60869	35984	93323	200799	53487	69427	70840

23－1　续表28

指　标	Item	罗城仫佬族自治县 Luocheng County	环江毛南族自治县 Huanjiang County
#粮食作物	Grain Crops	26754	23460
粮食总产量（吨）	Yield of Grain (ton)	114924	123348
#稻谷	Rice	77656	83411
油料产量（吨）	Yield of Oil-bearing Crops (ton)	2911	738
糖料产量（吨）	Yield of Sugar Crops (ton)	682000	467890
园林水果产量（吨）	Yield of Fruit (ton)	48595	22788
肉类总产量（吨）	Output of Meat (ton)	21679	21603
#猪肉	Pork	16542	13947
禽蛋产量（吨）	Output of Eggs (ton)	571	506
奶类产量（吨）	Output of Milk (ton)	0	0
蔬菜产量（吨）	Yield of Vegetables (ton)	109985	131753
水产品产量（吨）	Aquatic Products (ton)	6309	3934
规模以上工业企业个数（个）	Number of Industrial Enterprises above Designated Size (unit)	130	25
规模以上工业总产值（当年价，万元）	Included Gross Industrial Output Value above Designated Size (at current price, 10 000 yuan)	169507	183789
规模以上工业企业从业人员年平均人数（人）	Annual Average Number of Employed Persons (person)	3745	4981
规模以上工业企业主营业务收入（万元）	Income from Major Business (10 000 yuan)	122249	144669
公路里程（公里）	Length of Domestic Highways (km)	64	1155
民用汽车拥有量（辆）	Number of Civil Motor Vehicles Owned (unit)	50065	13582
年末实有公共汽（电）车营运数（辆）	Year-end Total Operating Public Buses (vehicle)	22	25
年末实有出租汽车数（辆）	Year-end Total Taxis (vehicle)	55	55
固定电话年末用户（户）	Number of Local Telephone Subscribers in Year-end (subscriber)	9779	8600
年末移动电话用户数（户）	Number of Mobile Telephone Subscribers at Year-end (subscriber)	171837	184868
互联网宽带接入用户（户）	Number of Internet Subscribers (subscriber)	23458	41290
全社会用电量（万千瓦时）	Total Consumption of Electricity (10 000 kwh)	27716	25026
#居民生活用电量	Household Consumption of Electricity	12620	11809
社会消费品零售总额（万元）	Total Retail Sale of Consumer Goods (10 000 yuan)	157507	192685
固定资产投资（万元）	Investment in Fixed Assets (10 000 yuan)	282795	290040

Continued

巴马瑶族自治县 Bama County	都安瑶族自治县 Du'an County	大化瑶族自治县 Dahua County	宜州市 Yizhou City	兴宾区 Xingbin District	忻城县 Xincheng County	象州县 Xiangzhou County	武宣县 Wuxuan County
17732	44819	25979	47480	66010	27031	34130	28681
61407	124852	73368	221772	310541	109780	185868	132728
23525	34592	18508	120901	237584	56501	167700	105065
1379	63	515	2716	19385	2780	2755	10374
157824	345615	257594	1258297	7391601	524688	1504983	2094724
31779	26759	12532	81900	160754	37557	75120	147019
19179	40215	28653	27508	66992	18519	19213	37986
12145	29643	21803	17164	46020	10105	11783	31339
305	831	485	891	1827	553	760	484
0		0		4809		0	737
90328	80488	46283	413886	492940	200962	153072	183123
4985	3056	17510	16968	31869	5727	12323	12471
12	12	8	47	68	15	66	48
154312	79028	265109	468408	2337787	335925	1029867	1186621
1749	2337	1805	10524	20498	3370	1605	5733
102514	68211	268426	422658	2089000	312400	1010800	815500
924	1690	1324	1417	2731	963	933	989
7132	7450	8634	36291	39355	1589	14203	
79	45	28	71	248	4	12	172
62	46	60	175	484	27	20	45
16563	42120	26647	23145	46850	9596	32986	17904
150263	277680	190061	159020	857299	200551	181459	271685
23869	47736	34438	467108	116872	20197	27451	43272
19015	40410	27091	86426	547943	24106	34639	54663
11276	26677	16268	27621	41426	11624	13186	13685
118961	195880	153511	448326	6355964	203830	212405	222303
286112	371108	200151	582720	2204142	385563	767981	790967

23－1 续表29

指 标	Item	罗城仫佬族自治县 Luocheng County	环江毛南族自治县 Huanjiang County
新增固定资产（万元）	Newly Increased Fixed Assets (10 000 yuan)	205227	204983
房地产开发投资完成额（万元）	Real Estate Development (10 000 yuan)	35546	1825
#住宅	Residential Buildings	21919	1823
住宅竣工面积（万平方米）	Completed Floor Space of Residential Buildings (10 000 sq.m)	0.33	0.00
普通中学数（所）	Number of Regular Secondary Schools (unit)	14	16
小学数（所）	Number of Primary Schools (unit)	131	140
普通中学专任教师数（人）	Full-time Teachers in Regular Secondary Schools (person)	940	1113
小学专任教师数（人）	Full-time Teachers in Primary Schools (person)	1600	1542
普通中学在校学生数（人）	Student Enrollment in Regular Secondary Schools (person)	14190	15806
小学在校学生数（人）	Primary Student Enrollment (person)	25840	25863
专业技术人员（人）	Number of Professionals (person)	3830	4410
#农业技术人员	Agricultural Professionals（Person）	279	361
医疗卫生机构床位数（床）	Number of Beds in Healthcare Institutions (bed)	1016	801
医疗卫生机构技术人员（人）	Medical & Technical Personnel of Healthcare Institutions (person)	1290	1196
#执业（助理）医师	Practitioner (assistant) Doctors	415	276
居民人均可支配收入（元）	Per Capita Annual Disposable Income of Households (yuan)	0	
城镇居民人均可支配收入（元）	Per Capita Annual Disposable Income of Urban Households (yuan)	18210	20362
农村居民人均纯收入（元）	Annual Per Capita Net Income of Rural Residents (yuan)	5323	6668
各种社会福利收养性单位数（个）	Number of Adopting Units of Social Welfare (unit)	51	16
各种社会福利收养性单位床位数（张）	Number of Beds in Adopting Units of Social Welfare (bed)	533	251
城镇基本养老保险参保人数（人）	Number of Persons Joining Basic Pension Insurance (person)	8805	9910
城镇基本医疗保险参保人数（人）	Number of Persons Joining Basic Health Care Insurance (person)	33731	28895
失业保险参保人数（人）	Number of Persons Joining Unemployment Insurance (person)	6700	8611
新型农村合作医疗参保人数（人）	Number of Persons Joining New-type Rural Cooperative Medical Service (person)	289659	320170
新型农村社会养老保险参保人数（人）	Number of Persons Joining New-type Rural Social Pension Insurance (person)	134614	151878
城镇居民最低生活保障人数（人）	Number of Urban Residents Receiving Lowest Cost-of-living (person)	3434	1408
农村居民最低生活保障人数（人）	Number of Rural Residents Receiving Lowest Cost-of-living (person)	50161	14448

Continued

巴马瑶族自治县 Bama County	都安瑶族自治县 Du'an County	大化瑶族自治县 Dahua County	宜州市 Yizhou City	兴宾区 Xingbin District	忻城县 Xincheng County	象州县 Xiangzhou County	武宣县 Wuxuan County
281297	223337	149913	532628	910766	249735	579638	498978
23285	46772	8432	63582	479978	25132	35715	163300
14082	33759	8432	53179	315841	22721	30516	123745
0.00		4.90	29.27	17.49	5.65	2.08	1.52
14	27	20	29	30	7	10	12
111	260	158	209	164	118	104	108
748	1899	1382	1601	3001	947	970	1376
1340	3364	2115	2238	4443	1566	1309	1481
13694	37161	23726	31314	43301	12127	13783	20082
29321	61901	42485	48700	84391	25498	22127	31638
3299	7018	5306	7582	13490	3748	3805	5997
170	205	262	98	1138	198	261	203
635	1830	1648	3244	1791	1841	1560	1621
981	1856	1633	6424	2050	1045	1258	1480
272	710	467	1320	715	596	323	596
	9621	0				0	0
19294	19385	18531	24114	28266	26042	27686	26338
5214	5496	5546	8172	9283	7259	8828	8259
13	24	21	64	184	14	19	14
230	831	408	1045	2267	457	433	786
8790	14830	14830	39571	31951	7421	20573	27687
28177	30742	30742	66962	125083	35897	41668	51827
7706	10505	10505	14097	15372	6276	8535	9985
233058	640521	389937	517442	806183	358033	315273	361196
91973	275438	159901	216381	288805	163680	92663	116583
817	39347	7733	1288	6767	993	3148	2607
26454	100823	50267	21949	33246	20519	22364	24082

23－1 续表30

指 标	Item	金秀瑶族自治县 Jinxiu County	合山市 Heshan City
行政区域土地面积（平方公里）	Administrative Region Land Area (sq.km)	2469	366
常住户数（户）	Total Households at Year-end (household)	51190	46927
常住人口（万人）	Total Population at Year-end (10 000 persons)	12.77	11.70
户籍人口（万人）	Registered Population (10 000 persons)	15.65	13.80
地区生产总值（万元）	Gross Domestic Product (10 000 yuan)	274999	299029
第一产业增加值	Primary Industry	79639	37915
第二产业增加值	Secondary Industry	62846	126245
#工业	Industry	37175	71437
第三产业增加值	Tertiary Industry	132514	134869
人均生产总值（元）	Per Capital GDP (yuan)	21619	25668
地区生产总值指数（上年=100）	Indices of Gross Domestic Product (preceding year=100)	107.4	97.4
第一产业	Primary Industry	102.5	101.4
第二产业	Secondary Industry	103.4	90.8
#工业	Industry	102.1	82.0
第三产业	Tertiary Industry	113.4	104.6
人均生产总值指数（上年=100）	Indices of Per Capital GDP (preceding year=100)	106.7	97.0
地区生产总值构成（%）	Construction of GDP (%)		
第一产业	Primary Industry	29.0	12.7
第二产业	Secondary Industry	22.9	42.2
第三产业	Tertiary Industry	48.2	45.1
公共财政收入（万元）	Government Revenue (10 000 yuan)	10235	10050
各项税收（万元）	Total Tax Revenue (10 000 yuan)	6770	7482
公共财政支出（万元）	Government Expenditure (10 000 yuan)	115837	97749
年末金融机构各项存款余额（万元）	Year-end Deposits of Financial Institutions (10 000 yuan)	371092	509510
#居民储蓄存款余额	Urban & Rural Savings Deposits	229493	240338
年末金融机构各项贷款余额（万元）	Year-end Loans of Financial Institutions (10 000 yuan)	205370	149036
耕地面积（公顷）	Farmland(hectare)	13699	12396
设施农业占地面积（公顷）	Protected Agriculture Covered(hectare)	24	20
农作物总播种面积（公顷）	Total Sown Area of Major Farm Crops (hectare)	21053	13174

Continued

江州区 Jiangzhou District	扶绥县 Fusui County	宁明县 Ningming County	龙州县 Longzhou County	大新县 Daxin County	天等县 Tiandeng County	凭祥市 Pingxiang City
2918	2841	3704	2311	2748	2159	645
108737	137724	113802	69365	101673	90003	38861
33.62	43.12	34.79	22.67	30.38	33.16	11.65
36.81	46.04	44.01	27.16	38.10	45.43	11.37
1401283	1328188	1083364	926037	994395	519448	569269
242987	395239	291617	227372	212161	131291	49908
602986	538664	462495	365922	452462	173368	164172
522230	475260	399781	286839	395524	108896	89157
555310	394285	329253	332743	329772	214789	355190
41879	33757	31270	41332	32775	15750	49330
106.1	106.0	108.0	112.0	107.0	107.4	111.7
101.9	102.7	103.4	105.4	103.8	101.7	102.8
107.0	104.9	108.6	113.7	107.4	109.6	109.8
106.2	103.7	108.8	113.8	107.4	109.9	110.7
107.3	111.8	113.1	114.9	108.5	108.4	114.2
104.9	105.0	107.3	111.6	106.6	107.1	110.9
17.3	29.8	26.9	24.6	21.3	25.3	8.8
43.0	40.6	42.7	39.5	45.5	33.4	28.8
39.6	29.7	30.4	35.9	33.2	41.3	62.4
97218	107684	86685	62418	50036	41787	74666
64743	68287	59062	66814	61632	29669	37452
170838	322238	275132	248642	227150	208818	160186
1500974	973107	771970	682105	756934	674915	707792
649713	731993	550332	456882	558850	491664	573159
1299694	558128	380085	434662	395213	329980	332842
113948	132420	83407	64867	68861	46617	9974
72	15	5	19	46	8	5
92533	142628	75613	66195	68888	56923	12981

23－1　续表31

指　标	Item	金秀瑶族自治县 Jinxiu County	合山市 Heshan City
#粮食作物	Grain Crops	10846	5969
粮食总产量（吨）	Yield of Grain (ton)	47861	28922
#稻谷	Rice	36134	25699
油料产量（吨）	Yield of Oil-bearing Crops (ton)	1409	1250
糖料产量（吨）	Yield of Sugar Crops (ton)	227340	304438
园林水果产量（吨）	Yield of Fruit (ton)	44805	14013
肉类总产量（吨）	Output of Meat (ton)	8628	4050
#猪肉	Pork	6548	2331
禽蛋产量（吨）	Output of Eggs (ton)	356	165
奶类产量（吨）	Output of Milk (ton)	0	0
蔬菜产量（吨）	Yield of Vegetables (ton)	89978	54236
水产品产量（吨）	Aquatic Products (ton)	1776	2451
规模以上工业企业个数（个）	Number of Industrial Enterprises above Designated Size (unit)	14	8
规模以上工业总产值（当年价，万元）	Included Gross Industrial Output Value above Designated Size (at current price, 10 000 yuan)	82110	189375
规模以上工业企业从业人员年平均人数（人）	Annual Average Number of Employed Persons (person)	1361	3823
规模以上工业企业主营业务收入（万元）	Income from Major Business (10 000 yuan)	79819	176599
公路里程（公里）	Length of Domestic Highways (km)	906	275
民用汽车拥有量（辆）	Number of Civil Motor Vehicles Owned (unit)	8789	8315
年末实有公共汽（电）车营运数（辆）	Year-end Total Operating Public Buses (vehicle)	0	38
年末实有出租汽车数（辆）	Year-end Total Taxis (vehicle)	145	93
固定电话年末用户（户）	Number of Local Telephone Subscribers in Year-end (subscriber)	19255	15173
年末移动电话用户数（户）	Number of Mobile Telephone Subscribers at Year-end (subscriber)	146550	57432
互联网宽带接入用户（户）	Number of Internet Subscribers (subscriber)	14480	14357
全社会用电量（万千瓦时）	Total Consumption of Electricity (10 000 kwh)	15467	15929
#居民生活用电量	Household Consumption of Electricity	5221	5188
社会消费品零售总额（万元）	Total Retail Sale of Consumer Goods (10 000 yuan)	77312	99632
固定资产投资（万元）	Investment in Fixed Assets (10 000 yuan)	181033	222626

Continued

江州区 Jiangzhou District	扶绥县 Fusui County	宁明县 Ningming County	龙州县 Longzhou County	大新县 Daxin County	天等县 Tiandeng County	凭祥市 Pingxiang City
10581	15560	16800	12409	27156	37351	4894
44347	64116	72571	50106	120948	153035	20125
31091	49784	59028	34997	81105	72307	13071
3256	9880	3595	2905	1244	1752	254
5990287	6215807	4112151	3743224	3048623	330138	372067
52846	169750	39648	134253	73057	23518	10929
8599	16045	19969	8667	30995	35214	5791
4767	10436	14892	4713	22919	29396	3958
265	582	313	268	395	340	301
0	0	0	0		0	0
52322	385516	127533	105108	84080	161028	37950
10536	18167	8356	16161	11149	3687	2995
32	31	19	15	22	13	12
1516529	1399111	1177853	851461	1120928	252900	273836
9756	10064	4051	6481	10248	2325	1369
1139951	1188468	1108045	811673	1087572	191315	167716
1400	1381	1435	956	934	909	430
18722	12349	11887	2469	7755	3699	8791
94	92	23	40	17	22	81
240	51	43	53	12	30	129
	19794	13165	14649	23508	19201	15058
	51854	257252	190130	212657	167020	111432
	24546	24891	21959	27850	16310	27723
38008	49049	28822	26677	58134	33810	21755
15428	17182	14226	11907	12639	12643	8473
248889	204123	139016	174160	117868	99918	209911
1096728	1422542	966406	887756	980098	634883	927237

23－1　续表32

指　　标	Item	金秀瑶族自治县 Jinxiu County	合山市 Heshan City
新增固定资产（万元）	Newly Increased Fixed Assets (10 000 yuan)	107160	118680
房地产开发投资完成额（万元）	Real Estate Development (10 000 yuan)	25483	8926
#住宅	Residential Buildings	16582	8026
住宅竣工面积（万平方米）	Completed Floor Space of Residential Buildings (10 000 sq.m)	5.19	0.31
普通中学数（所）	Number of Regular Secondary Schools (unit)	6	3
小学数（所）	Number of Primary Schools (unit)	97	6
普通中学专任教师数（人）	Full-time Teachers in Regular Secondary Schools (person)	401	338
小学专任教师数（人）	Full-time Teachers in Primary Schools (person)	797	605
普通中学在校学生数（人）	Student Enrollment in Regular Secondary Schools (person)	5505	3746
小学在校学生数（人）	Primary Student Enrollment (person)	9851	7495
专业技术人员（人）	Number of Professionals (person)	2645	1942
#农业技术人员	Agricultural Professionals（Person）	148	65
医疗卫生机构床位数（床）	Number of Beds in Healthcare Institutions (bed)	613	640
医疗卫生机构技术人员（人）	Medical & Technical Personnel of Healthcare Institutions (person)	672	560
#执业（助理）医师	Practitioner (assistant) Doctors	292	255
居民人均可支配收入（元）	Per Capita Annual Disposable Income of Households (yuan)	0	0
城镇居民人均可支配收入（元）	Per Capita Annual Disposable Income of Urban Households (yuan)	26549	25077
农村居民人均纯收入（元）	Annual Per Capita Net Income of Rural Residents (yuan)	5941	8078
各种社会福利收养性单位数（个）	Number of Adopting Units of Social Welfare (unit)	11	4
各种社会福利收养性单位床位数（张）	Number of Beds in Adopting Units of Social Welfare (bed)	314	250
城镇基本养老保险参保人数（人）	Number of Persons Joining Basic Pension Insurance (person)	9801	18676
城镇基本医疗保险参保人数（人）	Number of Persons Joining Basic Health Care Insurance (person)	20277	56801
失业保险参保人数（人）	Number of Persons Joining Unemployment Insurance (person)	2403	6055
新型农村合作医疗参保人数（人）	Number of Persons Joining New-type Rural Cooperative Medical Service (person)	128483	84609
新型农村社会养老保险参保人数（人）	Number of Persons Joining New-type Rural Social Pension Insurance (person)	56246	22211
城镇居民最低生活保障人数（人）	Number of Urban Residents Receiving Lowest Cost-of-living (person)	1285	1358
农村居民最低生活保障人数（人）	Number of Rural Residents Receiving Lowest Cost-of-living (person)	16730	3044

Continued

江州区 Jiangzhou District	扶绥县 Fusui County	宁明县 Ningming County	龙州县 Longzhou County	大新县 Daxin County	天等县 Tiandeng County	凭祥市 Pingxiang City
802001	1039860	771595	654346	713030	687525	1200202
86893	157846	57819	42896	39800	50720	12336
62499	0	45929	36010	32536	39969	11103
	3.00	0.00	8.10	3.16	6.29	11.15
10	18	13	6	12	15	3
62	107	37	64	184	84	37
657	1401	998	541	859	654	318
1369	1777	1559	980	1616	1533	677
9979	18736	14890	8694	12762	12330	4634
25548	32789	32774	15040	20815	31122	9966
2093	4841	3765	2307	4002	4067	1629
86	60	105	65	49	34	33
1297	1052	923	1102	1196	1358	281
2028	1104	1245	1238	1283	1198	702
688	559	482	382	323	536	254
10831	17371	0	0			
25795	25446	22037	22582	25504	25504	27455
9191	9297	8131	7378	8668	7193	8346
20	18	14	16	40	14	2
213	342	552	444	920	521	54
17689	31651	155058	17950	16150	12814	11293
79000	108674	31095	40708	43874	65943	13034
10023	14334	10520	9283	8580	7418	5030
269496	338941	379777	219580	297937	379116	78695
130429	142268	0	112053	143817	107302	48873
2431	9959	4489	2362	1330	2092	2325
6891	8164	16976	12747	27872	26781	3291

附录

GENERAL SURVEY

（编辑：沈环宇）

附件

2015年广西壮族自治区
国民经济和社会发展统计公报

广西壮族自治区统计局　国家统计局广西调查总队

2016年4月5日

2015年，面对国际经济复苏缓慢、国内经济持续下行的严峻形势，自治区党委、政府坚决贯彻落实中央的各项决策部署，坚持稳中求进工作总基调，主动适应经济发展新常态，统筹做好稳增长、促改革、调结构、惠民生、防风险等各项工作，全区经济呈现“总体平稳、稳中有进”的发展态势，各项社会事业不断进步，实现“十二五”圆满收官。

一、综　合

初步核算，全年全区生产总值[2]（GDP）16803.12亿元，比上年增长8.1%。其中，第一产业增加值2565.97亿元，增长4.0%；第二产业增加值7694.74亿元，增长8.1%；第三产业增加值6542.41亿元，增长9.7%。第一、二、三产业增加值占地区生产总值的比重分别为15.3%、45.8%和38.9%，对经济增长的贡献率分别为6.7%、51.4%和41.9%。按常住人口计算，人均地区生产总值35190元。

图1　2011—2015年广西生产总值（GDP）及其增长速度

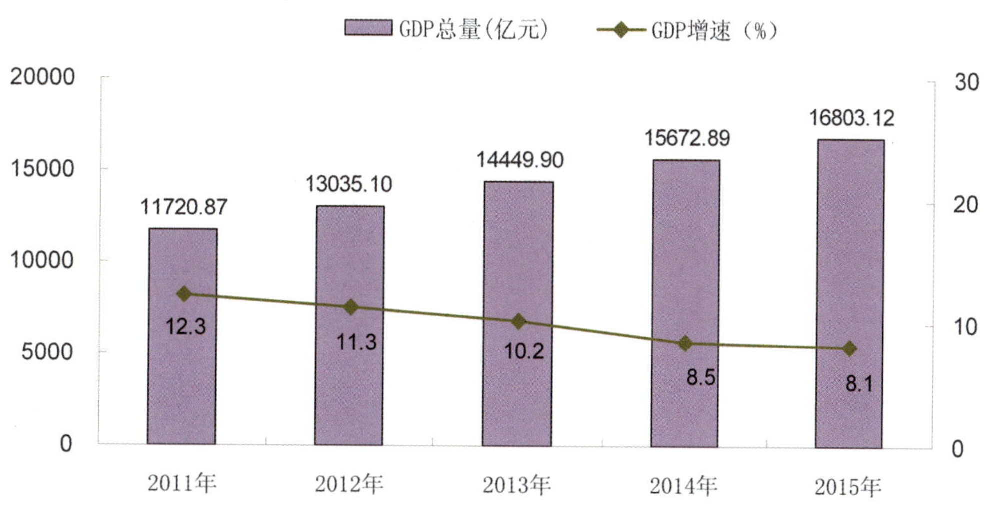

图2 2011—2015年广西人均GDP

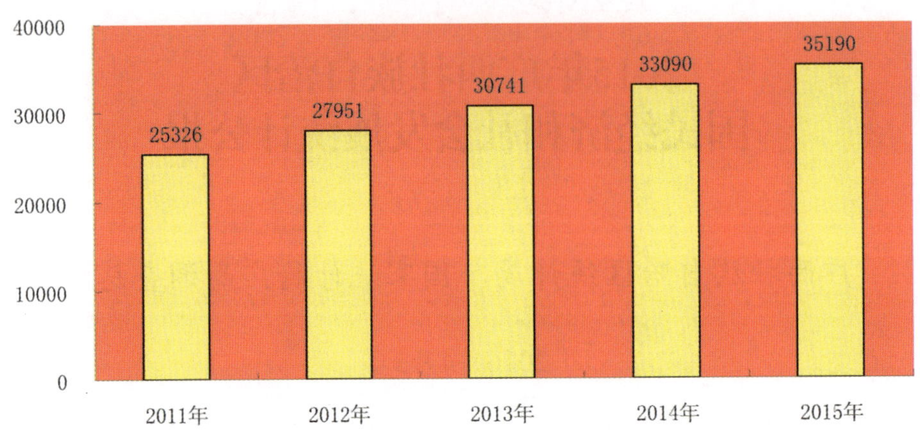

全年居民消费价格比上年上涨1.5%，其中食品价格上涨2.6%。固定资产投资价格下降1.2%。工业生产者出厂价格下降3.0%，工业生产者购进价格下降4.3%。农产品生产者价格上涨2.0%。农业生产资料价格上涨0.9%。

图3 2015年居民消费价格月度涨跌幅度

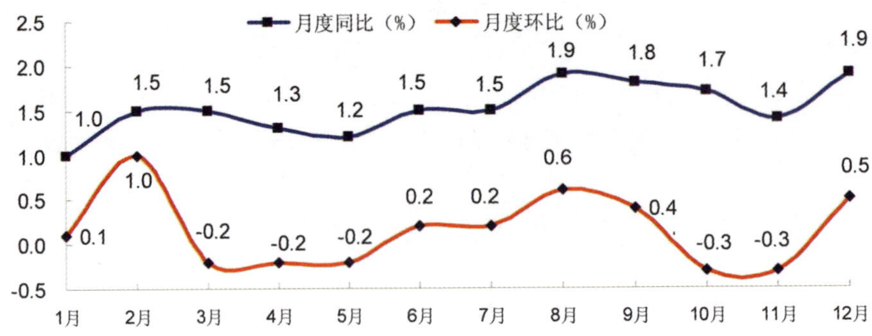

表1 2015年广西居民消费价格比上年涨跌幅度

单位：%

指　　标	广　西	城市	农村
居民消费价格	1.5	1.5	1.5
其中：食　品	2.6	2.6	2.7
烟　酒	1.3	1.3	1.3
衣　着	5.0	5.3	4.3
家庭设备用品及维修服务	0.8	1.0	0.2
医疗保健和个人用品	1.8	1.6	2.3
交通和通信	-1.5	-1.0	-2.6
娱乐教育文化用品及服务	1.3	1.2	1.4
居　住	-0.4	-0.7	0.1

全年城镇新增就业44.62万人，比上年减少3.08万人，下降6.46%，全区农村劳动力转移就业新增65.69万人次，比上年减少9.17万人次。年末城镇登记失业率2.92%，比上年末下降0.23个百分点。

全年财政收入2332.96亿元，比上年增长7.9%。公共财政预算收入1515.08亿元，增长6.5%，其中，税收收入1031.57亿元，增长5.5%。公共财政预算支出4076.42亿元，增长17.1%。

图4　2011—2015年广西财政收入

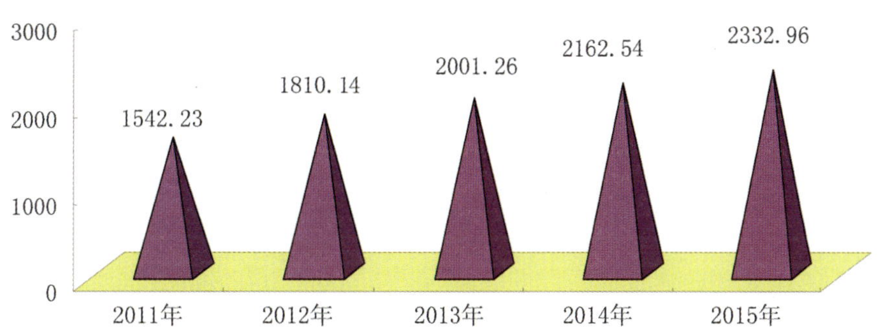

二、农　业

全年粮食种植面积3059.3千公顷，比上年减少8.4千公顷，减少0.3%。油料种植面积248.35千公顷，增加11.26千公顷；甘蔗种植面积973.74千公顷，减少107.8千公顷；蔬菜种植面积1220.99千公顷，增加58.52千公顷；木薯种植面积213.28千公顷，减少10.81千公顷；果园面积1165.51千公顷，增加77.01千公顷；桑园面积201.38千公顷，增加8.75千公顷。

全年粮食总产量1524.8万吨，比上年减少9.6万吨，减产0.6%。其中，夏粮产量37.0万吨，增产0.3%；早稻产量528.8万吨，减产2.7%；秋粮产量959.0万吨，增产0.5%。全年谷物产量1422.4万吨，比上年减产0.9%，其中，稻谷产量1137.8万吨，减产2.4%；玉米产量280.7万吨，增产5.4%。油料产量64.68万吨，增长5.5%；甘蔗产量7504.92万吨，下降5.6%；蔬菜产量（含食用菌）2786.37万吨，增长6.8%；园林水果产量1369.76万吨，增长11.1%。

图5　2011—2015年广西粮食产量

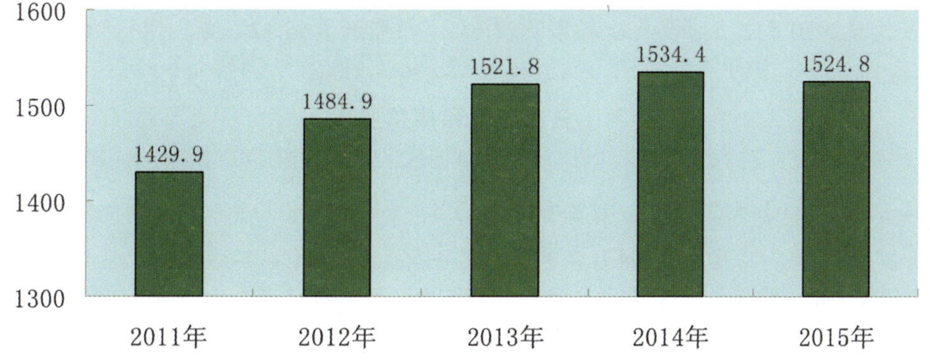

表2　2015年主要农产品产量及其增长速度

单位：万吨

产品名称	产量	比上年增长%
粮　食	1524.8	-0.6
其中：稻　谷	1137.8	-2.4
其中：早　稻	528.8	-2.7
油　料	64.68	5.5
其中：花生	60.70	5.4
甘　蔗	7504.92	-5.6
蔬　菜（含菌类）	2786.37	6.8
烤　烟	2.14	-21.9
木　薯	175.94	-3.8
园林水果	1369.76	11.1
其中：柑橘类	519.28	10.0
香蕉	295.57	14.0
菠萝	3.43	0.2
荔枝	63.77	3.1
龙眼	57.36	2.8
芒果	48.98	19.9
茶　叶	6.36	8.2
蚕　茧	36.06	6.2

全年猪牛羊禽肉总产量408.9万吨，比上年下降0.8%；其中猪肉产量258.8万吨，下降2.8%；牛肉产量14.38万吨，增长0.02%；羊肉产量3.24万吨，下降0.01%；禽肉产量132.52万吨，增长3.34%。禽蛋产量22.9万吨，增长3.2%；牛奶产量10.1万吨，增长4.2%。全年生猪出栏3416.8万头，比上年下降2.9%；年末生猪存栏2303.7万头，比上年末下降2.4%。全年蚕茧产量36.06万吨，增长6.2%。水产品产量345.62万吨，增长4.1%，其中海水产品产量179.42万吨，增长3.0%。

全年木材采伐量2930万立方米，比上年增长21.6%。松脂产量65.12万吨，增长5.6%。

三、工业和建筑业

全年全部工业增加值6338.28亿元，比上年增长7.7%。

全年规模以上工业增加值增长7.9%。在规模以上工业中，国有企业增长3.7%，集体企业增长4.7%，股份合作企业增长6.8%，股份制企业增长8.6%，外商及港澳台商投资企业增长5.3%，其他经济类型企业增长9.3%。轻工业增长6.7%，重工业增长8.3%。分门类看，采矿业增长1.2%，制造业增长9.0%，电力热力燃气及水生产和供应业下降1.2%。

图6 2011—2015年广西全部工业增加值

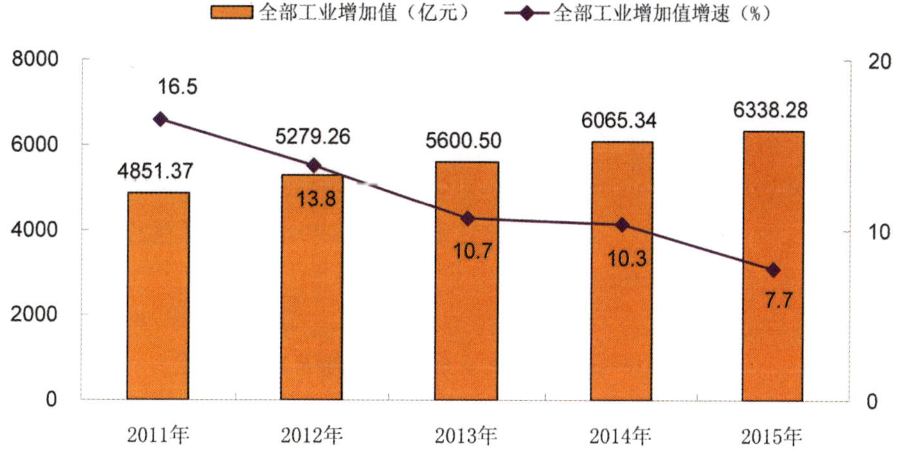

表3 2015年规模以上工业主要产品产量及其增长速度

产品名称	单 位	产 量	比上年增长%
成品糖	万吨	925.73	-11.7
发酵酒精	千升	861493	0.8
卷 烟	万箱	156.82	0.0
机制纸及纸板	万吨	282.61	-10.9
原 煤	万吨	402.38	-32.0
发电量	亿千瓦小时	1227.68	-3.2
其中：火电	亿千瓦小时	516.04	-20.4
水电	亿千瓦小时	677.97	15.5
粗 钢	万吨	2146.05	1.3
钢 材	万吨	3545.39	8.0
十种有色金属	万吨	157.48	11.8
其中：电解铝	万吨	57.56	11.7
氧化铝	万吨	846.01	6.2
水 泥	万吨	11058.97	3.8
显示器	万台	1563.90	-8.5
电子元件	亿只	135.01	21.9
化 肥（折100%）	万吨	110.45	2.9
发动机	万千瓦	18551.83	9.3
汽 车	万辆	229.40	9.6
铁合金	万吨	542.39	11.3

全年规模以上工业中，农副食品加工业增加值比上年增长2.5%；木材加工和木竹藤棕草制品业增长15.4%；通用设备制造业增长0.9%；专用设备制造业下降1.3%；计算机通信和其他电子设备制造业增长25.2%；电气机械及器材制造业增长12.9%；汽车制造业增长7.1%。六大高耗能行业增加值比上年增长7.6%。其中，非金属矿物制品业增长8.5%；化学原料及化学制品制造业增长11.9%；有色金属冶炼及压延加工业增长10.8%；黑色金属冶炼及压延加工业增长14.2%；电力热力生产和供应业下降1.9%；石油加工炼焦及核燃料加工业下降2.9%。

全年规模以上工业企业主营业务收入20078.43亿元，增长8.4%；利税总额2218.48亿元，增长17.9%，其中利润总额1175.37亿元，增长21.2%。

表4 2015年规模以上工业企业利润总额及其增长速度

单位：亿元

指 标	利润总额	比上年增长%
规模以上工业企业	1175.37	21.2
其中：国有控股企业	211.96	7.9
其中：大中型企业	763.00	14.7
其中：国有企业	-1.03	盈转亏
集体企业	17.51	29
股份合作企业	5.86	5.4
股份制企业	816.25	28
外商及港澳台投资企业	260.92	12.9
其他经济类型企业	75.86	23.3
其中：轻工业	370.94	20.2
重工业	804.43	21.7

分行业看，计算机通信和其他电子设备制造业实现利润94.52亿元，比上年增长2.2倍；电气机械和器材制造业实现利润54.51亿元，增长97.4%；有色金属冶炼及压延加工业实现利润1.54亿元，增长67.5%；农副食品加工业实现利润140.95亿元，增长44.2%；电力热力行业实现利润87.39亿元，增长14.8%；汽车制造业实现利润100.79亿元，增长6.7%；化学原料及化学制品制造业实现利润62.07亿元，增长3.4%；非金属矿物制品业实现利润140.89亿元，增长2.9%；黑色金属冶炼业实现利润62.76亿元，下降9.2%。

全年全社会建筑业增加值1360.90亿元，比上年增长9.9%。

全区具有资质等级的总承包和专业承包建筑业企业实现利润48.28亿元，比上年下降4.7%；上缴税金92.24亿元，增长11.9%。

四、固定资产投资

全年全社会固定资产投资16227.78亿元，比上年增长17.2%，扣除价格因素，实际增长18.6%。其中，固定资产投资（不含农户）15654.95亿元，比上年增长17.8%；农户投资572.83亿元，比上年增长3.1%。

图7 2011—2015年广西全社会固定资产投资

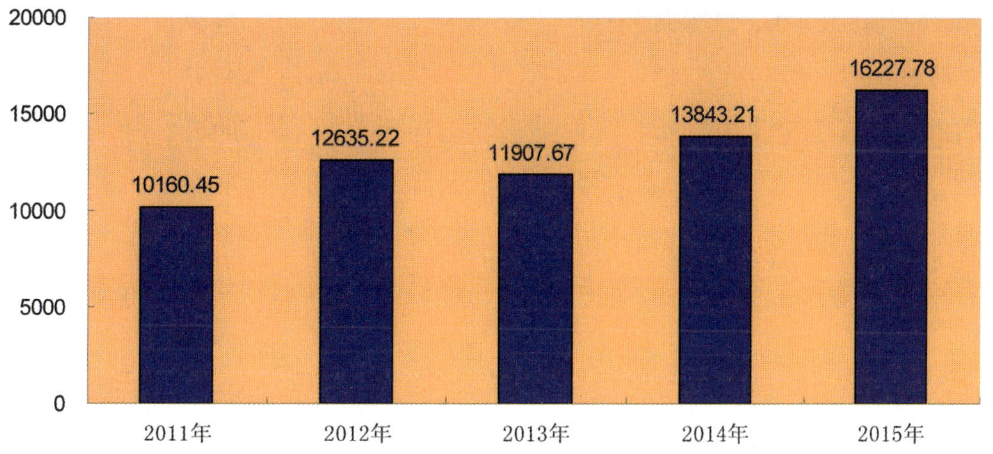

在固定资产投资（不含农户）中，分管理渠道看，基本建设投资6680.15亿元，比上年增长23.3%；更新改造投资5897.85亿元，增长17.0%；房地产开发投资1909.09亿元，增长3.8%；其他投资349.77亿元，增长14.9%。分投资主体看，国有投资5188.83亿元，比上年增长21.0%；非国有投资10466.12亿元，增长16.3%，其中民间投资10106.76亿元，增长16.1%。分产业看，第一产业投资748.60亿元，比上年增长43.9%；第二产业投资6479.34亿元，增长14.5%，其中工业投资6390.80亿元，增长14.1%；第三产业投资8427.01亿元，增长18.6%。

表5 2015年分行业固定资产投资（不含农户）及其增长速度

单位：亿元

行　　业	投资额	比上年增长%
总　计	15654.95	17.8
农、林、牧、渔业	748.60	43.9
采矿业	394.13	15.5
制造业	5253.40	13.3
其中：农副食品加工业	324.81	3.4
造纸及纸制品业	125.80	9.3
石油加工、炼焦及核燃料加工业	48.94	-1.3
化学原料及化学制品制造业	279.79	17.1
非金属矿物制品业	889.70	15.4
黑色金属冶炼及压延加工业	136.89	-22.2
有色金属冶炼及压延加工业	182.74	20.2
金属制品业	188.73	0.3
通用设备制造业	166.76	7.4
专用设备制造业	243.50	6.3
交通运输设备制造业	415.13	33.7
电气机械及器材制造业	216.13	23.3

续表

行　　业	投资额	比上年增长%
通信设备计算机及其他电子设备制造业	174.67	14.9
电力、燃气及水的生产和供应业	743.27	19.4
其中：电力、热力的生产与供应业	500.63	19.7
建筑业	88.54	45.4
交通运输、仓储和邮政业	1568.57	23.1
信息传输、计算机服务和软件业	152.80	13.5
批发和零售业	659.05	38.5
住宿和餐饮业	216.74	-6.5
金融业	39.00	-14.1
房地产业	501.47	11.3
租赁和商务服务业	380.19	64.7
科学研究、技术服务和地质勘查业	116.88	67.6
水利、环境和公共设施管理业	1724.82	18.4
居民服务和其他服务业	74.10	15.0
教育	391.45	27.3
卫生、社会保障和社会福利业	172.01	22.1
文化、体育和娱乐业	225.10	36.9
公共管理和社会组织	295.73	34.3

全年房地产开发投资1909.09亿元，比上年增长3.8%。其中，住宅投资1407.75亿元，增长8.9%；办公楼投资72.58亿元，增长2.4%；商业营业用房投资243.83亿元，减少4.0%。商品房施工面积18608.36万平方米，增长6.5%，其中住宅13750.52万平方米，增长5.2%。商品房竣工面积1675.18万平方米，减少10.2%，其中住宅1310.52万平方米，减少9.1%。商品房销售面积3523.41万平方米，增长11.6%，其中住宅3181.51万平方米，增长10.9%。

表6　2015年房地产开发和销售主要指标完成情况及其增长速度

指　　标	单　位	绝对数	比上年增长%
投资额	亿元	1909.09	3.8
其中：住宅	亿元	1407.75	8.9
其中：90平方米及以下	亿元	489.17	19.8
房屋施工面积	万平方米	18608.36	6.5
其中：住宅	万平方米	13750.52	5.2
房屋新开工面积	万平方米	3850.07	-7
其中：住宅	万平方米	2793.57	-5.6
房屋竣工面积	万平方米	1675.18	-10.2

续表

指　　标	单　位	绝对数	比上年增长%
其中：住宅	万平方米	1310.52	-9.1
商品房销售面积	万平方米	3523.41	11.6
其中：住宅	万平方米	3181.51	10.9
本年资金来源	亿元	2339.29	-3
其中：国内贷款	亿元	332.04	-2.3
其中：个人按揭贷款	亿元	450.62	25.1
本年购置土地面积	万平方米	415.94	-31.8
土地成交价款	亿元	108.45	-32.6

五、国内贸易

全年社会消费品零售总额6348.06亿元，比上年增长10.0%，扣除价格因素，实际增长9.9%。按经营地统计，城镇消费品零售额5600.28亿元，增长9.9%；乡村消费品零售额747.78亿元，增长10.7%。

图8　2011—2015年广西社会消费品零售总额

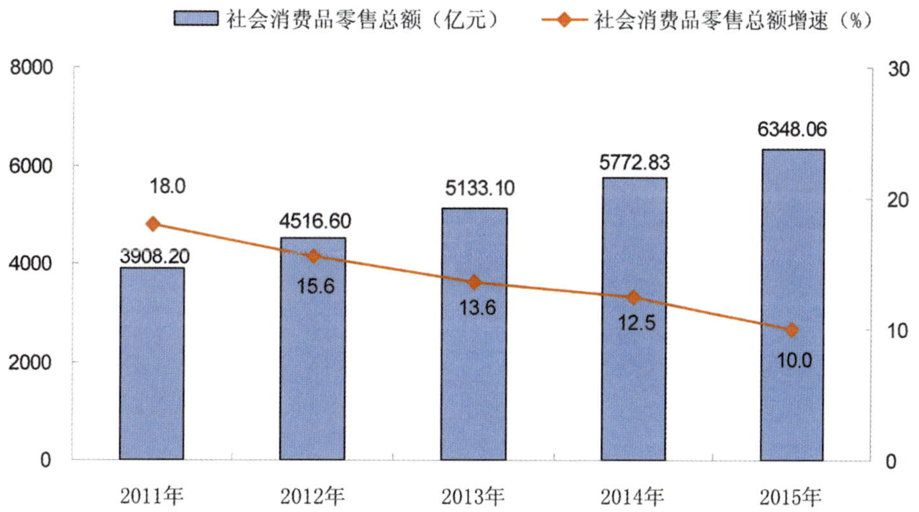

在限额以上企业商品零售额中，汽车类零售额比上年增长9.7%，家用电器和音像器材类增长11.1%，通讯器材类增长6.8%，体育娱乐用品类下降7.1%，文化办公用品类下降10.8%，家具类增长2.1%，建筑及装潢材料类增长25.7%，日用品类下降0.1%，粮油食品类增长15.9%，服装鞋帽针纺织品类增长0.04%，化妆品类增长3.4%，金银珠宝类增长1.0%。

六、对外经济

全年货物进出口总额512.62亿美元，比上年增长13.5%。其中，货物出口280.26亿美元，比上年增长14.8%；货物进口232.36亿美元，增长12.0%。进出口差额（出口减进口）47.89亿美元。从出口企业性质看，国有企业出口29.79亿美元，比上年下降3.7%；外商投资企业出口44.29亿美元，增长1.3%；私营企业出口203.39亿美元，增长21.5%。

表7 2015年货物进出口总额及其增长速度

单位：亿美元

指 标	绝对数	比上年增长%
货物进出口总额	512.62	13.5
其中：一般贸易	142.65	-2.7
其中：货物出口额	280.26	14.8
其中：一般贸易	50.41	1.2
来料加工	15.68	5.8
进料加工	41.29	37.7
边境小额贸易	162.83	16.2
货物进口额	232.36	12.0

表8 2015年对主要国家和地区货物进出口总额及其增长速度

单位：亿美元

国家和地区	货物出口额	比上年增长%	货物进口额	比上年增长%
亚洲	244.05	16.8	146.27	124.9
其中：东盟	194.55	14.0	95.58	239.8
其中：越南	179.20	17.1	67.20	546.7
其中：中国香港	36.50	41.4	5.95	831.0
日本	3.76	10.1	2.84	2.9
韩国	1.80	-21.5	1.90	-13.7
非洲	3.64	-3.7	5.70	-66.7
欧洲	10.31	5.9	10.16	6.1
其中：欧盟	9.13	15.8	7.08	13.1
拉丁美洲	3.41	-8.4	40.74	4.5
北美洲	15.82	5.7	18.74	2.0
其中：美国	14.85	5.7	11.56	7.8
大洋洲	3.03	41.9	10.74	-18.1

注：本表中2015年对主要国家和地区货物出口额、进口额包含边民互市数，基期数据不包含边民互市数。

全年批准项目合同外资额（商务部口径，下同）33.57亿美元，比上年增长75.1%；外商直接投资额17.22亿美元，比上年增长72.0%。

全年对外承包工程和劳务合作完成营业额9.41亿美元，比上年增长7.2%。

七、交通、邮电和旅游

全年交通运输、仓储和邮政业增加值764.44亿元，比上年增长5.3%。

年末公路总里程达11.80万公里，比上年新增0.31万公里；其中，高速公路里程0.43万公里，比上年新增0.06万公里。年末铁路营业总里程达5086公里，比上年新增375公里；其中，高速铁路营业里程938公里，比上年新增223公里。

表9　2015年旅客、货物运输量及其增长速度

指　　标	单　位	绝对数	比上年增长%
旅客运输总量	亿　人	5.10	2.3
旅客运输周转量	亿人公里	731.75	10.6
货物运输总量	亿　吨	14.97	8.7
货物运输周转量	亿吨公里	4061.82	5.0

全年港口完成货物吞吐量3.15亿吨，比上年增长1.3%，其中外贸货物吞吐量1.27亿吨，下降1.6%。港口集装箱吞吐量204.50万标准箱，增长18.2%。

年末全区民用汽车保有量366.52万辆，比上年末增长13.7%，其中轿车176.65万辆，增长15.9%。年末私人汽车保有量316.66万辆，增长17.4%。

全年完成邮电业务总量646.93亿元，比上年增长28.6%。其中，邮政业务总量43.64亿元，增长20.5%；电信业务总量603.28亿元，增长29.2%。全年局用交换机（含接入网设备）总容量1318.8万门。年末固定电话用户达到439.7万户。其中，城市电话用户312万户，农村电话用户127.7万户。新增移动电话用户99.5万户，年末达到3653.3万户。年末全区固定及移动电话用户总数达到4093万户，比上年末增加39.3万户。电话普及率达到85.7部/百人。年末互联网用户3401.30万户，比上年末增加214.8万户。

全年入境过夜游客450.06万人次，比上年增长6.9%；国际旅游（外汇）收入19.17亿美元，增长10.9%。接待国内旅客33661.37万人次，增长17.8%，国内旅游收入3136.39亿元，增长25.7%。旅游总收入3254.18亿元，增长25.1%。

八、金　融

全年金融业增加值1002.32亿元，比上年增长14.2%。

年末金融机构本外币各项存款余额22793.54亿元，比年初增加2406.85亿元，其中人民币各项存款余额22566.96亿元，增加2401.06亿元。年末金融机构本外币各项贷款余额18119.30亿元，比年初增加2048.35元，其中人民币各项贷款余额17656.76亿元，增加2071.30亿元。

表10　2015年金融机构本外币存贷款余额及其增长速度

单位：亿元

指　　标	年末数	比上年末增长%
各项存款余额	22793.54	11.8
其中：住户存款	11434.29	8.7
其中：人民币	11392.17	8.7
非金融企业存款	6388.09	14.7
各项贷款余额	18119.30	12.7
其中：境内短期贷款	4774.00	1.8
境内中长期贷款	12406.05	14.8

年末上市公司（A股）数量31家，市价总值3402.62亿元，比上年末增长53.8%。

全年保险公司原保险保费收入385.7亿元，比上年增长23.1%。其中，财产险业务原保险保费收入147.1亿元，增长12.7%；寿险业务原保险保费收入185.4亿元，增长29.0%；健康险和意外险业务原保险保费收入53.2亿元，增长36.8%。支付各类赔款及给付132.8亿元，增长21.6%。其中，财产险业务赔款72.3亿元，增长44.0%；寿险业务给付44.1亿元，增长39.8%；健康险和意外险业务赔款及给付16.4亿元，增长61.9%。

九、教育和科学技术

全年研究生教育招生0.96万人，在校研究生2.67万人，毕业生0.84万人。普通高等教育招生24.14万人，在校生75.12万人，毕业生18.27万人。各类中等职业教育（含技工）招生31.26万人，在校生85.24万人，毕业生25.60万人。普通高中招生31.04万人，在校生86.57万人，毕业生25.73万人。普通初中招生66.91万人，在校生196.31万人，毕业生62.75万人。普通小学招生77.08万人，在校生440.10万人，毕业生67.36万人。特殊教育招生0.27万人，在校生1.40万人，毕业生0.13万人。幼儿园在园幼儿206.90万人。

表11　2015年各类教育发展情况

单位：万人

指　　标	招生人数	在校生人数	毕业生人数
研究生	0.96	2.67	0.84
普通高等教育	24.14	75.12	18.27
中等职业教育	31.26	85.24	25.60
普通高中	31.04	86.57	25.73
普通初中	66.91	196.31	62.75
普通小学	77.08	440.10	67.36
特殊教育	0.27	1.40	0.13

全年自治区安排科学研究与技术开发计划项目1867项，资助经费5.37亿元。其中，技术研究与开发经费36693.49万元；科技成果转化资金10507万元；自然科学基金6460万元。取得省部级以上登记科技成果1401项，其中，应用技术成果1227项；软科学研究成果15项；基础理论成果159项。全年获广西科技进步奖项目142项，其中，特别贡献奖2项；自然科学奖10项；技术发明奖10项；科学技术进步奖120项。全年专利申请量43682件，比上年增长35.26%，其中发明专利申请量30809件，比上年增长38.56%。全年授权专利13571件，比上年增长40.42%，其中授权发明专利4018件，比上年增长107.86%。年末全区拥有有效发明专利9428件，每万人口发明专利拥有量为2件，比上年增长65.28%。全年共签订技术合同3394项，技术合同成交金额58.46万元。

年末全区共有产品检测实验室（指全区获得省级实验室资质认定的检验检测实验室）963个，国家级质检中心10个，自治区级质检中心35个。全区现有产品质量、体系认证机构4个，累计完成产品认证企业个数（有效期内）1075个。全区共有法定计量技术机构86个，全年强制检定计量器具134.03万台（件）。累计制、修订地方标准1316个，有效期内广西名牌产品数326个，地理标志保护产品47个。全区共有地震台站145个，地震监测台网34个。

全年全区各级气象台共发布气象预警信号7282次，全年自治区气象台发布预警109次。全区共有海洋观测站5个。

十、文化、卫生和体育

年末全区共有县级以上公共图书馆112个，文化馆123个，博物馆124个，国有艺术表演团体22个，娱乐场所3010个，互联网上网服务营业场所（网吧）4214个。年末全区共有52个项目列入国家级非物质文化遗产名录，446个项目列入自治区级非物质文化遗产名录。文化产业示范（试验）园区和产业示范基地国家级11个、省级91个。

按机构分，年末全区共有广播电台8座，电视台7座，广播电视台83座。有线广播电视用户638.78万户，有线数字电视用户479.91万户。年末广播综合人口覆盖率为96.74%；电视综合人口覆盖率为98.31%。全年出版各类报纸6856.55亿份，各类期刊492.43亿册，图书3019.66亿册。年末全区共有档案馆126个，已开放各类档案82.5万卷又150.6万件。

年末全区共有医疗卫生机构（含村卫生室和计生机构）34440个，其中，医院527个，乡镇卫生院1267个，社区卫生服务中心277个，诊所（卫生所、医务室）9076个，村卫生室21417个，疾病预防控制中心115个，卫生监督所（中心）112个，妇幼保健院（所、站）104个。卫生技术人员27.49万人，其中执业医师和执业助理医师9.18万人，注册护士11.32万人。医疗卫生机构床位21.45万张，其中医院14.03万张，乡镇卫生院5.94万张。全年全区甲乙丙类法定报告传染病401121例，死亡2922人，报告发病率843.75/10万，报告死亡率6.15/10万。

2015年全年运动员在世界三大赛中获金银铜牌16枚，其中金牌9枚，银牌5枚，铜牌2枚。有2人创2项世界青少年纪录，有2人创2项亚洲运动会纪录。

十一、人口、人民生活和社会保障

年末全区户籍总人口5518万人，比上年末增加43万人。年末常住人口[3]4796万人，比上年末增加42万人，其中城镇人口2257万人。全年出生人口71.6万人，出生率14.05‰；死亡人口30万人，死亡率6.15‰；自然增长率7.90‰。

表12　2015年常住人口及其主要构成

单位：万人

指　　标	年末数	比重%
全区常住人口	4796	—
其中：城镇	2257	47.06
乡村	2539	52.94
其中：男性	2493.1	51.98
女性	2302.9	48.02
其中：0—14岁	1059.4	22.09
15—64岁	3258.4	67.94
65岁及以上	478.2	9.97

城乡居民收入继续增加。全年全区居民人均可支配收入16873元，比上年增长8.5%，扣除价格因素，实际增长6.9%。全区居民人均可支配收入中位数[4]14289元，增长10.1%。按常住地分，城镇居民人均可

支配收入26416元，比上年增长7.1%，扣除价格因素，实际增长5.5%；城镇居民人均可支配收入中位数为25639元，增长10.2%。农村居民人均可支配收入9467元，比上年增长9.0%，扣除价格因素，实际增长7.4%；农村居民人均可支配收入中位数为8853元，增长4.8%。全年农村居民人均纯收入为8246元。本地非农务工人均月收入2457元，增长6.6%；外出农民工人均月收入2920元，增长7.6%。

图9 2015年按收入来源分的全区居民人均可支配收入及占比

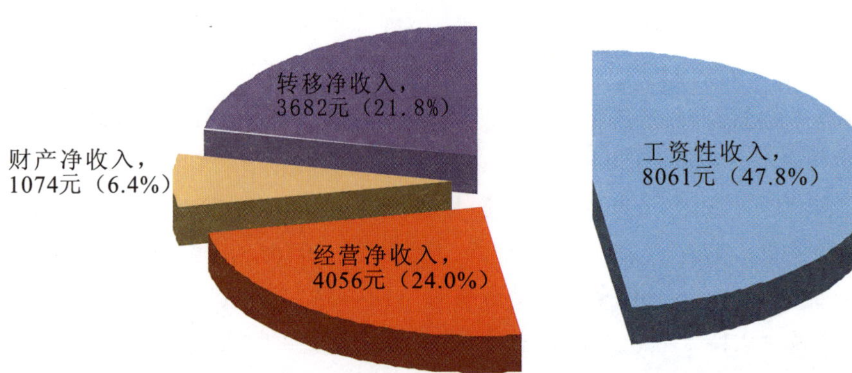

全区居民人均消费支出11401元，比上年增长11.0%，扣除价格因素，实际增长9.4%。按常住地分，城镇居民人均消费支出16321元，增长8.5%，扣除价格因素，实际增长6.9%；农村居民人均消费支出7582元，增长13.6%，扣除价格因素，实际增长11.9%。农村居民家庭食品消费支出占消费总支出的比重（即恩格尔系数）为35.4%，城镇为34.4%。

表13 2010-2015年城乡居民生活改善情况

指 标 \ 年 份	2010	2011	2012	2013	2014	2015
城镇常住居民人均可支配收入（元）	16613	18356	20681	22689	24669	26416
农村常住居民人均可支配收入（元）	5214	6003	6894	7793	8683	9467
城镇居民家庭恩格尔系数（%）	38.1	39.5	39.0	37.9	35.2	34.4
农村居民家庭恩格尔系数（%）	48.5	43.8	42.8	40.0	36.9	35.4

说明：1.表中2010年—2015年常住居民人均可支配收入数据为国家统计局核定的新口径数据。
2.新口径常住居民人均可支配收入数据与老口径城镇居民人均可支配收入、农村居民人均纯收入数据不可比。

年末全区参加城镇职工基本养老保险人数576.63万人，比上年末增加19.04万人，其中，参保职工389.76万人，参保离退休人员186.87万人。参加城镇基本医疗保险的人数1077.59万人，增加10.24万人，其中，参加城镇职工基本医疗保险人数505.49万人，参加城镇居民基本医疗保险人数572.1万人。参加城镇基本医疗保险的农民工22.48万人，增加1.14万人。参加失业保险的人数273.18万人，增加14.2万人，领取失业保险金人数为6.19万人。参加工伤保险的人数360.48万人，增加22.25万人，其中参加工伤保险的农民工51.35万人，减少1.45万人。参加生育保险的人数307.86万人，增加27.61万人。

年末参加城乡居民基本养老保险的人数1741.51万人，比上年增加20.53万人。2015年末全区社会保障卡持卡人数达到1232.68万人。

年末全区共有111个县（市、区）开展了新型农村合作医疗试点工作，新型农村合作医疗参合率99.18%；新型农村合作医疗基金支出总额为168.40亿元，受益人数5727万人。

年末全区共有提供养老社会服务机构和设施8435个，床位15.3万张，年末在院（站）人天数7.1万人/

天。全区孤儿收养数2.36万人，其中集中供养孤儿0.24万人，社会散居孤儿2.12万人。儿童收养登记1550件，其中涉外收养151件。各类社区服务机构（含五保村）1017个，其中社区服务中心83个，社区服务站642个。全区共有38.54万城镇居民得到政府最低生活保障，292.14万农村居民得到政府最低生活保障，28.04万农村居民得到政府五保救济。全年民政部资助参保人数12.7万人，资助参合人数171.7万人，直接医疗救助人次数93.1万人次。

在残疾人群体中，纳入城镇最低生活保障范围的有6.70万人，纳入农村最低生活保障范围的有40.98万人，纳入五保供养的有4.38万人。

十二、资源、环境和安全生产

全年全区国有建设用地供应总量1.6万公顷，比上年下降19.2%。其中，工矿仓储用地0.3万公顷，下降4.7%；住宅用地0.2万公顷，下降2.1%；基础设施等其他用地1.1万公顷，下降24.9%。

全年平均降水量1817.1毫米。全年总用水量299.3亿立方米，比上年下降2.9%。其中，生活用水增长1.2%，工业用水增长38.4%，农业用水下降3.6%，生态补水持平。万元地区生产总值用水量[5]178立方米，万元工业增加值用水量88立方米，人均用水量624立方米。

全年完成造林面积257.9千公顷，其中人工造林136.9千公顷。全区已获批准的国家级生态示范区22个。全区建成自然保护区达到78个，其中国家级自然保护区22个。自然保护区面积135万公顷。森林覆盖率62.24%。活立木蓄积量7.0亿立方米。森林蓄积量（乔木林）6.7亿立方米。新增水土流失治理面积1755平方公里。

全年平均气温为21.5℃，共有2个热带气旋直接影响广西。

初步核算，全年能源消费总量比上年增长2.6%。万元地区生产总值能源消耗[6]比上年下降5.1%。规模以上万元工业增加值综合能源消耗比上年下降12.3%。

285个水质监测断面中，Ⅰ～Ⅲ类水质断面比例占95%，劣Ⅴ类水质断面比例占1.1%。

在监测的14个城市中，空气质量均达到二级以上（含二级）标准。在监测的14个城市中，城市区域声环境质量较好的有6个，占43%，一般的有7个，占50%。

年末城市污水处理厂日处理能力达414万立方米，比上年末增长2.1%；城市污水处理率达到88.7%，提高2.2个百分点。建成区绿地覆盖率达到34.6%，下降1个百分点。

全年各类生产安全事故共死亡2482人，比上年下降6.0%。亿元地区生产总值生产安全事故死亡人数0.15人，下降11.8%；工矿商贸企业生产安全事故死亡人数为227人，下降28.6%；道路交通万车死亡人数为1.93人，下降6.8%；煤矿百万吨死亡人数为2.11人。

注释：

［1］本公报中2015年数据均为初步统计数。部分数据因四舍五入的原因，存在与分项合计不等的情况。

［2］地区生产总值、各产业增加值绝对数按现价计算，增长速度按不变价格计算。

［3］常住人口指在广西居住半年以上的人口，以及户口在广西、外出广西不满半年或在境外工作学习的人口。

［4］人均收入中位数是指将所有调查户按人均收入水平从低到高顺序排列，处于最中间位置的调查户的人均收入。

［5］万元地区生产总值用水量、万元工业增加值用水量按现价计算。

［6］万元地区生产总值能耗和规模以上万元工业增加值能耗增速按2010年不变价格计算。

资料来源：

本公报中城镇新增就业、登记失业率、社会保障数据来自自治区人力资源和社会保障厅；户籍总人口数据来自自治区公安厅；财政数据来自自治区财政厅；物价、城乡居民收入和支出、恩格尔系数、部分农业数据来自国家统计局广西调查总队；进出口数据来自南宁海关；外商直接投资、对外承包工程和劳务合作等数据来自自治区商务厅；金融数据来自中国人民银行南宁中心支行；保险数据来自中国保险监督委员会广西监管局；旅游数据来自自治区旅游局；公路里程，港口数据来自自治区交通运输厅；旅客、货物运输量和周转量数据来自自治区交通运输厅、南宁铁路局和广西机场集团；铁路营业里程、高速铁路数据来自南宁铁路局；汽车保有量数据来自自治区交警总队；邮政业务数据来自自治区邮政管理局；电信业务数据来自自治区通信管理局；教育数据来自自治区教育厅；安排科技计划课题、专利数据、技术合同等数据来自自治区科技厅；质量检验、标准制定修订数据来自自治区质量技术监督局；地震数据来自自治区地震局；艺术表演团体、博物馆、公共图书馆、文化馆、娱乐场所、互联网上网服务营业场所（网吧）、非物质文化遗产、文化产业示范（试验）园区和产业示范基地数据来自自治区文化厅；广播电视数据来自自治区广播电影电视局；报纸、期刊、图书数据来自自治区新闻出版局；档案数据来自自治区档案局；卫生、新农合数据来自自治区卫生厅；体育数据来自自治区体育局；社会服务、孤儿情况、低保和五保供养数据来自自治区民政厅；残疾人数据来自自治区残疾人联合会；安全生产数据来自自治区安全生产监督管理局；交通事故数据来自自治区公安厅；气象预警、平均气温、登陆台风数据来自自治区气象局；国有建设用地供应数据来自自治区国土资源厅；水资源、新增水土流失治理面积数据来自自治区水利厅；林业数据来自自治区林业厅；自然保护区、环境监测数据来自自治区环境保护厅；城市污水处理、建成区绿地覆盖率来自自治区住房和城乡建设厅；其他数据均来自自治区统计局

中国统计出版社最新图书简目

（仅供参考，以实际出版为准）

统计资料

中国统计年鉴　中国统计摘要　中国发展报告
中国经济普查年鉴2013　国际统计年鉴　金砖国家联合统计手册
中国-东盟国家统计手册　中国农村统计年鉴　中国县域统计年鉴
中国城市统计年鉴　中国对外直接投资统计公报　中国地区经济监测报告
中国贸易外经统计年鉴　中国零售和餐饮连锁企业统计年鉴　中国商品交易市场统计年鉴
大中型批发零售和住宿餐饮企业统计年鉴　中国农产品价格调查年鉴　中国住户调查年鉴
中国价格统计年鉴　中国能源统计年鉴　全国农产品成本收益资料汇编
中国环境统计年鉴　中国建筑业统计年鉴　国外资源、能源和环境统计资料汇编
中国工业统计年鉴　中国城乡建设统计年鉴　中国房地产统计年鉴
中国城市建设统计年鉴　中国科技统计年鉴　中国第三产业统计年鉴
中国证券期货统计年鉴　中国劳动统计年鉴　中国高技术产业统计年鉴
工业企业科技活动资料　中国社会统计年鉴　中国人口和就业统计年鉴
中国人才资源统计报告　中国教育经费统计年鉴　中国文化及相关产业统计年鉴
文化及相关产业统计概览　中国民政统计年鉴　中国民族统计年鉴
中国残疾人事业统计年鉴　中国妇女儿童状况统计资料（英）　中国乡镇街道行政区域简册
中国基本单位统计年鉴

省级综合统计年鉴系列

北京 天津 河北 山西 内蒙古 辽宁 吉林 黑龙江 上海 江苏 浙江 安徽 福建 江西 山东 河南 湖北 湖南
广东 广西 海南 重庆 四川 贵州 云南 西藏 陕西 甘肃 青海 宁夏 新疆 新疆生产建设兵团

市(县)级综合统计年鉴系列

天津滨海新区 石家庄 唐山 邯郸 保定 沧州 邢台 廊坊 承德 衡水 秦皇岛 张家口 太原 大同 阳泉 长治 晋城
朔州 晋中 运城 忻州 临汾 呼和浩特 呼和浩特新城区 鄂尔多斯 包头 沈阳 大连 长春 延吉 四平 通化 哈尔滨
齐齐哈尔 黑龙江垦区 上海浦东新区 南京 无锡 徐州 常州 苏州 南通 连云港 淮安 盐城 扬州 镇江 泰州
宿迁 江阴 丹阳 杭州 宁波 温州 嘉兴 湖州 绍兴 金华 衢州 舟山 台州 丽水 合肥 安庆 马鞍山 福州 厦门
宁德 漳州 南昌 九江 上饶 新余 抚州 萍乡 赣州 吉安 景德镇 济南 青岛 潍坊 枣庄 日照 滕州 郑州 洛阳
平顶山 三门峡 商丘 信阳 济源 武汉 十堰 荆州 宜昌 荆门 咸宁 长沙 广州 深圳 惠州 东莞 南宁 柳州 桂林
来宾 海口 三亚 成都 贵阳 昆明 西安 安康 兰州 庆阳 银川 乌鲁木齐 兵团一师 兵团十师

调查年鉴系列

天津 山西 内蒙古 辽宁 吉林 上海　福建 江西 河南 湖北 湖南 广西　重庆 四川 云南 甘肃 宁夏 新疆

统计方法应用/实用手册

实用SAS统计分析教程　马克威统计分析与数据挖掘应用案例
乡镇统计人员岗位知识培训系列教材：辅助调查员岗位基础知识　乡镇统计人员岗位基础知识
县级统计人员岗位知识培训系列教材：Excel在统计工作中的应用　简明统计分析
EXCEL在基层统计工作中的应用　统计公文知识问答

统计通俗读物/统计科普图书

漫话诺贝尔经济学大师与数学情缘　魅力统计　漫话信息时代的统计学　统计使人更聪明
漫游数据王国　探访随机世界　新中国统计工作历史流变1949-1999　无处不在的统计

重点图书

新编英汉汉英统计大词典　中华医学统计百科全书
挑大学选专业2016—考研择校指南　挑大学选专业2016—高考志愿填报指南

中国统计出版社发行部电话：（010）63376907　63376908　同植行书店电话：68783171　68783172
地址：北京市丰台区西三环南路甲6号　邮政编码：100073　网址：http://www.zgtjcbs.com